面向21世纪课程教材
全国高等学校法学专业核心课程教材 | 配套参考用书

学习式 分类教学法规

行政法与行政诉讼法

（第五版）

元照法律研究室 编

北京大学出版社
PEKING UNIVERSITY PRESS

图书在版编目（CIP）数据

行政法与行政诉讼法/元照法律研究室编．—5 版．—北京：北京大学出版社，2015.8

（学习式分类教学法规）

ISBN 978-7-301-26075-3

Ⅰ．①行…　Ⅱ．①元…　Ⅲ．①行政法—中国—高等学校—教学参考资料　②行政诉讼法—中国—高等学校—教学参考资料　Ⅳ．①D922.1　②D925.3

中国版本图书馆 CIP 数据核字（2015）第 167824 号

书　　名	行政法与行政诉讼法（第五版）
著作责任者	元照法律研究室　编
丛书策划	陆建华
责任编辑	王建君
标准书号	ISBN 978-7-301-26075-3
出版发行	北京大学出版社
地　　址	北京市海淀区成府路 205 号　100871
网　　址	http://www.pup.cn　http://www.yandayuanzhao.com
电子信箱	yandayuanzhao@163.com
新浪微博	@北京大学出版社　@北大出版社燕大元照法律图书
电　　话	邮购部 62752015　发行部 62750672　编辑部 62117788
印刷者	北京大学印刷厂
经销者	新华书店
	880mm×1230mm　A5　12.375 印张　634 千字
	2007 年 7 月第 1 版　2008 年 8 月第 2 版
	2010 年 9 月第 3 版　2014 年 9 月第 4 版
	2015 年 8 月第 5 版　2016 年 11 月第 2 次印刷
定　　价	29.00 元

未经许可，不得以任何方式复制或抄袭本书之部分或全部内容。
版权所有，侵权必究
举报电话：010-62752024　电子信箱：fd@pup.pku.edu.cn
图书如有印装质量问题，请与出版部联系，电话：010-62756370

总目录

General Contents

修订说明	1
编写说明	3
凡例	5
目录	7
各种规范性文件全称与简称对照表	361
法条主旨索引	367

修 订 说 明

学习式分类教学法规丛书第一版发行后,以其科学的体例安排、透彻的讲解等优点为法学专业学生提供了一条将教材和法条结合起来学习的良好途径,有效地衔接了本科教育和司法考试,受到了读者的广泛欢迎;也因此,第二版成为"面向21世纪课程教材、全国高等学校法学专业核心课程教材配套参考用书"。

此次学习式分类教学法规丛书的《行政法与行政诉讼法》分册推出第五版,主要有如下修订:

1. 行政诉讼法的修改。2014年11月1日第十二届全国人民代表大会常务委员会第十一次会议通过了《关于修改〈中华人民共和国行政诉讼法〉的决定》,本书对行政诉讼法的修改要点进行了深入解读,并对相应内容进行了调整。

2. 立法法的修改。2015年3月15日第十二届全国人民代表大会第三次会议通过了《关于修改〈中华人民共和国立法法〉的决定》,本书对立法法的修改要点进行了深入解读,并对相应内容进行了调整。

3. 政府采购法的修改。根据2014年8月31日第十二届全国人民代表大会常务委员会第十次会议《关于修改〈中华人民共和国保险法〉等五部法律的决定》修正,对政府采购法的法条和相应内容进行了修改。

4. 本书收录了2015年4月20日最高人民法院审判委员会第1648次会议通过的《关于适用〈中华人民共和国行政诉讼法〉若干问题的解释》,并根据该解释对相关内容进行了修改。

5. "导读"的调整。在第四版的基础上,对主干法律设置了导读版块,有助于读者快速了解该主干法律的立法宗旨、主要框架及在法律体系中的地位,在具备宏观认识的基础上,深入对该法律的学习。同时根据教材和法规的变动情况、近年司法考试考查的情况着重对"要点精解"进行了修改。

6. "司考真题"的修改。增加了最近几年的司考真题,以便读者获取最新的司考信息。

7. 对第四版的一些疵误及其他细节上的问题进行了修改或调整。

本书第五版的修订工作由首都经济贸易大学兰燕卓老师、中国政法大学法治政府研究院曹鎏老师负责;使用资料、搜集法律文件的截止时间为2015年6月。

元照法律研究室
2015年7月

编 写 说 明

在法学本科阶段的学习过程中，法律法规类书籍是不可或缺的。

目前市面上流行的按传统模式编排的法规汇编类书籍种类虽然繁多，可惜只是简单地收录法律与相关法规、司法解释，仅具查询功能。面对各部门法纵横交错的法律体系、浩如烟海的法律法规、层出不穷的司法解释，此类法规汇编书籍对读者理清重点，辨析相关法条之间的联系与冲突的需求则无能为力。

为了满足读者更进一步的学习需求，我们尝试在兼顾法规汇编查询功能的同时，将大学本科阶段几门核心课程主要法典的法律条文和与之相关的法律法规、司法解释进行整合，并明晰了法律条文背后的法理。

在多位作者的齐心合力之下，一套运用法条间的关联，建立"法条群"，并以"要点精解"的方式对重点法条进行剖析，帮助读者全面掌握法学知识的"学习式"分类法律、法规汇编终于面世。

较一般的法规汇编类书籍而言，本书具有如下特点：

（1）体例编排新颖、实用；

（2）栏目设置科学、妥切；

（3）法律法规收录精当、及时。

综上所述，本书不限于追求内容的全与新，更多地是追求其品质的卓越。

建议读者在对各学科展开学习时，要充分利用本书主要法典中法律条文下的"相关法条""要点精解"等栏目（具体请参阅凡例），从多元的角度整体理解和具体掌握法律问题。这也是本书定义为"学习式分类教学法规"之原因所在。

《行政法与行政诉讼法》（第五版）分册收录了行政法类法律规范性文件共77个。

全书正文分为四大部分，分别为"行政法主体""行政行为""行政诉讼法"和"国家赔偿法"。对于各部分所收录的法律文件，本书进行了更细致的分类，使得在学习行政法与行政诉讼法教材的同时，不仅可以很明确地找到该部分所涉及的法律、法规，还能对与行政诉讼法、国家赔偿法相关的司法解释循类查找。

本书编者本着对著作和读者负责之态度，尽最大努力保证了本书的质量，但恐仍有疵误之处，敬请广大读者批评指正，以利进行修订。

元照法律研究室
2015.7

凡 例

一、本丛书收录之法规

本套丛书主要针对法律系学生的使用需求，参照北京大学出版社、高等教育出版社出版的"全国高等学校法学专业核心课程教材"，依学科收录了与宪法、行政法与行政诉讼法、刑法、刑事诉讼法、民法、商法、经济法和民事诉讼法相关的法律规范性文件。

二、本丛书体例

（一）分册

本套丛书根据"全国高等学校法学专业核心课程教材"的学科设置而分册，以便配套学习。

（二）沿革

立法及历次修法沿革，附列于法规名称之后，使读者了解各法之演变。

（三）导读

将各主要法规的特征、地位等相关信息，列于其正文之前，使读者能够有所了解。

（四）法条主旨

在各主要法律条文中标明法条主旨，并列于"【 】"中，以便读者迅速领会该法条所表述的核心内容。

（五）重点法条

从司法考试的角度，认为相对重要的法律、法规条文前加"★"号，以示强调。

（六）相关法条

在法条之后，将与其相关联的其他法条以"◆相关法条"的形式予以列明，便于读者对某一法律原则、规则的整体掌握。

（七）要点精解

在"◆相关法条"之后，以"◆要点精解"的形式，对法条所包括的法学基本原理和规则，根据司法考试的要求进行了讲解，以便读者对法条加深理解。

（八）司考真题

考虑到目前本科教育与司法考试有一定程度脱节的现状，针对一些主要法条，以"◆司考真题"的形式列出了其在历年司法考试中的考查情况，以便读者对司考题的风格有所掌握。

（九）各种规范性文件全称与简称对照表

将本册书中所收录的法律、法规、司法解释等规范性文件的全称、简称对应列出，并附带标明了其施行、公布或修订的时间及在正文中所处的页码。

（十）法条主旨索引

为了方便读者对法条主旨进行查询，我们将其按音序进行了排列，并附于文后。

目 录

第一部分　行政法主体

一、公务员／001

- 中华人民共和国公务员法(2006.1.1 施行)／001
- 行政机关公务员处分条例(2007.6.1 施行)／013

二、行政机关／020

- 国务院行政机构设置和编制管理条例(1997.8.3 施行)／020
- 地方各级人民政府机构设置和编制管理条例(2007.5.1 施行)／023

三、监察／026

- 中华人民共和国行政监察法(2010.6.25 修正)／026
- 中华人民共和国行政监察法实施条例(2004.10.1 施行)／031

第二部分　行政行为

一、抽象行政行为／037

- 中华人民共和国立法法(2015.3.15 修正)／037
- 行政法规制定程序条例(2002.1.1 施行)／059
- 规章制定程序条例(2002.1.1 施行)／062

二、行政许可 / 066

- 中华人民共和国行政许可法(2004.7.1 施行) / 066

三、行政处罚 / 083

- 中华人民共和国行政处罚法(2009.8.27 修正) / 083
- 中华人民共和国治安管理处罚法(2012.10.26 修正) / 097
- 中华人民共和国海关行政处罚实施条例(2004.11.1 施行) / 111

四、行政强制 / 120

- 中华人民共和国行政强制法(2012.1.1 施行) / 120

五、政府采购 / 138

- 中华人民共和国政府采购法(2014.8.31 修正) / 138

六、行政复议 / 149

- 中华人民共和国行政复议法(1999.10.1 施行) / 149
- 中华人民共和国行政复议法实施条例(2007.8.1 施行) / 169

七、其他 / 176

- 中华人民共和国突发事件应对法(2007.11.1 施行) / 176
- 突发公共卫生事件应急条例(2003.5.9 施行) / 184
- 重大动物疫情应急条例(2005.11.18 施行) / 190
- 信访条例(2005.5.1 施行) / 195
- 中华人民共和国政府信息公开条例(2008.5.1 施行) / 201
- 最高人民法院关于审理政府信息公开行政案件若干问题的规定(2011.8.13 施行) / 206

第三部分 行政诉讼法

一、行政诉讼法／209

- 中华人民共和国行政诉讼法（2014.11.1修正）／209

二、与行政诉讼法有关的司法解释／264

（一）一般性解释／264

- 最高人民法院关于执行《中华人民共和国行政诉讼法》若干问题的解释（2000.3.10施行）／264
- 最高人民法院关于适用《中华人民共和国行政诉讼法》若干问题的解释（2015.5.1施行）／275

（二）受案范围／279

- 最高人民法院关于行政机关根据法院的协助执行通知书实施的行政行为是否属于人民法院行政诉讼受案范围的批复（2004.7.20施行）／279
- 最高人民法院关于教育行政主管部门出具介绍信的行为是否属于可诉具体行政行为请示的答复（2003.11.26施行）／279
- 最高人民法院对孙德金诉海南省监察厅行政赔偿一案应否驳回上诉的请示的答复（2000.11.1施行）／280
- 最高人民法院行政庭关于对行政机关作出的改变原具体行政行为的行政行为，当事人不服能否提起行政诉讼的电话答复（2000.11.15施行）／280
- 最高人民法院行政审判庭关于拖欠社会保险基金纠纷是否由法院主管的答复（1998.3.25施行）／280
- 最高人民法院关于"少年收容教养"是否属于行政诉讼受案范围的答复（1998.8.15施行）／281
- 最高人民法院关于当事人不服教育行政部门对适龄儿童入学争议作出的处理决定可否提起行政诉讼的答复（1998.8.11施行）／281
- 最高人民法院关于不服计划生育管理部门采取的扣押财物、限制人身自由等强制措施而提起的诉讼人民法院应否受理问题的批复（1997.4.4施行）／282

(三) 管辖 / 282

- 最高人民法院关于行政案件管辖若干问题的规定(2008.2.1 施行) / 282
- 最高人民法院办公厅关于海事行政案件管辖问题的通知(2003.8.11 施行) / 283
- 最高人民法院关于海关行政处罚案件诉讼管辖问题的解释(2002.2.7 施行) / 284
- 最高人民法院关于国有资产产权管理行政案件管辖问题的解释(2001.2.21 施行) / 284

(四) 诉讼参加人 / 285

- 最高人民法院办公厅关于中国人民银行分支机构是否具有行政诉讼主体资格问题的复函(2002.5.31 施行) / 285
- 最高人民法院对内蒙古高院《关于内蒙古康辉国际旅行社有限责任公司诉呼和浩特市工商行政管理局履行法定职责一案的请示报告》的答复(1999.11.24 施行) / 285

(五) 证据 / 286

- 最高人民法院关于行政诉讼证据若干问题的规定(2002.10.1 施行) / 286

(六) 起诉和受理 / 294

- 最高人民法院对如何理解《最高人民法院关于执行〈中华人民共和国行政诉讼法〉若干问题的解释》第四十一条第一款规定的请示的答复(2000.4.19 施行) / 294
- 最高人民法院关于开展行政诉讼简易程序试点工作的通知(2010.11.17 施行) / 295
- 最高人民法院关于行政诉讼撤诉若干问题的规定(2008.2.1 施行) / 296

(七) 审理和判决 / 297

- 最高人民法院关于审理行政许可案件若干问题的规定(2010.1.4 施行) / 297
- 关于审理行政案件适用法律规范问题的座谈会纪要(2004.5.18 施行) / 299
- 最高人民法院关于对人民法院审理产品质量监督行政案件如何适用法律问题的答复(2001.2.18 施行) / 302
- 最高人民法院对如何理解《最高人民法院关于执行〈中华人民共和国行政诉讼法〉若

干问题的解释》第四十四条第一款第(十)项规定的请示的答复(2000.6.5 施行) / 302
- 最高人民法院行政审判庭对《关于审理公证行政案件中适用法规问题的请示》的答复(1999.8.16 施行) / 302
- 最高人民法院关于对人民法院审理公路交通行政案件如何适用法律问题的答复(2001.2.1 施行) / 303
- 最高人民法院行政审判庭关于对在案件审理期间法定代表人被更换,新的法定代表人提出撤诉申请,法院是否准予撤诉问题的电话答复(1998.10.28 施行) / 303

(八) 执行 / 304

- 最高人民法院对如何执行《关于执行〈中华人民共和国行政诉讼法〉若干问题的解释》第九十二条的请示的答复(2000.12.14 施行) / 304
- 最高人民法院关于劳动行政部门作出责令用人单位支付劳动者工资报酬、经济补偿和赔偿金的劳动监察指令书是否属于可申请法院强制执行的具体行政行为的答复(1998.5.17 施行) / 304

(九) 涉外行政诉讼 / 305

- 最高人民法院关于对涉外行政案件的审理期限应当如何掌握的复函(2002.11.20 施行) / 305

(十) 其他 / 305

- 最高人民法院关于适用《行政复议法》第三十条第一款有关问题的批复(2003.2.28 施行) / 305
- 最高人民法院关于审理国际贸易行政案件若干问题的规定(2002.10.1 施行) / 306
- 最高人民法院关于审理反倾销行政案件应用法律若干问题的规定(2003.1.1 施行) / 307
- 最高人民法院关于审理反补贴行政案件应用法律若干问题的规定(2003.1.1 施行) / 308

第四部分 国家赔偿法

一、国家赔偿法 / 310

- 中华人民共和国国家赔偿法(2012.10.26 修正) / 310

二、国家赔偿费用管理条例 / 331

- 国家赔偿费用管理条例(2011.1.17 施行) / 331

三、与国家赔偿法有关的司法解释 / 333

(一)一般性解释 / 333

- 最高人民法院关于人民法院赔偿委员会适用质证程序审理国家赔偿案件的规定(2014.3.1 施行) / 333
- 最高人民法院关于人民法院执行《中华人民共和国国家赔偿法》几个问题的解释(1996.5.6 施行) / 336
- 最高人民法院行政审判庭关于赔偿金有关问题的答复(1998.3.18 施行) / 337
- 最高人民法院关于适用《中华人民共和国国家赔偿法》若干问题的解释(一)(2011.3.18 施行) / 337
- 最高人民法院关于人民法院赔偿委员会审理国家赔偿案件程序的规定(2011.3.22 施行) / 338
- 最高人民法院关于国家赔偿案件立案工作的规定(2012.2.15 施行) / 341
- 最高人民法院关于国家赔偿案件案由的规定(2012.2.15 施行) / 343
- 最高人民法院关于国家赔偿案件立案、案由有关问题的通知(2012.1.13 施行) / 344

(二)行政赔偿 / 345

- 最高人民法院关于审理行政赔偿案件若干问题的规定(1997.4.29 施行) / 345
- 最高人民法院关于公安机关不履行法定行政职责是否承担行政赔偿责任问题的批复(2001.7.22 施行) / 349
- 最高人民法院关于行政机关工作人员执行职务致人伤亡构成犯罪的赔偿诉讼程序

问题的批复(2002.8.30 施行) / 349

(三)刑事赔偿 / 350

- 最高人民法院关于民事、行政诉讼中司法赔偿若干问题的解释(2000.9.21 施行) / 350
- 最高人民检察院关于适用修改后《中华人民共和国国家赔偿法》若干问题的意见(2011.4.25) / 352
- 人民检察院国家赔偿工作规定(2010.12.1) / 353
- 最高人民法院赔偿委员会关于违法查封且未尽保管义务造成损害人民法院应当承担国家赔偿责任的批复(2002.3.7 施行) / 359
- 最高人民法院关于陶玉艳申请国家赔偿一案的批复(2000.4.29 施行) / 359
- 最高人民法院关于王至诚申请国家赔偿一案的批复(2000.1.10 施行) / 360

第一部分　行政法主体

一、公务员

中华人民共和国公务员法

1. 2005年4月27日中华人民共和国第十届全国人民代表大会常务委员会第十五次会议通过
2. 2005年4月27日中华人民共和国主席令第三十五号公布
3. 自2006年1月1日起施行

导　读

《公务员法》是新中国成立以来我国第一部干部人事管理的综合性法律。在此之前，调整公务员权利义务关系的是1993年10月施行的《国家公务员暂行条例》。《公务员法》在暂行条例的基础上，吸收了新的改革成果，总结了长期以来的成功经验，对公务员的法律规范进行了进一步的完善和发展。

《公务员法》规定了以下重要内容：第一，公务员的录用制度。对公务员的录用、聘任制公务员的录用、不得录用的情形进行了详细规定。第二，公务员的管理制度，尤其是公务员的处分制度。与《公务员法》相配套的是《行政机关公务员处分条例》，二者共同规定了公务员的处分。第三，公务员的辞职辞退制度。对公务员的辞职、辞退、退休的情形予以具体规定。

目　录

第一章　总　则
第二章　公务员的条件、义务与权利
第三章　职务与级别
第四章　录　用
第五章　考　核
第六章　职务任免
第七章　职务升降
第八章　奖　励
第九章　惩　戒
第十章　培　训
第十一章　交流与回避
第十二章　工资福利保险
第十三章　辞职辞退
第十四章　退　休
第十五章　申诉控告
第十六章　职位聘任
第十七章　法律责任
第十八章　附　则

第一章　总　则

第一条【立法目的】为了规范公务员的管理，保障公务员的合法权益，加强对公务员的监督，建设高素质的公务员队伍，促进勤政廉政，提高工作效能，根据宪法，制定本法。

★**第二条**【公务员】本法所称公务员，是指依法履行公职、纳入国家行政编制、由国家财政负担工资福利的工作人员。

◆要点精解

本法确定的公务员的概念，可以从以下三

个方面理解:

1. 我国公务员是指依法履行公职的人员。这种公职是通过法定方式设立,并通过法定程序取得的。

2. 我国公务员是指纳入国家行政编制、由国家财政负担工资福利的人员。(1)不包括国有企业和一般事业单位的职工;(2)法律、法规授权的具有公共事务管理职能的事业单位中除工勤人员以外的工作人员,经批准可参照本法进行管理。

3. 目前,我国的公务员包括在下列机关履行公职的人员:

(1)中国共产党和八个民主党派机关;

(2)各级人民代表大会常务委员会;

(3)各级人民政治协商会议;

(4)各级行政机关;

(5)各级人民法院;

(6)各级人民检察院。

★**第三条** 【适用范围】公务员的义务、权利和管理,适用本法。

法律对公务员中的领导成员的产生、任免、监督以及法官、检察官等的义务、权利和管理另有规定的,从其规定。

◆**要点精解**

对于本条第2款所提公务员,除适用《公务员法》外,还要适用特别法的规定,而且特别法的适用优先于普通《公务员法》的适用。

第四条 【指导思想】公务员制度坚持以马克思列宁主义、毛泽东思想、邓小平理论和"三个代表"重要思想为指导,贯彻社会主义初级阶段的基本路线,贯彻中国共产党的干部路线和方针,坚持党管干部原则。

第五条 【依法管理原则】公务员的管理,坚持公开、平等、竞争、择优的原则,依照法定的权限、条件、标准和程序进行。

第六条 【监督约束、激励保障并重原则】公务员的管理,坚持监督约束与激励保障并重的原则。

第七条 【任用原则】公务员的任用,坚持任人唯贤、德才兼备的原则,注重工作实绩。

第八条 【管理方法】国家对公务员实行分类管理,提高管理效能和科学化水平。

第九条 【职务行为保护】公务员依法履行职务的行为,受法律保护。

第十条 【主管部门】中央公务员主管部门负责全国公务员的综合管理工作。县级以上地方各级公务员主管部门负责本辖区内公务员的综合管理工作。上级公务员主管部门指导下级公务员主管部门的公务员管理工作。各级公务员主管部门指导同级各机关的公务员管理工作。

第二章 公务员的条件、义务与权利

第十一条 【公务员条件】公务员应当具备下列条件:

(一)具有中华人民共和国国籍;

(二)年满十八周岁;

(三)拥护中华人民共和国宪法;

(四)具有良好的品行;

(五)具有正常履行职责的身体条件;

(六)具有符合职位要求的文化程度和工作能力;

(七)法律规定的其他条件。

★**第十二条** 【公务员义务】公务员应当履行下列义务:

(一)模范遵守宪法和法律;

(二)按照规定的权限和程序认真履行职责,努力提高工作效率;

(三)全心全意为人民服务,接受人民监督;

(四)维护国家的安全、荣誉和利益;

(五)忠于职守,勤勉尽责,服从和执行上级依法作出的决定和命令;

(六)保守国家秘密和工作秘密;

(七)遵守纪律,恪守职业道德,模范遵守

社会公德；

（八）清正廉洁，公道正派；

（九）法律规定的其他义务。

★**第十三条** 【公务员权利】公务员享有下列权利：

（一）获得履行职责应当具有的工作条件；

（二）非因法定事由、非经法定程序，不被免职、降职、辞退或者处分；

（三）获得工资报酬，享受福利、保险待遇；

（四）参加培训；

（五）对机关工作和领导人员提出批评和建议；

（六）提出申诉和控告；

（七）申请辞职；

（八）法律规定的其他权利。

第三章 职务与级别

第十四条 【职位分类制度】国家实行公务员职位分类制度。

公务员职位类别按照公务员职位的性质、特点和管理需要，划分为综合管理类、专业技术类和行政执法类等类别。国务院根据本法，对于具有职位特殊性，需要单独管理的，可以增设其他职位类别。各职位类别的适用范围由国家另行规定。

◆ 司考真题

◇2011年卷2第39题（单选）

对具有职位特殊性的公务员需要单独管理的，可以增设《公务员法》明确规定的职位之外的职位类别。下列哪一机关享有此增设权？

A. 全国人大常委会

B. 国务院

C. 中央公务员主管部门

D. 省级公务员主管部门

答案：B

第十五条 【职务序列的设置】国家根据公务员职位类别设置公务员职务序列。

第十六条 【职务分类】公务员职务分为领导职务和非领导职务。

领导职务层次分为：国家级正职、国家级副职、省部级正职、省部级副职、厅局级正职、厅局级副职、县处级正职、县处级副职、乡科级正职、乡科级副职。

非领导职务层次在厅局级以下设置。

第十七条 【综合管理类职务分类】综合管理类的领导职务根据宪法、有关法律、职务层次和机构规格设置确定。

综合管理类的非领导职务分为：巡视员、副巡视员、调研员、副调研员、主任科员、副主任科员、科员、办事员。

综合管理类以外其他职位类别公务员的职务序列，根据本法由国家另行规定。

第十八条 【职位、职责和任职资格条件的确定】各机关依照确定的职能、规格、编制限额、职数以及结构比例，设置本机关公务员的具体职位，并确定各职位的工作职责和任职资格条件。

第十九条 【职务与级别对应】公务员的职务应当对应相应的级别。公务员职务与级别的对应关系，由国务院规定。

公务员的职务与级别是确定公务员工资及其他待遇的依据。

公务员的级别根据所任职务及其德才表现、工作实绩和资历确定。公务员在同一职务上，可以按照国家规定晋升级别。

第二十条 【特殊职务的衔级】国家根据人民警察以及海关、驻外外交机构公务员的工作特点，设置与其职务相对应的衔级。

第四章 录 用

第二十一条 【主任科员以下职务层次录取办法】录用担任主任科员以下及其他相当职务层次的非领导职务公务员，采取公开考试、严格考察、平等竞争、择优录取的办法。

民族自治地方依照前款规定录用公务员时,依照法律和有关规定对少数民族报考者予以适当照顾。

第二十二条 【中央机关及其直属机构公务员的录用】中央机关及其直属机构公务员的录用,由中央公务员主管部门负责组织。地方各级机关公务员的录用,由省级公务员主管部门负责组织,必要时省级公务员主管部门可以授权设区的市级公务员主管部门组织。

第二十三条 【报考资格条件】报考公务员,除应当具备本法第十一条规定的条件外,还应当具备省级以上公务员主管部门规定的拟任职位所要求的资格条件。

第二十四条 【禁止录用人员】下列人员不得录用为公务员:
(一)曾因犯罪受过刑事处罚的;
(二)曾被开除公职的;
(三)有法律规定不得录用为公务员的其他情形。

第二十五条 【编制限额】录用公务员,必须在规定的编制限额内,并有相应的职位空缺。

第二十六条 【招考公告】录用公务员,应当发布招考公告。招考公告应当载明招考的职位、名额、报考资格条件、报考需要提交的申请材料以及其他报考须知事项。

招录机关应当采取措施,便利公民报考。

第二十七条 【报考申请审查】招录机关根据报考资格条件对报考申请进行审查。报考者提交的申请材料应当真实、准确。

第二十八条 【考试方式】公务员录用考试采取笔试和面试的方式进行,考试内容根据公务员应当具备的基本能力和不同职位类别分别设置。

第二十九条 【复审、考察和体检】招录机关根据考试成绩确定考察人选,并对其进行报考资格复审、考察和体检。

体检的项目和标准根据职位要求确定。具体办法由中央公务员主管部门会同国务院卫生行政部门规定。

第三十条 【拟录用人员名单】招录机关根据考试成绩、考察情况和体检结果,提出拟录用人员名单,并予以公示。

公示期满,中央一级招录机关将拟录用人员名单报中央公务员主管部门备案;地方各级招录机关将拟录用人员名单报省级或者设区的市级公务员主管部门审批。

第三十一条 【特殊职位录用】录用特殊职位的公务员,经省级以上公务员主管部门批准,可以简化程序或者采用其他测评办法。

★第三十二条 【试用期】新录用的公务员试用期为一年。试用期满合格的,予以任职;不合格的,取消录用。

第五章 考 核

第三十三条 【全面考核】对公务员的考核,按照管理权限,全面考核公务员的德、能、勤、绩、廉,重点考核工作实绩。

第三十四条 【考核的分类】公务员的考核分为平时考核和定期考核。定期考核以平时考核为基础。

第三十五条 【非领导定期考核】对非领导成员公务员的定期考核采取年度考核的方式,先由个人按照职位职责和有关要求进行总结,主管领导在听取群众意见后,提出考核等次建议,由本机关负责人或者授权的考核委员会确定考核等次。

对领导成员的定期考核,由主管机关按照有关规定办理。

第三十六条 【定期考核】定期考核的结果分为优秀、称职、基本称职和不称职四个等次。

定期考核的结果应当以书面形式通知公务员本人。

第三十七条 【定期考核结果的用途】定期考核的结果作为调整公务员职务、级别、工资以及公务员奖励、培训、辞退的依据。

第六章 职务任免

第三十八条 【任免制度】公务员职务实行选任制和委任制。

领导成员职务按照国家规定实行任期制。

第三十九条 【选任制公务员的任免】选任制公务员在选举结果生效时即当选职务；任期届满不再连任，或者任期内辞职、被罢免、被撤职的，其所任职务即终止。

第四十条 【委任制公务员的任免】委任制公务员遇有试用期满考核合格、职务发生变化、不再担任公务员职务以及其他情形需要任免职务的，应当按照管理权限和规定的程序任免其职务。

第四十一条 【任职条件】公务员任职必须在规定的编制限额和职数内进行，并有相应的职位空缺。

第四十二条 【公务员兼职】公务员因工作需要在机关外兼职，应当经有关机关批准，并不得领取兼职报酬。

第七章 职务升降

第四十三条 【公务员晋升条件】公务员晋升职务，应当具备拟任职务所要求的思想政治素质、工作能力、文化程度和任职经历等方面的条件和资格。

公务员晋升职务，应当逐级晋升。特别优秀的或者工作特殊需要的，可以按照规定破格或者越一级晋升职务。

第四十四条 【晋升程序】公务员晋升领导职务，按照下列程序办理：

（一）民主推荐，确定考察对象；

（二）组织考察，研究提出任职建议方案，并根据需要在一定范围内进行酝酿；

（三）按照管理权限讨论决定；

（四）按照规定履行任职手续。

公务员晋升非领导职务，参照前款规定的程序办理。

第四十五条 【机关内设机构厅局级正职以下空缺】机关内设机构厅局级正职以下领导职务出现空缺时，可以在本机关或者本系统内通过竞争上岗的方式，产生任职人选。

厅局级正职以下领导职务或者副调研员以上及其他相当职务层次的非领导职务出现空缺，可以面向社会公开选拔，产生任职人选。

确定初任法官、初任检察官的任职人选，可以面向社会，从通过国家统一司法考试取得资格的人员中公开选拔。

第四十六条 【晋升领导职务的规定】公务员晋升领导职务的，应当按照有关规定实行任职前公示制度和任职试用期制度。

★**第四十七条 【不称职的降职】**公务员在定期考核中被确定为不称职的，按照规定程序降低一个职务层次任职。

第八章 奖 励

第四十八条 【奖励为原则】对工作表现突出，有显著成绩和贡献，或者有其他突出事迹的公务员或者公务员集体，给予奖励。奖励坚持精神奖励与物质奖励相结合、以精神奖励为主的原则。

公务员集体的奖励适用于按照编制序列设置的机构或者为完成专项任务组成的工作集体。

第四十九条 【奖励情形】公务员或者公务员集体有下列情形之一的，给予奖励：

（一）忠于职守，积极工作，成绩显著的；

（二）遵守纪律，廉洁奉公，作风正派，办事公道，模范作用突出的；

（三）在工作中有发明创造或者提出合理

化建议,取得显著经济效益或者社会效益的;

(四)为增进民族团结、维护社会稳定做出突出贡献的;

(五)爱护公共财产,节约国家资财有突出成绩的;

(六)防止或者消除事故有功,使国家和人民群众利益免受或者减少损失的;

(七)在抢险、救灾等特定环境中奋不顾身,做出贡献的;

(八)同违法违纪行为作斗争有功绩的;

(九)在对外交往中为国家争得荣誉和利益的;

(十)有其他突出功绩的。

第五十条 【奖励分类】奖励分为:嘉奖、记三等功、记二等功、记一等功、授予荣誉称号。

对受奖励的公务员或者公务员集体予以表彰,并给予一次性奖金或者其他待遇。

第五十一条 【奖励程序】给予公务员或者公务员集体奖励,按照规定的权限和程序决定或审批。

第五十二条 【撤销奖励情形】公务员或者公务员集体有下列情形之一的,撤销奖励:

(一)弄虚作假、骗取奖励的;

(二)申报奖励时隐瞒严重错误或者严重违反规定程序的;

(三)有法律、法规规定应当撤销奖励的其他情形的。

第九章 惩 戒

第五十三条 【公务员纪律】公务员必须遵守纪律,不得有下列行为:

(一)散布有损国家声誉的言论,组织或者参加旨在反对国家的集会、游行、示威等活动;

(二)组织或者参加非法组织,组织或者参加罢工;

(三)玩忽职守,贻误工作;

(四)拒绝执行上级依法作出的决定和命令;

(五)压制批评,打击报复;

(六)弄虚作假,误导、欺骗领导和公众;

(七)贪污、行贿、受贿,利用职务之便为自己或者他人谋取私利;

(八)违反财经纪律,浪费国家资财;

(九)滥用职权,侵害公民、法人或者其他组织的合法权益;

(十)泄露国家秘密或者工作秘密;

(十一)在对外交往中损害国家荣誉和利益;

(十二)参与或者支持色情、吸毒、赌博、迷信等活动;

(十三)违反职业道德、社会公德;

(十四)从事或者参与营利性活动,在企业或者其他营利性组织中兼任职务;

(十五)旷工或者因公外出、请假期满无正当理由逾期不归;

(十六)违反纪律的其他行为。

★**第五十四条** 【上级决定或命令有误时执行责任的承担】公务员执行公务时,认为上级的决定或者命令有错误的,可以向上级提出改正或者撤销该决定或者命令的意见;上级不改变该决定或者命令,或者要求立即执行的,公务员应当执行该决定或者命令,执行的后果由上级负责,公务员不承担责任;但是,公务员执行明显违法的决定或者命令的,应当依法承担相应的责任。

◆**要点精解**

关于公务员执行上级命令的义务不是绝对的。注意本条的规定。

第五十五条 【违法违纪的处分】公务员因违法违纪应当承担纪律责任的,依照本法给予处分;违纪行为情节轻微,经批评教育后改正的,可以免予处分。

第五十六条 【处分分类】处分分为:警告、记过、记大过、降级、撤职、开除。

◆**要点精解**

可设定处分的规范性文件包括:法律、行

政法规、国务院决定、地方性法规、部门规章和地方政府规章。

其中,法律、行政法规、国务院决定、地方性法规、部门规章和地方政府规章以及国务院监察部、国务院人力资源和社会保障部的规章均可单独设定公务员处分事项;其他部门规章如要设定处分,应当与国务院检察机关,国务院人事部门联合制定。

第五十七条 【处分的要求】对公务员的处分,应当事实清楚、证据确凿、定性准确、处理恰当、程序合法、手续完备。

公务员违纪的,应当由处分决定机关决定对公务员违纪的情况进行调查,并将调查认定的事实及拟给予处分的依据告知公务员本人。公务员有权进行陈述和申辩。

处分决定机关认为对公务员应当给予处分的,应当在规定的期限内,按照管理权限和规定的程序作出处分决定。处分决定应以书面形式通知公务员本人。

第五十八条 【处分后果及期间】公务员在受处分期间不得晋升职务和级别,其中受记过、记大过、降级、撤职处分的,不得晋升工资档次。

受处分的期间为:警告,六个月;记过,十二个月;记大过,十八个月;降级、撤职,二十四个月。

受撤职处分的,按照规定降低级别。

★**第五十九条** 【处分的解除】公务员受开除以外的处分,在受处分期间有悔改表现,并且没有再发生违纪行为的,处分期满后,由处分决定机关解除处分并以书面形式通知本人。

解除处分后,晋升工资档次、级别和职务不再受原处分的影响。但是,解除降级、撤职处分的,不视为恢复原级别、原职务。

◆司考真题

◇2008年卷2第98题(不定选)

某行政机关负责人孙某因同时违反财经纪律和玩忽职守被分别给予撤职和记过处分。下列说法正确的是:

A. 应只对孙某执行撤职处分
B. 应同时降低孙某的级别
C. 对孙某的处分期为36个月
D. 解除对孙某的处分后,即应恢复其原职务

答案:AB

第十章 培 训

第六十条 【培训的机构及分类依据】机关根据公务员工作职责的要求和提高公务员素质的需要,对公务员进行分级分类培训。

国家建立专门的公务员培训机构。机关根据需要也可以委托其他培训机构承担公务员培训任务。

第六十一条 【培训的种类】机关对新录用人员应当在试用期内进行初任培训;对晋升领导职务的公务员应当在任职前或者任职后一年内进行任职培训;对从事专项工作的公务员应当进行专门业务培训;对全体公务员应当进行更新知识、提高工作能力的在职培训,其中对担任专业技术职务的公务员,应当按照专业技术人员继续教育的要求,进行专业技术培训。

国家有计划地加强对后备领导人员的培训。

第六十二条 【培训的登记管理】公务员的培训实行登记管理。

公务员参加培训的时间由公务员主管部门按照本法第六十一条规定的培训要求予以确定。

公务员培训情况、学习成绩作为公务员考核的内容和任职、晋升的依据之一。

第十一章 交流与回避

第六十三条 【交流制度】国家实行公务员交流制度。

公务员可以在公务员队伍内部交流,也可以与国有企业事业单位、人民团体和群众团体中从事公务的人员交流。

交流的方式包括调任、转任和挂职锻炼。

◆司考真题

◇2009年卷2第42题(单选)

下列哪一做法不属于公务员交流制度?

A. 沈某系某高校副校长,调入国务院某部任副司长

B. 刘某系某高校行政人员,被聘为某区法院书记员

C. 吴某系某国有企业经理,调入市国有资产管理委员会任处长

D. 郑某系某部人事司副处长,到某市挂职担任市委组织部副部长

答案:B

◇2014年卷2第85题(多选)

根据《公务员法》的规定,下列哪些选项属于公务员交流方式?

A. 调任

B. 转任

C. 挂职锻炼

D. 接受培训

答案:ABC

第六十四条 【**国有企事业单位、人民团体和群众团体中从事公务人员的调任条件**】国有企业事业单位、人民团体和群众团体中从事公务的人员可以调入机关担任领导职务或者副调研员以上及其他相当职务层次的非领导职务。调任人选应当具备本法第十一条规定的条件和拟任职位所要求的资格条件,并不得有本法第二十四条规定的情形。调任机关应当根据上述规定,对调任人选进行严格考察,并按照管理权限审批,必要时可以对调任人选进行考试。

第六十五条 【**转任**】公务员在不同职位之间转任应当具备拟任职位所要求的资格条件,在规定的编制限额和职数内进行。

对省部级正职以下的领导成员应当有计划、有重点地实行跨地区、跨部门转任。

对担任机关内设机构领导职务和工作性质特殊的非领导职务的公务员,应当有计划地在本机关内转任。

第六十六条 【**挂职锻炼**】根据培养锻炼公务员的需要,可以选派公务员到下级机关或者上级机关、其他地区机关以及国有企业事业单位挂职锻炼。

公务员在挂职锻炼期间,不改变与原机关的人事关系。

第六十七条 【**交流**】公务员应当服从机关的交流决定。

公务员本人申请交流的,按照管理权限审批。

★**第六十八条** 【**任职回避**】公务员之间有夫妻关系、直系血亲关系、三代以内旁系血亲关系以及近姻亲关系的,不得在同一机关担任双方直接隶属于同一领导人员的职务或者有直接上下级领导关系的职务,也不得在其中一方担任领导职务的机关从事组织、人事、纪检、监察、审计和财务工作。

因地域或者工作性质特殊,需要变通执行任职回避的,由省级以上公务员主管部门规定。

★**第六十九条** 【**地域回避**】公务员担任乡级机关、县级机关及其有关部门主要领导职务的,应当实行地域回避,法律另有规定的除外。

◆相关法条

◇公务员回避规定(试行)

第八条 公务员担任县、乡党委、政府正职领导成员的,应当实行地域回避,一般不得在本人成长地担任市(地、盟)党委、政府正职领导成员。

公务员担任县级纪检机关、组织部门、人民法院、人民检察院、公安部门正职领导成员的,应当实行地域回避,一般不得在本人成长地担任市(地、盟)纪检机关、组织部门、人民法院、人民检察院、公安部门正职领导成员。

民族自治地方的少数民族领导干部的地

域回避按照有关法律规定并结合本地实际执行。

★**第七十条** 【公务回避】公务员执行公务时,有下列情形之一的,应当回避:
(一)涉及本人利害关系的;
(二)涉及与本人有本法第六十八条第一款所列亲属关系人员的利害关系的;
(三)其他可能影响公正执行公务的。

◆ 相关法条
◇公务员回避规定(试行)
第十条 公务员应当回避的公务活动包括:
(一)考试录用、调任、职务升降任免、考核、考察、奖惩、交流、出国审批;
(二)监察、审计、仲裁、案件审理;
(三)税费稽征、项目资金审批、监管;
(四)其他应当回避的公务活动。

◆ 要点精解
我国公务员回避制度的主要内容包括本法第68~72条规定的职务回避(或任职回避)、地域回避和公务回避。

第七十一条 【回避的申请】公务员有应当回避情形的,本人应当申请回避;利害关系人有权申请公务员回避。其他人员可以向机关提供公务员需要回避的情况。
机关根据公务员本人或者利害关系人的申请,经审查后作出是否回避的决定,也可以不经申请直接作出回避决定。

第七十二条 【回避依据】法律对公务员回避另有规定的,从其规定。

第十二章 工资福利保险

第七十三条 【工资制度】公务员实行国家统一的职务与级别相结合的工资制度。
公务员工资制度贯彻按劳分配的原则,体现工作职责、工作能力、工作实绩、资历等因素,保持不同职务、级别之间的合理工资差距。

国家建立公务员工资的正常增长机制。

第七十四条 【工资的组成】公务员工资包括基本工资、津贴、补贴和奖金。
公务员按照国家规定享受地区附加津贴、艰苦边远地区津贴、岗位津贴等津贴。
公务员按照国家规定享受住房、医疗等补贴、补助。
公务员在定期考核中被确定为优秀、称职的,按照国家规定享受年终奖金。
公务员工资应当按时足额发放。

第七十五条 【工资调整】公务员的工资水平应当与国民经济发展相协调、与社会进步相适应。
国家实行工资调查制度,定期进行公务员和企业相当人员工资水平的调查比较,并将工资调查比较结果作为调整公务员工资水平的依据。

第七十六条 【福利待遇、工时制度】公务员按照国家规定享受福利待遇。国家根据经济社会发展水平提高公务员的福利待遇。
公务员实行国家规定的工时制度,按照国家规定享受休假。公务员在法定工作日之外加班的,应当给予相应的补休。

第七十七条 【公务员保障】国家建立公务员保险制度,保障公务员在退休、患病、工伤、生育、失业等情况下获得帮助和补偿。
公务员因公致残的,享受国家规定的伤残待遇。公务员因公牺牲、因公死亡或者病故的,其亲属享受国家规定的抚恤和优待。

第七十八条 【工资、福利、保险政策不得擅变】任何机关不得违反国家规定自行更改公务员工资、福利、保险政策,擅自提高或者降低公务员的工资、福利、保险待遇。任何机关不得减少或者拖欠公务员的工资。

第七十九条 【经费列入预算】公务员工资、福利、保险、退休金以及录用、培训、奖励、辞退等所需经费,应当列入财政预算,予以保障。

第十三章 辞职辞退

★**第八十条** 【辞职程序】公务员辞去公职,应当向任免机关提出书面申请。任免机关应当自接到申请之日起三十日内予以审批,其中对领导成员辞去公职的申请,应当自接到申请之日起九十日内予以审批。

★**第八十一条** 【不得辞职的情形】公务员有下列情形之一的,不得辞去公职:
(一)未满国家规定的最低服务年限的;
(二)在涉及国家秘密等特殊职位任职或者离开上述职位不满国家规定的脱密期限的;
(三)重要公务尚未处理完毕,且须由本人继续处理的;
(四)正在接受审计、纪律审查,或者涉嫌犯罪,司法程序尚未终结的;
(五)法律、行政法规规定的其他不得辞去公职的情形。

★**第八十二条** 【领导成员的辞职】担任领导职务的公务员,因工作变动依照法律规定需要辞去现任职务的,应当履行辞职手续。

担任领导职务的公务员,因个人或者其他原因,可以自愿提出辞去领导职务。

领导成员因工作严重失误、失职造成重大损失或者恶劣社会影响的,或者对重大事故负有领导责任的,应当引咎辞去领导职务。

领导成员应当引咎辞职或者因其他原因不再适合担任现任领导职务,本人不提出辞职的,应当责令其辞去领导职务。

◆ **要点精解**

本法第80、81条中所规定的"辞职"是指公务员辞去公职,终止与行政机关的公职关系,而不包括第82条规定的担任一定领导职务的公务员辞去领导职务,但仍留在公职系统内,担任其他公职。后一种"辞职"并不终结公职关系。

第八十三条 【公务员辞退情形】公务员有下列情形之一的,予以辞退:
(一)在年度考核中,连续两年被确定为不称职的;
(二)不胜任现职工作,又不接受其他安排的;
(三)因所在机关调整、撤销、合并或者缩减编制员额需要调整工作,本人拒绝合理安排的;
(四)不履行公务员义务,不遵守公务员纪律,经教育仍无转变,不适合继续在机关工作,又不宜给予开除处分的;
(五)旷工或者因公外出、请假期满无正当理由逾期不归连续超过十五天,或者一年内累计超过三十天的。

第八十四条 【不得辞退的情形】对有下列情形之一的公务员,不得辞退:
(一)因公致残,被确认丧失或者部分丧失工作能力的;
(二)患病或者负伤,在规定的医疗期内的;
(三)女性公务员在孕期、产假、哺乳期内的;
(四)法律、行政法规规定的其他不得辞退的情形。

第八十五条 【辞退决定、辞退后保障】辞退公务员,按照管理权限决定。辞退决定应当以书面形式通知被辞退的公务员。

被辞退的公务员,可以领取辞退费或者根据国家有关规定享受失业保险。

★**第八十六条** 【离职手续】公务员辞职或者被辞退,离职前应当办理公务交接手续,必要时按照规定接受审计。

第十四章 退　休

第八十七条 【应当退休的条件】公务员达到国家规定的退休年龄或者完全丧失工作能力的,应当退休。

第八十八条 【可以提前退休的条件】公务员符合下列条件之一的，本人自愿提出申请，经任免机关批准，可以提前退休：

（一）工作年限满三十年的；

（二）距国家规定的退休年龄不足五年，且工作年限满二十年的；

（三）符合国家规定的可以提前退休的其他情形的。

第八十九条 【退休后待遇】公务员退休后，享受国家规定的退休金和其他待遇，国家为其生活和健康提供必要的服务和帮助，鼓励发挥个人专长，参与社会发展。

第十五章 申诉控告

★第九十条 【申诉的事项和程序】公务员对涉及本人的下列人事处理不服的，可以自知道该人事处理之日起三十日内向原处理机关申请复核；对复核结果不服的，可以自接到复核决定之日起十五日内，按照规定向同级公务员主管部门或者作出该人事处理的机关的上一级机关提出申诉；也可以不经复核，自知道该人事处理之日起三十日内直接提出申诉：

（一）处分；

（二）辞退或者取消录用；

（三）降职；

（四）定期考核定为不称职；

（五）免职；

（六）申请辞职、提前退休未予批准；

（七）未按规定确定或者扣减工资、福利、保险待遇；

（八）法律、法规规定可以申诉的其他情形。

对省级以下机关作出的申诉处理决定不服，可以向作出处理决定的上一级机关提出再申诉。

行政机关公务员对处分不服向行政监察机关申诉的，按照《中华人民共和国行政监察法》的规定办理。

◆ **司考真题**

◇2014年卷2第44题（单选）

王某经过考试成为某县财政局新录用的公务员，但因试用期满不合格被取消录用。下列哪一说法是正确的？

A. 对王某的试用期限，由某县财政局确定

B. 对王某的取消录用，应当适用辞退公务员的规定

C. 王某不服取消录用向法院提起行政诉讼的，法院应当不予受理

D. 对王某的取消录用，在性质上属于对王某的不予录用

答案：C

★第九十一条 【处理复核、申诉的期间】原处理机关应当自接到复核申请书后的三十日内作出复核决定。受理公务员申诉的机关应当自受理之日起六十日内作出处理决定；案情复杂的，可以适当延长，但是延长时间不得超过三十日。

复核、申诉期间不停止人事处理的执行。

第九十二条 【错误及时纠正】公务员申诉的受理机关审查认定人事处理有错误的，原处理机关应当及时予以纠正。

第九十三条 【控告的提出和受理】公务员认为机关及其领导人员侵犯其合法权益的，可以依法向上级机关或者有关的专门机关提出控告。受理控告的机关应当按照规定及时处理。

第九十四条 【申诉、控告的要求】公务员提出申诉、控告，不得捏造事实，诬告、陷害他人。

第十六章 职位聘任

第九十五条 【聘任制的实行】机关根据工作需要，经省级以上公务员主管部门批准，可以对专业性较强的职位和辅助性职位实行聘任制。

前款所列职位涉及国家秘密的，不实行聘任制。

第九十六条 【聘任的方式】机关聘任公务员可以参照公务员考试录用的程序进行公开招聘,也可以从符合条件的人员中直接选聘。

机关聘任公务员应当在规定的编制限额和工资经费限额内进行。

★第九十七条 【聘任合同订立与备案】机关聘任公务员,应当按照平等自愿、协商一致的原则,签订书面的聘任合同,确定机关与所聘公务员双方的权利、义务。聘任合同经双方协商一致可以变更或者解除。

聘任合同的签订、变更或者解除,应当报同级公务员主管部门备案。

第九十八条 【聘任合同的内容、期限和工资制度】聘任合同应当具备合同期限,职位及其职责要求,工资、福利、保险待遇,违约责任等条款。

聘任合同期限为一年至五年。聘任合同可以约定试用期,试用期为一个月至六个月。

聘任制公务员按国家规定实行协议工资制,具体办法由中央公务员主管部门规定。

◆ 司考真题

◇ 2010 年卷 2 第 98 题(不定选)

关于聘任制公务员,下列做法正确的是:

A. 某县保密局聘任两名负责保密工作的计算机程序员

B. 某县财政局与所聘任的一名精算师实行协议工资制

C. 某市林业局聘任公务员的合同期限为十年

D. 某县公安局聘任网络管理员的合同需经上级公安机关批准

答案:B

◇ 2013 年卷 2 第 79 题(多选)

孙某为某行政机关的聘任制公务员,双方签订聘任合同。下列哪些说法是正确的?

A. 对孙某的聘任须按照公务员考试录用程序进行公开招聘

B. 该机关应按《公务员法》和聘任合同对孙某进行管理

C. 对孙某的工资可以按照国家规定实行协议工资

D. 如孙某与该机关因履行聘任合同发生争议,可以向人事争议仲裁委员会申请仲裁

答案:BCD

第九十九条 【聘任公务员的管理】机关依据本法和聘任合同对所聘公务员进行管理。

第一百条 【人事争议仲裁】国家建立人事争议仲裁制度。

人事争议仲裁应当根据合法、公正、及时处理的原则,依法维护争议双方的合法权益。

人事争议仲裁委员会根据需要设立。人事争议仲裁委员会由公务员主管部门的代表、聘用机关的代表、聘任制公务员的代表以及法律专家组成。

聘任制公务员与所在机关之间因履行聘任合同发生争议的,可以自争议发生之日起六十日内向人事争议仲裁委员会申请仲裁。当事人对仲裁裁决不服的,可以自接到仲裁裁决书之日起十五日内向人民法院提起诉讼。仲裁裁决生效后,一方当事人不履行的,另一方当事人可以申请人民法院执行。

◆ 要点精解

要注意聘任制公务员在权利义务、试用期以及权利救济方面与考任制公务员的不同。

第十七章 法律责任

第一百零一条 【承担责任的情形和种类】对有下列违反本法规定情形的,由县级以上领导机关或者公务员主管部门按照管理权限,区别不同情况,分别予以责令纠正或者宣布无效;对负有责任的领导人员和直接责任人员,根据情节轻重,给予批评教育或者处分;构成犯罪的,依法追究刑事责任:

(一)不按编制限额、职数或者任职资格条件进行公务员录用、调任、转任、聘任和晋升的;

(二)不按规定条件进行公务员奖惩、回避和办理退休的;

（三）不按规定程序进行公务员录用、调任、转任、聘任、晋升、竞争上岗、公开选拔以及考核、奖惩的；

（四）违反国家规定，更改公务员工资、福利、保险待遇标准的；

（五）在录用、竞争上岗、公开选拔中发生泄露试题、违反考场纪律以及其他严重影响公开、公正的；

（六）不按规定受理和处理公务员申诉、控告的；

（七）违反本法规定的其他情形的。

第一百零二条 【辞职、退休后的任职、活动禁止及违反后的处理】公务员辞去公职或者退休的，原系领导成员的公务员在离职三年内，其他公务员在离职两年内，不得到与原工作业务直接相关的企业或者其他营利性组织任职，不得从事与原工作业务直接相关的营利性活动。

公务员辞去公职或者退休后有违反前款规定行为的，由其原所在机关的同级公务员主管部门责令限期改正；逾期不改正的，由县级以上工商行政管理部门没收该人员从业期间的违法所得，责令接收单位将该人员予以清退，并根据情节轻重，对接收单位处以被处分人员违法所得一倍以上五倍以下的罚款。

第一百零三条 【错误处理的救济】机关因错误的具体人事处理对公务员造成名誉损害的，应当赔礼道歉、恢复名誉、消除影响；造成经济损失的，应当依法给予赔偿。

第一百零四条 【主管部门人员的法律责任】公务员主管部门的工作人员，违反本法规定，滥用职权、玩忽职守、徇私舞弊，构成犯罪的，依法追究刑事责任；尚不构成犯罪的，给予处分。

第十八章 附　　则

第一百零五条 【领导成员】本法所称领导成员，是指机关的领导人员，不包括机关内设机构担任领导职务的人员。

第一百零六条 【参照适用对象】法律、法规授权的具有公共事务管理职能的事业单位中除工勤人员以外的工作人员，经批准参照本法进行管理。

第一百零七条 【生效日期】本法自2006年1月1日起施行。全国人民代表大会常务委员会1957年10月23日批准、国务院1957年10月26日公布的《国务院关于国家行政机关工作人员的奖惩暂行规定》、1993年8月14日国务院公布的《国家公务员暂行条例》同时废止。

行政机关公务员处分条例

1.2007年4月4日国务院第173次常务会议通过
2.2007年4月22日中华人民共和国国务院令第495号公布
3.自2007年6月1日起施行

目　　录

第一章　总　则
第二章　处分的种类和适用
第三章　违法违纪行为及其适用的处分
第四章　处分的权限
第五章　处分的程序
第六章　不服处分的申诉
第七章　附　则

第一章 总 则

第一条 为了严肃行政机关纪律,规范行政机关公务员的行为,保证行政机关及其公务员依法履行职责,根据《中华人民共和国公务员法》和《中华人民共和国行政监察法》,制定本条例。

第二条 行政机关公务员违反法律、法规、规章以及行政机关的决定和命令,应当承担纪律责任的,依照本条例给予处分。

法律、其他行政法规、国务院决定对行政机关公务员处分有规定的,依照该法律、行政法规、国务院决定的规定执行;法律、其他行政法规、国务院决定对行政机关公务员应当受到处分的违法违纪行为做了规定,但是未对处分幅度做规定的,适用本条例第三章与其最相类似的条款有关处分幅度的规定。

地方性法规、部门规章、地方政府规章可以补充规定本条例第三章未作规定的应当给予处分的违法违纪行为以及相应的处分幅度。

除国务院监察机关、国务院人事部门外,国务院其他部门制定处分规章,应当与国务院监察机关、国务院人事部门联合制定。

除法律、法规、规章以及国务院决定外,行政机关不得以其他形式设定行政机关公务员处分事项。

第三条 行政机关公务员依法履行职务的行为受法律保护,非因法定事由,非经法定程序,不受处分。

第四条 给予行政机关公务员处分,应当坚持公正、公平和教育与惩处相结合的原则。

给予行政机关公务员处分,应当与其违法违纪行为的性质、情节、危害程度相适应。

给予行政机关公务员处分,应当事实清楚、证据确凿、定性准确、处理恰当、程序合法、手续完备。

第五条 行政机关公务员违法违纪涉嫌犯罪的,应当移送司法机关依法追究刑事责任。

第二章 处分的种类和适用

第六条 行政机关公务员处分的种类为:
(一)警告;
(二)记过;
(三)记大过;
(四)降级;
(五)撤职;
(六)开除。

第七条 行政机关公务员受处分的期间为:
(一)警告,6个月;
(二)记过,12个月;
(三)记大过,18个月;
(四)降级、撤职,24个月。

第八条 行政机关公务员在受处分期间不得晋升职务和级别,其中,受记过、记大过、降级、撤职处分的,不得晋升工资档次;受撤职处分的,应当按规定降低级别。

第九条 行政机关公务员受开除处分的,自处分决定生效之日起,解除其与单位的人事关系,不得再担任公务员职务。

行政机关公务员受开除以外的处分,在受处分期间有悔改表现,并且没有再发生违法违纪行为的,处分期满后,应当解除处分。解除处分后,晋升工资档次、级别和职务不再受原处分的影响。但是,解除降级、撤职处分的,不视为恢复原级别、原职务。

第十条 行政机关公务员同时有两种以上需要给予处分的行为的,应当分别确定其处分。应当给予的处分种类不同的,执行其中最重的处分;应当给予撤职以下多个相同种类处分的,执行该处分,并在一个处分期以上、多处分期之和以下,决定处分期。

行政机关公务员在受处分期间受到新处分的,其处分期为原处分期尚未执行的期限与新处分期限之和。

处分期最长不得超过48个月。

第十一条 行政机关公务员2人以上共同违法违纪,需要给予处分的,根据各自应当承担的纪律责任,分别给予处分。

第十二条 有下列情形之一的,应当从重处分:

(一)在2人以上的共同违法违纪行为中起主要作用的;

(二)隐匿、伪造、销毁证据的;

(三)串供或者阻止他人揭发检举、提供证据材料的;

(四)包庇同案人员的;

(五)法律、法规、规章规定的其他从重情节。

第十三条 有下列情形之一的,应当从轻处分:

(一)主动交代违法违纪行为的;

(二)主动采取措施,有效避免或者挽回损失的;

(三)检举他人重大违法违纪行为,情况属实的。

第十四条 行政机关公务员主动交代违法违纪行为,并主动采取措施有效避免或者挽回损失的,应当减轻处分。

行政机关公务员违纪行为情节轻微,经过批评教育后改正的,可以免予处分。

第十五条 行政机关公务员有本条例第十二条、第十三条规定情形之一的,应当在本条例第三章规定的处分幅度以内从重或者从轻给予处分。

行政机关公务员有本条例第十四条第一款规定情形的,应当在本条例第三章规定的处分幅度以外,减轻一个处分的档次给予处分。应当给予警告处分,又有减轻处分的情形的,免予处分。

第十六条 行政机关经人民法院、监察机关、行政复议机关或者上级行政机关依法认定有行政违法行为或者其他违法违纪行为,需要追究纪律责任的,对负有责任的领导人员和直接责任人员给予处分。

第十七条 违法违纪的行政机关公务员在行政机关对其作出处分决定前,已经依法被判处刑罚、罢免、免职或者已经辞去领导职务,依法应当给予处分的,由行政机关根据其违法违纪事实,给予处分。

行政机关公务员依法被判处刑罚的,给予开除处分。

第三章 违法违纪行为及其适用的处分

第十八条 有下列行为之一的,给予记大过处分;情节较重的,给予降级或者撤职处分;情节严重的,给予开除处分:

(一)散布有损国家声誉的言论,组织或者参加旨在反对国家的集会、游行、示威等活动的;

(二)组织或者参加非法组织,组织或者参加罢工的;

(三)违反国家的民族宗教政策,造成不良后果的;

(四)以暴力、威胁、贿赂、欺骗等手段,破坏选举的;

(五)在对外交往中损害国家荣誉和利益的;

(六)非法出境,或者违反规定滞留境外不归的;

(七)未经批准获取境外永久居留资格,或者取得外国国籍的;

(八)其他违反政治纪律的行为。

有前款第(六)项规定行为的,给予开除处分;有前款第(一)项、第(二)项或者第(三)项规定的行为,属于不明真相被裹挟参加,经批评教育后确有悔改表现的,可以减轻或者免予处分。

第十九条 有下列行为之一的,给予警告、记过或者记大过处分;情节较重的,给予降

级或者撤职处分;情节严重的,给予开除处分:

（一）负有领导责任的公务员违反议事规则,个人或者少数人决定重大事项,或者改变集体作出的重大决定的;

（二）拒绝执行上级依法作出的决定、命令的;

（三）拒不执行机关的交流决定的;

（四）拒不执行人民法院对行政案件的判决、裁定或者监察机关、审计机关、行政复议机关作出的决定的;

（五）违反规定应当回避而不回避,影响公正执行公务,造成不良后果的;

（六）离任、辞职或者被辞退时,拒不办理公务交接手续或者拒不接受审计的;

（七）旷工或者因公外出、请假期满无正当理由逾期不归,造成不良影响的;

（八）其他违反组织纪律的行为。

第二十条　有下列行为之一的,给予记过、记大过处分;情节较重的,给予降级或者撤职处分;情节严重的,给予开除处分:

（一）不依法履行职责,致使可以避免的爆炸、火灾、传染病传播流行、严重环境污染、严重人员伤亡等重大事故或者群体性事件发生的;

（二）发生重大事故、灾害、事件或者重大刑事案件、治安案件,不按规定报告、处理的;

（三）对救灾、抢险、防汛、防疫、优抚、扶贫、移民、救济、社会保险、征地补偿等专项款物疏于管理,致使款物被贪污、挪用,或者毁损、灭失的;

（四）其他玩忽职守、贻误工作的行为。

第二十一条　有下列行为之一的,给予警告或者记过处分;情节较重的,给予记大过或者降级处分;情节严重的,给予撤职处分:

（一）在行政许可工作中违反法定权限、条件和程序设定或者实施行政许可的;

（二）违法设定或者实施行政强制措施的;

（三）违法设定或者实施行政处罚的;

（四）违反法律、法规规定进行行政委托的;

（五）对需要政府、政府部门决定的招标投标、征收征用、城市房屋拆迁、拍卖等事项违反规定办理的。

第二十二条　弄虚作假,误导、欺骗领导和公众,造成不良后果的,给予警告、记过或者记大过处分;情节较重的,给予降级或者撤职处分;情节严重的,给予开除处分。

第二十三条　有贪污、索贿、受贿、行贿、介绍贿赂、挪用公款、利用职务之便为自己或者他人谋取私利、巨额财产来源不明等违反廉政纪律行为的,给予记过或者记大过处分;情节较重的,给予降级或者撤职处分;情节严重的,给予开除处分。

第二十四条　违反财经纪律,挥霍浪费国家资财的,给予警告处分;情节较重的,给予记过或者记大过处分;情节严重的,给予降级或者撤职处分。

第二十五条　有下列行为之一的,给予记过或者记大过处分;情节较重的,给予降级或者撤职处分;情节严重的,给予开除处分:

（一）以殴打、体罚、非法拘禁等方式侵犯公民人身权利的;

（二）压制批评,打击报复,扣压、销毁举报信件,或者向被举报人透露举报情况的;

（三）违反规定向公民、法人或者其他组织摊派或者收取财物的;

（四）妨碍执行公务或者违反规定干预执行公务的;

（五）其他滥用职权,侵害公民、法人或者其他组织合法权益的行为。

第二十六条　泄露国家秘密、工作秘密,或者泄露因履行职责掌握的商业秘密、个人隐私,造成不良后果的,给予警告、记过或者记大过处分;情节较重的,给予降级或者撤职处分;情节严重的,给予开除处分。

第二十七条　从事或者参与营利性活动,在企业或者其他营利性组织中兼任职务的,给予记过或者记大过处分;情节较重的,给予降级或者撤职处分;情节严重的,给予开除处分。

第二十八条 严重违反公务员职业道德、工作作风懈怠、工作态度恶劣,造成不良影响的,给予警告、记过或者记大过处分。

第二十九条 有下列行为之一的,给予警告、记过或者记大过处分;情节较重的,给予降级或者撤职处分;情节严重的,给予开除处分:
(一)拒不承担赡养、抚养、扶养义务的;
(二)虐待、遗弃家庭成员的;
(三)包养情人的;
(四)严重违反社会公德的行为。
有前款第(三)项行为的,给予撤职或者开除处分。

第三十条 参与迷信活动,造成不良影响的,给予警告、记过或者记大过处分;组织迷信活动的,给予降级或者撤职处分,情节严重的,给予开除处分。

第三十一条 吸食、注射毒品或者组织、支持、参与卖淫、嫖娼、色情淫乱活动的,给予撤职或者开除处分。

第三十二条 参与赌博的,给予警告或者记过处分;情节较重的,给予记大过或者降级处分;情节严重的,给予撤职或者开除处分。
为赌博活动提供场所或者其他便利条件的,给予警告、记过或者记大过处分;情节严重的,给予撤职或者开除处分。
在工作时间赌博的,给予记过、记大过或者降级处分;屡教不改的,给予撤职或者开除处分。
挪用公款赌博的,给予撤职或者开除处分。
利用赌博索贿、受贿或者行贿的,依照本条例第二十三条的规定给予处分。

第三十三条 违反规定超计划生育的,给予降级或者撤职处分;情节严重的,给予开除处分。

第四章 处分的权限

第三十四条 对行政机关公务员给予处分,由任免机关或者监察机关(以下统称处分决定机关)按照管理权限决定。

第三十五条 对经全国人民代表大会及其常务委员会决定任命的国务院组成人员给予处分,由国务院决定。其中,拟给予撤职、开除处分的,由国务院向全国人民代表大会提出罢免建议,或者向全国人民代表大会常务委员会提出免职建议。罢免或者免职前,国务院可以决定暂停其履行职务。

第三十六条 对经地方各级人民代表大会及其常务委员会选举或者决定任命的地方各级人民政府领导人员给予处分,由上一级人民政府决定。
拟给予经县级以上地方人民代表大会及其常务委员会选举或者决定任命的县级以上地方人民政府领导人员撤职、开除处分的,应当先由本级人民政府向同级人民代表大会提出罢免建议。其中,拟给予县级以上地方人民政府副职领导人员撤职、开除处分的,也可以向同级人民代表大会常务委员会提出撤销职务的建议。拟给予乡镇人民政府领导人员撤职、开除处分的,应当先由本级人民政府向同级人民代表大会提出罢免建议。罢免或者撤销职务前,上级人民政府可以决定暂停其履行职务;遇有特殊紧急情况,省级以上人民政府认为必要时,也可以对其作出撤职或者开除的处分,同时报告同级人民代表大会常务委员会,并通报下级人民代表大会常务委员会。

第三十七条 对地方各级人民政府工作部门正职领导人员给予处分,由本级人民政府决定。其中,拟给予撤职、开除处分的,由本级人民政府向同级人民代表大会常务委员会提出免职建议。免去职务前,本级人民政府或者上级人民政府可以决定暂停其履行职务。

第三十八条 行政机关公务员违法违纪，已经被立案调查，不宜继续履行职责的，任免机关可以决定暂停其履行职务。

被调查的公务员在违法违纪案件立案调查期间，不得交流、出境、辞去公职或者办理退休手续。

第五章 处分的程序

第三十九条 任免机关对涉嫌违法违纪的行政机关公务员的调查、处理，按照下列程序办理：

（一）经任免机关负责人同意，由任免机关有关部门对需要调查处理的事项进行初步调查；

（二）任免机关有关部门经初步调查认为该公务员涉嫌违法违纪，需要进一步查证的，报任免机关负责人批准后立案；

（三）任免机关有关部门负责对该公务员违法违纪事实做进一步调查，包括收集、查证有关证据材料，听取被调查的公务员所在单位的领导成员、有关工作人员以及所在单位监察机构的意见，向其他有关单位和人员了解情况，并形成书面调查材料，向任免机关负责人报告；

（四）任免机关有关部门将调查认定的事实及拟给予处分的依据告知被调查的公务员本人，听取其陈述和申辩，并对其所提出的事实、理由和证据进行复核，记录在案。被调查的公务员提出的事实、理由和证据成立的，应予采信；

（五）经任免机关领导成员集体讨论，作出对该公务员给予处分、免予处分或者撤销案件的决定；

（六）任免机关应当将处分决定以书面形式通知受处分的公务员本人，并在一定范围内宣布；

（七）任免机关有关部门应当将处分决定归入受处分的公务员本人档案，同时汇集有关材料形成该处分案件的工作档案。

受处分的行政机关公务员处分期满解除处分的程序，参照前款第（五）项、第（六）项和第（七）项的规定办理。

任免机关应当按照管理权限，及时将处分决定或者解除处分决定报公务员主管部门备案。

第四十条 监察机关对违法违纪的行政机关公务员的调查、处理，依照《中华人民共和国行政监察法》规定的程序办理。

第四十一条 对行政机关公务员违法违纪案件进行调查，应当由2名以上办案人员进行；接受调查的单位和个人应当如实提供情况。

严禁以暴力、威胁、引诱、欺骗等非法方式收集证据；非法收集的证据不得作为定案的依据。

第四十二条 参与行政机关公务员违法违纪案件调查、处理的人员有下列情形之一的，应当提出回避申请；被调查的公务员以及与案件有利害关系的公民、法人或者其他组织有权要求其回避：

（一）与被调查的公务员是近亲属关系的；

（二）与被调查的案件有利害关系的；

（三）与被调查的公务员有其他关系，可能影响案件公正处理的。

第四十三条 处分决定机关负责人的回避，由处分决定机关的上一级行政机关负责人决定；其他违法违纪案件调查、处理人员的回避，由处分决定机关负责人决定。

处分决定机关或者处分决定机关的上一级行政机关，发现违法违纪案件调查、处理人员有应当回避的情形，可以直接决定该人员回避。

第四十四条 给予行政机关公务员处分，应当自批准立案之日起6个月内作出决定；案情复杂或者遇有其他特殊情形的，办案期限可以延长，但是最长不得超过12个月。

第四十五条 处分决定应当包括下列内容：

（一）被处分人员的姓名、职务、级别、工作

单位等基本情况;

（二）经查证的违法违纪事实;

（三）处分的种类和依据;

（四）不服处分决定的申诉途径和期限;

（五）处分决定机关的名称、印章和作出决定的日期。

解除处分决定除包括前款第（一）项、第（二）项和第（五）项规定的内容外，还应当包括原处分的种类和解除处分的依据，以及受处分的行政机关公务员在受处分期间的表现情况。

第四十六条 处分决定、解除处分决定自作出之日起生效。

第四十七条 行政机关公务员受到开除处分后，有新工作单位的，其本人档案转由新工作单位管理；没有新工作单位的，其本人档案转由其户籍所在地人事部门所属的人才服务机构管理。

第六章 不服处分的申诉

第四十八条 受到处分的行政机关公务员对处分决定不服，依照《中华人民共和国公务员法》和《中华人民共和国行政监察法》的有关规定，可以申请复核或者申诉。

复核、申诉期间不停止处分的执行。

行政机关公务员不因提出复核、申诉而被加重处分。

第四十九条 有下列情形之一的，受理公务员复核、申诉的机关应当撤销处分决定，重新作出决定或者责令原处分决定机关重新作出决定：

（一）处分所依据的违法违纪事实证据不足的；

（二）违反法定程序，影响案件公正处理的；

（三）作出处分决定超越职权或者滥用职权的。

第五十条 有下列情形之一的，受理公务员复核、申诉的机关应当变更处分决定，或者责令原处分决定机关变更处分决定：

（一）适用法律、法规、规章或者国务院决定错误的；

（二）对违法违纪行为的情节认定有误的；

（三）处分不当的。

第五十一条 行政机关公务员的处分决定被变更，需要调整该公务员的职务、级别或者工资档次的，应当按照规定予以调整；行政机关公务员的处分决定被撤销的，应当恢复该公务员的级别、工资档次，按照原职务安排相应的职务，并在适当范围内为其恢复名誉。

被撤销处分或者被减轻处分的行政机关公务员工资福利受到损失的，应当予以补偿。

第七章 附 则

第五十二条 有违法违纪行为应当受到处分的行政机关公务员，在处分决定机关作出处分决定前已经退休的，不再给予处分；但是，依法应当给予降级、撤职、开除处分的，应当按照规定相应降低或者取消其享受的待遇。

第五十三条 行政机关公务员违法违纪取得的财物和用于违法违纪的财物，除依法应当由其他机关没收、追缴或者责令退赔的，由处分决定机关没收、追缴或者责令退赔。违法违纪取得的财物应当退还原所有人或者原持有人的，退还原所有人或者原持有人；属于国家财产以及不应当退还或者无法退还原所有人或者原持有人的，上缴国库。

第五十四条 对法律、法规授权的具有公共事务管理职能的事业单位中经批准参照《中华人民共和国公务员法》管理的工作人员给予处分，参照本条例的有关规定办理。

第五十五条 本条例自2007年6月1日起施行。1988年9月13日国务院发布的《国家行政机关工作人员贪污贿赂行政处分暂行规定》同时废止。

二、行政机关

国务院行政机构设置和编制管理条例

1. 1997年8月3日中华人民共和国国务院令第227号发布
2. 自1997年8月3日起施行

目 录

第一章 总 则
第二章 机构设置管理
第三章 编制管理
第四章 监督检查
第五章 附 则

第一章 总 则

第一条 【立法目的】为了规范国务院行政机构的设置,加强编制管理,提高行政效率,根据宪法和国务院组织法,制定本条例。

第二条 【原则】国务院行政机构设置和编制管理应当适应国家政治、经济、社会发展的需要,遵循精简、统一、高效的原则。

第三条 【职能部门】国务院根据宪法和国务院组织法的规定,行使国务院行政机构设置和编制管理职权。

国务院机构编制管理机关在国务院领导下,负责国务院行政机构设置和编制管理的具体工作。

第二章 机构设置管理

第四条 【设置原则】国务院行政机构的设置以职能的科学配置为基础,做到职能明确、分工合理、机构精简,有利于提高行政效能。

国务院根据国民经济和社会发展的需要,适应社会主义市场经济体制的要求,适时调整国务院行政机构;但是,在一届政府任期内,国务院组成部门应当保持相对稳定。

第五条 【评估和论证】国务院行政机构的设立、撤销或者合并,由国务院机构编制管理机关事先组织有关部门和专家进行评估和论证。

第六条 【国务院行政机构的组成】国务院行政机构根据职能分为国务院办公厅、国务院组成部门、国务院直属机构、国务院办事机构、国务院组成部门管理的国家行政机构和国务院议事协调机构。

国务院办公厅协助国务院领导处理国务院日常工作。

国务院组成部门依法分别履行国务院基本的行政管理职能。国务院组成部门包括各部、各委员会、中国人民银行和审计署。

国务院直属机构主管国务院的某项专门业务,具有独立的行政管理职能。

国务院办事机构协助国务院总理办理专门事项,不具有独立的行政管理职能。

国务院组成部门管理的国家行政机构由国务院组成部门管理,主管特定业务,行使行政管理职能。

国务院议事协调机构承担跨国务院行政机构的重要业务工作的组织协调任务。国务院议事协调机构议定的事项,经国务院同意,由有关的行政机构按照各自的职责负责办理。在特殊或者紧急的情况下,经国务院同意,国务院议事协调机构可以规定临时性的行政管理措施。

◆要点精解

1. 国务院行政机构的分类。包括国务院办公厅、国务院组成部门、国务院直属机构、国务院办事机构、国务院组成部门管理的国家行政机构和国务院议事协调机构。

2. 国务院组成部门的构成。包括各部、各委员会、中国人民银行和审计署。

3. 国务院行政机构各自的职能。

★**第七条** 【组成部门设撤并的程序】依照国务院组织法的规定,国务院设立办公厅。

国务院组成部门的设立、撤销或者合并由国务院机构编制管理机关提出方案,经国务院常务会议讨论通过后,由国务院总理提请全国人民代表大会决定;在全国人民代表大会闭会期间,提请全国人民代表大会常务委员会决定。

★**第八条** 【其他行政机关设撤并的程序】国务院直属机构、国务院办事机构和国务院组成部门管理的国家行政机构的设立、撤销或者合并由国务院机构编制管理机关提出方案,报国务院决定。

◆要点精解

需要区分组成部门和其他行政机构设撤并程序的不同。

◆司考真题

◇2014年卷2第43题(单选)

国家税务总局为国务院直属机构。就其设置及编制,下列哪一说法是正确的?

A. 设立由全国人大及其常委会最终决定

B. 合并由国务院最终决定

C. 编制的增加由国务院机构编制管理机关最终决定

D. 依法履行国务院基本的行政管理职能

答案:B

第九条 【方案内容】设立国务院组成部门、国务院直属机构、国务院办事机构和国务院组成部门管理的国家行政机构的方案,应当包括下列事项:

(一)设立机构的必要性和可行性;

(二)机构的类型、名称和职能;

(三)司级内设机构的名称和职能;

(四)与业务相近的国务院行政机构职能的划分;

(五)机构的编制。

撤销或者合并前款所列机构的方案,应当包括下列事项:

(一)撤销或者合并的理由;

(二)撤销或者合并机构后职能的消失、转移情况;

(三)撤销或者合并机构后编制的调整和人员的分流。

第十条 【议事协调机构】设立国务院议事协调机构,应当严格控制;可以交由现有机构承担职能的或者由现有机构进行协调可以解决问题的,不另设立议事协调机构。

设立国务院议事协调机构,应当明确规定承担办事职能的具体工作部门;为处理一定时期内某项特定工作设立的议事协调机构,还应当明确规定其撤销的条件或者撤销的期限。

★**第十一条** 【议事协调机构设撤并的程序】国务院议事协调机构的设立、撤销或者合并,由国务院机构编制管理机关提出方案,报国务院决定。

第十二条 【职能调整】国务院行政机构设立后,需要对职能进行调整的,由国务院机构编制管理机关提出方案,报国务院决定。

★**第十三条** 【内设机构】国务院办公厅、国务院组成部门、国务院直属机构、国务院办事机构在职能分解的基础上设立司、处两级内设机构;国务院组成部门管理的国家行政机构根据工作需要可以设立司、处两级内设机构,也可以只设立处级内设机构。

◆司考真题

◇2011年卷2第40题(单选)

国家禁毒委员会为国务院议事协调机构。关于该机构,下列哪一说法是正确的?

A. 撤销由国务院机构编制管理机关决定

B. 可以规定行政措施

C. 议定事项经国务院同意,由有关的行政机构按各自的职责负责办理

D. 可以设立司、处两级内设机构

答案:C

★**第十四条　【内设机构设撤并的程序】**国务院行政机构的司级内设机构的增设、撤销或者合并,经国务院机构编制管理机关审核方案,报国务院批准。

国务院行政机构的处级内设机构的设立、撤销或者合并,由国务院行政机构根据国家有关规定决定,按年度报国务院机构编制管理机关备案。

◆司考真题

◇2010 年卷 2 第 40 题(单选)

国务院某部拟合并处级内设机构。关于机构合并,下列哪一说法是正确的?

A. 该部决定,报国务院机构编制管理机关备案

B. 该部提出方案,报国务院机构编制管理机关批准

C. 国务院机构编制管理机关决定,报国务院备案

D. 国务院机构编制管理机关提出方案,报国务院决定

答案:A

第十五条　【方案内容】增设国务院行政机构的司级内设机构的方案,应当包括下列事项:

(一)增设机构的必要性;

(二)增设机构的名称和职能;

(三)与业务相近的司级内设机构职能的划分。

撤销或者合并前款所列机构的方案,应当包括下列事项:

(一)撤销或者合并机构的理由;

(二)撤销或者合并机构后职能的消失、转移情况;

(三)撤销或者合并机构后编制的调整。

第十六条　【名称要求】国务院行政机构及其司级内设机构的名称应当规范、明确,并与该机构的类型和职能相称。

国务院行政机构及其司级内设机构不得擅自变更名称。

第三章　编制管理

第十七条　【编制原则与内容】国务院行政机构的编制依据职能配置和职位分类,按照精简的原则确定。

前款所称编制,包括人员的数量定额和领导职数。

★**第十八条　【方案内容】**国务院行政机构的编制在国务院行政机构设立时确定。

国务院行政机构的编制方案,应当包括下列事项:

(一)机构人员定额和人员结构比例;

(二)机构领导职数和司级内设机构领导职数。

★**第十九条　【变动程序】**国务院行政机构增加或者减少编制,由国务院机构编制管理机关审核方案,报国务院批准。

第二十条　【议事协调机构的编制】国务院议事协调机构不单独确定编制,所需要的编制由承担具体工作的国务院行政机构解决。

第二十一条　【国务院行政机构编制的确定】国务院办公厅、国务院组成部门、国务院直属机构和国务院办事机构的领导职数,按照国务院组织法的规定确定。国务院组成部门管理的国家行政机构的领导职数,参照国务院组织法关于国务院直属机构领导职数的规定确定。

国务院办公厅、国务院组成部门、国务院直属机构、国务院办事机构的司级内设机构的领导职数为一正二副;国务院组成部门管理的国家行政机构的司级内设机构的领导职数根据工作需要为一正二副或者一正一副。

国务院行政机构的处级内设机构的领导

职数,按照国家有关规定确定。

第四章 监督检查

第二十二条 【主管机关】国务院机构编制管理机关应当对国务院行政机构的机构设置和编制执行情况进行监督检查。

国务院行政机构应当每年向国务院机构编制管理机关提供其机构设置和编制管理情况的报告。

第二十三条 【行政处分】国务院行政机构违反本条例规定,有下列行为之一的,由国务院机构编制管理机关责令限期纠正;逾期不纠正的,由国务院机构编制管理机关建议国务院或者国务院有关部门对负有直接责任的主管人员和其他直接责任人员依法给予行政处分:

(一)擅自设立司级内设机构的;
(二)擅自扩大职能的;
(三)擅自变更机构名称的;
(四)擅自超过核定的编制使用工作人员的;
(五)有违反机构设置和编制管理法律、行政法规的其他行为的。

第五章 附 则

第二十四条 【国务院与地方行政机构的关系】地方各级人民政府行政机构的设置和编制管理办法另行制定。

国务院行政机构不得干预地方各级人民政府的行政机构设置和编制管理工作,不得要求地方各级人民政府设立与其业务对口的行政机构。

第二十五条 【施行日期】本条例自发布之日起施行。

地方各级人民政府机构设置和编制管理条例

1. 2007 年 2 月 14 日国务院第 169 次常务会议通过
2. 2007 年 2 月 24 日中华人民共和国国务院令第 486 号公布
3. 自 2007 年 5 月 1 日起施行

目 录

第一章 总 则
第二章 机构设置管理
第三章 编制管理
第四章 监督检查
第五章 法律责任
第六章 附 则

第一章 总 则

第一条 为了规范地方各级人民政府机构设置,加强编制管理,提高行政效能,根据宪法、地方各级人民代表大会和地方各级人民政府组织法,制定本条例。

第二条 地方各级人民政府机构的设置、职责配置、编制核定以及对机构编制工作的监督管理,适用本条例。

第三条 地方各级人民政府机构设置和编制管理工作,应当按照经济社会全面协调可持续发展的要求,适应全面履行职能的需要,遵循精简、统一、效能的原则。

第四条 地方各级人民政府的机构编制工作,实行中央统一领导、地方分级管理的体制。

第五条 县级以上各级人民政府机构编

制管理机关应当按照管理权限履行管理职责，并对下级机构编制工作进行业务指导和监督。

第六条 依照国家规定的程序设置的机构和核定的编制，是录用、聘用、调配工作人员、配备领导成员和核拨经费的依据。

县级以上各级人民政府应当建立机构编制、人员工资与财政预算相互制约的机制，在设置机构、核定编制时，应当充分考虑财政的供养能力。机构实有人员不得突破规定的编制。禁止擅自设置机构和增加编制。对擅自设置机构和增加编制的，不得核拨财政资金或者挪用其他资金安排其经费。

第七条 县级以上各级人民政府行政机构不得干预下级人民政府行政机构的设置和编制管理工作，不得要求下级人民政府设立与其业务对口的行政机构。

第二章 机构设置管理

第八条 地方各级人民政府行政机构应当以职责的科学配置为基础，综合设置，做到职责明确、分工合理、机构精简、权责一致，决策和执行相协调。

地方各级人民政府行政机构应当根据履行职责的需要，适时调整。但是，在一届政府任期内，地方各级人民政府的工作部门应当保持相对稳定。

第九条 地方各级人民政府行政机构的设立、撤销、合并或者变更规格、名称，由本级人民政府提出方案，经上一级人民政府机构编制管理机关审核后，报上一级人民政府批准；其中，县级以上地方各级人民政府行政机构的设立、撤销或者合并，还应当依法报本级人民代表大会常务委员会备案。

第十条 地方各级人民政府行政机构职责相同或者相近的，原则上由一个行政机构承担。

行政机构之间对职责划分有异议的，应当主动协商解决。协商一致的，报本级人民政府机构编制管理机关备案；协商不一致的，应当提请本级人民政府机构编制管理机关提出协调意见，由机构编制管理机关报本级人民政府决定。

第十一条 地方各级人民政府设立议事协调机构，应当严格控制；可以交由现有机构承担职能的或者由现有机构进行协调可以解决问题的，不另设立议事协调机构。

为办理一定时期内某项特定工作设立的议事协调机构，应当明确规定其撤销的条件和期限。

第十二条 县级以上地方各级人民政府的议事协调机构不单独设立办事机构，具体工作由有关的行政机构承担。

第十三条 地方各级人民政府行政机构根据工作需要和精干的原则，设立必要的内设机构。县级以上地方各级人民政府行政机构的内设机构的设立、撤销、合并或者变更规格、名称，由该行政机构报本级人民政府机构编制管理机关审批。

第三章 编制管理

第十四条 地方各级人民政府行政机构的编制，应当根据其所承担的职责，按照精简的原则核定。

第十五条 机构编制管理机关应当按照编制的不同类别和使用范围审批编制。地方各级人民政府行政机构应当使用行政编制，事业单位应当使用事业编制，不得混用、挤占、挪用或者自行设定其他类别的编制。

第十六条 地方各级人民政府的行政编制总额，由省、自治区、直辖市人民政府提出，经国务院机构编制管理机关审核后，报国务院批准。

第十七条 根据工作需要，国务院机构编制管理机关报经国务院批准，可以在地方行政编制总额内对特定的行政机构的行政编制实行专项管理。

第十八条 地方各级人民政府根据调整职责的需要，可以在行政编制总额内调整本级人民政府有关部门的行政编制。但是，在同一个行政区域不同层级之间调配使用行政编制的，应当由省、自治区、直辖市人民政府机构编制管理机关报国务院机构编制管理机关审批。

第十九条 地方各级人民政府议事协调机构不单独确定编制，所需要的编制由承担具体工作的行政机构解决。

第二十条 地方各级人民政府行政机构的领导职数，按照地方各级人民代表大会和地方各级人民政府组织法的有关规定确定。

第四章 监督检查

第二十一条 县级以上各级人民政府机构编制管理机关应当按照管理权限，对机构编制管理的执行情况进行监督检查；必要时，可以会同监察机关和其他有关部门对机构编制管理的执行情况进行监督检查。有关组织和个人应当予以配合。

第二十二条 县级以上各级人民政府机构编制管理机关实施监督检查时，应当严格执行规定的程序，发现违反本条例规定的行为，应当向本级人民政府提出处理意见和建议。

第二十三条 地方各级人民政府机构编制管理机关，应当如实向上级机构编制管理机关提交机构编制年度统计资料，不得虚报、瞒报、伪造。

第二十四条 县级以上各级人民政府机构编制管理机关应当定期评估机构和编制的执行情况，并将评估结果作为调整机构编制的参考依据。评估的具体办法，由国务院机构编制管理机关制定。

第二十五条 任何组织和个人对违反机构编制管理规定的行为，都有权向机构编制管理机关、监察机关等有关部门举报。

县级以上各级人民政府机构编制管理机关应当接受社会监督。

第五章 法律责任

第二十六条 有下列行为之一的，由机构编制管理机关给予通报批评，并责令限期改正；情节严重的，对直接负责的主管人员和其他直接责任人员，依法给予处分：

（一）擅自设立、撤销、合并行政机构或者变更规格、名称的；

（二）擅自改变行政机构职责的；

（三）擅自增加编制或者改变编制使用范围的；

（四）超出编制限额调配财政供养人员、为超编人员核拨财政资金或者挪用其他资金安排其经费、以虚报人员等方式占用编制并冒用财政资金的；

（五）擅自超职数、超规格配备领导成员的；

（六）违反规定干预下级人民政府行政机构的设置和编制管理工作的；

（七）违反规定审批机构、编制的；

（八）违反机构编制管理规定的其他行为。

第二十七条 机构编制管理机关工作人员在机构编制管理工作中滥用职权、玩忽职守、徇私舞弊，构成犯罪的，依法追究刑事责任；尚不构成犯罪的，依法给予处分。

第六章 附　　则

第二十八条 本条例所称编制，是指机构编制管理机关核定的行政机构和事业单位的人员数额和领导职数。

第二十九条 地方的事业单位机构和编制管理办法，由省、自治区、直辖市人民政府机构编制管理机关拟定,报国务院机构编制管理机关审核后,由省、自治区、直辖市人民政府发布。事业编制的全国性标准由国务院机构编制管理机关会同国务院财政部门和其他有关部门制定。

第三十条 本条例自 2007 年 5 月 1 日起施行。

三、监　　察

中华人民共和国行政监察法

1. 1997 年 5 月 9 日第八届全国人民代表大会常务委员会第二十五次会议通过
2. 2010 年 6 月 25 日第十一届全国人民代表大会常务委员会第十五次会议修正
3. 修正后自 2010 年 10 月 1 日起施行

目　　录

第一章　总　　则
第二章　监察机关和监察人员
第三章　监察机关的职责
第四章　监察机关的权限
第五章　监察程序
第六章　法律责任
第七章　附　　则

第一章　总　　则

第一条 【立法目的】为了加强监察工作,保证政令畅通,维护行政纪律,促进廉政建设,改善行政管理,提高行政效能,根据宪法,制定本法。

第二条 【监察机关的概念】监察机关是人民政府行使监察职能的机关,依照本法对国家行政机关及其公务员和国家行政机关任命的其他人员实施监察。

第三条 【独立行使职权原则】监察机关依法行使职权,不受其他行政部门、社会团体和个人的干涉。

第四条 【实事求是原则与平等原则】监察工作必须坚持实事求是,重证据、重调查研究,在适用法律和行政纪律上人人平等。

第五条 【教育与惩处结合原则、监督检查与制度建设结合原则】监察工作应当实行教育与惩处相结合、监督检查与制度建设相结合。

第六条 【依靠群众原则】监察工作应当依靠群众。监察机关建立举报制度,公民、法人或者其他组织对于任何国家行政机关及其公务员和国家行政机关任命的其他人员的违反行政纪律行为,有权向监察机关提出控告或者检举。监察机关应当受理举报并依法调查处理;对实名举报的,应当将处理结果等情况予以回复。

监察机关应当对举报事项、举报受理情况以及与举报人相关的信息予以保密,保护举报人的合法权益,具体办法由国务院规定。

第二章　监察机关和监察人员

第七条 【监察机关的职权划分】国务院

监察机关主管全国的监察工作。

县级以上地方各级人民政府监察机关负责本行政区域内的监察工作,对本级人民政府和上一级监察机关负责并报告工作,监察业务以上级监察机关领导为主。

第八条 【派出机构和人员】县级以上各级人民政府监察机关根据工作需要,经本级人民政府批准,可以向政府所属部门派出监察机构或者监察人员。

监察机关派出的监察机构或者监察人员,对监察机关负责并报告工作。监察机关对派出的监察机构和监察人员实行统一管理,对派出的监察人员实行交流制度。

第九条 【监察人员的义务】监察人员必须遵纪守法,忠于职守,秉公执法,清正廉洁,保守秘密。

第十条 【监察人员的条件】监察人员必须熟悉监察业务,具备相应的文化水平和专业知识。

第十一条 【监察机关领导人员的任免】县级以上地方各级人民政府监察机关正职、副职领导人员的任命或者免职,在提请决定前,必须经上一级监察机关同意。

第十二条 【对监察人员的监督】监察机关对监察人员执行职务和遵守纪律实行监督的制度。

第十三条 【监察人员的权利】监察人员依法执行职务,受法律保护。

任何组织和个人不得拒绝、阻碍监察人员依法执行职务,不得打击报复监察人员。

第十四条 【监察回避】监察人员办理的监察事项与本人或者其近亲属有利害关系的,应当回避。

第三章 监察机关的职责

第十五条 【国家监察机关的管辖范围】国务院监察机关对下列机关和人员实施监察:

(一)国务院各部门及其公务员;

(二)国务院及国务院各部门任命的其他人员;

(三)省、自治区、直辖市人民政府及其领导人员。

第十六条 【地方监察机关的管辖范围】县级以上地方各级人民政府监察机关对下列机关和人员实施监察:

(一)本级人民政府各部门及其公务员;

(二)本级人民政府及本级人民政府各部门任命的其他人员;

(三)下一级人民政府及其领导人员。

县、自治县、不设区的市、市辖区人民政府监察机关还对本辖区所属的乡、民族乡、镇人民政府的公务员以及乡、民族乡、镇人民政府任命的其他人员实施监察。

第十七条 【管辖权的转移及管辖权争议的解决】上级监察机关可以办理下一级监察机关管辖范围内的监察事项;必要时也可以办理所辖各级监察机关管辖范围内的监察事项。

监察机关之间对管辖范围有争议的,由其共同的上级监察机关确定。

第十八条 【监察机关的职责】监察机关对监察对象执法、廉政、效能情况进行监察,履行下列职责:

(一)检查国家行政机关在遵守和执行法律、法规和人民政府的决定、命令中的问题;

(二)受理对国家行政机关及其公务员和国家行政机关任命的其他人员违反行政纪律行为的控告、检举;

(三)调查处理国家行政机关及其公务员和国家行政机关任命的其他人员违反行政纪律的行为;

(四)受理国家行政机关公务员和国家行政机关任命的其他人员不服主管行政机关给予处分决定的申诉,以及法律、行政法规规定的其他由监察机关受理的申诉;

(五)法律、行政法规规定由监察机关履行

的其他职责。

监察机关按照国务院的规定,组织协调、检查指导政务公开工作和纠正损害群众利益的不正之风工作。

第四章 监察机关的权限

第十九条 【监察措施一】监察机关履行职责,有权采取下列措施:

(一)要求被监察的部门和人员提供与监察事项有关的文件、资料、财务账目及其他有关的材料,进行查阅或者予以复制;

(二)要求被监察的部门和人员就监察事项涉及的问题作出解释和说明;

(三)责令被监察的部门和人员停止违反法律、法规和行政纪律的行为。

第二十条 【监察措施二】监察机关在调查违反行政纪律行为时,可以根据实际情况和需要采取下列措施:

(一)暂予扣留、封存可以证明违反行政纪律行为的文件、资料、财务账目及其他有关的材料;

(二)责令案件涉嫌单位和涉嫌人员在调查期间不得变卖、转移与案件有关的财物;

(三)责令有违反行政纪律嫌疑的人员在指定的时间、地点就调查事项涉及的问题作出解释和说明,但是不得对其实行拘禁或者变相拘禁;

(四)建议有关机关暂停有严重违反行政纪律嫌疑的人员执行职务。

第二十一条 【查询及冻结存款的权力】监察机关在调查贪污、贿赂、挪用公款等违反行政纪律的行为时,经县级以上监察机关领导人员批准,可以查询案件涉嫌单位和涉嫌人员在银行或者其他金融机构的存款;必要时,可以提请人民法院采取保全措施,依法冻结涉嫌人员在银行或者其他金融机构的存款。

第二十二条 【其他单位的协助义务】监察机关在办理违反行政纪律案件中,可以提请有关行政部门、机构予以协助。

被提请协助的行政部门、机构应当根据监察机关提请协助办理的事项和要求,在职权范围内予以协助。

第二十三条 【监察建议的适用情形】监察机关根据检查、调查结果,遇有下列情形之一的,可以提出监察建议:

(一)拒不执行法律、法规或者违反法律、法规以及人民政府的决定、命令,应当予以纠正的;

(二)本级人民政府所属部门和下级人民政府作出的决定、命令、指示违反法律、法规或者国家政策,应当予以纠正或者撤销的;

(三)给国家利益、集体利益和公民合法权益造成损害,需要采取补救措施的;

(四)录用、任免、奖惩决定明显不适当,应当予以纠正的;

(五)依照有关法律、法规的规定,应当给予行政处罚的;

(六)需要给予责令公开道歉、停职检查、引咎辞职、责令辞职、免职等问责处理的;

(七)需要完善廉政、勤政制度的;

(八)其他需要提出监察建议的。

第二十四条 【监察决定或监察建议的情形】监察机关根据检查、调查结果,遇有下列情形之一的,可以作出监察决定或者提出监察建议:

(一)违反行政纪律,依法应当给予警告、记过、记大过、降级、撤职、开除处分的;

(二)违反行政纪律取得的财物,依法应当没收、追缴或者责令退赔的。

对前款第(一)项所列情形作出监察决定或者提出监察建议的,应当按照国家有关人事管理权限和处理程序的规定办理。

第二十五条 【监察决定及监察建议的效力】监察机关依法作出的监察决定,有关部门和人员应当执行。监察机关依法提出的监察建议,有关部门无正当理由的,应当采纳。

第二十六条 【查询权】监察机关对监察事项涉及的单位和个人有权进行查询。

第二十七条 【信息公开义务】监察机关应当依法公开监察工作信息。

第二十八条 【列席权】监察机关的领导人员可以列席本级人民政府的有关会议，监察人员可以列席被监察部门的与监察事项有关的会议。

第二十九条 【奖励权】监察机关对控告、检举重大违法违纪行为的有功人员，可以依照有关规定给予奖励。

第五章　监察程序

第三十条 【检查程序】监察机关按照下列程序进行检查：

（一）对需要检查的事项予以立项；

（二）制定检查方案并组织实施；

（三）向本级人民政府或者上级监察机关提出检查情况报告；

（四）根据检查结果，作出监察决定或者提出监察建议。

重要检查事项的立项，应当报本级人民政府和上一级监察机关备案。

第三十一条 【调查处理程序】监察机关按照下列程序对违反行政纪律的行为进行调查处理：

（一）对需要调查处理的事项进行初步审查；认为有违反行政纪律的事实，需要追究行政纪律责任的，予以立案；

（二）组织实施调查，收集有关证据；

（三）有证据证明违反行政纪律，需要给予处分或者作出其他处理的，进行审理；

（四）作出监察决定或者提出监察建议。

重要、复杂案件的立案，应当报本级人民政府和上一级监察机关备案。

第三十二条 【案件的撤销】监察机关对于立案调查的案件，经调查认定不存在违反行政纪律事实的，或者不需要追究行政纪律责任的，应当予以撤销，并告知被调查单位及其上级部门或者被调查人员及其所在单位。

重要、复杂案件的撤销，应当报本级人民政府和上一级监察机关备案。

第三十三条 【结案期限】监察机关立案调查的案件，应当自立案之日起六个月内结案；因特殊原因需要延长办案期限的，可以适当延长，但是最长不得超过一年，并应当报上一级监察机关备案。

第三十四条 【听取陈述和申辩的义务】监察机关在检查、调查中应当听取被监察的部门和人员的陈述和申辩。

第三十五条 【重要监察决定和监察建议的上报义务】监察机关作出的重要监察决定和提出的重要监察建议，应当报经本级人民政府和上一级监察机关同意。国务院监察机关作出的重要监察决定和提出的重要监察建议，应当报经国务院同意。

第三十六条 【监察决定和监察的送达及执行】监察决定、监察建议应当以书面形式送达有关单位、人员。

监察机关对违反行政纪律的人员作出给予处分的监察决定，由人民政府人事部门或者有关部门按照人事管理权限执行。

人民政府人事部门或者有关部门应当将监察机关作出的给予处分的监察决定及其执行的有关材料归入受处分人员的档案。

第三十七条 【执行结果的通报】有关单位和人员应当自收到监察决定或者监察建议之日起三十日内将执行监察决定或者采纳监察建议的情况通报监察机关。

第三十八条 【处分决定的监察救济】国家行政机关公务员和国家行政机关任命的其他人员对主管行政机关作出的处分决定不服的，可以自收到处分决定之日起三十日内向监察机关提出申诉，监察机关应当自收到申诉之日起三十日内作出复查决定；对复查决定仍不服的,可以自收到复查决定之日起三十日内向上一级监察机关申请复核,上一级监察机关应当自收到复核申请之日起六十日内作出复核决定。

复查、复核期间,不停止原决定的执行。

第三十九条　【监察救济的方式】监察机关对受理的不服主管行政机关处分决定的申诉,经复查认为原决定不适当的,可以建议原决定机关予以变更或者撤销;监察机关在职权范围内,也可以直接作出变更或者撤销的决定。

法律、行政法规规定由监察机关受理的其他申诉,依照有关法律、行政法规的规定办理。

第四十条　【监察决定的救济】对监察决定不服的,可以自收到监察决定之日起三十日内向作出决定的监察机关申请复审,监察机关应当自收到复审申请之日起三十日内作出复审决定;对复审决定仍不服的,可以自收到复审决定之日起三十日内向上一级监察机关申请复核,上一级监察机关应当自收到复核申请之日起六十日内作出复核决定。

复审、复核期间,不停止原决定的执行。

第四十一条　【上级对下级的监督】上一级监察机关认为下一级监察机关的监察决定不适当的,可以责成下一级监察机关予以变更或者撤销,必要时也可以直接作出变更或者撤销的决定。

第四十二条　【最终决定权】上一级监察机关的复核决定和国务院监察机关的复查决定或者复审决定为最终决定。

第四十三条　【监察建议的救济】对监察建议有异议的,可以自收到监察建议之日起三十日内向作出监察建议的监察机关提出,监察机关应当自收到异议之日起三十日内回复;对回复仍有异议的,由监察机关提请本级人民政府或者上一级监察机关裁决。

第四十四条　【案件的移送】监察机关在办理监察事项中,发现所调查的事项不属于监察机关职责范围内的,应当移送有处理权的单位处理;涉嫌犯罪的,应当移送司法机关依法处理。

接受移送的单位或者机关应当将处理结果告知监察机关。

第六章　法律责任

第四十五条　【被监察机关和人员的违法情形】被监察的部门和人员违反本法规定,有下列行为之一的,由主管机关或者监察机关责令改正,对部门给予通报批评;对负有直接责任的主管人员和其他直接责任人员依法给予处分:

(一)隐瞒事实真相、出具伪证或者隐匿、转移、篡改、毁灭证据的;

(二)故意拖延或者拒绝提供与监察事项有关的文件、资料、财务账目及其他有关材料和其他必要情况的;

(三)在调查期间变卖、转移涉嫌财物的;

(四)拒绝就监察机关所提问题作出解释和说明的;

(五)拒不执行监察决定或者无正当理由拒不采纳监察建议的;

(六)有其他违反本法规定的行为,情节严重的。

第四十六条　【禁止泄露举报信息】泄露举报事项、举报受理情况以及与举报人相关的信息的,依法给予处分;构成犯罪的,依法追究刑事责任。

第四十七条　【禁止报复陷害】对申诉人、控告人、检举人或者监察人员进行报复陷害的,依法给予处分;构成犯罪的,依法追究刑事责任。

第四十八条　【禁止违法行使职权】监察人员滥用职权、徇私舞弊、玩忽职守、泄露秘密的,依法给予处分;构成犯罪的,依法追究刑事责任。

第四十九条　【国家赔偿的义务】监察机

关和监察人员违法行使职权,侵犯公民、法人和其他组织的合法权益,造成损害的,应当依法赔偿。

第七章 附 则

第五十条 【法律适用范围】监察机关对法律、法规授权的具有公共事务管理职能的组织及其从事公务的人员和国家行政机关依法委托从事公共事务管理活动的组织及其从事公务的人员实施监察,适用本法。

第五十一条 【生效与条例的废止】本法自公布之日起施行。1990年12月9日国务院发布的《中华人民共和国行政监察条例》同时废止。

中华人民共和国行政监察法实施条例

1. 2004年9月6日国务院第63次常务会议通过
2. 2004年9月17日中华人民共和国国务院令第419号公布
3. 自2004年10月1日起施行

目 录

第一章 总 则
第二章 派出的监察机构和监察人员
第三章 监察机关的权限
第四章 监察程序
第五章 附 则

第一章 总 则

第一条 根据《中华人民共和国行政监察法》(以下简称行政监察法),制定本条例。

第二条 国家行政机关和法律、法规授权的具有管理公共事务职能的组织以及国家行政机关依法委托的组织及其工勤人员以外的工作人员,适用行政监察法和本条例。

行政监察法第二条所称"国家行政机关任命的其他人员",是指企业、事业单位、社会团体中由国家行政机关以委任、派遣等形式任命的人员。

第三条 监察机关建立举报保密制度,对举报人的有关情况予以保密,严禁泄露举报人身份或者将举报材料、举报人情况透露给被举报单位、被举报人。

监察机关对控告、检举重大违法违纪行为的有功人员可以给予奖励。奖励的条件、标准,由监察机关会同同级人民政府财政部门制定。

第四条 监察机关根据工作需要,可以在国家行政机关、企业、事业单位、社会团体中聘请特邀监察员。聘请特邀监察员的具体办法由国务院监察机关规定。

第五条 监察机关履行职责所必需的经费,列入本级财政预算。

第二章 派出的监察机构和监察人员

第六条 监察机关派出的监察机构或者监察人员对派出它的监察机关负责并报告工作,并由派出它的监察机关实行统一管理。

在实行垂直管理的国家行政机关中,监察机关派出的监察机构根据工作需要,经派出它的监察机关批准,可以向驻在部门的下属行政机构再派出监察机构或者监察人员。

第七条 派出的监察机构或者监察人员履行下列职责:

(一)检查被监察的部门在遵守和执行法律、法规和人民政府的决定、命令中的问题;

(二)受理对被监察的部门和人员违反行政纪律行为的控告、检举;

(三)调查处理被监察的部门和人员违反行政纪律的行为;

(四)受理被监察人员不服行政处分决定或者行政处分复核决定的申诉;

(五)受理被监察人员不服监察决定的申诉;

(六)督促被监察的部门建立廉政、勤政方面的规章制度;

(七)办理派出它的监察机关交办的其他事项。

第八条 派出的监察机构或者监察人员行使与派出它的监察机关相同的权限。但是,地方各级监察机关派出的监察机构或者监察人员,以及在实行垂直管理的国家行政机关中派出的监察机构向驻在部门的下属行政机构再派出的监察机构或者监察人员行使行政监察法第二十条、第二十一条规定的权限,需经派出它的监察机关或者派出它的监察机构批准。

第九条 派出的监察机构或者监察人员履行职责,适用与监察机关履行职责相同的程序。

第三章 监察机关的权限

第十条 监察机关为履行职责,有权要求被监察的部门和人员全面、如实地提供与监察事项有关的文件、资料、财务账目以及其他有关的材料。

第十一条 监察机关在调查违反行政纪律行为时,可以暂予扣留、封存能够证明违反行政纪律行为的文件、资料、财务账目以及其他有关的材料。暂予扣留、封存时应当向文件、资料、财务账目等材料的持有人出具监察通知书,对暂予扣留、封存的材料开列清单,并由各方当事人当场核对、签字。

对暂予扣留、封存的文件、资料、财务账目以及其他有关的材料,监察机关应当妥善保管,不得毁损或者用于其他目的。

第十二条 对下列与案件有关的财物,监察机关有权责令案件涉嫌单位和涉嫌人员在调查期间妥善保管,不得毁损、变卖、转移:

(一)可以证明案件情况的财物;

(二)涉嫌违反行政纪律取得的财物;

(三)变卖、转移给他人有可能影响案件调查处理的财物。

监察机关在调查贪污、贿赂、挪用公款等违反行政纪律的行为时,经县级以上人民政府监察机关领导人员批准,可以暂予扣留与贪污、贿赂、挪用公款等有关的财物。

监察机关采取前两款规定的措施,应当出具监察通知书,对有关财物开列清单,并由各方当事人当场核对、签字。

第十三条 监察机关采取行政监察法第二十条第(三)项规定的措施,应当经县级以上人民政府监察机关领导人员批准。

经调查证明违反行政纪律的被监察人员涉嫌犯罪的,监察机关应当及时将案件移送司法机关依法处理。

第十四条 行政监察法第二十条第(四)项所称"暂停有严重违反行政纪律嫌疑的人员执行职务",是指有关机关根据监察机关的建议,暂时停止有严重违反行政纪律嫌疑的被监察人员的职务活动。

监察机关建议暂停执行职务的情形包括:

(一)有严重违反行政纪律嫌疑的被监察人员继续执行职务将造成不良影响,或者给工作造成损失的;

(二)有严重违反行政纪律嫌疑的被监察人员利用职权阻挠、干扰、破坏案件调查,或者威胁、利诱、打击报复控告人、检举人、证人、办案人员的。

监察机关建议暂停执行职务，应当制作监察通知书，并送达有关机关。有关机关应当在3日内作出是否暂停执行职务的决定。

对经调查核实不存在违反行政纪律事实或者不需要给予撤销以上行政处分的人员，监察机关应当在撤销案件或者作出行政处分决定后3日内书面通知有关机关解除暂停执行职务的措施，并在有关范围内宣布。

第十五条 行政监察法第二十条第（四）项所称"有关机关"，是指依法有权决定暂停有严重违反行政纪律嫌疑的被监察人员执行职务的机关。其中，对由全国人民代表大会及其常务委员会决定任命的人员暂停执行职务，由国务院决定；对由地方各级人民代表大会选举的人员暂停执行职务，由上级人民政府决定；对由地方各级人民代表大会常务委员会决定任命的人员，除对副省长、自治区副主席、副市长、副州长、副县长、副区长暂停执行职务由上级人民政府决定外，对其他人员暂停执行职务由本级人民政府决定。对上述人员以外的其他人员暂停执行职务，由其任免机关决定。

第十六条 监察机关采取行政监察法第十九条、第二十条、第二十一条所规定的措施，采取措施的条件消失后，监察机关应当及时解除措施。

第十七条 监察机关办理违法违纪案件，遇有下列情形之一的，可以提请公安机关、司法行政部门予以协助：

（一）需要向在押的犯罪嫌疑人、被执行刑罚的罪犯调查取证的；

（二）需要阻止与案件有关的人员出境的；

（三）需要协助收集、审查、判断或者认定证据的。

第十八条 监察机关办理违法违纪案件，遇有下列情形之一的，可以提请审计机关予以协助：

（一）需要对有关单位的财政、财务收支情况进行审计查证的；

（二）需要协助调查取证的。

第十九条 监察机关办理违法违纪案件，遇有下列情形之一的，可以提请税务、海关、工商行政管理、质量监督检验检疫等机关予以协助：

（一）需要协助调查取证的；

（二）需要协助收集、审查、判断或者认定证据的。

第二十条 监察机关提请公安、司法行政、审计、税务、海关、工商行政管理、质量监督检验检疫等机关予以协助，应当出具提请协助书，写明需要协助办理的事项和要求。

被提请协助的机关应当根据监察机关提请协助办理的事项和要求，在职权范围内予以协助。

第二十一条 行政监察法第二十三条第（二）项所称"本级人民政府所属部门和下级人民政府作出的决定、命令、指示违反法律、法规或者国家政策，应当予以纠正或者撤销"情形，是指：

（一）决定、命令、指示的内容与法律、法规、规章相抵触的；

（二）决定、命令、指示的发布，超越法定职权或者违反法律、法规、规章规定的程序的。

第二十二条 行政监察法第二十三条第（三）项所称"补救措施"，是指消除影响、恢复名誉、赔礼道歉、给予赔偿等补救措施。

第二十三条 行政监察法第二十三条第（四）项所称"录用、任免、奖惩决定明显不适当，应当予以纠正的"情形，是指：

（一）被录用、任命人员明显不符合所任职务的条件，或者不符合任职回避规定的；

（二）超越权限或者违反程序作出录用、任免、奖惩决定的；

（三）奖励明显不适当，或者处分畸轻畸重的。

第二十四条 监察机关对被监察人员作出给予行政处分的监察决定，按照下列规定进行：

（一）对由本级人民代表大会及其常务委员会决定任命的本级人民政府各部门领导人员和下一级人民代表大会及其常务委员会选举或者决定任命的人民政府领导人员，拟给予警告、记过、记大过、降级处分的，监察机关应当向本级人民政府提出处分意见，经本级人民政府批准后，由监察机关下达监察决定；拟给予撤职、开除处分的，先由本级人民政府或者下一级人民政府提请同级人民代表大会罢免职务，或者向同级人民代表大会常务委员会提请免去职务或者撤销职务后，由监察机关下达监察决定；

（二）对本级人民政府任命的人员，拟给予警告、记过、记大过、降级处分的，由监察机关直接作出监察决定，报本级人民政府备案；拟给予撤职、开除处分的，监察机关应当向本级人民政府提出处分意见，经本级人民政府批准后，由监察机关下达监察决定；

（三）对本级人民政府所属各部门和下一级人民政府及其所属各部门任命的人员，拟给予行政处分的，由监察机关直接作出监察决定。其中，县级人民政府监察机关给予被监察人员开除处分的，应当报县级人民政府批准。

第二十五条 监察机关对违反行政纪律的人员作出给予行政处分的监察决定后，由人民政府人事部门或者有关部门按照人事管理权限执行，并办理有关行政处分手续。

人民政府人事部门或者有关部门应当将监察机关作出的监察决定及其执行、办理的有关材料归入受处分人员的档案，并在适当范围内宣布。

第二十六条 监察机关根据检查、调查结果，对违反行政纪律取得的财物，可以作出没收、追缴或者责令退赔的监察决定，但依法应当由其他机关没收、追缴或者责令退赔的除外。

第二十七条 有关单位和人员对监察机关依法提出的监察建议应当采纳，但认为监察建议有下列情形之一的，可以提出异议：

（一）依据的事实不存在，或者证据不足的；

（二）适用法律、法规、规章错误的；

（三）提出的程序不合法的；

（四）涉及事项超出被建议单位或者人员法定职责范围的。

对有关单位或者人员提出的异议，监察机关应当予以审查。认为异议成立的，监察机关应当收回监察建议；认为异议不成立的，书面通知有关单位或者人员执行原监察建议。

第四章 监察程序

第二十八条 行政监察的检查事项，由监察机关根据本级人民政府或者上级监察机关的部署和要求以及工作需要确定。

行政监察法第二十九条第二款所称"重要检查事项"，是指根据本级人民政府或者上级监察机关的部署和要求确定的检查事项，或者监察机关认为在本行政区域内有重大影响而需要检查的事项。

第二十九条 对违反行政纪律行为进行初步审查，应当经监察机关领导人员批准。初步审查后，应当向监察机关领导人员提出报告，对存在违反行政纪律事实并且需要追究行政纪律责任的，经监察机关领导人员批准，予以立案。

第三十条 行政监察法第三十条第二款、第三十一条第二款所称"重要、复杂案件"，是指有下列情形之一的案件：

（一）本级人民政府所属部门或者下一级人民政府违法违纪的；

（二）需要给予本级人民政府所属部门领导人员或者下一级人民政府领导人员撤职以上处分的；

（三）社会影响较大的；

（四）涉及境外的。

第三十一条 监察机关决定立案调查的，

应当通知被调查单位的上级主管机关或者被调查人员所在单位，但通知后可能影响调查的，可以暂不通知。

监察机关已通知立案的，未经监察机关同意，被调查人员所在单位的上级主管机关或者所在单位不得批准被调查人员出境、辞职、办理退休手续或者对其调动、提拔、奖励、处分。

第三十二条 监察机关调查取证应当由两名以上办案人员进行，调查时应当向被调查单位和被调查人员出示证件。

第三十三条 办理监察事项的监察人员有下列情形之一的，应当自行回避，被监察人员以及与监察事项有利害关系的公民、法人或者其他组织有权要求其回避：

（一）是被监察人员的近亲属的；

（二）办理的监察事项与本人有利害关系的；

（三）与办理的监察事项有其他关系，可能影响监察事项公正处理的。

监察机关领导人员的回避由本级人民政府领导人员或者上一级监察机关领导人员决定，其他监察人员的回避由本级监察机关领导人员决定。

本级人民政府或者上一级监察机关发现监察人员有应当回避的情形，可以直接决定该人员回避。

第三十四条 因主要涉案人员出境、失踪，或者遇到严重自然灾害等不可抗力事件，致使调查工作无法进行的，监察机关的调查可以中止。

中止调查应当经监察机关领导人员批准，并报上一级监察机关备案。经本级人民政府备案的立案案件中止调查的，应当再报本级人民政府备案。中止调查的情形消失后，监察机关应当恢复调查。自恢复调查之日起，办案期限连续计算。

第三十五条 监察机关立案调查的案件，办案期限自立案之日起算，至作出监察决定或者提出监察建议之日终止。

在调查处理过程中发现被调查人员有新的违反行政纪律事实的，办案期限应当自发现新的违反行政纪律事实之日起重新计算。

第三十六条 行政监察法第三十二条所称"特殊原因"，是指下列情形：

（一）案件发生在交通不便的边远地区的；

（二）案件涉案人员多、涉及面广、取证困难的；

（三）案件所适用的法律、法规、规章需要报请有权机关作出解释或者确认的。

第三十七条 行政监察法第三十四条所称"重要监察决定"和"重要监察建议"，是指监察机关办理重要检查事项和重要、复杂案件所作出的监察决定和提出的监察建议。

重要监察决定和重要监察建议应当报经本级人民政府和上一级监察机关同意。本级人民政府和上一级监察机关意见不一致的，由上一级监察机关报同级人民政府决定。

第三十八条 监察决定自作出之日起生效；需批准的，自批准之日起生效。

监察决定书和监察建议书可以由监察机关直接送达有关单位和人员，也可以委托其他监察机关送达。受送达人在送达回证上的签收日期为送达日期。受送达人拒绝接收或者拒绝签名、盖章的，送达人应当邀请受送达人所在单位人员到场，见证现场情况，由送达人在送达回证上记明拒收事由和日期，由送达人、见证人签名或者盖章，将监察决定书和监察建议书留在受送达人的住所或者所在单位，即视为送达。

第三十九条 对主管行政机关作出的行政处分决定或者行政处分的复核决定不服的，可以向该主管行政机关同级的监察机关提出申诉。

第四十条 监察机关复查申诉案件，认为原决定事实清楚、证据确凿、适用法律法规章正确、定性准确、处理适当、程序合法的,予以维持。

第四十一条 监察机关复查申诉案件,认为原决定有下列情形之一的,可以在其职权范围内直接变更或者建议原决定机关变更;上一级监察机关认为下一级监察机关作出的监察决定有下列情形之一的,可以直接变更或者责令下一级监察机关变更:
（一）适用法律、法规、规章错误的;
（二）违法违纪行为的情节认定有误的;
（三）处理不适当的。

第四十二条 监察机关复查申诉案件,认为原决定有下列情形之一的,可以在其职权范围内直接撤销或者建议原决定机关撤销,决定撤销后,发回原决定机关重新作出决定;上一级监察机关认为下一级监察机关作出的监察决定有下列情形之一的,可以直接撤销或者责令下一级监察机关撤销,决定撤销后,责令下一级监察机关重新作出决定:
（一）违法违纪事实不存在,或者证据不足的;
（二）违反法定程序,影响案件公正处理的;
（三）超越职权或者滥用职权的。

第四十三条 监察机关移送案件,应当制作移送案件通知书。
接受移送的单位应当将处理结果按照监察机关移送案件通知书的要求,告知移送案件的监察机关。

第五章 附 则

第四十四条 本条例自2004年10月1日起施行。

第二部分　行政行为

一、抽象行政行为

中华人民共和国立法法

1. 2000 年 3 月 15 日第九届全国人民代表大会第三次会议通过
2. 2015 年 3 月 15 日第十二届全国人民代表大会第三次会议修正
3. 修正后自 2015 年 3 月 15 日起施行

导　读

实行法治，首先需要解决法治的前提和基础问题——立法问题。不仅需要制定系统、优良的法律、法规和规章，而且这些法律、法规和规章本身要合法，要符合法治原则的要求。从这个意义上说，立法法的制定，是实行依法治国、建设法治国家的一个前提性标志。故本法在宪法类法律中占有相当重要的位置。

目　录

第一章　总　则
第二章　法　律
　第一节　立法权限
　第二节　全国人民代表大会立法程序
　第三节　全国人民代表大会常务委员会立法程序
　第四节　法律解释
　第五节　其他规定
第三章　行政法规
第四章　地方性法规、自治条例和单行条例、规章
　第一节　地方性法规、自治条例和单行条例
　第二节　规　章
第五章　适用与备案审查
第六章　附　则

第一章　总　则

第一条　【立法目的】为了规范立法活动，健全国家立法制度，提高立法质量，完善中国特色社会主义法律体系，发挥立法的引领和推动作用，保障和发展社会主义民主，全面推进依法治国，建设社会主义法治国家，根据宪法，制定本法。

★**第二条　【适用范围】**法律、行政法规、地方性法规、自治条例和单行条例的制定、修改和废止，适用本法。

国务院部门规章和地方政府规章的制定、修改和废止，依照本法的有关规定执行。

◆**要点精解**

1. 我国是单一制国家，实行人民代表大会制度，实行统一而又分层次的立法层次。

2. 2015 年修改的《立法法》，将原来享有地方立法权的 49 个较大的市，扩大到所有设区的市，并将立法法中"较大的市"修改为"设区的市"；同时赋予广东省东莞市和中山市、甘肃

省嘉峪关市、海南省三沙市4个不设区的地级市以设区的市地方立法权。

3. 宪法的修改采用特殊程序，与一般立法程序不同，不属于本法的调整范围，应当按照宪法规定的程序进行。

★**第三条** 【立法原则】立法应当遵循宪法的基本原则，以经济建设为中心，坚持社会主义道路、坚持人民民主专政、坚持中国共产党的领导、坚持马克思列宁主义毛泽东思想邓小平理论，坚持改革开放。

◆要点精解

1. 对于社会主义初级阶段基本路线的规定，可概括为"一个中心、两个基本点"，即以经济建设为中心，坚持四项基本原则，坚持改革开放。其中，发展社会生产力是根本任务，坚持四项基本原则是立国之本，改革开放是解放和发展生产力的必由之路。

2. 宪法序言明规定了中国共产党的领导地位，党对国家事务的领导主要是政治领导，是路线、方针、政策的领导。

★**第四条** 【法制原则】立法应当依照法定的权限和程序，从国家整体利益出发，维护社会主义法制的统一和尊严。

◆要点精解

法律、行政法规、地方性法规、自治条例与单行条例以及部门规章规定事项的内容：

1. 对《立法法》第8条规定的涉及国家主权、基本政治制度和经济制度、公民的基本权利义务等11个方面的事项，只能制定法律，全国人大及其常委会具有专属立法权。

2. 行政法规可以就为执行法律的规定需要制定行政法规的事项、《宪法》第89条规定的国务院行政管理职权的事项，作出规定。

3. 地方性法规可以就为执行法律、行政法规的规定，需要根据本行政区域的实际情况作出具体规定的事项，属于地方性事务需要制定地方性法规的事项，作出规定。但是设区的市、自治州的地方立法权限限于城乡建设与管

理、环境保护、历史文化保护等方面的事项。

4. 民族自治地方的人民代表大会有权依照当地民族的政治、经济和文化的特点，制定自治条例和单行条例。自治条例与单行条例可以依照当地民族的特点，对法律和行政法规作出变通规定，但不得违背法律或行政法规的基本原则，不得对宪法和民族区域自治法的规定以及其他有关法律、行政法规专门就民族自治地方所作的规定作出变通规定。

5. 部门规章规定的事项应当属于执行法律或国务院的行政法规、决定、命令的事项。

第五条 【民主原则】立法应当体现人民的意志，发扬社会主义民主，坚持立法公开，保障人民通过多种途径参与立法活动。

第六条 【科学原则】立法应当从实际出发，适应经济社会发展和全面深化改革的要求，科学合理地规定公民、法人和其他组织的权利与义务、国家机关的权力与责任。

法律规范应当明确、具体，具有针对性和可执行性。

第二章 法 律

第一节 立法权限

★**第七条** 【法律立法权】全国人民代表大会和全国人民代表大会常务委员会行使国家立法权。

全国人民代表大会制定和修改刑事、民事、国家机构的和其他的基本法律。

全国人民代表大会常务委员会制定和修改除应当由全国人民代表大会制定的法律以外的其他法律；在全国人民代表大会闭会期间，对全国人民代表大会制定的法律进行部分补充和修改，但是不得同该法律的基本原则相抵触。

◆要点精解

全国人大与全国人大常委会是我国立法机关，二者的立法权限分工是：

1. 全国人大制定、修改基本法律。

2. 全国人大常委会制定、修改基本法律以外的法律(本章中的"法律"一词为狭义用法,仅指全国人大及其常委会制定的规范性文件)。

3. 全国人大常委会可以部分补充、修改基本法律,仅限于"部分"并非"全面"性的补充修改。全国人大常委会并不是对所有的基本法律都可以进行部分补充和修改,比如全国人大常委会无权部分补充、修改特别行政区基本法。

◆ 司考真题

◇2007年卷1第63题(多选)

根据1954年宪法和现行宪法有关立法的规定,下列哪些选项是正确的?

A. 1954年宪法规定全国人民代表大会是行使国家立法权的唯一机关

B. 现行宪法则规定全国人民代表大会和全国人民代表大会常务委员会行使国家立法权

C. 1954年宪法没有授予国务院制定行政法规的权力

D. 现行宪法则明确规定了国务院有根据宪法和法律制定行政法规的权力

答案:ABCD

◇2008年(四川延考)卷1第14题(单选)

下列法律中,哪一部不属于我国的基本法律?

A.《中华人民共和国人民法院组织法》

B.《中华人民共和国人民检察院组织法》

C.《中华人民共和国国家赔偿法》

D.《中华人民共和国刑法》

答案:C

★ **第八条** 【制定法律事项】下列事项只能制定法律:

(一)国家主权的事项;

(二)各级人民代表大会、人民政府、人民法院和人民检察院的产生、组织和职权;

(三)民族区域自治制度、特别行政区制度、基层群众自治制度;

(四)犯罪和刑罚;

(五)对公民政治权利的剥夺、限制人身自由的强制措施和处罚;

(六)税种的设立、税率的确定和税收征收管理等税收基本制度;

(七)对非国有财产的征收、征用;

(八)民事基本制度;

(九)基本经济制度以及财政、海关、金融和外贸的基本制度;

(十)诉讼和仲裁制度;

(十一)必须由全国人民代表大会及其常务委员会制定法律的其他事项。

◆ 要点精解

1. 第(10)项的仲裁制度是指民、商事领域的仲裁制度。

2. 注意法律保留的具体事项,有相对保留事项和绝对保留事项之分。

3. 教育制度不属于法律保留事项。

★ **第九条** 【授权制定行政法规】本法第八条规定的事项尚未制定法律的,全国人民代表大会及其常务委员会有权作出决定,授权国务院可以根据实际需要,对其中的部分事项先制定行政法规,但是有关犯罪和刑罚、对公民政治权利的剥夺和限制人身自由的强制措施和处罚、司法制度等事项除外。

◆ 相关法条

◇立法法

第六十五条 国务院根据宪法和法律,制定行政法规。

行政法规可以就下列事项作出规定:

(一)为执行法律的规定需要制定行政法规的事项;

(二)宪法第八十九条规定的国务院行政管理职权的事项。

应当由全国人民代表大会及其常务委员会制定法律的事项,国务院根据全国人民代表大会及其常务委员会的授权决定先制定的行政法规,经过实践检验,制定法律的条件成熟时,国务院应当及时提请全国人民代表大会及其常务委员会制定法律。

◆要点精解

1. 本条是授权国务院行政立法的规定,授权事项的范围是:

(1)授权的范围是全国人大及其常委会专属立法范围内的事项;

(2)该事项必须是全国人大及其常委会尚未制定法律予以调整的;

(3)该事项必须是由全国人大及其常委会制定法律的条件还不成熟;

(4)该事项应当是亟须制定法规予以调整的;

(5)该事项必须是可以授权的。

2. 注意本条规定中授权国务院先行制定行政法规的除外事项。

3. 法律的绝对保留事项,只有全国人大及其常委会才能成为授权主体:有关犯罪和刑罚、对公民政治权利的剥夺和限制人身自由的强制措施和处罚、司法制度等。

第十条 【授权规则】授权决定应当明确授权的目的、事项、范围、期限以及被授权机关实施授权决定应当遵循的原则等。

授权的期限不得超过五年,但是授权决定另有规定的除外。

被授权机关应当在授权期限届满的六个月以前,向授权机关报告授权决定实施的情况,并提出是否需要制定有关法律的意见;需要继续授权的,可以提出相关意见,由全国人民代表大会及其常务委员会决定。

第十一条 【授权终止】授权立法事项,经过实践检验,制定法律的条件成熟时,由全国人民代表大会及其常务委员会及时制定法律。法律制定后,相应立法事项的授权终止。

第十二条 【授权限制】被授权机关应当严格按照授权决定行使被授予的权力。

被授权机关不得将被授予的权力转授给其他机关。

★**第十三条 【暂时调整或暂时停止法律部分适用】**全国人民代表大会及其常务委员会可以根据改革发展的需要,决定就行政管理等领域的特定事项授权在一定期限内在部分地方暂时调整或者暂时停止适用法律的部分规定。

◆要点精解

并不是所有的改革事项都必须采取这一方式,有的改革事项经过充分论证,具备修改或者废止法律条件的,应当及时修改或废止,只有实践条件还不成熟、需要先行先试的,才能采取暂时调整或者暂时停止适用法律部分规定的方式。

第二节 全国人民代表大会立法程序

★**第十四条 【机构提案】**全国人民代表大会主席团可以向全国人民代表大会提出法律案,由全国人民代表大会会议审议。

全国人民代表大会常务委员会、国务院、中央军事委员会、最高人民法院、最高人民检察院、全国人民代表大会各专门委员会,可以向全国人民代表大会提出法律案,由主席团决定列入会议议程。

◆要点精解

不同提案主体,其提出法律案的程序不同:

1. 大会主席团提出法律案,要经主席团会议审议讨论并由主席团会议通过。

2. 全国人大常委会提出法律案,一般是由有关的提案主体向常委会提出,经常委会会议审议讨论,需要提请大会通过的,由常委会会议决定提请大会审议。

3. 专门委员会提出法律案,要经专门委员会全体会议审议通过。可以先向常委会提出,常委会会议审议修改后再向大会提出,也可以直接向大会提出。

4. 国务院、中央军事委员会、最高人民法院、最高人民检察院提出法律案,由本机关首长签署。可以先向全国人大常委会提出,经常委会审议修改后再向大会提出;也可以直接向大会提出。

★**第十五条 【代表团或代表提案】**一个代

表团或者三十名以上的代表联名,可以向全国人民代表大会提出法律案,由主席团决定是否列入会议议程,或者先交有关的专门委员会审议、提出是否列入会议议程的意见,再决定是否列入会议议程。

专门委员会审议的时候,可以邀请提案人列席会议,发表意见。

◆要点精解

代表团或者代表联名提出的法律案与机关提出的法律案在处理程序上有所不同:

1. 机关提出的法律案,直接由大会主席团决定列入会议议程。

2. 代表团或者代表联名提出的法律案:

(1) 由大会主席团决定是否列入会议议程;

(2) 对是否列入本次大会议程,不作决定,主席团可以先交有关的专门委员会审议、提出是否列入会议议程的意见,再由主席团决定是否列入会议议程。

第十六条 【闭会期的提案】向全国人民代表大会提出的法律案,在全国人民代表大会闭会期间,可以先向常务委员会提出,经常务委员会会议依照本法第二章第三节规定的有关程序审议后,决定提请全国人民代表大会审议,由常务委员会向大会全体会议作说明,或者由提案人向大会全体会议作说明。

常务委员会依照前款规定审议法律案时,应当通过多种形式征求全国人民代表大会代表的意见,并将有关情况予以反馈;专门委员会和常务委员会工作机构进行立法调研,可以邀请有关的全国人民代表大会代表参加。

★第十七条 【议案准备】常务委员会决定提请全国人民代表大会会议审议的法律案,应当在会议举行的一个月前将法律草案发给代表。

◆要点精解

全国人民代表大会常务委员会在全国人民代表大会会议举行前,进行下列准备工作:提出会议议程草案;提出主席团和秘书长名单草案;决定列席会议人员名单;会议的其他准备事项。

★第十八条 【代表团审议】列入全国人民代表大会会议议程的法律案,大会全体会议听取提案人的说明后,由各代表团进行审议。

各代表团审议法律案时,提案人应当派人听取意见,回答询问。

各代表团审议法律案时,根据代表团的要求,有关机关、组织应当派人介绍情况。

◆要点精解

1. 代表团是人大代表按照选举单位组成的参加大会的临时性组织。

2. 代表团的审议行为分为代表团全体会议审议和代表小组会议审议。

3. 代表团全体会议推选代表团团长、副团长。团长召集并主持代表团会议,副团长协助团长工作。

第十九条 【专委会审议】列入全国人民代表大会会议议程的法律案,由有关的专门委员会进行审议,向主席团提出审议意见,并印发会议。

第二十条 【审议报告】列入全国人民代表大会会议议程的法律案,由法律委员会根据各代表团和有关的专门委员会的审议意见,对法律案进行统一审议,向主席团提出审议结果报告和法律草案修改稿,对重要的不同意见应当在审议结果报告中予以说明,经主席团会议审议通过后,印发会议。

◆司考真题

◇2013年卷1第89题(多选)

根据《宪法》和法律的规定,关于立法权限和立法程序,下列选项正确的是:

A. 全国人大常委会在人大闭会期间,可以对全国人大制定的法律进行部分补充和修改,但不得同该法律的基本原则相抵触

B. 全国人大通过的法律由全国人民代表大会主席团予以公布

C. 全国人大法律委员会审议法律议案时，应邀请有关专门委员会的成员列席会议，发表意见

D. 列入全国人大常委会会议议程的法律案，除特殊情况外，应当在举行会议七日前将草案发给常委会组成人员

答案：AD

★**第二十一条** 【讨论】列入全国人民代表大会会议议程的法律案，必要时，主席团常务主席可以召开各代表团团长会议，就法律案中的重大问题听取各代表团的审议意见，进行讨论，并将讨论的情况和意见向主席团报告。

主席团常务主席也可以就法律案中的重大的专门性问题，召集代表团推选的有关代表进行讨论，并将讨论的情况和意见向主席团报告。

◆要点精解

1. 主席团的名单草案由全国人大常委会在全国人民代表大会会议举行前提出，经各代表团审议后，提请全国人大预备会议选举产生。

2. 主席团的职责主要有：

(1)提名由全国人民代表大会选举的国家机关领导人的人选，经各代表团酝酿协商后，再根据多数代表的意见确定正式候选人。

(2)决定属于全国人民代表大会职权范围内的议案提交审议，再决定是否列入大会议程。

(3)组织代表团审议列入大会议程的议案。

(4)决定对各代表团和代表在会议期间提出的罢免案、质询案的审议程序。

(5)决定会议进行选举的表决议案所采用的方式。

(6)由各代表团团长参加的主席团会议，决定代表大会是否有必要秘密进行。

(7)在大会期间决定人大代表是否受逮捕和刑事审判。

★**第二十二条** 【提案撤回】列入全国人民代表大会会议议程的法律案，在交付表决前，提案人要求撤回的，应当说明理由，经主席团同意，并向大会报告，对该法律案的审议即行终止。

◆相关法条

◇立法法

第四十条 列入常务委员会会议议程的法律案，在交付表决前，提案人要求撤回的，应当说明理由，经委员长会议同意，并向常务委员会报告，对该法律案的审议即行终止。

第五十五条 向全国人民代表大会及其常务委员会提出的法律案，在列入会议议程前，提案人有权撤回。

◆要点精解

1. 无论是向全国人大还是向其常委会提出的法律案，提案人均享有撤回权。

2. 因撤回时间不同（区分是否列入会议议程），撤回的程序也不同。

★**第二十三条** 【进一步审议】法律案在审议中有重大问题需要进一步研究的，经主席团提出，由大会全体会议决定，可以授权常务委员会根据代表的意见进一步审议，作出决定，并将决定情况向全国人民代表大会下次会议报告；也可以授权常务委员会根据代表的意见进一步审议，提出修改方案，提请全国人民代表大会下次会议审议决定。

★**第二十四条** 【表决与通过】法律草案修改稿经各代表团审议，由法律委员会根据各代表团的审议意见进行修改，提出法律草案表决稿，由主席团提请大会全体会议表决，由全体代表的过半数通过。

◆相关法条

◇立法法

第四十一条 法律草案修改稿经常务委员会会议审议，由法律委员会根据常务委员会组成人员的审议意见进行修改，提出法律草案表决稿，由委员长会议提请常务委员会全体会议表决，由常务委员会全体组成人员的过半数

通过。

法律草案表决稿交付常务委员会会议表决前,委员长会议根据常务委员会会议审议的情况,可以决定将个别意见分歧较大的重要条款提请常务委员会会议单独表决。

单独表决的条款经常务委员会会议表决后,委员长会议根据单独表决的情况,可以决定将法律草案表决稿交付表决,也可以决定暂不付表决,交法律委员会和有关的专门委员会进一步审议。

◆要点精解

全国人大与全国人大常委会通过基本法律和法律表决时,均由其组成人员的过半数而非出席人员的过半数通过。

★第二十五条 【公布】全国人民代表大会通过的法律由国家主席签署主席令予以公布。

◆相关法条
◇立法法
第四十四条 常务委员会通过的法律由国家主席签署主席令予以公布。

◆要点精解

1. 全国人大及其常委会通过的法律均由国家主席予以公布。

2. 注意,宪法的公布程序我国虽无明确规定,但长时间的修宪实践已形成由全国人大主席团公布宪法修正案的惯例。

3. 法律案必须经国家主席签发主席令公布,才算完成所有立法程序。法律案经国家主席公布,才能发生法律效力。

第三节 全国人民代表大会常务委员会立法程序

第二十六条 【机构提案】委员长会议可以向常务委员会提出法律案,由常务委员会会议审议。

国务院、中央军事委员会、最高人民法院、最高人民检察院、全国人民代表大会各专门委员会,可以向常务委员会提出法律案,由委员长会议决定列入常务委员会会议议程,或者先交有关的专门委员会审议、提出报告,再决定列入常务委员会会议议程。如果委员长会议认为法律案有重大问题需要进一步研究,可以建议提案人修改完善后再向常务委员会提出。

★第二十七条 【常委提案】常务委员会组成人员十人以上联名,可以向常务委员会提出法律案,由委员长会议决定是否列入常务委员会会议议程,或者先交有关的专门委员会审议、提出是否列入会议议程的意见,再决定是否列入常务委员会会议议程。不列入常务委员会会议议程的,应当向常务委员会会议报告或者向提案人说明。

专门委员会审议的时候,可以邀请提案人列席会议,发表意见。

◆要点精解

常务委员会提案"待遇"低于机构提案:前者要由委员长会议决定是否列入常务委员会会议议程,后者是由委员长会议决定列入常务委员会会议议程。

第二十八条 【议案准备和代表列席会议】列入常务委员会会议议程的法律案,除特殊情况外,应当在会议举行的七日前将法律草案发给常务委员会组成人员。

常务委员会会议审议法律案时,应当邀请有关的全国人民代表大会代表列席会议。

◆要点精解

该条第2款为新增内容,多加留意。

★第二十九条 【常委审议】列入常务委员会会议议程的法律案,一般应当经三次常务委员会会议审议后再交付表决。

常务委员会会议第一次审议法律案,在全体会议上听取提案人的说明,由分组会议进行初步审议。

常务委员会会议第二次审议法律案,在全体会议上听取法律委员会关于法律草案修改情况和主要问题的汇报,由分组会议进一步审议。

常务委员会会议第三次审议法律案，在全体会议上听取法律委员会关于法律草案审议结果的报告，由分组会议对法律草案修改稿进行审议。

常务委员会审议法律案时，根据需要，可以召开联组会议或者全体会议，对法律草案中的主要问题进行讨论。

◆要点精解

1."三读"是全国人大常委会通过法律的一般程序（第29条）。立法法确立的"三读通过"原则，即一次初审，二次二审，三次表决。

2."二读""一读"是例外（第30条）。

3.注意第30条"二读"与"一读"条件之异同。

第三十条　【三审制的例外情形】列入常务委员会会议议程的法律案，各方面意见比较一致的，可以经两次常务委员会会议审议后交付表决；调整事项较为单一或者部分修改的法律案，各方面的意见比较一致的，也可以经一次常务委员会会议审议即交付表决。

第三十一条　【分组审议】常务委员会分组会议审议法律案时，提案人应当派人听取意见，回答询问。

常务委员会分组会议审议法律案时，根据小组的要求，有关机关、组织应当派人介绍情况。

★第三十二条　【专委会审议】列入常务委员会会议议程的法律案，由有关的专门委员会进行审议，提出审议意见，印发常务委员会会议。

有关的专门委员会审议法律案时，可以邀请其他专门委员会的成员列席会议，发表意见。

◆要点精解

专门委员会审议法律议案通常有两种情况：

1.法律草案与本委员会有关，专门委员会对列入常委会议程的法律案主动进行审议，主要从法案的内容是否可行、结构是否正确、文字是否恰当等方面提出意见。

2.列入常委会议程的法律草案经过审议，委员长会议认为存在重大问题，决定交有关的专门委员会进一步调查研究提出审议意见，再决定提交以后的常委会审议通过。

第三十三条　【法律委员会审议】列入常务委员会会议议程的法律案，由法律委员会根据常务委员会组成人员、有关的专门委员会的审议意见和各方面提出的意见，对法律案进行统一审议，提出修改情况的汇报或者审议结果报告和法律草案修改稿，对重要的不同意见应当在汇报或者审议结果报告中予以说明。对有关的专门委员会的审议意见没有采纳的，应当向有关的专门委员会反馈。

法律委员会审议法律案时，应当邀请有关的专门委员会的成员列席会议，发表意见。

★第三十四条　【说明情况】专门委员会审议法律案时，应当召开全体会议审议，根据需要，可以要求有关机关、组织派有关负责人说明情况。

◆要点精解

1.该条中"有关机关、组织"不单是指提案机关，也可能是与法律草案中某些规定有关的其他机关、组织。

2.该条中要求有关机关、组织"派有关负责人"说明情况，强调派主管这方面业务工作的负责人到会即可，不一定是该机关、组织的主要领导人。

第三十五条　【专委会分歧处理】专门委员会之间对法律草案的重要问题意见不一致时，应当向委员长会议报告。

★第三十六条　【法律案完善过程】列入常务委员会会议议程的法律案，法律委员会、有关的专门委员会和常务委员会工作机构应当听取各方面的意见。听取意见可以采取座谈会、论证会、听证会等多种形式。

法律案有关问题专业性较强,需要进行可行性评价的,应当召开论证会,听取有关专家、部门和全国人民代表大会代表等方面的意见。论证情况应当向常务委员会报告。

法律案有关问题存在重大意见分歧或者涉及利益关系重大调整,需要进行听证的,应当召开听证会,听取有关基层和群体代表、部门、人民团体、专家、全国人民代表大会代表和社会有关方面的意见。听证情况应当向常务委员会报告。

常务委员会工作机构应当将法律草案发送相关领域的全国人民代表大会代表、地方人民代表大会常务委员会以及有关部门、组织和专家征求意见。

◆要点精解

本次《立法法》修改对于听证会的规定进行了完善:

1. 明确必须召开听证会的情形。
2. 对听证会的陈述人的选择作了规定。
3. 规定听证会举行后,形成的听证报告要向常委会报告。

第三十七条 【草案向社会公布征求意见】列入常务委员会会议议程的法律案,应当在常务委员会会议后将法律草案及其起草、修改的说明等向社会公布,征求意见,但是经委员长会议决定不公布的除外。向社会公布征求意见的时间一般不少于三十日。征求意见的情况应当向社会通报。

◆司考真题

◇2011年卷1第61题(多选)

根据《宪法》和《立法法》的规定,关于全国人大常委会委员长会议,下列哪些选项是正确的?

A. 委员长会议可以向常委会提出法律案
B. 列入常委会会议议程的法律案,一般应当经3次委员长会议审议后再交付常委会表决
C. 经委员长会议决定,可以将列入常委会会议议程的法律案草案公布,征求意见
D. 专门委员会之间对法律草案的重要问题意见不一致时,应当向委员长会议报告

答案:AD

第三十八条 【意见与资料】列入常务委员会会议议程的法律案,常务委员会工作机构应当收集整理分组审议的意见和各方面提出的意见以及其他有关资料,分送法律委员会和有关的专门委员会,并根据需要,印发常务委员会议。

★**第三十九条** 【法律案通过前评估】拟提请常务委员会会议审议通过的法律案,在法律委员会提出审议结果报告前,常务委员会工作机构可以对法律草案中主要制度规范的可行性、法律出台时机、法律实施的社会效果和可能出现的问题等进行评估。评估情况由法律委员会在审议结果报告中予以说明。

◆要点精解

1. 通过前评估作为民主立法、科学立法的一项创新举措,在提高立法质量,增强立法的可操作性等方面,发挥了很好的作用。
2. 评估情况,作为法律草案是否成熟可行,是否适宜提请常委会会议表决通过的重要参考意见,要在法律委员会的审议结果报告中予以反映。

★**第四十条** 【列入常委会议程的法律案的撤回】列入常务委员会会议议程的法律案,在交付表决前,提案人要求撤回的,应当说明理由,经委员长会议同意,并向常务委员会报告,对该法律案的审议即行终止。

◆要点精解

1. 法律案列入常委会会议议程前,提案人撤回,即时生效,不列入会议议程。
2. 法律案已进入会议议程,但并未交付表决,如果提案人是常委会组成人员10人以上联名,必须是原提案人全体或过半数以上提出请求;如果是由两个以上机关提出,也需协商一致,共同向常委会提出撤回请求;提案人撤回法律案要说明理由,经委员长会议同意向常委会报告后,对该法律案的审议才终止。

★**第四十一条** 【表决通过和单独表决】法律草案修改稿经常务委员会会议审议，由法律委员会根据常务委员会组成人员的审议意见进行修改，提出法律草案表决稿，由委员长会议提请常务委员会全体会议表决，由常务委员会全体组成人员的过半数通过。

法律草案表决稿交付常务委员会会议表决前，委员长会议根据常务委员会会议审议的情况，可以决定将个别意见分歧较大的重要条款提请常务委员会会议单独表决。

单独表决的条款经常务委员会会议表决后，委员长会议根据单独表决的情况，可以决定将法律草案表决稿交付表决，也可以决定暂不付表决，交法律委员会和有关的专门委员会进一步审议。

◆要点精解

1.适用单独表决的实体条件是：个别条款原则、意见分歧较大原则、重要条款原则。

程序条件是：由委员长会议决定，提请常委会会议表决。

2.重要条款单独表决制度与立法修正案制度的区别：

(1)性质上：单独表决制度是一项表决制度；立法修正案制度是在审议过程中对原案条款提出修正，本质上是一项审议制度。

(2)程序上：单独表决制度是对现有审议和表决制度的补充；立法修正案制度尚无较为明确的制度规范，有待在人民代表大会制度和立法制度进一步发展的基础上加以完善。

(3)法律效果：无论单独表决结果如何，不直接涉及对原案的修改，而是由委员长会议视情况决定下一步的立法程序；立法修正案如获通过，则原案的相关条款必须按照修正案的内容进行修改。

★**第四十二条** 【法律案终止审议】列入常务委员会会议审议的法律案，因各方面对制定该法律的必要性、可行性等重大问题存在较大意见分歧搁置审议满两年的，或者因暂不付表决经过两年没有再次列入常务委员会会议程审议的，由委员长会议向常务委员会报告，该法律案终止审议。

◆要点精解

如果在这两年期间，常委会对该法律案又进行了审议，审议后又被搁置或者暂不付表决，计算时间应当从再一次被搁置或者决定暂不交付表决时计算。

第四十三条 【分别表决】对多部法律中涉及同类事项的个别条款进行修改，一并提出法律案的，经委员长会议决定，可以合并表决，也可以分别表决。

第四十四条 【公布】常务委员会通过的法律由国家主席签署主席令予以公布。

第四节 法律解释

★**第四十五条** 【法律解释权】法律解释权属于全国人民代表大会常务委员会。

法律有以下情况之一的，由全国人民代表大会常务委员会解释：

(一)法律的规定需要进一步明确具体含义的；

(二)法律制定后出现新的情况，需要明确适用法律依据的。

◆要点精解

1.法律解释权由全国人大常委会独享。

2.注意法律需要解释的两种情形。

3.法律解释可以分为正式解释与非正式解释。正式解释包含立法解释与应用解释；非正式解释包含学理解释与普法解释。(本节规定的法律解释，是指正式解释中的立法解释)

4.法律解释的程序：提出法律解释要求；研究拟订法律解释方案；审议法律解释草案；表决法律解释草案、公布法律解释。

★**第四十六条** 【法律解释要求的提出】国务院、中央军事委员会、最高人民法院、最高人民检察院和全国人民代表大会各专门委员会以及省、自治区、直辖市的人民代表大会常务委员会可以向全国人民代表大会常务委员会提出法律解释要求。

◆要点精解
1. 有权提出法律解释要求的有六大主体。
2. 注意与向全国人大及其常委会提出法律案的主体相比较，不要混淆。

第四十七条【草案与议程】常务委员会工作机构研究拟订法律解释草案，由委员长会议决定列入常务委员会会议议程。

★**第四十八条**【审议】法律解释草案经常务委员会会议审议，由法律委员会根据常务委员会组成人员的审议意见进行审议、修改，提出法律解释草案表决稿。

◆要点精解
本条只规定法律委员会要对法律草案进行审议，对其他专门委员会是否进行审议，没有明确规定。

★**第四十九条**【通过与公布】法律解释草案表决稿由常务委员会全体组成人员的过半数通过，由常务委员会发布公告予以公布。

◆要点精解
1. 法律解释草案一般实行一审制，如果问题比较复杂也可以实行二审制。
2. 注意法律解释草案由常务委员会发布公告予以公布，并不是由主席签署公布。

第五十条【效力】全国人民代表大会常务委员会的法律解释同法律具有同等效力。

第五节 其他规定

第五十一条【发挥人大在立法工作中的主导作用】全国人民代表大会及其常务委员会加强对立法工作的组织协调，发挥在立法工作中的主导作用。

第五十二条【立法规划和年度立法计划】全国人民代表大会常务委员会通过立法规划、年度立法计划等形式，加强对立法工作的统筹安排。编制立法规划和年度立法计划，应当认真研究代表议案和建议，广泛征集意见，科学论证评估，根据经济社会发展和民主法治建设的需要，确定立法项目，提高立法的及时性、针对性和系统性。立法规划和年度立法计划由委员长会议通过并向社会公布。

全国人民代表大会常务委员会工作机构负责编制立法规划和拟订年度立法计划，并按照全国人民代表大会常务委员会的要求，督促立法规划和年度立法计划的落实。

★**第五十三条**【起草法律草案】全国人民代表大会有关的专门委员会、常务委员会工作机构应当提前参与有关方面的法律草案起草工作；综合性、全局性、基础性的重要法律草案，可以由有关的专门委员会或者常务委员会工作机构组织起草。

专业性较强的法律草案，可以吸收相关领域的专家参与起草工作，或者委托有关专家、教学科研单位、社会组织起草。

◆要点精解
本条是对专门委员会、常委会工作机构如何开展法律草案起草工作作出的新规定。

第五十四条【提出法律配套的文件资料】提出法律案，应当同时提出法律草案文本及其说明，并提供必要的参阅资料。修改法律的，还应当提交修改前后的对照文本。法律草案的说明应当包括制定或者修改法律的必要性、可行性和主要内容，以及起草过程中对重大分歧意见的协调处理情况。

第五十五条【撤回提案权】向全国人民代表大会及其常务委员会提出的法律案，在列入会议议程前，提案人有权撤回。

★**第五十六条**【重新提案】交付全国人民代表大会及其常务委员会全体会议表决未获得通过的法律案，如果提案人认为必须制定该法律，可以按照法律规定的程序重新提出，由主席团、委员长会议决定是否列入会议议程；其中，未获得全国人民代表大会通过的法律案，应当提请全国人民代表大会审议决定。

◆要点精解

重新提出法律案的程序：

1. 原来是向代表大会提出的，仍然向代表大会提出；

2. 原来是向常委会提出的，可以直接向大会提出，由大会作出决定。

第五十七条 【施行日期】法律应当明确规定施行日期。

第五十八条 【公布与刊载】签署公布法律的主席令载明该法律的制定机关、通过和施行日期。

法律签署公布后，及时在全国人民代表大会常务委员会公报和中国人大网以及在全国范围内发行的报纸上刊载。

在常务委员会公报上刊登的法律文本为标准文本。

★**第五十九条** 【修改和废止】法律的修改和废止程序，适用本章的有关规定。

法律被修改的，应当公布新的法律文本。

法律被废止的，除由其他法律规定废止该法律的以外，由国家主席签署主席令予以公布。

◆要点精解

注意，关于特别行政区基本法的修改，基本法规定了专门的修改程序，所以本法的有关规定不适用于特别行政区基本法的修改。

第六十条 【法律草案与其他法律的衔接】法律草案与其他法律相关规定不一致的，提案人应当予以说明并提出处理意见，必要时应当同时提出修改或者废止其他法律相关规定的议案。

法律委员会和有关的专门委员会审议法律案时，认为需要修改或者废止其他法律相关规定的，应当提出处理意见。

第六十一条 【体例】法律根据内容需要，可以分编、章、节、条、款、项。

编、章、节、条的序号用中文数字依次表述，款不编序号，项的序号用中文数字加括号依次表述，目的序号用阿拉伯数字依次表述。

法律标题的题注应当载明制定机关、通过日期。经过修改的法律，应当依次载明修改机关、修改日期。

★**第六十二条** 【专门事项配套规定】法律规定明确要求有关国家机关对专门事项作出配套的具体规定的，有关国家机关应当自法律施行之日起一年内作出规定，法律对配套的具体规定制定期限另有规定的，从其规定。有关国家机关未能在期限内作出配套的具体规定的，应当向全国人民代表大会常务委员会说明情况。

◆要点精解

配套的具体规定制定主体非常广泛，主要有国务院、中央军委、国务院所属有关部门、有地方立法权的地方人大常委会、有地方规章制定权的地方人民政府。

第六十三条 【立法后评估】全国人民代表大会有关的专门委员会、常务委员会工作机构可以组织对有关法律或者法律中有关规定进行立法后评估。评估情况应当向常务委员会报告。

★**第六十四条** 【法律询问】全国人民代表大会常务委员会工作机构可以对有关具体问题的法律询问进行研究予以答复，并报常务委员会备案。

◆要点精解

实践中总结的法律询问的范围：

(1) 国务院所属机构在执行法律过程中提出的具体法律问题；

(2) 最高人民法院、最高人民检察院的工作机构在司法过程中提出的具体法律问题；

(3) 省、自治区、直辖市人大常委会工作机构在工作中提出的具体法律问题；

(4) 向全国人大常委会提出的法律解释要求，经研究不需要进行法律解释、可以采用法律询问答复的问题；

(5) 全国人大常委会领导交办的其他需要

研究答复的问题。

第三章 行政法规

★**第六十五条**【行政法规立法权】国务院根据宪法和法律,制定行政法规。

行政法规可以就下列事项作出规定:

(一)为执行法律的规定需要制定行政法规的事项;

(二)宪法第八十九条规定的国务院行政管理职权的事项。

应当由全国人民代表大会及其常务委员会制定法律的事项,国务院根据全国人民代表大会及其常务委员会的授权决定先制定的行政法规,经过实践检验,制定法律的条件成熟时,国务院应当及时提请全国人民代表大会及其常务委员会制定法律。

◆**要点精解**

国务院既可以进行执行性立法和补充性立法(为执行法律),也可以进行自主性立法(为履行行政管理职权),还有权进行授权性立法(根据授权)。

第六十六条【国务院年度立法计划和行政法规立项】国务院法制机构应当根据国家总体工作部署拟订国务院年度立法计划,报国务院审批。国务院年度立法计划中的法律项目应当与全国人民代表大会常务委员会的立法规划和年度立法计划相衔接。国务院法制机构应当及时跟踪了解国务院各部门落实立法计划的情况,加强组织协调和督促指导。

国务院有关部门认为需要制定行政法规的,应当向国务院报请立项。

第六十七条【起草与听取意见】行政法规由国务院有关部门或者国务院法制机构具体负责起草,重要行政管理的法律、行政法规草案由国务院法制机构组织起草。行政法规在起草过程中,应当广泛听取有关机关、组织、人民代表大会代表和社会公众的意见。听取意见可以采取座谈会、论证会、听证会等多种形式。

行政法规草案应当向社会公布,征求意见,但是经国务院决定不公布的除外。

★**第六十八条**【审查】行政法规起草工作完成后,起草单位应当将草案及其说明、各方面对草案主要问题的不同意见和其他有关资料送国务院法制机构进行审查。

国务院法制机构应当向国务院提出审查报告和草案修改稿,审查报告应当对草案主要问题作出说明。

◆**要点精解**

行政法规送审稿有下列情形之一的,国务院法制机构可以缓办或退回起草部门:

1. 制定行政法规的基本条件尚不成熟的;

2. 有关部门对行政法规送审稿规定的主要制度存在较大争议,起草部门未与有关部门协商的;

3. 上报的行政法规送审稿、说明等不符合要求,报送的材料不齐备等。

★**第六十九条**【决定程序】行政法规的决定程序依照中华人民共和国国务院组织法的有关规定办理。

◆**要点精解**

国务院实行总理负责制,不实行少数服从多数的合意表决制。

★**第七十条**【公布】行政法规由总理签署国务院令公布。

有关国防建设的行政法规,可以由国务院总理、中央军事委员会主席共同签署国务院、中央军事委员会令公布。

◆**要点精解**

我国法律由国家主席签署主席令予以公布;行政法规的公布权属于总理;地方性法规由代表大会主席团或者常委会公告公布;规章由部长首长或地方政府首长签署公布。

第七十一条【刊载与文本】行政法规签署公布后,及时在国务院公报和中国政府法制信息网以及在全国范围内发行的报纸上刊载。

在国务院公报上刊登的行政法规文本为标准文本。

◆司考真题

◇2013年卷1第87题(多选)

关于我国立法和法的渊源的表述,下列选项不正确的是:

A. 从法的渊源上看,"法律"仅指全国人大及其常委会制定的规范性文件

B. 公布后的所有法律、法规均以在《国务院公报》上刊登的文本为标准文本

C. 行政法规和地方性法规均可采取"条例"、"规定"、"办法"等名称

D. 所有法律议案(法律案)都必须交由全国人大常委会审议、表决通过

答案:BD

第四章 地方性法规、自治条例和单行条例、规章

第一节 地方性法规、自治条例和单行条例

★**第七十二条** 【地方立法】省、自治区、直辖市的人民代表大会及其常务委员会根据本行政区域的具体情况和实际需要,在不同宪法、法律、行政法规相抵触的前提下,可以制定地方性法规。

设区的市的人民代表大会及其常务委员会根据本市的具体情况和实际需要,在不同宪法、法律、行政法规和本省、自治区的地方性法规相抵触的前提下,可以对城乡建设与管理、环境保护、历史文化保护等方面的事项制定地方性法规,法律对设区的市制定地方性法规的事项另有规定的,从其规定。设区的市的地方性法规须报省、自治区的人民代表大会常务委员会批准后施行。省、自治区的人民代表大会常务委员会对报请批准的地方性法规,应当对其合法性进行审查,同宪法、法律、行政法规和本省、自治区的地方性法规不抵触的,应当在四个月内予以批准。

省、自治区的人民代表大会常务委员会在对报请批准的设区的市的地方性法规进行审查时,发现其同本省、自治区的人民政府的规章相抵触的,应当作出处理决定。

除省、自治区的人民政府所在地的市,经济特区所在地的市和国务院已经批准的较大的市以外,其他设区的市开始制定地方性法规的具体步骤和时间,由省、自治区的人民代表大会常务委员会综合考虑本省、自治区所辖的设区的市的人口数量、地域面积、经济社会发展情况以及立法需求、立法能力等因素确定,并报全国人民代表大会常务委员会和国务院备案。

自治州的人民代表大会及其常务委员会可以依照本条第二款规定行使设区的市制定地方性法规的职权。自治州开始制定地方性法规的具体步骤和时间,依照前款规定确定。

省、自治区的人民政府所在地的市,经济特区所在地的市和国务院已经批准的较大的市已经制定的地方性法规,涉及本条第二款规定事项范围以外的,继续有效。

◆要点精解

有权制定地方法规的立法主体共有六类:

(1)省、自治区、直辖市的人大及其常委会;

(2)省、自治区的人民政府所在地的市的人大及其常委会;

(3)经济特区所在地的市的人大及其常委会;

(4)经国务院批准的较大的市的人大及其常委会;

(5)设区的市、自治州人大及其常委会;

(6)此外根据全国人大关于修改立法法的决定,广东省东莞市和中山市、甘肃省嘉峪关市、海南省三沙市,比照适用有关赋予设区的市地方立法权规定。

★**第七十三条** 【地方性法规规定的事项】地方性法规可以就下列事项作出规定:

(一)为执行法律、行政法规的规定,需要

根据本行政区域的实际情况作具体规定的事项；

（二）属于地方性事务需要制定地方性法规的事项。

除本法第八条规定的事项外，其他事项国家尚未制定法律或者行政法规的，省、自治区、直辖市和设区的市、自治州根据本地方的具体情况和实际需要，可以先制定地方性法规。在国家制定的法律或者行政法规生效后，地方性法规同法律或者行政法规相抵触的规定无效，制定机关应当及时予以修改或者废止。

设区的市、自治州根据本条第一款、第二款制定地方性法规，限于本法第七十二条第二款规定的事项。

制定地方性法规，对上位法已经明确规定的内容，一般不作重复性规定。

第七十四条　【特区授权立法】 经济特区所在地的省、市的人民代表大会及其常务委员会根据全国人民代表大会的授权决定，制定法规，在经济特区范围内实施。

◆要点精解

1. 经济特区所在省的人大及其常委会既可以制定地方性法规，也可以制定经济特区法规；经济特区所在市的人大及其常委会既可以制定地方性法规，也可以制定经济特区法规。

2. 经济特区所在省的人大及其常委会制定的经济特区法规并非在全省适用，而是仅在经济特区所在市适用。

3. 经济特区法规区别于地方性法规，它可以对上位法作出变通规定。

★**第七十五条　【民族自治立法】** 民族自治地方的人民代表大会有权依照当地民族的政治、经济和文化的特点，制定自治条例和单行条例。自治区的自治条例和单行条例，报全国人民代表大会常务委员会批准后生效。自治州、自治县的自治条例和单行条例，报省、自治区、直辖市的人民代表大会常务委员会批准后生效。

自治条例和单行条例可以依照当地民族的特点，对法律和行政法规的规定作出变通规定，但不得违背法律或者行政法规的基本原则，不得对宪法和民族区域自治法的规定以及其他有关法律、行政法规专门就民族自治地方所作的规定作出变通规定。

◆要点精解

1. 掌握自治条例、单行条例报批程序（本条第1款）。

2. 注意自治条例、单行条例变通规定权的几个限制（本条第2款）。

3. 有权制定自治条例、单行条例的主体包括自治区、自治州、自治县的人民代表大会，特别注意：不包括其相应的人大常委会。

4. 注意自治县的单行条例、自治条例也是报省级人大常委会批准，而非报自治州的人大常委会批准。

5. 对于自治条例与单行条例有关的变通规定是否适当，则由上级人大常委会进行审查。

★**第七十六条　【特别重大事项的地方立法】** 规定本行政区域特别重大事项的地方性法规，应当由人民代表大会通过。

◆要点精解

1. 注意只能由地方人大而非地方人大常委会通过的事项。

2. 该规定仅规定了特别重大的事项应由地方人大通过，但地方人大制定地方性法规的权限，并不限于此，对于属于地方人大职权范围内的其他事项，地方人大也可以制定地方性法规。

★**第七十七条　【提案及其审议和表决】** 地方性法规案、自治条例和单行条例案的提出、审议和表决程序，根据中华人民共和国地方各级人民代表大会和地方各级人民政府组织法，参照本法第二章第二节、第三节、第五节的规定，由本级人民代表大会规定。

地方性法规草案由负责统一审议的机构提出审议结果的报告和草案修改稿。

◆ 要点精解

1. 在地方人民代表大会会议期间，大会主席团、常委会、各专门委员会、本级人民政府以及代表10人以上联名，可以向本级人大提出属于本级人大职权范围内的议案。

2. 在人民代表大会闭会期间，常委会主任会议、本级人民政府、人大各专门委员会以及常委会组成人员5人以上联名可以向本级人大常委会提出属于本级人大常委会职权范围内的议案。

★**第七十八条** 【公布】省、自治区、直辖市的人民代表大会制定的地方性法规由大会主席团发布公告予以公布。

省、自治区、直辖市的人民代表大会常务委员会制定的地方性法规由常务委员会发布公告予以公布。

设区的市、自治州的人民代表大会及其常务委员会制定的地方性法规报经批准后，由设区的市、自治州的人民代表大会常务委员会发布公告予以公布。

自治条例和单行条例报经批准后，分别由自治区、自治州、自治县的人民代表大会常务委员会发布公告予以公布。

◆ 要点精解

本条规定了不同法律文件的公告、公布机关不同。

第七十九条 【刊载与文本】地方性法规、自治区的自治条例和单行条例公布后，及时在本级人民代表大会常务委员会公报和中国人大网、本地方人民代表大会网站以及在本行政区域范围内发行的报纸上刊载。

在常务委员会公报上刊登的地方性法规、自治条例和单行条例文本为标准文本。

第二节 规　章

★**第八十条** 【规章制定权】国务院各部、委员会、中国人民银行、审计署和具有行政管理职能的直属机构，可以根据法律和国务院的行政法规、决定、命令，在本部门的权限范围内，制定规章。

部门规章规定的事项应当属于执行法律或者国务院的行政法规、决定、命令的事项。没有法律或者国务院的行政法规、决定、命令的依据，部门规章不得设定减损公民、法人和其他组织权利或者增加其义务的规范，不得增加本部门的权力或者减少本部门的法定职责。

◆ 要点精解

根据法不溯及既往原则，已经制定的部门规章，没有法律或国务院的行政法规、决定、命令的依据，设定权利义务，在没有违反上位法的禁止性规定的前提下，这些设定权利义务的规定仍然是有效的，但需要根据立法法的精神和国务院的部署及时进行清理。

第八十一条 【联合制定】涉及两个以上国务院部门职权范围的事项，应当提请国务院制定行政法规或者由国务院有关部门联合制定规章。

★**第八十二条** 【地方政府规章】省、自治区、直辖市和设区的市、自治州的人民政府，可以根据法律、行政法规和本省、自治区、直辖市的地方性法规，制定规章。

地方政府规章可以就下列事项作出规定：

（一）为执行法律、行政法规、地方性法规的规定需要制定规章的事项；

（二）属于本行政区域的具体行政管理事项。

设区的市、自治州的人民政府根据本条第一款、第二款制定地方政府规章，限于城乡建设与管理、环境保护、历史文化保护等方面的事项。已经制定的地方政府规章，涉及上述事项范围以外的，继续有效。

除省、自治区的人民政府所在地的市，经济特区所在地的市和国务院已经批准的较大的市以外，其他设区的市、自治州的人民政府开始制定规章的时间，与本省、自治区人民代表大会常务委员会确定的本市、自治州开始制定地方性法规的时间同步。

应当制定地方性法规但条件尚不成熟的，

因行政管理迫切需要，可以先制定地方政府规章。规章实施满两年需要继续实施规章所规定的行政措施的，应当提请本级人民代表大会或者其常务委员会制定地方性法规。

没有法律、行政法规、地方性法规的依据，地方政府规章不得设定减损公民、法人和其他组织权利或者增加其义务的规范。

◆要点精解

1. 掌握有权制定地方政府规章的主体包括哪些机关（本条第1款）。

2. 了解地方政府规章规定的事项范围（本条第2款）。

★**第八十三条**【规章制定程序】国务院部门规章和地方政府规章的制定程序，参照本法第三章的规定，由国务院规定。

◆要点精解

1. 规章有下列情况的，由制定机关解释：规章的规定需要进一步明确具体含义的；规章制定后出现新的情况，需要明确适用规章依据的。

2. 规章解释由规章制定机关的法制机构参照送审稿审查程序提出意见，报请制定机关批准后公布，规章的解释同规章有同等效力。

★**第八十四条**【决定】部门规章应当经部务会议或者委员会会议决定。

地方政府规章应当经政府常务会议或者全体会议决定。

◆要点精解

审议通过部门规章不实行少数服从多数的办法，而采取首长负责制。

★**第八十五条**【公布】部门规章由部门首长签署命令予以公布。

地方政府规章由省长、自治区主席、市长或者自治州州长签署命令予以公布。

★**第八十六条**【刊载】部门规章签署公布后，及时在国务院公报或者部门公报和中国政府法制信息网以及在全国范围内发行的报纸上刊载。

地方政府规章签署公布后，及时在本级人民政府公报和中国政府法制信息网以及在本行政区域范围内发行的报纸上刊载。

在国务院公报或者部门公报和地方人民政府公报上刊登的规章文本为标准文本。

第五章 适用与备案审查

★**第八十七条**【宪法效力】宪法具有最高的法律效力，一切法律、行政法规、地方性法规、自治条例和单行条例、规章都不得同宪法相抵触。

◆要点精解

本法第88—91条第一次系统地确立了我国各种立法文件的效力位阶，属重点内容。

1. 部门规章之间，部门规章与地方法规、地方政府规章之间效力同等，不存在上下位阶关系。

2. 较大的市地方性法规与省级地方政府规章之间也不存在上下位阶关系；省级人大常委会审查报批的较大的市地方性法规，发现其与省级地方政府规章抵触的应当处理。

3. 自治条例、单行条例和经授权的经济特区法规在本区域内可优先适用（本法第90条）。

★**第八十八条**【法律与行政法规的效力】法律的效力高于行政法规、地方性法规、规章。

行政法规的效力高于地方性法规、规章。

★**第八十九条**【地方性法规和政府规章的效力】地方性法规的效力高于本级和下级地方政府规章。

省、自治区的人民政府制定的规章的效力高于本行政区域内的设区的市、自治州的人民政府制定的规章。

★**第九十条**【变通规定的效力】自治条例和单行条例依法对法律、行政法规、地方性法规作变通规定的，在本自治地方适用自治条例和单行条例的规定。

经济特区法规根据授权对法律、行政法规、地方性法规作变通规定的,在本经济特区适用经济特区法规的规定。

★**第九十一条** 【规章的效力】部门规章之间、部门规章与地方政府规章之间具有同等效力,在各自的权限范围内施行。

◆ **要点精解**

关于法规和规章之间的效力,要注意:

(1)较大的市制定的地方性法规与本省、自治区政府制定的政府规章之间的效力没有高低之分;

(2)国务院部门规章与地方性法规、地方政府规章之间的效力也没有高低之分。

第九十二条 【法规、规章的适用原则】同一机关制定的法律、行政法规、地方性法规、自治条例和单行条例、规章,特别规定与一般规定不一致的,适用特别规定;新的规定与旧的规定不一致的,适用新的规定。

★**第九十三条** 【不溯及既往】法律、行政法规、地方性法规、自治条例和单行条例、规章不溯及既往,但为了更好地保护公民、法人和其他组织的权利和利益而作的特别规定除外。

◆ **要点精解**

1. 第92、93条规定了法律适用中的几个原则:"特别法优于普通法""新法优于旧法"和"法律不溯及既往"原则。

2. 注意第93条规定的"法律不溯及既往"原则中的"除外"规定。

第九十四条 【法律、法规适用的报请裁决】法律之间对同一事项的新的一般规定与旧的特别规定不一致,不能确定如何适用时,由全国人民代表大会常务委员会裁决。

行政法规之间对同一事项的新的一般规定与旧的特别规定不一致,不能确定如何适用时,由国务院裁决。

★**第九十五条** 【地方性法规与规章】地方性法规、规章之间不一致时,由有关机关依照下列规定的权限作出裁决:

(一)同一机关制定的新的一般规定与旧的特别规定不一致时,由制定机关裁决;

(二)地方性法规与部门规章之间对同一事项的规定不一致,不能确定如何适用时,由国务院提出意见,国务院认为应当适用地方性法规的,应当决定在该地方适用地方性法规的规定;认为应当适用部门规章的,应当提请全国人民代表大会常务委员会裁决;

(三)部门规章之间、部门规章与地方政府规章之间对同一事项的规定不一致时,由国务院裁决。

根据授权制定的法规与法律规定不一致,不能确定如何适用时,由全国人民代表大会常务委员会裁决。

◆ **要点精解**

结合本法第92、94、95条的规定,注意出现法律规范冲突时的裁决规则(注意有权裁决的机关):

1. 特别法优于一般法和新法优于旧法,但必须限定在同一立法机关制定的效力同等的不同立法文件之间。

2. 同一机关制定的新的一般规定与旧的特别规定的冲突,由制定机关裁决(全国人大及其常委会视为同一机关,法律之间的不一致由全国人大常委会裁决)。

3. 部门规章之间、地方政府规章之间对同一事项的规定冲突的由国务院裁决。

4. 地方性法规与部门规章冲突时,国务院认为应适用地方性法规的则适用之,如认为应适用部门规章则应报请全国人大常委会裁决。因为地方性法规为人大及其常委会制定,它不能直接否定。

5. 经授权的法规与法律视为同一层次。

◆ **司考真题**

◇2009年卷1第63题(多选)

关于法律、行政法规、地方性法规、自治条例和单行条例、规章的适用,下列哪些选项符合《立法法》规定?

A. 同一机关制定的特别规定与一般规定不一致时,适用特别规定

B. 法律、行政法规、地方性法规原则上不溯及既往

C. 地方性法规与部门规章之间对同一事项的规定不一致不能确定如何适用时,由国务院裁决

D. 根据授权制定的法规与法律规定不一致不能确定如何适用时,由全国人大常委会裁决

答案:ABD

第九十六条 【予以改变或者撤销之情形】法律、行政法规、地方性法规、自治条例和单行条例、规章有下列情形之一的,由有关机关依照本法第九十七条规定的权限予以改变或者撤销:

(一)超越权限的;

(二)下位法违反上位法规定的;

(三)规章之间对同一事项的规定不一致,经裁决应当改变或者撤销一方的规定的;

(四)规章的规定被认为不适当,应当予以改变或者撤销的;

(五)违背法定程序的。

◆司考真题

◇2008年卷1第14题(单选)

关于改变或撤销法律、法规、自治条例和单行条例、规章的权限,下列哪一选项符合《立法法》的规定?

A. 全国人民代表大会有权改变或撤销全国人民代表大会常务委员会批准的违背《宪法》和《立法法》相关规定的自治条例和单行条例

B. 省、自治区、直辖市的人民代表大会有权改变或撤销其常务委员会制定的和批准的不适当的地方性法规

C. 地方人民代表大会常务委员会有权改变或者撤销本级人民政府制定的不适当的规定

D. 授权机关有权改变被授权机关制定的超越范围或违背授权目的的法规

答案:B

◇2014年卷1第61题(多选)

根据《立法法》的规定,下列哪些选项是不正确的?

A. 国务院和地方各级政府可以向全国人大常委会提出法律解释的要求

B. 经授权,行政法规可设定限制公民人身自由的强制措施

C. 专门委员会审议法律案的时候,应邀请提案人列席会议,听取其意见

D. 地方各级人大有权撤销本级政府制定的不适当的规章

答案:ABCD

★第九十七条 【改变或者撤销之权限】改变或者撤销法律、行政法规、地方性法规、自治条例和单行条例、规章的权限是:

(一)全国人民代表大会有权改变或者撤销它的常务委员会制定的不适当的法律,有权撤销全国人民代表大会常务委员会批准的违背宪法和本法第七十五条第二款规定的自治条例和单行条例;

(二)全国人民代表大会常务委员会有权撤销同宪法和法律相抵触的行政法规,有权撤销同宪法、法律和行政法规相抵触的地方性法规,有权撤销省、自治区、直辖市的人民代表大会常务委员会批准的违背宪法和本法第七十五条第二款规定的自治条例和单行条例;

(三)国务院有权改变或者撤销不适当的部门规章和地方政府规章;

(四)省、自治区、直辖市的人民代表大会有权改变或者撤销它的常务委员会制定的和批准的不适当的地方性法规;

(五)地方人民代表大会常务委员会有权撤销本级人民政府制定的不适当的规章;

(六)省、自治区的人民政府有权改变或者撤销下一级人民政府制定的不适当的规章;

(七)授权机关有权撤销被授权机关制定的超越授权范围或者违背授权目的的法规,必要时可以撤销授权。

◆ 要点精解

1. 改变和撤销有很大区别,区分的关键原则在于:两机关是否有领导关系。有领导关系的机关之间,上级可以改变也可以撤销下级机关制定的规范性文件;无领导关系的机关之间,上级只能撤销下级机关制定的规范性文件,而不能改变。

2. 注意:设区的市、自治州人大常委会制定的地方性法规,不能由同级人大改变或撤销,只能由省级人大改变或撤销。全国人大对于全国人大常委会批准的自治条例和单行条例,只能适用"撤销"而不能"改变"。

◆ 司考真题

◇2012年卷1第25题(单选)

根据省政府制定的地方规章,省质监部门对生产销售不合格产品的某公司予以行政处罚。被处罚人认为,该省政府规章违反《产品质量法》规定,不能作为处罚依据,遂向法院起诉,请求撤销该行政处罚。关于对该省政府规章是否违法的认定及其处理,下列哪一选项是正确的?

A. 由审理案件的法院进行审查并宣告其是否有效
B. 由该省人大审查是否违法并作出是否改变或者撤销的决定
C. 由国务院将其提交全国人大常委会进行审查并作出是否撤销的决定
D. 由该省人大常委会审查其是否违法并作出是否撤销的决定

答案:D

◇2005年卷1第62题(多选)

根据我国宪法的规定,下列关于宪法监督制度的表述,哪些是正确的?

A. 全国人民代表大会常务委员会对省人大制定的地方性法规的撤销属于事后监督
B. 我国的宪法监督体制以附带性审查为主
C. 全国人民代表大会常务委员会有权撤销国务院制定的同宪法、法律相抵触的行政法规
D. 全国人民代表大会常务委员会批准自治区的自治条例属于事先监督

答案:ACD

◇2004年卷1第13题(单选)

在一起行政诉讼案件中,被告进行处罚的依据是国务院某部制定的一个行政规章,原告认为该规章违反了有关法律。根据我国宪法规定,下列哪一机关有权改变或者撤销不适当的规章?

A. 国务院
B. 全国人民代表大会常务委员会
C. 最高人民法院
D. 全国人民代表大会法律委员会

答案:A

★ 第九十八条 【备案】行政法规、地方性法规、自治条例和单行条例、规章应当在公布后的三十日内依照下列规定报有关机关备案:

(一)行政法规报全国人民代表大会常务委员会备案;

(二)省、自治区、直辖市的人民代表大会及其常务委员会制定的地方性法规,报全国人民代表大会常务委员会和国务院备案;设区的市、自治州的人民代表大会及其常务委员会制定的地方性法规,由省、自治区的人民代表大会常务委员会报全国人民代表大会常务委员会和国务院备案;

(三)自治州、自治县的人民代表大会制定的自治条例和单行条例,由省、自治区、直辖市的人民代表大会常务委员会报全国人民代表大会常务委员会和国务院备案;自治条例、单行条例报送备案时,应当说明对法律、行政法规、地方性法规作出变通的情况;

(四)部门规章和地方政府规章报国务院备案;地方政府规章应当同时报本级人民代表大会常务委员会备案;设区的市、自治州的人

民政府制定的规章应当同时报省、自治区的人民代表大会常务委员会和人民政府备案；

（五）根据授权制定的法规应当报授权决定规定的机关备案；经济特区法规报送备案时，应当说明对法律、行政法规、地方性法规作出变通的情况。

◆要点精解

1. 本条详细规定了法律以下文件的备案机关，请注意掌握。

2. 确定报备机关的基本原则是，谁制定谁报送备案。

例外：

（1）经上一级立法机关批准才能生效的法规，必须由批准机关报送备案。

（2）根据授权制定的法规，则应当根据授权决定的规定来确定报送备案的单位。

（3）两个或者两个以上部门联合制定的规章，则由主办部门负责报送备案，不需要几个部门同时报送备案。

★**第九十九条**　【审查的要求与建议】国务院、中央军事委员会、最高人民法院、最高人民检察院和各省、自治区、直辖市的人民代表大会常务委员会认为行政法规、地方性法规、自治条例和单行条例同宪法或者法律相抵触的，可以向全国人民代表大会常务委员会书面提出进行审查的要求，由常务委员会工作机构分送有关的专门委员会进行审查、提出意见。

前款规定以外的其他国家机关和社会团体、企业事业组织以及公民认为行政法规、地方性法规、自治条例和单行条例同宪法或者法律相抵触的，可以向全国人民代表大会常务委员会书面提出进行审查的建议，由常务委员会工作机构进行研究，必要时，送有关的专门委员会进行审查、提出意见。

有关的专门委员会和常务委员会工作机构可以对报送备案的规范性文件进行主动审查。

◆要点精解

1. 注意提出审查要求的有权主体有5个，但提出审查建议的主体则广泛得多，包括除以上5个主体以外的任何法律主体。

2. 注意审查机关是全国人大常委会。

3. 本条第3款对报送备案的规范性文件进行主动审查的规定是这次《立法法》修改新增的内容。但注意在《立法法》修正之前，全国人大常委会依据其立法监督权对备案的规范性文件已有主动审查权。

4. 一旦有权机关提出了审查要求，就要正式进入审查程序。而提出审查建议，能否进入正式审查程序，还要经常委会工作机构进行研究，看是否必要。

◆司考真题

◇2008年（四川延考）卷1第94题（单选）

根据我国有关法律规定，下列做法错误的是？

A. 某县共有人大代表500名，经其中的101名代表提议，临时召集本级人民代表大会会议

B. 某直辖市人大依法罢免该市某一失职的中级法院院长

C. 全国人大常委会撤销同法律相抵触的地方性法规

D. 全国人大专门委员会认为地方性法规同法律相抵触，向制定机关提出书面审查意见

答案：B

◇2004年卷1第84题（多选）

某法院在审理一行政案件中认为某地方性法规与国家法律相抵触。根据我国宪法和法律的规定，下列表述何者为正确？

A. 法官审理行政案件，如发现地方性法规与国家法律相抵触，可以对地方性法规的合宪性和合法性进行审查

B. 法官审理行政案件，如发现地方性法规与国家法律相抵触，应当适用国家法律进行审判

C. 法官审理行政案件，如发现地方性法规与国家法律相抵触，可以通过所在法院报请最高人民法院，由最高人民法院依法向全国人民

代表大会常务委员会书面提出进行审查的要求。

D. 法官审理行政案件,如发现地方性法规与国家法律相抵触,可以公民的名义向全国人民代表大会常务委员会书面提出进行审查的建议

答案:BCD

★**第一百条** 【审查程序】全国人民代表大会专门委员会、常务委员会工作机构在审查、研究中认为行政法规、地方性法规、自治条例和单行条例同宪法或者法律相抵触的,可以向制定机关提出书面审查意见、研究意见;也可以由法律委员会与有关的专门委员会、常务委员会工作机构召开联合审查会议,要求制定机关到会说明情况,再向制定机关提出书面审查意见。制定机关应当在两个月内研究提出是否修改的意见,并向全国人民代表大会法律委员会和有关的专门委员会或者常务委员会工作机构反馈。

全国人民代表大会法律委员会、有关的专门委员会、常务委员会工作机构根据前款规定,向制定机关提出审查意见、研究意见,制定机关按照所提意见对行政法规、地方性法规、自治条例和单行条例进行修改或者废止的,审查终止。

全国人民代表大会法律委员会、有关的专门委员会、常务委员会工作机构经审查、研究认为行政法规、地方性法规、自治条例和单行条例同宪法或者法律相抵触而制定机关不予修改的,应当向委员长会议提出予以撤销的议案、建议,由委员长会议决定提请常务委员会会议审议决定。

◆**要点精解**

注意:由于常委会工作机构不是专门委员会,没有提案权,因此不能向委员长会议提出予以撤销的议案,只能提出予以撤销的建议。

★**第一百零一条** 【审查程序的反馈和公开】全国人民代表大会有关的专门委员会和常务委员会工作机构应当按照规定要求,将审查、研究情况向提出审查建议的国家机关、社会团体、企业事业组织以及公民反馈,并可以向社会公开。

◆**要点精解**

备案审查反馈和公开机制是本次《立法法》修改新增的内容。

第一百零二条 【其他备案机关的审查程序】其他接受备案的机关对报送备案的地方性法规、自治条例和单行条例、规章的审查程序,按照维护法制统一的原则,由接受备案的机关规定。

第六章 附 则

第一百零三条 【军事法规、军事规章】中央军事委员会根据宪法和法律,制定军事法规。

中央军事委员会各总部、军兵种、军区,中国人民武装警察部队,可以根据法律和中央军事委员会的军事法规、决定、命令,在其权限范围内,制定军事规章。

军事法规、军事规章在武装力量内部实施。

军事法规、军事规章的制定、修改和废止办法,由中央军事委员会依照本法规定的原则规定。

★**第一百零四条** 【司法解释制定原则与备案】最高人民法院、最高人民检察院作出的属于审判、检察工作中具体应用法律的解释,应当主要针对具体的法律条文,并符合立法的目的、原则和原意。遇有本法第四十五条第二款规定情况的,应当向全国人民代表大会常务委员会提出法律解释的要求或者提出制定、修改有关法律的议案。

最高人民法院、最高人民检察院作出的属于审判、检察工作中具体应用法律的解释,应当自公布之日起三十日内报全国人民代表大会常务委员会备案。

最高人民法院、最高人民检察院以外的审判机关和检察机关,不得作出具体应用法律的解释。

◆ 要点精解

地方人民法院、检察院作出的具体应用法律的解释,没有法律依据,应坚决予以制止。

第一百零五条 【施行日期】本法自2000年7月1日起施行。

行政法规制定程序条例

1. 2001年11月16日中华人民共和国国务院令第321号公布
2. 自2002年1月1日起施行

目 录

第一章 总 则
第二章 立 项
第三章 起 草
第四章 审 查
第五章 决定与公布
第六章 行政法规解释
第七章 附 则

第一章 总 则

第一条 为了规范行政法规制定程序,保证行政法规质量,根据宪法、立法法和国务院组织法的有关规定,制定本条例。

第二条 行政法规的立项、起草、审查、决定、公布、解释,适用本条例。

第三条 制定行政法规,应当遵循立法法确定的立法原则,符合宪法和法律的规定。

第四条 行政法规的名称一般称"条例",也可以称"规定"、"办法"等。国务院根据全国人民代表大会及其常务委员会的授权决定制定的行政法规,称"暂行条例"或者"暂行规定"。

国务院各部门和地方人民政府制定的规章不得称"条例"。

第五条 行政法规应当备而不繁,逻辑严密,条文明确、具体,用语准确、简洁,具有可操作性。

行政法规根据内容需要,可以分章、节、条、款、项、目。章、节、条的序号用中文数字依次表述,款不编序号,项的序号用中文数字加括号依次表述,目的序号用阿拉伯数字依次表述。

第二章 立 项

第六条 国务院于每年年初编制本年度的立法工作计划。

第七条 国务院有关部门认为需要制定行政法规的,应当于每年年初编制国务院年度立法工作计划前,向国务院报请立项。

国务院有关部门报送的行政法规立项申请,应当说明立法项目所要解决的主要问题、依据的方针政策和拟确立的主要制度。

第八条 国务院法制机构应当根据国家总体工作部署对部门报送的行政法规立项申请汇总研究,突出重点,统筹兼顾,拟订国务院年度立法工作计划,报国务院审批。

列入国务院年度立法工作计划的行政法规项目应当符合下列要求:

(一)适应改革、发展、稳定的需要;
(二)有关的改革实践经验基本成熟;
(三)所要解决的问题属于国务院职权范围并需要国务院制定行政法规的事项。

第九条 对列入国务院年度立法工作计

划的行政法规项目,承担起草任务的部门应当抓紧工作,按照要求上报国务院。

国务院年度立法工作计划在执行中可以根据实际情况予以调整。

第三章 起 草

第十条 行政法规由国务院组织起草。国务院年度立法工作计划确定行政法规由国务院的一个部门或者几个部门具体负责起草工作,也可以确定由国务院法制机构起草或者组织起草。

第十一条 起草行政法规,除应当遵循立法法确定的立法原则,并符合宪法和法律的规定外,还应当符合下列要求:

(一)体现改革精神,科学规范行政行为,促进政府职能向经济调节、社会管理、公共服务转变;

(二)符合精简、统一、效能的原则,相同或者相近的职能规定由一个行政机关承担,简化行政管理手续;

(三)切实保障公民、法人和其他组织的合法权益,在规定其应当履行的义务的同时,应当规定其相应的权利和保障权利实现的途径;

(四)体现行政机关的职权与责任相统一的原则,在赋予有关行政机关必要的职权的同时,应当规定其行使职权的条件、程序和应承担的责任。

第十二条 起草行政法规,应当深入调查研究,总结实践经验,广泛听取有关机关、组织和公民的意见。听取意见可以采取召开座谈会、论证会、听证会等多种形式。

第十三条 起草行政法规,起草部门应当就涉及其他部门的职责或者与其他部门关系紧密的规定,与有关部门协商一致;经过充分协商不能取得一致意见的,应当在上报行政法规草案送审稿(以下简称行政法规送审稿)时说明情况和理由。

第十四条 起草行政法规,起草部门应当对涉及有关管理体制、方针政策等需要国务院决策的重大问题提出解决方案,报国务院决定。

第十五条 起草部门向国务院报送的行政法规送审稿,应当由起草部门主要负责人签署。几个部门共同起草的行政法规送审稿,应当由该几个部门主要负责人共同签署。

第十六条 起草部门将行政法规送审稿报送国务院审查时,应当一并报送行政法规送审稿的说明和有关材料。

行政法规送审稿的说明应当对立法的必要性,确立的主要制度,各方面对送审稿主要问题的不同意见,征求有关机关、组织和公民意见的情况等作出说明。有关材料主要包括国内外的有关立法资料、调研报告、考察报告等。

第四章 审 查

第十七条 报送国务院的行政法规送审稿,由国务院法制机构负责审查。

国务院法制机构主要从以下方面对行政法规送审稿进行审查:

(一)是否符合宪法、法律的规定和国家的方针政策;

(二)是否符合本条例第十一条的规定;

(三)是否与有关行政法规协调、衔接;

(四)是否正确处理有关机关、组织和公民对送审稿主要问题的意见;

(五)其他需要审查的内容。

第十八条 行政法规送审稿有下列情形之一的,国务院法制机构可以缓办或者退回起草部门:

(一)制定行政法规的基本条件尚不成熟的;

(二)有关部门对送审稿规定的主要制度存在较大争议,起草部门未与有关部门协商的;

(三)上报送审稿不符合本条例第十五条、第十六条规定的。

◆司考真题

◇2011年卷2第85题(多选)

国务院法制机构在审查起草部门报送的行政法规送审稿时认为,该送审稿规定的主要制度存在较大争议,且未与有关部门协商。对此,可以采取下列哪些处理措施?

A. 缓办
B. 移交其他部门起草
C. 退回起草部门
D. 向社会公布,公开征求意见

答案:AC

第十九条 国务院法制机构应当将行政法规送审稿或者行政法规送审稿涉及的主要问题发送国务院有关部门、地方人民政府、有关组织和专家征求意见。国务院有关部门、地方人民政府反馈的书面意见,应当加盖本单位或者本单位办公厅(室)印章。

重要的行政法规送审稿,经报国务院同意,向社会公布,征求意见。

第二十条 国务院法制机构应当就行政法规送审稿涉及的主要问题,深入基层进行实地调查研究,听取基层有关机关、组织和公民的意见。

第二十一条 行政法规送审稿涉及重大、疑难问题的,国务院法制机构应当召开由有关单位、专家参加的座谈会、论证会,听取意见,研究论证。

第二十二条 行政法规送审稿直接涉及公民、法人或者其他组织的切身利益的,国务院法制机构可以举行听证会,听取有关机关、组织和公民的意见。

第二十三条 国务院有关部门对行政法规送审稿涉及的主要制度、方针政策、管理体制、权限分工等有不同意见的,国务院法制机构应当进行协调,力求达成一致意见;不能达成一致意见的,应当将争议的主要问题、有关部门的意见以及国务院法制机构的意见报国务院决定。

第二十四条 国务院法制机构应当认真研究各方面的意见,与起草部门协商后,对行政法规送审稿进行修改,形成行政法规草案和对草案的说明。

第二十五条 行政法规草案由国务院法制机构主要负责人提出提请国务院常务会议审议的建议;对调整范围单一、各方面意见一致或者依据法律制定的配套行政法规草案,可以采取传批方式,由国务院法制机构直接提请国务院审批。

第五章 决定与公布

第二十六条 行政法规草案由国务院常务会议审议,或者由国务院审批。

国务院常务会议审议行政法规草案时,由国务院法制机构或者起草部门作说明。

◆司考真题

◇2010年卷2第42题(单选)

关于行政法规的决定与公布,下列哪一说法是正确的?

A. 行政法规均应由国务院常务会议审议通过
B. 行政法规草案在国务院常务会议审议时,可由起草部门作说明
C. 行政法规草案经国务院审议报国务院总理签署前,不得再作修改
D. 行政法规公布后由国务院法制办报全国人大常委会备案

答案:B

第二十七条 国务院法制机构应当根据国务院对行政法规草案的审议意见,对行政法规草案进行修改,形成草案修改稿,报请总理签署国务院令公布施行。

签署公布行政法规的国务院令载明该行政法规的施行日期。

第二十八条 行政法规签署公布后,及时在国务院公报和在全国范围内发行的报纸上

刊登。国务院法制机构应当及时汇编出版行政法规的国家正式版本。

在国务院公报上刊登的行政法规文本为标准文本。

第二十九条 行政法规应当自公布之日起30日后施行；但是，涉及国家安全、外汇汇率、货币政策的确定以及公布后不立即施行将有碍行政法规施行的，可以自公布之日起施行。

第三十条 行政法规在公布后的30日内由国务院办公厅报全国人民代表大会常务委员会备案。

第六章 行政法规解释

第三十一条 行政法规条文本身需要进一步明确界限或者作出补充规定的，由国务院解释。

国务院法制机构研究拟订行政法规解释草案，报国务院同意后，由国务院公布或者由国务院授权国务院有关部门公布。

行政法规的解释与行政法规具有同等效力。

第三十二条 国务院各部门和省、自治区、直辖市人民政府可以向国务院提出行政法规解释要求。

第三十三条 对属于行政工作中具体应用行政法规的问题，省、自治区、直辖市人民政府法制机构以及国务院有关部门法制机构请求国务院法制机构解释的，国务院法制机构可以研究答复；其中涉及重大问题的，由国务院法制机构提出意见，报国务院同意后答复。

第七章 附　则

第三十四条 拟订国务院提请全国人民代表大会或者全国人民代表大会常务委员会审议的法律草案，参照本条例的有关规定办理。

第三十五条 修改行政法规的程序，适用本条例的有关规定。

行政法规修改后，应当及时公布新的行政法规文本。

第三十六条 行政法规的外文正式译本和民族语言文本，由国务院法制机构审定。

第三十七条 本条例自2002年1月1日起施行。1987年4月21日国务院批准、国务院办公厅发布的《行政法规制定程序暂行条例》同时废止。

规章制定程序条例

1. 2001年11月16日中华人民共和国国务院令第322号公布
2. 自2002年1月1日起施行

目　录

第一章　总　则
第二章　立　项
第三章　起　草
第四章　审　查
第五章　决定和公布
第六章　解释与备案
第七章　附　则

第一章　总　则

第一条 为了规范规章制定程序，保证规章质量,根据立法法的有关规定,制定本条例。

第二条 规章的立项、起草、审查、决定、公布、解释,适用本条例。

违反本条例规定制定的规章无效。

第三条 制定规章,应当遵循立法法确定的立法原则,符合宪法、法律、行政法规和其他上位法的规定。

第四条 制定规章,应当切实保障公民、法人和其他组织的合法权益,在规定其应当履行的义务的同时,应当规定其相应的权利和保障权利实现的途径。

制定规章,应当体现行政机关的职权与责任相统一的原则,在赋予有关行政机关必要的职权的同时,应当规定其行使职权的条件、程序和应承担的责任。

第五条 制定规章,应当体现改革精神,科学规范行政行为,促进政府职能向经济调节、社会管理和公共服务转变。

制定规章,应当符合精简、统一、效能的原则,相同或者相近的职能应当规定由一个行政机关承担,简化行政管理手续。

第六条 规章的名称一般称"规定"、"办法",但不得称"条例"。

第七条 规章用语应当准确、简洁,条文内容应当明确、具体,具有可操作性。

法律、法规已经明确规定的内容,规章原则上不作重复规定。

除内容复杂的外,规章一般不分章、节。

第八条 涉及国务院两个以上部门职权范围的事项,制定行政法规条件尚不成熟,需要制定规章的,国务院有关部门应当联合制定规章。

有前款规定情形的,国务院有关部门单独制定的规章无效。

第二章 立 项

第九条 国务院部门内设机构或者其他机构认为需要制定部门规章的,应当向该部门报请立项。

省、自治区、直辖市和较大的市的人民政府所属工作部门或者下级人民政府认为需要制定地方政府规章的,应当向该省、自治区、直辖市或者较大的市的人民政府报请立项。

第十条 报送制定规章的立项申请,应当对制定规章的必要性、所要解决的主要问题、拟确立的主要制度等作出说明。

第十一条 国务院部门法制机构,省、自治区、直辖市和较大的市的人民政府法制机构(以下简称法制机构),应当对制定规章的立项申请进行汇总研究,拟订本部门、本级人民政府年度规章制定工作计划,报本部门、本级人民政府批准后执行。

年度规章制定工作计划应当明确规章的名称、起草单位、完成时间等。

第十二条 国务院部门,省、自治区、直辖市和较大的市的人民政府,应当加强对执行年度规章制定工作计划的领导。对列入年度规章制定工作计划的项目,承担起草工作的单位应当抓紧工作,按照要求上报本部门或者本级人民政府决定。

年度规章制定工作计划在执行中,可以根据实际情况予以调整,对拟增加的规章项目应当进行补充论证。

第三章 起 草

第十三条 部门规章由国务院部门组织起草,地方政府规章由省、自治区、直辖市和较大的市的人民政府组织起草。

国务院部门可以确定规章由其一个或者几个内设机构或者其他机构具体负责起草工作,也可以确定由其法制机构起草或者组织起草。

省、自治区、直辖市和较大的市的人民政府可以确定规章由其一个部门或者几个部门具体负责起草工作,也可以确定由其法制机构起草或者组织起草。

起草规章可以邀请有关专家、组织参加，也可以委托有关专家、组织起草。

第十四条 起草规章，应当深入调查研究，总结实践经验，广泛听取有关机关、组织和公民的意见。听取意见可以采取书面征求意见、座谈会、论证会、听证会等多种形式。

第十五条 起草的规章直接涉及公民、法人或者其他组织切身利益，有关机关、组织或者公民对其有重大意见分歧的，应当向社会公布，征求社会各界的意见；起草单位也可以举行听证会。听证会依照下列程序组织：

（一）听证会公开举行，起草单位应当在举行听证会的30日前公布听证会的时间、地点和内容；

（二）参加听证会的有关机关、组织和公民对起草的规章，有权提问和发表意见；

（三）听证会应当制作笔录，如实记录发言人的主要观点和理由；

（四）起草单位应当认真研究听证会反映的各种意见，起草的规章在报送审查时，应当说明对听证会意见的处理情况及其理由。

第十六条 起草部门规章，涉及国务院其他部门的职责或者与国务院其他部门关系紧密的，起草单位应当充分征求国务院其他部门的意见。

起草地方政府规章，涉及本级人民政府其他部门的职责或者与其他部门关系紧密的，起草单位应当充分征求其他部门的意见。起草单位与其他部门有不同意见的，应当充分协商；经过充分协商不能取得一致意见的，起草单位应当在上报规章草案送审稿（以下简称规章送审稿）时说明情况和理由。

第十七条 起草单位应当将规章送审稿及其说明、对规章送审稿主要问题的不同意见和其他有关材料按规定报送审查。

报送审查的规章送审稿，应当由起草单位主要负责人签署；几个起草单位共同起草的规章送审稿，应当由该几个起草单位主要负责人共同签署。

规章送审稿的说明应当对制定规章的必要性、规定的主要措施、有关方面的意见等情况作出说明。

有关材料主要包括汇总的意见、听证会笔录、调研报告、国内外有关立法资料等。

第四章 审 查

第十八条 规章送审稿由法制机构负责统一审查。

法制机构主要从以下方面对送审稿进行审查：

（一）是否符合本条例第三条、第四条、第五条的规定；

（二）是否与有关规章协调、衔接；

（三）是否正确处理有关机关、组织和公民对规章送审稿主要问题的意见；

（四）是否符合立法技术要求；

（五）需要审查的其他内容。

第十九条 规章送审稿有下列情形之一的，法制机构可以缓办或者退回起草单位：

（一）制定规章的基本条件尚不成熟的；

（二）有关机构或者部门对规章送审稿规定的主要制度存在较大争议，起草单位未与有关机构或者部门协商的；

（三）上报送审稿不符合本条例第十七条规定的。

第二十条 法制机构应当将规章送审稿或者规章送审稿涉及的主要问题发送有关机关、组织和专家征求意见。

第二十一条 法制机构应当就规章送审稿涉及的主要问题，深入基层进行实地调查研究，听取基层有关机关、组织和公民的意见。

第二十二条 规章送审稿涉及重大问题的，法制机构应当召开由有关单位、专家参加的座谈会、论证会，听取意见，研究论证。

第二十三条　规章送审稿直接涉及公民、法人或者其他组织切身利益，有关机关、组织或者公民对其有重大意见分歧，起草单位在起草过程中未向社会公布，也未举行听证会的，法制机构经本部门或者本级人民政府批准，可以向社会公布，也可以举行听证会。

举行听证会的，应当依照本条例第十五条规定的程序组织。

第二十四条　有关机构或者部门对规章送审稿涉及的主要措施、管理体制、权限分工等问题有不同意见的，法制机构应当进行协调，达成一致意见；不能达成一致意见的，应当将主要问题、有关机构或者部门的意见和法制机构的意见上报本部门或者本级人民政府决定。

第二十五条　法制机构应当认真研究各方面的意见，与起草单位协商后，对规章送审稿进行修改，形成规章草案和对草案的说明。说明应当包括制定规章拟解决的主要问题、确立的主要措施以及与有关部门的协调情况等。

规章草案和说明由法制机构主要负责人签署，提出提请本部门或者本级人民政府有关会议审议的建议。

第二十六条　法制机构起草或者组织起草的规章草案，由法制机构主要负责人签署，提出提请本部门或者本级人民政府有关会议审议的建议。

第五章　决定和公布

第二十七条　部门规章应当经部务会议或者委员会会议决定。

地方政府规章应当经政府常务会议或者全体会议决定。

第二十八条　审议规章草案时，由法制机构作说明，也可以由起草单位作说明。

第二十九条　法制机构应当根据有关会议审议意见对规章草案进行修改，形成草案修改稿，报请本部门首长或者省长、自治区主席、市长签署命令予以公布。

第三十条　公布规章的命令应当载明该规章的制定机关、序号、规章名称、通过日期、施行日期、部门首长或者省长、自治区主席、市长署名以及公布日期。

部门联合规章由联合制定的部门首长共同署名公布，使用主办机关的命令序号。

第三十一条　部门规章签署公布后，部门公报或者国务院公报和全国范围内发行的有关报纸应当及时予以刊登。

地方政府规章签署公布后，本级人民政府公报和本行政区域范围内发行的报纸应当及时刊登。

在部门公报或者国务院公报和地方人民政府公报上刊登的规章文本为标准文本。

第三十二条　规章应当自公布之日起30日后施行；但是，涉及国家安全、外汇汇率、货币政策的确定以及公布后不立即施行将有碍规章施行的，可以自公布之日起施行。

第六章　解释与备案

第三十三条　规章解释权属于规章制定机关。

规章有下列情况之一的，由制定机关解释：

（一）规章的规定需要进一步明确具体含义的；

（二）规章制定后出现新的情况，需要明确适用规章依据的。

规章解释由规章制定机关的法制机构参照规章送审稿审查程序提出意见，报请制定机关批准后公布。

规章的解释同规章具有同等效力。

第三十四条　规章应当自公布之日起30日内，由法制机构依照立法法和《法规规章备案条例》的规定向有关机关备案。

第三十五条　国家机关、社会团体、企业

事业组织、公民认为规章同法律、行政法规相抵触的,可以向国务院书面提出审查的建议,由国务院法制机构研究处理。

国家机关、社会团体、企业事业组织、公民认为较大的市的人民政府规章同法律、行政法规相抵触或者违反其他上位法的规定的,也可以向本省、自治区人民政府书面提出审查的建议,由省、自治区人民政府法制机构研究处理。

第七章 附 则

第三十六条 依法不具有规章制定权的县级以上地方人民政府制定、发布具有普遍约束力的决定、命令,参照本条例规定的程序执行。

第三十七条 国务院部门,省、自治区、直辖市和较大的市的人民政府,应当经常对规章进行清理,发现与新公布的法律、行政法规或者其他上位法的规定不一致的,或者与法律、行政法规或者其他上位法相抵触的,应当及时修改或者废止。

修改、废止规章的程序,参照本条例的有关规定执行。

第三十八条 编辑出版正式版本、民族文版、外文版本的规章汇编,由法制机构依照《法规汇编编辑出版管理规定》的有关规定执行。

第三十九条 本条例自2002年1月1日起施行。

二、行政许可

中华人民共和国行政许可法

1. 2003年8月27日第十届全国人民代表大会常务委员会第四次会议通过
2. 2003年8月27日中华人民共和国主席令第7号公布
3. 自2004年7月1日起施行

导 读

行政许可法是继国家赔偿法、行政处罚法、行政复议法后又一部规范政府行为的重要法律,对于保护公民、法人和其他组织的合法权益,保障和监督行政机关有效实施行政管理,从源头上预防和治理腐败,具有重要意义。

在行政许可法的学习过程当中,应着重掌握以下几个方面:(1)作为行政许可依据的有关行政许可的规定应当公布,未经公布的,不得作为实施行政许可的依据;行政许可的实施程序和结果应当公开;符合法定条件、标准的,申请人有依法取得行政许可的平等权利,行政机关不得歧视。(2)国务院可以通过制定行政法规设定行政许可。必要时,国务院可以采用发布决定的方式设定行政许可。许可设定后,除临时性行政许可事项外,国务院应当及时提请全国人民代表大会及其常务委员会制定法律,或者自行制定行政法规。(3)只有行政许可所依据的法律、法规被修改、废止,或者准予行政许可所依据的客观情况发生了重大变化,行政机关才可以依法变更或撤回已经生效的行政许可,同时,由此给公民和法人造成财产损失的,行政机关应当依法给予补偿。

(4)依法取得的行政许可,除法律、法规规定依照法定条件和程序可以转让的外,不得转让。

在本部分的学习方法上,首先,务必进行系统学习,切忌孤立片面。行政许可法与行政复议法、行政诉讼法、国家赔偿法、律师法等都有关联,因此,在学习行政许可法时,应采取综合系统的学习方法。比如将行政许可法的知识点划分为若干专题,每个专题之下又设计若干个表格,将本专题中相近、相似、相关的知识点按照其或纵或横的联系整合到一起,通过对比或串联一体地掌握,每一个具体的考点就都融会在了各个表格之中,大到整个表格,小到片言只语。这样学习对于掌握许多易混、易忘、易漏的知识点,也可以起到事半功倍的作用。其次,学习法律时,不仅要重视法律实务,法学的理论也尤其重要。只不过它所需要的不是那种教条式的空洞化的理论,而是建立在对法律条文的理性思考基础上的理论,是法条背后的理论。因此,这就要求我们多阅读一些有关行政许可法方面的学术论文,提高自己理论的深度和广度。

目 录

第一章　总　则
第二章　行政许可的设定
第三章　行政许可的实施机关
第四章　行政许可的实施程序
　第一节　申请与受理
　第二节　审查与决定
　第三节　期　限
　第四节　听　证
　第五节　变更与延续
　第六节　特别规定
第五章　行政许可的费用
第六章　监督检查
第七章　法律责任
第八章　附　则

第一章　总　则

第一条　【立法目的】为了规范行政许可的设定和实施,保护公民、法人和其他组织的合法权益,维护公共利益和社会秩序,保障和监督行政机关有效实施行政管理,根据宪法,制定本法。

第二条　【行政许可概念】本法所称行政许可,是指行政机关根据公民、法人或者其他组织的申请,经依法审查,准予其从事特定活动的行为。

◆要点精解

1. 行政许可的反面是禁止,对一般人禁止的行为,对特定人解除禁止就是许可,行政许可的相对人可以获得被法律一般禁止的法定权利。由此可以区别于行政确认,行政确认是对既有法律事实、法律关系的确认和证明,行政确认不产生新的权利,而是使相对人获得对抗第三人的有效证明。

2. 注意行政机关对其他行政机关或其直接管理的事业单位的人事、财务、外事等事项的审批不属于行政许可,属于内部行政行为。

◆司考真题

◇2011年卷2第49题(单选)

关于具体行政为,下列哪一说法是正确的?

A. 行政许可为依职权的行政行为
B. 具体行政行为皆为要式行政行为
C. 法律效力是具体行政行为法律制度中的核心因素
D. 当事人不履行具体行政行为确定的义务,行政机关予以执行是具体行政行为确定力的表现

答案:C

★**第三条**　【适用范围】行政许可的设定和实施,适用本法。

有关行政机关对其他机关或者对其直接

管理的事业单位的人事、财务、外事等事项的审批，不适用本法。

◆要点精解

1.本条主要规定了行政许可的适用范围，应当注意掌握。

2.行政许可有以下特征：

（1）行政许可是一种行政行为。

（2）行政许可是依申请的行政行为。

（3）行政许可是有限设禁和解禁的行政行为。

（4）行政许可是授益性行政行为。

（5）行政许可是要式行政行为。

3.该条注意结合本法第2条学习。

第四条　【依法设定和实施许可原则】设定和实施行政许可，应当依照法定的权限、范围、条件和程序。

第五条　【"三公"原则】设定和实施行政许可，应当遵循公开、公平、公正的原则。

有关行政许可的规定应当公布；未经公布的，不得作为实施行政许可的依据。行政许可的实施和结果，除涉及国家秘密、商业秘密或者个人隐私的外，应当公开。

符合法定条件、标准的，申请人有依法取得行政许可的平等权利，行政机关不得歧视。

第六条　【便民原则】实施行政许可，应当遵循便民的原则，提高办事效率，提供优质服务。

★**第七条　【行政相对人的权利】**公民、法人或者其他组织对行政机关实施行政许可，享有陈述权、申辩权；有权依法申请行政复议或者提起行政诉讼；其合法权益因行政机关违法实施行政许可受到损害的，有权依法要求赔偿。

◆要点精解

1.本条规定了行政相对人的陈述、申辩权。在理解行政相对人概念时应注意：

（1）行政相对人是指处在行政管理法律关系中的个人、组织。任何个人、组织如果不在行政管理法律关系中而处在其他法律关系中，就不具有行政相对人的地位，不能赋予其行政相对人的称谓。

（2）行政相对人是行政管理法律关系中作为与行政主体相对应的另一方当事人的公民、法人或其他组织。

（3）行政相对人是在行政管理法律关系中，权益受到行政主体行政行为影响的个人、组织。

2.行政相对人的权利义务是行政相对人法律地位的具体体现。根据我国法律规定，行政相对人在行政法律关系中主要享有申请权，参与权，知情权，正当程序权，批评、建议权，申诉、控告、检举权，申请复议权，提起行政诉讼权，请求国家赔偿、补偿权，抵制违法行政行为权等权利。与此同时，行政相对人也应履行以下义务：

（1）服从行政管理的义务。

（2）协助公务的义务。行政相对人对行政主体及其工作人员执行公务的行为，有主动予以协助的义务。

（3）维护公益的义务。

（4）接受行政监督的义务。

（5）提供真实信息的义务。

（6）遵守法定程序的义务。

★**第八条　【信赖保护原则】**公民、法人或者其他组织依法取得的行政许可受法律保护，行政机关不得擅自改变已经生效的行政许可。

行政许可所依据的法律、法规、规章修改或者废止，或者准予行政许可所依据的客观情况发生重大变化的，为了公共利益的需要，行政机关可以依法变更或者撤回已经生效的行政许可。由此给公民、法人或者其他组织造成财产损失的，行政机关应当依法给予补偿。

◆要点精解

1.行政许可法所确立的基本制度和原则有：

（1）依法设定和实施行政许可，建设"有限政府"；

（2）信息公开、公平合理、一视同仁；

（3）便民第一、办事高效、优质服务；

(4)保障相对人的陈述权、申辩权和寻求救济权;

(5)确立对行政许可相对人的信赖保护原则;

(6)规范和约束行政权力,保障法制统一;

(7)建立监督检查制度,实行民主制约。

2.合法变更或撤销行政许可的,要给予受此影响的人以补偿,如果是因为许可违法而变更的,若是行政机关一方的过错,行政机关应当依法给予赔偿;若是被许可人的过错,则基于行政许可取得的利益不受法律保护。

★**第九条** 【行政许可转让限制】依法取得的行政许可,除法律、法规规定依照法定条件和程序可以转让的外,不得转让。

第十条 【法律监督原则】县级以上人民政府应当建立健全对行政机关实施行政许可的监督制度,加强对行政机关实施行政许可的监督检查。

行政机关应当对公民、法人或者其他组织从事行政许可事项的活动实施有效监督。

第二章 行政许可的设定

第十一条 【设定许可的原则】设定行政许可,应当遵循经济和社会发展规律,有利于发挥公民、法人或者其他组织的积极性、主动性,维护公共利益和社会秩序,促进经济、社会和生态环境协调发展。

★**第十二条** 【可设定行政许可事项】下列事项可以设定行政许可:

(一)直接涉及国家安全、公共安全、经济宏观调控、生态环境保护以及直接关系人身健康、生命财产安全等特定活动,需要按照法定条件予以批准的事项;

(二)有限自然资源开发利用、公共资源配置以及直接关系公共利益的特定行业的市场准入等,需要赋予特定权利的事项;

(三)提供公众服务并且直接关系公共利益的职业、行业,需要确定具备特殊信誉、特殊条件或者特殊技能等资格、资质的事项;

(四)直接关系公共安全、人身健康、生命财产安全的重要设备、设施、产品、物品,需要按照技术标准、技术规范,通过检验、检测、检疫等方式进行审定的事项;

(五)企业或者其他组织的设立等,需要确定主体资格的事项;

(六)法律、行政法规规定可以设定行政许可的其他事项。

◆**相关法条**

◇**行政许可法**

第二十一条 省、自治区、直辖市人民政府对行政法规设定的有关经济事务的行政许可,根据本行政区域经济和社会发展情况,认为通过本法第十三条所列方式能够解决的,报国务院批准后,可以在本行政区域内停止实施该行政许可。

◆**要点精解**

本条规定了可以设定行政许可的六类事项。

1.注意以上六类规定的是行政许可的不同方面,第(一)类属于普通许可,主要功能是防止危险、保障安全;第(二)类是特许,主要功能是分配有限资源;第(三)类是认可,主要功能是提高从业水平或者某种技能、信誉;第(四)类属于核准,主要功能是防止危险、保障安全;第(五)类是登记,主要功能是提供证明或者信誉、信息;第(六)类属于兜底条款,除法律、行政法规外,任何规范不得设定其他的许可事项。

2.须注意的是,省、自治区、直辖市人民政府对行政法规设定的有关经济事务的行政许可,根据本行政区域经济和社会发展情况,认为通过本法第13条所列方式能够解决的,报国务院批准后,可以在本行政区域内停止实施该行政许可。也就是说,省、自治区、直辖市人民政府有变通实施行政许可的权力,但仅限于有关经济事务的行政许可。

3.设立行政许可必须:(1)遵循经济和社会发展规律;(2)有利于发挥公民、法人或者其他组织的积极性、主动性,维护公共利益和社会秩序;(3)促进经济、社会和生态环境协调发展。

4.该问题注意结合本法第13条学习。

★**第十三条** 【设定许可的例外】本法第十二条所列事项,通过下列方式能够予以规范的,可以不设行政许可:

(一)公民、法人或者其他组织能够自主决定的;

(二)市场竞争机制能够有效调节的;

(三)行业组织或者中介机构能够自律管理的;

(四)行政机关采用事后监督等其他行政管理方式能够解决的。

◆相关法条
◇行政许可法

第二十一条 省、自治区、直辖市人民政府对行政法规设定的有关经济事务的行政许可,根据本行政区域经济和社会发展情况,认为通过本法第十三条所列方式能够解决的,报国务院批准后,可以在本行政区域内停止实施该行政许可。

★**第十四条** 【设定许可的中央主体和方式】本法第十二条所列事项,法律可以设定行政许可。尚未制定法律的,行政法规可以设定行政许可。

必要时,国务院可以采用发布决定的方式设定行政许可。实施后,除临时性行政许可事项外,国务院应当及时提请全国人民代表大会及其常务委员会制定法律,或者自行制定行政法规。

★**第十五条** 【设定许可的地方主体及其设定的限制】本法第十二条所列事项,尚未制定法律、行政法规的,地方性法规可以设定行政许可;尚未制定法律、行政法规和地方性法规的,因行政管理的需要,确需立即实施行政许可的,省、自治区、直辖市人民政府规章可以设定临时性的行政许可。临时性的行政许可实施满一年需要继续实施的,应当提请本级人民代表大会及其常务委员会制定地方性法规。

地方性法规和省、自治区、直辖市人民政府规章,不得设定应当由国家统一确定的公民、法人或者其他组织的资格、资质的行政许可;不得设定企业或者其他组织的设立登记及其前置性行政许可。其设定的行政许可,不得限制其他地区的个人或者企业到本地区从事生产经营和提供服务,不得限制其他地区的商品进入本地区市场。

★**第十六条** 【设定许可权限的顺序】行政法规可以在法律设定的行政许可事项范围内,对实施该行政许可作出具体规定。

地方性法规可以在法律、行政法规设定的行政许可事项范围内,对实施该行政许可作出具体规定。

规章可以在上位法设定的行政许可事项范围内,对实施该行政许可作出具体规定。

法规、规章对实施上位法设定的行政许可作出的具体规定,不得增设行政许可;对行政许可条件作出的具体规定,不得增设违反上位法的其他条件。

★**第十七条** 【设定主体的限制】除本法第十四条、第十五条规定的外,其他规范性文件一律不得设定行政许可。

◆要点精解

1.上述条文规定了各种规范性文件对行政许可的设定权,应对比行政处罚法有关行政处罚的设定权限范围进行掌握。

行政许可(处罚)的设定权可包括创设权与规定权两个方面,创设权是指没有上位阶的法律规范对许可(处罚)加以规定的情况下自行规定许可(处罚)的权力;规定权是指上位阶法律规范已对许可(处罚)作出规定的前提下,作出进一步具体规范的权力。规定权受到已有法律规范的限制,不能超出已有规范所确定的许可(处罚)行为、种类和幅度等。

(1)法律:在行政许可中有各类行政许可的创设权;在行政处罚中有各种行政处罚的创设权,且对限制人身自由的行政处罚拥有专创设权。

(2)行政法规:在行政许可中,若尚未制定法律时,创设行政许可,同时有在法律设定的行政许可事项范围内作出具体规定的规定权;在行政处罚中,行政法规有限制人身自由以外的行政处罚的创设权,同时在法律已作出规定的给予行政处罚的行为、种类和幅度的范围内行政法规有规定权。

(3)地方性法规:在行政许可中,尚未制定法律、行政法规时,地方性法规可以设定行政许可,同时在法律、行政法规设定的行政许可事项范围内,地方性法规可以作出具体规定,即有规定权;在行政处罚中,地方性法规可以设定除限制人身自由、吊销企业营业执照以外的行政处罚,同时有在法律、法规已作出规定的给予行政处罚的行为、种类和幅度的范围内作出具体规定的规定权。

(4)规章:在行政许可中,有创设权的规章仅限于省、自治区、直辖市人民政府规章,在尚未制定法律、行政法规、地方性法规且确有必要时,可以设定临时性行政许可,此许可实施满1年需要继续实施的,应转为地方性法规。同时,规章可以在上位法设定的行政许可事项范围内作出具体规定。在行政处罚中,对以下事项规章有创设权:①国务院部委规章可以对尚未制定法律、行政法规的违法行为,设定警告、一定数量罚款的行政处罚。罚款限额由国务院规定。②地方政府规章(省、自治区、直辖市人民政府及省、自治区政府所在地的市人民政府及国务院批准的较大的市人民政府规章)可以对未制定法律、法规的违法行为设定警告或一定数量罚款的行政处罚,限额由省、自治区、直辖市人大常委会规定。同时,在行政处罚中,规章对以下事项有规定权:A.国务院部委规章可以在法律、行政法规规定的给予行政处罚的行为、种类、幅度、范围内作出。B.地方政府规章(省、自治区、直辖市人民政府及省、自治区政府所在地的市人民政府及国务院批准的较大的市人民政府规章)可以在法律、法规规定的给予行政处罚的行为、种类、幅度、范围内作具体规定。

(5)国务院决定:在行政许可中,国务院决定仅限于必要时有创设权,实施后,除临时性行政许可事项外,应及时转为法律或行政法规。

(6)其他规范性文件:无论是在行政许可还是在行政处罚中,其他规范性文件一律不得设定行政许可或行政处罚,即既无创设权,亦无规定权。

2.注意掌握地方性法规和省、自治区、直辖市人民政府规章设定行政许可的限制:

(1)不得设定以下行政许可:①应当由国家统一确定的公民、法人或者其他组织的资格、资质的行政许可;②企业或者其他组织的设立登记,及其置性行政许可。

(2)设定行政许可不得有以下限制:①限制其他地区的个人或者企业到本地区从事生产经营和提供服务;②限制其他地区的商品进入本地区市场。

3.《行政许可法》第20条规定了行政机关应当定期对其设定的行政许可进行评价,这是行政许可法的独特规定,请注意掌握。

4.该问题的学习需要注意掌握本法第14条至第16条。

第十八条 【许可的内容】设定行政许可,应当规定行政许可的实施机关、条件、程序、期限。

第十九条 【起草程序】起草法律草案、法规草案和省、自治区、直辖市人民政府规章草案,拟设定行政许可的,起草单位应当采取听证会、论证会等形式听取意见,并向制定机关说明设定该行政许可的必要性、对经济和社会可能产生的影响以及听取和采纳意见的情况。

第二十条 【评价程序】行政许可的设定机关应当定期对其设定的行政许可进行评价;对已设定的行政许可,认为通过本法第十三条所列方式能够解决的,应当对设定该行政许可的规定及时予以修改或者废止。

行政许可的实施机关可以对已设定的行政许可的实施情况及存在的必要性适时进行评价,并将意见报告该行政许可的设定机关。

公民、法人或者其他组织可以向行政许可的设定机关和实施机关就行政许可的设定和实施提出意见和建议。

第二十一条 【经济事务许可的地方报停】省、自治区、直辖市人民政府对行政法规设定的有关经济事务的行政许可，根据本行政区域经济和社会发展情况，认为通过本法第十三条所列方式能够解决的，报国务院批准后，可以在本行政区域内停止实施该行政许可。

第三章 行政许可的实施机关

★**第二十二条 【许可实施主体】**行政许可由具有行政许可权的行政机关在其法定职权范围内实施。

★**第二十三条 【授权许可实施】**法律、法规授权的具有管理公共事务职能的组织，在法定授权范围内，以自己的名义实施行政许可。被授权的组织适用本法有关行政机关的规定。

◆ 要点精解

行政许可的实施机关是理解行政许可制度的关键，应注意与行政处罚的实施机关进行比较：

1. 行政机关：行政许可由具有行政许可权的行政机关在其法定职权范围内实施；行政处罚由具有行政处罚权的行政机关在法定职权范围内实施。

2. 法律、法规授权的组织：法律、法规授权的具有管理公共事务职能的组织，在法定授权范围内，以自己的名义实施行政许可；法律、法规授权的具有管理公共事务职能的组织可以在法定授权范围内实施行政处罚。

3. 受委托行政机关。(1)行政许可的委托对象仅限于行政机关，而行政处罚的委托对象可以是管理公共事务的事业组织。(2)委托行政机关应当将受委托行政机关和受委托实施行政许可的内容予以公布。

4. 对于行政许可的实施机关还应注意掌握以下几个问题：

(1)关于行政许可的委托：①行政机关在其法定职权范围内，依照法律、法规、规章的规定，可以委托其他行政机关实施行政许可。委托机关应当将受委托行政机关和受委托实施行政许可的内容予以公告。②委托行政机关对受委托行政机关实施行政许可的行为应当负责监督，并对该行为的后果承担法律责任。③受委托行政机关在委托范围内，以委托行政机关名义实施行政许可；不得再委托其他组织或者个人实施行政许可。

(2)统一办理的机构：行政许可需要行政机关内设的多个机构办理的，该行政机关应当确定一个机构统一受理行政许可申请，统一送达行政许可决定。

(3)统一办理的部门：行政许可依法由地方人民政府两个以上部门分别实施的，本级人民政府可以确定一个部门受理行政许可申请并转告有关部门分别提出意见后统一办理，或者组织有关部门联合办理、集中办理。

★**第二十四条 【委托许可实施】**行政机关在其法定职权范围内，依照法律、法规、规章的规定，可以委托其他行政机关实施行政许可。委托机关应当将受委托行政机关和受委托实施行政许可的内容予以公告。

委托行政机关对受委托行政机关实施行政许可的行为应当负责监督，并对该行为的后果承担法律责任。

受委托行政机关在委托范围内，以委托行政机关名义实施行政许可；不得再委托其他组织或者个人实施行政许可。

第二十五条 【精简、统一、效能原则】经国务院批准，省、自治区、直辖市人民政府根据精简、统一、效能的原则，可以决定一个行政机关行使有关行政机关的行政许可权。

第二十六条 【统一办理】行政许可需要行政机关内设的多个机构办理的，该行政机关应当确定一个机构统一受理行政许可申请，统一送达行政许可决定。

行政许可依法由地方人民政府两个以上

部门分别实施的，本级人民政府可以确定一个部门受理行政许可申请并转告有关部门分别提出意见后统一办理，或者组织有关部门联合办理、集中办理。

第二十七条 【禁止附条件许可】行政机关实施行政许可，不得向申请人提出购买指定商品、接受有偿服务等不正当要求。

行政机关工作人员办理行政许可，不得索取或者收受申请人的财物，不得谋取其他利益。

第二十八条 【特定许可的实施】对直接关系公共安全、人身健康、生命财产安全的设备、设施、产品、物品的检验、检测、检疫，除法律、行政法规规定由行政机关实施的外，应当逐步由符合法定条件的专业技术组织实施。专业技术组织及其有关人员对所实施的检验、检测、检疫结论承担法律责任。

第四章 行政许可的实施程序

第一节 申请与受理

第二十九条 【申请的提出】公民、法人或者其他组织从事特定活动，依法需要取得行政许可的，应当向行政机关提出申请。申请书需要采用格式文本的，行政机关应当向申请人提供行政许可申请书格式文本。申请书格式文本中不得包含与申请行政许可事项没有直接关系的内容。

申请人可以委托代理人提出行政许可申请。但是，依法应当由申请人到行政机关办公场所提出行政许可申请的除外。

行政许可申请可以通过信函、电报、电传、传真、电子数据交换和电子邮件等方式提出。

第三十条 【公示制度】行政机关应当将法律、法规、规章规定的有关行政许可的事项、依据、条件、数量、程序、期限以及需要提交的全部材料的目录和申请书示范文本等在办公场所公示。

申请人要求行政机关对公示内容予以说明、解释的，行政机关应当说明、解释，提供准确、可靠的信息。

第三十一条 【材料的真实性和相关性】申请人申请行政许可，应当如实向行政机关提交有关材料和反映真实情况，并对其申请材料实质内容的真实性负责。行政机关不得要求申请人提交与其申请的行政许可事项无关的技术资料和其他材料。

◆要点精解

该法条是对行政许可的申请的规定。应当注意以下方面：

1.申请书需要采用格式文本的，行政机关应当向申请人提供行政许可申请格式文本。

2.申请格式文本中不得包含与申请行政许可事项没有直接关系的内容。

3.行政机关提供行政许可申请书格式文本，不得收费。

4.申请人可委托代理人提出申请，但依法应由申请人到行政机关办公场所提出申请的除外。

★**第三十二条 【申请的处理】**行政机关对申请人提出的行政许可申请，应当根据下列情况分别作出处理：

（一）申请事项依法不需要取得行政许可的，应当即时告知申请人不受理；

（二）申请事项依法不属于本行政机关职权范围的，应当即时作出不予受理的决定，并告知申请人向有关行政机关申请；

（三）申请材料存在可以当场更正的错误的，应当允许申请人当场更正；

（四）申请材料不齐全或者不符合法定形式的，应当当场或者在五日内一次告知申请人需要补正的全部内容，逾期不告知的，自收到申请材料之日起即为受理；

（五）申请事项属于本行政机关职权范围，申请材料齐全、符合法定形式，或者申请人按照本行政机关的要求提交全部补正申请材料的，应当受理行政许可申请。

行政机关受理或者不予受理行政许可申

请,应当出具加盖本行政机关专用印章和注明日期的书面凭证。

第三十三条 【电子政务】行政机关应建立和完善有关制度,推行电子政务,在行政机关的网站上公布行政许可事项,方便申请人采取数据电文等方式提出行政许可申请;应当与其他行政机关共享有关行政许可信息,提高办事效率。

第二节 审查与决定

第三十四条 【审查与决定】行政机关应当对申请人提交的申请材料进行审查。

申请人提交的申请材料齐全、符合法定形式,行政机关能够当场作出决定的,应当当场作出书面的行政许可决定。

根据法定条件和程序,需要对申请材料的实质内容进行核实的,行政机关应当指派两名以上工作人员进行核查。

◆要点精解

1.行政许可的审查与决定包含以下程序:
(1)简易程序,简易程序即是当场作出行政许可决定的程序。
(2)一般程序,除了适用简易程序和依法适用听证程序外,均适用一般程序,即经由实质性审查后在法定期限内按照规定程序作出许可决定。
(3)听证程序。

2.行政许可的审查
(1)实质性审查。对申请材料的实质内容进行核实的,应指派两名以上工作人员进行核查。
(2)听取利害关系人意见。审查时发现许可事项直接关系到他人重大利益的,应当告知该利害关系人。申请人、利害关系人有权进行申辩。

第三十五条 【下级行政机关审查要求】依法应当先经下级行政机关审查后报上级行政机关决定的行政许可,下级行政机关应当在法定期限内将初步审查意见和全部申请材料直接报送上级行政机关。上级行政机关不得要求申请人重复提供申请材料。

第三十六条 【涉他许可的处理】行政机关对行政许可申请进行审查时,发现行政许可事项直接关系他人重大利益的,应当告知该利害关系人。申请人、利害关系人有权进行陈述和申辩。行政机关应当听取申请人、利害关系人的意见。

★**第三十七条** 【许可决定的期限】行政机关对行政许可申请进行审查后,除当场作出行政许可决定的外,应当在法定期限内按照规定程序作出行政许可决定。

★**第三十八条** 【许可决定的形式及要求】申请人的申请符合法定条件、标准的,行政机关应当依法作出准予行政许可的书面决定。

行政机关依法作出不予行政许可的书面决定的,应当说明理由,并告知申请人享有依法申请行政复议或者提起行政诉讼的权利。

第三十九条 【颁证】行政机关作出准予行政许可的决定,需要颁发行政许可证件的,应当向申请人颁发加盖本行政机关印章的下列行政许可证件:
(一)许可证、执照或者其他许可证书;
(二)资格证、资质证或者其他合格证书;
(三)行政机关的批准文件或者证明文件;
(四)法律、法规规定的其他行政许可证件。

行政机关实施检验、检测、检疫的,可以在检验、检测、检疫合格的设备、设施、产品、物品上加贴标签或者加盖检验、检测、检疫印章。

第四十条 【公开】行政机关作出的准予行政许可决定,应当予以公开,公众有权查阅。

第四十一条 【许可的效力】法律、行政法规设定的行政许可,其适用范围没有地域限制的,申请人取得的行政许可在全国范围内有效。

◆要点精解

行政许可的效力,除了行政许可的空间效

力外,还包括行政许可撤回、撤销等的效力。

1. 行政许可的撤回(见本法第8条)

(1)条件:①许可所依据的法律、法规、规章修改或废止;②准予行政许可所依据的客观情况发生重大变化的;③为了公共利益的需要。

(2)法律后果:给当事人造成财产损失的,应予以补偿。

2. 行政许可的撤销(见本法第69条)

(1)行政机关及其工作人员违法实施的行政许可。

(2)被许可人以欺骗、贿赂等不正当手段取得的行政许可。基于该项理由撤销行政许可的,具有以下法律后果:①依法应予以撤销,但如果撤销行政许可,可能给公共利益造成重大损害的,不予撤销;②如果撤销行政许可,被许可人基于行政许可取得的利益不受保护;③行政机关应当依法给予行政处罚,构成犯罪的,依法追究刑事责任;④如果取得的行政许可属于直接关系到公共安全、人身健康、生命财产安全事项的,申请人在3年内不得再次申请该行政许可。

第三节 期 限

★**第四十二条** 【许可决定的期限】除可以当场作出行政许可决定的外,行政机关应当自受理行政许可申请之日起二十日内作出行政许可决定。二十日内不能作出决定的,经本行政机关负责人批准,可以延长十日,并应当将延长期限的理由告知申请人。但是,法律、法规另有规定的,依照其规定。

依照本法第二十六条的规定,行政许可采取统一办理或者联合办理、集中办理的,办理的时间不得超过四十五日;四十五日内不能办结的,经本级人民政府负责人批准,可以延长十五日,并应当将延长期限的理由告知申请人。

◆**相关法条**

◇律师法

第六条第三款 受理申请的部门应当自受理之日起二十日内予以审查,并将审查意见和全部申请材料报送省、自治区、直辖市人民政府司法行政部门。省、自治区、直辖市人民政府司法行政部门应当自收到报送材料之日起十日内予以审核,作出是否准予执业的决定。准予执业的,向申请人颁发律师执业证书;不准予执业的,向申请人书面说明理由。

◆**要点精解**

以上重点法条和相关法条是关于行政许可决定期限的规定。

1. 普通决定期限。时限一般为20日,经本机关负责人批准后可延长10日,且将延长期限理由告知申请人;法律、法规另有规定的除外。

2. "并联许可""一站式许可"一般不超过45日,经本级政府负责人批准可延长15日,且应将延长期限理由告知申请人(见第42条第2款)。

3. 听证、招标、拍卖、检验、检疫、鉴定和专家评审所需的时间不计算在行政许可决定期限内。行政机关应当将所需时间书面告知申请人。

★**第四十三条** 【下级机关审查许可的期限】依法应当先经下级行政机关审查后报上级行政机关决定的行政许可,下级行政机关应当自其受理行政许可申请之日起二十日内审查完毕。但是,法律、法规另有规定的,依照其规定。

第四十四条 【颁证期限】行政机关作出准予行政许可的决定,应当自作出决定之日起十日内向申请人颁发、送达行政许可证件,或者加贴标签、加盖检验、检测、检疫印章。

第四十五条 【期限计算的排除事项】行政机关作出行政许可决定,依法需要听证、招标、拍卖、检验、检测、检疫、鉴定和专家评审的,所需时间不计算在本节规定的期限内。行政机关应当将所需时间书面告知申请人。

◆**相关法条**

◇行政许可法

第三十四条 行政机关应当对申请人提交的申请材料进行审查。

申请人提交的申请材料齐全、符合法定形式,行政机关能够当场作出决定的,应当当场作出书面的行政许可决定。

根据法定条件和程序,需要对申请材料的实质内容进行核实的,行政机关应当指派两名以上工作人员进行核查。

第三十七条 行政机关对行政许可申请进行审查后,除可以当场作出行政许可决定的外,应当在法定期限内按照规定程序作出行政许可决定。

第四十二条 除可以当场作出行政许可决定的外,行政机关应当自受理行政许可申请之日起二十日内作出行政许可决定。二十日内不能作出决定的,经本行政机关负责人批准,可以延长十日,并应当将延长期限的理由告知申请人。但是,法律、法规另有规定的,依照其规定。

依照本法第二十六条的规定,行政许可采取统一办理或者联合办理、集中办理的,办理的时间不得超过四十五日;四十五日内不能办结的,经本级人民政府负责人批准,可以延长十五日,并应当将延长期限的理由告知申请人。

第四十三条 依法应当先经下级行政机关审查后报上级行政机关决定的行政许可,下级行政机关应当自其受理行政许可申请之日起二十日内审查完毕。但是,法律、法规另有规定的,依照其规定。

第四十四条 行政机关作出准予行政许可的决定,应当自作出决定之日起十日内向申请人颁发、送达行政许可证件,或者加贴标签、加盖检验、检测、检疫印章。

第五十条 被许可人需要延续依法取得的行政许可的有效期的,应当在该行政许可有效期届满三十日前向作出行政许可决定的行政机关提出申请。但是,法律、法规、规章另有规定的,依照其规定。

行政机关应当根据被许可人的申请,在该行政许可有效期届满前作出是否准予延续的决定;逾期未作决定的,视为准予延续。

◆要点精解

1. 应当注意两种不同情况下的期限规定:一种是一般情况的20日期限和10日延长期限;一种是45日期限和15日延长期。对于后者只适用于采取统一办理或联合办理、集中办理的行政许可。还应注意两种情况的批准人不同:前者是本行政机关负责人,后者是本级人民政府负责人。

2. 如果能够当场作出决定的,应当当场作出书面的行政许可决定。

3. 此外,还应当注意:对于需要听证、招标、拍卖、检验、检测、检疫、鉴定和专家评审的,所需时间不计入该期限。

第四节 听 证

★**第四十六条 【听证事项】**法律、法规、规章规定实施行政许可应当听证的事项,或者行政机关认为需要听证的其他涉及公共利益的重大行政许可事项,行政机关应当向社会公告,并举行听证。

◆司考真题

◇2009年卷2第90题(多选)
关于公告,下列哪些选项是正确的?
A. 行政机关认为需要听证的涉及公共利益的重大许可事项应当向社会公告
B. 行政许可直接涉及申请人与他人之间重大利益关系的,申请人、利害关系人提出听证申请的,行政机关应当予以公告
C. 行政机关在其法定权限范围内,依据法律委托其他行政机关实施行政许可,对受委托行政机关和受委托实施许可的内容应予以公告
D. 被许可人以欺骗、贿赂等不正当手段取得行政许可,行政机关予以撤销的,应当向社会公告
答案:AC

★**第四十七条 【涉他许可的听证及费用的承担】**行政许可直接涉及申请人与他人之间重大利益关系的,行政机关在作出行政许可决定前,应当告知申请人、利害关系人享有要求听证的权利;申请人、利害关系人在被告知听证权利之日起五日内提出听证申请的,行政机关

应当在二十日内组织听证。

申请人、利害关系人不承担行政机关组织听证的费用。

★**第四十八条** 【听证程序】听证按照下列程序进行：

（一）行政机关应当于举行听证的七日前将举行听证的时间、地点通知申请人、利害关系人，必要时予以公告；

（二）听证应当公开举行；

（三）行政机关应当指定审查该行政许可申请的工作人员以外的人员为听证主持人，申请人、利害关系人认为主持人与该行政许可事项有直接利害关系的，有权申请回避；

（四）举行听证时，审查该行政许可申请的工作人员应当提供审查意见的证据、理由，申请人、利害关系人可以提出证据，并进行申辩和质证；

（五）听证应当制作笔录，笔录应当交听证参加人确认无误后签字或者盖章。

行政机关应当根据听证笔录，作出行政许可决定。

◆ **相关法条**

◇ **行政许可法**

第五十八条 行政机关实施行政许可和对行政许可事项进行监督检查，不得收取任何费用。但是，法律、行政法规另有规定的，依照其规定。

行政机关提供行政许可申请书格式文本，不得收费。

行政机关实施行政许可所需经费应当列入本行政机关的预算，由本级财政予以保障，按照批准的预算予以核拨。

◆ **要点精解**

1. 此问题的关键点在于听证有关程序规定以及行政许可听证与行政处罚听证的区别。行政处罚听证与行政许可听证存在以下区别：

（1）听证类型。前者为"依当事人申请听证"，而后者包括"依当事人申请听证"和"必须听证"。①"依当事人申请听证"的许可是直接涉及申请人与他人之间重大关系的许可。②"必须听证"的许可事项是法律、法规、规章规定实施许可应当听证的事项以及行政机关认为需要听证的其他涉及公共利益的重大行政许可事项。

（2）要求听证的期限。在前者，当事人要求听证的期限是被告知后3日内；而后者，申请人、利害关系人要求听证的期限是被告知后5日内。

（3）举行听证效力。在前者，没有限定根据听证笔录作出处罚决定；而后者应当根据听证笔录作出许可决定。

2. 关于听证程序的规定。应注意以下两个问题：

（1）行政许可听证有两类。①行政机关依职权进行的听证，主要有两种情况：A. 法律、法规、规章规定应当举行许可听证的事项。此类听证行政机关没有自由裁量权，必须举行听证。B. 行政机关认为应当举行听证的事项。此类听证行政机关有较大的自由裁量权。② 依申请的听证。即申请人或利害关系人依法提起听证申请的，行政机关应当举行听证。

（2）听证程序是考试的重点，注意第48条第2款规定了行政机关应当根据听证笔录作出行政许可决定，听证笔录是作出许可决定的依据，这是行政许可的听证与行政处罚的听证的最大区别。《行政处罚法》第38、43条则规定，听证后要经过审查程序后才能作出行政处罚决定。

3. 申请人、利害关系人不承担听证的费用。此外，行政机关实施行政许可和对行政许可事项进行监督检查，不得收取费用，行政机关提供行政许可申请书的格式文本也不得收费。

◆ **司考真题**

◇ 2011年卷2第99题（不定选）

关于行政许可实施程序的听证规定，下列说法正确的是：

A. 行政机关应在举行听证7日前将时间、地点通知申请人、利害关系人

B. 行政机关可视情况决定是否公开举行

听证

  C. 申请人、利害关系人对听证主持人可以依照规定提出回避申请

  D. 举办听证的行政机关应当制作笔录,听证笔录应当交听证参与人确认无误后签字或者盖章

  答案:ACD

第五节 变更与延续

  第四十九条 【变更】被许可人要求变更行政许可事项的,应当向作出行政许可决定的行政机关提出申请;符合法定条件、标准的,行政机关应当依法办理变更手续。

  ★**第五十条** 【延续】被许可人需要延续依法取得的行政许可的有效期的,应当在该行政许可有效期届满三十日前向作出行政许可决定的行政机关提出申请。但是,法律、法规、规章另有规定的,依照其规定。

  行政机关应当根据被许可人的申请,在该行政许可有效期届满前作出是否准予延续的决定;逾期未作决定的,视为准予延续。

第六节 特别规定

  第五十一条 【适用原则】实施行政许可的程序,本节有规定的,适用本节规定;本节没有规定的,适用本章其他有关规定。

  第五十二条 【法律、法规的适用】国务院实施行政许可的程序,适用有关法律、行政法规的规定。

  第五十三条 【招标与拍卖】实施本法第十二条第二项所列事项的行政许可的,行政机关应当通过招标、拍卖等公平竞争的方式作出决定。但是,法律、行政法规另有规定的,依照其规定。

  行政机关通过招标、拍卖等方式作出行政许可决定的具体程序,依照有关法律、行政法规的规定。

  行政机关按照招标、拍卖程序确定中标人、买受人后,应当作出准予行政许可的决定,并依法向中标人、买受人颁发行政许可证件。

  行政机关违反本条规定,不采用招标、拍卖方式,或者违反招标、拍卖程序,损害申请人合法权益的,申请人可以依法申请行政复议或者提起行政诉讼。

  ◆**要点精解**

  行政机关违法实施行政许可的,受损害的合法申请人可以依法申请行政复议或者提起行政诉讼。

  第五十四条 【资格考试的实施】实施本法第十二条第三项所列事项的行政许可,赋予公民特定资格,依法应当举行国家考试的,行政机关根据考试成绩和其他法定条件作出行政许可决定;赋予法人或者其他组织特定的资格、资质的,行政机关根据申请人的专业人员构成、技术条件、经营业绩和管理水平等的考核结果作出行政许可决定。但是,法律、行政法规另有规定的,依照其规定。

  公民特定资格的考试依法由行政机关或者行业组织实施,公开举行。行政机关或者行业组织应当事先公布资格考试的报名条件、报考办法、考试科目以及考试大纲。但是,不得组织强制性的资格考试的考前培训,不得指定教材或者其他助考材料。

  第五十五条 【检验检测检疫】实施本法第十二条第四项所列事项的行政许可的,应当按照技术标准、技术规范依法进行检验、检测、检疫,行政机关根据检验、检测、检疫的结果作出行政许可决定。

  行政机关实施检验、检测、检疫,应当自受理申请之日起五日内指派两名以上工作人员按照技术标准、技术规范进行检验、检测、检疫。不需要对检验、检测、检疫结果作进一步技术分析即可认定设备、设施、产品、物品是否符合技术标准、技术规范的,行政机关应当当场作出行政许可决定。

  行政机关根据检验、检测、检疫结果,作出不予行政许可决定的,应当书面说明不予行政许可所依据的技术标准、技术规范。

第五十六条 【设立登记】实施本法第十二条第五项所列事项的行政许可,申请人提交的申请材料齐全、符合法定形式的,行政机关应当当场予以登记。需要对申请材料的实质内容进行核实的,行政机关依照本法第三十四条第三款的规定办理。

第五十七条 【数量受限的许可】有数量限制的行政许可,两个或者两个以上申请人的申请均符合法定条件、标准的,行政机关应当根据受理行政许可申请的先后顺序作出准予行政许可的决定。但是,法律、行政法规另有规定的,依照其规定。

◆要点精解

1. 注意对于某些有数量限制的行政许可申请的处理规则:

(1)首先要审查申请人的申请是否均符合法定条件和标准;

(2)对该类行政许可,法律和行政法规有特别规定的,依照法律和行政法规的特别规定;

(3)法律和行政法规没有特别规定的,行政机关应当根据受理行政许可申请的先后顺序作出准予行政许可的决定,即"先来后到"原则。

2. 注意,只有法律和行政法规有特别规定的情况下,才可以不按照申请的先后顺序办理,其他规范性文件不可以作出否定该"先来后到"原则的规定。

3. 行政机关违法实施行政许可的,受损害的合法申请人可以依法申请行政复议或者提起行政诉讼。

第五章 行政许可的费用

第五十八条 【不得收费】行政机关实施行政许可和对行政许可事项进行监督检查,不得收取任何费用。但是,法律、行政法规另有规定的,依照其规定。

行政机关提供行政许可申请书格式文本,不得收费。

行政机关实施行政许可所需经费应当列入本行政机关的预算,由本级财政予以保障,按照批准的预算予以核拨。

第五十九条 【收费公开和费用去向】行政机关实施行政许可,依照法律、行政法规收取费用的,应当按照公布的法定项目和标准收费;所收取的费用必须全部上缴国库,任何机关或者个人不得以任何形式截留、挪用、私分或者变相私分。财政部门不得以任何形式向行政机关返还或者变相返还实施行政许可所收取的费用。

第六章 监督检查

第六十条 【上级的监督】上级行政机关应当加强对下级行政机关实施行政许可的监督检查,及时纠正行政许可实施中的违法行为。

第六十一条 【监督制度】行政机关应当建立健全监督制度,通过核查反映被许可人从事行政许可事项活动情况的有关材料,履行监督责任。

行政机关依法对被许可人从事行政许可事项的活动进行监督检查时,应当将监督检查的情况和处理结果予以记录,由监督检查人员签字后归档。公众有权查阅行政机关监督检查记录。

行政机关应当创造条件,实现与被许可人、其他有关行政机关的计算机档案系统互联,核查被许可人从事行政许可事项活动情况。

第六十二条 【抽样和定期监督】行政机关可以对被许可人生产经营的产品依法进行抽样检查、检验、检测,对其生产经营场所依法进行实地检查。检查时,行政机关可以依法查阅或者要求被许可人报送有关材料;被许可人应当如实提供有关情况和材料。

行政机关根据法律、行政法规的规定,对直接关系公共安全、人身健康、生命财产安全的重要设备、设施进行定期检验。对检验合格的,行政机关应当发给相应的证明文件。

第六十三条　【监督的合法性】行政机关实施监督检查,不得妨碍被许可人正常的生产经营活动,不得索取或者收受被许可人的财物,不得谋取其他利益。

◆司考真题
◇2013年卷2第47题(单选)
某公司向规划局交纳了一定费用后获得了该局发放的建设用地规划许可证。刘某的房屋紧邻该许可规划用地,刘某认为建筑工程完成后将遮挡其房屋采光,向法院起诉请求撤销该许可决定。下列哪一说法是正确的?
A. 规划局发放许可证不得向某公司收取任何费用
B. 因刘某不是该许可的利害关系人,规划局审查和决定发放许可证无需听取其意见
C. 因刘某不是该许可的相对人,不具有原告资格
D. 因建筑工程尚未建设,刘某权益受侵犯不具有现实性,不具有原告资格
答案:A

第六十四条　【被许可人辖区外违法的处理】被许可人在作出行政许可决定的行政机关管辖区域外违法从事行政许可事项活动的,违法行为发生地的行政机关应当依法将被许可人的违法事实、处理结果抄告作出行政许可决定的行政机关。

第六十五条　【举报】个人和组织发现违法从事行政许可事项的活动,有权向行政机关举报,行政机关应当及时核实、处理。

第六十六条　【未履行开发利用自然、公共资源义务的处理】被许可人未依法履行开发利用自然资源义务或者未依法履行利用公共资源义务的,行政机关应当责令限期改正;被许可人在规定期限内不改正的,行政机关应当依照有关法律、行政法规的规定予以处理。

第六十七条　【特定市场准入许可的义务与处理】取得直接关系公共利益的特定行业的市场准入行政许可的被许可人,应当按照国家规定的服务标准、资费标准和行政机关依法规定的条件,向用户提供安全、方便、稳定和价格合理的服务,并履行普遍服务的义务;未经作出行政许可决定的行政机关批准,不得擅自停业、歇业。

被许可人不履行前款规定的义务的,行政机关应当责令限期改正,或者依法采取有效措施督促其履行义务。

第六十八条　【重要设备的自检与监督】对直接关系公共安全、人身健康、生命财产安全的重要设备、设施,行政机关应当督促设计、建造、安装和使用单位建立相应的自检制度。

行政机关在监督检查时,发现直接关系公共安全、人身健康、生命财产安全的重要设备、设施存在安全隐患的,应当责令停止建造和使用,并责令设计、建造、安装和使用单位立即改正。

★**第六十九条　【行政许可的撤销】**有下列情形之一的,作出行政许可决定的行政机关或者其上级行政机关,根据利害关系人的请求或者依据职权,可以撤销行政许可:

(一)行政机关工作人员滥用职权、玩忽职守作出准予行政许可决定的;

(二)超越法定职权作出准予行政许可决定的;

(三)违反法定程序作出准予行政许可决定的;

(四)对不具备申请资格或者不符合法定条件的申请人准予行政许可的;

(五)依法可以撤销行政许可的其他情形。

被许可人以欺骗、贿赂等不正当手段取得行政许可的,应当予以撤销。

依照前两款的规定撤销行政许可,可能对公共利益造成重大损害的,不予撤销。

依照本条第一款的规定撤销行政许可,被许可人的合法权益受到损害的,行政机关应当依法给予赔偿。依照本条第二款的规定撤销行政许可的,被许可人基于行政许可取得的利

益不受保护。

◆要点精解

1. 行政许可的撤销分为可以撤销和应当撤销两种情形,在可以撤销的情形下,被许可人的合法权益受到损害的,行政机关应当依法给予赔偿;在应当撤销的情形下,被许可人基于行政许可取得的利益不受保护。

2. 注意可以撤销和应当撤销分别包括哪些具体情况。

3. 注意撤销的例外:撤销行政许可可能对公共利益造成重大损害的,不予撤销。

4. 该问题的学习注意结合本法第70条。

◆司考真题

◇2011年卷2第42题(单选)

某某安监局向甲公司发放《烟花爆竹生产企业安全生产许可证》后,发现甲公司所提交的申请材料系伪造。对于该许可证的处理,下列哪一选项是正确的?

A. 吊销　　　　B. 撤销
C. 撤回　　　　D. 注销

答案:B

◇2009年卷2第41题(单项)

经甲公司申请,市建设局给其颁发建设工程规划许可证。后该局在复核中发现甲公司在申请时报送的企业法人营业执照已经超过有效期,遂依据《行政许可法》规定,撤销该公司的规划许可证,并予以注销。甲公司不服,向法院提起诉讼。市建设局撤销甲公司规划许可证的行为属于下列哪一类别?

A. 行政处罚　　　B. 行政强制措施
C. 行政行为的撤销　D. 行政检查

答案:C

★**第七十条 【行政许可的注销】**有下列情形之一的,行政机关应当依法办理有关行政许可的注销手续:

(一)行政许可有效期届满未延续的;

(二)赋予公民特定资格的行政许可,该公民死亡或者丧失行为能力的;

(三)法人或者其他组织依法终止的;

(四)行政许可依法被撤销、撤回,或者行政许可证件依法被吊销的;

(五)因不可抗力导致行政许可事项无法实施的;

(六)法律、法规规定的应当注销行政许可的其他情形。

◆要点精解

在行政许可的实施和监管过程中,注销、撤销和撤回行政许可可存在以下区别:

1. 注销是行政机关注明取消行政许可,是行政许可结束后由行政机关办理的手续。它与撤销的区别在于,撤销一般需要由行政机关作出决定,撤销的事由通常是行政许可的实施中有违法的因素,即违法导致行政许可的撤销;而注销的事由不仅包括行政许可实施中的违法因素,还包括其他使得被许可人从事许可事项的生产经营活动终止的情形,即只要被许可人终止行政许可事项的生产经营等活动,行政机关即应对该项行政许可予以注销。

2. 撤回包括申请人在申请过程中对其行政许可申请的撤回,也包括行政机关因行政许可所依据的客观情形发生重大变化而对其行政许可决定的撤回。对于行政机关来讲,撤回的原因主要是行政许可的实施以及被许可人从事许可事项的活动本身并不违法,但客观情况发生了重大变化。行政机关撤回行政许可后,也要履行注销行政许可的手续。

◆司考真题

◇2009年卷2第87题(多选)

许某与汤某系夫妻,婚后许某精神失常。二人提出离婚,某县民政局准予离婚。许某之兄认为许某为无民事行为能力人,县民政局准予离婚行为违法,遂提起行政诉讼。县民政局向法院提交了县医院对许某作出的间歇性精神病的鉴定结论。许某之兄申请法院重新进行鉴定。下列哪些选项是正确的?

A. 原告需对县民政局准予离婚行为违法承担举证责任

B. 鉴定结论应有鉴定人的签名和鉴定部

门的盖章

C.当事人申请法院重新鉴定可以口头提出

D.当事人申请法院重新鉴定应当在举证期限内提出

答案:ABD

第七章 法律责任

第七十一条 【责令改正与撤销】违反本法第十七条规定设定的行政许可,有关机关应当责令设定该行政许可的机关改正,或者依法予以撤销。

第七十二条 【责令改正、行政处分责任的情形】行政机关及其工作人员违反本法的规定,有下列情形之一的,由其上级行政机关或者监察机关责令改正;情节严重的,对直接负责的主管人员和其他直接责任人员依法给予行政处分:

(一)对符合法定条件的行政许可申请不予受理的;

(二)不在办公场所公示依法应当公示的材料的;

(三)在受理、审查、决定行政许可过程中,未向申请人、利害关系人履行法定告知义务的;

(四)申请人提交的申请材料不齐全、不符合法定形式,不一次告知申请人必须补正的全部内容的;

(五)未依法说明不受理行政许可申请或者不予行政许可的理由的;

(六)依法应当举行听证而不举行听证的。

第七十三条 【对利用许可谋私利的处罚】行政机关工作人员办理行政许可、实施监督检查,索取或者收受他人财物或者谋取其他利益,构成犯罪的,依法追究刑事责任;尚不构成犯罪的,依法给予行政处分。

第七十四条 【责令改正、行政处分及刑事责任的情形】行政机关实施行政许可,有下列情形之一的,由其上级行政机关或者监察机关责令改正,对直接负责的主管人员和其他直接责任人员依法给予行政处分;构成犯罪的,依法追究刑事责任:

(一)对不符合法定条件的申请人准予行政许可或者超越法定职权作出准予行政许可决定的;

(二)对符合法定条件的申请人不予行政许可或者不在法定期限内作出准予行政许可决定的;

(三)依法应当根据招标、拍卖结果或者考试成绩择优作出准予行政许可决定,未经招标、拍卖或者考试,或者不根据招标、拍卖结果或者考试成绩择优作出准予行政许可决定的。

第七十五条 【费用处理违法的责任】行政机关实施行政许可,擅自收费或者不按照法定项目和标准收费的,由其上级行政机关或者监察机关责令退还非法收取的费用;对直接负责的主管人员和其他直接责任人员依法给予行政处分。

截留、挪用、私分或者变相私分实施行政许可依法收取的费用的,予以追缴;对直接负责的主管人员和其他直接责任人员依法给予行政处分;构成犯罪的,依法追究刑事责任。

第七十六条 【违法许可的赔偿】行政机关违法实施行政许可,给当事人的合法权益造成损害的,应当依照国家赔偿法的规定给予赔偿。

第七十七条 【不依法监督的责任】行政机关不依法履行监督职责或者监督不力,造成严重后果的,由其上级行政机关或者监察机关责令改正,对直接负责的主管人员和其他直接责任人员依法给予行政处分;构成犯罪的,依法追究刑事责任。

第七十八条 【虚假申请的处理】行政许可申请人隐瞒有关情况或者提供虚假材料申请行政许可的,行政机关不予受理或者不予行政许可,并给予警告;行政许可申请属于直接关系公共安全、人身健康、生命财产安全事项的,申请人在一年内不得再次申请该行政许可。

第七十九条 【以不正当手段取得行政许可的处理】被许可人以欺骗、贿赂等不正当手段取得行政许可的,行政机关应当依法给予行政处罚;取得的行政许可属于直接关系公共安全、人身健康、生命财产安全事项的,申请人在三年内不得再次申请该行政许可;构成犯罪的,依法追究刑事责任。

第八十条 【被许可人的违法行为及处理】被许可人有下列行为之一的,行政机关应当依法给予行政处罚;构成犯罪的,依法追究刑事责任:

(一)涂改、倒卖、出租、出借行政许可证件,或者以其他形式非法转让行政许可的;

(二)超越行政许可范围进行活动的;

(三)向负责监督检查的行政机关隐瞒有关情况、提供虚假材料或者拒绝提供反映其活动情况的真实材料的;

(四)法律、法规、规章规定的其他违法行为。

第八十一条 【逃避许可的责任】公民、法人或者其他组织未经行政许可,擅自从事依法应当取得行政许可的活动的,行政机关应当依法采取措施予以制止,并依法给予行政处罚;构成犯罪的,依法追究刑事责任。

第八章 附 则

第八十二条 【期限】本法规定的行政机关实施行政许可的期限以工作日计算,不含法定节假日。

第八十三条 【施行日期】本法自2004年7月1日起施行。

本法施行前有关行政许可的规定,制定机关应当依照本法规定予以清理;不符合本法规定的,自本法施行之日起停止执行。

三、行政处罚

中华人民共和国行政处罚法

1. 1996年3月17日第八届全国人民代表大会第四次会议通过
2. 1996年3月17日中华人民共和国主席令第63号公布
3. 自1996年10月1日起施行
4. 2009年8月27日第十一届全国人民代表大会常务委员会第十次会议《关于修改部分法律的规定》修正

导 读

行政处罚法在行政法体系中具有较为重要的地位,随着法治建设的进行,行政处罚因为直接涉及行政相对人的利益而逐渐成为社会的关注点。

行政处罚法立法在程序的设计和处罚后的监管上颇有特色,行政处罚的范围、行政处罚的管辖、实施行政处罚的程序和对行政处罚的救济措施是理解本法的关键。

行政处罚法兼备了程序法和实体法的内容,因此在学习这一学科时,首先,应注意厘清体系,明晰行政处罚法中哪些属于实体范畴,哪些属于程序范畴,以起到高屋建瓴的作用。其次,应注意对相关学科的学习,对《公务员法》《政府采购法》《突发公共卫生事件应急条例》等相关法律法规应有所涉猎,这一方法对正确掌握行政处罚的主体是否适当、程序是否合理、是否保证了处罚的合理性有所裨益。最后,学习行政处罚法应注意最高人民法院在一系列司法解释中所体现的关于行政处罚的补充和扩展,在充分领会这种内在精神的基础上,相信你的学习定会感到游刃有余。

目 录

第一章 总 则
第二章 行政处罚的种类和设定
第三章 行政处罚的实施机关
第四章 行政处罚的管辖和适用
第五章 行政处罚的决定
　　第一节 简易程序
　　第二节 一般程序
　　第三节 听证程序
第六章 行政处罚的执行
第七章 法律责任
第八章 附 则

第一章 总 则

第一条 【立法目的】为了规范行政处罚的设定和实施,保障和监督行政机关有效实施行政管理,维护公共利益和社会秩序,保护公民、法人或者其他组织的合法权益,根据宪法,制定本法。

第二条 【适用范围】行政处罚的设定和实施,适用本法。

第三条 【适用对象】公民、法人或者其他组织违反行政管理秩序的行为,应当给予行政处罚的,依照本法由法律、法规或者规章规定,并由行政机关依照本法规定的程序实施。

没有法定依据或者不遵守法定程序的,行政处罚无效。

◆要点精解
本条规定了行政处罚中的处罚法定原则,其主要包括以下几个方面的内容:
1.处罚设定权法定。
2.处罚主体及其职权法定。
3.被处罚行为法定。
4.处罚的种类、内容和程序法定。

第四条 【适用原则】行政处罚遵循公正、公开的原则。

设定和实施行政处罚必须以事实为依据,与违法行为的事实、性质、情节以及社会危害程度相当。

对违法行为给予行政处罚的规定必须公布;未经公布的,不得作为行政处罚的依据。

◆要点精解
本条规定的是行政处罚中的公正、公开原则,主要包括下面两项内容:
1.处罚公正原则,亦称合理处罚的原则,是处罚法定原则的必要补充。这一原则要求,行政处罚必须公平公正,没有偏私,设定和实施行政处罚必须以事实为依据,与违法行为的事实、性质以及社会危害的程度相当。它包括以下内容:
(1)实体上的公正。要求行政处罚无论是设定还是实施都要过罚相当,即处罚要与违法行为的事实、性质、情节以及社会危害程度相当。
(2)程序上的公正。要求实施处罚的过程中,处罚主体要给予被处罚人公正的待遇,充分尊重当事人程序上所拥有的独立人格与尊严,避免处罚权的行使武断专横,侵犯当事人的合法权益。
2.为了确保处罚的公平和公正,较为有效的方法就是坚持和贯彻处罚公开的原则:对违法行为给予行政处罚的规定必须公布,未经公布的,不得作为行政处罚的依据。同时,处罚程序亦必须公开。

第五条 【适用方法】实施行政处罚,纠正违法行为,应当坚持处罚与教育相结合,教育公民、法人或者其他组织自觉守法。

第六条 【相对人的权利】公民、法人或者其他组织对行政机关所给予的行政处罚,享有陈述权、申辩权;对行政处罚不服的,有权依法申请行政复议或者提起行政诉讼。

公民、法人或者其他组织因行政机关违法给予行政处罚受到损害的,有权依法提出赔偿要求。

◆要点精解

《行政处罚法》在总则中规定了保障相对人的权利原则,而且有关行政处罚的设定、实施及其程序的规定,亦体现了这一思想。保障相对人的权利原则是由保障相对人陈述权、申辩权的原则和无救济便无权利的原则构成的。相对人对行政机关所给予的处罚,享有陈述权、申辩权;对行政处罚不服的,有权依法申请行政复议或者提起行政诉讼;因违法行政处罚受到损害的,有权提出赔偿要求。

第七条 【相对人的法律责任】公民、法人或者其他组织因违法受到行政处罚,其违法行为对他人造成损害的,应当依法承担民事责任。

违法行为构成犯罪,应当依法追究刑事责任,不得以行政处罚代替刑事处罚。

第二章 行政处罚的种类和设定

第八条 【处罚的种类】行政处罚的种类:
(一)警告;
(二)罚款;
(三)没收违法所得、没收非法财物;
(四)责令停产停业;
(五)暂扣或者吊销许可证、暂扣或者吊销执照;
(六)行政拘留;
(七)法律、行政法规规定的其他行政处罚。

◆相关法条
◇治安管理处罚法
第十条 治安管理处罚的种类分为:
(一)警告;
(二)罚款;
(三)行政拘留;
(四)吊销公安机关发放的许可证。
对违反治安管理的外国人,可以附加适用限期出境或者驱逐出境。

◆要点精解
行政处罚的种类包括:

1.人身罚,亦称自由罚,是限制或剥夺违法者人身自由的行政处罚。人身自由是宪法规定的公民各种权利得以存在的基础,人身受到限制或剥夺,意味着其他任何权利都难以行使。人身罚的种类有:
(1)行政拘留;
(2)驱逐出境、禁止进境或者出境、限期出境。

2.财产罚,是特定的行政机关或法定的其他组织强迫违法者交纳一定数额的金钱或一定数量的物品,或者限制、剥夺其某种财产权的处罚。包括罚款、没收等。

3.行为罚,是限制或剥夺行政违法者某些特定行为能力或资格的处罚。包括责令停产作业,暂扣或者吊销许可证、执照。

4.申诫罚,亦称精神罚或影响声誉罚,是行政机关向违法者发出警戒,申明其有违法行为,通过对其名誉、荣誉、信誉等施加影响,引起其精神上的警惕,使其不再违法的处罚形式。包括警告、通报批评等。

◆司考真题
◇2010年卷2第44题(单选)
下列哪一行为属于行政处罚?
A.公安交管局暂扣违章驾车张某的驾驶

执照六个月

B. 工商局对一企业有效期届满未申请延续的营业执照予以注销

C. 卫生局对流行性传染病患者强制隔离

D. 食品药品监督局责令某食品生产者召回其已上市销售的不符合食品安全标准的食品

答案：A

第九条 【法律对处罚种类的设定】法律可以设定各种行政处罚。

限制人身自由的行政处罚，只能由法律设定。

第十条 【行政法规对处罚种类的设定】行政法规可以设定除限制人身自由以外的行政处罚。

法律对违法行为已经作出行政处罚规定，行政法规需要作出具体规定的，必须在法律规定的给予行政处罚的行为、种类和幅度的范围内规定。

第十一条 【地方性法规对处罚种类的设定】地方性法规可以设定除限制人身自由、吊销企业营业执照以外的行政处罚。

法律、行政法规对违法行为已经作出行政处罚规定，地方性法规需要作出具体规定的，必须在法律、行政法规规定的给予行政处罚的行为、种类和幅度的范围内规定。

第十二条 【国务院部、委的规章对处罚的设定】国务院部、委员会制定的规章可以在法律、行政法规规定的给予行政处罚的行为、种类和幅度的范围内作出具体规定。

尚未制定法律、行政法规的，前款规定的国务院部、委员会制定的规章对违反行政管理秩序的行为，可以设定警告或者一定数量罚款的行政处罚。罚款的限额由国务院规定。

国务院可以授权具有行政处罚权的直属机构依照本条第一款、第二款的规定，规定行政处罚。

第十三条 【省、自治区人民政府及有权的市的规章对处罚的设定】省、自治区、直辖市人民政府和省、自治区人民政府所在地的市人民政府以及经国务院批准的较大的市人民政府制定的规章可以在法律、法规规定的给予行政处罚的行为、种类和幅度的范围内作出具体规定。

尚未制定法律、法规的，前款规定的人民政府制定的规章对违反行政管理秩序的行为，可以设定警告或者一定数量罚款的行政处罚。罚款的限额由省、自治区、直辖市人民代表大会常务委员会规定。

第十四条 【其他规范性文件不得设定行政处罚】除本法第九条、第十条、第十一条、第十二条以及第十三条的规定外，其他规范性文件不得设定行政处罚。

◆相关法条
◇立法法

第八条 下列事项只能制定法律：

（一）国家主权的事项；

（二）各级人民代表大会、人民政府、人民法院和人民检察院的产生、组织和职权；

（三）民族区域自治制度、特别行政区制度、基层群众自治制度；

（四）犯罪和刑罚；

（五）对公民政治权利的剥夺、限制人身自由的强制措施和处罚；

（六）税种的设立、税率的确定和税收征收管理等税收基本制度；

（七）对非国有财产的征收、征用；

（八）民事基本制度；

（九）基本经济制度以及财政、海关、金融和外贸的基本制度；

（十）诉讼和仲裁制度；

（十一）必须由全国人民代表大会及其常务委员会制定法律的其他事项。

第九条 本法第八条规定的事项尚未制定法律的，全国人民代表大会及其常务委员会有权作出决定，授权国务院可以根据实际需要，对其中的部分事项先制定行政法规，但是有关犯罪和刑罚、对公民政治权利的剥夺和限制人身自由的强制措施和处罚、司法制度等事项除外。

◆要点精解

1. 行政处罚的设定权可包括创设权与规定权两个方面,创设权是指没有上位阶的法律规范对处罚加以规定的情况下,自行规范处罚的权力;规定权是指上位阶法律规范已对处罚作出规定的前提下,作出进一步具体规范的权力。规定权受到已有法律规范的限制,不能超出已有规范所确定的处罚行为、种类和幅度等。运用创设权与规定权这两个概念,更易于掌握各种立法文件对行政处罚的设定权。此部分最好和行政许可法比较学习,具体规定可以参见本书行政许可法相关部分的特别提示。

2. 注意第11条第1款限于"吊销企业营业执照",并不是指"暂扣或吊销任何许可证、执照",比如吊销个体工商户的营业执照,即不在该条款之列,而暂扣驾驶证则可由地方性法规创设。

◆司考真题

◇2013年卷2第48题(单选)

关于部门规章的权限,下列哪一说法是正确的?

A. 尚未制定法律、行政法规,对违反管理秩序的行为,可以设定暂扣许可证的行政处罚

B. 尚未制定法律、行政法规,且属于规章制定部门职权的,可以设定扣押财物的行政强制措施

C. 可以在上位法设定的行政许可事项范围内,对实施该许可作出具体规定

D. 可以设定除限制人身自由以外的行政处罚

答案:C

第三章 行政处罚的实施机关

第十五条 【处罚的实施】行政处罚由具有行政处罚权的行政机关在法定职权范围内实施。

第十六条 【处罚的权限】国务院或者经国务院授权的省、自治区、直辖市人民政府可以决定一个行政机关行使有关行政机关的行政处罚权,但限制人身自由的行政处罚权只能由公安机关行使。

◆要点精解

1. 除了国务院或经国务院授权的省、自治区、直辖市人民政府,其他层级的政府或政府工作部门没有决定一个行政机关行使多个有关行政机关行政处罚权的权力。

2. 限制人身自由的行政处罚权只能由公安机关行使。

3. 在实践中存在许多行政机关新组建的机构,但是注意,只有法定的或经权力机关批准的,才具有行政主体资格,否则只能以行政委托论。

第十七条 【授权实施处罚】法律、法规授权的具有管理公共事务职能的组织可以在法定授权范围内实施行政处罚。

◆要点精解

规章或者其他规范性法律文件不能授权实施行政处罚。

第十八条 【委托实施处罚】行政机关依照法律、法规或者规章的规定,可以在其法定权限内委托符合本法第十九条规定条件的组织实施行政处罚。行政机关不得委托其他组织或者个人实施行政处罚。

委托行政机关对受委托的组织实施行政处罚的行为应当负责监督,并对该行为的后果承担法律责任。

受委托组织在委托范围内,以委托行政机关名义实施行政处罚;不得再委托其他任何组织或者个人实施行政处罚。

◆要点精解

1. 行政机关委托的组织实施行政处罚,必须符合以下条件:(1)该组织是依法成立的管

理公共事务的事业组织;(2)该组织有熟悉有关法律、法规、规章和业务的工作人员;(3)对违法行为需要进行技术检查或者技术鉴定的,应当有进行相应检查鉴定的条件和能力。

2.委托实施行政处罚的限制:(1)禁止委托不符合条件的组织或个人实施行政处罚;(2)禁止受委托组织的再委托行为;(3)受委托组织以委托行政机关名义实施行政处罚;(4)委托行政机关对受委托组织的实施行政处罚行为负责。

第十九条 【受托组织的条件】受委托组织必须符合以下条件:

(一)依法成立的管理公共事务的事业组织;

(二)具有熟悉有关法律、法规、规章和业务的工作人员;

(三)对违法行为需要进行技术检查或者技术鉴定的,应当有条件组织进行相应的技术检查或者技术鉴定。

第四章 行政处罚的管辖和适用

第二十条 【处罚的管辖】行政处罚由违法行为发生地的县级以上地方人民政府具有行政处罚权的行政机关管辖。法律、行政法规另有规定的除外。

◆要点精解

1.行政处罚的管辖,根据《行政处罚法》第20条和第21条,可以从地域管辖、级别管辖和指定管辖三个方面来把握。

(1)一般管辖

①行政处罚由违法行为发生地的县级以上地方人民政府具有行政处罚权的行政机关管辖。法律、行政法规另有规定的除外。

②治安案件的管辖由国务院公安部门规定。

(2)指定管辖

对管辖发生争议的,报请共同的上一级行政机关指定管辖。

(3)移送管辖

违法行为构成犯罪的,行政机关必须将案件移送司法机关,依法追究刑事责任。

(4)地域管辖

行政处罚的地域管辖以违法行为发生地的行政机关管辖为一般原则。

2.行政处罚和刑事处罚属于不同的处罚体系,二者之间不能相互代替,所以在发现违法行为构成犯罪时,行政机关有移送义务。注意,已经实施了行政拘留又被判处刑罚的,行政拘留1日折抵刑期1日。

第二十一条 【指定管辖】对管辖发生争议的,报请共同的上一级行政机关指定管辖。

第二十二条 【构成犯罪案件的移送】违法行为构成犯罪的,行政机关必须将案件移送司法机关,依法追究刑事责任。

◆相关法条

◇行政处罚法

第六十一条 行政机关为牟取本单位私利,对应当依法移交司法机关追究刑事责任的不移交,以行政处罚代替刑罚,由上级行政机关或者有关部门责令纠正;拒不纠正的,对直接负责的主管人员给予行政处分;徇私舞弊、包庇纵容违法行为的,依照刑法有关规定追究刑事责任。

◇行政诉讼法

第二十二条 人民法院发现受理的案件不属于本院管辖的,应当移送有管辖权的人民法院,受移送的人民法院应当受理。受移送的人民法院认为受移送的案件按照规定不属于本院管辖的,应当报请上级人民法院指定管辖,不得再自行移送。

◇治安管理处罚法

第七条 国务院公安部门负责全国的治安管理工作。县级以上地方各级人民政府公安机关负责本行政区域内的治安管理工作。治安案件的管辖由国务院公安部门规定。

◆要点精解

因行政处罚不能代替刑事处罚,所以对于构成犯罪的,行政机关有移送义务(本法第22、61条)。

第二十三条 【改正违法行为】行政机关实施行政处罚时,应当责令当事人改正或者限期改正违法行为。

第二十四条 【一事不再罚】对当事人的同一个违法行为,不得给予两次以上罚款的行政处罚。

◆要点精解

一事不再罚原则是行政处罚的适用原则之一。该原则是指,针对行政相对人的一个违法行为,不能给予多次处罚。其内容包括三个方面:

1.对当事人的同一个违法行为,不得给予两次以上罚款的行政处罚。注意:只能给予一次处罚并不意味着这次处罚必然只有一项内容,例如交警对违章车既可以处罚款,同时也可处其他种类的处罚。

2.违法行为构成犯罪的,行政机关必须将案件移送司法机关,依法追究刑事责任,行政机关不再予以人身自由的处罚。

3.违法行为构成犯罪的,人民法院判处拘役或者有期徒刑时,行政机关已实施了行政拘留的,应当依法折抵相应的刑期;人民法院判处罚金时,行政机关已实施了罚款的,应折抵相应罚金。

第二十五条 【未成年人处罚的限制】不满十四周岁的人有违法行为的,不予行政处罚,责令监护人加以管教;已满十四周岁不满十八周岁的人有违法行为的,从轻或者减轻行政处罚。

第二十六条 【精神病人处罚的限制】精神病人在不能辨认或者不能控制自己行为时有违法行为的,不予行政处罚,但应当责令其监护人严加看管和治疗。间歇性精神病人在精神正常时有违法行为的,应当给予行政处罚。

第二十七条 【从轻、减轻处罚的条件】当事人有下列情形之一的,应当依法从轻或者减轻行政处罚:

(一)主动消除或者减轻违法行为危害后果的;

(二)受他人胁迫有违法行为的;

(三)配合行政机关查处违法行为有立功表现的;

(四)其他依法从轻或者减轻行政处罚的。

违法行为轻微并及时纠正,没有造成危害后果的,不予行政处罚。

第二十八条 【刑罚的折抵】违法行为构成犯罪,人民法院判处拘役或者有期徒刑时,行政机关已经给予当事人行政拘留的,应当依法折抵相应刑期。

违法行为构成犯罪,人民法院判处罚金时,行政机关已经给予当事人罚款的,应当折抵相应罚金。

◆相关法条

◇治安管理处罚法

第九十二条 对决定给予行政拘留处罚的人,在处罚前已经采取强制措施限制人身自由的时间,应当折抵。限制人身自由一日,折抵行政拘留一日。

◆要点精解

行政处罚的折抵:

1.对决定给予行政拘留处罚的人,在处罚前已经采取强制措施限制人身自由的时间,应当折抵。已经实施了行政拘留又被判处刑罚的,行政拘留一日折抵刑期一日。

2.罚款可以折抵罚金,但是不能折抵没收财产等其他财产罚。

第二十九条 【处罚的时效】违法行为在二年内未被发现的,不再给予行政处罚。法律另有规定的除外。

前款规定的期限,从违法行为发生之日起计算;违法行为有连续或者继续状态的,从行为终了之日起计算。

◆相关法条
◇治安管理处罚法
第二十二条 违反治安管理行为在六个月内没有被公安机关发现的,不再处罚。
前款规定的期限,从违反治安管理行为发生之日起计算;违反治安管理行为有连续或者继续状态的,从行为终了之日起计算。

◆要点精解
本条是追究时效的规定,注意以下两个方面的内容:
1. 行政处罚追究时效的起算点
行政处罚的追究时效一般从违法行为发生之日起计算;违法行为有连续或者继续状态的,从行为终了之日起计算。对违法行为已经立案的,任何时候都可予以处罚。
2. 行政处罚追究时效的期限
行政处罚追究时效一般是2年,原则上行政违法行为在2年内未被发现的,不再给予行政处罚。但法律另有规定的除外。如《治安管理处罚法》规定是6个月,而《税收征收管理法》规定是5年。

第五章 行政处罚的决定

第三十条 【处罚的条件】公民、法人或者其他组织违反行政管理秩序的行为,依法应当给予行政处罚的,行政机关必须查明事实;违法事实不清的,不得给予行政处罚。

◆相关法条
◇治安管理处罚法
第五条 治安管理处罚必须以事实为依据,与违反治安管理行为的性质、情节以及社会危害程度相当。
实施治安管理处罚,应当公开、公正,尊重和保障人权,保护公民的人格尊严。
办理治安案件应当坚持教育与处罚相结合的原则。

第三十一条 【告知义务】行政机关在作出行政处罚决定之前,应当告知当事人作出行政处罚决定的事实、理由及依据,并告知当事人依法享有的权利。

第三十二条 【当事人的申辩、陈述权】当事人有权进行陈述和申辩。行政机关必须充分听取当事人的意见,对当事人提出的事实、理由和证据,应当进行复核;当事人提出的事实、理由或者证据成立的,行政机关应当采纳。
行政机关不得因当事人申辩而加重处罚。

◆要点精解
1. 行政机关负责人在对调查结果进行审查后,作出决定。情节复杂或者重大违法行为给予较重的行政处罚,应由行政机关负责人集体讨论后作出决定。
2. 在行政处罚决定作出之前,行政机关及其执法人员应当保证当事人享有和行使了解权以及陈述、申辩的权利。没有向相对人说明作出行政处罚的事实根据、法律依据和将法律适用于事实的道理的,以及没有告知相对人有申请回避、申诉权的,行政处罚决定不成立。
3. 对该问题的学习注意结合本法第6条和第30条。

第一节 简易程序

第三十三条 【当场处罚】违法事实确凿并有法定依据,对公民处以五十元以下、对法人或者其他组织处以一千元以下罚款或者警告的行政处罚的,可以当场作出行政处罚决定。当事人应当依照本法第四十六条、第四十七条、第四十八条的规定履行行政处罚决定。

◆相关法条
◇行政处罚法
第四十六条 作出罚款决定的行政机关应当与收缴罚款的机构分离。
除依照本法第四十七条、第四十八条的规定当场收缴的罚款外,作出行政处罚决定的行政机关及其执法人员不得自行收缴罚款。

当事人应当自收到行政处罚决定书之日起十五日内,到指定的银行缴纳罚款。银行应当收受罚款,并将罚款直接上缴国库。

◇治安管理处罚法

第一百条 违反治安管理行为事实清楚,证据确凿,处警告或者二百元以下罚款的,可以当场作出治安管理处罚决定。

◆要点精解

1. 一般行政处罚适用简易程序的条件:(1)违法事实清楚;(2)并有法定依据;(3)对公民处以50元以下、对法人或者其他组织处以1000元以下罚款或者警告的行政处罚。

2. 治安管理处罚适用简易程序的条件:(1)事实清楚,证据确凿;(2)处警告或者200元以下罚款。

3. 简易程序的步骤:(1)表明身份;(2)确认违法事实,说明处罚理由和依据;(3)制作行政处罚决定书;(4)行政处罚决定书的交付;(5)备案。

◆司考真题

◇2009年卷2第85题(多选)

甲公司将承建的建筑工程承包给无特种作业操作资格证书的邓某,邓某在操作时引发事故。某省建设厅作出暂扣甲公司安全生产许可证3个月的决定,市安全监督管理局对甲公司罚款3万元。甲公司对市安全监督管理局罚款不服,向法院起诉。下列哪些选项是正确的?

A. 如甲公司对某省建设厅的决定也不服,向同一法院起诉的,法院可以决定合并审理

B. 市安全监督管理局不能适用简易程序作出罚款3万元的决定

C. 某省建设厅作出暂扣安全生产许可证决定前,应为甲公司组织听证

D. 因市安全监督管理局的罚款决定违反一事不再罚要求,法院应判决撤销

答案:AB

第三十四条 【当场处罚程序】执法人员当场作出行政处罚决定的,应当向当事人出示执法身份证件,填写预定格式、编有号码的行政处罚决定书。行政处罚决定书应当当场交付当事人。

前款规定的行政处罚决定书应当载明当事人的违法行为、行政处罚依据、罚款数额、时间、地点以及行政机关名称,并由执法人员签名或者盖章。

执法人员当场作出的行政处罚决定,必须报所属行政机关备案。

第三十五条 【不服处罚的救济措施】当事人对当场作出的行政处罚决定不服的,可以依法申请行政复议或者提起行政诉讼。

第二节 一般程序

第三十六条 【取证】除本法第三十三条规定的可以当场作出的行政处罚外,行政机关发现公民、法人或者其他组织有依法应当给予行政处罚的行为的,必须全面、客观、公正地调查,收集有关证据;必要时,依照法律、法规的规定,可以进行检查。

第三十七条 【证据的收集】行政机关在调查或者进行检查时,执法人员不得少于两人,并应当向当事人或者有关人员出示证件。当事人或者有关人员应当如实回答询问,并协助调查或者检查,不得阻挠。询问或者检查应当制作笔录。

行政机关在收集证据时,可以采取抽样取证的方法;在证据可能灭失或者以后难以取得的情况下,经行政机关负责人批准,可以先行登记保存,并应当在七日内及时作出处理决定,在此期间,当事人或者有关人员不得销毁或者转移证据。

执法人员与当事人有直接利害关系的,应当回避。

◆要点精解

一般程序与简易程序的区别:

1. 简易程序适用的是违法事实确凿的案件,一般不做调查。

2. 简易程序中,行政处罚决定书是由执法

人员当场作出的,只需要向所属的行政机关备案;而一般程序中,行政处罚决定是由行政机关的负责人或者负责人集体讨论后作出的。

3. 在简易程序中,可以由 1 名执法人员进行相关的程序事项;而在一般程序中,执法人员不得少于 2 人。

◆司考真题

◇2011 年卷 2 第 44 题(单选)

质监局发现王某生产的饼干涉嫌违法使用添加剂,遂将饼干先行登记保存,期限为 1 个月。有关质监局的先行登记保存行为,下列哪一说法是正确的?

A. 系对王某的权利义务不产生实质影响的行为

B. 可以由 2 名执法人员在现场直接作出

C. 采取该行为的前提是证据可能灭失或以后难以取得

D. 登记保存的期限合法

答案:C

第三十八条 【处罚决定】调查终结,行政机关负责人应当对调查结果进行审查,根据不同情况,分别作出如下决定:

(一)确有应受行政处罚的违法行为的,根据情节轻重及具体情况,作出行政处罚决定;

(二)违法行为轻微,依法可以不予行政处罚的,不予行政处罚;

(三)违法事实不能成立的,不得给予行政处罚;

(四)违法行为已构成犯罪的,移送司法机关。

对情节复杂或者重大违法行为给予较重的行政处罚,行政机关的负责人应当集体讨论决定。

第三十九条 【处罚决定书的内容】行政机关依照本法第三十八条的规定给予行政处罚,应当制作行政处罚决定书。行政处罚决定

书应当载明下列事项:

(一)当事人的姓名或者名称、地址;

(二)违反法律、法规或者规章的事实和证据;

(三)行政处罚的种类和依据;

(四)行政处罚的履行方式和期限;

(五)不服行政处罚决定,申请行政复议或者提起行政诉讼的途径和期限;

(六)作出行政处罚决定的行政机关名称和作出决定的日期。

行政处罚决定书必须盖有作出行政处罚决定的行政机关的印章。

第四十条 【送达】行政处罚决定书应当在宣告后当场交付当事人;当事人不在场的,行政机关应当在七日内依照民事诉讼法的有关规定,将行政处罚决定书送达当事人。

第四十一条 【处罚的成立条件】行政机关及其执法人员在作出行政处罚决定之前,不依照本法第三十一条、第三十二条的规定向当事人告知给予行政处罚的事实、理由和依据,或者拒绝听取当事人的陈述、申辩,行政处罚决定不能成立;当事人放弃陈述或者申辩权利的除外。

◆要点精解

当事人有权进行陈述和申辩。行政机关必须充分听取当事人的意见,对当事人提出的事实、理由和证据,应当进行复核;当事人提出的事实、理由或者证据成立的,行政机关应当采纳。

行政机关拒绝听取相对人的陈述、申辩的,行政处罚不成立,同时行政机关不得因当事人申辩而加重处罚。

第三节 听证程序

第四十二条 【听证范围及程序】行政机关作出责令停产停业、吊销许可证或者执照、较大数额罚款等行政处罚决定之前,应当告知

当事人有要求举行听证的权利;当事人要求听证的,行政机关应当组织听证。当事人不承担行政机关组织听证的费用。听证依照以下程序组织:

(一)当事人要求听证的,应当在行政机关告知后三日内提出;

(二)行政机关应当在听证的七日前,通知当事人举行听证的时间、地点;

(三)除涉及国家秘密、商业秘密或者个人隐私外,听证公开举行;

(四)听证由行政机关指定的非本案调查人员主持;当事人认为主持人与本案有直接利害关系的,有权申请回避;

(五)当事人可以亲自参加听证,也可以委托一至二人代理;

(六)举行听证时,调查人员提出当事人违法的事实、证据和行政处罚建议;当事人进行申辩和质证;

(七)听证应当制作笔录;笔录应当交当事人审核无误后签字或者盖章。

当事人对限制人身自由的行政处罚有异议,依照治安管理处罚法有关规定执行。

◆相关法条

◇治安管理处罚法

第九十八条 公安机关作出吊销许可证以及处二千元以上罚款的治安管理处罚决定前,应当告知违反治安管理行为人有权要求举行听证;违反治安管理行为人要求听证的,公安机关应当及时依法举行听证。

◇行政许可法

第四十七条第二款 申请人、利害关系人不承担行政机关组织听证的费用。

◇行政复议法

第三十九条 行政复议机关受理行政复议申请,不得向申请人收取任何费用。行政复议活动所需经费,应当列入本机关的行政经费,由本级财政予以保障。

◇国家赔偿法

第四十一条 赔偿请求人要求国家赔偿的,赔偿义务机关、复议机关和人民法院不得向赔偿请求人收取任何费用。

对赔偿请求人取得的赔偿金不予征税。

◆要点精解

1.举行听证会的条件:行政机关作出责令停产停业、吊销许可证或者执照、较大数额罚款等行政处罚决定之前,应当告知当事人有要求举行听证的权利,当事人要求听证的,行政机关应当组织听证。当事人不承担行政机关组织听证的费用。

行政处罚第一次将听证制度引入中国,其主要原因是,上述三种处罚较重,可能给相对人带来难以弥补的损失。为了慎重起见,在作出处罚之前,给相对人一次申辩和质证的机会。至于行政拘留,虽然比以上处罚更重,但是有关法律已经设定了救济程序,行政处罚法就不再作出听证的规定。《治安管理处罚法》第107条规定:被处罚人不服行政拘留处罚决定,申请行政复议、提起行政诉讼的,可以向公安机关提出暂缓执行行政拘留的申请。公安机关认为暂缓执行行政拘留不致发生社会危险的,由被处罚人或者其近亲属提出符合本法第108条规定条件的担保人,或者按每日行政拘留200元的标准交纳保证金,行政拘留的处罚决定暂缓执行。

2.了解听证会的进行程序。

3.处罚决定的作出。由行政机关在听证结束后,依照一般程序的有关规定作出处罚决定。听证笔录是调查结果之一,是行政处罚的证据之一。这和行政许可法中听证笔录的"案卷排他性原则"不同,行政许可中的听证笔录是唯一证据。

4.不得收费。听证不收取费用,行政复议不得收费,国家赔偿不收费,不征税。

第四十三条 【听证之后的处罚】听证结束后,行政机关依照本法第三十八条的规定,作出决定。

第六章 行政处罚的执行

第四十四条 【当事人的履行义务】行政处罚决定依法作出后,当事人应当在行政处罚决定的期限内,予以履行。

第四十五条 【不停止执行原则】当事人对行政处罚决定不服申请行政复议或者提起行政诉讼的,行政处罚不停止执行,法律另有规定的除外。

◆相关法条
◇行政复议法
第二十一条 行政复议期间具体行政行为不停止执行;但是,有下列情形之一的,可以停止执行:
(一)被申请人认为需要停止执行的;
(二)行政复议机关认为需要停止执行的;
(三)申请人申请停止执行,行政复议机关认为其要求合理,决定停止执行的;
(四)法律规定停止执行的。
◇行政诉讼法
第五十六条 诉讼期间,不停止行政行为的执行。但有下列情形之一的,裁定停止执行:
(一)被告认为需要停止执行的;
(二)原告或者利害关系人申请停止执行,人民法院认为该行政行为的执行会造成难以弥补的损失,并且停止执行不损害国家利益、社会公共利益的;
(三)人民法院认为该行政行为的执行会给国家利益、社会公共利益造成重大损害的;
(四)法律、法规规定停止执行的。
当事人对停止执行或者不停止执行的裁定不服,可以申请复议一次。

◆要点精解
申请行政复议和提起行政诉讼期间,不停止执行行政处罚,这是为了提高行政处罚的执行效率,但考生应重点识记以上两个相关法条分别规定的几种例外情形。

第四十六条 【罚缴分离原则】作出罚款决定的行政机关应当与收缴罚款的机构分离。
除依照本法第四十七条、第四十八条的规定当场收缴的罚款外,作出行政处罚决定的行政机关及其执法人员不得自行收缴罚款。
当事人应当自收到行政处罚决定书之日起十五日内,到指定的银行缴纳罚款。银行应当收受罚款,并将罚款直接上缴国库。

第四十七条 【当场收缴罚款范围】依照本法第三十三条的规定当场作出行政处罚决定,有下列情形之一的,执法人员可以当场收缴罚款:
(一)依法给予二十元以下的罚款的;
(二)不当场收缴事后难以执行的。

◆相关法条
◇治安管理处罚法
第一百零四条 受到罚款处罚的人应当自收到处罚决定书之日起十五日内,到指定的银行缴纳罚款。但是,有下列情形之一的,人民警察可以当场收缴罚款:
(一)被处五十元以下罚款,被处罚人对罚款无异议的;
(二)在边远、水上、交通不便地区,公安机关及其人民警察依照本法的规定作出罚款决定后,被处罚人向指定的银行缴纳罚款确有困难,经被处罚人提出的;
(三)被处罚人在当地没有固定住所,不当场收缴事后难以执行的。

第四十八条 【边远地区当场收缴罚款】在边远、水上、交通不便地区,行政机关及其执法人员依照本法第三十三条、第三十八条的规定作出罚款决定后,当事人向指定的银行缴纳罚款确有困难，经当事人提出，行政机关及其执法人员可以当场收缴罚款。

第四十九条　【罚款收据】行政机关及其执法人员当场收缴罚款的，必须向当事人出具省、自治区、直辖市财政部门统一制发的罚款收据；不出具财政部门统一制发的罚款收据的，当事人有权拒绝缴纳罚款。

第五十条　【当场收缴罚款的处理】执法人员当场收缴的罚款，应当自收缴罚款之日起二日内，交至行政机关；在水上当场收缴的罚款，应当自抵岸之日起二日内交至行政机关；行政机关应当在二日内将罚款缴付指定的银行。

◆ 相关法条
◇ 治安管理处罚法

第一百零五条　人民警察当场收缴的罚款，应当自收缴罚款之日起二日内，交至所属的公安机关；在水上、旅客列车上当场收缴的罚款，应当自抵岸或者到站之日起二日内，交至所属的公安机关；公安机关应当自收到罚款之日起二日内将罚款缴付指定的银行。

第一百零六条　人民警察当场收缴罚款的，应当向被处罚人出具省、自治区、直辖市人民政府财政部门统一制发的罚款收据；不出具统一制发的罚款收据的，被处罚人有权拒绝缴纳罚款。

◆ 要点精解

本法条规定了当场收缴罚款应遵循的规则。

1. 行政机关及其执法人员当场收缴罚款的，应当向被处罚人出具省、自治区、直辖市人民政府财政部门统一制发的罚款收据。

2. 执法人员当场收缴的罚款，应当自收缴罚款之日起2日内，交至行政机关。

3. 执法人员在水上、旅客列车上当场收缴的罚款，应当自抵岸或者到站之日起2日内，交至所属的行政机关；行政机关应当自收到罚款之日起2日内将罚款缴付指定的银行。

第五十一条　【执行措施】当事人逾期不履行行政处罚决定的，作出行政处罚决定的行政机关可以采取下列措施：

（一）到期不缴纳罚款的，每日按罚款数额的百分之三加处罚款；

（二）根据法律规定，将查封、扣押的财物拍卖或者将冻结的存款划拨抵缴罚款；

（三）申请人民法院强制执行。

◆ 要点精解

当事人逾期不履行行政处罚决定的，作出行政处罚决定的行政机关可以采取本条规定的三种行政强制措施，强制执行行政处罚。注意第（2）项强制措施只能依法律规定执行。

第五十二条　【分期缴纳罚款】当事人确有经济困难，需要延期或者分期缴纳罚款的，经当事人申请和行政机关批准，可以暂缓或者分期缴纳。

第五十三条　【对没收的非法财物的处理】除依法应当予以销毁的物品外，依法没收的非法财物必须按照国家规定公开拍卖或者按照国家有关规定处理。

罚款、没收违法所得或者没收非法财物拍卖的款项，必须全部上缴国库，任何行政机关或者个人不得以任何形式截留、私分或者变相私分；财政部门不得以任何形式向作出行政处罚决定的行政机关返还罚款、没收的违法所得或者返还没收非法财物的拍卖款项。

第五十四条　【监督检查】行政机关应当建立健全对行政处罚的监督制度。县级以上人民政府应当加强对行政处罚的监督检查。

公民、法人或者其他组织对行政机关作出的行政处罚，有权申诉或者检举；行政机关应当认真审查，发现行政处罚有错误的，应当主动改正。

第七章　法律责任

第五十五条　【上级行政机关的监督】行

政机关实施行政处罚,有下列情形之一的,由上级行政机关或者有关部门责令改正,可以对直接负责的主管人员和其他直接责任人员依法给予行政处分:

(一)没有法定的行政处罚依据的;

(二)擅自改变行政处罚种类、幅度的;

(三)违反法定的行政处罚程序的;

(四)违反本法第十八条关于委托处罚的规定的。

第五十六条 【当事人的拒绝处罚权及检举权】行政机关对当事人进行处罚不使用罚款、没收财物单据或者使用非法定部门制发的罚款、没收财物单据的,当事人有权拒绝处罚,并有权予以检举。上级行政机关或者有关部门对使用的非法单据予以收缴销毁,对直接负责的主管人员和其他直接责任人员依法给予行政处分。

第五十七条 【对自行收缴罚款的处理】行政机关违反本法第四十六条的规定自行收缴罚款的,财政部门违反本法第五十三条的规定向行政机关返还罚款或者拍卖款项的,由上级行政机关或者有关部门责令改正,对直接负责的主管人员和其他直接责任人员依法给予行政处分。

第五十八条 【对私分罚没财物的处理】行政机关将罚款、没收的违法所得或者财物截留、私分或者变相私分的,由财政部门或者有关部门予以追缴,对直接负责的主管人员和其他直接责任人员依法给予行政处分;情节严重构成犯罪的,依法追究刑事责任。

执法人员利用职务上的便利,索取或者收受他人财物、收缴罚款据为己有,构成犯罪的,依法追究刑事责任;情节轻微不构成犯罪的,依法给予行政处分。

第五十九条 【行政机关的赔偿责任及对有关人员的处理】行政机关使用或者损毁扣押的财物,对当事人造成损失的,应当依法予以赔偿,对直接负责的主管人员和其他直接责任人员依法给予行政处分。

第六十条 【违法实行检查或执行措施的赔偿责任】行政机关违法实行检查措施或者执行措施,给公民人身或者财产造成损害、给法人或者其他组织造成损失的,应当依法予以赔偿,对直接负责的主管人员和其他直接责任人员依法给予行政处分;情节严重构成犯罪的,依法追究刑事责任。

第六十一条 【对拒不移交罪犯的有关人员的处理】行政机关为牟取本单位私利,对应当依法移交司法机关追究刑事责任的不移交,以行政处罚代替刑罚,由上级行政机关或者有关部门责令纠正;拒不纠正的,对直接负责的主管人员给予行政处分;徇私舞弊、包庇纵容违法行为的,依照刑法有关规定追究刑事责任。

第六十二条 【执法人员失职承担的责任】执法人员玩忽职守,对应当予以制止和处罚的违法行为不予制止、处罚,致使公民、法人或者其他组织的合法权益、公共利益和社会秩序遭受损害的,对直接负责的主管人员和其他直接责任人员依法给予行政处分;情节严重构成犯罪的,依法追究刑事责任。

第八章 附 则

第六十三条 【国务院制定罚缴分离办法】本法第四十六条罚款决定与罚款收缴分离的规定,由国务院制定具体实施办法。

第六十四条 【生效日期】本法自1996年10月1日起施行。

本法公布前制定的法规和规章关于行政处罚的规定与本法不符合的,应当自本法公布之日起,依照本法规定予以修订,在1997年12月31日前修订完毕。

中华人民共和国治安管理处罚法

1. 2005年8月28日第十届全国人民代表大会常务委员会第十七次会议通过
2. 2012年10月26日第十一届全国人民代表大会常务委员会第二十九次会议《关于修改〈中华人民共和国治安管理处罚法〉的决定》修正
3. 修正后自2013年1月1日起施行

导 读

《治安管理处罚法》的颁布实施，对于维护社会治安，保障公共安全，化解社会矛盾，维护社会稳定，促进社会和谐都具有十分重要的作用。

与被废止的《治安管理处罚条例》相比，本法的变化主要体现在以下几个方面：（1）突出强调社会治安管理必须坚持综合治理的方针，这在该法第6条当中专门进行了规定，要求各级人民政府要采取有效措施、化解社会矛盾、增进社会和谐、促进社会稳定。（2）增加规定了应该受到治安处罚的一些行为。现在社会经济发展使社会治安有了很大的变化。《治安管理处罚法》规定应当处罚的行为有110多种，有些行为，20世纪80年代的时候没有规定，比如破坏计算机网络系统。现在虚拟空间的违法行为时有发生，所以治安管理处罚法增加了对这些行为的规定。另外，按照国家尊重和保障人权的规定，对于强迫他人劳动以及用暴力威胁他人劳动的，新的治安管理处罚法也增加了一些处罚规定。（3）适当提高了罚款的最高数额。原来规定罚款的最高数额除了"黄、赌、毒"这一类3000元至5000元外，一般的处罚是200元。十几年过去了，随着人们生活水平的提高、物价的变动，200元的罚款额度显然起不到惩戒的作用。《治安管理处罚法》除了对"黄、赌、毒"保留了3000元至5000元处罚外，对其他的违法行为，根据不同的行为和不同的性质，按照500元、1000元处罚。（4）缩小了治安拘留处罚自由裁量权的幅度。原来条例规定1天至15天以下，没有区分不同的违法行为以及未对违法行为的不同性质进行规定。考虑到治安拘留的处罚，涉及公民的人身自由，因此，在适用上应当十分慎重。《治安管理处罚法》把治安拘留处罚，按照不同的违法行为、违法行为的不同性质，区分为5天以下、5天至10天、10天至15天。（5）处罚的程序更加公正。程序公正是实现实体公正的基础，这次《治安管理处罚法》在程序方面作出了比较详细的规定，增加了26条，专门有一章的规定。（6）加强了对公安机关尤其是人民警察执法规范的要求。根据全国人大常委会审议的意见，专门增加了"执法监督"一章，规定了公安机关及其人民警察在治安处罚当中必须遵守的行为规范，以及必须禁止的行为。

学习本法时应当注意以下两点：（1）弄通重点法条，"以重点法条为主线"的学习方法有一定的意义。解读关键性、疑难性的法律条文，弄懂法条背后所隐藏的行政法理论，注意相关法条间的适用关系，尤其是冲突性法条间的法律适用。（2）本法实践性较强，因此，要多做习题，巩固所学的知识点，加深对知识的理解与记忆，增强自身运用已有的知识解决实际案例的能力。

目 录

第一章　总　则
第二章　处罚的种类和适用

第三章　违反治安管理的行为和处罚
　　第一节　扰乱公共秩序的行为和处罚
　　第二节　妨害公共安全的行为和处罚
　　第三节　侵犯人身权利、财产权利的行为和处罚
　　第四节　妨害社会管理的行为和处罚
第四章　处罚程序
　　第一节　调　查
　　第二节　决　定
　　第三节　执　行
第五章　执法监督
第六章　附　则

第一章　总　　则

　　第一条　【立法目的】为维护社会治安秩序，保障公共安全，保护公民、法人和其他组织的合法权益，规范和保障公安机关及其人民警察依法履行治安管理职责，制定本法。

　　第二条　【适用范围】扰乱公共秩序，妨害公共安全，侵犯人身权利、财产权利，妨害社会管理，具有社会危害性，依照《中华人民共和国刑法》的规定构成犯罪的，依法追究刑事责任；尚不够刑事处罚的，由公安机关依照本法给予治安管理处罚。

　　第三条　【处罚程序的规定】治安管理处罚的程序，适用本法的规定；本法没有规定的，适用《中华人民共和国行政处罚法》的有关规定。

　　第四条　【空间效力】在中华人民共和国领域内发生的违反治安管理行为，除法律有特别规定的外，适用本法。
　　在中华人民共和国船舶和航空器内发生的违反治安管理行为，除法律有特别规定的外，适用本法。

　　第五条　【处罚的依据和原则】治安管理处罚必须以事实为依据，与违反治安管理行为的性质、情节以及社会危害程度相当。
　　实施治安管理处罚，应当公开、公正，尊重和保障人权，保护公民的人格尊严。
　　办理治安案件应当坚持教育与处罚相结合的原则。

　　第六条　【治安综合治理职责】各级人民政府应当加强社会治安综合治理，采取有效措施，化解社会矛盾，增进社会和谐，维护社会稳定。

　　第七条　【治安管理负责部门】国务院公安部门负责全国的治安管理工作。县级以上地方各级人民政府公安机关负责本行政区域内的治安管理工作。
　　治安案件的管辖由国务院公安部门规定。

　　第八条　【损害责任】违反治安管理的行为对他人造成损害的，行为人或者其监护人应当依法承担民事责任。

　　第九条　【调解】对于因民间纠纷引起的打架斗殴或者损毁他人财物等违反治安管理行为，情节较轻的，公安机关可以调解处理。经公安机关调解，当事人达成协议的，不予处罚。经调解未达成协议或者达成协议后不履行的，公安机关应当依照本法的规定对违反治安管理行为人给予处罚，并告知当事人可以就民事争议依法向人民法院提起民事诉讼。

第二章　处罚的种类和适用

　　第十条　【处罚的种类】治安管理处罚的种类分为：
　　（一）警告；
　　（二）罚款；
　　（三）行政拘留；
　　（四）吊销公安机关发放的许可证。
　　对违反治安管理的外国人，可以附加适用限期出境或者驱逐出境。

　　第十一条　【非法财物和违法所得的处理】办理治安案件所查获的毒品、淫秽物品等违禁品，赌具、赌资，吸食、注射毒品的用具以

及直接用于实施违反治安管理行为的本人所有的工具，应当收缴，按照规定处理。

违反治安管理所得的财物，追缴退还被侵害人；没有被侵害人的，登记造册，公开拍卖或者按照国家有关规定处理，所得款项上缴国库。

第十二条 【对未成年人的处罚】 已满十四周岁不满十八周岁的人违反治安管理的，从轻或者减轻处罚；不满十四周岁的人违反治安管理的，不予处罚，但是应当责令其监护人严加管教。

第十三条 【对精神病人的处罚】 精神病人在不能辨认或者不能控制自己行为的时候违反治安管理的，不予处罚，但是应当责令其监护人严加看管和治疗。间歇性的精神病人在精神正常的时候违反治安管理的，应当给予处罚。

第十四条 【对盲、聋哑人的处罚】 盲人或者又聋又哑的人违反治安管理的，可以从轻、减轻或者不予处罚。

第十五条 【对醉酒人的处罚】 醉酒的人违反治安管理的，应当给予处罚。

醉酒的人在醉酒状态中，对本人有危险或者对他人的人身、财产或者公共安全有威胁的，应当对其采取保护性措施约束至酒醒。

第十六条 【对多个行为的处罚】 有两种以上违反治安管理行为的，分别决定，合并执行。行政拘留处罚合并执行的，最长不超过二十日。

第十七条 【对共同违反，教唆、胁迫、诱骗他人违反治安管理的处罚】 共同违反治安管理的，根据违反治安管理行为人在违反治安管理行为中所起的作用，分别处罚。

教唆、胁迫、诱骗他人违反治安管理的，按照其教唆、胁迫、诱骗的行为处罚。

第十八条 【对单位的处罚】 单位违反治安管理的，对其直接负责的主管人员和其他直接责任人员依照本法的规定处罚。其他法律、行政法规对同一行为规定给予单位处罚的，依照其规定处罚。

第十九条 【减轻或不予处罚的情形】 违反治安管理有下列情形之一的，减轻处罚或者不予处罚：

（一）情节特别轻微的；

（二）主动消除或者减轻违法后果，并取得被侵害人谅解的；

（三）出于他人胁迫或者诱骗的；

（四）主动投案，向公安机关如实陈述自己的违法行为的；

（五）有立功表现的。

第二十条 【从重处罚的情形】 违反治安管理有下列情形之一的，从重处罚：

（一）有较严重后果的；

（二）教唆、胁迫、诱骗他人违反治安管理的；

（三）对报案人、控告人、举报人、证人打击报复的；

（四）六个月内曾受过治安管理处罚的。

第二十一条 【应拘留但不执行的情形】 违反治安管理行为人有下列情形之一，依照本法应当给予行政拘留处罚的，不执行行政拘留处罚：

（一）已满十四周岁不满十六周岁的；

（二）已满十六周岁不满十八周岁，初次违反治安管理的；

（三）七十周岁以上的；

（四）怀孕或者哺乳自己不满一周岁婴儿的。

第二十二条 【处罚的时效】 违反治安管理行为在六个月内没有被公安机关发现的，不再处罚。

前款规定的期限，从违反治安管理行为发生之日起计算；违反治安管理行为有连续或者继续状态的，从行为终了之日起计算。

◆要点精解

1.有两种以上违反治安管理行为的，分别

决定,合并执行,行政拘留处罚合并执行,最长不超过20日。

2. 单位违反治安管理原则上实行单罚制,只处罚直接责任人员;只有在例外情况下实行双罚制,即需要有其他法律或行政法规规定对单位处罚,不仅处罚直接责任人员,还要处罚单位。

第三章 违反治安管理的行为和处罚

第一节 扰乱公共秩序的行为和处罚

第二十三条 【行为和处罚之一】有下列行为之一的,处警告或者二百元以下罚款;情节较重的,处五日以上十日以下拘留,可以并处五百元以下罚款:

(一)扰乱机关、团体、企业、事业单位秩序,致使工作、生产、营业、医疗、教学、科研不能正常进行,尚未造成严重损失的;

(二)扰乱车站、港口、码头、机场、商场、公园、展览馆或者其他公共场所秩序的;

(三)扰乱公共汽车、电车、火车、船舶、航空器或者其他公共交通工具上的秩序的;

(四)非法拦截或者强登、扒乘机动车、船舶、航空器以及其他交通工具,影响交通工具正常行驶的;

(五)破坏依法进行的选举秩序的。

聚众实施前款行为的,对首要分子处十日以上十五日以下拘留,可以并处一千元以下罚款。

第二十四条 【行为和处罚之二】有下列行为之一,扰乱文化、体育等大型群众性活动秩序的,处警告或者二百元以下罚款;情节严重的,处五日以上十日以下拘留,可以并处五百元以下罚款:

(一)强行进入场内的;

(二)违反规定,在场内燃放烟花爆竹或者其他物品的;

(三)展示侮辱性标语、条幅等物品的;

(四)围攻裁判员、运动员或者其他工作人员的;

(五)向场内投掷杂物,不听制止的;

(六)扰乱大型群众性活动秩序的其他行为。

因扰乱体育比赛秩序被处以拘留处罚的,可以同时责令其十二个月内不得进入体育场馆观看同类比赛;违反规定进入体育场馆的,强行带离现场。

第二十五条 【行为和处罚之三】有下列行为之一的,处五日以上十日以下拘留,可以并处五百元以下罚款;情节较轻的,处五日以下拘留或者五百元以下罚款:

(一)散布谣言,谎报险情、疫情、警情或者以其他方法故意扰乱公共秩序的;

(二)投放虚假的爆炸性、毒害性、放射性、腐蚀性物质或者传染病病原体等危险物质扰乱公共秩序的;

(三)扬言实施放火、爆炸、投放危险物质扰乱公共秩序的。

第二十六条 【行为和处罚之四】有下列行为之一的,处五日以上十日以下拘留,可以并处五百元以下罚款;情节较重的,处十日以上十五日以下拘留,可以并处一千元以下罚款:

(一)结伙斗殴的;

(二)追逐、拦截他人的;

(三)强拿硬要或者任意损毁、占用公私财物的;

(四)其他寻衅滋事行为。

第二十七条 【行为和处罚之五】有下列行为之一的,处十日以上十五日以下拘留,可以并处一千元以下罚款;情节较轻的,处五日以上十日以下拘留,可以并处五百元以下罚款:

(一)组织、教唆、胁迫、诱骗、煽动他人从事邪教、会道门活动或者利用邪教、会道门、迷信活动,扰乱社会秩序、损害他人身体健康的;

(二)冒用宗教、气功名义进行扰乱社会秩序、损害他人身体健康活动的。

第二十八条 【行为和处罚之六】违反国家规定,故意干扰无线电业务正常进行的,或者对正常运行的无线电台(站)产生有害干扰,经有关主管部门指出后,拒不采取有效措施消除的,处五日以上十日以下拘留;情节严重的,处十日以上十五日以下拘留。

第二十九条 【行为和处罚之七】有下列行为之一的,处五日以下拘留;情节较重的,处五日以上十日以下拘留:

(一)违反国家规定,侵入计算机信息系统,造成危害的;

(二)违反国家规定,对计算机信息系统功能进行删除、修改、增加、干扰,造成计算机信息系统不能正常运行的;

(三)违反国家规定,对计算机信息系统中存储、处理、传输的数据和应用程序进行删除、修改、增加的;

(四)故意制作、传播计算机病毒等破坏性程序,影响计算机信息系统正常运行的。

第二节 妨害公共安全的行为和处罚

第三十条 【违规制造、买卖、储存、运输、邮寄、携带、使用、提供、处置危险物质】违反国家规定,制造、买卖、储存、运输、邮寄、携带、使用、提供、处置爆炸性、毒害性、放射性、腐蚀性物质或者传染病病原体等危险物质的,处十日以上十五日以下拘留;情节较轻的,处五日以上十日以下拘留。

第三十一条 【危险物质被盗、被抢或者丢失】爆炸性、毒害性、放射性、腐蚀性物质或者传染病病原体等危险物质被盗、被抢或者丢失,未按规定报告的,处五日以下拘留;故意隐瞒不报的,处五日以上十日以下拘留。

第三十二条 【非法携带国家规定的管制器具】非法携带枪支、弹药或者弩、匕首等国家规定的管制器具的,处五日以下拘留,可以并处五百元以下罚款;情节较轻的,处警告或者二百元以下罚款。

非法携带枪支、弹药或者弩、匕首等国家规定的管制器具进入公共场所或者公共交通工具的,处五日以上十日以下拘留,可以并处五百元以下罚款。

第三十三条 【妨害公共安全综合之一】有下列行为之一的,处十日以上十五日以下拘留:

(一)盗窃、损毁油气管道设施、电力电信设施、广播电视设施、水利防汛工程设施或者水文监测、测量、气象测报、环境监测、地质监测、地震监测等公共设施的;

(二)移动、损毁国家边境的界碑、界桩以及其他边境标志、边境设施或者领土、领海标志设施的;

(三)非法进行影响国(边)界线走向的活动或者修建有碍国(边)境管理的设施的。

第三十四条 【影响航空设施】盗窃、损坏、擅自移动使用中的航空设施,或者强行进入航空器驾驶舱的,处十日以上十五日以下拘留。

在使用中的航空器上使用可能影响导航系统正常功能的器具、工具,不听劝阻的,处五日以下拘留或者五百元以下罚款。

第三十五条 【妨害公共安全综合之二】有下列行为之一的,处五日以上十日以下拘留,可以并处五百元以下罚款;情节较轻的,处五日以下拘留或者五百元以下罚款:

(一)盗窃、损毁或者擅自移动铁路设施、设备、机车车辆配件或者安全标志的;

(二)在铁路线路上放置障碍物,或者故意向列车投掷物品的;

(三)在铁路线路、桥梁、涵洞处挖掘坑穴、采石取沙的;

(四)在铁路线路上私设道口或者平交过道的。

第三十六条 【影响行车安全】擅自进入铁路防护网或者火车来临时在铁路线路上行走坐卧、抢越铁路,影响行车安全的,处警告或者二百元以下罚款。

第三十七条 【妨害公共安全综合之三】有下列行为之一的,处五日以下拘留或者五百元以下罚款;情节严重的,处五日以上十日以下拘留,可以并处五百元以下罚款:

(一)未经批准,安装、使用电网的,或者安装、使用电网不符合安全规定的;

(二)在车辆、行人通行的地方施工,对沟井坎穴不设覆盖物、防围和警示标志的,或者故意损毁、移动覆盖物、防围和警示标志的;

(三)盗窃、损毁路面井盖、照明等公共设施的。

第三十八条 【大型群众性活动违规】举办文化、体育等大型群众性活动,违反有关规定,有发生安全事故危险的,责令停止活动,立即疏散;对组织者处五日以上十日以下拘留,并处二百元以上五百元以下罚款;情节较轻的,处五日以下拘留或者五百元以下罚款。

第三十九条 【社会公众活动场所违规】旅馆、饭店、影剧院、娱乐场、运动场、展览馆或者其他供社会公众活动的场所的经营管理人员,违反安全规定,致使该场所有发生安全事故危险,经公安机关责令改正,拒不改正的,处五日以下拘留。

第三节　侵犯人身权利、财产权利的行为和处罚

第四十条 【侵犯人身、财产权利综合之一】有下列行为之一的,处十日以上十五日以下拘留,并处五百元以上一千元以下罚款;情节较轻的,处五日以上十日以下拘留,并处二百元以上五百元以下罚款:

(一)组织、胁迫、诱骗不满十六周岁的人或者残疾人进行恐怖、残忍表演的;

(二)以暴力、威胁或者其他手段强迫他人劳动的;

(三)非法限制他人人身自由、非法侵入他人住宅或者非法搜查他人身体的。

第四十一条 【胁迫、诱骗或者利用他人乞讨】胁迫、诱骗或者利用他人乞讨,处十日

以上十五日以下拘留,可以并处一千元以下罚款。

反复纠缠、强行讨要或者以其他滋扰他人的方式乞讨的,处五日以下拘留或者警告。

第四十二条 【侵犯人身、财产权利综合之二】有下列行为之一的,处五日以下拘留或者五百元以下罚款;情节较重的,处五日以上十日以下拘留,可以并处五百元以下罚款:

(一)写恐吓信或者以其他方法威胁他人人身安全的;

(二)公然侮辱他人或者捏造事实诽谤他人的;

(三)捏造事实诬告陷害他人,企图使他人受到刑事追究或者受到治安管理处罚的;

(四)对证人及其近亲属进行威胁、侮辱、殴打或者打击报复的;

(五)多次发送淫秽、侮辱、恐吓或者其他信息,干扰他人正常生活的;

(六)偷窥、偷拍、窃听、散布他人隐私的。

第四十三条 【殴打或故意伤害他人身体】殴打他人的,或者故意伤害他人身体的,处五日以上十日以下拘留,并处二百元以上五百元以下罚款;情节较轻的,处五日以下拘留或者五百元以下罚款。

有下列情形之一的,处十日以上十五日以下拘留,并处五百元以上一千元以下罚款:

(一)结伙殴打、伤害他人的;

(二)殴打、伤害残疾人、孕妇、不满十四周岁的人或者六十周岁以上的人的;

(三)多次殴打、伤害他人或者一次殴打、伤害多人的。

第四十四条 【猥亵他人】猥亵他人的,或者在公共场所故意裸露身体,情节恶劣的,处五日以上十日以下拘留;猥亵智力残疾人、精神病人、不满十四周岁的人或者有其他严重情节的,处十日以上十五日以下拘留。

第四十五条 【侵犯人身、财产权利综合之三】有下列行为之一的,处五日以下拘留或

者警告：

（一）虐待家庭成员，被虐待人要求处理的；

（二）遗弃没有独立生活能力的被扶养人的。

第四十六条 【强买强卖商品】强买强卖商品，强迫他人提供服务或者强迫他人接受服务的，处五日以上十日以下拘留，并处二百元以上五百元以下罚款；情节较轻的，处五日以下拘留或者五百元以下罚款。

第四十七条 【民族问题相关】煽动民族仇恨、民族歧视，或者在出版物、计算机信息网络中刊载民族歧视、侮辱内容的，处十日以上十五日以下拘留，可以并处一千元以下罚款。

第四十八条 【邮件相关】冒领、隐匿、毁弃、私自开拆或者非法检查他人邮件的，处五日以下拘留或者五百元以下罚款。

第四十九条 【盗窃、诈骗、哄抢、抢夺、敲诈勒索或者故意损毁公私财物】盗窃、诈骗、哄抢、抢夺、敲诈勒索或者故意损毁公私财物的，处五日以上十日以下拘留，可以并处五百元以下罚款；情节较重的，处十日以上十五日以下拘留，可以并处一千元以下罚款。

第四节 妨害社会管理的行为和处罚

第五十条 【拒绝、阻碍执行的处罚】有下列行为之一的，处警告或者二百元以下罚款；情节严重的，处五日以上十日以下拘留，可以并处五百元以下罚款：

（一）拒不执行人民政府在紧急状态情况下依法发布的决定、命令的；

（二）阻碍国家机关工作人员依法执行职务的；

（三）阻碍执行紧急任务的消防车、救护车、工程抢险车、警车等车辆通行的；

（四）强行冲闯公安机关设置的警戒带、警戒区的。

阻碍人民警察依法执行职务的，从重处罚。

第五十一条 【招摇撞骗】冒充国家机关工作人员或者以其他虚假身份招摇撞骗的，处五日以上十日以下拘留，可以并处五百元以下罚款；情节较轻的，处五日以下拘留或者五百元以下罚款。

冒充军警人员招摇撞骗的，从重处罚。

第五十二条 【伪造、变造相关的违法处罚】有下列行为之一的，处十日以上十五日以下拘留，可以并处一千元以下罚款；情节较轻的，处五日以上十日以下拘留，可以并处五百元以下罚款：

（一）伪造、变造或者买卖国家机关、人民团体、企业、事业单位或者其他组织的公文、证件、证明文件、印章的；

（二）买卖或者使用伪造、变造的国家机关、人民团体、企业、事业单位或者其他组织的公文、证件、证明文件的；

（三）伪造、变造、倒卖车票、船票、航空客票、文艺演出票、体育比赛入场券或者其他有价票证、凭证的；

（四）伪造、变造船舶户牌，买卖或者使用伪造、变造的船舶户牌，或者涂改船舶发动机号码的。

第五十三条 【非法停靠】船舶擅自进入、停靠国家禁止、限制进入的水域或者岛屿的，对船舶负责人及有关责任人员处五百元以上一千元以下罚款；情节严重的，处五日以下拘留，并处五百元以上一千元以下罚款。

第五十四条 【非法经营】有下列行为之一的，处十日以上十五日以下拘留，并处五百元以上一千元以下罚款；情节较轻的，处五日以下拘留或者五百元以下罚款：

（一）违反国家规定，未经注册登记，以社会团体名义进行活动，被取缔后，仍进行活动的；

（二）被依法撤销登记的社会团体，仍以社会团体名义进行活动的；

（三）未经许可，擅自经营按照国家规定需要由公安机关许可的行业的。

有前款第三项行为的，予以取缔。

取得公安机关许可的经营者，违反国家有关管理规定，情节严重的，公安机关可以吊销许可证。

第五十五条 【煽动、策划非法集会、游行、示威】煽动、策划非法集会、游行、示威，不听劝阻的，处十日以上十五日以下拘留。

第五十六条 【对旅馆业工作人员的违法处罚】旅馆业的工作人员对住宿的旅客不按规定登记姓名、身份证件种类和号码的，或者明知住宿的旅客将危险物质带入旅馆，不予制止的，处二百元以上五百元以下罚款。

旅馆业的工作人员明知住宿的旅客是犯罪嫌疑人员或者被公安机关通缉的人员，不向公安机关报告的，处二百元以上五百元以下罚款；情节严重的，处五日以下拘留，可以并处五百元以下罚款。

第五十七条 【对房屋出租人的违法处罚】房屋出租人将房屋出租给无身份证件的人居住的，或者不按规定登记承租人姓名、身份证件种类和号码的，处二百元以上五百元以下罚款。

房屋出租人明知承租人利用出租房屋进行犯罪活动，不向公安机关报告的，处二百元以上五百元以下罚款；情节严重的，处五日以下拘留，可以并处五百元以下罚款。

第五十八条 【噪声污染】违反关于社会生活噪声污染防治的法律规定，制造噪声干扰他人正常生活的，处警告；警告后不改正的，处二百元以上五百元以下罚款。

第五十九条 【对典当、收购违法的处罚】有下列行为之一的，处五百元以上一千元以下罚款；情节严重的，处五日以上十日以下拘留，并处五百元以上一千元以下罚款：

（一）典当业工作人员承接典当的物品，不查验有关证明、不履行登记手续，或者明知是违法犯罪嫌疑人、赃物，不向公安机关报告的；

（二）违反国家规定，收购铁路、油田、供电、电信、矿山、水利、测量和城市公用设施等废旧专用器材的；

（三）收购公安机关通报寻查的赃物或者有赃物嫌疑的物品的；

（四）收购国家禁止收购的其他物品的。

第六十条 【对妨害行政执法相关行为的处罚】有下列行为之一的，处五日以上十日以下拘留，并处二百元以上五百元以下罚款：

（一）隐藏、转移、变卖或者损毁行政执法机关依法扣押、查封、冻结的财物的；

（二）伪造、隐匿、毁灭证据或者提供虚假证言、谎报案情，影响行政执法机关依法办案的；

（三）明知是赃物而窝藏、转移或者代为销售的；

（四）被依法执行管制、剥夺政治权利或者在缓刑、暂予监外执行中的罪犯或者被依法采取刑事强制措施的人，有违反法律、行政法规或者国务院有关部门的监督管理规定的行为。

第六十一条 【协助组织或运送他人偷越国(边)境】协助组织或者运送他人偷越国(边)境的，处十日以上十五日以下拘留，并处一千元以上五千元以下罚款。

第六十二条 【对偷越国(边)境及为其提供条件的处罚】为偷越国(边)境人员提供条件的，处五日以上十日以下拘留，并处五百元以上二千元以下罚款。

偷越国(边)境的，处五日以下拘留或者五百元以下罚款。

第六十三条 【对文物、名胜古迹相关违法处罚】有下列行为之一的，处警告或者二百元以下罚款；情节较重的，处五日以上十日以下拘留，并处二百元以上五百元以下罚款：

（一）刻划、涂污或者以其他方式故意损坏国家保护的文物、名胜古迹的；

（二）违反国家规定，在文物保护单位附近

进行爆破、挖掘等活动,危及文物安全的。

◆ 司考真题
◇2013年卷2第46题(单选)
因关某以刻划方式损坏国家保护的文物,公安分局决定对其作出拘留10日、罚款500元的处罚。关某申请复议,并向该局提出申请、交纳保证金后,该局决定暂缓执行拘留决定。下列哪一说法是正确的?
A. 关某的行为属于妨害公共安全的行为
B. 公安分局应告知关某有权要求举行听证
C. 复议机关只能是公安分局的上一级公安机关
D. 如复议机关撤销对关某的处罚,公安分局应当及时将收取的保证金退还关某
答案:D

第六十四条　**【偷开、无证驾驶车、船、航空器】**有下列行为之一的,处五百元以上一千元以下罚款;情节严重的,处十日以上十五日以下拘留,并处五百元以上一千元以下罚款:
(一)偷开他人机动车的;
(二)未取得驾驶证驾驶或者偷开他人航空器、机动船舶的。

第六十五条　**【对与死者相关的违法处罚】**有下列行为之一的,处五日以上十日以下拘留;情节严重的,处十日以上十五日以下拘留,可以并处一千元以下罚款:
(一)故意破坏、污损他人坟墓或者毁坏、丢弃他人尸骨、骨灰的;
(二)在公共场所停放尸体或者因停放尸体影响他人正常生活、工作秩序,不听劝阻的。

第六十六条　**【卖淫、嫖娼】**卖淫、嫖娼的,处十日以上十五日以下拘留,可以并处五千元以下罚款;情节较轻的,处五日以下拘留或者五百元以下罚款。
在公共场所拉客招嫖的,处五日以下拘留或者五百元以下罚款。

第六十七条　**【引诱、容留、介绍他人卖淫】**引诱、容留、介绍他人卖淫的,处十日以上十五日以下拘留,可以并处五千元以下罚款;情节较轻的,处五日以下拘留或者五百元以下罚款。

第六十八条　**【对淫秽物品、信息相关的违法处罚】**制作、运输、复制、出售、出租淫秽的书刊、图片、影片、音像制品等淫秽物品或者利用计算机信息网络、电话以及其他通讯工具传播淫秽信息的,处十日以上十五日以下拘留,可以并处三千元以下罚款;情节较轻的,处五日以下拘留或者五百元以下罚款。

第六十九条　**【对淫秽、淫乱相关活动的处罚】**有下列行为之一的,处十日以上十五日以下拘留,并处五百元以上一千元以下罚款:
(一)组织播放淫秽音像的;
(二)组织或者进行淫秽表演的;
(三)参与聚众淫乱活动的。
明知他人从事前款活动,为其提供条件的,依照前款的规定处罚。

第七十条　**【对赌博相关的违法处罚】**以营利为目的,为赌博提供条件的,或者参与赌博赌资较大的,处五日以下拘留或者五百元以下罚款;情节严重的,处十日以上十五日以下拘留,并处五百元以上三千元以下罚款。

第七十一条　**【对毒品原植物违法处罚】**有下列行为之一的,处十日以上十五日以下拘留,可以并处三千元以下罚款;情节较轻的,处五日以下拘留或者五百元以下罚款:
(一)非法种植罂粟不满五百株或者其他少量毒品原植物的;
(二)非法买卖、运输、携带、持有少量未经灭活的罂粟等毒品原植物种子或者幼苗的;
(三)非法运输、买卖、储存、使用少量罂粟壳的。
有前款第一项行为,在成熟前自行铲除的,不予处罚。

第七十二条　**【对毒品违法的处罚】**有下列行为之一的,处十日以上十五日以下拘留,

可以并处二千元以下罚款;情节较轻的,处五日以下拘留或者五百元以下罚款:

(一)非法持有鸦片不满二百克、海洛因或者甲基苯丙胺不满十克或者其他少量毒品的;

(二)向他人提供毒品的;

(三)吸食、注射毒品的;

(四)胁迫、欺骗医务人员开具麻醉药品、精神药品的。

第七十三条 【教唆、引诱、欺骗他人吸食、注射毒品】教唆、引诱、欺骗他人吸食、注射毒品的,处十日以上十五日以下拘留,并处五百元以上二千元以下罚款。

第七十四条 【对特定行业的违法处罚】旅馆业、饮食服务业、文化娱乐业、出租汽车业等单位的人员,在公安机关查处吸毒、赌博、卖淫、嫖娼活动时,为违法犯罪行为人通风报信的,处十日以上十五日以下拘留。

第七十五条 【对动物相关违法处罚】饲养动物,干扰他人正常生活的,处警告;警告后不改正的,或者放任动物恐吓他人的,处二百元以上五百元以下罚款。

驱使动物伤害他人的,依照本法第四十三条第一款的规定处罚。

第七十六条 【对屡教不改的处罚】有本法第六十七条、第六十八条、第七十条的行为,屡教不改的,可以按照国家规定采取强制性教育措施。

第四章 处罚程序

第一节 调 查

★**第七十七条** 【及时受理登记】公安机关对报案、控告、举报或者违反治安管理行为人主动投案,以及其他行政主管部门、司法机关移送的违反治安管理案件,应当及时受理,并进行登记。

◆司考真题

◇2009年卷2第88题(多选)

某县公安局接到有人在薛某住所嫖娼的电话举报,遂派员前往检查。警察到达举报现场,敲门未开破门入室,只见薛某一人。薛某拒绝在检查笔录上签字,警察在笔录上注明这一情况。薛某认为检查行为违法,提起行政诉讼。下列哪些选项是正确的?

A.某县公安局应当对电话举报进行登记

B.警察对薛某住所进行检查时不得少于二人

C.警察对薛某住所进行检查时应当出示工作证件和县级以上政府公安机关开具的检查证明文件

D.因薛某未在警察制作的检查笔录上签字,该笔录在行政诉讼中不具有证据效力

答案:ABC

第七十八条 【是否调查的处理】公安机关受理报案、控告、举报、投案后,认为属于违反治安管理行为的,应当立即进行调查;认为不属于违反治安管理行为的,应当告知报案人、控告人、举报人、投案人,并说明理由。

第七十九条 【依法调查】公安机关及其人民警察对治安案件的调查,应当依法进行。严禁刑讯逼供或者采用威胁、引诱、欺骗等非法手段收集证据。

以非法手段收集的证据不得作为处罚的根据。

第八十条 【保密义务】公安机关及其人民警察在办理治安案件时,对涉及的国家秘密、商业秘密或者个人隐私,应当予以保密。

第八十一条 【回避规定】人民警察在办理治安案件过程中,遇有下列情形之一的,应当回避;违反治安管理行为人、被侵害人或者其法定代理人也有权要求他们回避:

(一)是本案当事人或者当事人的近亲属的;

(二)本人或者其近亲属与本案有利害关系的;

(三)与本案当事人有其他关系,可能影响

案件公正处理的。

人民警察的回避,由其所属的公安机关决定;公安机关负责人的回避,由上一级公安机关决定。

第八十二条 【传唤】需要传唤违反治安管理行为人接受调查的,经公安机关办案部门负责人批准,使用传唤证传唤。对现场发现的违反治安管理行为人,人民警察经出示工作证件,可以口头传唤,但应当在询问笔录中注明。

公安机关应当将传唤的原因和依据告知被传唤人。对无正当理由不接受传唤或者逃避传唤的人,可以强制传唤。

第八十三条 【询问查证】对违反治安管理行为人,公安机关传唤后应当及时询问查证,询问查证的时间不得超过八小时;情况复杂,依照本法规定可能适用行政拘留处罚的,询问查证的时间不得超过二十四小时。

公安机关应当及时将传唤的原因和处所通知被传唤人家属。

◆ 司考真题
◇2014 年卷 2 第 79 题(多选)

某公安局以刘某引诱他人吸食毒品为由对其处以 15 日拘留,并处 3000 元罚款的处罚。刘某不服,向法院提起行政诉讼。下列哪些说法是正确的?

A. 公安局在作出处罚决定前传唤刘某询问查证,询问查证时间最长不得超过 24 小时

B. 对刘某的处罚不应当适用听证程序

C. 如刘某为外国人,可以附加适用限期出境

D. 刘某向法院起诉的期限为 3 个月

答案:AC

注:原答案为 ACD。《行政诉讼法》修改后,本题答案应为 AC。

第八十四条 【询问笔录】询问笔录应当交被询问人核对;对没有阅读能力的,应当向其宣读。记载有遗漏或者差错的,被询问人可以提出补充或者更正。询问人确认笔录无误后,应当签名或者盖章,询问的人民警察也应当在笔录上签名。

被询问人要求就被询问事项自行提供书面材料的,应当准许;必要时,人民警察也可以要求被询问人自行书写。

询问不满十六周岁的违反治安管理行为人,应当通知其父母或者其他监护人到场。

第八十五条 【询问被侵害人或证人的要求】人民警察询问被侵害人或者其他证人,可以到其所在单位或者住处进行;必要时,也可以通知其到公安机关提供证言。

人民警察在公安机关以外询问被侵害人或者其他证人,应当出示工作证件。

询问被侵害人或者其他证人,同时适用本法第八十四条的规定。

第八十六条 【询问聋哑、不通晓当地通用语言文字人的要求】询问聋哑的违反治安管理行为人、被侵害人或者其他证人,应当有通晓手语的人提供帮助,并在笔录上注明。

询问不通晓当地通用的语言文字的违反治安管理行为人、被侵害人或者其他证人,应当配备翻译人员,并在笔录上注明。

第八十七条 【人身检查的要求】公安机关对与违反治安管理行为有关的场所、物品、人身可以进行检查。检查时,人民警察不得少于二人,并应当出示工作证件和县级以上人民政府公安机关开具的检查证明文件。对确有必要立即进行检查的,人民警察经出示工作证件,可以当场检查,但检查公民住所应当出示县级以上人民政府公安机关开具的检查证明文件。

检查妇女的身体,应当由女性工作人员进行。

第八十八条 【检查笔录】检查的情况应当制作检查笔录,由检查人、被检查人和见证人签名或者盖章;被检查人拒绝签名的,人民警察应当在笔录上注明。

★**第八十九条** 【扣押】公安机关办理治安

案件,对与案件有关的需要作为证据的物品,可以扣押;对被侵害人或者善意第三人合法占有的财产,不得扣押,应当予以登记。对与案件无关的物品,不得扣押。

对扣押的物品,应当会同在场见证人和被扣押物品持有人查点清楚,当场开列清单一式二份,由调查人员、见证人和持有人签名或者盖章,一份交给持有人,另一份附卷备查。

对扣押的物品,应当妥善保管,不得挪作他用;对不宜长期保存的物品,按照有关规定处理。经查明与案件无关的,应当及时退还;经核实属于他人合法财产的,应当登记后立即退还;满六个月无人对该财产主张权利或者无法查清权利人的,应当公开拍卖或者按照国家有关规定处理,所得款项上缴国库。

第九十条 【鉴定】为了查明案情,需要解决案件中有争议的专门性问题的,应当指派或者聘请具有专门知识的人员进行鉴定;鉴定人鉴定后,应当写出鉴定意见,并且签名。

第二节 决 定

★**第九十一条 【处罚决定机关】**治安管理处罚由县级以上人民政府公安机关决定;其中警告、五百元以下的罚款可以由公安派出所决定。

第九十二条 【行政拘留时间的折抵】对决定给予行政拘留处罚的人,在处罚前已经采取强制措施限制人身自由的时间,应当折抵。限制人身自由一日,折抵行政拘留一日。

第九十三条 【处罚决定的作出】公安机关查处治安案件,对没有本人陈述,但其他证据能够证明案件事实的,可以作出治安管理处罚决定。但是,只有本人陈述,没有其他证据证明的,不能作出治安管理处罚决定。

第九十四条 【公安机关的告知义务及违反治安管理行为人的陈述和申辩权】公安机关作出治安管理处罚决定前,应当告知违反治安管理行为人作出治安管理处罚的事实、理由及依据,并告知违反治安管理行为人依法享有的权利。

违反治安管理行为人有权陈述和申辩。公安机关必须充分听取违反治安管理行为人的意见,对违反治安管理行为人提出的事实、理由和证据,应当进行复核;违反治安管理行为人提出的事实、理由或者证据成立的,公安机关应当采纳。

公安机关不得因违反治安管理行为人的陈述、申辩而加重处罚。

第九十五条 【作出处理】治安案件调查结束后,公安机关应当根据不同情况,分别作出以下处理:

(一)确有依法应当给予治安管理处罚的违法行为的,根据情节轻重及具体情况,作出处罚决定;

(二)依法不予处罚的,或者违法事实不能成立的,作出不予处罚决定;

(三)违法行为已涉嫌犯罪的,移送主管机关依法追究刑事责任;

(四)发现违反治安管理行为人有其他违法行为的,在对违反治安管理行为作出处罚决定的同时,通知有关行政主管部门处理。

第九十六条 【处罚决定书】公安机关作出治安管理处罚决定的,应当制作治安管理处罚决定书。决定书应当载明下列内容:

(一)被处罚人的姓名、性别、年龄、身份证件的名称和号码、住址;

(二)违法事实和证据;

(三)处罚的种类和依据;

(四)处罚的执行方式和期限;

(五)对处罚决定不服,申请行政复议、提起行政诉讼的途径和期限;

(六)作出处罚决定的公安机关的名称和作出决定的日期。

决定书应当由作出处罚决定的公安机关加盖印章。

★**第九十七条 【处罚决定书的宣告和交付】**公安机关应当向被处罚人宣告治安管理处

罚决定书,并当场交付被处罚人;无法当场向被处罚人宣告的,应当在二日内送达被处罚人。决定给予行政拘留处罚的,应当及时通知被处罚人的家属。

有被侵害人的,公安机关应当将决定书副本抄送被侵害人。

◆司考真题

◇2009年卷2第86题(多选)

黄某与张某之妻发生口角,被张某打成轻微伤。某区公安分局决定对张某拘留五日。黄某认为处罚过轻遂向法院起诉,法院予以受理。下列哪些选项是正确的?

A. 某区公安分局在给予张某拘留处罚后,应及时通知其家属

B. 张某之妻为本案的第三人

C. 本案既可以由某区公安分局所在地的法院管辖,也可以由黄某所在地的法院管辖

D. 张某不符合申请暂缓执行拘留的条件

答案:AD

★第九十八条 【听证】公安机关作出吊销许可证以及处二千元以上罚款的治安管理处罚决定前,应当告知违反治安管理行为人有权要求举行听证;违反治安管理行为人要求听证的,公安机关应当及时依法举行听证。

第九十九条 【办理案件的期限】公安机关办理治安案件的期限,自受理之日起不得超过三十日;案情重大、复杂的,经上一级公安机关批准,可以延长三十日。

为了查明案情进行鉴定的期限,不计入办理治安案件的期限。

第一百条 【当场作出处罚决定的情形】违反治安管理行为事实清楚,证据确凿,处警告或者二百元以下罚款的,可以当场作出治安管理处罚决定。

第一百零一条 【处罚决定的当场作出的要求】当场作出治安管理处罚决定的,人民警察应当向违反治安管理行为人出示工作证件,并填写处罚决定书。处罚决定书应当当场交付被处罚人;有被侵害人的,并将决定书副本抄送被侵害人。

前款规定的处罚决定书,应当载明被处罚人的姓名、违法行为、处罚依据、罚款数额、时间、地点以及公安机关名称,并由经办的人民警察签名或者盖章。

当场作出治安管理处罚决定的,经办的人民警察应当在二十四小时内报所属公安机关备案。

第一百零二条 【救济措施】被处罚人对治安管理处罚决定不服的,可以依法申请行政复议或者提起行政诉讼。

第三节 执 行

第一百零三条 【送达拘留所】对被决定给予行政拘留处罚的人,由作出决定的公安机关送达拘留所执行。

★第一百零四条 【罚款的缴纳方式】受到罚款处罚的人应当自收到处罚决定书之日起十五日内,到指定的银行缴纳罚款。但是,有下列情形之一的,人民警察可以当场收缴罚款:

(一)被处五十元以下罚款,被处罚人对罚款无异议的;

(二)在边远、水上、交通不便地区,公安机关及其人民警察依照本法的规定作出罚款决定后,被处罚人向指定的银行缴纳罚款确有困难,经被处罚人提出的;

(三)被处罚人在当地没有固定住所,不当场收缴事后难以执行的。

第一百零五条 【当场收缴罚款的缴付】人民警察当场收缴的罚款,应当自收缴罚款之日起二日内,交至所属的公安机关;在水上、旅客列车上当场收缴的罚款,应当自抵岸或者到站之日起二日内,交至所属的公安机关;公安机关应当自收到罚款之日起二日内将罚款缴付指定的银行。

第一百零六条 【当场收缴罚款的收据】人民警察当场收缴罚款的,应当向被处罚人出

具省、自治区、直辖市人民政府财政部门统一制发的罚款收据；不出具统一制发的罚款收据的，被处罚人有权拒绝缴纳罚款。

第一百零七条 【处罚决定的暂缓执行】被处罚人不服行政拘留处罚决定，申请行政复议、提起行政诉讼的，可以向公安机关提出暂缓执行行政拘留的申请。公安机关认为暂缓执行行政拘留不致发生社会危险的，由被处罚人或者其近亲属提出符合本法第一百零八条规定条件的担保人，或者按每日行政拘留二百元的标准交纳保证金，行政拘留的处罚决定暂缓执行。

第一百零八条 【担保人条件】担保人应当符合下列条件：
（一）与本案无牵连；
（二）享有政治权利，人身自由未受到限制；
（三）在当地有常住户口和固定住所；
（四）有能力履行担保义务。

第一百零九条 【担保人义务】担保人应当保证被担保人不逃避行政拘留处罚的执行。

担保人不履行担保义务，致使被担保人逃避行政拘留处罚的执行的，由公安机关对其处三千元以下罚款。

第一百一十条 【保证金没收情形】被决定给予行政拘留处罚的人交纳保证金，暂缓行政拘留后，逃避行政拘留处罚的执行的，保证金予以没收并上缴国库，已经作出的行政拘留决定仍应执行。

第一百一十一条 【保证金退还情形】行政拘留的处罚决定被撤销，或者行政拘留处罚开始执行的，公安机关收取的保证金应当及时退还交纳人。

第五章 执法监督

第一百一十二条 【依法、公正、严格、高效】公安机关及其人民警察应当依法、公正、严格、高效办理治安案件，文明执法，不得徇私舞弊。

第一百一十三条 【禁止打骂、虐待或侮辱】公安机关及其人民警察办理治安案件，禁止对违反治安管理行为人打骂、虐待或者侮辱。

第一百一十四条 【接受社会和公民监督】公安机关及其人民警察办理治安案件，应当自觉接受社会和公民的监督。

公安机关及其人民警察办理治安案件，不严格执法或者有违法违纪行为的，任何单位和个人都有权向公安机关或者人民检察院、行政监察机关检举、控告；收到检举、控告的机关，应当依据职责及时处理。

第一百一十五条 【罚缴分离】公安机关依法实施罚款处罚，应当依照有关法律、行政法规的规定，实行罚款决定与罚款收缴分离；收缴的罚款应当全部上缴国库。

第一百一十六条 【警察的行政、刑事责任】人民警察办理治安案件，有下列行为之一的，依法给予行政处分；构成犯罪的，依法追究刑事责任：
（一）刑讯逼供、体罚、虐待、侮辱他人的；
（二）超过询问查证的时间限制人身自由的；
（三）不执行罚款决定与罚款收缴分离制度或者不按规定将罚没的财物上缴国库或者依法处理的；
（四）私分、侵占、挪用、故意损毁收缴、扣押的财物的；
（五）违反规定使用或者不及时返还被侵害人财物的；
（六）违反规定不及时退还保证金的；
（七）利用职务上的便利收受他人财物或者谋取其他利益的；
（八）当场收缴罚款不出具罚款收据或者不如实填写罚款数额的；
（九）接到要求制止违反治安管理行为的报警后，不及时出警的；

（十）在查处违反治安管理活动时,为违法犯罪行为人通风报信的;

（十一）有徇私舞弊、滥用职权,不依法履行法定职责的其他情形的。

办理治安案件的公安机关有前款所列行为的,对直接负责的主管人员和其他直接责任人员给予相应的行政处分。

第一百一十七条 【警察的民事责任】公安机关及其人民警察违法行使职权,侵犯公民、法人和其他组织合法权益的,应当赔礼道歉;造成损害的,应当依法承担赔偿责任。

第六章 附 则

第一百一十八条 【语义介绍】本法所称以上、以下、以内,包括本数。

第一百一十九条 【生效日期】本法自2006年3月1日起施行。1986年9月5日公布、1994年5月12日修订公布的《中华人民共和国治安管理处罚条例》同时废止。

中华人民共和国海关行政处罚实施条例

1.2004年9月1日国务院第62次常务会议通过
2.2004年9月19日中华人民共和国国务院令第420号公布
3.自2004年11月1日起施行

目 录

第一章 总 则
第二章 走私行为及其处罚
第三章 违反海关监管规定的行为及其处罚
第四章 对违反海关法行为的调查
第五章 海关行政处罚的决定和执行
第六章 附 则

第一章 总 则

第一条 为了规范海关行政处罚,保障海关依法行使职权,保护公民、法人或者其他组织的合法权益,根据《中华人民共和国海关法》(以下简称海关法)及其他有关法律的规定,制定本实施条例。

★第二条 依法不追究刑事责任的走私行为和违反海关监管规定的行为,以及法律、行政法规规定由海关实施行政处罚的行为的处理,适用本实施条例。

第三条 海关行政处罚由发现违法行为的海关管辖,也可以由违法行为发生地海关管辖。

2个以上海关都有管辖权的案件,由最先发现违法行为的海关管辖。

管辖不明确的案件,由有关海关协商确定管辖,协商不成的,报请共同的上级海关指定管辖。

重大、复杂的案件,可以由海关总署指定管辖。

第四条 海关发现的依法应当由其他行政机关处理的违法行为,应当移送有关行政机关处理;违法行为涉嫌犯罪的,应当移送海关侦查走私犯罪公安机构、地方公安机关依法办理。

第五条 依照本实施条例处以警告、罚款等行政处罚,但不没收进出境货物、物品、运输工具的,不免除有关当事人依法缴纳税款、提交进出口许可证件、办理有关海关手续的义务。

第六条 抗拒、阻碍海关侦查走私犯罪公安机构依法执行职务的,由设在直属海关、隶属海关的海关侦查走私犯罪公安机构依照治安管理处罚的有关规定给予处罚。

抗拒、阻碍其他海关工作人员依法执行职务的,应当报告地方公安机关依法处理。

第二章 走私行为及其处罚

第七条 违反海关法及其他有关法律、行政法规,逃避海关监管,偷逃应纳税款、逃避国家有关进出境的禁止性或者限制性管理,有下列情形之一的,是走私行为:

(一)未经国务院或者国务院授权的机关批准,从未设立海关的地点运输、携带国家禁止或者限制进出境的货物、物品或者依法应当缴纳税款的货物、物品进出境的;

(二)经过设立海关的地点,以藏匿、伪装、瞒报、伪报或者其他方式逃避海关监管,运输、携带、邮寄国家禁止或者限制进出境的货物、物品或者依法应当缴纳税款的货物、物品进出境的;

(三)使用伪造、变造的手册、单证、印章、账册、电子数据或者以其他方式逃避海关监管,擅自将海关监管货物、物品、进境的境外运输工具,在境内销售的;

(四)使用伪造、变造的手册、单证、印章、账册、电子数据或者以伪报加工贸易制成品单位耗料量等方式,致使海关监管货物、物品脱离监管的;

(五)以藏匿、伪装、瞒报、伪报或者其他方式逃避海关监管,擅自将保税区、出口加工区等海关特殊监管区域内的海关监管货物、物品,运出区外的;

(六)有逃避海关监管,构成走私的其他行为的。

第八条 有下列行为之一的,按走私行为论处:

(一)明知是走私进口的货物、物品,直接向走私人非法收购的;

(二)在内海、领海、界河、界湖,船舶及所载人员运输、收购、贩卖国家禁止或者限制进出境的货物、物品,或者运输、收购、贩卖依法应当缴纳税款的货物,没有合法证明的。

第九条 有本实施条例第七条、第八条所列行为之一的,依照下列规定处罚:

(一)走私国家禁止进出口的货物的,没收走私货物及违法所得,可以并处100万元以下罚款;走私国家禁止进出境的物品的,没收走私物品及违法所得,可以并处10万元以下罚款;

(二)应当提交许可证件而未提交但未偷逃税款,走私国家限制进出境的货物、物品的,没收走私货物、物品及违法所得,可以并处走私货物、物品等值以下罚款;

(三)偷逃应纳税款但未逃避许可证件管理,走私依法应当缴纳税款的货物、物品的,没收走私货物、物品及违法所得,可以并处偷逃应纳税款3倍以下罚款。

专门用于走私的运输工具或者用于掩护走私的货物、物品,2年内3次以上用于走私的运输工具或者用于掩护走私的货物、物品,应当予以没收。藏匿走私货物、物品的特制设备、夹层、暗格,应当予以没收或者责令拆毁。使用特制设备、夹层、暗格实施走私的,应当从重处罚。

第十条 与走私人通谋为走私人提供贷款、资金、账号、发票、证明、海关单证的,与走私人通谋为走私人提供走私货物、物品的提取、发运、运输、保管、邮寄或者其他方便的,以走私的共同当事人论处,没收违法所得,并依照本实施条例第九条的规定予以处罚。

第十一条 报关企业、报关人员和海关准予从事海关监管货物的运输、储存、加工、装配、寄售、展示等业务的企业,构成走私犯罪或者1年内有2次以上走私行为的,海关可以撤销其注册登记、取消其报关从业资格。

第三章　违反海关监管规定的行为及其处罚

第十二条　违反海关法及其他有关法律、行政法规和规章但不构成走私行为的,是违反海关监管规定的行为。

第十三条　违反国家进出口管理规定,进出口国家禁止进出口的货物,责令退运,处100万元以下罚款。

第十四条　违反国家进出口管理规定,进出口国家限制进出口的货物,进出口货物的收发货人向海关申报时不能提交许可证件的,进出口货物不予放行,处货物价值30%以下罚款。

违反国家进出口管理规定,进出口属于自动进出口许可管理的货物,进出口货物的收发货人向海关申报时不能提交自动许可证明的,进出口货物不予放行。

第十五条　进出口货物的品名、税则号列、数量、规格、价格、贸易方式、原产地、启运地、运抵地、最终目的地或者其他应当申报的项目未申报或者申报不实的,分别依照下列规定予以处罚,有违法所得的,没收违法所得:

(一)影响海关统计准确性的,予以警告或者处1000元以上1万元以下罚款;

(二)影响海关监管秩序的,予以警告或者处1000元以上3万元以下罚款;

(三)影响国家许可证件管理的,处货物价值5%以上30%以下罚款;

(四)影响国家税款征收的,处漏缴税款30%以上2倍以下罚款;

(五)影响国家外汇、出口退税管理的,处申报价格10%以上50%以下罚款。

第十六条　进出口货物收发货人未按照规定向报关企业提供所委托报关事项的真实情况,致使发生本实施条例第十五条规定情形的,对委托人依照本实施条例第十五条的规定予以处罚。

第十七条　报关企业、报关人员对委托人所提供情况的真实性未进行合理审查,或者因工作疏忽致使发生本实施条例第十五条规定情形的,可以对报关企业处货物价值10%以下罚款,暂停其6个月以内从事报关业务或者执业;情节严重的,撤销其报关注册登记、取消其报关从业资格。

第十八条　有下列行为之一的,处货物价值5%以上30%以下罚款,有违法所得的,没收违法所得:

(一)未经海关许可,擅自将海关监管货物开拆、提取、交付、发运、调换、改装、抵押、质押、留置、转让、更换标记、移作他用或者进行其他处置的;

(二)未经海关许可,在海关监管区以外存放海关监管货物的;

(三)经营海关监管货物的运输、储存、加工、装配、寄售、展示等业务,有关货物灭失、数量短少或者记录不真实,不能提供正当理由的;

(四)经营保税货物的运输、储存、加工、装配、寄售、展示等业务,不依照规定办理收存、交付、结转、核销等手续,或者中止、延长、变更、转让有关合同不依照规定向海关办理手续的;

(五)未如实向海关申报加工贸易制成品单位耗料量的;

(六)未按照规定期限将过境、转运、通运货物运输出境,擅自留在境内的;

(七)未按照规定期限将暂时进出口货物复运出境或者复运进境,擅自留在境内或者境外的;

(八)有违反海关监管规定的其他行为,致使海关不能或者中断对进出口货物实施监管的。

前款规定所涉货物属于国家限制进出口需要提交许可证件,当事人在规定期限内不能提交许可证件的,另处货物价值30%以下罚款;漏缴税款的,可以另处漏缴税款1倍以下罚款。

第十九条 有下列行为之一的,予以警告,可以处物品价值20%以下罚款,有违法所得的,没收违法所得:

(一)未经海关许可,擅自将海关尚未放行的进出境物品开拆、交付、投递、转移或者进行其他处置的;

(二)个人运输、携带、邮寄超过合理数量的自用物品进出境未向海关申报的;

(三)个人运输、携带、邮寄超过规定数量但仍属自用的国家限制进出境物品进出境,未向海关申报但没有以藏匿、伪装等方式逃避海关监管的;

(四)个人运输、携带、邮寄物品进出境,申报不实的;

(五)经海关登记准予暂时免税进境或者暂时免税出境的物品,未按照规定复带出境或者复带进境的;

(六)未经海关批准,过境人员将其所带物品留在境内的。

第二十条 运输、携带、邮寄国家禁止进出境的物品进出境,未向海关申报但没有以藏匿、伪装等方式逃避海关监管的,予以没收,或者责令退回,或者在海关监管下予以销毁或者进行技术处理。

第二十一条 有下列行为之一的,予以警告,可以处10万元以下罚款,有违法所得的,没收违法所得:

(一)运输工具不经设立海关的地点进出境的;

(二)在海关监管区停留的进出境运输工具,未经海关同意擅自驶离的;

(三)进出境运输工具从一个设立海关的地点驶往另一个设立海关的地点,尚未办结海关手续又未经海关批准,中途改驶境外或者境内未设立海关的地点的;

(四)进出境运输工具到达或者驶离设立海关的地点,未按照规定向海关申报、交验有关单证或者交验的单证不真实的。

第二十二条 有下列行为之一的,予以警告,可以处5万元以下罚款,有违法所得的,没收违法所得;

(一)未经海关同意,进出境运输工具擅自装卸进出境货物、物品或者上下进出境旅客的;

(二)未经海关同意,进出境运输工具擅自兼营境内客货运输或者用于进出境运输以外的其他用途的;

(三)未按照规定办理海关手续,进出境运输工具擅自改营境内运输的;

(四)未按照规定期限向海关传输舱单等电子数据、传输的电子数据不准确或者未按照规定期限保存相关电子数据,影响海关监管的;

(五)进境运输工具在进境以后向海关申报以前,出境运输工具在办结海关手续以后出境以前,不按照交通主管部门或者海关指定的路线行进的;

(六)载运海关监管货物的船舶、汽车不按照海关指定的路线行进的;

(七)进出境船舶和航空器,由于不可抗力被迫在未设立海关的地点停泊、降落或者在境内抛掷、起卸货物、物品,无正当理由不向附近海关报告的;

(八)无特殊原因,未将进出境船舶、火车、航空器到达的时间、停留的地点或者更换的时间、地点事先通知海关的;

(九)不按照规定接受海关对进出境运输工具、货物、物品进行检查、查验的。

第二十三条 有下列行为之一的,予以警告,可以处3万元以下罚款:

(一)擅自开启或者损毁海关封志的;

(二)遗失海关制发的监管单证、手册等凭证,妨碍海关监管的;

（三）有违反海关监管规定的其他行为，致使海关不能或者中断对进出境运输工具、物品实施监管的。

第二十四条 伪造、变造、买卖海关单证的，处5万元以上50万元以下罚款，有违法所得的，没收违法所得；构成犯罪的，依法追究刑事责任。

第二十五条 进出口侵犯中华人民共和国法律、行政法规保护的知识产权的货物的，没收侵权货物，并处货物价值30%以下罚款；构成犯罪的，依法追究刑事责任。

需要向海关申报知识产权状况，进出口货物收发货人及其代理人未按照规定向海关如实申报有关知识产权状况，或者未提交合法使用有关知识产权的证明文件的，可以处5万元以下罚款。

第二十六条 报关企业、报关人员和海关准予从事海关监管货物的运输、储存、加工、装配、寄售、展示等业务的企业，有下列情形之一的，责令改正，给予警告，可以暂停其6个月以内从事有关业务或者执业：

（一）拖欠税款或者不履行纳税义务的；

（二）报关企业出让其名义供他人办理进出口货物报关纳税事宜的；

（三）损坏或者丢失海关监管货物，不能提供正当理由的；

（四）有需要暂停其从事有关业务或者执业的其他违法行为的。

第二十七条 报关企业、报关人员和海关准予从事海关监管货物的运输、储存、加工、装配、寄售、展示等业务的企业，有下列情形之一的，海关可以撤销其注册登记、取消其报关从业资格：

（一）1年内3人次以上被海关暂停执业的；

（二）被海关暂停从事有关业务或者执业、

恢复从事有关业务或者执业后1年内再次发生本实施条例第二十六条规定情形的；

（三）有需要撤销其注册登记或者取消其报关从业资格的其他违法行为的。

第二十八条 报关企业、报关人员非法代理他人报关或者超出海关准予的从业范围进行报关活动的，责令改正，处5万元以下罚款，暂停其6个月以内从事报关业务或者执业；情节严重的，撤销其报关注册登记、取消其报关从业资格。

第二十九条 进出口货物收发货人、报关企业、报关人员向海关工作人员行贿的，撤销其报关注册登记、取消其报关从业资格，并处10万元以下罚款；构成犯罪的，依法追究刑事责任，并不得重新注册登记为报关企业和取得报关从业资格。

第三十条 未经海关注册登记和未取得报关从业资格从事报关业务的，予以取缔，没收违法所得，可以并处10万元以下罚款。

第三十一条 提供虚假资料骗取海关注册登记、报关从业资格的，撤销其注册登记、取消其报关从业资格，并处30万元以下罚款。

第三十二条 法人或者其他组织有违反海关法的行为，除处罚该法人或者组织外，对其主管人员和直接责任人员予以警告，可以处5万元以下罚款，有违法所得的，没收违法所得。

第四章 对违反海关法行为的调查

第三十三条 海关发现公民、法人或者其他组织有依法应当由海关给予行政处罚的行为的，应当立案调查。

第三十四条 海关立案后，应当全面、客观、公正、及时地进行调查、收集证据。

海关调查、收集证据，应当按照法律、行政

法规及其他有关规定的要求办理。

海关调查、收集证据时,海关工作人员不得少于2人,并应当向被调查人出示证件。

调查、收集的证据涉及国家秘密、商业秘密或者个人隐私的,海关应当保守秘密。

第三十五条 海关依法检查走私嫌疑人的身体,应当在隐蔽的场所或者非检查人员的视线之外,由2名以上与被检查人同性别的海关工作人员执行。

走私嫌疑人应当接受检查,不得阻挠。

第三十六条 海关依法检查运输工具和场所,查验货物、物品,应当制作检查、查验记录。

第三十七条 海关依法扣留走私犯罪嫌疑人,应当制发扣留走私犯罪嫌疑人决定书。对走私犯罪嫌疑人,扣留时间不超过24小时,在特殊情况下可以延长至48小时。

海关应当在法定扣留期限内对被扣留人进行审查。排除犯罪嫌疑或者法定扣留期限届满的,应当立即解除扣留,并制发解除扣留决定书。

第三十八条 下列货物、物品、运输工具及有关账册、单据等资料,海关可以依法扣留:

(一)有走私嫌疑的货物、物品、运输工具;

(二)违反海关法或者其他有关法律、行政法规的货物、物品、运输工具;

(三)与违反海关法或者其他有关法律、行政法规的货物、物品、运输工具有牵连的账册、单据等资料;

(四)法律、行政法规规定可以扣留的其他货物、物品、运输工具和有关账册、单据等资料。

第三十九条 有违法嫌疑的货物、物品、运输工具无法或者不便扣留的,当事人或者运输工具负责人应当向海关提供等值的担保,未提供等值担保的,海关可以扣留当事人等值的其他财产。

第四十条 海关扣留货物、物品、运输工具以及账册、单据等资料的期限不得超过1年。因案件调查需要,经直属海关关长或者其授权的隶属海关关长批准,可以延长,延长期限不得超过1年。但复议、诉讼期间不计算在内。

第四十一条 有下列情形之一的,海关应当及时解除扣留:

(一)排除违法嫌疑的;

(二)扣留期限、延长期限届满的;

(三)已经履行海关行政处罚决定的;

(四)法律、行政法规规定应当解除扣留的其他情形。

第四十二条 海关依法扣留货物、物品、运输工具、其他财产以及账册、单据等资料,应当制发海关扣留凭单,由海关工作人员、当事人或者其代理人、保管人、见证人签字或者盖章,并可以加施海关封志。加施海关封志的,当事人或者其代理人、保管人应当妥善保管。

海关解除对货物、物品、运输工具、其他财产以及账册、单据等资料的扣留,或者发还等值的担保,应当制发海关解除扣留通知书、海关解除担保通知书,并由海关工作人员、当事人或者其代理人、保管人、见证人签字或者盖章。

第四十三条 海关查问违法嫌疑人或者询问证人,应当个别进行,并告知其权利和作伪证应当承担的法律责任。违法嫌疑人、证人必须如实陈述、提供证据。

海关查问违法嫌疑人或者询问证人应当制作笔录,并当场交其辨认,没有异议的,立即签字确认;有异议的,予以更正后签字确认。

严禁刑讯逼供或者以威胁、引诱、欺骗等非法手段收集证据。

海关查问违法嫌疑人,可以到违法嫌疑人的所在单位或者住处进行,也可以要求其到海关或者海关指定的地点进行。

第四十四条 海关收集的物证、书证应当是原物、原件。收集原物、原件确有困难的，可以拍摄、复制，并可以指定或者委托有关单位或者个人对原物、原件予以妥善保管。

海关收集物证、书证，应当开列清单，注明收集的日期，由有关单位或者个人确认后签字或者盖章。

海关收集电子数据或者录音、录像等视听资料，应当收集原始载体。收集原始载体确有困难的，可以收集复制件，注明制作方法、制作时间、制作人等，并由有关单位或者个人确认后签字或者盖章。

第四十五条 根据案件调查需要，海关可以对有关货物、物品进行取样化验、鉴定。

海关提取样品时，当事人或者其代理人应当到场；当事人或者其代理人未到场的，海关应当邀请见证人到场。提取的样品，海关应当予以加封，并由海关工作人员及当事人或者其代理人、见证人确认后签字或者盖章。

化验、鉴定应当交由海关化验鉴定机构或者委托国家认可的其他机构进行。

化验人、鉴定人进行化验、鉴定后，应当出具化验报告、鉴定结论，并签字或者盖章。

第四十六条 根据海关法有关规定，海关可以查询案件涉嫌单位和涉嫌人员在金融机构、邮政企业的存款、汇款。

海关查询案件涉嫌单位和涉嫌人员在金融机构、邮政企业的存款、汇款，应当出示海关协助查询通知书。

第四十七条 海关依法扣留的货物、物品、运输工具，在人民法院判决或者海关行政处罚决定作出之前，不得处理。但是，危险品或者鲜活、易腐、易烂、易失效、易变质等不宜长期保存的货物、物品以及所有人申请先行变卖的货物、物品、运输工具，经直属海关关长或者其授权的隶属海关关长批准，可以先行依法变卖，变卖所得价款由海关保存，并通知其所有人。

第四十八条 当事人有权根据海关法的规定要求海关工作人员回避。

第五章 海关行政处罚的决定和执行

第四十九条 海关作出暂停从事有关业务、暂停报关执业、撤销海关注册登记、取消报关从业资格、对公民处1万元以上罚款、对法人或者其他组织处10万元以上罚款、没收有关货物、物品、走私运输工具等行政处罚决定之前，应当告知当事人有要求举行听证的权利；当事人要求听证的，海关应当组织听证。

海关行政处罚听证办法由海关总署制定。

第五十条 案件调查终结，海关关长应当对调查结果进行审查，根据不同情况，依法作出决定。

对情节复杂或者重大违法行为给予较重的行政处罚，应当由海关案件审理委员会集体讨论决定。

第五十一条 同一当事人实施了走私和违反海关监管规定的行为且二者之间有因果关系的，依照本实施条例对走私行为的规定从重处罚，对其违反海关监管规定的行为不再另行处罚。

同一当事人就同一批货物、物品分别实施了2个以上违反海关监管规定的行为且二者之间有因果关系的，依照本实施条例分别规定的处罚幅度，择其重者处罚。

第五十二条 对2个以上当事人共同实施的违法行为，应当区别情节及责任，分别给予处罚。

第五十三条 有下列情形之一的，应当从重处罚：

（一）因走私被判处刑罚或者被海关行政处罚后在2年内又实施走私行为的；

（二）因违反海关监管规定被海关行政处罚后在1年内又实施同一违反海关监管规定的

行为的；

（三）有其他依法应当从重处罚的情形。

第五十四条 海关对当事人违反海关法的行为依法给予行政处罚的，应当制作行政处罚决定书。

对同一当事人实施的2个以上违反海关法的行为，可以制发1份行政处罚决定书。

对2个以上当事人分别实施的违反海关法的行为，应当分别制发行政处罚决定书。

对2个以上当事人共同实施的违反海关法的行为，应当制发1份行政处罚决定书，区别情况对各当事人分别予以处罚，但需另案处理的除外。

第五十五条 行政处罚决定书应当依照有关法律规定送达当事人。

依法予以公告送达的，海关应当将行政处罚决定书的正本张贴在海关公告栏内，并在报纸上刊登公告。

第五十六条 海关作出没收货物、物品、走私运输工具的行政处罚决定，有关货物、物品、走私运输工具无法或者不便没收的，海关应当追缴上述货物、物品、走私运输工具的等值价款。

第五十七条 法人或者其他组织实施违反海关法的行为后，有合并、分立或者其他资产重组情形的，海关应当以原法人、组织作为当事人。

对原法人、组织处以罚款、没收违法所得或者依法追缴货物、物品、走私运输工具的等值价款的，应当以承受其权利义务的法人、组织作为被执行人。

第五十八条 罚款、违法所得和依法追缴的货物、物品、走私运输工具的等值价款，应当在海关行政处罚决定规定的期限内缴清。

当事人按期履行行政处罚决定、办结海关手续的，海关应当及时解除其担保。

第五十九条 受海关处罚的当事人或者其法定代表人、主要负责人应当在出境前缴清罚款、违法所得和依法追缴的货物、物品、走私运输工具的等值价款。在出境前未缴清上述款项的，应当向海关提供相当于上述款项的担保。未提供担保，当事人是自然人的，海关可以通知出境管理机关阻止其出境；当事人是法人或者其他组织的，海关可以通知出境管理机关阻止其法定代表人或者主要负责人出境。

第六十条 当事人逾期不履行行政处罚决定的，海关可以采取下列措施：

（一）到期不缴纳罚款的，每日按罚款数额的3%加处罚款；

（二）根据海关法规定，将扣留的货物、物品、运输工具变价抵缴，或者以当事人提供的担保抵缴；

（三）申请人民法院强制执行。

第六十一条 当事人确有经济困难，申请延期或者分期缴纳罚款的，经海关批准，可以暂缓或者分期缴纳罚款。

当事人申请延期或者分期缴纳罚款的，应当以书面形式提出，海关收到申请后，应当在10个工作日内作出决定，并通知申请人。海关同意当事人暂缓或者分期缴纳的，应当及时通知收缴罚款的机构。

第六十二条 有下列情形之一的，有关货物、物品、违法所得、运输工具、特制设备由海关予以收缴：

（一）依照《中华人民共和国行政处罚法》第二十五条、第二十六条规定不予行政处罚的当事人携带、邮寄国家禁止进出境的货物、物品进出境的；

（二）散发性邮寄国家禁止、限制进出境的物品进出境或者携带数量零星的国家禁止进出境的物品进出境，依法可以不予行政处罚的；

（三）依法应当没收的货物、物品、违法所得、走私运输工具、特制设备，在海关作出行政

处罚决定前,作为当事人的自然人死亡或者作为当事人的法人、其他组织终止,且无权利义务承受人的;

(四)走私违法事实基本清楚,但当事人无法查清,自海关公告之日起满3个月的;

(五)有违反法律、行政法规,应当予以收缴的其他情形的。

海关收缴前款规定的货物、物品、违法所得、运输工具、特制设备,应当制发清单,由被收缴人或者其代理人、见证人签字或者盖章。被收缴人无法查清且无见证人的,应当予以公告。

第六十三条 人民法院判决没收的走私货物、物品、违法所得、走私运输工具、特制设备,或者海关决定没收、收缴的货物、物品、违法所得、走私运输工具、特制设备,由海关依法统一处理,所得价款和海关收缴的罚款,全部上缴中央国库。

第六章 附 则

第六十四条 本实施条例下列用语的含义是:

"设立海关的地点",指海关在港口、车站、机场、国界孔道、国际邮件互换局(交换站)等海关监管区设立的卡口,海关在保税区、出口加工区等海关特殊监管区域设立的卡口,以及海关在海上设立的中途监管站。

"许可证件",指依照国家有关规定,当事人应当事先申领,并由国家有关主管部门颁发的准予进口或者出口的证明、文件。

"合法证明",指船舶及所载人员依照国家有关规定或者依照国际运输惯例所必须持有的证明其运输、携带、收购、贩卖所载货物、物品真实、合法、有效的商业单证、运输单证及其他有关证明、文件。

"物品",指个人以运输、携带等方式进出境的行李物品、邮寄进出境的物品,包括货币、金银等。超出自用、合理数量的,视为货物。

"自用",指旅客或者收件人本人自用、馈赠亲友而非为出售或者出租。

"合理数量",指海关根据旅客或者收件人的情况、旅行目的和居留时间所确定的正常数量。

"货物价值",指进出口货物的完税价格、关税、进口环节海关代征税之和。

"物品价值",指进出境物品的完税价格、进口税之和。

"应纳税款",指进出口货物、物品应当缴纳的进出口关税、进口环节海关代征税之和。

"专门用于走私的运输工具",指专为走私而制造、改造、购买的运输工具。

"以上"、"以下"、"以内"、"届满",均包括本数在内。

第六十五条 海关对外国人、无国籍人、外国企业或者其他组织给予行政处罚的,适用本实施条例。

第六十六条 国家禁止或者限制进出口的货物目录,由国务院对外贸易主管部门依照《中华人民共和国对外贸易法》的规定办理;国家禁止或者限制进出境的物品目录,由海关总署公布。

第六十七条 依照海关规章给予行政处罚的,应当遵守本实施条例规定的程序。

第六十八条 本实施条例自2004年11月1日起施行。1993年2月17日国务院批准修订、1993年4月1日海关总署发布的《中华人民共和国海关法行政处罚实施细则》同时废止。

四、行政强制

中华人民共和国行政强制法

1. 2011年6月30日第十一届全国人民代表大会常务委员会第二十一次会议通过
2. 2011年6月30日中华人民共和国主席令第49号公布
3. 自2012年1月1日起施行

导 读

《行政强制法》是一部规范行政强制的设定和实施，保障和监督行政机关依法履行职责，维护公共利益和社会秩序，保护公民、法人合法权益的重要法律，是与《行政处罚法》《行政许可法》并列的调整最基本的行政关系，规范最主要的行政行为，确立最常见的行政执法程序的行政法基本法。

《行政强制法》历经12年，最终通过，这是我国民主法制建设的重要成果，是中国特色社会主义法律体系进一步完善的重要标志，是全面推进依法行政的重要里程碑，是继《行政处罚法》《行政许可法》之后我国行政法治领域取得的又一重大进步。

该法共七章71条，分别规定总则、行政强制的种类和设定、行政强制措施实施程序、行政机关强制执行程序、申请人民法院强制执行、法律责任等内容。该法系统、全面地梳理、总结了我国现行的行政强制制度，并在此基础上结合理论创新，重新构建了适应行政法治背景下的行政强制工作的全新法律体制。

目 录

第一章 总　则
第二章 行政强制的种类和设定
第三章 行政强制措施实施程序
　第一节 一般规定
　第二节 查封、扣押
　第三节 冻结
第四章 行政机关强制执行程序
　第一节 一般规定
　第二节 金钱给付义务的执行
　第三节 代履行
第五章 申请人民法院强制执行
第六章 法律责任
第七章 附　则

第一章 总　则

第一条 【立法目的】为了规范行政强制的设定和实施，保障和监督行政机关依法履行职责，维护公共利益和社会秩序，保护公民、法人和其他组织的合法权益，根据宪法，制定本法。

★**第二条** 【行政强制的含义】本法所称行政强制，包括行政强制措施和行政强制执行。

行政强制措施，是指行政机关在行政管理过程中，为制止违法行为、防止证据损毁、避免危害发生、控制危险扩大等情形，依法对公民的人身自由实施暂时性限制，或者对公民、法人或者其他组织的财物实施暂时性控制的行为。

行政强制执行，是指行政机关或者行政机

关申请人民法院,对不履行行政决定的公民、法人或者其他组织,依法强制履行义务的行为。

◆要点精解

1.本条将行政强制确定为一个法律概念,明确了行政强制包括行政强制措施和行政强制执行。在把握行政强制这个概念时,应注意行政强制的以下四个特点:

(1)行政性,行政强制是发生在行政管理领域中,为了实现行政管理目的,主要由行政机关依照行政程序作出的行政行为。行政性特点可以将行政强制与刑事强制及诉讼强制区分开。

(2)服从性,即行政强制是典型的行政机关单方行为,当事人必须服从决定,没有自由选择的余地。服从性特点可以将行政强制与行政合同、行政指导、行政许可、行政给付等非强制性具体行政行为区分开。

(3)物理性,即行政强制是直接作用于当事人人身、财产等权利,具有限制人身和改变财产物理状态效果的具体行政行为。其是发生可见动作有形行为,而不是无形行为。物理性特点可以将行政强制与行政处罚、责令停止建设等行政命令区分开。

(4)依附性,即行政强制尽管作为一类独立的具体行政行为存在,但依附性仍是其特点,行政强制本身不是目的,不能为了行政强制而强制,行政强制总是为其他行政行为的作出或者实现而服务的。

2.行政强制措施和行政强制执行的区别:

(1)行政强制措施是在行政决定作出前行政机关所采取的强制手段。而行政强制执行是在行政决定作出后,为了执行该行政决定所采取的强制手段。

(2)行政强制措施都是暂时性的,查封、扣押的期限不得超过30日;情况复杂的,经行政机关负责人批准,可以延长30日,法律、行政法规对期限另有规定的除外。而行政强制执行是终局性的。

第三条 【适用范围】行政强制的设定和实施,适用本法。

发生或者即将发生自然灾害、事故灾难、公共卫生事件或者社会安全事件等突发事件,行政机关采取应急措施或者临时措施,依照有关法律、行政法规的规定执行。

行政机关采取金融业审慎监管措施、进出境货物强制性技术监控措施,依照有关法律、行政法规的规定执行。

◆要点精解

1.本条所规定的应急措施、临时措施,是指在突发事件中依法采取的性质属于行政强制措施的应急处置措施。突发事件是指《突发事件应对法》中所称的突发事件,包括自然灾害、事故灾难、公共卫生事件和社会安全事件,是一种涉及人数多、社会关注度高、社会危害严重、影响大的阶段性公共危机,需要公权力的介入和动用社会人力、物力才能解决。需要指出的是,不能对应急措施、临时措施做扩大理解,必须是在宣布为突发事件后采取的应急措施或者临时措施。在上述法律、行政法规中规定的其他行政强制措施的设定和实施应当适用《行政强制法》的规定。

2.根据《银行业监督管理法》《证券法》《保险法》等的规定,在金融机构违反审慎经营规则,行为严重危及该金融机构的稳健运行,损害客户合法权益时,金融业监督管理机构可依法采取限制分红、限制资产转移、限制股东转让股权、阻止直接责任人员出境和禁止其处分财产权利等审慎监管措施,这些措施性质上属于行政强制措施。

第四条 【合法原则】行政强制的设定和实施,应当依照法定的权限、范围、条件和程序。

◆要点精解

有权设定行政强制的只有法律、行政法规和地方性法规。规章和其他规范性文件都没有设定行政强制的权限。

★**第五条 【适当原则】**行政强制的设定和

实施,应当适当。采用非强制手段可以达到行政管理目的的,不得设定和实施行政强制。

第六条 【教育与强制相结合原则】实施行政强制,应当坚持教育与强制相结合。

第七条 【禁止性规定】行政机关及其工作人员不得利用行政强制权为单位或者个人谋取利益。

★第八条 【相对人权利】公民、法人或者其他组织对行政机关实施行政强制,享有陈述权、申辩权;有权依法申请行政复议或者提起行政诉讼;因行政机关违法实施行政强制受到损害的,有权依法要求赔偿。

公民、法人或者其他组织因人民法院在强制执行中有违法行为或者扩大强制执行范围受到损害的,有权依法要求赔偿。

◆相关法条
◇行政诉讼法

第十二条 人民法院受理公民、法人或者其他组织提起的下列诉讼:

(一)对行政拘留、暂扣或者吊销许可证和执照、责令停产停业、没收违法所得、没收非法财物、罚款、警告等行政处罚不服的;

(二)对限制人身自由或者对财产的查封、扣押、冻结等行政强制措施和行政强制执行不服的;

(三)申请行政许可,行政机关拒绝或者在法定期限内不予答复,或者对行政机关作出的有关行政许可的其他决定不服的;

(四)对行政机关作出的关于确认土地、矿藏、水流、森林、山岭、草原、荒地、滩涂等自然资源的所有权或者使用权的决定不服的;

(五)对征收、征用决定及其补偿决定不服的;

(六)申请行政机关履行保护人身权、财产权等合法权益的法定职责,行政机关拒绝履行或者不予答复的;

(七)认为行政机关侵犯其经营自主权或者农村土地承包经营权、农村土地经营权的;

(八)认为行政机关滥用行政权力排除或者限制竞争的;

(九)认为行政机关违法集资、摊派费用或者违法要求履行其他义务的;

(十)认为行政机关没有依法支付抚恤金、最低生活保障待遇或者社会保险待遇的;

(十一)认为行政机关不依法履行、未按照约定履行或者违法变更、解除政府特许经营协议、土地房屋征收补偿协议等协议的;

(十二)认为行政机关侵犯其他人身权、财产权等合法权益的。

除前款规定外,人民法院受理法律、法规规定可以提起诉讼的其他行政案件。

◇行政复议法

第六条 有下列情形之一的,公民、法人或者其他组织可以依照本法申请行政复议:

(一)对行政机关作出的警告、罚款、没收违法所得、没收非法财物、责令停产停业、暂扣或者吊销许可证、暂扣或者吊销执照、行政拘留等行政处罚决定不服的;

(二)对行政机关作出的限制人身自由或者查封、扣押、冻结财产等行政强制措施决定不服的;

(三)对行政机关作出的有关许可证、执照、资质证、资格证等证书变更、中止、撤销的决定不服的;

(四)对行政机关作出的关于确认土地、矿藏、水流、森林、山岭、草原、荒地、滩涂、海域等自然资源的所有权或者使用权的决定不服的;

(五)认为行政机关侵犯合法的经营自主权的;

(六)认为行政机关变更或者废止农业承包合同,侵犯其合法权益的;

(七)认为行政机关违法集资、征收财物、摊派费用或者违法要求履行其他义务的;

(八)认为符合法定条件,申请行政机关颁发许可证、执照、资质证、资格证等证书,或者申请行政机关审批、登记有关事项,行政机关没有依法办理的;

(九)申请行政机关履行保护人身权利、财

产权利、受教育权利的法定职责,行政机关没有依法履行的;

（十）申请行政机关依法发放抚恤金、社会保险金或者最低生活保障费,行政机关没有依法发放的;

（十一）认为行政机关的其他具体行政行为侵犯其合法权益的。

第二章 行政强制的种类和设定

★**第九条 【强制措施种类】**行政强制措施的种类:

（一）限制公民人身自由;

（二）查封场所、设施或者财物;

（三）扣押财物;

（四）冻结存款、汇款;

（五）其他行政强制措施。

◆司考真题

◇2013年卷2第43题（单选）

李某长期吸毒,多次自费戒毒均未成功。某公安局在一次检查中发现后,将李某送至强制隔离戒毒所进行强制隔离戒毒。强制隔离戒毒属于下列哪一性质的行为?

A. 行政处罚

B. 行政强制措施

C. 行政强制执行

D. 行政许可

答案:B

第十条 【法律、法规设立行政强制措施】行政强制措施由法律设定。

尚未制定法律,且属于国务院行政管理职权事项的,行政法规可以设定除本法第九条第一项、第四项和应当由法律规定的行政强制措施以外的其他行政强制措施。

尚未制定法律、行政法规,且属于地方性事务的,地方性法规可以设定本法第九条第二项、第三项的行政强制措施。

法律、法规以外的其他规范性文件不得设定行政强制措施。

◆要点精解

本条是关于行政强制措施设定权的规定。

1. 关于法律的设定权。行政强制措施涉及对公民的人身权和财产权的限制,公民的人身权和财产权是宪法保护的公民权利,由全国人大及其常委会通过制定法律对公民的权利和自由作必要的限制符合法治原则。

2. 关于行政法规的设定权。行政法规是国务院制定的规范性文件,其效力仅次于宪法和法律。所以本法也授权行政法规部分行政强制措施的设定权。但同时也作了两点限制:(1)尚未制定法律,且属于国务院行政管理职权范围的事项的。(2)不得设定限制人身自由、冻结存款、汇款和其他应当由法律规定的行政强制措施。按照行政法的另一个重要原则——法律保留原则,有些事项只能由法律规定,其他规范性文件包括行政法规都不能规定。限制人身自由的强制措施和冻结存款、汇款就是属于法律保留的事项。

第十一条 【禁止越权设立行政强制措施】法律对行政强制措施的对象、条件、种类作了规定的,行政法规、地方性法规不得作出扩大规定。

法律中未设定行政强制措施的,行政法规、地方性法规不得设定行政强制措施。但是,法律规定特定事项由行政法规规定具体管理措施的,行政法规可以设定除本法第九条第一项、第四项和应当由法律规定的一项、第四项和应当由法律规定的行政强制措施以外的其他行政强制措施。

◆要点精解

本条是关于法律、行政法规、地方性法规设定行政强制措施的统一性规定。本条授权在法律对特定事项只作原则性规定,未规定具体管理措施的情况下,行政法规可以设定行政强制措施。需要注意的是,在这种情况下,行政法规也不能设定应当由法律设定的措施。同时也需要注意,本法没有授权地方性法规在此种情况下可以设定行政强制措施。

第十二条 【行政强制执行的方式】行政

强制执行的方式:

(一)加处罚款或者滞纳金;

(二)划拨存款、汇款;

(三)拍卖或者依法处理查封、扣押的场所、设施或者财物;

(四)排除妨碍、恢复原状;

(五)代履行;

(六)其他强制执行方式。

◆要点精解

行政强制措施与行政强制执行紧密相连,通常情况下,行政强制措施是执行机关进行行政强制执行的准备。二者的区别如下:

1. 从目的上说,行政强制措施是为了预防、防止或控制危害社会的行为发生;行政强制执行是为了督促、强迫公民、法人或者其他组织履行行政义务。

2. 从有权行为主体说,行政强制措施的行为主体是行政机关;行政强制执行的主体是人民法院或行政机关。

3. 从效力上说,行政强制措施具有暂时性,行政强制措施是对人身或者财产的暂时性控制,其预防目的达到了就应当解除,而不是一直持续下去;行政强制执行具有终局性,行政强制执行是最终的结果。

第十三条 【行政强制执行由法律设定及执行机关】行政强制执行由法律设定。

法律没有规定行政机关强制执行的,作出行政决定的行政机关应当申请人民法院强制执行。

◆相关法条

◇行政诉讼法

第九十七条 公民、法人或者其他组织对行政行为在法定期限内不提起诉讼又不履行的,行政机关可以申请人民法院强制执行,或者依法强制执行。

◆要点精解

我国行政强制执行制度是由《行政诉讼法》规定的。本法维持了行政机关执行和申请法院执行的体制,部分代履行和执行罚由本法直接授权行政机关行使。本法只对直接强制的实施机关进行限制,公民、法人或者其他组织不执行行政决定,行政机关可以实施间接强制,间接强制不能达到目的,法律规定有直接强制执行权的行政机关可以实施直接强制,没有直接强制执行权的行政机关就要申请人民法院强制执行。

第十四条 【设立行政强制应事前听证、论证】起草法律草案、法规草案,拟设定行政强制的,起草单位应当采取听证会、论证会等形式听取意见,并向制定机关说明设定该行政强制的必要性、可能产生的影响以及听取和采纳意见的情况。

第十五条 【立法后多方评估】行政强制的设定机关应当定期对其设定的行政强制进行评价,并对不适当的行政强制及时予以修改或者废止。

行政强制的实施机关可以对已设定的行政强制的实施情况及存在的必要性适时进行评价,并将意见报告该行政强制的设定机关。

公民、法人或者其他组织可以向行政强制的设定机关和实施机关就行政强制的设定和实施提出意见和建议。有关机关应当认真研究论证,并以适当方式予以反馈。

第三章 行政强制措施实施程序

第一节 一般规定

第十六条 【依法实施行政强制措施】行政机关履行行政管理职责,依照法律、法规的规定,实施行政强制措施。

违法行为情节显著轻微或者没有明显社会危害的,可以不采取行政强制措施。

◆要点精解

本条是关于行政机关实施行政强制措施的条件的规定。

1. 实施行政强制措施的一般条件有四点:(1)只能在履行行政管理职责过程中实施;(2)

必须符合法律、法规规定的可以实施行政强制措施的情形;(3)必须有法律、法规的明确授权;(4)必须由行政机关实施行政强制措施。

2. 本条还规定了可以不实施行政强制措施的情形。行政强制措施是行政管理必不可少的手段,但行政强制措施对当事人的权益影响很大,在实施的过程中应当慎之又慎。实施行政强制措施不是目的,只要能够达到行政管理的目的,行政机关应当尽量少采用行政强制措施的方式。因此,本条规定了可以不采取行政强制措施的情形,即违法行为情节显著轻微或者没有明显社会危害的,鼓励行政机关尽量通过说服教育等方式达到行政管理的目的。

第十七条 【行政强制措施实施机关和人员】行政强制措施由法律、法规规定的行政机关在法定职权范围内实施。行政强制措施权不得委托。

依据《中华人民共和国行政处罚法》的规定行使相对集中行政处罚权的行政机关,可以实施法律、法规规定的与行政处罚权有关的行政强制措施。

行政强制措施应当由行政机关具备资格的行政执法人员实施,其他人员不得实施。

◆ 要点精解

本条对行政强制措施的实施主体加以严格规范。主要从四个方面进行规范:

1. 只有行政机关才能实施行政强制措施。与行政处罚权和行政许可权不同,行政强制措施权不得委托,行政强制措施的即时性和强制性,决定了它对于公民、法人和其他组织的权益影响更大,所以对行政强制措施实施主体的规定更加严格,只能由行政机关实施,不得委托给其他行政机关、组织或者个人。

2. 行政机关中,只有法律、法规授予行政强制措施权的才能实施,未经法律、法规授权的行政机关不得作为实施主体。每个具体的行政机关的行政强制措施权,需要由单行法律、法规授权。

3. 法律、行政法规授权的具有管理公共事务职能的组织在法定授权范围内,可以实施

行政强制。

4. 代表行政机关实施行政强制措施的必须是具备资格的行政执法人员,其他人员不得实施。

★第十八条 【实施强制措施的一般程序】
行政机关实施行政强制措施应当遵守下列规定:

(一)实施前须向行政机关负责人报告并经批准;

(二)由两名以上行政执法人员实施;

(三)出示执法身份证件;

(四)通知当事人到场;

(五)当场告知当事人采取行政强制措施的理由、依据以及当事人依法享有的权利、救济途径;

(六)听取当事人的陈述和申辩;

(七)制作现场笔录;

(八)现场笔录由当事人和行政执法人员签名或者盖章,当事人拒绝的,在笔录中予以注明;

(九)当事人不到场的,邀请见证人到场,由见证人和行政执法人员在现场笔录上签名或者盖章;

(十)法律、法规规定的其他程序。

★第十九条 【即时强制】情况紧急,需要当场实施行政强制措施的,行政执法人员应当在二十四小时内向行政机关负责人报告,并补办批准手续。行政机关负责人认为不应当采取行政强制措施的,应当立即解除。

◆ 要点精解

根据本条规定,实施即时强制应当遵循几个基本条件:

1. 要符合法律规定的情形,具备必要性。

2. 必须遵循法定程序,本条规定了即时强制的特别程序,即事后报告和补办手续的程序。

3. 事后救济。有些情况下,即时强制的影响具有持续性。对于这种持续性的及时强制,本法规定行政机关负责人认为不应当采取行政强制措施的,应当立即解除,尽量减轻对当

事人的损害。

第二十条　【实施限制人身自由的行政强制措施的特别程序】依照法律规定实施限制公民人身自由的行政强制措施,除应当履行本法第十八条规定的程序外,还应当遵守下列规定:

(一)当场告知或者实施行政强制措施后立即通知当事人家属实施行政强制措施的行政机关、地点和期限;

(二)在紧急情况下当场实施行政强制措施的,在返回行政机关后,立即向行政机关负责人报告并补办批准手续;

(三)法律规定的其他程序。

实施限制人身自由的行政强制措施不得超过法定期限。实施行政强制措施的目的已经达到或者条件已经消失,应当立即解除。

第二十一条　【违法行为涉嫌犯罪的移送】违法行为涉嫌犯罪应当移送司法机关的,行政机关应当将查封、扣押、冻结的财物一并移送,并书面告知当事人。

◆要点精解

本条在明确移送制度的同时,又进一步规定了不仅移送案件,还要移送办案过程中查封、扣押、冻结的财物。在实践中,经常出现行政机关为了部门利益,截留查封、扣押、冻结的财物,使司法机关难以了解案件事实,查找有关证据,给司法机关办案带来极大不便,影响了案件办理结果的公正性。因此,在启动刑事责任追究机制后,案件的管辖权转到司法机关,原办案的行政机关应当将所有与案件有关的文件和财物都移送,以便司法机关查办案件。

第二节　查封、扣押

第二十二条　【查封、扣押由法定机关实施】查封、扣押应当由法律、法规规定的行政机关实施,其他任何行政机关或者组织不得实施。

◆要点精解

根据本法第70条的规定,法律、行政法规授权的具有管理公共事务职能的组织在法定授权范围内,以自己的名义实施行政强制,适用本法有关行政机关的规定。这就意味着,查封、扣押的实施主体只能是行政机关和具有管理公共事务职能的组织,其他任何组织和个人都不得作为实施主体。

第二十三条　【查封、扣押的范围】查封、扣押限于涉案的场所、设施或者财物,不得查封、扣押与违法行为无关的场所、设施或者财物;不得查封、扣押公民个人及其所扶养家属的生活必需品。

当事人的场所、设施或者财物已被其他国家机关依法查封的,不得重复查封。

★第二十四条　【实施查封、扣押应履行的程序】行政机关决定实施查封、扣押的,应当履行本法第十八条规定的程序,制作并当场交付查封、扣押决定书和清单。

查封、扣押决定书应当载明下列事项:

(一)当事人的姓名或者名称、地址;

(二)查封、扣押的理由、依据和期限;

(三)查封、扣押场所、设施或者财物的名称、数量等;

(四)申请行政复议或者提起行政诉讼的途径和期限;

(五)行政机关的名称、印章和日期。

查封、扣押清单一式二份,由当事人和行政机关分别保存。

◆司考真题

◇2014年卷2第47题(单选)

某区公安分局以非经许可运输烟花爆竹为由,当场扣押孙某杂货店的烟花爆竹100件。关于此扣押,下列哪一说法是错误的?

A.执法人员应当在返回该分局后立即向该分局负责人报告并补办批准手续

B.扣押时应当制作现场笔录

C.扣押时应当制作并当场交付扣押决定书和清单

D.扣押应当由某区公安分局具备资格的行政执法人员实施

答案：A

★**第二十五条 【查封、扣押期限】**查封、扣押的期限不得超过三十日；情况复杂的，经行政机关负责人批准，可以延长，但是延长期限不得超过三十日。法律、行政法规另有规定的除外。

延长查封、扣押的决定应当及时书面告知当事人，并说明理由。

对物品需要进行检测、检验、检疫或者技术鉴定的，查封、扣押的期间不包括检测、检验、检疫或者技术鉴定的期间。检测、检验、检疫或者技术鉴定的期间应当明确，并书面告知当事人。检测、检验、检疫或者技术鉴定的费用由行政机关承担。

第二十六条 【查封、扣押的场所、设施和财物的保管】对查封、扣押的场所、设施或者财物，行政机关应当妥善保管，不得使用或者损毁；造成损失的，应当承担赔偿责任。

对查封的场所、设施或者财物，行政机关可以委托第三人保管，第三人不得损毁或者擅自转移、处置。因第三人的原因造成的损失，行政机关先行赔付后，有权向第三人追偿。

因查封、扣押发生的保管费用由行政机关承担。

◆**司考真题**

◇2013 年卷 2 第 80 题(多选)

某工商分局接举报称肖某超范围经营，经现场调查取证初步认定举报属实，遂扣押与其经营相关物品，制作扣押财物决定及财物清单。关于扣押程序，下列哪些说法是正确的？

A.扣押时应当通知肖某到场

B.扣押清单一式二份，由肖某和该工商分局分别保存

C.对扣押物品发生的合理保管费用，由肖某承担

D.该工商分局应当妥善保管扣押的物品

答案：ABD

第二十七条 【采取查封、扣押措施之后的处理】行政机关采取查封、扣押措施后，应当及时查清事实，在本法第二十五条规定的期限内作出处理决定。对违法事实清楚，依法应当没收的非法财物予以没收；法律、行政法规规定应当销毁的，依法销毁；应当解除查封、扣押的，作出解除查封、扣押的决定。

第二十八条 【解除查封、扣押的情形】有下列情形之一的，行政机关应当及时作出解除查封、扣押决定：

（一）当事人没有违法行为；

（二）查封、扣押的场所、设施或者财物与违法行为无关；

（三）行政机关对违法行为已经作出处理决定，不再需要查封、扣押；

（四）查封、扣押期限已经届满；

（五）其他不再需要采取查封、扣押措施的情形。

解除查封、扣押应当立即退还财物；已将鲜活物品或者其他不易保管的财物拍卖或者变卖的，退还拍卖或者变卖所得款项。变卖价格明显低于市场价格，给当事人造成损失的，应当给予补偿。

第三节 冻 结

★**第二十九条 【不得委托冻结、重复冻结】**冻结存款、汇款应当由法律规定的行政机关实施，不得委托给其他行政机关或组织；其他任何行政机关或者组织不得冻结存款、汇款。

冻结存款、汇款的数额应当与违法行为涉及的金额相当；已被其他国家机关依法冻结的，不得重复冻结。

◆**相关法条**

◇商业银行法

第二十九条 商业银行办理个人储蓄存款业务，应当遵循存款自愿、取款自由、存款有息、为存款人保密的原则。

对个人储蓄存款，商业银行有权拒绝任何单位或者个人查询、冻结、扣划，但法律另有规

定的除外。

第三十条　对单位存款，商业银行有权拒绝任何单位或者个人查询，但法律、行政法规另有规定的除外；有权拒绝任何单位或者个人冻结、扣划，但法律另有规定的除外。

◆要点精解

本条是关于冻结的实施主体、数额限制及不得重复冻结的规定。冻结存款、汇款既关系到金融机构的信用，又关系到公民、法人和其他组织的财产安全，应当予以严格限制。金融机构的资产主要来源于储蓄存款，人民储蓄存款的主要目的是获得资金安全。如果过多、过滥使用冻结手段，会使人们认为将资金存入金融机构或者通过金融机构汇兑并不安全，从而产生不信任，进而导致金融信用无从建立、金融业无从发展。

本条从三个方面对冻结存款、汇款作了规范：

1. 实施主体只能是法律明确规定有冻结权的行政机关和法律授权的具有管理公共事务职能的组织。

2. 冻结存款、汇款的数额应当与违法行为涉及的金额相当。

3. 不得重复冻结原则。已被其他国家机关冻结的，不得再次冻结。

第三十条　【冻结程序】行政机关依照法律规定决定实施冻结存款、汇款的，应当履行本法第十八条第一项、第二项、第三项、第七项规定的程序，并向金融机构交付冻结通知书。

金融机构接到行政机关依法作出的冻结通知书后，应当立即予以冻结，不得拖延，不得在冻结前向当事人泄露信息。

法律规定以外的行政机关或者组织要求冻结当事人存款、汇款的，金融机构应当拒绝。

◆要点精解

本条规定了金融机构配合行政机关实施冻结的义务。金融机构是指依法经营存款业务的金融机构(含外资金融机构)，包括商业银行、政策性银行、城市和农村信用合作社、邮政

储蓄机构等。冻结存款、汇款需要金融机构的协助，既要考虑行政管理效率，也要考虑金融机构的性质和正常业务开展。在此，需要注意三点：

1. 金融机构接到冻结通知书后，应当立即协助冻结，在冻结期限内禁止单位或者个人提取被冻结的存款或者汇款。之所以要求金融机构接到书面冻结通知后立即实施冻结，不得拖延，是为了防止当事人转移或者隐匿资金，进而保证行政执法活动的顺利开展。

2. 金融机构不得在冻结前向当事人泄露信息。

3. 金融机构有权拒绝法律规定以外的行政机关或者组织的冻结要求。

需要说明的是，金融机构对行政机关依照法律规定实施冻结没有义务进行实质审查，只要有关法律文书齐全、符合法定形式要件，就应当协助办理冻结。

第三十一条　【冻结决定书】依照法律规定冻结存款、汇款的，作出决定的行政机关应当在三日内向当事人交付冻结决定书。冻结决定书应当载明下列事项：

（一）当事人的姓名或者名称、地址；

（二）冻结的理由、依据和期限；

（三）冻结的账号和数额；

（四）申请行政复议或者提起行政诉讼的途径和期限；

（五）行政机关的名称、印章和日期。

第三十二条　【冻结期限及其延长】自冻结存款、汇款之日起三十日内，行政机关应当作出处理决定或者作出解除冻结决定；情况复杂的，经行政机关负责人批准，可以延长，但是延长期限不得超过三十日。法律另有规定的除外。

延长冻结的决定应当及时书面告知当事人，并说明理由。

◆要点精解

本条对冻结的期限进行了规范。一般情况下，冻结的期限不得超过30日，案情复杂的，

经行政机关负责人批准可以延长,但是延长期限不得超过 30 日。也就是说,对待延长冻结应当特别谨慎,确需延长的可以根据实际情况确定延长期限,如 10 日、15 日等,但最长不能超过 30 日。这是冻结期限的统一规定,其他法律中没有规定冻结期限的,应依照此规定执行,此规定也是今后其他法律在设定冻结期限时应当参考的重要法律依据。

第三十三条 【解除冻结】有下列情形之一的,行政机关应当及时作出解除冻结决定:

(一)当事人没有违法行为;

(二)冻结的存款、汇款与违法行为无关;

(三)行政机关对违法行为已经作出处理决定,不再需要冻结;

(四)冻结期限已经届满;

(五)其他不再需要采取冻结措施的情形。

行政机关作出解除冻结决定的,应当及时通知金融机构和当事人。金融机构接到通知后,应当立即解除冻结。

行政机关逾期未作出处理决定或者解除冻结决定的,金融机构应当自冻结期满之日起解除冻结。

◆要点精解

本条是关于解除冻结的规定。冻结的解除有两类:一是行政机关作出解除冻结的决定;二是法定期限届满后,自动解除冻结措施。

第四章 行政机关强制执行程序

第一节 一般规定

第三十四条 【强制执行的法定条件】行政机关依法作出行政决定后,当事人在行政机关决定的期限内不履行义务的,具有行政强制执行权的行政机关依照本章规定强制执行。

★第三十五条 【事先催告】行政机关作出强制执行决定前,应当事先催告当事人履行义务。催告应当以书面形式作出,并载明下列事项:

(一)履行义务的期限;

(二)履行义务的方式;

(三)涉及金钱给付的,应当有明确的金额和给付方式;

(四)当事人依法享有的陈述权和申辩权。

◆要点精解

本条是关于强制执行前催告的规定。对于本条,另需了解两点:

1. 催告是指当事人在行政决定作出后不自觉履行义务,行政机关督促当事人在一定期限内履行义务,否则承担被强制执行后果的一种程序。催告是强制执行程序的前置程序。按照本条规定,行政机关的催告必须以书面形式作出。不以书面形式作出的催告,是违反法定程序的行为。催告通知书应在行政机关依法作出行政决定后,行政机关作出强制执行决定前发出。

2. 不经催告的强制执行方式。并不是所有的强制执行方式都要催告,也有无须催告的例外情况:(1)立即实施代履行。立即实施代履行的方式无须催告是因为即时代履行所针对的事项时间紧迫,如不及时处理,可能会影响正常的行政管理秩序,也会给他人带来不便。(2)执行罚。本法规定,行政机关依法作出金钱给付义务的行政决定,当事人逾期不履行的,行政机关可以依法加处罚款或者滞纳金。根据这一规定,行政机关的执行罚并不以催告为前提。

第三十六条 【当事人陈述权、申辩权】当事人收到催告书后有权进行陈述和申辩。行政机关应当充分听取当事人的意见,对当事人提出的事实、理由和证据,应当进行记录、复核。当事人提出的事实、理由或者证据成立的,行政机关应当采纳。

第三十七条 【强制执行决定】经催告,当事人逾期仍不履行行政决定,且无正当理由的,行政机关可以作出强制执行决定。

强制执行决定应当以书面形式作出,并载明下列事项:

(一)当事人的姓名或者名称、地址;

(二)强制执行的理由和依据;

（三）强制执行的方式和时间；

（四）申请行政复议或者提起行政诉讼的途径和期限；

（五）行政机关的名称、印章和日期。

在催告期间，对有证据证明有转移或者隐匿财物迹象的，行政机关可以作出立即强制执行决定。

第三十八条 【催告书、行政强制执行决定书的送达】催告书、行政强制执行决定书应当直接送达当事人。当事人拒绝接收或者无法直接送达当事人的，应当依照《中华人民共和国民事诉讼法》的有关规定送达。

◆要点精解

本条对催告书、行政强制执行决定书的送达进行了规定。送达是行政机关依法定的程序和方式将催告书、行政强制执行决定书送交当事人的行为。送达是行政机关的单方行为，送达必须按照法律规定的程序和方式进行。

催告书、行政强制执行决定书应当直接送达当事人。除直接送达外，依照民事诉讼法的规定，送达方式还包括留置送达、邮寄送达、委托送达、转交送达和公告送达。

第三十九条 【中止执行】有下列情形之一的，中止执行：

（一）当事人履行行政决定确有困难或者暂无履行能力的；

（二）第三人对执行标的主张权利，确有理由的；

（三）执行可能造成难以弥补的损失，且中止执行不损害公共利益的；

（四）行政机关认为需要中止执行的其他情形。

中止执行的情形消失后，行政机关应当恢复执行。对没有明显社会危害，当事人确无能力履行，中止执行满三年未恢复执行的，行政机关不再执行。

◆要点精解

本条是关于中止执行的规定。中止执行是指强制执行程序开始后，由于出现致使强制执行无法进行下去的特殊情况，行政机关暂时停止强制执行程序，待该情况消失后，继续执行。应当注意的是，中止执行是暂时停止执行，不是永久停止执行，因此，在中止执行的法定情形消失后，行政机关有恢复执行的义务。如果中止执行的法定情形一直没有消除或者永不消除的，行政机关可以进入不再执行程序或者终结执行程序。

第四十条 【终结执行】有下列情形之一的，终结执行：

（一）公民死亡，无遗产可供执行，又无义务承受人的；

（二）法人或者其他组织终止，无财产可供执行，又无义务承受人的；

（三）执行标的灭失的；

（四）据以执行的行政决定被撤销的；

（五）行政机关认为需要终结执行的其他情形。

第四十一条 【执行回转】在执行中或者执行完毕后，据以执行的行政决定被撤销、变更，或者执行错误的，应当恢复原状或者退还财物；不能恢复原状或者退还财物的，依法给予赔偿。

◆相关法条

◇国家赔偿法

第四条 行政机关及其工作人员在行使行政职权时有下列侵犯财产权情形之一的，受害人有取得赔偿的权利：

（一）违法实施罚款、吊销许可证和执照、责令停产停业、没收财物等行政处罚的；

（二）违法对财产采取查封、扣押、冻结等行政强制措施的；

（三）违法征收、征用财产的；

（四）造成财产损害的其他违法行为。

◆要点精解

1.本条是关于执行回转的规定。执行回转是指在执行中或者执行完毕后，据以执行的行政决定被撤销、变更，或者执行错误的，行政机关对已被执行的财产重新恢复到执行程序开始前状态的执行制度。对于执行回转，注意从以下四个方面进行把握：(1)发生的时间既可以在执行中，也可以在执行完毕后。(2)执行回转的前提条件包括三个方面：被执行的行政决定被撤销、变更，或者执行错误。(3)执行回转标的只能是财物，对于人身的强制执行无法回转。(4)执行回转的方式。执行回转的方式是恢复原状或者退还财物。恢复原状是指原物恢复到受损害前的形状、性能或状态的赔偿方式。退还财物分为几种情况：执行标的为特定物的，应返还特定物；执行标的为种类物的，应返还相同规格、数量和品质的种类物；执行标的为"金钱给付"的，应当返还相同数额的金钱及孳息。

2.行政赔偿。不能恢复原状或者退还财物的，无法实现执行回转，如执行的标的是特定物，该特定物毁损、灭失或者被第三人以拍卖的方式善意取得的。在无法实现执行回转的情况下，应当依照国家赔偿法的规定支付赔偿金。国家赔偿包括行政赔偿和刑事赔偿，本条规定的是行政赔偿。

第四十二条 【执行和解】实施行政强制执行，行政机关可以在不损害公共利益和他人合法权益的情况下，与当事人达成执行协议。执行协议可以约定分阶段履行；当事人采取补救措施的，可以减免加处的罚款或者滞纳金。

执行协议应当履行。当事人不履行执行协议的，行政机关应当恢复强制执行。

◆要点精解

本条是关于执行和解的规定。执行和解的形式是达成执行协议。从性质上看，执行协议属于行政合同，它既不同于由行政机关单方面决定的行政决定，需要由行政机关与被执行人自愿协商达成，共同约定协议的内容；又不同于民事合同的平等性，在民事活动中当事人双方是完全自由的，在执行和解中，行政机关居主导地位，被执行人即使不同意订立执行协

议，也要履行行政决定的义务。

★**第四十三条** 【强制执行的禁止性规定】行政机关不得在夜间或者法定节假日实施行政强制执行。但是，情况紧急的除外。

行政机关不得对居民生活采取停止供水、供电、供热、供燃气等方式迫使当事人履行相关行政决定。

第四十四条 【强制拆除违法建筑物、构筑物、设施】对违法的建筑物、构筑物、设施等需要强制拆除的，应当由行政机关予以公告，限期当事人自行拆除。当事人在法定期限内不申请行政复议或者提起行政诉讼，又不拆除的，行政机关可以依法强制拆除。

第二节　金钱给付义务的执行

★**第四十五条** 【加处罚款、滞纳金】行政机关依法作出金钱给付义务的行政决定，当事人逾期不履行的，行政机关可以依法加处罚款或者滞纳金。加处罚款或者滞纳金的标准应当告知当事人。

加处罚款或者滞纳金的数额不得超出金钱给付义务的数额。

◆要点精解

本条是加处罚款或者滞纳金的规定。加处罚款和滞纳金属于执行罚，是间接强制的一种。为了防止加处罚款或者滞纳金被滥用，法律明确规定了适用加处罚款或者滞纳金的条件，行政机关在适用加处罚款或者滞纳金时必须遵循这些条件：

1.当事人逾期不履行金钱给付义务的行政决定。金钱给付义务包括税收、行政事业性收费、罚款等以给付金钱作为义务内容的义务。逾期主要包括两种情况：一是欠税、欠费；二是罚款。

2.行政机关的告知义务。加处罚款或者滞纳金的标准应当告知当事人。告知对于行政机关来说是一项法定义务，如果不履行这一义务，当事人有权请求行政机关履行告知义务或者提供法律救济。行政机关决定加处罚款

或者滞纳金时,应当告知当事人加处罚款或者滞纳金的标准,这便于当事人了解罚款或者滞纳金的计算标准,明确义务,对当事人产生心理压力,也有利于对行政机关的监督。

另外还需要注意的是,本条明确了加处罚款或者滞纳金不得超过本金的原则。

◆ 司考真题

◇2013年卷2第81题(多选)

2012年9月,某计划生育委员会以李某、周某二人于2010年7月违法超生第二胎,作出要求其缴纳社会抚养费12万元,逾期不缴纳每月加收千分之二滞纳金的决定。二人不服,向法院起诉。下列哪些说法是正确的?

A. 加处的滞纳金数额不得超出12万元

B. 本案为共同诉讼

C. 二人的违法行为发生在2010年7月,到2012年9月已超过《行政处罚法》规定的追究责任的期限,故决定违法

D. 法院不能作出允许少缴或免缴社会抚养费的变更判决

答案:ABD

第四十六条 【金钱给付义务的直接强制执行】行政机关依照本法第四十五条规定实施加处罚款或者滞纳金超过三十日,经催告当事人仍不履行的,具有行政强制执行权的行政机关可以强制执行。

行政机关实施强制执行前,需要采取查封、扣押、冻结措施的,依照本法第三章规定办理。

没有行政强制执行权的行政机关应当申请人民法院强制执行。但是,当事人在法定期限内不申请行政复议或者提起行政诉讼,经催告仍不履行的,在实施行政管理过程中已经采取查封、扣押措施的行政机关,可以将查封、扣押的财物依法拍卖抵缴罚款。

◆ 要点精解

本条规定了金钱给付义务的直接强制执

行。加处罚款和滞纳金属于执行罚,是间接强制的一种,虽然能起到督促当事人履行金钱给付义务的作用,但如果当事人不理会、不畏惧加处罚款或者滞纳金带来的经济上和心理上的压力,这种间接强制有可能就对当事人起不到应有的作用,金钱给付义务的行政决定仍得不到履行,行政管理目的有可能落空,就有可能损害社会秩序和公共利益。因此,在这种情况下,必须通过采取直接强制的手段,方可实现行政管理的目的。

第四十七条 【划拨存款、汇款的程序】划拨存款、汇款应当由法律规定的行政机关决定,并书面通知金融机构。金融机构接到行政机关依法作出划拨存款、汇款的决定后,应当立即划拨。

法律规定以外的行政机关或者组织要求划拨当事人存款、汇款的,金融机构应当拒绝。

第四十八条 【拍卖】依法拍卖财物,由行政机关委托拍卖机构依照《中华人民共和国拍卖法》的规定办理。

第四十九条 【所得款项的处理】划拨的存款、汇款以及拍卖和依法处理所得的款项应当上缴国库或者划入财政专户。任何行政机关或者个人不得以任何形式截留、私分或者变相私分。

第三节 代 履 行

第五十条 【代履行】行政机关依法作出要求当事人履行排除妨碍、恢复原状等义务的行政决定,当事人逾期不履行,经催告仍不履行,其后果已经或者将危害交通安全、造成环境污染或者破坏自然资源的,行政机关可以代履行,或者委托没有利害关系的第三人代履行。

◆ 要点精解

代履行是指当事人拒绝履行或者没有能力履行义务时,行政机关决定由他人代替履行义务,履行费用由当事人承担。代履行是与执

行罚、直接强制执行并列的一种行政强制执行方式,对行政机关而言通过代履行,避免了强制手段的使用,实现了行政管理目的,恢复了行政管理秩序。

代履行与执行罚都属于间接强制执行,本身都不属于行政强制执行权,执行罚缺乏物理性,代履行缺乏强制性。有行政强制执行权的行政机关实施强制执行时,可以先行实施代履行这种缓和的方式,这如同强制执行前需要教育和告诫。没有行政强制执行权的行政机关在申请法院强制执行前,可以先行实施代履行,用缓和的方法尽量解决行政争议。

★第五十一条 【代履行的实施程序、费用、实施手段】 代履行应当遵守下列规定:

(一)代履行前送达决定书,代履行决定书应当载明当事人的姓名或者名称、地址、代履行的理由和依据、方式和时间、标的、费用预算以及代履行人;

(二)代履行三日前,催告当事人履行,当事人履行的,停止代履行;

(三)代履行时,作出决定的行政机关应当派员到场监督;

(四)代履行完毕,行政机关到场监督的工作人员、代履行人和当事人或者见证人应当在执行文书上签名或者盖章。

代履行的费用按照成本合理确定,由当事人承担。但是,法律另有规定的除外。

代履行不得采用暴力、胁迫以及其他非法方式。

◆司考真题

◇2014年卷2第81题(多选)

代履行是行政机关强制执行的方式之一。有关代履行,下列哪些说法是错误的?

A.行政机关只能委托没有利害关系的第三人代履行

B.代履行的费用均应当由负有义务的当事人承担

C.代履行不得采用暴力、胁迫以及其他非法方式

D.代履行3日前应送达决定书

答案:ABD

第五十二条 【立即实施代履行】 需要立即清除道路、河道、航道或者公共场所的遗洒物、障碍物或污染物,当事人不能清除的,行政机关可以决定立即实施代履行;当事人不在场的,行政机关应当在事后立即通知当事人,并依法作出处理。

◆要点精解

本条是代履行的特别规定,即立即代履行。立即代履行主要考虑到在一些紧急情况下,为了保护公共利益,需要保证行政效率,快速处置。它的特别之处有三点:

1.适用对象是特定的。代履行的适用对象是可替代性义务,它的适用对象是:清除道路、河道、航道或者公共场所的遗洒物、障碍物或者污染物的作为义务,是可替代性义务中的一小部分。

2.授权形式是普遍授权。任何行政机关只要在其职权范围内,符合本条规定的条件的,都可以依照本法规定立即实施清除道路、河道、航道或者公共场所遗洒物、障碍物或者污染物。

3.实施程序简易。代履行需要进行催告,但立即代履行中没有催告程序。当事人在场的,行政机关可以责令当事人予以清除,当事人不在场的,行政机关可径直实施代履行,事后应当立即通知当事人,依法收取代履行费用,并依法对该违法行为作出处罚等行政处理。

第五章 申请人民法院强制执行

★第五十三条 【申请人民法院强制执行的法定条件】 当事人在法定期限内不申请行政复议或者提起行政诉讼,又不履行行政决定的,

没有行政强制执行权的行政机关可以自期限届满之日起三个月内，依照本章规定申请人民法院强制执行。

第五十四条 【事前催告及执行管辖】行政机关申请人民法院强制执行前，应当催告当事人履行义务。催告书送达十日后当事人仍未履行义务的，行政机关可以向所在地有管辖权的人民法院申请强制执行；执行对象是不动产的，向不动产所在地有管辖权的人民法院申请强制执行。

◆相关法条
◇2000年行诉解释

第六条 各级人民法院行政审判庭审理行政案件和审查行政机关申请执行其具体行政行为的案件。

专门人民法院、人民法庭不审理行政案件，也不审查和执行行政机关申请执行其具体行政行为的案件。

第八十九条 行政机关申请人民法院强制执行其具体行政行为的，由申请人所在地的基层人民法院受理；执行对象为不动产的，由不动产所在地的基层人民法院受理。

基层人民法院认为执行确有困难的，可以报请上级人民法院执行；上级人民法院可以决定由其执行，也可以决定由下级人民法院执行。

◇最高人民法院关于人民法院执行工作若干问题的规定(试行)

13.专利管理机关依法作出的处理决定和处罚决定，由被执行人住所地或财产所在地的省、自治区、直辖市有权受理专利纠纷案件的中级人民法院执行。

14.国务院各部门、各省、自治区、直辖市人民政府和海关依照法律、法规作出的处理决定和处罚决定，由被执行人住所地或财产所在地的中级人民法院执行。

◆要点精解

本条是关于行政机关申请人民法院强制执行前的催告程序与执行管辖的规定。对于此条应从以下两个方面进行把握：

1.申请法院执行前的催告程序。催告的目的是使当事人明晰强制执行的可能性，督促其履行义务，不经催告就实施执行，不利于保护当事人的合法权益。这一程序无论是在行政机关自身强制执行中，还是在申请人民法院强制执行中，都是一个不可缺少的必要步骤。本条所讲的催告程序是行政机关申请人民法院强制执行前的催告程序，与本法第四章所规定的行政机关自己实施强制执行中的催告程序是相对应的。申请法院强制执行的催告程序与行政机关自己实施强制执行中的催告程序规定的一个不同点，即在申请法院强制执行催告程序中设定了一个期限，"催告书送达十日后当事人仍未履行义务的，行政机关可以向所在地有管辖权的人民法院申请强制执行"。

2.关于非诉强制执行案件管辖的规定主要反映在最高人民法院《关于执行〈中华人民共和国行诉讼法〉若干问题的解释》和最高人民法院《关于人民法院执行工作若干问题的规定(试行)》中。作为非诉行政强制执行案件的管辖，也可以参照诉讼管辖的一般规定。

第五十五条 【申请强制执行应提供的材料】行政机关向人民法院申请强制执行，应当提供下列材料：

(一)强制执行申请书；

(二)行政决定书及作出决定的事实、理由和依据；

(三)当事人的意见及行政机关催告情况；

(四)申请强制执行标的情况；

(五)法律、行政法规规定的其他材料。

强制执行申请书应当由行政机关负责人签名，加盖行政机关的印章，并注明日期。

第五十六条 【申请的受理及行政机关的申请复议权】人民法院接到行政机关强制执行的申请，应当在五日内受理。

行政机关对人民法院不予受理的裁定有异议的,可以在十五日内向上一级人民法院申请复议,上一级人民法院应当自收到复议申请之日起十五日内作出是否受理的裁定。

◆相关法条
◇2000年行诉解释
第八十六条　行政机关根据行政诉讼法第六十六条的规定申请执行其具体行政行为,应当具备以下条件:
(一)具体行政行为依法可以由人民法院执行;
(二)具体行政行为已经生效并具有可执行内容;
(三)申请人是作出该具体行政行为的行政机关或者法律、法规、规章授权的组织;
(四)被申请人是该具体行政行为所确定的义务人;
(五)被申请人在具体行政行为确定的期限内或者行政机关另行指定的期限内未履行义务;
(六)申请人在法定期限内提出申请;
(七)被申请执行的行政案件属于受理申请执行的人民法院管辖。
人民法院对符合条件的申请,应当立案受理,并通知申请人;对不符合条件的申请,应当裁定不予受理。

第五十七条　【执行申请的书面审查】人民法院对行政机关强制执行的申请进行书面审查,对符合本法第五十五条规定,且行政决定具备法定执行效力,除本法第五十八条规定的情形外,人民法院应当自受理之日起七日内作出执行裁定。

◆相关法条
◇2000年行诉解释
第八十八条　行政机关申请人民法院强制执行其具体行政行为,应当自被执行人的法定起诉期限届满之日起180日内提出。逾期申请的,除有正当理由外,人民法院不予受理。

第五十八条　【执行申请的实质审查】人民法院发现有下列情形之一的,在作出裁定前可以听取被执行人和行政机关的意见:
(一)明显缺乏事实根据的;
(二)明显缺乏法律、法规依据的;
(三)其他明显违法并损害被执行人合法权益的。
人民法院应当自受理之日起三十日内作出是否执行的裁定。裁定不予执行的,应当说明理由,并在五日内将不予执行的裁定送达行政机关。
行政机关对人民法院不予执行的裁定有异议的,可以自收到裁定之日起十五日内向上一级人民法院申请复议,上一级人民法院应当自收到复议申请之日起三十日内作出是否执行的裁定。

◆相关法条
◇2000年行诉解释
第九十三条　人民法院受理行政机关申请执行其具体行政行为的案件后,应当在30日内由行政审判庭组成合议庭对具体行政行为的合法性进行审查,并就是否准予强制执行作出裁定;需要采取强制执行措施的,由本院负责强制执行非诉行政行为的机构执行。

第五十九条　【紧急情况下的立即执行】因情况紧急,为保障公共安全,行政机关可以申请人民法院立即执行。经人民法院院长批准,人民法院应当自作出执行裁定之日起五日内执行。

第六十条　【强制执行的费用】行政机关申请人民法院强制执行,不缴纳申请费。强制执行的费用由被执行人承担。
人民法院以划拨、拍卖方式强制执行的,可以在划拨、拍卖后将强制执行的费用扣除。
依法拍卖财物,由人民法院委托拍卖机构依照《中华人民共和国拍卖法》的规定办理。

划拨的存款、汇款以及拍卖和依法处理所得的款项应当上缴国库或者划入财政专户,不得以任何形式截留、私分或者变相私分。

◆**相关法条**
◇**拍卖法**

第九条 国家行政机关依法没收的物品,充抵税款、罚款的物品和其他物品,按照国务院规定应当委托拍卖的,由财产所在地的省、自治区、直辖市的人民政府和设区的市的人民政府指定的拍卖人进行拍卖。

拍卖由人民法院依法没收的物品,充抵罚金、罚款的物品以及无法返还的追回物品,适用前款规定。

第五十七条 拍卖本法第九条规定的物品成交的,拍卖人可以向买受人收取不超过拍卖成交价百分之五的佣金。收取佣金的比例按照同拍卖成交价成反比的原则确定。

拍卖未成交的,适用本法第五十六条第三款的规定。

◆**要点精解**

人民法院的强制执行包括行政强制执行和司法强制执行。申请人民法院执行的行政强制执行是借助司法力量进行的,本质上属于司法强制执行,但在我国,仍然将申请法院执行的行政强制执行归为行政职权的延伸,属于行政行为的范畴。

申请法院强制执行的程序:

第一步:催告。行政机关以书面形式催告当事人履行义务。

第二步:申请。催告书送达10日后当事人仍未履行,行政机关可以申请行政机关所在地或不动产所在地法院执行。

第三步:受理。法院应在5日内受理申请。若法院不予受理,行政机关对不予受理裁定有异议的,可以在15日内向上一级人民法院申请复议,上一级人民法院应在收到复议申请之日起15日内作出是否受理的裁定。

第四步:审查与裁定。法院受理申请后,对强制执行的申请进行书面审查,符合条件的在受理后7日内作出予以执行的裁定;如法院认为有明显违法的情节的,可以在作出裁定前听取被执行人和行政机关的意见,并于受理申请之日起30日内作出是否执行的裁定。人民法院裁定不予执行的,应当说明理由,并在5日内将不予执行的裁定送达行政机关。

第五步:对不予执行裁定的救济。行政机关对人民法院不予执行的裁定有异议的,可以自收到裁定之日起15日内向上一级人民法院申请复议,上一级人民法院应在30日内作出是否执行的裁定。

第六章 法律责任

第六十一条 【行政机关违规责任一】行政机关实施行政强制,有下列情形之一的,由上级行政机关或者有关部门责令改正,对直接负责的主管人员和其他直接责任人员依法给予处分:

(一)没有法律、法规依据的;

(二)改变行政强制对象、条件、方式的;

(三)违反法定程序实施行政强制的;

(四)违反本法规定,在夜间或者法定节假日实施行政强制执行的;

(五)对居民生活采取停止供水、供电、供热、供燃气等方式迫使当事人履行相关行政决定的;

(六)有其他违法实施行政强制情形的。

第六十二条 【行政机关违规责任二】违反本法规定,行政机关有下列情形之一的,由上级行政机关或者有关部门责令改正,对直接负责的主管人员和其他直接责任人员依法给予处分:

(一)扩大查封、扣押、冻结范围的;

(二)使用或者损毁查封、扣押场所、设施或者财物的;

（三）在查封、扣押法定期间不作出处理决定或者未依法及时解除查封、扣押的；

（四）在冻结存款、汇款法定期间不作出处理决定或者未依法及时解除冻结的。

第六十三条【私分所得款项的责任】行政机关将查封、扣押的财物或者划拨的存款、汇款以及拍卖和依法处理所得的款项，截留、私分或者变相私分的，由财政部门或者有关部门予以追缴；对直接负责的主管人员和其他直接责任人员依法给予记大过、降级、撤职或者开除的处分。

行政机关工作人员利用职务上的便利，将查封、扣押的场所、设施或者财物据为己有的，由上级行政机关或者有关部门责令改正，依法给予记大过、降级、撤职或者开除的处分。

第六十四条【行政机关及其工作人员谋私利的责任】行政机关及其工作人员利用行政强制权为单位或者个人谋取利益的，由上级行政机关或者有关部门责令改正，对直接负责的主管人员和其他直接责任人员依法给予处分。

第六十五条【金融机构违法冻结、划拨的责任】违反本法规定，金融机构有下列行为之一的，由金融业监督管理机构责令改正，对直接负责的主管人员和其他直接责任人员依法给予处分：

（一）在冻结前向当事人泄露信息的；

（二）对应当立即冻结、划拨的存款、汇款不冻结或者不划拨，致使存款、汇款转移的；

（三）将不应当冻结、划拨的存款、汇款予以冻结或者划拨的；

（四）未及时解除冻结存款、汇款的。

第六十六条【金融机构、行政机关、人民法院违法划拨所得款项的责任】违反本法规定，金融机构将款项划入国库或者财政专户以外的其他账户的，由金融业监督管理机构责令改正，并处以违法划拨款项二倍的罚款；对直接负责的主管人员和其他直接责任人员依法给予处分。

违反本法规定，行政机关、人民法院指令金融机构将款项划入国库或者财政专户以外的其他账户的，对直接负责的主管人员和其他直接责任人员依法给予处分。

第六十七条【人民法院及其工作人员违法执行的责任】人民法院及其工作人员在强制执行中有违法行为或者扩大强制执行范围的，对直接负责的主管人员和其他直接责任人员依法给予处分。

第六十八条【赔偿责任及刑事责任】违反本法规定，给公民、法人或者其他组织造成损失的，依法给予赔偿。

违反本法规定，构成犯罪的，依法追究刑事责任。

第七章 附 则

第六十九条【期限计算】本法中十日以内期限的规定是指工作日，不含法定节假日。

第七十条【授权组织实施行政强制适用本法规定】法律、行政法规授权的具有管理公共事务职能的组织在法定授权范围内，以自己的名义实施行政强制，适用本法有关行政机关的规定。

第七十一条【生效日期】本法自2012年1月1日起施行。

五、政府采购

中华人民共和国政府采购法

1. 2002年6月29日第九届全国人民代表大会常务委员会第二十八次会议通过
2. 2002年6月29日中华人民共和国主席令第68号公布
3. 自2003年1月1日起施行
4. 2014年8月31日第十二届全国人民代表大会常务委员会第十次会议《关于修改〈中华人民共和国保险法〉等五部法律的决定》修正

目 录

第一章 总 则
第二章 政府采购当事人
第三章 政府采购方式
第四章 政府采购程序
第五章 政府采购合同
第六章 质疑与投诉
第七章 监督检查
第八章 法律责任
第九章 附 则

第一章 总 则

第一条 【立法目的】为了规范政府采购行为,提高政府采购资金的使用效益,维护国家利益和社会公共利益,保护政府采购当事人的合法权益,促进廉政建设,制定本法。

第二条 【适用范围及相关概念】在中华人民共和国境内进行的政府采购适用本法。

本法所称政府采购,是指各级国家机关、事业单位和团体组织,使用财政性资金采购依法制定的集中采购目录以内的或者采购限额标准以上的货物、工程和服务的行为。

政府集中采购目录和采购限额标准依照本法规定的权限制定。

本法所称采购,是指以合同方式有偿取得货物、工程和服务的行为,包括购买、租赁、委托、雇用等。

本法所称货物,是指各种形态和种类的物品,包括原材料、燃料、设备、产品等。

本法所称工程,是指建设工程,包括建筑物和构筑物的新建、改建、扩建、装修、拆除、修缮等。

本法所称服务,是指除货物和工程以外的其他政府采购对象。

◆要点精解

下表反映了政府采购的主要特点和种类:

①国家机关 ②事业单位 ③团体组织	使用财政性 资金采购	①集中采购 目录以内的 ②采购限额 标准以上的	①货物 ②工程 ③服务
集中采购目录 采购限额标准	中央预算,国务院确定并公布 地方预算,省级政府或其授权的机构确定并公布		

★**第三条** 【"三公"和诚信原则】政府采购应当遵循公开透明原则、公平竞争原则、公正原则和诚实信用原则。

◆要点精解

本条说明的是政府采购应当遵循的"三公"原则和诚信原则,这些原则具体体现在政府采购的过程中,表现为应当遵循以下一些要求:

1. 不得阻挠和限制供应商自由进入本地区和本行业的政府采购市场。

2. 政府采购信息应在指定的媒体上公布,涉及商业秘密的除外。

3. 采购人员及相关人员与供应商有利害关系的,应主动回避或由供应商申请回避。

第四条 【招投标式采购的法律适用】政府采购工程进行招标投标的,适用招标投标法。

第五条 【禁限禁止】任何单位和个人不得采用任何方式,阻挠和限制供应商自由进入本地区和本行业的政府采购市场。

第六条 【预算管理】政府采购应当严格按照批准的预算执行。

第七条 【采购方式】政府采购实行集中采购和分散采购相结合。集中采购的范围由省级以上人民政府公布的集中采购目录确定。

属于中央预算的政府采购项目,其集中采购目录由国务院确定并公布;属于地方预算的政府采购项目,其集中采购目录由省、自治区、直辖市人民政府或者其授权的机构确定并公布。

纳入集中采购目录的政府采购项目,应当实行集中采购。

第八条 【限额标准的公布】政府采购限额标准,属于中央预算的政府采购项目,由国务院确定并公布;属于地方预算的政府采购项目,由省、自治区、直辖市人民政府或者其授权的机构确定并公布。

第九条 【采购应有利于社会经济发展】政府采购应当有助于实现国家的经济和社会发展政策目标,包括保护环境,扶持不发达地区和少数民族地区,促进中小企业发展等。

★**第十条** 【国货优先及例外】政府采购应当采购本国货物、工程和服务。但有下列情形之一的除外:

(一)需要采购的货物、工程或者服务在中国境内无法获取或者无法以合理的商业条件获取的;

(二)为在中国境外使用而进行采购的;

(三)其他法律、行政法规另有规定的。

前款所称本国货物、工程和服务的界定,依照国务院有关规定执行。

第十一条 【采购信息的公开及例外】政府采购的信息应当在政府采购监督管理部门指定的媒体上及时向社会公开发布,但涉及商业秘密的除外。

第十二条 【回避】在政府采购活动中,采购人员及相关人员与供应商有利害关系的,必须回避。供应商认为采购人员及相关人员与其他供应商有利害关系的,可以申请其回避。

前款所称相关人员,包括招标采购中评标委员会的组成人员,竞争性谈判采购中谈判小组的组成人员,询价采购中询价小组的组成人员等。

第十三条 【监督管理部门】各级人民政府财政部门是负责政府采购监督管理的部门,依法履行对政府采购活动的监督管理职责。

各级人民政府其他有关部门依法履行与政府采购活动有关的监督管理职责。

第二章 政府采购当事人

第十四条 【当事人概念】政府采购当事人是指在政府采购活动中享有权利和承担义务的各类主体,包括采购人、供应商和采购代理机构等。

第十五条 【采购人概念】采购人是指依法进行政府采购的国家机关、事业单位、团体组织。

第十六条 【集中采购机构】集中采购机

构为采购代理机构。设区的市、自治州以上人民政府根据本级政府采购项目组织集中采购的需要设立集中采购机构。

集中采购机构是非营利事业法人,根据采购人的委托办理采购事宜。

第十七条　【集中采购的要求】集中采购机构进行政府采购活动,应当符合采购价格低于市场平均价格、采购效率更高、采购质量优良和服务良好的要求。

★第十八条　【集中采购的限定及例外】采购人采购纳入集中采购目录的政府采购项目,必须委托集中采购机构代理采购;采购未纳入集中采购目录的政府采购项目,可以自行采购,也可以委托集中采购机构在委托的范围内代理采购。

纳入集中采购目录属于通用的政府采购项目的,应当委托集中采购机构代理采购;属于本部门、本系统有特殊要求的项目,应当实行部门集中采购;属于本单位有特殊要求的项目,经省级以上人民政府批准,可以自行采购。

★第十九条　【采购的委托】采购人可以委托集中采购机构以外的采购代理机构,在委托的范围内办理政府采购事宜。

采购人有权自行选择采购代理机构,任何单位和个人不得以任何方式为采购人指定采购代理机构。

◆要点精解

根据2014年8月31日第十二届全国人民代表大会常务委员会第十次会议《关于修改〈中华人民共和国保险法〉等五部法律的决定》,将本条第1款中的"经国务院有关部门或者省级人民政府有关部门认定资格的"修改为"集中采购机构以外的"。

第二十条　【委托代理协议】采购人依法委托采购代理机构办理采购事宜的,应当由采购人与采购代理机构签订委托代理协议,依法确定委托代理的事项,约定双方的权利义务。

第二十一条　【供应商概念】供应商是指向采购人提供货物、工程或者服务的法人、其他组织或者自然人。

★第二十二条　【供应商的条件】供应商参加政府采购活动应当具备下列条件:

(一)具有独立承担民事责任的能力;

(二)具有良好的商业信誉和健全的财务会计制度;

(三)具有履行合同所必需的设备和专业技术能力;

(四)有依法缴纳税收和社会保障资金的良好记录;

(五)参加政府采购活动前三年内,在经营活动中没有重大违法记录;

(六)法律、行政法规规定的其他条件。

采购人可以根据采购项目的特殊要求,规定供应商的特定条件,但不得以不合理的条件对供应商实行差别待遇或者歧视待遇。

第二十三条　【供应商的资格审查】采购人可以要求参加政府采购的供应商提供有关资质证明文件和业绩情况,并根据本法规定的供应商条件和采购项目对供应商的特定要求,对供应商的资格进行审查。

第二十四条　【联合体供应商】两个以上的自然人、法人或者其他组织可以组成一个联合体,以一个供应商的身份共同参加政府采购。

以联合体形式进行政府采购的,参加联合体的供应商均应当具备本法第二十二条规定的条件,并应当向采购人提交联合协议,载明联合体各方承担的工作和义务。联合体各方应当共同与采购人签订采购合同,就采购合同约定的事项对采购人承担连带责任。

第二十五条　【采购当事人的行为禁止】政府采购当事人不得相互串通损害国家利益、社会公共利益和其他当事人的合法权益;不得以任何手段排斥其他供应商参与竞争。

供应商不得以向采购人、采购代理机构、评标委员会的组成人员、竞争性谈判小组的组成人员、询价小组的组成人员行贿或者采取其他不正当手段谋取中标或者成交。

采购代理机构不得以向采购人行贿或者采取其他不正当手段谋取非法利益。

第三章 政府采购方式

★**第二十六条** 【采购方式】政府采购采用以下方式：

（一）公开招标；

（二）邀请招标；

（三）竞争性谈判；

（四）单一来源采购；

（五）询价；

（六）国务院政府采购监督管理部门认定的其他采购方式。

公开招标应作为政府采购的主要采购方式。

★**第二十七条** 【公开招标及例外情况的审批】采购人采购货物或者服务应当采用公开招标方式的，其具体数额标准，属于中央预算的政府采购项目，由国务院规定；属于地方预算的政府采购项目，由省、自治区、直辖市人民政府规定；因特殊情况需要采用公开招标以外的采购方式的，应当在采购活动开始前获得设区的市、自治州以上人民政府采购监督管理部门的批准。

第二十八条 【公开招标的规避禁止】采购人不得将应当以公开招标方式采购的货物或者服务化整为零或者以其他任何方式规避公开招标采购。

第二十九条 【邀请招标】符合下列情形之一的货物或者服务，可以依照本法采用邀请招标方式采购：

（一）具有特殊性，只能从有限范围的供应商处采购的；

（二）采用公开招标方式的费用占政府采购项目总价值的比例过大的。

第三十条 【竞争性谈判】符合下列情形之一的货物或者服务，可以依照本法采用竞争性谈判方式采购：

（一）招标后没有供应商投标或者没有合格标的或者重新招标未能成立的；

（二）技术复杂或者性质特殊，不能确定详细规格或者具体要求的；

（三）采用招标所需时间不能满足用户紧急需要的；

（四）不能事先计算出价格总额的。

第三十一条 【单一来源采购】符合下列情形之一的货物或者服务，可以依照本法采用单一来源方式采购：

（一）只能从唯一供应商处采购的；

（二）发生了不可预见的紧急情况不能从其他供应商处采购的；

（三）必须保证原有采购项目一致性或者服务配套的要求，需要继续从原供应商处添购，且添购资金总额不超过原合同采购金额百分之十的。

第三十二条 【询价】采购的货物规格、标准统一、现货货源充足且价格变化幅度小的政府采购项目，可以依照本法采用询价方式采购。

第四章 政府采购程序

第三十三条 【部门预算】负有编制部门预算职责的部门在编制下一财政年度部门预算时，应当将该年度政府采购的项目及资金预算列出，报本级财政部门汇总。部门预算的审批，按预算管理权限和程序进行。

第三十四条 【邀请招标的程序】货物或者服务项目采取邀请招标方式采购的，采购人应当从符合相应资格条件的供应商中，通过随机方式选择三家以上的供应商，并向其发出投标邀请书。

第三十五条 【招标的期限】货物和服务项目实行招标方式采购的，自招标文件开始发出之日起至投标人提交投标文件截止之日止，不得少于二十日。

★**第三十六条　【废标情形】**在招标采购中，出现下列情形之一的，应予废标：

（一）符合专业条件的供应商或者对招标文件作实质响应的供应商不足三家的；

（二）出现影响采购公正的违法、违规行为的；

（三）投标人的报价均超过了采购预算，采购人不能支付的；

（四）因重大变故，采购任务取消的。

废标后，采购人应当将废标理由通知所有投标人。

第三十七条　【废标后情形】废标后，除采购任务取消情形外，应当重新组织招标；需要采取其他方式采购的，应当在采购活动开始前获得设区的市、自治州以上人民政府采购监督管理部门或者政府有关部门批准。

第三十八条　【竞争性谈判程序】采用竞争性谈判方式采购的，应当遵循下列程序：

（一）成立谈判小组。谈判小组由采购人的代表和有关专家共三人以上的单数组成，其中专家的人数不得少于成员总数的三分之二。

（二）制定谈判文件。谈判文件应当明确谈判程序、谈判内容、合同草案的条款以及评定成交的标准等事项。

（三）确定邀请参加谈判的供应商名单。谈判小组从符合相应资格条件的供应商名单中确定不少于三家的供应商参加谈判，并向其提供谈判文件。

（四）谈判。谈判小组所有成员集中与单一供应商分别进行谈判。在谈判中，谈判的任何一方不得透露与谈判有关的其他供应商的技术资料、价格和其他信息。谈判文件有实质性变动的，谈判小组应当以书面形式通知所有参加谈判的供应商。

（五）确定成交供应商。谈判结束后，谈判小组应当要求所有参加谈判的供应商在规定时间内进行最后报价，采购人从谈判小组提出的成交候选人中根据符合采购需求、质量和服务相等且报价最低的原则确定成交供应商，并将结果通知所有参加谈判的未成交的供应商。

◆**相关法条**

◇**政府采购法**

第三十条　符合下列情形之一的货物或者服务，可以依照本法采用竞争性谈判方式采购：

（一）招标后没有供应商投标或者没有合格标的或者重新招标未能成立的；

（二）技术复杂或者性质特殊，不能确定详细规格或者具体要求的；

（三）采用招标所需时间不能满足用户紧急需要的；

（四）不能事先计算出价格总额的。

◆**要点精解**

上述两条是关于政府采购方式中竞争性谈判的规定。

1. 掌握适用竞争性谈判方式的 4 种情形（本法第 30 条）。

2. 掌握竞争性谈判的程序：(1)成立谈判小组。谈判小组由采购人的代表和有关专家共 3 人以上的单数组成，其中专家的人数不得少于成员总数的 2/3。(2)制定谈判文件。(3)确定邀请参加谈判的供应商名单。确定不少于 3 家的供应商。(4)谈判。谈判小组所有成员集中与单一供应商分别进行谈判。(5)确定成交供应商。谈判结束后，所有参加谈判的供应商最后报价，采购人从成交候选人中确定成交供应商。

第三十九条　【单一来源采购程序】采取单一来源方式采购的，采购人与供应商应当遵循本法规定的原则，在保证采购项目质量和双方商定合理价格的基础上进行采购。

第四十条　【询价程序】采取询价方式采购的，应当遵循下列程序：

（一）成立询价小组。询价小组由采购人的代表和有关专家共三人以上的单数组成，其中专家的人数不得少于成员总数的三分之二。询价小组应当对采购项目的价格构成和评定成交的标准等事项作出规定。

（二）确定被询价的供应商名单。询价小组根据采购需求，从符合相应资格条件的供应商名单中确定不少于三家的供应商，并向其发出询价通知书让其报价。

（三）询价。询价小组要求被询价的供应商一次报出不得更改的价格。

（四）确定成交供应商。采购人根据符合采购需求、质量和服务相等且报价最低的原则确定成交供应商，并将结果通知所有被询价的未成交的供应商。

第四十一条　【验收】采购人或者其委托的采购代理机构应当组织对供应商履约的验收。大型或者复杂的政府采购项目，应当邀请国家认可的质量检测机构参加验收工作。验收方成员应当在验收书上签字，并承担相应的法律责任。

第四十二条　【采购文件的保存】采购人、采购代理机构对政府采购项目每项采购活动的采购文件应当妥善保存，不得伪造、变造、隐匿或者销毁。采购文件的保存期限为从采购结束之日起至少保存十五年。

采购文件包括采购活动记录、采购预算、招标文件、投标文件、评标标准、评估报告、定标文件、合同文本、验收证明、质疑答复、投诉处理决定及其他有关文件、资料。

采购活动记录至少应当包括下列内容：

（一）采购项目类别、名称；

（二）采购项目预算、资金构成和合同价格；

（三）采购方式，采用公开招标以外的采购方式的，应当载明原因；

（四）邀请和选择供应商的条件及原因；

（五）评标标准及确定中标人的原因；

（六）废标的原因；

（七）采用招标以外采购方式的相应记载。

第五章　政府采购合同

第四十三条　【法律适用】政府采购合同适用合同法。采购人和供应商之间的权利和义务，应当按照平等、自愿的原则以合同方式约定。

采购人可以委托采购代理机构代表其与供应商签订政府采购合同。由采购代理机构以采购人名义签订合同的，应当提交采购人的授权委托书，作为合同附件。

◆要点精解

1.政府采购合同适用合同法，但是应当优先适用政府采购法。

2.政府采购合同有以下一些特点：

（1）采用书面形式，国务院政府采购监管部门应会同有关部门，规定合同必备条款；

（2）采购人与中标、成交供应商应当在中标、成交通知书发出之日起 30 日内，签订合同；

（3）采购人应当将合同副本报同级政府采购监督管理部门和有关部门备案；

（4）合同继续履行将损害国家利益和社会公共利益的，双方当事人应当变更、中止或者终止合同。有过错的一方应当承担赔偿责任，双方都有过错的，各自承担相应的责任。

★**第四十四条　【形式】**政府采购合同应当采用书面形式。

第四十五条　【必备条款的规定】国务院政府采购监督管理部门应当会同国务院有关部门，规定政府采购合同必须具备的条款。

★**第四十六条　【合同的订立及通知书的效力】**采购人与中标、成交供应商应当在中标、成交通知书发出之日起三十日内，按照采购文件确定的事项签订政府采购合同。

中标、成交通知书对采购人和中标、成交供应商均具有法律效力。中标、成交通知书发出后，采购人改变中标、成交结果的，或者中标、成交供应商放弃中标、成交项目的，应当依法承担法律责任。

第四十七条 【备案】政府采购项目的采购合同自签订之日起七个工作日内，采购人应当将合同副本报同级政府采购监督管理部门和有关部门备案。

第四十八条 【依法分包】经采购人同意，中标、成交供应商可以依法采取分包方式履行合同。

政府采购合同分包履行的，中标、成交供应商就采购项目和分包项目向采购人负责，分包供应商就分包项目承担责任。

第四十九条 【追加标的及限制】政府采购合同履行中，采购人需追加与合同标的相同的货物、工程或者服务的，在不改变合同其他条款的前提下，可以与供应商协商签订补充合同，但所有补充合同的采购金额不得超过原合同采购金额的百分之十。

第五十条 【合同的变更、中止或终止】政府采购合同的双方当事人不得擅自变更、中止或者终止合同。

政府采购合同继续履行将损害国家利益和社会公共利益的，双方当事人应当变更、中止或终止合同。有过错的一方应当承担赔偿责任，双方都有过错的，各自承担相应的责任。

第六章 质疑与投诉

第五十一条 【询问】供应商对政府采购活动事项有疑问的，可以向采购人提出询问，采购人应当及时作出答复，但答复的内容不得涉及商业秘密。

第五十二条 【质疑的内容、期间和形式】供应商认为采购文件、采购过程和中标、成交结果使自己的权益受到损害的，可以在知道或者应知其权益受到损害之日起七个工作日内，以书面形式向采购人提出质疑。

第五十三条 【对质疑的答复】采购人应当在收到供应商的书面质疑后七个工作日内作出答复，并以书面形式通知质疑供应商和其他有关供应商，但答复的内容不得涉及商业秘密。

第五十四条 【向代理机构质疑】采购人委托采购代理机构采购的，供应商可以向采购代理机构提出询问或者质疑，采购代理机构应当依照本法第五十一条、第五十三条的规定就采购人委托授权范围内的事项作出答复。

第五十五条 【投诉】质疑供应商对采购人、采购代理机构的答复不满意或者采购人、采购代理机构未在规定的时间内作出答复的，可以在答复期满后十五个工作日内向同级政府采购监督管理部门投诉。

第五十六条 【对投诉的处理】政府采购监督管理部门应当在收到投诉后三十个工作日内，对投诉事项作出处理决定，并以书面形式通知投诉人和与投诉事项有关的当事人。

第五十七条 【采购暂停】政府采购监督管理部门在处理投诉事项期间，可以视具体情况书面通知采购人暂停采购活动，但暂停时间最长不得超过三十日。

第五十八条 【其他救济方式】投诉人对政府采购监督管理部门的投诉处理决定不服或者政府采购监督管理部门逾期未作处理的，可以依法申请行政复议或者向人民法院提起行政诉讼。

◆要点精解

本法第51—58条对政府采购中质疑与投诉作出了规定，主要流程归纳如下，便于掌握：

1. 询问

供应商对政府采购活动事项有疑问的，可以向采购人提出询问，采购人应当及时作出答复，但不得涉及商业秘密。

2. 质疑

（1）供应商认为采购文件、采购过程和中标、成交结果使自己的权益受到损害的，可以以书面形式向采购人提出质疑。

（2）采购人应当在7个工作日内作出答复，并以书面形式通知质疑供应商和其他有关供应商，但不得涉及商业秘密。

（3）质疑供应商对答复不满意或者其未作答复的，可以在答复期满后15个工作日内向同级政府采购监督管理部门投诉。

（4）政府采购监督管理部门应当在收到投诉后30个工作日内，作出处理决定，并以书面形式通知投诉人和与投诉事项有关的当事人。

（5）政府采购监督管理部门在处理投诉事项期间，可以视具体情况书面通知采购人暂停采购活动，但最长不得超过30日。

3. 投诉

投诉人对政府采购监督管理部门的投诉处理决定不服或者政府采购监督管理部门逾期未作处理的，可以依法申请行政复议或者向人民法院提起行政诉讼。

第七章 监督检查

第五十九条 【主要内容】政府采购监督管理部门应当加强对政府采购活动及集中采购机构的监督检查。

监督检查的主要内容是：

（一）有关政府采购的法律、行政法规和规章的执行情况；

（二）采购范围、采购方式和采购程序的执行情况；

（三）政府采购人员的职业素质和专业技能。

第六十条 【对监管部门的限制】政府采购监督管理部门不得设置集中采购机构，不得参与政府采购项目的采购活动。

采购代理机构与行政机关不得存在隶属关系或者其他利益关系。

第六十一条 【集中采购机构内部监管制度】集中采购机构应当建立健全内部监督管理制度。采购活动的决策和执行程序应当明确，并相互监督、相互制约。经办采购的人员与负责采购合同审核、验收人员的职责权限应当明确，并相互分离。

第六十二条 【岗位任职要求】集中采购机构的采购人员应当具有相关职业素质和专业技能，符合政府采购监督管理部门规定的专业岗位任职要求。

集中采购机构对其工作人员应当加强教育和培训；对采购人员的专业水平、工作实绩和职业道德状况定期进行考核。采购人员经考核不合格的，不得继续任职。

第六十三条 【采购标准公开】政府采购项目的采购标准应当公开。

采用本法规定的采购方式的，采购人在采购活动完成后，应当将采购结果予以公布。

第六十四条 【遵守采购方式和程序】采购人必须按照本法规定的采购方式和采购程序进行采购。

任何单位和个人不得违反本法规定，要求采购人或者采购工作人员向其指定的供应商进行采购。

第六十五条 【检查】政府采购监督管理部门应当对政府采购项目的采购活动进行检查，政府采购当事人应当如实反映情况，提供有关材料。

第六十六条 【考核】政府采购监督管理部门应当对集中采购机构的采购价格、节约资金效果、服务质量、信誉状况、有无违法行为等事项进行考核，并定期如实公布考核结果。

第六十七条 【加强监督】依照法律、行政法规的规定对政府采购负有行政监督职责的政府有关部门，应当按照其职责分工，加强对政府采购活动的监督。

第六十八条 【审计监督】审计机关应当对政府采购进行审计监督。政府采购监督管理部门、政府采购各当事人有关政府采购活动，应当接受审计机关的审计监督。

第六十九条 【对其他人员的监察】监察机关应当加强对参与政府采购活动的国家机关、国家公务员和国家行政机关任命的其他人员实施监察。

第七十条 【控告和检举】任何单位和个人对政府采购活动中的违法行为,有权控告和检举,有关部门、机关应当依照各自职责及时处理。

第八章 法律责任

第七十一条 【法律责任一】采购人、采购代理机构有下列情形之一的,责令限期改正,给予警告,可以并处罚款,对直接负责的主管人员和其他直接责任人员,由其行政主管部门或者有关机关给予处分,并予通报:

（一）应当采用公开招标方式而擅自采用其他方式采购的;

（二）擅自提高采购标准的;

（三）以不合理的条件对供应商实行差别待遇或者歧视待遇的;

（四）在招标采购过程中与投标人进行协商谈判的;

（五）中标、成交通知书发出后不与中标、成交供应商签订采购合同的;

（六）拒绝有关部门依法实施监督检查的。

◆要点精解

根据2014年8月31日第十二届全国人民代表大会常务委员会第十次会议《关于修改〈中华人民共和国保险法〉等五部法律的决定》,将本条原第（三）项"委托不具备政府采购业务代理资格的机构办理采购事务的"删去。

第七十二条 【法律责任二】采购人、采购代理机构及其工作人员有下列情形之一,构成犯罪的,依法追究刑事责任;尚不构成犯罪的,处以罚款,有违法所得的,并处没收违法所得,属于国家机关工作人员的,依法给予行政处分:

（一）与供应商或者采购代理机构恶意串通的;

（二）在采购过程中接受贿赂或者获取其他不正当利益的;

（三）在有关部门依法实施的监督检查中提供虚假情况的;

（四）开标前泄露标底的。

第七十三条 【对有上述两种情况且影响中标、成交结果的处理】有前两条违法行为之一影响中标、成交结果或者可能影响中标、成交结果的,按下列情况分别处理:

（一）未确定中标、成交供应商的,终止采购活动;

（二）中标、成交供应商已经确定但采购合同尚未履行的,撤销合同,从合格的中标、成交候选人中另行确定中标、成交供应商;

（三）采购合同已经履行的,给采购人、供应商造成损失的,由责任人承担赔偿责任。

第七十四条 【应该却未委托集中采购机构的责任】采购人对应当实行集中采购的政府采购项目,不委托集中采购机构实行集中采购的,由政府采购监督管理部门责令改正;拒不改正的,停止按预算向其支付资金,由其上级行政主管部门或者有关机关依法给予其直接负责的主管人员和其他直接责任人员处分。

第七十五条 【对未依法公布采购标准和结果的处罚】采购人未依法公布政府采购项目的采购标准和采购结果的,责令改正,对直接负责的主管人员依法给予处分。

第七十六条 【隐匿、销毁、伪造和变造应当保存的采购文件的责任】采购人、采购代理机构违反本法规定隐匿、销毁应当保存的采购文件或者伪造、变造采购文件的,由政府采购监督管理部门处以二万元以上十万元以下的罚款,对其直接负责的主管人员和其他直接责任人员依法给予处分;构成犯罪的,依法追究刑事责任。

第七十七条 【供应商的责任】供应商有下列情形之一的,处以采购金额千分之五以上千分之十以下的罚款,列入不良行为记录名单,在一至三年内禁止参加政府采购活动,有违法所得的,并处没收违法所得,情节严重的,由工商行政管理机关吊销营业执照;构成犯罪的,依法追究刑事责任:

(一)提供虚假材料谋取中标、成交的;

(二)采取不正当手段诋毁、排挤其他供应商的;

(三)与采购人、其他供应商或者采购代理机构恶意串通的;

(四)向采购人、采购代理机构行贿或者提供其他不正当利益的;

(五)在招标采购过程中与采购人进行协商谈判的;

(六)拒绝有关部门监督检查或者提供虚假情况的。

供应商有前款第(一)至(五)项情形之一的,中标、成交无效。

◆ 相关法条
◇ 政府采购法

第七十二条 采购人、采购代理机构及其工作人员有下列情形之一,构成犯罪的,依法追究刑事责任;尚不构成犯罪的,处以罚款,有违法所得的,并处没收违法所得,属于国家机关工作人员的,依法给予行政处分:

(一)与供应商或者采购代理机构恶意串通的;

(二)在采购过程中接受贿赂或者获取其他不正当利益的;

(三)在有关部门依法实施的监督检查中提供虚假情况的;

(四)开标前泄露标底的。

第七十三条 有前两条违法行为之一影响中标、成交结果或者可能影响中标、成交结果的,按下列情况分别处理:

(一)未确定中标、成交供应商的,终止采购活动;

(二)中标、成交供应商已经确定但采购合同尚未履行的,撤销合同,从合格的中标、成交候选人中另行确定中标、成交供应商;

(三)采购合同已经履行的,给采购人、供应商造成损失的,由责任人承担赔偿责任。

第七十六条 采购人、采购代理机构违反本法规定隐匿、销毁应当保存的采购文件或者伪造、变造采购文件的,由政府采购监督管理部门处以二万元以上十万元以下的罚款,对其直接负责的主管人员和其他直接责任人员依法给予处分;构成犯罪的,依法追究刑事责任。

◆ 要点精解

以上法条是关于政府采购中监督检查和法律责任的有关规定,应注意以下几个问题:

1. 政府采购监管部门进行监督检查,但不得设置集中代理机构,不得参与采购活动。审计、监察等部门也可监督、监察。

2. 任何单位和个人对违法行为,都有权控告和检举。

3. 供应商有严重违法行为的,列入不良行为记录名单,在1—3年内禁止参加政府采购活动。

4. 该问题的学习注意结合本法第72—76条。

第七十八条 【采购代理机构的违法责任】采购代理机构在代理政府采购业务中有违法行为的,按照有关法律规定处以罚款,可以在一至三年内禁止其代理政府采购业务,构成犯罪的,依法追究刑事责任。

◆ 要点精解

根据2014年8月31日第十二届全国人民代表大会常务委员会第十次会议《关于修改〈中华人民共和国保险法〉等五部法律的决

定》，将本条中的"依法取消其进行相关业务的资格"修改为"在一至三年内禁止其代理政府采购业务"。

第七十九条 【相关民事责任】政府采购当事人有本法第七十一条、第七十二条、第七十七条违法行为之一，给他人造成损失的，并应依照有关民事法律规定承担民事责任。

第八十条 【滥用职权、玩忽职守的责任】政府采购监督管理部门的工作人员在实施监督检查中违反本法规定滥用职权，玩忽职守，徇私舞弊的，依法给予行政处分；构成犯罪的，依法追究刑事责任。

第八十一条 【投诉逾期未作处理的责任】政府采购监督管理部门对供应商的投诉逾期未作处理的，给予直接负责的主管人员和其他直接责任人员行政处分。

第八十二条 【考核作假的责任】政府采购监督管理部门对集中采购机构业绩的考核，有虚假陈述，隐瞒真实情况的，或者不作定期考核和公布考核结果的，应当及时纠正，由其上级机关或者监察机关对其负责人进行通报，并对直接负责的人员依法给予行政处分。

集中采购机构在政府采购监督管理部门考核中，虚报业绩，隐瞒真实情况的，处以二万元以上二十万元以下的罚款，并予以通报；情节严重的，取消其代理采购的资格。

第八十三条 【违反禁限禁止的责任】任何单位或者个人阻挠和限制供应商进入本地区或者本行业政府采购市场的，责令限期改正；拒不改正的，由该单位、个人的上级行政主管部门或者有关机关给予单位责任人或者个人处分。

第九章 附 则

第八十四条 【贷外款采购适用协议的保留条款】使用国际组织和外国政府贷款进行的政府采购，贷款方、资金提供方与中方达成的协议对采购的具体条件另有规定的，可以适用其规定，但不得损害国家利益和社会公共利益。

第八十五条 【适用排除】对因严重自然灾害和其他不可抗力事件所实施的紧急采购和涉及国家安全和秘密的采购，不适用本法。

第八十六条 【军事采购】军事采购法规由中央军事委员会另行制定。

◆相关法条
◇政府采购法
第二条第一款 在中华人民共和国境内进行的政府采购适用本法。

第八十五条 对因严重自然灾害和其他不可抗力事件所实施的紧急采购和涉及国家安全和秘密的采购，不适用本法。

◇立法法
第一百零三条 中央军事委员会根据宪法和法律，制定军事法规。

中央军事委员会各总部、军兵种、军区、中国人民武装警察部队，可以根据法律和中央军事委员会的军事法规、决定、命令，在其权限范围内，制定军事规章。

军事法规、军事规章在武装力量内部实施。

军事法规、军事规章的制定、修改和废止办法，由中央军事委员会依照本法规定的原则规定。

第八十七条 【实施的规定】本法实施的具体步骤和办法由国务院规定。

第八十八条 【生效日期】本法自2003年1月1日起施行。

六、行政复议

中华人民共和国行政复议法

1. 1999年4月29日第九届全国人民代表大会常务委员会第九次会议通过
2. 1999年4月29日中华人民共和国主席令第16号公布
3. 自1999年10月1日起施行

导 读

行政复议是现代法治社会中解决行政争议的途径之一，随着法治建设的深入，已经成为日趋重要的行政救济方式。

行政复议法所涉及的强制性规范多，实践性强，内容不易把握。在历年的司法考试试题中，考点多集中于：行政复议的范围、行政复议主体、行政诉讼与行政复议的关系等内容上。在命题上的特点为：(1)综合性强。考单一法律、单一法条的题目越来越少，越来越多的题目涉及几个法律的几个法条。(2)理论性较深。行政复议法的试题与宪法、法理学的关系非常密切，必须熟悉法条背后所隐含的理论。

行政复议和行政诉讼都属于行政救济范畴，且具有相应的关联性和一定的共性，因此在学习行政复议法时，采用对比方法进行学习可收到事半功倍的效果。如行政复议和行政诉讼在当事人、受案范围、证据、决定(判决)等方面是一致的，而国家赔偿也有和行政复议、行政诉讼相同或不同的部分，比较学习更容易理解和记忆。同时，在掌握法条时也应注意在全面基础上抓重点，特别是对于行政复议和行政诉讼出现类同或相关联的点。此外，务实的学习态度是掌握行政复议法精髓的关键，在加强理论学习的基础上，将法条恰当地运用于实际问题中，带着问题反思行政复议的立法初衷和实际适用效果，将有助于使学习进入新的境界。

目 录

第一章 总 则
第二章 行政复议范围
第三章 行政复议申请
第四章 行政复议受理
第五章 行政复议决定
第六章 法律责任
第七章 附 则

第一章 总 则

第一条 【立法目的】为了防止和纠正违法的或者不当的具体行政行为，保护公民、法人和其他组织的合法权益，保障和监督行政机关依法行使职权，根据宪法，制定本法。

第二条 【适用范围】公民、法人或者其他组织认为具体行政行为侵犯其合法权益，向行政机关提出行政复议申请，行政机关受理行政复议申请、作出行政复议决定，适用本法。

第三条 【复议机关及其职责】依照本法履行行政复议职责的行政机关是行政复议机关。行政复议机关负责法制工作的机构具体办理行政复议事项，履行下列职责：

（一）受理行政复议申请；

（二）向有关组织和人员调查取证，查阅文件和资料；

（三）审查申请行政复议的具体行政行为是否合法与适当，拟订行政复议决定；

（四）处理或者转送对本法第七条所列有关规定的审查申请；

（五）对行政机关违反本法规定的行为依照规定的权限和程序提出处理建议；

（六）办理因不服行政复议决定提起行政诉讼的应诉事项；

（七）法律、法规规定的其他职责。

◆相关法条

◇行政复议法实施条例

第三条 行政复议机构除应当依照行政复议法第三条的规定履行职责外，还应当履行下列职责：

（一）依照行政复议法第十八条的规定转送有关行政复议申请；

（二）办理行政复议法第二十九条规定的行政赔偿等事项；

（三）按照职责权限，督促行政复议申请的受理和行政复议决定的履行；

（四）办理行政复议、行政应诉案件统计和重大行政复议决定备案事项；

（五）办理或者组织办理未经行政复议直接提起行政诉讼的行政应诉事项；

（六）研究行政复议工作中发现的问题，及时向有关机关提出改进建议，重大问题及时向行政复议机关报告。

第四条 专职行政复议人员应当具备与履行行政复议职责相适应的品行、专业知识和业务能力，并取得相应资格。具体办法由国务院法制机构会同国务院有关部门规定。

◆要点精解

1.行政复议机关这一概念可从以下三个方面作进一步理解：（1）行政复议机关是行政机关，法律、法规授权的组织不能成为行政复议机关。（2）行政复议机关是有行政复议权的行政机关，行政机关不是都具有行政复议权，对乡、镇人民政府等行政机关，《行政复议法》就没有授予其行政复议权。（3）行政复议机关是能以自己的名义行使行政复议权，并对其行为后果独立承担法律责任的行政机关，因此，行政复议机关必然是行政主体。

2.行政复议机构的职责。除应当依照《行政复议法》第3条的规定履行职责外，还应当履行《行政复议法实施条例》第3条规定的职责。

第四条 【复议原则】 行政复议机关履行行政复议职责，应当遵循合法、公正、公开、及时、便民的原则，坚持有错必纠，保障法律、法规的正确实施。

◆要点精解

行政复议的基本原则在行政复议中具有不可替代的法律地位，不仅规范行政主体的行为，同时也规范行政相对人参与行政复议的行为。

1.合法原则，是指行政复议过程中，无论是作出被申请的具体行政行为的行政主体，还是作为申请人的行政相对人，或者是主持裁决的行政复议机关，都应当遵守现行的有关行政复议的法律、法规和规章。其主要内容体现在：主体合法、依据合法以及程序合法。

2.公正原则，是指行政复议机关对被申请的具体行政行为不仅应当审查其合法性，而且还应当审查其合理性。

3.公开原则是指行政复议机关在行政复议过程中，除涉及国家秘密、个人隐私和商业秘密外，整个过程应当向行政复议申请人和社会公开。

4.及时原则，是指行政复议机关应当在法律规定的期限内，尽快完成复议案件的审查，并作出相应的决定。

5.便民原则，是指行政复议机关在行政复议程序中应当尽可能为行政复议当事人，尤其是为申请人提供必要的便利，从而确保当事人参加行政复议的目的的实现。

第五条　【司法救济】公民、法人或者其他组织对行政复议决定不服的,可以依照行政诉讼法的规定向人民法院提起行政诉讼,但是法律规定行政复议决定为最终裁决的除外。

◆相关法条
◇行政复议法
第三十条　公民、法人或者其他组织认为行政机关的具体行政行为侵犯其已经依法取得的土地、矿藏、水流、森林、山岭、草原、荒地、滩涂、海域等自然资源的所有权或者使用权的,应当先申请行政复议;对行政复议决定不服的,可以依法向人民法院提起行政诉讼。

根据国务院或者省、自治区、直辖市人民政府对行政区划的勘定、调整或者征收土地的决定,省、自治区、直辖市人民政府确认土地、矿藏、水流、森林、山岭、草原、荒地、滩涂、海域等自然资源的所有权或者使用权的行政复议决定为最终裁决。

◇行政诉讼法
第四十四条　对属于人民法院受案范围的行政案件,公民、法人或者其他组织可以先向行政机关申请复议,对复议决定不服的,再向人民法院提起诉讼;也可以直接向人民法院提起诉讼。

法律、法规规定应当先向行政机关申请复议,对复议决定不服再向人民法院提起诉讼的,依照法律、法规的规定。

◆要点精解
行政复议的标的是行政行为,依申请启动,其目的是为了纠正行政主体作出的违法或不当的行政行为,以保护行政相对人的合法权益。由此,它与独立于行政机关以外的法院解决行政争议的行政诉讼存在许多区别。在行政诉讼中人民法院以审查行政行为的合法性为原则,一般不审查其是否适当,而确定行政复议受案范围,有三个标准:(1)行政行为标准(在特定情况下,对行政行为申请复议的同时,可以对该行政行为所依据的部分抽象行政行为,提出进行审查的请求)。(2)权利标准。行政复议法将公民的合法权益都纳入保护范围,不限于人身权和财产权。也就是说,行政复议保护的权利的范围比行政诉讼要大。(3)合法性、合理性标准。行政复议对行政行为不仅进行合法性审查,还进行合理性审查。这与行政诉讼不同,行政诉讼只能审查行政行为的合法性。

第二章　行政复议范围

第六条　【复议范围】有下列情形之一的,公民、法人或者其他组织可以依照本法申请行政复议:

(一)对行政机关作出的警告、罚款、没收违法所得、没收非法财物、责令停产停业、暂扣或者吊销许可证、暂扣或者吊销执照、行政拘留等行政处罚决定不服的;

(二)对行政机关作出的限制人身自由或者查封、扣押、冻结财产等行政强制措施决定不服的;

(三)对行政机关作出的有关许可证、执照、资质证、资格证等证书变更、中止、撤销的决定不服的;

(四)对行政机关作出的关于确认土地、矿藏、水流、森林、山岭、草原、荒地、滩涂、海域等自然资源的所有权或者使用权的决定不服的;

(五)认为行政机关侵犯合法的经营自主权的;

(六)认为行政机关变更或者废止农业承包合同,侵犯其合法权益的;

(七)认为行政机关违法集资、征收财物、摊派费用或者违法要求履行其他义务的;

(八)认为符合法定条件,申请行政机关颁发许可证、执照、资质证、资格证等证书,或者申请行政机关审批、登记有关事项,行政机关没有依法办理的;

(九)申请行政机关履行保护人身权利、财产权利、受教育权利的法定职责,行政机关没有依法履行的;

(十)申请行政机关依法发放抚恤金、社会

保险金或者最低生活保障费,行政机关没有依法发放的;

(十一)认为行政机关的其他具体行政行为侵犯其合法权益的。

◆**相关法条**

◇**行政诉讼法**

第十二条 人民法院受理公民、法人或者其他组织提起的下列诉讼:

(一)对行政拘留、暂扣或者吊销许可证和执照、责令停产停业、没收违法所得、没收非法财物、罚款、警告等行政处罚不服的;

(二)对限制人身自由或者对财产的查封、扣押、冻结等行政强制措施和行政强制执行不服的;

(三)申请行政许可,行政机关拒绝或者在法定期限内不予答复,或者对行政机关作出的有关行政许可的其他决定不服的;

(四)对行政机关作出的关于确认土地、矿藏、水流、森林、山岭、草原、荒地、滩涂、海域等自然资源的所有权或者使用权的决定不服的;

(五)对征收、征用决定及其补偿决定不服的;

(六)申请行政机关履行保护人身权、财产权等合法权益的法定职责,行政机关拒绝履行或者不予答复的;

(七)认为行政机关侵犯其经营自主权或者农村土地承包经营权、农村土地经营权的;

(八)认为行政机关滥用行政权力排除或者限制竞争的;

(九)认为行政机关违法集资、摊派费用或者违法要求履行其他义务的;

(十)认为行政机关没有依法支付抚恤金、最低生活保障待遇或者社会保险待遇的;

(十一)认为行政机关不依法履行、未按照约定履行或者违法变更、解除政府特许经营协议、土地房屋征收补偿协议等协议的;

(十二)认为行政机关侵犯其他人身权、财产权等合法权益的。

除前款规定外,人民法院受理法律、法规规定可以提起诉讼的其他行政案件。

◆**要点精解**

1. 上述法条列举的是属于行政复议审查的常见的侵权行政行为,主要有:行政处罚,强制措施,许可行为,确认行为,侵犯经营自主权的行为,侵犯农业承包权的行为,违法要求履行义务的行为,不依法办理证照和给予许可的行为,不依法履行保护义务的行为,不依法发放抚恤金、社会保障或者最低社会保障费的行为以及其他行政行为。

2. 注意,肯定列举的目的在于提示,并不是说只受理这些行政行为。只要行政相对人认为行政机关其他行政行为侵犯其合法权益的,均可申请行政复议。这一规定表明行政复议的范围并不限于行政机关侵犯人身权、财产权的行政行为,还包括行政机关侵犯相对人宪法和法律规定的其他一切权利的行政行为,可见,行政复议的范围大于行政诉讼。同时注意参照本法第5条的要点精解,行政复议的受案范围还有权利标准和合法性、合理性标准。

3. 不能申请复议的情形包括行政机关的行政处分或者其他人事决定、行政机关对民事纠纷作出的调节或者其他处理。

★**第七条** 【规定的审查】公民、法人或者其他组织认为行政机关的具体行政行为所依据的下列规定不合法,在对具体行政行为申请行政复议时,可以一并向行政复议机关提出对该规定的审查申请:

(一)国务院部门的规定;

(二)县级以上地方各级人民政府及其工作部门的规定;

(三)乡、镇人民政府的规定。

前款所列规定不含国务院部、委员会规章和地方人民政府规章。规章的审查依照法律、行政法规办理。

◆**要点精解**

如果认为行政机关的行政行为所依据的规定不合法,对行政行为申请复议的同时,也可以对该行政行为所依据的部分抽象行政行为提出审查的请求。

《行政复议法》第7条和第26条第一次用"规定",指代抽象行政行为中除行政法规、行政规章以外的其他规范性文件,并确立了对规定的审查制度。在我国法律体系中,行政规定不属于法的范畴,但在很多情况下,行政规定是行政机关作出行政行为的重要依据。规章以上的立法行为由《立法法》予以监督,而行政规定的审查制度在目前却是虚置的,因此赋予行政相对人对行政规定可以提起附带性审查的程序权利,可以对行政相对人的实体权益予以有效保护。

可纳入行政复议的行政规定包括:(1)国务院部门的规定。注意,部门规章除外。(2)县级以上地方各级政府及其工作部门的规定。注意,地方政府规章除外。(3)乡、镇人民政府的规定。

申请复议行政规定的法定条件为:(1)申请复议所针对的行政规定必须是行政主体作出的某一行政行为的依据。(2)行政相对人应在对该行政行为提起行政复议时一并提起行政规定的复议请求。

◆司考真题
◇2008年卷2第84题(多选)
为严格本地生猪屠宰市场管理,某县政府以文件形式规定,凡本县所有猪类屠宰单位和个人,须在规定期限内到生猪管理办公室申请办理生猪屠宰证,违者予以警告或罚款。个体户张某未按文件规定申请办理生猪屠宰证,生猪管理办公室处以200元罚款。下列哪些说法是错误的?

A.若张某在对罚款不服申请复议时一并对县政府文件提出审查申请,复议机关应当转送有权机关依法处理
B.某县政府的文件属违法设定许可和处罚,有权机关应依据《行政处罚法》和《行政许可法》对相关责任人给予行政处分
C.生猪管理办公室若以自己名义作出罚款决定,张某申请复议应以其为申请人

D.若张某直接向法院起诉,应以某县政府为被告
答案:ABC

第八条 【申诉及诉讼】不服行政机关作出的行政处分或者其他人事处理决定的,依照有关法律、行政法规的规定提出申诉。

不服行政机关对民事纠纷作出的调解或者其他处理,依法申请仲裁或者向人民法院提起诉讼。

◆相关法条
◇行政诉讼法
第十三条 人民法院不受理公民、法人或者其他组织对下列事项提起的诉讼:
(一)国防、外交等国家行为;
(二)行政法规、规章或者行政机关制定、发布的具有普遍约束力的决定、命令;
(三)行政机关对行政机关工作人员的奖惩、任免等决定;
(四)法律规定由行政机关最终裁决的行政行为。

◇行政监察法
第三十八条 国家行政机关公务员和国家行政机关任命的其他人员对主管行政机关作出的处分决定不服,可以自收到行政处分决定之日起三十日内向监察机关提出申诉,监察机关应当自收到申诉之日起三十日内作出复查决定;对复查决定仍不服,可以自收到复查决定之日起三十日内向上一级监察机关申请复核,上一级监察机关应当自收到复核申请之日起六十日内作出复核决定。

复查、复核期间,不停止原决定的执行。

第三章 行政复议申请

第九条 【复议期间】公民、法人或者其他组织认为具体行政行为侵犯其合法权益的,可以自知道该具体行政行为之日起六十日内提出行政复议申请;但是法律规定的申请期限超过六十日的除外。

因不可抗力或者其他正当理由耽误法定申请期限的,申请期限自障碍消除之日起继续计算。

◆**相关法条**

◇行政复议法实施条例

第十五条 行政复议法第九条第一款规定的行政复议申请期限的计算,依照下列规定办理:

(一)当场作出具体行政行为的,自具体行政行为作出之日起计算;

(二)载明具体行政行为的法律文书直接送达的,自受送达人签收之日起计算;

(三)载明具体行政行为的法律文书邮寄送达的,自受送达人在邮件签收单上签收之日起计算;没有邮件签收单的,自受送达人在送达回执上签名之日起计算;

(四)具体行政行为依法通过公告形式告知受送达人的,自公告规定的期限届满之日起计算;

(五)行政机关作出具体行政行为时未告知公民、法人或者其他组织,事后补充告知的,自该公民、法人或者其他组织收到行政机关补充告知的通知之日起计算;

(六)被申请人能够证明公民、法人或者其他组织知道具体行政行为的,自证据材料证明其知道具体行政行为之日起计算。

行政机关作出具体行政行为,依法应当向有关公民、法人或者其他组织送达法律文书而未送达的,视为该公民、法人或者其他组织不知道该具体行政行为。

第十六条 公民、法人或者其他组织依照行政复议法第六条第(八)项、第(九)项、第(十)项的规定申请行政机关履行法定职责,行政机关未履行的,行政复议申请期限依照下列规定计算:

(一)有履行期限规定的,自履行期限届满之日起计算;

(二)没有履行期限规定的,自行政机关收到申请满60日起计算。

公民、法人或者其他组织在紧急情况下请求行政机关履行保护人身权、财产权的法定职责,行政机关不履行的,行政复议申请期限不受前款规定的限制。

第十七条 行政机关作出的具体行政行为对公民、法人或者其他组织的权利、义务可能产生不利影响的,应当告知其申请行政复议的权利、行政复议机关和行政复议申请期限。

◇消费者权益保护法

第五十九条 经营者对行政处罚决定不服的,可以依法申请行政复议或者提起行政诉讼。

◇反不正当竞争法

第二十九条 当事人对监督检查部门作出的处罚决定不服的,可以自收到处罚决定之日起十五日内向上一级主管机关申请复议;对复议决定不服的,可以自收到复议决定书之日起十五日内向人民法院提起诉讼;也可以直接向人民法院提起诉讼。

◆**要点精解**

申请人可以自知道具体行政行为之日起60日内提出行政复议申请,但是法律规定的申请期限超过60日的除外。根据这一规定,申请行政复议的期限至少是60日。如果现行法律规定的申请期限少于60日的,就要被自动延长至60日。

◆**司考真题**

◇2013年卷2第50题(单选)

甲乙区政府决定征收某村集体土地100亩。该村50户村民不服,申请行政复议。下列哪一说法是错误的?

A.申请复议的期限为30日

B.村民应推选1至5名代表参加复议

C.甲市政府为复议机关

D.如要求申请人补正申请材料,应在收到复议申请之日起5日内书面通知申请人

答案:A

◇2014年卷2第80题(多选)

《反不正当竞争法》规定,当事人对监督检查部门作出的处罚决定不服的,可以自收到处

罚决定之日起15日内向上一级主管机关申请复议;对复议决定不服的,可以自收到复议决定书之日起15日内向法院提起诉讼;也可以直接向法院提起诉讼。某县工商局认定某企业利用广告对商品作引人误解的虚假宣传,构成不正当竞争,处10万元罚款。该企业不服,申请复议。下列哪些说法是正确的?

A. 复议机关应当为该工商局的上一级工商局

B. 申请复议期间为15日

C. 如复议机关作出维持决定,该企业向法院起诉,起诉期限为15日

D. 对罚款决定,该企业可以不经复议直接向法院起诉

答案:CD

第十条 【复议申请人】依照本法申请行政复议的公民、法人或者其他组织是申请人。

有权申请行政复议的公民死亡的,其近亲属可以申请行政复议。有权申请行政复议的公民为无民事行为能力人或者限制民事行为能力人的,其法定代理人可以代为申请行政复议。有权申请行政复议的法人或者其他组织终止的,承受其权利的法人或者其他组织可以申请行政复议。

同申请行政复议的具体行政行为有利害关系的其他公民、法人或者其他组织,可以作为第三人参加行政复议。

公民、法人或者其他组织对行政机关的具体行政行为不服申请行政复议的,作出具体行政行为的行政机关是被申请人。

申请人、第三人可以委托代理人代为参加行政复议。

◆**相关法条**

◇行政复议法实施条例

第五条 依照行政复议法和本条例的规定申请行政复议的公民、法人或者其他组织为申请人。

第六条 合伙企业申请行政复议的,应当以核准登记的企业为申请人,由执行合伙事务的合伙人代表该企业参加行政复议;其他合伙组织申请行政复议的,由合伙人共同申请行政复议。

前款规定以外的不具备法人资格的其他组织申请行政复议的,由该组织的主要负责人代表该组织参加行政复议;没有主要负责人的,由共同推选的其他成员代表该组织参加行政复议。

第七条 股份制企业的股东大会、股东代表大会、董事会认为行政机关作出的具体行政行为侵犯企业合法权益的,可以以企业的名义申请行政复议。

第八条 同一行政复议案件申请人超过5人的,推选1至5名代表参加行政复议。

第九条 行政复议期间,行政复议机构认为申请人以外的公民、法人或者其他组织与被审查的具体行政行为有利害关系的,可以通知其作为第三人参加行政复议。

行政复议期间,申请人以外的公民、法人或者其他组织与被审查的具体行政行为有利害关系的,可以向行政复议机构申请作为第三人参加行政复议。

第三人不参加行政复议,不影响行政复议案件的审理。

第十条 申请人、第三人可以委托1至2名代理人参加行政复议。申请人、第三人委托代理人的,应当向行政复议机构提交授权委托书。授权委托书应当载明委托事项、权限和期限。公民在特殊情况下无法书面委托的,可以口头委托。口头委托的,行政复议机构应当核实并记录在卷。申请人、第三人解除或者变更委托的,应当书面报告行政复议机构。

第十一条 公民、法人或者其他组织对行政机关的具体行政行为不服,依照行政复议法和本条例的规定申请行政复议的,作出该具体行政行为的行政机关为被申请人。

第十二条 行政机关与法律、法规授权的组织以共同的名义作出具体行政行为的,行政机关和法律、法规授权的组织为共同被申请人。

行政机关与其他组织以共同名义作出具

体行政行为的,行政机关为被申请人。

第十三条 下级行政机关依照法律、法规、规章规定,经上级行政机关批准作出具体行政行为的,批准机关为被申请人。

第十四条 行政机关设立的派出机构、内设机构或者其他组织,未经法律、法规授权,对外以自己名义作出具体行政行为的,该行政机关为被申请人。

◆ 要点精解

有关行政复议参加人的规定是重点,现归纳梳理如下:

1. 行政复议申请人

在一般情况下,行政行为侵害的当事人是行政复议的申请人。但是在特定条件下,行政复议申请人的资格也可能发生转移。包括:有权申请行政复议的公民为无民事行为能力人或者限制民事行为能力人的,由其法定代理人代为申请行政复议。申请人可以委托代理人代为参加行政复议。

申请权的转移:

(1)公民死亡,申请权转移到近亲属。2000年《行诉解释》规定,夫妻、父母、祖父母、外祖父母、子女、孙子女、外孙子女、兄弟姐妹都是近亲属范围。

(2)法人或者其他组织终止,申请权转移到承受其权利的法人或者其他组织。法人或其他组织终止包括分立、合并、被吊销营业执照等情形,但是原组织此时依然具有申请人资格。

2. 行政复议被申请人

被申请人,是指其行政行为被行政复议的申请人指控违法侵犯其合法权益,并由行政复议机关通知参加行政复议的行政主体。

被申请人也有多种情形:

(1)申请人对行政机关作出的行政行为不服,直接申请复议的,该行政机关是被申请人。

(2)两个或两个以上行政机关以共同名义作出同一行政行为的,共同作出行政行为的行政机关是共同被申请人。

(3)法律、法规授权的组织作出的行政行为引起行政复议,该组织是被申请人。

(4)行政机关委托的组织作出的具体行政行为引起行政复议,委托的行政机关是被申请人。

(5)作出行政行为决定的行政机关被撤销的,继续行使其职权的行政机关是被申请人。

3. 行政复议第三人

第三人,是指因与被申请的行政行为有利害关系,通过申请或者复议机关通知,参加到复议中去的公民、法人或其他组织。第三人在行政复议中有独立的法律地位。

行政复议中的第三人主要有三种情况:

(1)治安行政处罚案件中的被处罚人或者权益受被处罚人侵害的人。

(2)行政处罚案件中的共同被处罚人。

(3)其他与被申请的行政行为有利害关系的行政相对人。

◆ 司考真题

◇2009年卷2第45题(单选)

关于行政复议第三人,下列哪一选项是错误的?

A. 第三人可以委托一至二名代理人参加复议

B. 第三人不参加行政复议,不影响复议案件的审理

C. 复议机关应为第三人查阅有关材料提供必要条件

D. 第三人与申请人逾期不起诉又不履行复议决定的强制执行制度不同

答案:D

第十一条 【复议申请】申请人申请行政复议,可以书面申请,也可以口头申请;口头申请的,行政复议机关应当当场记录申请人的基本情况、行政复议请求、申请行政复议的主要事实、理由和时间。

◆ 相关法条

◇行政复议法实施条例

第十八条 申请人书面申请行政复议的,

可以采取当面递交、邮寄或者传真等方式提出行政复议申请。

有条件的行政复议机构可以接受以电子邮件形式提出的行政复议申请。

第十九条 申请人书面申请行政复议的,应当在行政复议申请书中载明下列事项:

(一)申请人的基本情况,包括:公民的姓名、性别、年龄、身份证号码、工作单位、住所、邮政编码;法人或者其他组织的名称、住所、邮政编码和法定代表人或者主要负责人的姓名、职务;

(二)被申请人的名称;

(三)行政复议请求、申请行政复议的主要事实和理由;

(四)申请人的签名或者盖章;

(五)申请行政复议的日期。

第二十条 申请人口头申请行政复议的,行政复议机构应当依照本条例第十九条规定的事项,当场制作行政复议申请笔录交申请人核对或者向申请人宣读,并由申请人签字确认。

第二十一条 有下列情形之一的,申请人应当提供证明材料:

(一)认为被申请人不履行法定职责的,提供曾经要求被申请人履行法定职责而被申请人未履行的证明材料;

(二)申请行政复议时一并提出行政赔偿请求的,提供受具体行政行为侵害而造成损害的证明材料;

(三)法律、法规规定需要申请人提供证据材料的其他情形。

第二十二条 申请人提出行政复议申请时错列被申请人的,行政复议机构应当告知申请人变更被申请人。

第二十三条 申请人对两个以上国务院部门共同作出的具体行政行为不服的,依照行政复议法第十四条的规定,可以向其中任何一个国务院部门提出行政复议申请,由作出具体行政行为的国务院部门共同作出行政复议决定。

第二十四条 申请人对经国务院批准实行省以下垂直领导的部门作出的具体行政行为不服的,可以选择向该部门的本级人民政府或者上一级主管部门申请行政复议;省、自治区、直辖市另有规定的,依照省、自治区、直辖市的规定办理。

第二十五条 申请人依照行政复议法第三十条第二款的规定申请行政复议的,应当向省、自治区、直辖市人民政府提出行政复议申请。

第二十六条 依照行政复议法第七条的规定,申请人认为具体行政行为所依据的规定不合法的,可以在对具体行政行为申请复议的同时一并提出对该规定的审查申请;申请人在对具体行政行为提出行政复议申请时尚不知道该具体行政行为所依据的规定的,可以在行政复议机关作出行政复议决定前向行政复议机关提出对该规定的审查申请。

◆要点精解

复议申请是复议程序不可跳过的起点。申请复议应具备如下条件:(1)申请人合格;(2)有明确的被申请人;(3)有具体的复议请求和事实根据;(4)属于受理复议机关管辖;(5)法律、法规规定的其他条件。

本条规定了复议申请的形式为:书面或者口头。两者具有同等的法律效果,充分体现了对行政相对人复议申请权的保护。

★**第十二条 【工作部门的复议机关】**对县级以上地方各级人民政府工作部门的具体行政行为不服的,由申请人选择,可以向该部门的本级人民政府申请行政复议,也可以向上一级主管部门申请行政复议。

对海关、金融、国税、外汇管理等实行垂直领导的行政机关和国家安全机关的具体行政行为不服的,向上一级主管部门申请行政复议。

◆要点精解

根据现行法律、法规的规定,除海关、金融、国税、外汇管理等实行垂直领导的行政机关和国家安全机关等在具有统一性、全局性和特殊性的行政事务中实施的行政行为，除采用上下级垂直管理外，可进行行政复议的机关包括作出被申请实施行政行为的行政主体的上一级行政机关和作出被申请实施行政行为的行政主体所属的人民政府。在程序的启动上强调行政相对人的主动权，由其根据便利原则予以选取。

◆司考真题

◇2009年卷2第98题（不定选）

2002年底，王某按照县国税局要求缴纳税款12万元。2008年初，王某发现多缴税款2万元。同年7月5日，王某向县国税局提出退税书面申请。7月13日，县国税局向王某送达不予退税决定。王某在复议机关维持县国税局决定后向法院起诉。下列选项正确的是：

A. 复议机关是县国税局的上一级国税局

B. 复议机关应自收到王某复议申请书之日起二个月内作出复议决定

C. 被告为县国税局

D. 是否适用《税收征收管理法》"纳税人自结算缴纳税款之日起三年内发现的，可以向税务机关要求退还多缴的税款"的规定，是本案审理的焦点之一

答案：ABCD

第十三条【**政府及派出机关作为复议机关**】对地方各级人民政府的具体行政行为不服的，向上一级地方人民政府申请行政复议。

对省、自治区人民政府依法设立的派出机关所属的县级地方人民政府的具体行政行为不服的，向该派出机关申请行政复议。

第十四条【**诉讼或裁决**】对国务院部门或者省、自治区、直辖市人民政府的具体行政行为不服的，向作出该具体行政行为的国务院部门或者省、自治区、直辖市人民政府申请行政复议。对行政复议决定不服的，可以向人民法院提起行政诉讼；也可以向国务院申请裁决，国务院依照本法的规定作出最终裁决。

第十五条【**其他机关具体行政行为的复议机关**】对本法第十二条、第十三条、第十四条规定以外的其他行政机关、组织的具体行政行为不服的，按照下列规定申请行政复议：

（一）对县级以上地方人民政府依法设立的派出机关的具体行政行为不服的，向设立该派出机关的人民政府申请行政复议；

（二）对政府工作部门依法设立的派出机构依照法律、法规或者规章规定，以自己的名义作出的具体行政行为不服的，向设立该派出机构的部门或者该部门的本级地方人民政府申请行政复议；

（三）对法律、法规授权的组织的具体行政行为不服的，分别向直接管理该组织的地方人民政府、地方人民政府工作部门或者国务院部门申请行政复议；

（四）对两个或者两个以上行政机关以共同的名义作出的具体行政行为不服的，向其共同上一级行政机关申请行政复议；

（五）对被撤销的行政机关在撤销前所作出的具体行政行为不服的，向继续行使其职权的行政机关的上一级行政机关申请行政复议。

有前款所列情形之一的，申请人也可以向具体行政行为发生地的县级地方人民政府提出行政复议申请，由接受申请的县级地方人民政府依照本法第十八条的规定办理。

◆要点精解

1. 一般管辖

（1）对县级以上各级政府工作部门所作的行政行为不服，由申请人选择向该部门的本级人民政府或上一级主管部门申请复议。

（2）上下级部门是垂直领导关系（海关、金融、国税、外汇管理和国家安全机关），申请人只能向上一级工作部门申请复议。

（3）对地方人民政府的行政行为不服的，向上一级地方人民政府申请。对国务院部门或者省、自治区、直辖市人民政府的行政行为不服的，向作出该行政行为的国务院部门或者省、自治区、直辖市人民政府申请复议。

2. 特殊管辖（其他行政主体作为被申请人）

(1)对派出机关所作的行政行为不服,向设立该派出机关的人民政府申请复议。

(2)对派出机构所作的行政行为不服,向设立该派出机构的部门或者该部门的本级地方人民政府申请复议。比如对公安派出所的决定不服,可以到公安局或到公安局所属的人民政府申请复议,两个选一个。

(3)对被授权组织所作的行政行为不服,向行政主管机关(直接管理该组织的地方政府、地方政府工作部门或者国务院部门)申请复议。

(4)两个或者两个以上的行政机关作为共同被申请人时,向其共同上一级行政机关申请复议。

(5)继续行使被撤销行政机关职权的行政机关作为被申请人时,向继续行使职权的行政机关的上一级行政机关申请复议。

注意:以上五种情形,申请人也可以向行政行为发生地的县级政府提出行政复议申请,由接受申请的县级政府7日内转送行政复议机关,并告知申请人。

◆司考真题
◇2011年卷2第84题(多选)
甲市乙区公安分局所辖派出所以李某制造噪声干扰他人正常生活为由,处以500元罚款。李某不服申请复议。下列哪些机关可以成为本案的复议机关?
A. 乙区公安分局
B. 乙区政府
C. 甲市公安局
D. 甲市政府
答案:AB

第十六条 【复议与诉讼的选择】公民、法人或者其他组织申请行政复议,行政复议机关已经依法受理的,或者法律、法规规定应当先向行政复议机关申请行政复议、对行政复议决定不服再向人民法院提起行政诉讼的,在法定行政复议期限内不得向人民法院提起行政诉讼。

公民、法人或者其他组织向人民法院提起行政诉讼,人民法院已经依法受理的,不得申请行政复议。

◆相关法条
◇行政诉讼法
第四十四条 对属于人民法院受案范围的行政案件,公民、法人或者其他组织可以先向行政机关申请复议,对复议决定不服的,再向人民法院提起诉讼;也可以直接向人民法院提起诉讼。

法律、法规规定应当先向行政机关申请复议,对复议决定不服再向人民法院提起诉讼的,依照法律、法规的规定。

第四章 行政复议受理

★**第十七条 【复议的受理】**行政复议机关收到行政复议申请后,应当在五日内进行审查,对不符合本法规定的行政复议申请,决定不予受理,并书面告知申请人;对符合本法规定,但是不属于本机关受理的行政复议申请,应当告知申请人向有关行政复议机关提出。

除前款规定外,行政复议申请自行政复议机关负责法制工作的机构收到之日起即为受理。

◆相关法条
◇行政复议法实施条例
第二十七条 公民、法人或者其他组织认为行政机关的具体行政行为侵犯其合法权益提出行政复议申请,除不符合行政复议法和本条例规定的申请条件的,行政复议机关必须受理。

第二十八条 行政复议申请符合下列规定的,应当予以受理:
(一)有明确的申请人和符合规定的被申请人;
(二)申请人与具体行政行为有利害关系;
(三)有具体的行政复议请求和理由;
(四)在法定申请期限内提出;

（五）属于行政复议法规定的行政复议范围；

（六）属于收到行政复议申请的行政复议机构的职责范围；

（七）其他行政复议机关尚未受理同一行政复议申请，人民法院尚未受理同一主体就同一事实提起的行政诉讼。

第二十九条 行政复议申请材料不齐全或者表述不清楚的，行政复议机构可以自收到该行政复议申请之日起5日内书面通知申请人补正。补正通知应当载明需要补正的事项和合理的补正期限。无正当理由逾期不补正的，视为申请人放弃行政复议申请。补正申请材料所用时间不计入行政复议审理期限。

第三十条 申请人就同一事项向两个或者两个以上有权受理的行政机关申请行政复议的，由最先收到行政复议申请的行政机关受理；同时收到行政复议申请的，由收到行政复议申请的行政机关在10日内协商确定；协商不成的，由其共同上一级行政机关在10日内指定受理机关。协商确定或者指定受理机关所用时间不计入行政复议审理期限。

第十八条 【复议申请的转送】依照本法第十五条第二款的规定接受行政复议申请的县级地方人民政府，对依照本法第十五条第一款的规定属于其他行政复议机关受理的行政复议申请，应当自接到该行政复议申请之日起七日内，转送有关行政复议机关，并告知申请人。接受转送的行政复议机关应当依照本法第十七条的规定办理。

第十九条 【复议前置的司法救济】法律、法规规定应当先向行政复议机关申请行政复议、对行政复议决定不服再向人民法院提起行政诉讼的，行政复议机关决定不予受理或者受理后超过行政复议期限不作答复的，公民、法人或者其他组织可以自收到不予受理决定书之日起或者行政复议期满之日起十五日内，依法向人民法院提起行政诉讼。

第二十条 【对复议不作为的处理】公民、法人或者其他组织依法提出行政复议申请，行政复议机关无正当理由不予受理的，上级行政机关应当责令其受理；必要时，上级行政机关也可以直接受理。

◆**相关法条**
◇行政复议法实施条例

第三十一条 依照行政复议法第二十条的规定，上级行政机关认为行政复议机关不予受理行政复议申请的理由不成立的，可以先行督促其受理；经督促仍不受理的，应当责令其限期受理，必要时也可以直接受理；认为行政复议申请不符合法定受理条件的，应当告知申请人。

第二十一条 【执行停止事项】行政复议期间具体行政行为不停止执行；但是，有下列情形之一的，可以停止执行：

（一）被申请人认为需要停止执行的；

（二）行政复议机关认为需要停止执行的；

（三）申请人申请停止执行，行政复议机关认为其要求合理，决定停止执行的；

（四）法律规定停止执行的。

◆**相关法条**
◇行政处罚法

第四十五条 当事人对行政处罚决定不服申请行政复议或者提起行政诉讼的，行政处罚不停止执行，法律另有规定的除外。

◇行政诉讼法

第五十六条 诉讼期间，不停止行政行为的执行。但有下列情形之一的，裁定停止执行：

（一）被告认为需要停止执行的；

（二）原告或者利害关系人申请停止执行，人民法院认为该行政行为的执行会造成难以弥补的损失，并且停止执行不损害国家利益、社会公共利益的；

（三）人民法院认为该行政行为的执行会给国家利益、社会公共利益造成重大损害的；

（四）法律、法规规定停止执行的。

当事人对停止执行或者不停止执行的裁定不服的，可以申请复议一次。

◆要点精解

原则上,在行政复议中具体行政行为不停止执行。但是,在本条所述的几种特殊情形下可以停止执行,注意与《行政诉讼法》第56条进行比较。另外注意,"法律规定停止执行的"主要指《治安管理处罚法》第107条中"拘留"在复议中的暂缓执行。

第五章 行政复议决定

第二十二条 【书面审查原则及例外】行政复议原则上采取书面审查的办法,但是申请人提出要求或者行政复议机关负责法制工作的机构认为有必要时,可以向有关组织和人员调查情况,听取申请人、被申请人和第三人的意见。

◆相关法条

◇行政复议法实施条例

第三十二条 行政复议机构审理行政复议案件,应当由2名以上行政复议人员参加。

第三十三条 行政复议机构认为必要时,可以实地调查核实证据;对重大、复杂的案件,申请人提出要求或者行政复议机构认为必要时,可以采取听证的方式审理。

第三十四条 行政复议人员向有关组织和人员调查取证时,可以查阅、复制、调取有关文件和资料,向有关人员进行询问。

调查取证时,行政复议人员不得少于2人,并应当向当事人或者有关人员出示证件。被调查单位和人员应当配合行政复议人员的工作,不得拒绝或者阻挠。

需要现场勘验的,现场勘验所用时间不计入行政复议审理期限。

第三十五条 行政复议机关应当为申请人、第三人查阅有关材料提供必要条件。

第三十六条 依照行政复议法第十四条的规定申请原级行政复议的案件,由原承办具体行政行为有关事项的部门或者机构提出书面答复,并提交作出具体行政行为的证据、依据和其他有关材料。

第三十七条 行政复议期间涉及专门事项需要鉴定的,当事人可以自行委托鉴定机构进行鉴定,也可以申请行政复议机构委托鉴定机构进行鉴定。鉴定费用由当事人承担。鉴定所用时间不计入行政复议审理期限。

◆要点精解

复议审理以书面审理方式为原则,但是在特殊情况下,特别是在有关事实不清、证据不足的情况下,不排除必要的调查取证。

第二十三条 【复议程序事项】行政复议机关负责法制工作的机构应当自行政复议申请受理之日起七日内,将行政复议申请书副本或者行政复议申请笔录复印件发送被申请人。被申请人应当自收到申请书副本或者申请笔录复印件之日起十日内,提出书面答复,并提交当初作出具体行政行为的证据、依据和其他有关材料。

申请人、第三人可以查阅被申请人提出的书面答复、作出具体行政行为的证据、依据和其他有关材料,除涉及国家秘密、商业秘密或者个人隐私外,行政复议机关不得拒绝。

第二十四条 【被申请人的取证限制】在行政复议过程中,被申请人不得自行向申请人和其他有关组织或者个人收集证据。

◆相关法条

◇行政诉讼法

第三十五条 在诉讼过程中,被告及其诉讼代理人不得自行向原告、第三人和证人收集证据。

★**第二十五条** 【申请撤回】行政复议决定作出前,申请人要求撤回行政复议申请的,经说明理由,可以撤回;撤回行政复议申请的,行政复议终止。

◆相关法条

◇行政复议法实施条例

第三十八条 申请人在行政复议决定作出前自愿撤回行政复议申请的,经行政复议机构同意,可以撤回。

申请人撤回行政复议申请的,不得再以同一事实和理由提出行政复议申请。但是,申请人能够证明撤回行政复议申请违背其真实意思表示的除外。

第三十九条　行政复议期间被申请人改变原具体行政行为的,不影响行政复议案件的审理。但是,申请人依法撤回行政复议申请的除外。

第四十条　公民、法人或者其他组织对行政机关行使法律、法规规定的自由裁量权作出的具体行政行为不服申请行政复议,申请人与被申请人在行政复议决定作出前自愿达成和解的,应当向行政复议机构提交书面和解协议;和解内容不损害社会公共利益和他人合法权益的,行政复议机构应当准许。

第四十一条　行政复议期间有下列情形之一,影响行政复议案件审理的,行政复议中止:

(一)作为申请人的自然人死亡,其近亲属尚未确定是否参加行政复议的;

(二)作为申请人的自然人丧失参加行政复议的能力,尚未确定法定代理人参加行政复议的;

(三)作为申请人的法人或者其他组织终止,尚未确定权利义务承受人的;

(四)作为申请人的自然人下落不明或者被宣告失踪的;

(五)申请人、被申请人因不可抗力,不能参加行政复议的;

(六)案件涉及法律适用问题,需要有权机关作出解释或者确认的;

(七)案件审理需要以其他案件的审理结果为依据,而其他案件尚未审结的;

(八)其他需要中止行政复议的情形。

行政复议中止的原因消除后,应当及时恢复行政复议案件的审理。

行政复议机构中止、恢复行政复议案件的审理,应当告知有关当事人。

第四十二条　行政复议期间有下列情形之一的,行政复议终止:

(一)申请人要求撤回行政复议申请,行政复议机构准予撤回的;

(二)作为申请人的自然人死亡,没有近亲属或者其近亲属放弃行政复议权利的;

(三)作为申请人的法人或者其他组织终止,其权利义务的承受人放弃行政复议权利的;

(四)申请人与被申请人依照本条例第四十条的规定,经行政复议机构准许达成和解的;

(五)申请人对行政拘留或者限制人身自由的行政强制措施不服申请行政复议后,因申请人同一违法行为涉嫌犯罪,该行政拘留或者限制人身自由的行政强制措施变更为刑事拘留的。

依照本条例第四十一条第一款第(一)项、第(二)项、第(三)项规定中止行政复议,满60日行政复议中止的原因仍未消除的,行政复议终止。

第二十六条　【复议机关对规定的处理】申请人在申请行政复议时,一并提出对本法第七条所列有关规定的审查申请的,行政复议机关对该规定有权处理的,应当在三十日内依法处理;无权处理的,应当在七日内按照法定程序转送有权处理的行政机关依法处理,有权处理的行政机关应当在六十日内依法处理。处理期间,中止对具体行政行为的审查。

第二十七条　【对行为依据的处理】行政复议机关在对被申请人作出的具体行政行为进行审查时,认为其依据不合法,本机关有权处理的,应当在三十日内依法处理;无权处理的,应当在七日内按照法定程序转送有权处理的国家机关依法处理。处理期间,中止对具体行政行为的审查。

★第二十八条　【复议决定的作出】行政复议机关负责法制工作的机构应对被申请人作出的具体行政行为进行审查,提出意见,经行政复议机关的负责人同意或者集体讨论通过后,按照下列规定作出行政复议决定:

(一)具体行政行为认定事实清楚,证据确

凿,适用依据正确,程序合法,内容适当的,决定维持;

(二)被申请人不履行法定职责的,决定其在一定期限内履行;

(三)具体行政行为有下列情形之一的,决定撤销、变更或者确认该具体行政行为违法;决定撤销或者确认该具体行政行为违法的,可以责令被申请人在一定期限内重新作出具体行政行为:

1. 主要事实不清、证据不足的;
2. 适用依据错误的;
3. 违反法定程序的;
4. 超越或者滥用职权的;
5. 具体行政行为明显不当的。

(四)被申请人不按照本法第二十三条的规定提出书面答复、提交当初作出具体行政行为的证据、依据和其他有关材料的,视为该具体行政行为没有证据、依据,决定撤销该具体行政行为。

行政复议机关责令被申请人重新作出具体行政行为的,被申请人不得以同一的事实和理由作出与原具体行政行为相同或者基本相同的具体行政行为。

◆相关法条
◇行政诉讼法

第六十九条 行政行为证据确凿,适用法律、法规正确,符合法定程序的,或者原告申请被告履行法定职责或者给付义务理由不成立的,人民法院判决驳回原告的诉讼请求。

第七十条 行政行为有下列情形之一的,人民法院判决撤销或者部分撤销,并可以判决被告重新作出行政行为:

(一)主要证据不足的;
(二)适用法律、法规错误的;
(三)违反法定程序的;
(四)超越职权的;
(五)滥用职权的;
(六)明显不当的。

第七十一条 人民法院判决被告重新作出行政行为的,被告不得以同一的事实和理由作出与原行政行为基本相同的行政行为。

第七十二条 人民法院经过审理,查明被告不履行法定职责的,判决被告在一定期限内履行。

第七十三条 人民法院经过审理,查明被告依法负有给付义务的,判决被告履行给付义务。

第七十四条 行政行为有下列情形之一的,人民法院判决确认违法,但不撤销行政行为:

(一)行政行为依法应当撤销,但撤销会给国家利益、社会公共利益造成重大损害的;
(二)行政行为程序轻微违法,但对原告权利不产生实际影响的。

行政行为有下列情形之一,不需要撤销或者判决履行的,人民法院判决确认违法:

(一)行政行为违法,但不具有可撤销内容的;
(二)被告改变原违法行政行为,原告仍要求确认原行政行为违法的;
(三)被告不履行或者拖延履行法定职责,判决履行没有意义的。

第七十五条 行政行为有实施主体不具有行政主体资格或者没有依据等重大且明显违法情形,原告申请确认行政行为无效的,人民法院判决确认无效。

第七十六条 人民法院判决确认违法或者无效的,可以同时判决责令被告采取补救措施;给原告造成损失的,依法判决被告承担赔偿责任。

第七十七条 行政处罚明显不当,或者其他行政行为涉及对款额的确定、认定确有错误的,人民法院可以判决变更。

人民法院判决变更,不得加重原告的义务或者减损原告的权益。但利害关系人同为原告,且诉讼请求相反的除外。

第七十八条 被告不依法履行、未按照约定履行或者违法变更、解除本法第十二条第一款第十一项规定的协议的,人民法院判决被告承担继续履行、采取补救措施或者赔偿损失等责任。

被告变更、解除本法第十二条第一款第十一项规定的协议合法,但未依法给予补偿的,人民法院判决给予补偿。

第七十九条　复议机关与作出原行政行为的行政机关为共同被告的案件,人民法院应当对复议决定和原行政行为一并作出裁判。

◇行政复议法实施条例

第四十三条　依照行政复议法第二十八条第一款第(一)项规定,具体行政行为认定事实清楚,证据确凿,适用依据正确,程序合法,内容适当的,行政复议机关应当决定维持。

第四十四条　依照行政复议法第二十八条第一款第(二)项规定,被申请人不履行法定职责,行政复议机关应当决定其在一定期限内履行法定职责。

第四十五条　具体行政行为有行政复议法第二十八条第一款第(三)项规定情形之一的,行政复议机关应当决定撤销、变更该具体行政行为或者确认该具体行政行为违法;决定撤销该具体行政行为或者确认该具体行政行为违法的,可以责令被申请人在一定期限内重新作出具体行政行为。

第四十六条　被申请人未依照行政复议法第二十三条的规定提出书面答复、提交当初作出具体行政行为的证据、依据和其他有关材料的,视为该具体行政行为没有证据、依据,行政复议机关应当决定撤销该具体行政行为。

第四十七条　具体行政行为有下列情形之一,行政复议机关可以决定变更:

(一)认定事实清楚,证据确凿,程序合法,但是明显不当或者适用依据错误的;

(二)认定事实不清,证据不足,但是经行政复议机关审理查明事实清楚,证据确凿的。

第四十八条　有下列情形之一的,行政复议机关应当决定驳回行政复议申请:

(一)申请人认为行政机关不履行法定职责申请行政复议,行政复议机关受理后发现该行政机关没有相应法定职责或者在受理前已经履行法定职责的;

(二)受理行政复议申请后,发现该行政复议申请不符合行政复议法和本条例规定的受理条件的。

上级行政机关认为行政复议机关驳回行政复议申请的理由不成立的,应当责令其恢复审理。

第四十九条　行政复议机关依照行政复议法第二十八条的规定责令被申请人重新作出具体行政行为的,被申请人应当在法律、法规、规章规定的期限内重新作出具体行政行为;法律、法规、规章未规定期限的,重新作出具体行政行为的期限为60日。

公民、法人或者其他组织对被申请人重新作出的具体行政行为不服,可以依法申请行政复议或者提起行政诉讼。

第五十条　有下列情形之一的,行政复议机关可以按照自愿、合法的原则进行调解:

(一)公民、法人或者其他组织对行政机关行使法律、法规规定的自由裁量权作出的具体行政行为不服申请行政复议的;

(二)当事人之间的行政赔偿或者行政补偿纠纷。

当事人经调解达成协议的,行政复议机关应当制作行政复议调解书。调解书应当载明行政复议请求、事实、理由和调解结果,并加盖行政复议机关印章。行政复议调解书经双方当事人签字,即具有法律效力。

调解未达成协议或者调解书生效前一方反悔的,行政复议机关应当及时作出行政复议决定。

第五十一条　行政复议机关在申请人的行政复议请求范围内,不得作出对申请人更为不利的行政复议决定。

第五十二条　第三人逾期不起诉又不履行行政复议决定的,依照行政复议法第三十三条的规定处理。

第二十九条　【行政赔偿】申请人在申请行政复议时可以一并提出行政赔偿请求,行政复议机关对符合国家赔偿法的有关规定应当给予赔偿的,在决定撤销、变更具体行政行为或者确认具体行政行为违法时,应当同时决定被申请人依法给予赔偿。

申请人在申请行政复议时没有提出行政赔偿请求的,行政复议机关在依法决定撤销或者变更罚款,撤销违法集资、没收财物、征收财物、摊派费用以及对财产的查封、扣押、冻结等具体行政行为时,应当同时责令被申请人返还财产,解除对财产的查封、扣押、冻结措施,或者赔偿相应的价款。

◆相关法条
◇行政诉讼法

第七十六条　人民法院判决确认违法或者无效的,可以同时判决责令被告采取补救措施;给原告造成损失的,依法判决被告承担赔偿责任。

第七十八条　被告不依法履行、未按照约定履行或者违法变更、解除本法第十二条第一款第十一项规定的协议的,人民法院判决被告承担继续履行、采取补救措施或者赔偿损失等责任。

被告变更、解除本法第十二条第一款第十一项规定的协议合法,但未依法给予补偿的,人民法院判决给予补偿。

◆要点精解

行政复议机构对行政行为进行审查,提出审查处理意见,作出行政复议决定。复议决定种类归纳如下:

行政复议机关通过对复议案件进行审理,根据不同情况,应当在受理行政复议申请之日起60日内分别作出不同决定,法律另有规定的除外。

1. 维持决定。行政行为事实清楚,证据确凿,适用法律、法规等正确,程序合法且内容适当,行政复议机关应依法决定维持。

2. 履行决定。主要适用于两种情况:一是被申请的行政主体拒不履行法定职责;二是被申请人拖延履行法定职责。

3. 撤销、变更和确认违法决定。行政复议

机关对具有如下情形的行政行为,依法作出撤销、变更或者确认该行为违法的决定,必要时,可以附带责令被申请人在一定期限内重新作出行政行为的:(1)主要事实不清、证据不足;(2)适用依据错误;(3)违反法定程序的;(4)超越职权或者滥用职权的;(5)行政行为明显不当的。

4. 赔偿决定。申请人在申请复议时一并提出了赔偿请求的,行政复议机关在作出撤销、变更或确认违法决定时,应当同时决定给予赔偿。申请人在申请复议时没有提出赔偿请求的,但是违法的行政行为造成了当事人财产权的损害,行政复议机关可以决定给予赔偿。

5. 对抽象行政行为的处理决定。申请人在申请复议时一并提出对有关抽象行政行为的审查申请的,行政复议机关对该抽象行政行为有权处理的,经对该行为的审查,应当在30日内依法作出处理决定,行政复议机关无权处理的,应当在7日内按照法定程序转送有权处理的行政机关依法处理。

★**第三十条　【复议前置情形】**公民、法人或者其他组织认为行政机关的具体行政行为侵犯其已经依法取得的土地、矿藏、水流、森林、山岭、草原、荒地、滩涂、海域等自然资源的所有权或者使用权的,应当先申请行政复议;对行政复议决定不服的,可以依法向人民法院提起行政诉讼。

根据国务院或者省、自治区、直辖市人民政府对行政区划的勘定、调整或者征收土地的决定,省、自治区、直辖市人民政府确认土地、矿藏、水流、森林、山岭、草原、荒地、滩涂、海域等自然资源的所有权或者使用权的行政复议决定为最终裁决。

◆相关法条
◇行政复议法第30条第1款的批复

根据《行政复议法》第三十条第一款的规定,公民、法人或者其他组织认为行政机关确认土地、矿藏、水流、森林、山岭、草原、荒地、滩涂、海域等自然资源的所有权或者使用权的具

体行政行为,侵犯其已经依法取得的自然资源所有权或者使用权的,经行政复议后,才可以向人民法院提起行政诉讼,但法律另有规定的除外;对涉及自然资源所有权或者使用权的行政处罚、行政强制措施等其他具体行政行为提起行政诉讼的,不适用《行政复议法》第三十条第一款的规定。

◆ 司考真题

◇ 2009年卷2第84题(多选)

段某拥有两块山场的山林权证。林改期间,王某认为该山场是自家的土改山,要求段某返还。经村委会协调,段某同意把部分山场给予王某,并签订了协议。事后,段某反悔,对协议提出异议。王某请镇政府调处,镇政府依王某提交的协议书复印件,向王某发放了山林权证。段某不服,向县政府申请复议,在县政府作出维持决定后向法院起诉。下列哪些选项是正确的?

A. 对镇政府的行为,段某不能直接向法院提起行政诉讼

B. 县政府为本案第三人

C. 如当事人未能提供协议书原件,法院不能以协议书复印件单独作为定案依据

D. 如段某与王某在诉讼中达成新的协议,可视为本案被诉具体行政行为发生改变

答案:AC

★**第三十一条** 【复议期限】行政复议机关应当自受理申请之日起六十日内作出行政复议决定;但是法律规定的行政复议期限少于六十日的除外。情况复杂,不能在规定期限内作出行政复议决定的,经行政复议机关的负责人批准,可以适当延长,并告知申请人和被申请人;但是延长期限最多不超过三十日。

行政复议机关作出行政复议决定,应当制作行政复议决定书,并加盖印章。

行政复议决定书一经送达,即发生法律效力。

◆ 要点精解

1. 依照本条第1款的规定,复议机关自受理复议申请之日起60日内要作出复议决定,也就是说,60日内要完成整个复议工作。受理之日,按本法第12条、第16条、第18条、第19条的规定,应当履行复议职责的行政机关收到复议申请书或接受申请人申请之日即为受理之日。在这里,属于按第16条第2款收到申请并依法转送有关机关的县级人民政府收到申请之日不算"受理之日",接受转送的行政机关,对属于自己管辖应予处理的复议申请,收到转来的申请之日应为"受理之日"。

2. 本条中的60日不按工作日计算,国家法定节假日亦应计算在内,这是因为按照本法第40条规定的精神,民事诉讼法的规定中没有将诸如春节、劳动节、国庆节、星期六和星期日排除于期限之外,只是规定期间最后一日为法定假日的,以假日之后第一日为最后一日,因此不能将法定假日不计算在期间内。

3. 行政复议决定期限与申请行政复议期限均为60日,二者区分如下:对于行政复议决定期限,如果单行法律规定的复议决定期限少于60日,适用单行法律的规定期限,如果单行法律规定的复议决定期限多于60日,仍应适用60日的规定。相反,对于申请行政复议的期限,如果单行法律规定的复议决定期限少于60日,适用单行法律的规定。在记忆时,可以思考怎样规定对当事人最有利,即为正确做法。

★**第三十二条** 【复议决定的履行】被申请人应当履行行政复议决定。

被申请人不履行或者无正当理由拖延履行行政复议决定的,行政复议机关或者有关上级行政机关应当责令其限期履行。

★**第三十三条** 【对不履行复议决定的处理】申请人逾期不起诉又不履行行政复议决定的,或者不履行最终裁决的行政复议决定的,按照下列规定分别处理:

(一)维持具体行政行为的行政复议决定,

由作出具体行政行为的行政机关依法强制执行,或者申请人民法院强制执行;

(二)变更具体行政行为的行政复议决定,由行政复议机关依法强制执行,或者申请人民法院强制执行。

◆**相关法条**
◇行政复议法实施条例

第五十三条 行政复议机关应当加强对行政复议工作的领导。

行政复议机构在本级行政复议机关的领导下,按照职责权限对行政复议工作进行督促、指导。

第五十四条 县级以上各级人民政府应当加强对所属工作部门和下级人民政府履行行政复议职责的监督。

行政复议机关应当加强对其行政复议机构履行行政复议职责的监督。

第五十五条 县级以上地方各级人民政府应当建立健全行政复议工作责任制,将行政复议工作纳入本级政府目标责任制。

第五十六条 县级以上地方各级人民政府应当按照职责权限,通过定期组织检查、抽查等方式,对所属工作部门和下级人民政府行政复议工作进行检查,并及时向有关方面反馈检查结果。

第五十七条 行政复议期间行政复议机关发现被申请人或者其他下级行政机关的相关行政行为违法或者需要做好善后工作的,可以制作行政复议意见书。有关机关应当自收到行政复议意见书之日起60日内将纠正相关行政违法行为或者做好善后工作的情况通报行政复议机构。

行政复议期间行政复议机构发现法律、法规、规章实施中带有普遍性的问题,可以制作行政复议建议书,向有关机关提出完善制度和改进行政执法的建议。

第五十八条 县级以上各级人民政府行政复议机构应当定期向本级人民政府提交行政复议工作状况分析报告。

第五十九条 下级行政复议机关应当及时将重大行政复议决定报上级行政复议机关备案。

第六十条 各级行政复议机构应当定期组织对行政复议人员进行业务培训,提高行政复议人员的专业素质。

第六十一条 各级行政复议机关应当定期总结行政复议工作,对在行政复议工作中做出显著成绩的单位和个人,依照有关规定给予表彰和奖励。

◆**要点精解**

在行政复议机关维持被申请人的行政行为和变更被申请人的行政行为这两种情况下,申请法院强制执行的申请人是不同的。

第六章 法律责任

第三十四条 【复议机关不依法履行职责的责任】行政复议机关违反本法规定,无正当理由不予受理依法提出的行政复议申请或者不按照规定转送行政复议申请的,或者在法定期限内不作出行政复议决定的,对直接负责的主管人员和其他直接责任人员依法给予警告、记过、记大过的行政处分;经责令受理仍不受理或者不按照规定转送行政复议申请,造成严重后果的,依法给予降级、撤职、开除的行政处分。

第三十五条 【工作人员的违法责任】行政复议机关工作人员在行政复议活动中,徇私舞弊或者有其他渎职、失职行为的,依法给予警告、记过、记大过的行政处分;情节严重的,依法给予降级、撤职、开除的行政处分;构成犯罪的,依法追究刑事责任。

第三十六条 【被申请人不提交答复、资料和阻碍他人复议申请的责任】被申请人违反本法规定,不提出书面答复或者不提交作出具体行政行为的证据、依据和其他有关材料,或者阻挠、变相阻挠公民、法人或者其他组织依法申请行政复议的,对直接负责的主管人员和其他直接责任人员依法给予警告、记过、记大过的行政处分;进行报复陷害的,依法给予降级、撤职、开除的行政处分;构成犯罪的,依法追究刑事责任。

第三十七条 【不履行、迟延履行复议决定的责任】被申请人不履行或者无正当理由拖延履行行政复议决定的,对直接负责的主管人员和其他直接责任人员依法给予警告、记过、记大过的行政处分;经责令履行仍拒不履行的,依法给予降级、撤职、开除的行政处分。

第三十八条 【复议机关的建议权】行政复议机关负责法制工作的机构发现有无正当理由不予受理行政复议申请、不按照规定期限作出行政复议决定、徇私舞弊、对申请人打击报复或者不履行行政复议决定等情形的,应当向有关行政机关提出建议,有关行政机关应当依照本法和有关法律、行政法规的规定作出处理。

第七章 附 则

第三十九条 【经费来源】行政复议机关受理行政复议申请,不得向申请人收取任何费用。行政复议活动所需经费,应当列入本机关的行政经费,由本级财政予以保障。

◆ 相关法条
◇ 国家赔偿法
第四十一条 赔偿请求人要求国家赔偿的,赔偿义务机关、复议机关和人民法院不得向赔偿请求人收取任何费用。
对赔偿请求人取得的赔偿金不予征税。

◆ 要点精解
行政复议不得向申请人收费。

第四十条 【期间计算和文书送达】行政复议期间的计算和行政复议文书的送达,依照民事诉讼法关于期间、送达的规定执行。
本法关于行政复议期间有关"五日"、"七日"的规定是指工作日,不含节假日。

◆ 司考真题
◇ 2011年卷2第47题(单选)
关于行政复议,下列哪一说法是正确的?
A.《行政复议法》规定,被申请人应自收到复议申请书或笔录复印件之日起10日提出书面答复,此处的10日指工作日
B. 行政复议期间,被申请人不得改变被申请复议的具体行政行为
C. 行政复议期间,复议机关发现被申请人的相关行政行为违法,可以制作行政复议意见书
D. 行政复议实行对具体行政行为进行合法性审查原则
答案:C

第四十一条 【适用范围的补充】外国人、无国籍人、外国组织在中华人民共和国境内申请行政复议,适用本法。

第四十二条 【法律冲突的解决】本法施行前公布的法律有关行政复议的规定与本法的规定不一致的,以本法的规定为准。

第四十三条 【生效日期】本法自1999年10月1日起施行。1990年12月24日国务院发布、1994年10月9日国务院修订发布的《行政复议条例》同时废止。

中华人民共和国行政复议法实施条例

1. 2007年5月23日国务院第177次常务会议通过
2. 2007年5月29日中华人民共和国国务院令第499号公布
3. 自2007年8月1日起施行

目 录

第一章 总 则
第二章 行政复议申请
　第一节 申请人
　第二节 被申请人
　第三节 行政复议申请期限
　第四节 行政复议申请的提出
第三章 行政复议受理
第四章 行政复议决定
第五章 行政复议指导和监督
第六章 法律责任
第七章 附 则

第一章 总 则

第一条 为了进一步发挥行政复议制度在解决行政争议、建设法治政府、构建社会主义和谐社会中的作用，根据《中华人民共和国行政复议法》(以下简称行政复议法)，制定本条例。

第二条 各级行政复议机关应当认真履行行政复议职责，领导并支持本机关负责法制工作的机构(以下简称行政复议机构)依法办理行政复议事项，并依照有关规定配备、充实、调剂专职行政复议人员，保证行政复议机构的办案能力与工作任务相适应。

第三条 行政复议机构除应当依照行政复议法第三条的规定履行职责外，还应当履行下列职责：

(一)依照行政复议法第十八条的规定转送有关行政复议申请；

(二)办理行政复议法第二十九条规定的行政赔偿等事项；

(三)按照职责权限，督促行政复议申请的受理和行政复议决定的履行；

(四)办理行政复议、行政应诉案件统计和重大行政复议决定备案事项；

(五)办理或者组织办理未经行政复议直接提起行政诉讼的行政应诉事项；

(六)研究行政复议工作中发现的问题，及时向有关机关提出改进建议，重大问题及时向行政复议机关报告。

第四条 专职行政复议人员应当具备与履行行政复议职责相适应的品行、专业知识和业务能力，并取得相应资格。具体办法由国务院法制机构会同国务院有关部门规定。

第二章 行政复议申请

第一节 申 请 人

第五条 依照行政复议法和本条例的规定申请行政复议的公民、法人或者其他组织为申请人。

第六条 合伙企业申请行政复议的，应当以核准登记的企业为申请人，由执行合伙事务的合伙人代表该企业参加行政复议；其他合伙组织申请行政复议的，由合伙人共同申请行政复议。

前款规定以外的不具备法人资格的其他组织申请行政复议的，由该组织的主要负责人代表该组织参加行政复议;没有主要负责人的,由共同推选的其他成员代表该组织参加行政复议。

第七条 股份制企业的股东大会、股东代表大会、董事会认为行政机关作出的具体行政行为侵犯企业合法权益的,可以以企业的名义申请行政复议。

第八条 同一行政复议案件申请人超过5人的,推选1至5名代表参加行政复议。

第九条 行政复议期间,行政复议机构认为申请人以外的公民、法人或者其他组织与被审查的具体行政行为有利害关系的,可以通知其作为第三人参加行政复议。

行政复议期间,申请人以外的公民、法人或者其他组织与被审查的具体行政行为有利害关系的,可以向行政复议机构申请作为第三人参加行政复议。

第三人不参加行政复议,不影响行政复议案件的审理。

第十条 申请人、第三人可以委托1至2名代理人参加行政复议。申请人、第三人委托代理人的,应当向行政复议机构提交授权委托书。授权委托书应当载明委托事项、权限和期限。公民在特殊情况下无法书面委托的,可以口头委托。口头委托的,行政复议机构应当核实并记录在卷。申请人、第三人解除或者变更委托的,应当书面报告行政复议机构。

第二节 被申请人

第十一条 公民、法人或者其他组织对行政机关的具体行政行为不服,依照行政复议法和本条例的规定申请行政复议的,作出该具体行政行为的行政机关为被申请人。

第十二条 行政机关与法律、法规授权的组织以共同的名义作出具体行政行为的,行政机关和法律、法规授权的组织为共同被申请人。

行政机关与其他组织以共同名义作出具体行政行为的,行政机关为被申请人。

第十三条 下级行政机关依照法律、法规、规章规定,经上级行政机关批准作出具体行政行为的,批准机关为被申请人。

第十四条 行政机关设立的派出机构、内设机构或者其他组织,未经法律、法规授权,对外以自己名义作出具体行政行为的,该行政机关为被申请人。

第三节 行政复议申请期限

第十五条 行政复议法第九条第一款规定的行政复议申请期限的计算,依照下列规定办理:

(一)当场作出具体行政行为的,自具体行政行为作出之日起计算;

(二)载明具体行政行为的法律文书直接送达的,自受送达人签收之日起计算;

(三)载明具体行政行为的法律文书邮寄送达的,自受送达人在邮件签收单上签收之日起计算;没有邮件签收单的,自受送达人在送达回执上签名之日起计算;

(四)具体行政行为依法通过公告形式告知受送达人的,自公告规定的期限届满之日起计算;

(五)行政机关作出具体行政行为时未告知公民、法人或者其他组织,事后补充告知的,自该公民、法人或者其他组织收到行政机关补充告知的通知之日起计算;

(六)被申请人能够证明公民、法人或者其他组织知道具体行政行为的,自证据材料证明其知道具体行政行为之日起计算。

行政机关作出具体行政行为,依法应当向有关公民、法人或者其他组织送达法律文书而未送达的,视为该公民、法人或者其他组织不知道该具体行政行为。

第十六条 公民、法人或者其他组织依照行政复议法第六条第(八)项、第(九)项、第(十)项的规定申请行政机关履行法定职责,行政机关未履行的,行政复议申请期限依照下列规定计算：

（一）有履行期限规定的，自履行期限届满之日起计算；

（二）没有履行期限规定的，自行政机关收到申请满 60 日起计算。

公民、法人或者其他组织在紧急情况下请求行政机关履行保护人身权、财产权的法定职责，行政机关不履行的，行政复议申请期限不受前款规定的限制。

第十七条 行政机关作出的具体行政行为对公民、法人或者其他组织的权利、义务可能产生不利影响的，应当告知其申请行政复议的权利、行政复议机关和行政复议申请期限。

第四节 行政复议申请的提出

第十八条 申请人书面申请行政复议的，可以采取当面递交、邮寄或者传真等方式提出行政复议申请。

有条件的行政复议机构可以接受以电子邮件形式提出的行政复议申请。

第十九条 申请人书面申请行政复议的，应当在行政复议申请书中载明下列事项：

（一）申请人的基本情况，包括：公民的姓名、性别、年龄、身份证号码、工作单位、住所、邮政编码；法人或者其他组织的名称、住所、邮政编码和法定代表人或者主要负责人的姓名、职务；

（二）被申请人的名称；

（三）行政复议请求、申请行政复议的主要事实和理由；

（四）申请人的签名或者盖章；

（五）申请行政复议的日期。

第二十条 申请人口头申请行政复议的，行政复议机构应当依照本条例第十九条规定的事项，当场制作行政复议申请笔录交申请人核对或者向申请人宣读，并由申请人签字确认。

第二十一条 有下列情形之一的，申请人应当提供证明材料：

（一）认为被申请人不履行法定职责的，提供曾经要求被申请人履行法定职责而被申请人未履行的证明材料；

（二）申请行政复议时一并提出行政赔偿请求的，提供受具体行政行为侵害而造成损害的证明材料；

（三）法律、法规规定需要申请人提供证据材料的其他情形。

第二十二条 申请人提出行政复议申请时错列被申请人的，行政复议机构应当告知申请人变更被申请人。

第二十三条 申请人对两个以上国务院部门共同作出的具体行政行为不服的，依照行政复议法第十四条的规定，可以向其中任何一个国务院部门提出行政复议申请，由作出具体行政行为的国务院部门共同作出行政复议决定。

第二十四条 申请人对经国务院批准实行省下垂直领导的部门作出的具体行政行为不服的，可以选择向该部门的本级人民政府或者上一级主管部门申请行政复议；省、自治区、直辖市另有规定的，依照省、自治区、直辖市的规定办理。

第二十五条 申请人依照行政复议法第三十条第二款的规定申请行政复议的，应当向省、自治区、直辖市人民政府提出行政复议申请。

第二十六条 依照行政复议法第七条的规定，申请人认为具体行政行为所依据的规定不合法的，可以在对具体行政行为申请行政复议的同时一并提出对该规定的审查申请；申请人在对具体行政行为提出行政复议申请时尚不知道该具体行政行为所依据的规定的，可以在行政复议机关作出行政复议决定前向行政复议机关提出对该规定的审查申请。

第三章 行政复议受理

第二十七条 公民、法人或者其他组织认为行政机关的具体行政行为侵犯其合法权益提出行政复议申请,除不符合行政复议法和本条例规定的申请条件的,行政复议机关必须受理。

第二十八条 行政复议申请符合下列规定的,应当予以受理:
(一)有明确的申请人和符合规定的被申请人;
(二)申请人与具体行政行为有利害关系;
(三)有具体的行政复议请求和理由;
(四)在法定申请期限内提出;
(五)属于行政复议法规定的行政复议范围;
(六)属于收到行政复议申请的行政复议机构的职责范围;
(七)其他行政复议机关尚未受理同一行政复议申请,人民法院尚未受理同一主体就同一事实提起的行政诉讼。

第二十九条 行政复议申请材料不齐全或者表述不清楚的,行政复议机构可以自收到该行政复议申请之日起5日内书面通知申请人补正。补正通知应当载明需要补正的事项和合理的补正期限。无正当理由逾期不补正的,视为申请人放弃行政复议申请。补正申请材料所用时间不计入行政复议审理期限。

第三十条 申请人就同一事项向两个或者两个以上有权受理的行政机关申请行政复议的,由最先收到行政复议申请的行政机关受理;同时收到行政复议申请的行政机关在10日内协商确定;协商不成的,由其共同上一级行政机关在10日内指定受理机关。协商确定或者指定受理机关所用时间不计入行政复议审理期限。

第三十一条 依照行政复议法第二十条的规定,上级行政机关认为行政复议机关不予受理行政复议申请的理由不成立的,可以先行督促其受理;经督促仍不受理的,应当责令其限期受理,必要时也可以直接受理;认为行政复议申请不符合法定受理条件的,应当告知申请人。

第四章 行政复议决定

第三十二条 行政复议机构审理行政复议案件,应当由2名以上行政复议人员参加。

第三十三条 行政复议机构认为必要时,可以实地调查核实证据;对重大、复杂的案件,申请人提出要求或者行政复议机构认为必要时,可以采取听证的方式审理。

第三十四条 行政复议人员向有关组织和人员调查取证时,可以查阅、复制、调取有关文件和资料,向有关人员进行询问。

调查取证时,行政复议人员不得少于2人,并应当向当事人或者有关人员出示证件。被调查单位和人员应当配合行政复议人员的工作,不得拒绝或者阻挠。

需要现场勘验的,现场勘验所用时间不计入行政复议审理期限。

第三十五条 行政复议机关应当为申请人、第三人查阅有关材料提供必要条件。

第三十六条 依照行政复议法第十四条的规定申请原级行政复议的案件,由原承办具体行政行为有关事项的部门或者机构提出书面答复,并提交作出具体行政行为的证据、依据和其他有关材料。

第三十七条 行政复议期间涉及专门事项需要鉴定的,当事人可以自行委托鉴定机构进行鉴定,也可以申请行政复议机构委托鉴定机构进行鉴定。鉴定费用由当事人承担。鉴定所用时间不计入行政复议审理期限。

第三十八条 申请人在行政复议决定作出前自愿撤回行政复议申请的,经行政复议机构同意,可以撤回。

申请人撤回行政复议申请的,不得再以同一事实和理由提出行政复议申请。但是,申请人能够证明撤回行政复议申请违背其真实意思表示的除外。

第三十九条 行政复议期间被申请人改变原具体行政行为的,不影响行政复议案件的审理。但是,申请人依法撤回行政复议申请的除外。

第四十条 公民、法人或者其他组织对行政机关行使法律、法规规定的自由裁量权作出的具体行政行为不服申请行政复议,申请人与被申请人在行政复议决定作出前自愿达成和解的,应当向行政复议机构提交书面和解协议;和解内容不损害社会公共利益和他人合法权益的,行政复议机构应当准许。

第四十一条 行政复议期间有下列情形之一,影响行政复议案件审理的,行政复议中止:

(一)作为申请人的自然人死亡,其近亲属尚未确定是否参加行政复议的;

(二)作为申请人的自然人丧失参加行政复议的能力,尚未确定法定代理人参加行政复议的;

(三)作为申请人的法人或者其他组织终止,尚未确定权利义务承受人的;

(四)作为申请人的自然人下落不明或者被宣告失踪的;

(五)申请人、被申请人因不可抗力,不能参加行政复议的;

(六)案件涉及法律适用问题,需要有权机关作出解释或者确认的;

(七)案件审理需要以其他案件的审理结果为依据,而其他案件尚未审结的;

(八)其他需要中止行政复议的情形。

行政复议中止的原因消除后,应当及时恢复行政复议案件的审理。

行政复议机构中止、恢复行政复议案件的审理,应当告知有关当事人。

第四十二条 行政复议期间有下列情形之一的,行政复议终止:

(一)申请人要求撤回行政复议申请,行政复议机构准予撤回的;

(二)作为申请人的自然人死亡,没有近亲属或者其近亲属放弃行政复议权利的;

(三)作为申请人的法人或者其他组织终止,其权利义务的承受人放弃行政复议权利的;

(四)申请人与被申请人依照本条例第四十条的规定,经行政复议机构准许达成和解的;

(五)申请人对行政拘留或者限制人身自由的行政强制措施不服申请行政复议后,因申请人同一违法行为涉嫌犯罪,该行政拘留或者限制人身自由的行政强制措施变更为刑事拘留的。

依照本条例第四十一条第一款第(一)项、第(二)项、第(三)项规定中止行政复议,满60日行政复议中止的原因仍未消除的,行政复议终止。

◆司考真题

◇2010年卷2第84题(多选)

关于行政复议有关事项的处理,下列哪些说法是正确的?

A. 申请人因不可抗力不能参加行政复议致行政复议中止满六十日的,行政复议终止

B. 复议进行现场勘验的,现场勘验所用时间不计入复议审理期限

C. 申请人对行政拘留不服申请复议,复议期间因申请人同一违法行为涉嫌犯罪,该行政拘留变更为刑事拘留的,行政复议中止

D. 行政复议期间涉及专门事项需要鉴定的,当事人可以自行委托鉴定机构进行鉴定

答案:CD

第四十三条 依照行政复议法第二十八条第一款第(一)项规定,具体行政行为认定事实清楚,证据确凿,适用依据正确,程序合法,内容适当的,行政复议机关应当决定维持。

第四十四条 依照行政复议法第二十八条第一款第(二)项规定,被申请人不履行法定职责的,行政复议机关应当决定其在一定期限内履行法定职责。

第四十五条 具体行政行为有行政复议法第二十八条第一款第(三)项规定情形之一的,行政复议机关应当决定撤销、变更该具体行政行为或者确认该具体行政行为违法;决定撤销该具体行政行为或者确认该具体行政行为违法的,可以责令被申请人在一定期限内重新作出具体行政行为。

第四十六条 被申请人未依照行政复议法第二十三条的规定提出书面答复、提交当初作出具体行政行为的证据、依据和其他有关材料的,视为该具体行政行为没有证据、依据,行政复议机关应当决定撤销该具体行政行为。

第四十七条 具体行政行为有下列情形之一,行政复议机关可以决定变更:

(一)认定事实清楚,证据确凿,程序合法,但是明显不当或者适用依据错误的;

(二)认定事实不清,证据不足,但是经行政复议机关审理查明事实清楚,证据确凿的。

第四十八条 有下列情形之一的,行政复议机关应当决定驳回行政复议申请:

(一)申请人认为行政机关不履行法定职责申请行政复议,行政复议机关受理后发现该行政机关没有相应法定职责或者在受理前已经履行法定职责的;

(二)受理行政复议申请后,发现该行政复议申请不符合行政复议法和本条例规定的受理条件的。

上级行政机关认为行政复议机关驳回行政复议申请的理由不成立的,应当责令其恢复审理。

第四十九条 行政复议机关依照行政复议法第二十八条的规定责令被申请人重新作出具体行政行为的,被申请人应当在法律、法规、规章规定的期限内重新作出具体行政行为;法律、法规、规章未规定期限的,重新作出具体行政行为的期限为60日。

公民、法人或者其他组织对被申请人重新作出的具体行政行为不服,可以依法申请行政复议或者提起行政诉讼。

第五十条 有下列情形之一的,行政复议机关可以按照自愿、合法的原则进行调解:

(一)公民、法人或者其他组织对行政机关行使法律、法规规定的自由裁量权作出的具体行政行为不服申请行政复议的;

(二)当事人之间的行政赔偿或者行政补偿纠纷。

当事人经调解达成协议的,行政复议机关应当制作行政复议调解书。调解书应当载明行政复议请求、事实、理由和调解结果,并加盖行政复议机关印章。行政复议调解书经双方当事人签字,即具有法律效力。

调解未达成协议或者调解书生效前一方反悔的,行政复议机关应当及时作出行政复议决定。

第五十一条 行政复议机关在申请人的行政复议请求范围内,不得作出对申请人更为不利的行政复议决定。

第五十二条 第三人逾期不起诉又不履行行政复议决定的,依照行政复议法第三十三条的规定处理。

第五章 行政复议指导和监督

第五十三条 行政复议机关应当加强对行政复议工作的领导。

行政复议机构在本级行政复议机关的领导下,按照职责权限对行政复议工作进行督促、指导。

第五十四条 县级以上各级人民政府应当加强对所属工作部门和下级人民政府履行

行政复议职责的监督。

行政复议机关应当加强对其行政复议机构履行行政复议职责的监督。

第五十五条 县级以上地方各级人民政府应当建立健全行政复议工作责任制,将行政复议工作纳入本级政府目标责任制。

第五十六条 县级以上地方各级人民政府应当按照职责权限,通过定期组织检查、抽查等方式,对所属工作部门和下级人民政府行政复议工作进行检查,并及时向有关方面反馈检查结果。

第五十七条 行政复议期间行政复议机关发现被申请人或者其他下级行政机关的相关行政行为违法或者需要做好善后工作的,可以制作行政复议意见书。有关机关应当自收到行政复议意见书之日起60日内将纠正相关行政违法行为或者做好善后工作的情况通报行政复议机构。

行政复议期间行政复议机构发现法律、法规、规章实施中带有普遍性的问题,可以制作行政复议建议书,向有关机关提出完善制度和改进行政执法的建议。

第五十八条 县级以上各级人民政府行政复议机构应当定期向本级人民政府提交行政复议工作状况分析报告。

第五十九条 下级行政复议机关应当及时将重大行政复议决定报上级行政复议机关备案。

第六十条 各级行政复议机构应当定期组织对行政复议人员进行业务培训,提高行政复议人员的专业素质。

第六十一条 各级行政复议机关应当定期总结行政复议工作,对在行政复议工作中做出显著成绩的单位和个人,依照有关规定给予表彰和奖励。

第六章 法律责任

第六十二条 被申请人在规定期限内未按照行政复议决定的要求重新作出具体行政行为,或者违反规定重新作出具体行政行为的,依照行政复议法第三十七条的规定追究法律责任。

第六十三条 拒绝或者阻挠行政复议人员调查取证、查阅、复制、调取有关文件和资料的,对有关责任人员依法给予处分或者治安处罚;构成犯罪的,依法追究刑事责任。

第六十四条 行政复议机关或者行政复议机构不履行行政复议法和本条例规定的行政复议职责,经有权监督的行政机关督促仍不改正的,对直接负责的主管人员和其他直接责任人员依法给予警告、记过、记大过的处分;造成严重后果的,依法给予降级、撤职、开除的处分。

第六十五条 行政机关及其工作人员违反行政复议法和本条例规定的,行政复议机构可以向人事、监察部门提出对有关责任人员的处分建议,也可以将有关人员违法的事实材料直接转送人事、监察部门处理;接受转送的人事、监察部门应当依法处理,并将处理结果通报转送的行政复议机构。

第七章 附 则

第六十六条 本条例自2007年8月1日起施行。

七、其 他

中华人民共和国突发事件应对法

1. 2007年8月30日第十届全国人民代表大会常务委员会第二十九次会议通过
2. 2007年8月30日中华人民共和国主席令第69号公布
3. 自2007年11月1日起施行

目 录

第一章 总 则
第二章 预防与应急准备
第三章 监测与预警
第四章 应急处置与救援
第五章 事后恢复与重建
第六章 法律责任
第七章 附 则

第一章 总 则

第一条【立法目的】为了预防和减少突发事件的发生,控制、减轻和消除突发事件引起的严重社会危害,规范突发事件应对活动,保护人民生命财产安全,维护国家安全、公共安全、环境安全和社会秩序,制定本法。

第二条【适用范围】突发事件的预防与应急准备、监测与预警、应急处置与救援、事后恢复与重建等应对活动,适用本法。

第三条【突发事件】本法所称突发事件,是指突然发生,造成或者可能造成严重社会危害,需要采取应急处置措施予以应对的自然灾害、事故灾难、公共卫生事件和社会安全事件。

按照社会危害程度、影响范围等因素,自然灾害、事故灾难、公共卫生事件分为特别重大、重大、较大和一般四级。法律、行政法规或者国务院另有规定的,从其规定。

突发事件的分级标准由国务院或者国务院确定的部门制定。

第四条【应急管理体制】国家建立统一领导、综合协调、分类管理、分级负责、属地管理为主的应急管理体制。

第五条【工作原则】突发事件应对工作实行预防为主、预防与应急相结合的原则。国家建立重大突发事件风险评估体系,对可能发生的突发事件进行综合性评估,减少重大突发事件的发生,最大限度地减轻重大突发事件的影响。

第六条【社会动员机制】国家建立有效的社会动员机制,增强全民的公共安全和防范风险的意识,提高全社会的避险救助能力。

第七条【突发事件处理的主体及程序】县级人民政府对本行政区域内突发事件的应对工作负责;涉及两个以上行政区域的,由有关行政区域共同的上一级人民政府负责,或者由各有关行政区域的上一级人民政府共同负责。

突发事件发生后,发生地县级人民政府应当立即采取措施控制事态发展,组织开展应急救援和处置工作,并立即向上一级人民政府报告,必要时可以越级上报。

突发事件发生地县级人民政府不能消除

或者不能有效控制突发事件引起的严重社会危害的,应当及时向上级人民政府报告。上级人民政府应当及时采取措施,统一领导应急处置工作。

法律、行政法规规定由国务院有关部门对突发事件的应对工作负责的,从其规定;地方人民政府应当积极配合并提供必要的支持。

★**第八条** 【各级政府的职责】国务院在总理领导下研究、决定和部署特别重大突发事件的应对工作;根据实际需要,设立国家突发事件应急指挥机构,负责突发事件应对工作;必要时,国务院可以派出工作组指导有关工作。

县级以上地方各级人民政府设立由本级人民政府主要负责人、相关部门负责人、驻当地中国人民解放军和中国人民武装警察部队有关负责人组成的突发事件应急指挥机构,统一领导、协调本级人民政府各有关部门和下级人民政府开展突发事件应对工作;根据实际需要,设立相关类别突发事件应急指挥机构,组织、协调、指挥突发事件应对工作。

上级人民政府主管部门应当在各自职责范围内,指导、协助下级人民政府及其相应部门做好有关突发事件的应对工作。

★**第九条** 【领导机关】国务院和县级以上地方各级人民政府是突发事件应对工作的行政领导机关,其办事机构及具体职责由国务院规定。

第十条 【及时公布决定或命令】有关人民政府及其部门作出的应对突发事件的决定、命令,应当及时公布。

第十一条 【措施选择、参与义务】有关人民政府及其部门采取的应对突发事件的措施,应当与突发事件可能造成的社会危害的性质、程度和范围相适应;有多种措施可供选择的,应当选择有利于最大程度地保护公民、法人和其他组织权益的措施。

公民、法人和其他组织有义务参与突发事件应对工作。

★**第十二条** 【征用】有关人民政府及其部门为应对突发事件,可以征用单位和个人的财产。被征用的财产在使用完毕或者突发事件应急处置工作结束后,应当及时返还。财产被征用或者征用后毁损、灭失的,应当给予补偿。

第十三条 【时效、程序中止的规定】因采取突发事件应对措施,诉讼、行政复议、仲裁活动不能正常进行的,适用有关时效中止和程序中止的规定,但法律另有规定的除外。

第十四条 【参加救援和处置的单位】中国人民解放军、中国人民武装警察部队和民兵组织依照本法和其他有关法律、行政法规、军事法规的规定以及国务院、中央军事委员会的命令,参加突发事件的应急救援和处置工作。

第十五条 【对外合作与交流】中华人民共和国政府在突发事件的预防、监测与预警、应急处置与救援、事后恢复与重建等方面,同外国政府和有关国际组织开展合作与交流。

第十六条 【备案和报告】县级以上人民政府作出应对突发事件的决定、命令,应当报本级人民代表大会常务委员会备案;突发事件应急处置工作结束后,应当向本级人民代表大会常务委员会作出专项工作报告。

第二章 预防与应急准备

第十七条 【建立健全突发事件应急预案体系】国家建立健全突发事件应急预案体系。

国务院制定国家突发事件总体应急预案,组织制定国家突发事件专项应急预案;国务院有关部门根据各自的职责和国务院相关应急预案,制定国家突发事件部门应急预案。

地方各级人民政府和县级以上地方各级人民政府有关部门根据有关法律、法规、规章、上级人民政府及其有关部门的应急预案以及本地区的实际情况,制定相应的突发事件应急预案。

应急预案制定机关应当根据实际需要和

情势变化,适时修订应急预案。应急预案的制定、修订程序由国务院规定。

第十八条 【应急预案的内容】应急预案应当根据本法和其他有关法律、法规的规定,针对突发事件的性质、特点和可能造成的社会危害,具体规定突发事件应急管理工作的组织指挥体系与职责和突发事件的预防与预警机制、处置程序、应急保障措施以及事后恢复与重建措施等内容。

第十九条 【城乡规划】城乡规划应当符合预防、处置突发事件的需要,统筹安排应对突发事件所必需的设备和基础设施建设,合理确定应急避难场所。

★第二十条 【危险源、危险区域】县级人民政府应当对本行政区域内容易引发自然灾害、事故灾难和公共卫生事件的危险源、危险区域进行调查、登记、风险评估,定期进行检查、监控,并责令有关单位采取安全防范措施。

省级和设区的市级人民政府应当对本行政区域内容易引发特别重大、重大突发事件的危险源、危险区域进行调查、登记、风险评估,组织进行检查、监控,并责令有关单位采取安全防范措施。

县级以上地方各级人民政府按照本法规定登记的危险源、危险区域,应当按照国家规定及时向社会公布。

第二十一条 【及时调解】县级人民政府及其有关部门、乡级人民政府、街道办事处、居民委员会、村民委员会应当及时调解处理可能引发社会安全事件的矛盾纠纷。

第二十二条 【单位应建立健全安全管理制度】所有单位应当建立健全安全管理制度,定期检查本单位各项安全防范措施的落实情况,及时消除事故隐患;掌握并及时处理本单位存在的可能引发社会安全事件的问题,防止矛盾激化和事态扩大;对本单位可能发生的突发事件和采取安全防范措施的情况,应当按照规定及时向所在地人民政府或者人民政府有关部门报告。

第二十三条 【矿山、建筑施工单位等应急预案要求】矿山、建筑施工单位和易燃易爆物品、危险化学品、放射性物品等危险物品的生产、经营、储运、使用单位,应当制定具体应急预案,并对生产经营场所、有危险物品的建筑物、构筑物及周边环境开展隐患排查,及时采取措施消除隐患,防止发生突发事件。

★第二十四条 【公共场所应急预案要求】公共交通工具、公共场所和其他人员密集场所的经营单位或者管理单位应当制定具体应急预案,为交通工具和有关场所配备报警装置和必要的应急救援设备、设施,注明其使用方法,并显著标明安全撤离的通道、路线,保证安全通道、出口的畅通。

有关单位应当定期检测、维护其报警装置和应急救援设备、设施,使其处于良好状态,确保正常使用。

第二十五条 【培训制度】县级以上人民政府应当建立健全突发事件应急管理培训制度,对人民政府及其有关部门负有处置突发事件职责的工作人员定期进行培训。

第二十六条 【救援队伍】县级以上人民政府应当整合应急资源,建立或者确定综合性应急救援队伍。人民政府有关部门可以根据实际需要设立专业应急救援队伍。

县级以上人民政府及其有关部门可以建立由成年志愿者组成的应急救援队伍。单位应当建立由本单位职工组成的专职或者兼职应急救援队伍。

县级以上人民政府应当加强专业应急救援队伍与非专业应急救援队伍的合作,联合培训、联合演练,提高合成应急、协同应急的能力。

第二十七条 【救援人员人身保险】国务院有关部门、县级以上地方各级人民政府及其有关部门、有关单位应当为专业应急救援人员购买人身意外伤害保险,配备必要的防护装备和器材,减少应急救援人员的人身风险。

第二十八条 【专门训练】中国人民解放军、中国人民武装警察部队和民兵组织应当有计划地组织开展应急救援的专门训练。

第二十九条 【宣传、演练】县级人民政府及其有关部门、乡级人民政府、街道办事处应当组织开展应急知识的宣传普及活动和必要的应急演练。

居民委员会、村民委员会、企业事业单位应当根据所在地人民政府的要求，结合各自的实际情况，开展有关突发事件应急知识的宣传普及活动和必要的应急演练。

新闻媒体应当无偿开展突发事件预防与应急、自救与互救知识的公益宣传。

第三十条 【纳入学校教学内容】各级各类学校应当把应急知识教育纳入教学内容，对学生进行应急知识教育，培养学生的安全意识和自救与互救能力。

教育主管部门应当对学校开展应急知识教育进行指导和监督。

第三十一条 【经费】国务院和县级以上地方各级人民政府应当采取财政措施，保障突发事件应对工作所需经费。

第三十二条 【储备制度】国家建立健全应急物资储备保障制度，完善重要应急物资的监管、生产、储备、调拨和紧急配送体系。

设区的市级以上人民政府和突发事件易发、多发地区的县级人民政府应当建立应急救援物资、生活必需品和应急处置装备的储备制度。

县级以上地方各级人民政府应当根据本地区的实际情况，与有关企业签订协议，保障应急救援物资、生活必需品和应急处置装备的生产、供给。

第三十三条 【通信保障体系】国家建立健全应急通信保障体系，完善公用通信网，建立有线与无线相结合、基础电信网络与机动通信系统相配套的应急通信系统，确保突发事件应对工作的通信畅通。

第三十四条 【支持和捐赠】国家鼓励公民、法人和其他组织为人民政府应对突发事件工作提供物资、资金、技术支持和捐赠。

第三十五条 【风险保险体系】国家发展保险事业，建立国家财政支持的巨灾风险保险体系，并鼓励单位和公民参加保险。

第三十六条 【培养人才、鼓励研发】国家鼓励、扶持具备相应条件的教学科研机构培养应急管理专门人才，鼓励、扶持教学科研机构和有关企业研究开发用于突发事件预防、监测、预警、应急处置与救援的新技术、新设备和新工具。

第三章 监测与预警

★第三十七条 【统一的突发事件信息系统】国务院建立全国统一的突发事件信息系统。

县级以上地方各级人民政府应当建立或者确定本地区统一的突发事件信息系统，汇集、储存、分析、传输有关突发事件的信息，并与上级人民政府及其有关部门、下级人民政府及其有关部门、专业机构和监测网点的突发事件信息系统实现互联互通，加强跨部门、跨地区的信息交流与情报合作。

★第三十八条 【收集途径】县级以上人民政府及其有关部门、专业机构应当通过多种途径收集突发事件信息。

县级人民政府应当在居委会、村民委员会和有关单位建立专职或者兼职信息报告员制度。

获悉突发事件信息的公民、法人或者其他组织，应当立即向所在地人民政府、有关主管部门或者指定的专业机构报告。

★第三十九条 【报送、报告突发事件信息】地方各级人民政府应当按照国家有关规定向上级人民政府报送突发事件信息。县级以上人民政府有关主管部门应当向本级人民政府相关部门通报突发事件信息。专业机构、监测网点和信息报告员应当及时向所在地人民政府及其有关主管部门报告突发事件信息。

有关单位和人员报送、报告突发事件信息，应当做到及时、客观、真实，不得迟报、谎报、瞒报、漏报。

★**第四十条** 【地方政府信息处理】县级以上地方各级人民政府应当及时汇总分析突发事件隐患和预警信息，必要时组织相关部门、专业技术人员、专家学者进行会商，对发生突发事件的可能性及其可能造成的影响进行评估；认为可能发生重大或者特别重大突发事件的，应当立即向上级人民政府报告，并向上级人民政府有关部门、当地驻军和可能受到危害的毗邻或者相关地区的人民政府通报。

第四十一条 【监测制度】国家建立健全突发事件监测制度。

县级以上人民政府及其有关部门应当根据自然灾害、事故灾难和公共卫生事件的种类和特点，建立健全基础信息数据库，完善监测网络，划分监测区域，确定监测点，明确监测项目，提供必要的设备、设施，配备专职或者兼职人员，对可能发生的突发事件进行监测。

★**第四十二条** 【预警制度】国家建立健全突发事件预警制度。

可以预警的自然灾害、事故灾难和公共卫生事件的预警级别，按照突发事件发生的紧急程度、发展势态和可能造成的危害程度分为一级、二级、三级和四级，分别用红色、橙色、黄色和蓝色标示，一级为最高级别。

预警级别的划分标准由国务院或者国务院确定的部门制定。

★**第四十三条** 【预警方式】可以预警的自然灾害、事故灾难或者公共卫生事件即将发生或者发生的可能性增大时，县级以上地方各级人民政府应当根据有关法律、行政法规和国务院规定的权限和程序，发布相应级别的警报，决定并宣布有关地区进入预警期，同时向上一级人民政府报告，必要时可以越级上报，并向当地驻军和可能受到危害的毗邻或者相关地区的人民政府通报。

★**第四十四条** 【三四级警报应采措施】发布三级、四级警报，宣布进入预警期后，县级以上地方各级人民政府应当根据即将发生的突发事件的特点和可能造成的危害，采取下列措施：

（一）启动应急预案；

（二）责令有关部门、专业机构、监测网点和负有特定职责的人员及时收集、报告有关信息，向社会公布反映突发事件信息的渠道，加强对突发事件发生、发展情况的监测、预报和预警工作；

（三）组织有关部门和机构、专业技术人员、有关专家学者，随时对突发事件信息进行分析评估，预测发生突发事件可能性的大小、影响范围和强度以及可能发生的突发事件的级别；

（四）定时向社会发布与公众有关的突发事件预测信息和分析评估结果，并对相关信息的报道工作进行管理；

（五）及时按照有关规定向社会发布可能受到突发事件危害的警告，宣传避免、减轻危害的常识，公布咨询电话。

★**第四十五条** 【一二级警报应采措施】发布一级、二级警报，宣布进入预警期后，县级以上地方各级人民政府除采取本法第四十四条规定的措施外，还应当针对即将发生的突发事件的特点和可能造成的危害，采取下列一项或者多项措施：

（一）责令应急救援队伍、负有特定职责的人员进入待命状态，并动员后备人员做好参加应急救援和处置工作的准备；

（二）调集应急救援所需物资、设备、工具，准备应急设施和避难场所，并确保其处于良好状态、随时可以投入正常使用；

（三）加强对重点单位、重要部位和重要基础设施的安全保卫，维护社会治安秩序；

（四）采取必要措施，确保交通、通信、供水、排水、供电、供气、供热等公共设施的安全和正常运行；

（五）及时向社会发布有关采取特定措施避免或者减轻危害的建议、劝告；

（六）转移、疏散或者撤离易受突发事件危害的人员并予以妥善安置，转移重要财产；

（七）关闭或者限制使用易受突发事件危害的场所，控制或者限制容易导致危害扩大的公共场所的活动；

（八）法律、法规、规章规定的其他必要的防范性、保护性措施。

第四十六条 【安全事件的报告】对即将发生或者已经发生的社会安全事件，县级以上地方各级人民政府及其有关主管部门应当按照规定向上一级人民政府及其有关主管部门报告，必要时可以越级上报。

第四十七条 【预警级别的调整、预警的解除】发布突发事件警报的人民政府应当根据事态的发展，按照有关规定适时调整预警级别并重新发布。

有事实证明不可能发生突发事件或者危险已经解除的，发布警报的人民政府应当立即宣布解除警报，终止预警期，并解除已经采取的有关措施。

第四章 应急处置与救援

第四十八条 【及时组织】突发事件发生后，履行统一领导职责或者组织处置突发事件的人民政府应当针对其性质、特点和危害程度，立即组织有关部门，调动应急救援队伍和社会力量，依照本章的规定和有关法律、法规、规章的规定采取应急处置措施。

★**第四十九条** 【统一领导政府处置措施】自然灾害、事故灾难或者公共卫生事件发生后，履行统一领导职责的人民政府可以采取下列一项或者多项应急处置措施：

（一）组织营救和救治受害人员，疏散、撤离并妥善安置受到威胁的人员以及采取其他救助措施；

（二）迅速控制危险源，标明危险区域，封锁危险场所，划定警戒区，实行交通管制以及其他控制措施；

（三）立即抢修被损坏的交通、通信、供水、排水、供电、供气、供热等公共设施，向受到危害的人员提供避难场所和生活必需品，实施医疗救护和卫生防疫以及其他保障措施；

（四）禁止或者限制使用有关设备、设施，关闭或者限制使用有关场所，中止人员密集的活动或者可能导致危害扩大的生产经营活动以及采取其他保护措施；

（五）启用本级人民政府设置的财政预备费和储备的应急救援物资，必要时调用其他急需物资、设备、设施、工具；

（六）组织公民参加应急救援和处置工作，要求具有特定专长的人员提供服务；

（七）保障食品、饮用水、燃料等基本生活必需品的供应；

（八）依法从严惩处囤积居奇、哄抬物价、制假售假等扰乱市场秩序的行为，稳定市场价格，维护市场秩序；

（九）依法从严惩处哄抢财物、干扰破坏应急处置工作等扰乱社会秩序的行为，维护社会治安；

（十）采取防止发生次生、衍生事件的必要措施。

第五十条 【公安机关处置措施】社会安全事件发生后，组织处置工作的人民政府应当立即组织有关部门并由公安机关针对事件的性质和特点，依照有关法律、行政法规和国家其他有关规定，采取下列一项或者多项应急处置措施：

（一）强制隔离使用器械相互对抗或者以暴力行为参与冲突的当事人，妥善解决现场纠纷和争端，控制事态发展；

（二）对特定区域内的建筑物、交通工具、设备、设施以及燃料、燃气、电力、水的供应进行控制；

（三）封锁有关场所、道路，查验现场人员的身份证件，限制有关公共场所内的活动；

（四）加强对易受冲击的核心机关和单位的警卫，在国家机关、军事机关、国家通讯社、广播电台、电视台、外国驻华使领馆等单位附近设置临时警戒线；

（五）法律、行政法规和国务院规定的其他必要措施。

严重危害社会治安秩序的事件发生时，公安机关应当立即依法出动警力，根据现场情况依法采取相应的强制性措施，尽快使社会秩序恢复正常。

第五十一条 【国务院或国务院授权部门措施】发生突发事件，严重影响国民经济正常运行时，国务院或者国务院授权的有关主管部门可以采取保障、控制等必要的应急措施，保障人民群众的基本生活需要，最大限度地减轻突发事件的影响。

第五十二条 【统一领导政府的权利和义务】履行统一领导职责或者组织处置突发事件的人民政府，必要时可以向单位和个人征用应急救援所需设备、设施、场地、交通工具和其他物资，请求其他地方人民政府提供人力、物力、财力或者技术支援，要求生产、供应生活必需品和应急救援物资的企业组织生产、保证供给，要求提供医疗、交通等公共服务的组织提供相应的服务。

履行统一领导职责或者组织处置突发事件的人民政府，应当组织协调运输经营单位，优先运送处置突发事件所需物资、设备、工具、应急救援人员和受到突发事件危害的人员。

第五十三条 【信息发布的要求】履行统一领导职责或者组织处置突发事件的人民政府，应当按照有关规定统一、准确、及时发布有关突发事件事态发展和应急处置工作的信息。

第五十四条 【虚假信息禁止】任何单位和个人不得编造、传播有关突发事件事态发展或者应急处置工作的虚假信息。

第五十五条 【自救和互救】突发事件发生地的居民委员会、村民委员会和其他组织应当按照当地人民政府的决定、命令，进行宣传动员，组织群众开展自救和互救，协助维护社会秩序。

第五十六条 【突发事件发生地单位的义务】受到自然灾害危害或者发生事故灾难、公共卫生事件的单位，应当立即组织本单位应急救援队伍和工作人员营救受害人员，疏散、撤离、安置受到威胁的人员，控制危险源，标明危险区域，封锁危险场所，并采取其他防止危害扩大的必要措施，同时向所在地县级人民政府报告；对因本单位的问题引发的或者主体是本单位人员的社会安全事件，有关单位应当按照规定上报情况，并迅速派出负责人赶赴现场开展劝解、疏导工作。

突发事件发生地的其他单位应当服从人民政府发布的决定、命令，配合人民政府采取的应急处置措施，做好本单位的应急救援工作，并积极组织人员参加所在地的应急救援和处置工作。

第五十七条 【突发事件发生地公民的义务】突发事件发生地的公民应当服从人民政府、居民委员会、村民委员会或者所属单位的指挥和安排，配合人民政府采取的应急处置措施，积极参加应急救援工作，协助维护社会秩序。

第五章 事后恢复与重建

★**第五十八条** 【事后措施】突发事件的威胁和危害得到控制或者消除后，履行统一领导职责或者组织处置突发事件的人民政府应当停止执行依照本法规定采取的应急处置措施，同时采取或者继续实施必要措施，防止发生自然灾害、事故灾难、公共卫生事件的次生、衍生事件或者重新引发社会安全事件。

第五十九条 【恢复重建】突发事件应急处置工作结束后,履行统一领导职责的人民政府应当立即组织对突发事件造成的损失进行评估,组织受影响地区尽快恢复生产、生活、工作和社会秩序,制定恢复重建计划,并向上一级人民政府报告。

受突发事件影响地区的人民政府应当及时组织和协调公安、交通、铁路、民航、邮电、建设等有关部门恢复社会治安秩序,尽快修复被损坏的交通、通信、供水、排水、供电、供气、供热等公共设施。

第六十条 【申请上级政府支援】受突发事件影响地区的人民政府开展恢复重建工作需要上一级人民政府支持的,可以向上一级人民政府提出请求。上一级人民政府应当根据受影响地区遭受的损失和实际情况,提供资金、物资支持和技术指导,组织其他地区提供资金、物资和人力支援。

第六十一条 【善后工作】国务院根据受突发事件影响地区遭受损失的情况,制定扶持该地区有关行业发展的优惠政策。

受突发事件影响地区的人民政府应当根据本地区遭受损失的情况,制定救助、补偿、抚慰、抚恤、安置等善后工作计划并组织实施,妥善解决因处置突发事件引发的矛盾和纠纷。

公民参加应急救援工作或者协助维护社会秩序期间,其在本单位的工资待遇和福利不变;表现突出、成绩显著的,由县级以上人民政府给予表彰或者奖励。

县级以上人民政府对在应急救援工作中伤亡的人员依法给予抚恤。

第六十二条 【事后总结】履行统一领导职责的人民政府应当及时查明突发事件的发生经过和原因,总结突发事件应急处置工作的经验教训,制定改进措施,并向上一级人民政府提出报告。

第六章 法律责任

★第六十三条 【不履行法定职责政府的责任】地方各级人民政府和县级以上各级人民政府有关部门违反本法规定,不履行法定职责的,由其上级行政机关或者监察机关责令改正;有下列情形之一的,根据情节对直接负责的主管人员和其他直接责任人员依法给予处分:

(一)未按规定采取预防措施,导致发生突发事件,或者未采取必要的防范措施,导致发生次生、衍生事件的;

(二)迟报、谎报、瞒报、漏报有关突发事件的信息,或者通报、报送、公布虚假信息,造成后果的;

(三)未按规定及时发布突发事件警报、采取预警期的措施,导致损害发生的;

(四)未按规定及时采取措施处置突发事件或者处置不当,造成后果的;

(五)不服从上级人民政府对突发事件应急处置工作的统一领导、指挥和协调的;

(六)未及时组织开展生产自救、恢复重建等善后工作的;

(七)截留、挪用、私分或者变相私分应急救援资金、物资的;

(八)不及时归还征用的单位和个人的财产,或者对被征用财产的单位和个人不按规定给予补偿的。

第六十四条 【单位处罚情形】有关单位有下列情形之一的,由所在地履行统一领导职责的人民政府责令停产停业,暂扣或者吊销许可证或者营业执照,并处五万元以上二十万元以下的罚款;构成违反治安管理行为的,由公安机关依法给予处罚:

(一)未按规定采取预防措施,导致发生严重突发事件的;

(二)未及时消除已发现的可能引发突发事件的隐患,导致发生严重突发事件的;

(三)未做好应急设备、设施日常维护、检

测工作,导致发生严重突发事件或者突发事件危害扩大的;

(四)突发事件发生后,不及时组织开展应急救援工作,造成严重后果的。

前款规定的行为,其他法律、行政法规规定由人民政府有关部门依法决定处罚的,从其规定。

第六十五条 【编造传播虚假信息的责任】违反本法规定,编造并传播有关突发事件事态发展或者应急处置工作的虚假信息,或者明知是有关突发事件事态发展或者应急处置工作的虚假信息而进行传播的,责令改正,给予警告;造成严重后果的,依法暂停其业务活动或者吊销其执业许可证;负有直接责任的人员是国家工作人员的,还应当对其依法给予处分;构成违反治安管理行为的,由公安机关依法给予处罚。

第六十六条 【不配合责任】单位或者个人违反本法规定,不服从所在地人民政府及其有关部门发布的决定、命令或者不配合其依法采取的措施,构成违反治安管理行为的,由公安机关依法给予处罚。

第六十七条 【民事责任】单位或者个人违反本法规定,导致突发事件发生或者危害扩大,给他人人身、财产造成损害的,应当依法承担民事责任。

第六十八条 【刑事责任】违反本法规定,构成犯罪的,依法追究刑事责任。

第七章 附 则

第六十九条 【紧急状态】发生特别重大突发事件,对人民生命财产安全、国家安全、公共安全、环境安全或者社会秩序构成重大威胁,采取本法和其他有关法律、法规、规章规定的应急处置措施不能消除或者有效控制、减轻其严重社会危害,需要进入紧急状态的,由全国人民代表大会常务委员会或者国务院依照宪法和其他有关法律规定的权限和程序决定。

紧急状态期间采取的非常措施,依照有关法律规定执行或者由全国人民代表大会常务委员会另行规定。

第七十条 【生效日期】本法自2007年11月1日起施行。

突发公共卫生事件应急条例

1. 2003年5月7日国务院第7次常务会议通过
2. 2003年5月9日中华人民共和国国务院令第376号公布
3. 自2003年5月9日起施行

目 录

第一章 总 则
第二章 预防与应急准备
第三章 报告与信息发布
第四章 应急处理
第五章 法律责任
第六章 附 则

第一章 总 则

第一条 为了有效预防、及时控制和消除突发公共卫生事件的危害,保障公众身体健康与生命安全,维护正常的社会秩序,制定本条例。

第二条 本条例所称突发公共卫生事件

（以下简称突发事件），是指突然发生，造成或者可能造成社会公众健康严重损害的重大传染病疫情、群体性不明原因疾病、重大食物和职业中毒以及其他严重影响公众健康的事件。

第三条 突发事件发生后，国务院设立全国突发事件应急处理指挥部，由国务院有关部门和军队有关部门组成，国务院主管领导人担任总指挥，负责对全国突发事件应急处理的统一领导、统一指挥。

国务院卫生行政主管部门和其他有关部门，在各自的职责范围内做好突发事件应急处理的有关工作。

第四条 突发事件发生后，省、自治区、直辖市人民政府成立地方突发事件应急处理指挥部，省、自治区、直辖市人民政府主要领导人担任总指挥，负责领导、指挥本行政区域内突发事件应急处理工作。

县级以上地方人民政府卫生行政主管部门，具体负责组织突发事件的调查、控制和医疗救治工作。

县级以上地方人民政府有关部门，在各自的职责范围内做好突发事件应急处理的有关工作。

第五条 突发事件应急工作，应当遵循预防为主、常备不懈的方针，贯彻统一领导、分级负责、反应及时、措施果断、依靠科学、加强合作的原则。

第六条 县级以上各级人民政府应当组织开展防治突发事件相关科学研究，建立突发事件应急流行病学调查、传染源隔离、医疗救护、现场处置、监督检查、监测检验、卫生防护等有关物资、设备、设施、技术与人才资源储备，所需经费列入本级政府财政预算。

国家对边远贫困地区突发事件应急工作给予财政支持。

第七条 国家鼓励、支持开展突发事件监测、预警、反应处理有关技术的国际交流与合作。

第八条 国务院有关部门和县级以上地方人民政府及其有关部门，应当建立严格的突发事件防范和应急处理责任制，切实履行各自的职责，保证突发事件应急处理工作的正常进行。

第九条 县级以上各级人民政府及其卫生行政主管部门，应当对参加突发事件应急处理的医疗卫生人员，给予适当补助和保健津贴；对参加突发事件应急处理作出贡献的人员，给予表彰和奖励；对因参与应急处理工作致病、致残、死亡的人员，按照国家有关规定，给予相应的补助和抚恤。

第二章 预防与应急准备

第十条 国务院卫生行政主管部门按照分类指导、快速反应的要求，制定全国突发事件应急预案，报请国务院批准。

省、自治区、直辖市人民政府根据全国突发事件应急预案，结合本地实际情况，制定本行政区域的突发事件应急预案。

第十一条 全国突发事件应急预案应当包括以下主要内容：

（一）突发事件应急处理指挥部的组成和相关部门的职责；

（二）突发事件的监测与预警；

（三）突发事件信息的收集、分析、报告、通报制度；

（四）突发事件应急处理技术和监测机构及其任务；

（五）突发事件的分级和应急处理工作方案；

（六）突发事件预防、现场控制，应急设施、设备、救治药品和医疗器械以及其他物资和技术的储备与调度；

（七）突发事件应急处理专业队伍的建设和培训。

第十二条 突发事件应急预案应当根据突发事件的变化和实施中发现的问题及时进

行修订、补充。

第十三条 地方各级人民政府应当依照法律、行政法规的规定，做好传染病预防和其他公共卫生工作，防范突发事件的发生。

县级以上各级人民政府卫生行政主管部门和其他有关部门，应当对公众开展突发事件应急知识的专门教育，增强全社会对突发事件的防范意识和应对能力。

第十四条 国家建立统一的突发事件预防控制体系。

县级以上地方人民政府应当建立和完善突发事件监测与预警系统。

县级以上各级人民政府卫生行政主管部门，应当指定机构负责开展突发事件的日常监测，并确保监测与预警系统的正常运行。

第十五条 监测与预警工作应当根据突发事件的类别，制定监测计划，科学分析、综合评价监测数据。对早期发现的潜在隐患以及可能发生的突发事件，应当依照本条例规定的报告程序和时限及时报告。

第十六条 国务院有关部门和县级以上地方人民政府及其有关部门，应当根据突发事件应急预案的要求，保证应急设施、设备、救治药品和医疗器械等物资储备。

第十七条 县级以上各级人民政府应当加强急救医疗服务网络的建设，配备相应的医疗救治药物、技术、设备和人员，提高医疗卫生机构应对各类突发事件的救治能力。

设区的市级以上地方人民政府应当设置与传染病防治工作需要相适应的传染病专科医院，或者指定具备传染病防治条件和能力的医疗机构承担传染病防治任务。

第十八条 县级以上地方人民政府卫生行政主管部门，应当定期对医疗卫生机构和人员开展突发事件应急处理相关知识、技能的培训，定期组织医疗卫生机构进行突发事件应急演练，推广最新知识和先进技术。

第三章 报告与信息发布

第十九条 国家建立突发事件应急报告制度。

国务院卫生行政主管部门制定突发事件应急报告规范，建立重大、紧急疫情信息报告系统。

有下列情形之一的，省、自治区、直辖市人民政府应当在接到报告1小时内，向国务院卫生行政主管部门报告：

（一）发生或者可能发生传染病暴发、流行的；

（二）发生或者发现不明原因的群体性疾病的；

（三）发生传染病菌种、毒种丢失的；

（四）发生或者可能发生重大食物和职业中毒事件的。

国务院卫生行政主管部门对可能造成重大社会影响的突发事件，应当立即向国务院报告。

第二十条 突发事件监测机构、医疗卫生机构和有关单位发现有本条例第十九条规定情形之一的，应当在2小时内向所在地县级人民政府卫生行政主管部门报告；接到报告的卫生行政主管部门应当在2小时内向本级人民政府报告，并同时向上级人民政府卫生行政主管部门和国务院卫生行政主管部门报告。

县级人民政府应当在接到报告后2小时内向设区的市级人民政府或者上一级人民政府报告；设区的市级人民政府应当在接到报告后2小时内向省、自治区、直辖市人民政府报告。

第二十一条 任何单位和个人对突发事件，不得隐瞒、缓报、谎报或者授意他人隐瞒、缓报、谎报。

第二十二条 接到报告的地方人民政府、卫生行政主管部门依照本条例规定报告的同时，应当立即组织力量对报告事项调查核实、确认，采取必要的控制措施，并及时报告调查情况。

第二十三条 国务院卫生行政主管部门应当根据发生突发事件的情况,及时向国务院有关部门和各省、自治区、直辖市人民政府卫生行政主管部门以及军队有关部门通报。

突发事件发生地的省、自治区、直辖市人民政府卫生行政主管部门,应当及时向毗邻省、自治区、直辖市人民政府卫生行政主管部门通报。

接到通报的省、自治区、直辖市人民政府卫生行政主管部门,必要时应当及时通知本行政区域内的医疗卫生机构。

县级以上地方人民政府有关部门,已经发生或者发现可能引起突发事件的情形时,应当及时向同级人民政府卫生行政主管部门通报。

第二十四条 国家建立突发事件举报制度,公布统一的突发事件报告、举报电话。

任何单位和个人有权向人民政府及其有关部门报告突发事件隐患,有权向上级人民政府及其有关部门举报地方人民政府及其有关部门不履行突发事件应急处理职责,或者不按照规定履行职责的情况。接到报告、举报的有关人民政府及其有关部门,应当立即组织对突发事件隐患、不履行或者不按照规定履行突发事件应急处理职责的情况进行调查处理。

对举报突发事件有功的单位和个人,县级以上各级人民政府及其有关部门应当予以奖励。

第二十五条 国家建立突发事件的信息发布制度。

国务院卫生行政主管部门负责向社会发布突发事件的信息。必要时,可以授权省、自治区、直辖市人民政府卫生行政主管部门向社会发布本行政区域内突发事件的信息。

信息发布应当及时、准确、全面。

第四章 应急处理

第二十六条 突发事件发生后,卫生行政主管部门应当组织专家对突发事件进行综合评估,初步判断突发事件的类型,提出是否启动突发事件应急预案的建议。

第二十七条 在全国范围内或者跨省、自治区、直辖市范围内启动全国突发事件应急预案,由国务院卫生行政主管部门报国务院批准后实施。省、自治区、直辖市启动突发事件应急预案,由省、自治区、直辖市人民政府决定,并向国务院报告。

第二十八条 全国突发事件应急处理指挥部对突发事件应急处理工作进行督察和指导,地方各级人民政府及其有关部门应当予以配合。

省、自治区、直辖市突发事件应急处理指挥部对本行政区域内突发事件应急处理工作进行督察和指导。

第二十九条 省级以上人民政府卫生行政主管部门或者其他有关部门指定的突发事件应急处理专业技术机构,负责突发事件的技术调查、确证、处置、控制和评价工作。

第三十条 国务院卫生行政主管部门对新发现的突发传染病,根据危害程度、流行强度,依照《中华人民共和国传染病防治法》的规定及时宣布为法定传染病;宣布为甲类传染病的,由国务院决定。

第三十一条 应急预案启动前,县级以上各级人民政府有关部门应当根据突发事件的实际情况,做好应急处理准备,采取必要的应急措施。

应急预案启动后,突发事件发生地的人民政府有关部门,应当根据预案规定的职责要求,服从突发事件应急处理指挥部的统一指挥,立即到达规定岗位,采取有关的控制措施。

医疗卫生机构、监测机构和科学研究机构,应当服从突发事件应急处理指挥部的统一指挥,相互配合、协作,集中力量开展相关的科学研究工作。

第三十二条 突发事件发生后,国务院有关部门和县级以上地方人民政府及其有关部门,应当保证突发事件应急处理所需的医疗救护设备、救治药品、医疗器械等物资的生产、供应;铁路、交通、民用航空行政主管部门应当保证及时运送。

第三十三条 根据突发事件应急处理的需要,突发事件应急处理指挥部有权紧急调集人员、储备的物资、交通工具以及相关设施、设备;必要时,对人员进行疏散或者隔离,并可以依法对传染病疫区实行封锁。

第三十四条 突发事件应急处理指挥部根据突发事件应急处理的需要,可以对食物和水源采取控制措施。

县级以上地方人民政府卫生行政主管部门应当对突发事件现场等采取控制措施,宣传突发事件防治知识,及时对易受感染的人群和其他易受损害的人群采取应急接种、预防性投药、群体防护等措施。

第三十五条 参加突发事件应急处理的工作人员,应当按照预案的规定,采取卫生防护措施,并在专业人员的指导下进行工作。

第三十六条 国务院卫生行政主管部门或者其他有关部门指定的专业技术机构,有权进入突发事件现场进行调查、采样、技术分析和检验,对地方突发事件的应急处理工作进行技术指导,有关单位和个人应当予以配合;任何单位和个人不得以任何理由予以拒绝。

第三十七条 对新发现的突发传染病、不明原因的群体性疾病、重大食物和职业中毒事件,国务院卫生行政主管部门应当尽快组织力量制定相关的技术标准、规范和控制措施。

第三十八条 交通工具上发现根据国务院卫生行政主管部门的规定需要采取应急控制措施的传染病病人、疑似传染病病人,其负责人应当以最快的方式通知前方停靠点,并向交通工具的营运单位报告。交通工具的前方停靠点和营运单位应当立即向交通工具营运单位行政主管部门和县级以上地方人民政府卫生行政主管部门报告。卫生行政主管部门接到报告后,应当立即组织有关人员采取相应的医学处置措施。

交通工具上的传染病病人密切接触者,由交通工具停靠点的县级以上各级人民政府卫生行政主管部门或者铁路、交通、民用航空行政主管部门,根据各自的职责,依照传染病防治法律、行政法规的规定,采取控制措施。

涉及国境口岸和入出境的人员、交通工具、货物、集装箱、行李、邮包等需要采取传染病应急控制措施的,依照国境卫生检疫法律、行政法规的规定办理。

第三十九条 医疗卫生机构应当对因突发事件致病的人员提供医疗救护和现场救援,对就诊病人必须接诊治疗,并书写详细、完整的病历记录;对需要转送的病人,应当按照规定将病人及其病历记录的复印件转送至接诊的或者指定的医疗机构。

医疗卫生机构内应当采取卫生防护措施,防止交叉感染和污染。

医疗卫生机构应当对传染病病人密切接触者采取医学观察措施,传染病病人密切接触者应当予以配合。

医疗机构收治传染病病人、疑似传染病病人,应当依法报告所在地的疾病预防控制机构。接到报告的疾病预防控制机构应当立即对可能受到危害的人员进行调查,根据需要采取必要的控制措施。

第四十条 传染病暴发、流行时,街道、乡镇以及居民委员会、村民委员会应当组织力量,团结协作,群防群治,协助卫生行政主管部门和其他有关部门、医疗卫生机构做好疫情信息的收集和报告、人员的分散隔离、公共卫生措施的落实工作,向居民、村民宣传传染病防治的相关知识。

第四十一条 对传染病暴发、流行区域内流动人口,突发事件发生地的县级以上地方人民政府应当做好预防工作,落实有关卫生控制措施;对传染病病人和疑似传染病病人,应当采取就地隔离、就地观察、就地治疗的措施。对需要治疗和转诊的，应当依照本条例第三十九条第一款的规定执行。

第四十二条 有关部门、医疗卫生机构应当对传染病做到早发现、早报告、早隔离、早治疗，切断传播途径，防止扩散。

第四十三条 县级以上各级人民政府应当提供必要资金，保障因突发事件致病、致残的人员得到及时、有效的救治。具体办法由国务院财政部门、卫生行政主管部门和劳动保障行政主管部门制定。

第四十四条 在突发事件中需要接受隔离治疗、医学观察措施的病人、疑似病人和传染病病人密切接触者在卫生行政主管部门或者有关机构采取医学措施时应当予以配合；拒绝配合的，由公安机关依法协助强制执行。

第五章 法律责任

第四十五条 县级以上地方人民政府及其卫生行政主管部门未依照本条例的规定履行报告职责，对突发事件隐瞒、缓报、谎报或者授意他人隐瞒、缓报、谎报的，对政府主要领导人及其卫生行政主管部门主要负责人，依法给予降级或者撤职的行政处分；造成传染病传播、流行或者对社会公众健康造成其他严重危害后果的，依法给予开除的行政处分；构成犯罪的，依法追究刑事责任。

第四十六条 国务院有关部门、县级以上地方人民政府及其有关部门未依照本条例的规定，完成突发事件应急处理所需要的设施、设备、药品和医疗器械等物资的生产、供应、运输和储备的，对政府主要领导人和政府部门主要负责人依法给予降级或者撤职的行政处分；造成传染病传播、流行或者对社会公众健康造成其他严重危害后果的，依法给予开除的行政处分；构成犯罪的，依法追究刑事责任。

第四十七条 突发事件发生后，县级以上地方人民政府及其有关部门对上级人民政府有关部门的调查不予配合，或者采取其他方式阻碍、干涉调查的，对政府主要领导人和政府部门主要负责人依法给予降级或者撤职的行政处分；构成犯罪的，依法追究刑事责任。

第四十八条 县级以上各级人民政府卫生行政主管部门和其他有关部门在突发事件调查、控制、医疗救治工作中玩忽职守、失职、渎职的，由本级人民政府或者上级人民政府有关部门责令改正、通报批评、给予警告；对主要负责人、负有责任的主管人员和其他责任人员依法给予降级、撤职的行政处分；造成传染病传播、流行或者对社会公众健康造成其他严重危害后果的，依法给予开除的行政处分；构成犯罪的，依法追究刑事责任。

第四十九条 县级以上各级人民政府有关部门拒不履行应急处理职责的，由同级人民政府或者上级人民政府有关部门责令改正、通报批评、给予警告；对主要负责人、负有责任的主管人员和其他责任人员依法给予降级、撤职的行政处分；造成传染病传播、流行或者对社会公众健康造成其他严重危害后果的，依法给予开除的行政处分；构成犯罪的，依法追究刑事责任。

第五十条 医疗卫生机构有下列行为之一的，由卫生行政主管部门责令改正、通报批评、给予警告；情节严重的，吊销《医疗机构执业许可证》；对主要负责人、负有责任的主管人员和其他直接责任人员依法给予降级或者撤职的纪律处分；造成传染病传播、流行或者对社会公众健康造成其他严重危害后果，构成犯罪的，依法追究刑事责任：

（一）未依照本条例的规定履行报告职责，隐瞒、缓报或者谎报的；

（二）未依照本条例的规定及时采取控制措施的；

（三）未依照本条例的规定履行突发事件监测职责的；

（四）拒绝接诊病人的；

（五）拒不服从突发事件应急处理指挥部调度的。

第五十一条 在突发事件应急处理工作中，有关单位和个人未依照本条例的规定履行报告职责，隐瞒、缓报或者谎报，阻碍突发事件应急处理工作人员执行职务，拒绝国务院卫生行政主管部门或者其他有关部门指定的专业技术机构进入突发事件现场，或者不配合调查、采样、技术分析和检验的，对有关责任人员依法给予行政处分或者纪律处分；触犯《中华人民共和国治安管理处罚法》，构成违反治安管理行为的，由公安机关依法予以处罚；构成犯罪的，依法追究刑事责任。

第五十二条 在突发事件发生期间，散布谣言、哄抬物价、欺骗消费者，扰乱社会秩序、市场秩序的，由公安机关或者工商行政管理部门依法给予行政处罚；构成犯罪的，依法追究刑事责任。

第六章 附 则

第五十三条 中国人民解放军、武装警察部队医疗卫生机构参与突发事件应急处理的，依照本条例的规定和军队的相关规定执行。

第五十四条 本条例自公布之日起施行。

重大动物疫情应急条例

1. 2005 年 11 月 16 日国务院第 113 次常务会议通过
2. 2005 年 11 月 18 日中华人民共和国国务院令第 450 号公布
3. 自 2005 年 11 月 18 日起施行

目 录

第一章 总 则
第二章 应急准备
第三章 监测、报告和公布
第四章 应急处理
第五章 法律责任
第六章 附 则

第一章 总 则

第一条 为了迅速控制、扑灭重大动物疫情，保障养殖业生产安全，保护公众身体健康与生命安全，维护正常的社会秩序，根据《中华人民共和国动物防疫法》，制定本条例。

第二条 本条例所称重大动物疫情，是指高致病性禽流感等发病率或者死亡率高的动物疫病突然发生，迅速传播，给养殖业生产安全造成严重威胁、危害，以及可能对公众身体健康与生命安全造成危害的情形，包括特别重大动物疫情。

第三条 重大动物疫情应急工作应当坚持加强领导、密切配合，依靠科学、依法防治，群防群控、果断处置的方针，及时发现，快速反应，严格处理，减少损失。

第四条 重大动物疫情应急工作按照属地管理的原则，实行政府统一领导、部门分工负责，逐级建立责任制。

县级以上人民政府兽医主管部门具体负责组织重大动物疫情的监测、调查、控制、扑灭等应急工作。

县级以上人民政府林业主管部门、兽医主管部门按照职责分工，加强对陆生野生动物疫源疫病的监测。

县级以上人民政府其他有关部门在各自的职责范围内,做好重大动物疫情的应急工作。

第五条 出入境检验检疫机关应当及时收集境外重大动物疫情信息,加强进出境动物及其产品的检验检疫工作,防止动物疫病传入和传出。兽医主管部门要及时向出入境检验检疫机关通报国内重大动物疫情。

第六条 国家鼓励、支持开展重大动物疫情监测、预防、应急处理等有关技术的科学研究和国际交流与合作。

第七条 县级以上人民政府应当对参加重大动物疫情应急处理的人员给予适当补助,对作出贡献的人员给予表彰和奖励。

第八条 对不履行或者不按照规定履行重大动物疫情应急处理职责的行为,任何单位和个人有权检举控告。

第二章 应急准备

第九条 国务院兽医主管部门应当制定全国重大动物疫情应急预案,报国务院批准,并按照不同动物疫病病种及其流行特点和危害程度,分别制定实施方案,报国务院备案。

县级以上地方人民政府根据本地区的实际情况,制定本行政区域的重大动物疫情应急预案,报上一级人民政府兽医主管部门备案。县级以上地方人民政府兽医主管部门,应当按照不同动物疫病病种及其流行特点和危害程度,分别制定实施方案。

重大动物疫情应急预案及其实施方案应当根据疫情的发展变化和实施情况,及时修改、完善。

第十条 重大动物疫情应急预案主要包括下列内容:

(一)应急指挥部的职责、组成以及成员单位的分工;

(二)重大动物疫情的监测、信息收集、报告和通报;

(三)动物疫病的确认、重大动物疫情的分级和相应的应急处理工作方案;

(四)重大动物疫情疫源的追踪和流行病学调查分析;

(五)预防、控制、扑灭重大动物疫情所需资金的来源、物资和技术的储备与调度;

(六)重大动物疫情应急处理设施和专业队伍建设。

第十一条 国务院有关部门和县级以上地方人民政府及其有关部门,应当根据重大动物疫情应急预案的要求,确保应急处理所需的疫苗、药品、设施设备和防护用品等物资的储备。

第十二条 县级以上人民政府应当建立和完善重大动物疫情监测网络和预防控制体系,加强动物防疫基础设施和乡镇动物防疫组织建设,并保证其正常运行,提高对重大动物疫情的应急处理能力。

第十三条 县级以上地方人民政府根据重大动物疫情应急需要,可以成立应急预备队,在重大动物疫情应急指挥部的指挥下,具体承担疫情的控制和扑灭任务。

应急预备队由当地兽医行政管理人员、动物防疫工作人员、有关专家、执业兽医等组成;必要时,可以组织动员社会上有一定专业知识的人员参加。公安机关、中国人民武装警察部队应当依法协助其执行任务。

应急预备队应当定期进行技术培训和应急演练。

第十四条 县级以上人民政府及其兽医主管部门应当加强对重大动物疫情应急知识和重大动物疫病科普知识的宣传,增强全社会的重大动物疫情防范意识。

第三章 监测、报告和公布

第十五条 动物防疫监督机构负责重大

动物疫情的监测,饲养、经营动物和生产、经营动物产品的单位和个人应当配合,不得拒绝和阻碍。

第十六条 从事动物隔离、疫情监测、疫病研究与诊疗、检验检疫以及动物饲养、屠宰加工、运输、经营等活动的有关单位和个人,发现动物出现群体发病或者死亡的,应当立即向所在地的县(市)动物防疫监督机构报告。

第十七条 县(市)动物防疫监督机构接到报告后,应当立即赶赴现场调查核实。初步认为属于重大动物疫情的,应当在2小时内将情况逐级报省、自治区、直辖市动物防疫监督机构,并同时报所在地人民政府兽医主管部门;兽医主管部门应当及时通报同级卫生主管部门。

省、自治区、直辖市动物防疫监督机构应当在接到报告后1小时内,向省、自治区、直辖市人民政府兽医主管部门和国务院兽医主管部门所属的动物防疫监督机构报告。

省、自治区、直辖市人民政府兽医主管部门应当在接到报告后1小时内报本级人民政府和国务院兽医主管部门。

重大动物疫情发生后,省、自治区、直辖市人民政府和国务院兽医主管部门应当在4小时内向国务院报告。

第十八条 重大动物疫情报告包括下列内容:

(一)疫情发生的时间、地点;

(二)染疫、疑似染疫动物种类和数量、同群动物数量、免疫情况、死亡数量、临床症状、病理变化、诊断情况;

(三)流行病学和疫源追踪情况;

(四)已采取的控制措施;

(五)疫情报告的单位、负责人、报告人及联系方式。

第十九条 重大动物疫情由省、自治区、直辖市人民政府兽医主管部门认定;必要时,由国务院兽医主管部门认定。

第二十条 重大动物疫情由国务院兽医主管部门按照国家规定的程序,及时准确公布;其他任何单位和个人不得公布重大动物疫情。

第二十一条 重大动物疫病应当由动物防疫监督机构采集病料,未经国务院兽医主管部门或者省、自治区、直辖市人民政府兽医主管部门批准,其他单位和个人不得擅自采集病料。

从事重大动物疫病病原分离的,应当遵守国家有关生物安全管理规定,防止病原扩散。

第二十二条 国务院兽医主管部门应当及时向国务院有关部门和军队有关部门以及各省、自治区、直辖市人民政府兽医主管部门通报重大动物疫情的发生和处理情况。

第二十三条 发生重大动物疫情可能感染人群时,卫生主管部门应当对疫区内易受感染的人群进行监测,并采取相应的预防、控制措施。卫生主管部门和兽医主管部门应当及时相互通报情况。

第二十四条 有关单位和个人对重大动物疫情不得瞒报、谎报、迟报,不得授意他人瞒报、谎报、迟报,不得阻碍他人报告。

第二十五条 在重大动物疫情报告期间,有关动物防疫监督机构应当立即采取临时隔离控制措施;必要时,当地县级以上地方人民政府可以作出封锁决定并采取扑杀、销毁等措施。有关单位和个人应当执行。

第四章 应急处理

第二十六条 重大动物疫情发生后,国务院和有关地方人民政府设立的重大动物疫情应急指挥部统一领导、指挥重大动物疫情应急工作。

第二十七条 重大动物疫情发生后,县级以上地方人民政府兽医主管部门应当立即划定疫点、疫区和受威胁区,调查疫源,向本级人民政府提出启动重大动物疫情应急指挥系统、应急预案和对疫区实行封锁的建议,有关人民政府应当立即作出决定。

疫点、疫区和受威胁区的范围应当按照不同动物疫病病种及其流行特点和危害程度划定,具体划定标准由国务院兽医主管部门制定。

第二十八条 国家对重大动物疫情应急处理实行分级管理,按照应急预案确定的疫情等级,由有关人民政府采取相应的应急控制措施。

第二十九条 对疫点应当采取下列措施:
(一)扑杀并销毁染疫动物和易感染的动物及其产品;
(二)对病死的动物、动物排泄物、被污染饲料、垫料、污水进行无害化处理;
(三)对被污染的物品、用具、动物圈舍、场地进行严格消毒。

第三十条 对疫区应当采取下列措施:
(一)在疫区周围设置警示标志,在出入疫区的交通路口设置临时动物检疫消毒站,对出入的人员和车辆进行消毒;
(二)扑杀并销毁染疫和疑似染疫动物及其同群动物,销毁染疫和疑似染疫的动物产品,对其他易感染的动物实行圈养或者在指定地点放养,役用动物限制在疫区内使役;
(三)对易感染的动物进行监测,并按照国务院兽医主管部门的规定实施紧急免疫接种,必要时对易感染的动物进行扑杀;
(四)关闭动物及动物产品交易市场,禁止动物进出疫区和动物产品运出疫区;
(五)对动物圈舍、动物排泄物、垫料、污水和其他可能受污染的物品、场地,进行消毒或者无害化处理。

第三十一条 对受威胁区应当采取下列措施:
(一)对易感染的动物进行监测;
(二)对易感染的动物根据需要实施紧急免疫接种。

第三十二条 重大动物疫情应急处理中设置临时动物检疫消毒站以及采取隔离、扑杀、销毁、消毒、紧急免疫接种等控制、扑灭措施的,由有关重大动物疫情应急指挥部决定,有关单位和个人必须服从;拒不服从的,由公安机关协助执行。

第三十三条 国家对疫区、受威胁区内易感染的动物免费实施紧急免疫接种;对因采取扑杀、销毁等措施给当事人造成的已经证实的损失,给予合理补偿。紧急免疫接种和补偿所需费用,由中央财政和地方财政分担。

第三十四条 重大动物疫情应急指挥部根据应急处理需要,有权紧急调集人员、物资、运输工具以及相关设施、设备。

单位和个人的物资、运输工具以及相关设施、设备被征集使用的,有关人民政府应当及时归还并给予合理补偿。

第三十五条 重大动物疫情发生后,县级以上人民政府兽医主管部门应当及时提出疫点、疫区、受威胁区的处理方案,加强疫情监测、流行病学调查、疫源追踪工作,对染疫和疑似染疫动物及其同群动物和其他易感染动物的扑杀、销毁进行技术指导,并组织实施检验检疫、消毒、无害化处理和紧急免疫接种。

第三十六条 重大动物疫情应急处理中,县级以上人民政府有关部门应当在各自的职责范围内,做好重大动物疫情应急所需的物资紧急调度和运输、应急经费安排、疫区群众救济、人的疫病防治、肉食品供应、动物及其产品市场监管、出入境检验检疫和社会治安维护等工作。

中国人民解放军、中国人民武装警察部队应当支持配合驻地人民政府做好重大动物疫情的应急工作。

第三十七条 重大动物疫情应急处理中,乡镇人民政府、村民委员会、居民委员会应当组织力量,向村民、居民宣传动物疫病防治的相关知识,协助做好疫情信息的收集、报告和各项应急处理措施的落实工作。

第三十八条 重大动物疫情发生地的人民政府和毗邻地区的人民政府应当通力合作,相互配合,做好重大动物疫情的控制、扑灭工作。

第三十九条 有关人民政府及其有关部门对参加重大动物疫情应急处理的人员,应当采取必要的卫生防护和技术指导等措施。

第四十条 自疫区内最后一头(只)发病动物及其同群动物处理完毕起,经过一个潜伏期以上的监测,未出现新的病例的,彻底消毒后,经上一级动物防疫监督机构验收合格,由原发布封锁令的人民政府宣布解除封锁,撤销疫区;由原批准机关撤销在该疫区设立的临时动物检疫消毒站。

第四十一条 县级以上人民政府应当将重大动物疫情确认、疫区封锁、扑杀及其补偿、消毒、无害化处理、疫源追踪、疫情监测以及应急物资储备等应急经费列入本级财政预算。

第五章 法律责任

第四十二条 违反本条例规定,兽医主管部门及其所属的动物防疫监督机构有下列行为之一的,由本级人民政府或者上级人民政府有关部门责令立即改正、通报批评、给予警告;对主要负责人、负有责任的主管人员和其他责任人员,依法给予记大过、降级、撤职直至开除的行政处分;构成犯罪的,依法追究刑事责任:

(一)不履行疫情报告职责,瞒报、谎报、迟报或者授意他人瞒报、谎报、迟报,阻碍他人报告重大动物疫情的;

(二)在重大动物疫情报告期间,不采取临时隔离控制措施,导致动物疫情扩散的;

(三)不及时划定疫点、疫区和受威胁区,不及时向本级人民政府提出应急处理建议,或者不按照规定对疫点、疫区和受威胁区采取预防、控制、扑灭措施的;

(四)不向本级人民政府提出启动应急指挥系统、应急预案和对疫区的封锁建议的;

(五)对动物扑杀、销毁不进行技术指导或者指导不力,或者不组织实施检验检疫、消毒、无害化处理和紧急免疫接种的;

(六)其他不履行本条例规定的职责,导致动物疫病传播、流行,或者对养殖业生产安全和公众身体健康与生命安全造成严重危害的。

第四十三条 违反本条例规定,县级以上人民政府有关部门不履行应急处理职责,不执行对疫点、疫区和受威胁区采取的措施,或者对上级人民政府有关部门的疫情调查不予配合或者阻碍、拒绝的,由本级人民政府或者上级人民政府有关部门责令立即改正、通报批评、给予警告;对主要负责人、负有责任的主管人员和其他责任人员,依法给予记大过、降级、撤职直至开除的行政处分;构成犯罪的,依法追究刑事责任。

第四十四条 违反本条例规定,有关地方人民政府阻碍报告重大动物疫情,不履行应急处理职责,不按照规定对疫点、疫区和受威胁区采取预防、控制、扑灭措施,或者对上级人民政府有关部门的疫情调查不予配合或者阻碍、拒绝的,由上级人民政府责令立即改正、通报批评、给予警告;对政府主要领导人依法给予记大过、降级、撤职直至开除的行政处分;构成犯罪的,依法追究刑事责任。

第四十五条 截留、挪用重大动物疫情应急经费,或者侵占、挪用应急储备物资的,按照《财政违法行为处罚处分条例》的规定处理;构成犯罪的,依法追究刑事责任。

第四十六条 违反本条例规定,拒绝、阻碍动物防疫监督机构进行重大动物疫情监测,或者发现动物出现群体发病或者死亡,不向当地动物防疫监督机构报告的,由动物防疫监督机构给予警告,并处2 000元以上5 000元以下的罚款;构成犯罪的,依法追究刑事责任。

第四十七条 违反本条例规定，擅自采集重大动物疫病病料，或者在重大动物疫病原分离时不遵守国家有关生物安全管理规定的，由动物防疫监督机构给予警告，并处5 000元以下的罚款；构成犯罪的，依法追究刑事责任。

第四十八条 在重大动物疫情发生期间，哄抬物价、欺骗消费者、散布谣言、扰乱社会秩序和市场秩序的，由价格主管部门、工商行政管理部门或者公安机关依法给予行政处罚；构成犯罪的，依法追究刑事责任。

第六章 附 则

第四十九条 本条例自公布之日起施行。

信访条例

1. 2005年1月5日国务院第76次常务会议通过
2. 2005年1月10日中华人民共和国国务院令第431号公布
3. 自2005年5月1日起施行

目 录

第一章 总 则
第二章 信访渠道
第三章 信访事项的提出
第四章 信访事项的受理
第五章 信访事项的办理和督办
第六章 法律责任
第七章 附 则

第一章 总 则

第一条 为了保持各级人民政府同人民群众的密切联系，保护信访人的合法权益，维护信访秩序，制定本条例。

第二条 本条例所称信访，是指公民、法人或者其他组织采用书信、电子邮件、传真、电话、走访等形式，向各级人民政府、县级以上人民政府工作部门反映情况，提出建议、意见或者投诉请求，依法由有关行政机关处理的活动。

采用前款规定的形式，反映情况，提出建议、意见或者投诉请求的公民、法人或者其他组织，称信访人。

第三条 各级人民政府、县级以上人民政府工作部门应当做好信访工作，认真处理来信、接待来访，倾听人民群众的意见、建议和要求，接受人民群众的监督，努力为人民群众服务。

各级人民政府、县级以上人民政府工作部门应当畅通信访渠道，为信访人采用本条例规定的形式反映情况，提出建议、意见或者投诉请求提供便利条件。

任何组织和个人不得打击报复信访人。

第四条 信访工作应当在各级人民政府领导下，坚持属地管理、分级负责，谁主管、谁负责，依法、及时、就地解决问题与疏导教育相结合的原则。

第五条 各级人民政府、县级以上人民政府工作部门应当科学、民主决策，依法履行职责，从源头上预防导致信访事项的矛盾和纠纷。

县级以上人民政府应当建立统一领导、部门协调，统筹兼顾、标本兼治，各负其责、齐抓共管的信访工作格局，通过联席会议、建立排查调处机制、建立信访督查工作制度等方式，及时化解矛盾和纠纷。

各级人民政府、县级以上人民政府各工作部门的负责人应当阅批重要来信、接待重要来访、听取信访工作汇报，研究解决信访工作中的突出问题。

第六条 县级以上人民政府应当设立信访工作机构；县级以上人民政府工作部门及乡、镇人民政府应当按照有利工作、方便信访人的原则，确定负责信访工作的机构（以下简称信访工作机构）或者人员，具体负责信访工作。

县级以上人民政府信访工作机构是本级人民政府负责信访工作的行政机构，履行下列职责：

（一）受理、交办、转送信访人提出的信访事项；

（二）承办上级和本级人民政府交由处理的信访事项；

（三）协调处理重要信访事项；

（四）督促检查信访事项的处理；

（五）研究、分析信访情况，开展调查研究，及时向本级人民政府提出完善政策和改进工作的建议；

（六）对本级人民政府其他工作部门和下级人民政府信访工作机构的信访工作进行指导。

第七条 各级人民政府应当建立健全信访工作责任制，对信访工作中的失职、渎职行为，严格依照有关法律、行政法规和本条例的规定，追究有关责任人员的责任，并在一定范围内予以通报。

各级人民政府应当将信访工作绩效纳入公务员考核体系。

第八条 信访人反映的情况，提出的建议、意见，对国民经济和社会发展或者对改进国家机关工作以及保护社会公共利益有贡献的，由有关行政机关或者单位给予奖励。

对在信访工作中做出优异成绩的单位或者个人，由有关行政机关给予奖励。

第二章 信访渠道

第九条 各级人民政府、县级以上人民政府工作部门应当向社会公布信访工作机构的通信地址、电子信箱、投诉电话、信访接待的时间和地点、查询信访事项处理进展及结果的方式等相关事项。

各级人民政府、县级以上人民政府工作部门应当在其信访接待场所或者网站公布与信访工作有关的法律、法规、规章，信访事项的处理程序，以及其他为信访人提供便利的相关事项。

第十条 设区的市级、县级人民政府及其工作部门，乡、镇人民政府应当建立行政机关负责人信访接待日制度，由行政机关负责人协调处理信访事项。信访人可以在公布的接待日和接待地点向有关行政机关负责人当面反映信访事项。

县级以上人民政府及其工作部门负责人或者其指定的人员，可以就信访人反映突出的问题到信访人居住地与信访人面谈沟通。

第十一条 国家信访工作机构充分利用现有政务信息网络资源，建立全国信访信息系统，为信访人在当地提出信访事项、查询信访事项办理情况提供便利。

县级以上地方人民政府应当充分利用现有政务信息网络资源，建立或者确定本行政区域的信访信息系统，并与上级人民政府、政府有关部门、下级人民政府的信访信息系统实现互联互通。

第十二条 县级以上各级人民政府的信访工作机构或者有关工作部门应当及时将信访人的投诉请求输入信访信息系统，信访人可以持行政机关出具的投诉请求受理凭证到当地人民政府的信访工作机构或者有关工作部门的接待场所查询其所提出的投诉请求的办理情况。具体实施办法和步骤由省、自治区、直辖市人民政府规定。

第十三条 设区的市、县两级人民政府可以根据信访工作的实际需要,建立政府主导、社会参与、有利于迅速解决纠纷的工作机制。

信访工作机构应当组织相关社会团体、法律援助机构、相关专业人员、社会志愿者等共同参与,运用咨询、教育、协商、调解、听证等方法,依法、及时、合理处理信访人的投诉请求。

第三章 信访事项的提出

第十四条 信访人对下列组织、人员的职务行为反映情况,提出建议、意见,或者不服下列组织、人员的职务行为,可以向有关行政机关提出信访事项:

(一)行政机关及其工作人员;

(二)法律、法规授权的具有管理公共事务职能的组织及其工作人员;

(三)提供公共服务的企业、事业单位及其工作人员;

(四)社会团体或者其他企业、事业单位中由国家行政机关任命、派出的人员;

(五)村民委员会、居民委员会及其成员。

对依法应当通过诉讼、仲裁、行政复议等法定途径解决的投诉请求,信访人应当依照有关法律、行政法规规定的程序向有关机关提出。

第十五条 信访人对各级人民代表大会以及县级以上各级人民代表大会常务委员会、人民法院、人民检察院职权范围内的信访事项,应当分别向有关的人民代表大会及其常务委员会、人民法院、人民检察院提出,并遵守本条例第十六条、第十七条、第十八条、第十九条、第二十条的规定。

第十六条 信访人采用走访形式提出信访事项,应当向依法有权处理的本级或者上一级机关提出;信访事项已经受理或者正在办理的,信访人在规定期限内向受理、办理机关的上级机关再提出同一信访事项的,该上级机关不予受理。

第十七条 信访人提出信访事项,一般应当采用书信、电子邮件、传真等书面形式;信访人提出投诉请求的,还应当载明信访人的姓名(名称)、住址和请求、事实、理由。

有关机关对采用口头形式提出的投诉请求,应当记录信访人的姓名(名称)、住址和请求、事实、理由。

第十八条 信访人采用走访形式提出信访事项的,应当到有关机关设立或者指定的接待场所提出。

多人采用走访形式提出共同的信访事项的,应当推选代表,代表人数不得超过5人。

第十九条 信访人提出信访事项,应当客观真实,对其所提供材料内容的真实性负责,不得捏造、歪曲事实,不得诬告、陷害他人。

第二十条 信访人在信访过程中应当遵守法律、法规,不得损害国家、社会、集体的利益和其他公民的合法权利,自觉维护社会公共秩序和信访秩序,不得有下列行为:

(一)在国家机关办公场所周围、公共场所非法聚集,围堵、冲击国家机关,拦截公务车辆,或者堵塞、阻断交通的;

(二)携带危险物品、管制器具的;

(三)侮辱、殴打、威胁国家机关工作人员,或者非法限制他人人身自由的;

(四)在信访接待场所滞留、滋事,或者将生活不能自理的人弃留在信访接待场所的;

(五)煽动、串联、胁迫、以财物诱使、幕后操纵他人信访或者以信访为名借机敛财的;

(六)扰乱公共秩序、妨害国家和公共安全的其他行为。

第四章 信访事项的受理

第二十一条 县级以上人民政府信访工作机构收到信访事项,应当予以登记,并区分情况,在15日内分别按下列方式处理:

(一)对本条例第十五条规定的信访事项,应当告知信访人分别向有关的人民代表大会及其常务委员会、人民法院、人民检察院提出。对已经或者依法应当通过诉讼、仲裁、行政复议等法定途径解决的，不予受理，但应当告知信访人依照有关法律、行政法规规定程序向有关机关提出。

（二）对依照法定职责属于本级人民政府或者其工作部门处理决定的信访事项，应当转送有权处理的行政机关；情况重大、紧急的，应当及时提出建议，报请本级人民政府决定。

（三）信访事项涉及下级行政机关或者其工作人员的，按照"属地管理、分级负责，谁主管、谁负责"的原则，直接转送有权处理的行政机关，并抄送下一级人民政府信访工作机构。

县级以上人民政府信访工作机构要定期向下一级人民政府信访工作机构通报转送情况，下级人民政府信访工作机构要定期向上一级人民政府信访工作机构报告转送信访事项的办理情况。

（四）对转送信访事项中的重要情况需要反馈办理结果的，可以直接交由有权处理的行政机关办理，要求其在指定办理期限内反馈结果，提交办结报告。

按照前款第（二）项至第（四）项规定，有关行政机关应当自收到转送、交办的信访事项之日起15日内决定是否受理并书面告知信访人，并按要求通报信访工作机构。

第二十二条 信访人按照本条例规定直接向各级人民政府信访工作机构以外的行政机关提出的信访事项，有关行政机关应当予以登记；对符合本条例第十四条第一款规定并属于本机关法定职权范围的信访事项，应当受理，不得推诿、敷衍、拖延；对不属于本机关职权范围的信访事项，应当告知信访人向有权的机关提出。

有关行政机关收到信访事项后，能够当场答复是否受理的，应当当场书面答复；不能当场答复的，应当自收到信访事项之日起15日内书面告知信访人。但是，信访人的姓名（名称）、住址不清的除外。

有关行政机关应当相互通报信访事项的受理情况。

第二十三条 行政机关及其工作人员不得将信访人的检举、揭发材料及有关情况透露或者转给被检举、揭发的人员或者单位。

第二十四条 涉及两个或者两个以上行政机关的信访事项，由所涉及的行政机关协商受理；受理有争议的，由其共同的上一级行政机关决定受理机关。

第二十五条 应当对信访事项作出处理的行政机关分立、合并、撤销的，由继续行使其职权的行政机关受理；职责不清的，由本级人民政府或者其指定的机关受理。

第二十六条 公民、法人或者其他组织发现可能造成社会影响的重大、紧急信访事项和信访信息时，可以就近向有关行政机关报告。地方各级人民政府接到报告后，应当立即报告上一级人民政府；必要时，通报有关主管部门。县级以上地方人民政府有关部门接到报告后，应当立即报告本级人民政府和上一级主管部门；必要时，通报有关主管部门。国务院有关部门接到报告后，应当立即报告国务院；必要时，通报有关主管部门。

行政机关对重大、紧急信访事项和信访信息不得隐瞒、谎报、缓报，或者授意他人隐瞒、谎报、缓报。

第二十七条 对于可能造成社会影响的重大、紧急信访事项和信访信息，有关行政机关应当在职责范围内依法及时采取措施，防止不良影响的产生、扩大。

第五章 信访事项的办理和督办

第二十八条 行政机关及其工作人员办理信访事项，应当恪尽职守、秉公办事，查明事实、分清责任，宣传法制、教育疏导，及时妥善处理，不得推诿、敷衍、拖延。

第二十九条 信访人反映的情况,提出的建议、意见,有利于行政机关改进工作、促进国民经济和社会发展的,有关行政机关应当认真研究论证并积极采纳。

第三十条 行政机关工作人员与信访事项或者信访人有直接利害关系的,应当回避。

第三十一条 对信访事项有权处理的行政机关办理信访事项,应当听取信访人陈述事实和理由;必要时可以要求信访人、有关组织和人员说明情况;需要进一步核实有关情况的,可以向其他组织和人员调查。

对重大、复杂、疑难的信访事项,可以举行听证。听证应当公开举行,通过质询、辩论、评议、合议等方式,查明事实,分清责任。听证范围、主持人、参加人、程序等由省、自治区、直辖市人民政府规定。

第三十二条 对信访事项有权处理的行政机关经调查核实,应当依照有关法律、法规、规章及其他有关规定,分别作以下处理,并书面答复信访人:

(一)请求事实清楚,符合法律、法规、规章或者其他有关规定的,予以支持;

(二)请求事由合理但缺乏法律依据的,应当对信访人做好解释工作;

(三)请求缺乏事实根据或者不符合法律、法规、规章或者其他有关规定的,不予支持。

有权处理的行政机关依照前款第(一)项规定作出支持信访请求意见的,应当督促有关机关或者单位执行。

第三十三条 信访事项应当自受理之日起60日内办结;情况复杂的,经本行政机关负责人批准,可以适当延长办理期限,但延长期限不得超过30日,并告知信访人延期理由。法律、行政法规另有规定的,从其规定。

第三十四条 信访人对行政机关作出的信访事项处理意见不服的,可以自收到书面答复之日起30日内请求原办理行政机关的上一级行政机关复查。收到复查请求的行政机关应当自收到复查请求之日起30日内提出复查意见,并予以书面答复。

第三十五条 信访人对复查意见不服的,可以自收到书面答复之日起30日内向复查机关的上一级行政机关请求复核。收到复核请求的行政机关应当自收到复核请求之日起30日内提出复核意见。

复核机关可以按照本条例第三十一条第二款的规定举行听证,经过听证的复核意见可以依法向社会公示。听证所需时间不计算在前款规定的期限内。

信访人对复核意见不服,仍然以同一事实和理由提出投诉请求的,各级人民政府信访工作机构和其他行政机关不再受理。

第三十六条 县级以上人民政府信访工作机构发现有关行政机关有下列情形之一的,应当及时督办,并提出改进建议:

(一)无正当理由未按规定的办理期限办结信访事项的;

(二)未按规定反馈信访事项办理结果的;

(三)未按规定程序办理信访事项的;

(四)办理信访事项推诿、敷衍、拖延的;

(五)不执行信访处理意见的;

(六)其他需要督办的情形。

收到改进建议的行政机关应当在30日内书面反馈情况;未采纳改进建议的,应当说明理由。

第三十七条 县级以上人民政府信访工作机构对于信访人反映的有关政策性问题,应当及时向本级人民政府报告,并提出完善政策、解决问题的建议。

第三十八条 县级以上人民政府信访工作机构对在信访工作中推诿、敷衍、拖延、弄虚作假造成严重后果的行政机关工作人员,可以向有关行政机关提出给予行政处分的建议。

第三十九条 县级以上人民政府信访工作机构应当就以下事项向本级人民政府定期提交信访情况分析报告:

（一）受理信访事项的数据统计、信访事项涉及领域以及被投诉较多的机关；

（二）转送、督办情况以及各部门采纳改进建议的情况；

（三）提出的政策性建议及其被采纳情况。

第六章 法律责任

第四十条 因下列情形之一导致信访事项发生，造成严重后果的，对直接负责的主管人员和其他直接责任人员，依照有关法律、行政法规的规定给予行政处分；构成犯罪的，依法追究刑事责任：

（一）超越或者滥用职权，侵害信访人合法权益的；

（二）行政机关应当作为而不作为，侵害信访人合法权益的；

（三）适用法律、法规错误或者违反法定程序，侵害信访人合法权益的；

（四）拒不执行有权处理的行政机关作出的支持信访请求意见的。

第四十一条 县级以上人民政府信访工作机构对收到的信访事项应当登记、转送、交办而未按规定登记、转送、交办，或者应当履行督办职责而未履行的，由其上级行政机关责令改正；造成严重后果的，对直接负责的主管人员和其他直接责任人员依法给予行政处分。

第四十二条 负有受理信访事项职责的行政机关在受理信访事项过程中违反本条例的规定，有下列情形之一的，由其上级行政机关责令改正；造成严重后果的，对直接负责的主管人员和其他直接责任人员依法给予行政处分：

（一）对收到的信访事项不按规定登记的；

（二）对属于其法定职权范围的信访事项不予受理的；

（三）行政机关未在规定期限内书面告知信访人是否受理信访事项的。

第四十三条 对信访事项有权处理的行政机关在办理信访事项过程中，有下列行为之一的，由其上级行政机关责令改正；造成严重后果的，对直接负责的主管人员和其他直接责任人员依法给予行政处分：

（一）推诿、敷衍、拖延信访事项办理或者未在法定期限内办结信访事项的；

（二）对事实清楚，符合法律、法规、规章或者其他有关规定的投诉请求未予支持的。

第四十四条 行政机关工作人员违反本条例规定，将信访人的检举、揭发材料或者有关情况透露、转给被检举、揭发的人员或者单位的，依法给予行政处分。

行政机关工作人员在处理信访事项过程中，作风粗暴，激化矛盾并造成严重后果的，依法给予行政处分。

第四十五条 行政机关及其工作人员违反本条例第二十六条规定，对可能造成社会影响的重大、紧急信访事项和信访信息，隐瞒、谎报、缓报，或者授意他人隐瞒、谎报、缓报，造成严重后果的，对直接负责的主管人员和其他直接责任人员依法给予行政处分；构成犯罪的，依法追究刑事责任。

第四十六条 打击报复信访人，构成犯罪的，依法追究刑事责任；尚不构成犯罪的，依法给予行政处分或者纪律处分。

第四十七条 违反本条例第十八条、第二十条规定的，有关国家机关工作人员应当对信访人进行劝阻、批评或者教育。

经劝阻、批评和教育无效的，由公安机关予以警告、训诫或者制止；违反集会游行示威的法律、行政法规，或者构成违反治安管理行为的，由公安机关依法采取必要的现场处置措施，给予治安管理处罚；构成犯罪的，依法追究刑事责任。

第四十八条 信访人捏造歪曲事实、诬告陷害他人，构成犯罪的，依法追究刑事责任；尚不构成犯罪的，由公安机关依法给予治安管理处罚。

第七章 附 则

第四十九条 社会团体、企业事业单位的信访工作参照本条例执行。

第五十条 对外国人、无国籍人、外国组织信访事项的处理，参照本条例执行。

第五十一条 本条例自2005年5月1日起施行。1995年10月28日国务院发布的《信访条例》同时废止。

中华人民共和国政府信息公开条例

1. 2007年1月17日国务院第165次常务会议通过
2. 2007年4月5日中华人民共和国国务院令第492号公布
3. 自2008年5月1日起施行

目 录

第一章 总 则
第二章 公开的范围
第三章 公开的方式和程序
第四章 监督和保障
第五章 附 则

第一章 总 则

第一条 为了保障公民、法人和其他组织依法获取政府信息，提高政府工作的透明度，促进依法行政，充分发挥政府信息对人民群众生产、生活和经济社会活动的服务作用，制定本条例。

第二条 本条例所称政府信息，是指行政机关在履行职责过程中制作或者获取的，以一定形式记录、保存的信息。

第三条 各级人民政府应当加强对政府信息公开工作的组织领导。

国务院办公厅是全国政府信息公开工作的主管部门，负责推进、指导、协调、监督全国的政府信息公开工作。

县级以上地方人民政府办公厅（室）或者县级以上地方人民政府确定的其他政府信息公开工作主管部门负责推进、指导、协调、监督本行政区域的政府信息公开工作。

第四条 各级人民政府及县级以上人民政府部门应当建立健全本行政机关的政府信息公开工作制度，并指定机构（以下统称政府信息公开工作机构）负责本行政机关政府信息公开的日常工作。

政府信息公开工作机构的具体职责是：

（一）具体承办本行政机关的政府信息公开事宜；

（二）维护和更新本行政机关公开的政府信息；

（三）组织编制本行政机关的政府信息公开指南、政府信息公开目录和政府信息公开工作年度报告；

（四）对拟公开的政府信息进行保密审查；

（五）本行政机关规定的与政府信息公开有关的其他职责。

第五条 行政机关公开政府信息，应当遵循公正、公平、便民的原则。

第六条 行政机关应当及时、准确地公开政府信息。行政机关发现影响或者可能影响社会稳定、扰乱社会管理秩序的虚假或者不完整信息的,应当在其职责范围内发布准确的政府信息予以澄清。

第七条 行政机关应当建立健全政府信息发布协调机制。行政机关发布政府信息涉及其他行政机关的,应当与有关行政机关进行沟通、确认,保证行政机关发布的政府信息准确一致。

行政机关发布政府信息依照国家有关规定需要批准的,未经批准不得发布。

第八条 行政机关公开政府信息,不得危及国家安全、公共安全、经济安全和社会稳定。

第二章 公开的范围

第九条 行政机关对符合下列基本要求之一的政府信息应当主动公开:

(一)涉及公民、法人或者其他组织切身利益的;

(二)需要社会公众广泛知晓或者参与的;

(三)反映本行政机关机构设置、职能、办事程序等情况的;

(四)其他依照法律、法规和国家有关规定应当主动公开的。

第十条 县级以上各级人民政府及其部门应当依照本条例第九条的规定,在各自职责范围内确定主动公开的政府信息的具体内容,并重点公开下列政府信息:

(一)行政法规、规章和规范性文件;

(二)国民经济和社会发展规划、专项规划、区域规划及相关政策;

(三)国民经济和社会发展统计信息;

(四)财政预算、决算报告;

(五)行政事业性收费的项目、依据、标准;

(六)政府集中采购项目的目录、标准及实施情况;

(七)行政许可的事项、依据、条件、数量、程序、期限以及申请行政许可需要提交的全部材料目录及办理情况;

(八)重大建设项目的批准和实施情况;

(九)扶贫、教育、医疗、社会保障、促进就业等方面的政策、措施及其实施情况;

(十)突发公共事件的应急预案、预警信息及应对情况;

(十一)环境保护、公共卫生、安全生产、食品药品、产品质量的监督检查情况。

第十一条 设区的市级人民政府、县级人民政府及其部门重点公开的政府信息还应当包括下列内容:

(一)城乡建设和管理的重大事项;

(二)社会公益事业建设情况;

(三)征收或者征用土地、房屋拆迁及其补偿、补助费用的发放、使用情况;

(四)抢险救灾、优抚、救济、社会捐助等款物的管理、使用和分配情况。

第十二条 乡(镇)人民政府应当依照本条例第九条的规定,在其职责范围内确定主动公开的政府信息的具体内容,并重点公开下列政府信息:

(一)贯彻落实国家关于农村工作政策的情况;

(二)财政收支、各类专项资金的管理和使用情况;

(三)乡(镇)土地利用总体规划、宅基地使用的审核情况;

(四)征收或者征用土地、房屋拆迁及其补偿、补助费用的发放、使用情况;

(五)乡(镇)的债权债务、筹资筹劳情况;

(六)抢险救灾、优抚、救济、社会捐助等款物的发放情况;

(七)乡镇集体企业及其他乡镇经济实体承包、租赁、拍卖等情况;

(八)执行计划生育政策的情况。

第十三条 除本条例第九条、第十条、第十一条、第十二条规定的行政机关主动公开的政府信息外,公民、法人或者其他组织还可以根据自身生产、生活、科研等特殊需要,向国务院部门、地方各级人民政府及县级以上地方人民政府部门申请获取相关政府信息。

◆ 司考真题

◇2014年卷2第48题(单选)

某乡属企业多年未归还方某借给的资金,双方发生纠纷。方某得知乡政府曾发过5号文件和210号文件处分了该企业的资产,遂向乡政府递交申请,要求公开两份文件。乡政府不予公开,理由是5号文件涉及第三方,且已口头征询其意见,其答复是该文件涉及商业秘密,不同意公开,而210号文件不存在。方某向法院起诉。下列哪一说法是正确的?

A.方某申请时应当出示有效身份证明或者证明文件

B.对所申请的政府信息,方某不具有申请人资格

C.乡政府不公开5号文件合法

D.方某能够提供210号文件由乡政府制作的相关线索的,可以申请法院调取证据

答案:D

第十四条 行政机关应当建立健全政府信息发布保密审查机制,明确审查的程序和责任。

行政机关在公开政府信息前,应当依照《中华人民共和国保守国家秘密法》以及其他法律、法规和国家有关规定对拟公开的政府信息进行审查。

行政机关对政府信息不能确定是否可以公开时,应当依照法律、法规和国家有关规定报有关主管部门或者同级保密工作部门确定。

行政机关不得公开涉及国家秘密、商业秘密、个人隐私的政府信息。但是,经权利人同意公开或者行政机关认为不公开可能对公共利益造成重大影响的涉及商业秘密、个人隐私的政府信息,可以予以公开。

第三章　公开的方式和程序

第十五条 行政机关应当将主动公开的政府信息,通过政府公报、政府网站、新闻发布会以及报刊、广播、电视等便于公众知晓的方式公开。

第十六条 各级人民政府应当在国家档案馆、公共图书馆设置政府信息查阅场所,并配备相应的设施、设备,为公民、法人或者其他组织获取政府信息提供便利。

行政机关可以根据需要设立公共查阅室、资料索取点、信息公告栏、电子信息屏等场所、设施,公开政府信息。

行政机关应当及时向国家档案馆、公共图书馆提供主动公开的政府信息。

◆ 司考真题

◇2011年卷2第79题(多选)

某镇政府主动公开一胎生育证发放情况的信息。下列哪些说法是正确的?

A.该信息属于镇政府重点公开的信息

B.镇政府可以通过设立的信息公告栏公开该信息

C.在无法律、法规或者规章特别规定的情况下,镇政府应当在该信息形成之日起3个月内予以公开

D.镇政府应当及时向公共图书馆提供该信息

答案:ABD

第十七条 行政机关制作的政府信息,由制作该政府信息的行政机关负责公开;行政机关从公民、法人或者其他组织获取的政府信息,由保存该政府信息的行政机关负责公开。法律、法规对政府信息公开的权限另有规定的,从其规定。

第十八条 属于主动公开范围的政府信息,应当自该政府信息形成或者变更之日起20个工作日内予以公开。法律、法规对政府信息公开的期限另有规定的,从其规定。

第十九条 行政机关应当编制、公布政府信息公开指南和政府信息公开目录,并及时更新。

政府信息公开指南,应当包括政府信息的分类、编排体系、获取方式,政府信息公开工作

机构的名称、办公地址、办公时间、联系电话、传真号码、电子邮箱等内容。

政府信息公开目录,应当包括政府信息的索引、名称、内容概述、生成日期等内容。

第二十条 公民、法人或者其他组织依照本条例第十三条规定向行政机关申请获取政府信息的,应当采用书面形式(包括数据电文形式);采用书面形式确有困难的,申请人可以口头提出,由受理该申请的行政机关代为填写政府信息公开申请。

政府信息公开申请应当包括下列内容:

(一)申请人的姓名或者名称、联系方式;

(二)申请公开的政府信息的内容描述;

(三)申请公开的政府信息的形式要求。

第二十一条 对申请公开的政府信息,行政机关根据下列情况分别作出答复:

(一)属于公开范围的,应当告知申请人获取该政府信息的方式和途径;

(二)属于不予公开范围的,应当告知申请人并说明理由;

(三)依法不属于本行政机关公开或者该政府信息不存在的,应当告知申请人,对能够确定该政府信息的公开机关的,应当告知申请人该行政机关的名称、联系方式;

(四)申请内容不明确的,应当告知申请人作出更改、补充。

◆ 司考真题

◇2010年卷2第45题(单选)

区房管局向某公司发放房屋拆迁许可证。被拆迁人王某向区房管局提出申请,要求公开该公司办理拆迁许可证时所提交的建设用地规划许可证,区房管局作出拒绝公开的答复。对此,下列哪一说法是正确的?

A. 王某提出申请时,应出示有效身份证件

B. 因王某与申请公开的信息无利害关系,拒绝公开是正确的

C. 因区房管局不是所申请信息的制作主体,拒绝公开是正确的

D. 拒绝答复应自收到王某申请之日起一个月内作出

答案:C

第二十二条 申请公开的政府信息中含有不应当公开的内容,但是能够作区分处理的,行政机关应当向申请人提供可以公开的信息内容。

第二十三条 行政机关认为申请公开的政府信息涉及商业秘密、个人隐私,公开后可能损害第三方合法权益的,应当书面征求第三方的意见;第三方不同意公开的,不得公开。但是,行政机关认为不公开可能对公共利益造成重大影响的,应当予以公开,并将决定公开的政府信息内容和理由书面通知第三方。

第二十四条 行政机关收到政府信息公开申请,能够当场答复的,应当当场予以答复。

行政机关不能当场答复的,应当自收到申请之日起15个工作日内予以答复;如需延长答复期限的,应当经政府信息公开工作机构负责人同意,并告知申请人,延长答复的期限最长不得超过15个工作日。

申请公开的政府信息涉及第三方权益的,行政机关征求第三方意见所需时间不计算在本条第二款规定的期限内。

第二十五条 公民、法人或者其他组织向行政机关申请提供与其自身相关的税费缴纳、社会保障、医疗卫生等政府信息的,应当出示有效身份证件或者证明文件。

公民、法人或者其他组织有证据证明行政机关提供的与其自身相关的政府信息记录不准确的,有权要求该行政机关予以更正。该行政机关无权更正的,应当转送有权更正的行政机关处理,并告知申请人。

第二十六条 行政机关依申请公开政府信息,应当按照申请人要求的形式予以提供;无法按照申请人要求的形式提供的,可以通过安排申请人查阅相关资料、提供复制件或者其他适当形式提供。

第二十七条 行政机关依申请提供政府

信息,除可以收取检索、复制、邮寄等成本费用外,不得收取其他费用。行政机关不得通过其他组织、个人以有偿服务方式提供政府信息。

行政机关收取检索、复制、邮寄等成本费用的标准由国务院价格主管部门会同国务院财政部门制定。

第二十八条 申请公开政府信息的公民确有经济困难的,经本人申请,政府信息公开工作机构负责人审核同意,可以减免相关费用。

申请公开政府信息的公民存在阅读困难或者视听障碍的,行政机关应当为其提供必要的帮助。

第四章 监督和保障

第二十九条 各级人民政府应当建立健全政府信息公开工作考核制度、社会评议制度和责任追究制度,定期对政府信息公开工作进行考核、评议。

第三十条 政府信息公开工作主管部门和监察机关负责对行政机关政府信息公开的实施情况进行监督检查。

第三十一条 各级行政机关应当在每年3月31日前公布本行政机关的政府信息公开工作年度报告。

第三十二条 政府信息公开工作年度报告应当包括下列内容:

(一)行政机关主动公开政府信息的情况;

(二)行政机关依申请公开政府信息和不予公开政府信息的情况;

(三)政府信息公开的收费及减免情况;

(四)因政府信息公开申请行政复议、提起行政诉讼的情况;

(五)政府信息公开工作存在的主要问题及改进情况;

(六)其他需要报告的事项。

第三十三条 公民、法人或者其他组织认为行政机关不依法履行政府信息公开义务的,可以向上级行政机关、监察机关或者政府信息公开工作主管部门举报。收到举报的机关应当予以调查处理。

公民、法人或者其他组织认为行政机关在政府信息公开工作中的具体行政行为侵犯其合法权益的,可以依法申请行政复议或者提起行政诉讼。

第三十四条 行政机关违反本条例的规定,未建立健全政府信息发布保密审查机制的,由监察机关、上一级行政机关责令改正;情节严重的,对行政机关主要负责人依法给予处分。

第三十五条 行政机关违反本条例的规定,有下列情形之一的,由监察机关、上一级行政机关责令改正;情节严重的,对行政机关直接负责的主管人员和其他直接责任人员依法给予处分;构成犯罪的,依法追究刑事责任:

(一)不依法履行政府信息公开义务的;

(二)不及时更新公开的政府信息内容、政府信息公开指南和政府信息公开目录的;

(三)违反规定收取费用的;

(四)通过其他组织、个人以有偿服务方式提供政府信息的;

(五)公开不应当公开的政府信息的;

(六)违反本条例规定的其他行为。

第五章 附 则

第三十六条 法律、法规授权的具有管理公共事务职能的组织公开政府信息的活动,适用本条例。

第三十七条 教育、医疗卫生、计划生育、供水、供电、供气、供热、环保、公共交通等与人民群众利益密切相关的公共企事业单位在提供社会公共服务过程中制作、获取的信息的公开,参照本条例执行,具体办法由国务院有关主管部门或者机构制定。

第三十八条 本条例自2008年5月1日起施行。

最高人民法院关于审理政府信息公开行政案件若干问题的规定

1. 2010年12月13日最高人民法院审判委员会第1505次会议通过
2. 2011年7月29日法释〔2011〕17号公布
3. 自2011年8月13日起施行

为正确审理政府信息公开行政案件,根据《中华人民共和国行政诉讼法》、《中华人民共和国政府信息公开条例》等法律、行政法规的规定,结合行政审判实际,制定本规定。

第一条 公民、法人或者其他组织认为下列政府信息公开工作中的具体行政行为侵犯其合法权益,依法提起行政诉讼的,人民法院应当受理:

(一)向行政机关申请获取政府信息,行政机关拒绝提供或者逾期不予答复的;

(二)认为行政机关提供的政府信息不符合其在申请中要求的内容或者法律、法规规定的适当形式的;

(三)认为行政机关主动公开或者依他人申请公开政府信息侵犯其商业秘密、个人隐私的;

(四)认为行政机关提供的与其自身相关的政府信息记录不准确,要求该行政机关予以更正,该行政机关拒绝更正、逾期不予答复或者不予转送有权机关处理的;

(五)认为行政机关在政府信息公开工作中的其他具体行政行为侵犯其合法权益的。

公民、法人或者其他组织认为政府信息公开行政行为侵犯其合法权益造成损害的,可以一并或单独提起行政赔偿诉讼。

第二条 公民、法人或者其他组织对下列行为不服提起行政诉讼的,人民法院不予受理:

(一)因申请内容不明确,行政机关要求申请人作出更改、补充且对申请人权利义务不产生实际影响的告知行为;

(二)要求行政机关提供政府公报、报纸、杂志、书籍等公开出版物,行政机关予以拒绝的;

(三)要求行政机关为其制作、搜集政府信息,或者对若干政府信息进行汇总、分析、加工,行政机关予以拒绝的;

(四)行政程序中的当事人、利害关系人以政府信息公开名义申请查阅案卷材料,行政机关告知其应当按照相关法律、法规的规定办理的。

第三条 公民、法人或者其他组织认为行政机关不依法履行主动公开政府信息义务,直接向人民法院提起诉讼的,应当告知其先向行政机关申请获取相关政府信息。对行政机关的答复或者逾期不予答复不服的,可以向人民法院提起诉讼。

第四条 公民、法人或者其他组织对国务院部门、地方各级人民政府及县级以上地方人民政府部门依申请公开政府信息行政行为不服提起诉讼的,以作出答复的机关为被告;逾期未作出答复的,以受理申请的机关为被告。

公民、法人或者其他组织对主动公开政府信息行政行为不服提起诉讼的,以公开该政府信息的机关为被告。

公民、法人或者其他组织对法律、法规授

权的具有管理公共事务职能的组织公开政府信息的行为不服提起诉讼的,以该组织为被告。

有下列情形之一的,应当以在对外发生法律效力的文书上署名的机关为被告:

(一)政府信息公开与否的答复依法报经有权机关批准的;

(二)政府信息是否可以公开系由国家保密行政管理部门或者省、自治区、直辖市保密行政管理部门确定的;

(三)行政机关在公开政府信息前与有关行政机关进行沟通、确认的。

第五条 被告拒绝向原告提供政府信息的,应当对拒绝的根据以及履行法定告知和说明理由义务的情况举证。

因公共利益决定公开涉及商业秘密、个人隐私政府信息的,被告应当对认定公共利益以及不公开可能对公共利益造成重大影响的理由进行举证和说明。

被告拒绝更正与原告相关的政府信息记录的,应当对拒绝的理由进行举证和说明。

被告能够证明政府信息涉及国家秘密,请求在诉讼中不予提交的,人民法院应当准许。

被告主张政府信息不存在,原告能够提供该政府信息系由被告制作或者保存的相关线索的,可以申请人民法院调取证据。

被告以政府信息与申请人自身生产、生活、科研等特殊需要无关为由不予提供的,人民法院可以要求原告对特殊需要事由作出说明。

原告起诉被告拒绝更正政府信息记录的,应当提供其向被告提出过更正申请以及政府信息与其自身相关且记录不准确的事实根据。

第六条 人民法院审理政府信息公开行政案件,应当视情采取适当的审理方式,以避免泄露涉及国家秘密、商业秘密、个人隐私或者法律规定的其他应当保密的政府信息。

第七条 政府信息由被告的档案机构或者档案工作人员保管的,适用《中华人民共和国政府信息公开条例》的规定。

政府信息已经移交各级国家档案馆的,依照有关档案管理的法律、行政法规和国家有关规定执行。

第八条 政府信息涉及国家秘密、商业秘密、个人隐私的,人民法院应当认定属于不予公开范围。

政府信息涉及商业秘密、个人隐私,但权利人同意公开,或者不公开可能对公共利益造成重大影响的,不受前款规定的限制。

第九条 被告对依法应当公开的政府信息拒绝或者部分拒绝公开的,人民法院应当撤销或者部分撤销被诉不予公开决定,并判决被告在一定期限内公开。尚需被告调查、裁量的,判决其在一定期限内重新答复。

被告提供的政府信息不符合申请人要求的内容或者法律、法规规定的适当形式的,人民法院应当判决被告按照申请人要求的内容或者法律、法规规定的适当形式提供。

人民法院经审理认为被告不予公开的政府信息内容可以作区分处理的,应当判决被告限期公开可以公开的内容。

被告依法应当更正而不更正与原告相关的政府信息记录的,人民法院应当判决被告在一定期限内更正。尚需被告调查、裁量的,判决其在一定期限内重新答复。被告无权更正的,判决其转送有权更正的行政机关处理。

第十条 被告对原告要求公开或者更正政府信息的申请无正当理由逾期不予答复的,人民法院应当判决被告在一定期限内答复。原告一并请求判决被告公开或者更正政府信息且理由成立的,参照第九条的规定处理。

第十一条 被告公开政府信息涉及原告商业秘密、个人隐私且不存在公共利益等法定事由的,人民法院应当判决确认公开政府信息的行为违法,并可以责令被告采取相应的补救措施;造成损害的,根据原告请求依法判决被告承担赔偿责任。政府信息尚未公开的,应当判决行政机关不得公开。

诉讼期间，原告申请停止公开涉及其商业秘密、个人隐私的政府信息，人民法院经审查认为公开该政府信息会造成难以弥补的损失，并且停止公开不损害公共利益的，可以依照《中华人民共和国行政诉讼法》第四十四条的规定，裁定暂时停止公开。

第十二条 有下列情形之一，被告已经履行法定告知或者说明理由义务的，人民法院应当判决驳回原告的诉讼请求：

（一）不属于政府信息、政府信息不存在、依法属于不予公开范围或者依法不属于被告公开的；

（二）申请公开的政府信息已经向公众公开，被告已经告知申请人获取该政府信息的方式和途径的；

（三）起诉被告逾期不予答复，理由不成立的；

（四）以政府信息侵犯其商业秘密、个人隐私为由反对公开，理由不成立的；

（五）要求被告更正与其自身相关的政府信息记录，理由不成立的；

（六）不能合理说明申请获取政府信息系根据自身生产、生活、科研等特殊需要，且被告据此不予提供的；

（七）无法按照申请人要求的形式提供政府信息，且被告已通过安排申请人查阅相关资料、提供复制件或者其他适当形式提供的；

（八）其他应当判决驳回诉讼请求的情形。

第十三条 最高人民法院以前所作的司法解释及规范性文件，凡与本规定不一致的，按本规定执行。

第三部分　行政诉讼法

一、行政诉讼法

中华人民共和国行政诉讼法

1. 1989 年 4 月 4 日第七届全国人民代表大会第二次会议通过
2. 1989 年 4 月 4 日中华人民共和国主席令第 16 号公布
3. 自 1990 年 10 月 1 日起施行
4. 2014 年 11 月 1 日第十二届全国人民代表大会常务委员会第十一次会议《关于修改〈中华人民共和国行政诉讼法〉的决定》修正
5. 修改决定自 2015 年 5 月 1 日起施行

导　读

行政诉讼是以行政争议的大量存在为现实基础的，这一特性使行政诉讼法这一部门法具备了覆盖面广、理论性和应用性较强等特点。

在学习行政诉讼法时，首先，应注意诉讼法与实体法相结合。诉讼法是法律生命形式和内部生命的表现，因为实体法只有通过审判，其固有的强制力属性才能表现在人们面前。因此，必须把行政诉讼法和行政实体法结合起来进行学习研究，才能比较全面地掌握该课程的内容。其次，应注意理论与立法相结合。行政诉讼法起步较晚，与其他诉讼法相比，显得先天不足，因此学习理论知识时应注意与具体案例相结合加以揣摩，以促进对行政诉讼制度的反思。再次，应注意理论与实践相结合。在学习本门课程时，应注重将法理、法律规定运用到实际案例中，提高发现问题、分析问题和解决问题的能力。

2014 年 11 月 1 日，十二届全国人大第十一次会议表决通过了《关于修改〈中华人民共和国行政诉讼法〉的决定》，修改后的《行政诉讼法》于 2015 年 5 月 1 日起实施。这是《行政诉讼法》实施 24 年来首次修改，学习时应当注意新旧法的对比，以及修改行政诉讼法的宗旨和思路。

目　录

第一章　总　则
第二章　受案范围
第三章　管　辖
第四章　诉讼参加人
第五章　证　据
第六章　起诉和受理
第七章　审理和判决
　第一节　一般规定
　第二节　第一审普通程序
　第三节　简易程序
　第四节　第二审程序
　第五节　审判监督程序

第八章 执　行
第九章 涉外行政诉讼
第十章 附　则

第一章 总　则

第一条 【立法目的】为保证人民法院公正、及时审理行政案件，解决行政争议，保护公民、法人和其他组织的合法权益，监督行政机关依法行使职权，根据宪法，制定本法。

★**第二条** 【诉权】公民、法人或者其他组织认为行政机关和行政机关工作人员的行政行为侵犯其合法权益，有权依照本法向人民法院提起诉讼。

前款所称行政行为，包括法律、法规、规章授权的组织作出的行政行为。

◆相关法条
◇行政诉讼法

第五十三条　公民、法人或者其他组织认为行政行为所依据的国务院部门和地方人民政府及其部门制定的规范性文件不合法，在对行政行为提起诉讼时，可以一并请求对该规范性文件进行审查。

前款规定的规范性文件不含规章。

◇行政许可法

第二十三条　法律、法规授权的具有管理公共事务职能的组织，在法定授权范围内，以自己的名义实施行政许可。被授权的组织适用本法有关行政机关的规定。

◇行政复议法

第七条　公民、法人或者其他组织认为行政机关的具体行政行为所依据的下列规定不合法，在对具体行政行为申请行政复议时，可以一并向行政复议机关提出对该规定的审查申请：

（一）国务院部门的规定；

（二）县级以上地方各级人民政府及其工作部门的规定；

（三）乡、镇人民政府的规定。

前款所列规定不含国务院部、委员会规章和地方人民政府规章。规章的审查依照法律、行政法规办理。

◇2000年行诉解释

第九十七条　人民法院审理行政案件，除依照行政诉讼法和本解释外，可以参照民事诉讼的有关规定。

◆要点精解

1. 本条作了两处修改：一是将原条文中的"具体行政行为"改为"行政行为"；二是新增了第2款："前款所称行政行为，包括法律、法规、规章授权的组织作出的行政行为。"

2. 行政法学上依据行政相对人是否特定，将行政行为分为具体行政行为和抽象行政行为。抽象行政行为一般不针对特定对象，而是规定在何种情况和条件下，行政机关和被管理一方的行为规则和权利义务关系，具有普遍约束力。

3. 从本条的规定来看，由"具体行政行为"改为"行政行为"，意味着对于规范性文件，可以进行附带性审查，详见本法第53条的规定。但需要注意的是，法院不能判决规范性文件合法与否，而是经审查认为不合法的，不作为认定行政行为合法的依据，并向制定机关提出处理建议。

4. 可诉的行政行为包括作为和不作为两类。可诉行政行为具有如下特征：

（1）可诉性行政行为是具有国家行政职权的机关或者组织及其工作人员所实施的行为。

（2）可诉性行政行为是与行使国家行政职权有关的行为。

（3）可诉性行政行为是对相对人的权利义务发生实际影响的行为。

（4）可诉性行政行为是在现实情况下有司法审查可能性的行为。

（5）可诉性行政行为是具有司法审查必要性的行为。

5. 可诉性不作为行政行为的特征包括：

（1）可诉性不作为是被认为违反作为义务

的行为。

(2)与可诉性不作为相对应的作为必须具有可诉性。

(3)可诉性不作为须涉及公民的财产权和人身权,涉及政治权利的不作为如无法律、法规特别规定,不具有可诉性。

(4)可诉性不作为是行政主体超过法定期间或者合理期间而不实施一定法定职责的行为。

6.关于本条第2款。

(1)本条第2款是在原法第25条规定的基础上,增加了"规章授权的组织"作出的行政行为同样纳入行政诉讼的调整范围。

(2)本条第2款是一般性的规定,对于有些法律有特殊规定的,从其特殊规定。如根据《行政许可法》的规定,行政许可的实施职由法律、法规授权的组织进行,规章授权的组织无权实施行政许可行为。行政处罚和行政强制亦有类似规定。

第三条 【机关负责人出庭应诉】 人民法院应当保障公民、法人和其他组织的起诉权利,对应当受理的行政案件依法受理。

行政机关及其工作人员不得干预、阻碍人民法院受理行政案件。

被诉行政机关负责人应当出庭应诉。不能出庭的,应当委托行政机关相应的工作人员出庭。

◆相关法条
◇行政诉讼法

第五十条第二款 书写起诉状确有困难的,可以口头起诉,由人民法院记入笔录,出具注明日期的书面凭证,并告知对方当事人。

第五十一条 人民法院在接到起诉状时对符合本法规定的起诉条件的,应当登记立案。

对当场不能判定是否符合本法规定的起诉条件的,应当接收起诉状,出具注明收到日期的书面凭证,并在七日内决定是否立案。不符合起诉条件的,作出不予立案的裁定。裁定书应当载明不予立案的理由。原告对裁定不服的,可以提起上诉。

起诉状内容欠缺或者有其他错误的,应当给予指导和释明,并一次性告知当事人需要补正的内容。不得未经指导和释明即以起诉不符合条件为由不接收起诉状。

对于不接收起诉状、接收起诉状后不出具书面凭证,以及一次性告知当事人需要补正的起诉状内容的,当事人可以向上级人民法院投诉,上级人民法院应当责令改正,并对直接负责的主管人员和其他直接责任人员依法给予处分。

◇2015年行诉解释

第五条 行政诉讼法第三条第三款规定的"行政机关负责人",包括行政机关的正职和副职负责人。行政机关负责人出庭应诉的,可以另行委托一至二名诉讼代理人。

◆要点精解

1.本条为新增加的条款。本条第1款反映了此次修改的精神之一,即强调对原告诉权的保护。这一宗旨贯穿于此次修法的始终,如新增第50条第2款的规定。修改后本法第51条明确了立案登记制,并规定了相关的法律责任。

2.建立行政机关负责人出庭应诉制。当行政机关负责人不能出庭的,应当委托行政机关相应的工作人员出庭。对于委托,行政诉讼法没有具体规定,参见民事诉讼法。

第四条 【独立审判原则】 人民法院依法对行政案件独立行使审判权,不受行政机关、社会团体和个人的干涉。

人民法院设行政审判庭,审理行政案件。

第五条 【法律适用】 人民法院审理行政案件,以事实为根据,以法律为准绳。

第六条 【合法性审查】 人民法院审理行政案件,对行政行为是否合法进行审查。

◆要点精解

1.行政行为合法性审查原则是行政诉讼特有的原则,也是其区别于民事诉讼的根本特征。

2.人民法院审查行政行为合法性的具体内容包括：

(1)是否超越职权；

(2)证据是否确凿、充分；

(3)适用法律依据是否合法；

(4)程序是否合法；

(5)目的是否合法。

3.注意与行政复议相区别，行政复议不仅实行合法性审查原则，也实行合理性审查原则。而行政诉讼以合法性审查为原则。

第七条　【审理制度】人民法院审理行政案件，依法实行合议、回避、公开审判和两审终审制度。

第八条　【当事人地位平等原则】当事人在行政诉讼中的法律地位平等。

第九条　【使用本民族语言文字的原则】各民族公民都有用本民族语言、文字进行行政诉讼的权利。

在少数民族聚居或者多民族共同居住的地区，人民法院应当用当地民族通用的语言、文字进行审理和发布法律文书。

人民法院应当对不通晓当地民族通用的语言、文字的诉讼参与人提供翻译。

第十条　【辩论原则】当事人在行政诉讼中有权进行辩论。

第十一条　【检察监督原则】人民检察院有权对行政诉讼实行法律监督。

第二章　受案范围

★**第十二条　【受案范围】**人民法院受理公民、法人或者其他组织提起的下列诉讼：

(一)对行政拘留、暂扣或者吊销许可证和执照、责令停产停业、没收违法所得、没收非法财物、罚款、警告等行政处罚不服的；

(二)对限制人身自由或者对财产的查封、扣押、冻结等行政强制措施和行政强制执行不服的；

(三)申请行政许可，行政机关拒绝或者在法定期限内不予答复，或者对行政机关作出的有关行政许可的其他决定不服的；

(四)对行政机关作出的关于确认土地、矿藏、水流、森林、山岭、草原、荒地、滩涂、海域等自然资源的所有权或者使用权的决定不服的；

(五)对征收、征用决定及其补偿决定不服的；

(六)申请行政机关履行保护人身权、财产权等合法权益的法定职责，行政机关拒绝履行或者不予答复的；

(七)认为行政机关侵犯其经营自主权或者农村土地承包经营权、农村土地经营权的；

(八)认为行政机关滥用行政权力排除或者限制竞争的；

(九)认为行政机关违法集资、摊派费用或者违法要求履行其他义务的；

(十)认为行政机关没有依法支付抚恤金、最低生活保障待遇或者社会保险待遇的；

(十一)认为行政机关不依法履行、未按照约定履行或者违法变更、解除政府特许经营协议、土地房屋征收补偿协议等协议的；

(十二)认为行政机关侵犯其他人身权、财产权等合法权益的。

除前款规定外，人民法院受理法律、法规规定可以提起诉讼的其他行政案件。

◆**相关法条**

◇**2015年行诉解释**

第十一条　行政机关为实现公共利益或者行政管理目标，在法定职责范围内，与公民、法人或者其他组织协商订立的具有行政法上权利义务内容的协议，属于行政诉讼法第十二条第一款第十一项规定的行政协议。

公民、法人或者其他组织就下列行政协议提起行政诉讼的，人民法院应当依法受理：

(一)政府特许经营协议；

(二)土地、房屋等征收征用补偿协议；

(三)其他行政协议。

第十二条　公民、法人或者其他组织对行政机关不依法履行、未按照约定履行协议提起诉讼的，参照民事法律规范关于诉讼时效的规定；对行政机关单方变更、解除协议等行为提起诉讼的，适用行政诉讼法及其司法解释关于起诉期限的规定。

第十三条　对行政协议提起诉讼的案件，适用行政诉讼法及其司法解释的规定确定管辖法院。

第十四条　人民法院审查行政机关是否依法履行、按照约定履行协议或者单方变更、解除协议是否合法，在适用行政法律规范的同时，可以适用不违反行政法和行政诉讼法强制性规定的民事法律规范。

第十五条　原告主张被告不依法履行、未按照约定履行协议或者单方变更、解除协议违法，理由成立的，人民法院可以根据原告的诉讼请求判决确认协议有效、判决被告继续履行协议，并明确继续履行的具体内容；被告无法继续履行或者继续履行已无实际意义的，判决被告采取相应的补救措施；给原告造成损失的，判决被告予以赔偿。

原告请求解除协议或者确认协议无效，理由成立的，判决解除协议或者确认协议无效，并根据合同法等相关法律规定作出处理。

被告因公共利益需要或者其他法定理由单方变更、解除协议，给原告造成损失的，判决被告予以补偿。

第十六条　对行政机关不依法履行、未按照约定履行协议提起诉讼的，诉讼费用准用民事案件交纳标准；对行政机关单方变更、解除协议等行为提起诉讼的，诉讼费用适用行政案件交纳标准。

◇2000年行诉解释

第一条第一款　公民、法人或者其他组织对具有国家行政职权的机关和组织及其工作人员的行政行为不服，依法提起诉讼的，属于人民法院行政诉讼的受案范围。

◇行政复议法

第三十条　公民、法人或者其他组织认为行政机关的具体行政行为侵犯其已经依法取得的土地、矿藏、水流、森林、山岭、草原、荒地、滩涂、海域等自然资源的所有权或者使用权的，应当先申请行政复议；对行政复议决定不服的，可以依法向人民法院提起行政诉讼。

根据国务院或者省、自治区、直辖市人民政府对行政区划的勘定、调整或者征收土地的决定，省、自治区、直辖市人民政府确认土地、矿藏、水流、森林、山岭、草原、荒地、滩涂、海域等自然资源的所有权或者使用权的行政复议决定为最终裁决。

◇行政处罚法

第六条　公民、法人或者其他组织对行政机关所给予的行政处罚，享有陈述权、申辩权；对行政处罚不服的，有权依法申请行政复议或者提起行政诉讼。

公民、法人或者其他组织因行政机关违法给予行政处罚受到损害的，有权依法提出赔偿要求。

◇行政赔偿规定

第二条　赔偿请求人对行政机关确认具体行政行为违法但又决定不予赔偿，或者对确定的赔偿数额有异议提起行政赔偿诉讼的，人民法院应予受理。

◇国际贸易案规定

第一条　下列案件属于本规定所称国际贸易行政案件：

（一）有关国际货物贸易的行政案件；

（二）有关国际服务贸易的行政案件；

（三）与国际贸易有关的知识产权行政案件；

（四）其他国际贸易行政案件。

第二条　人民法院行政审判庭依法审理国际贸易行政案件。

◇协助法院执行行为是否属于受案范围的批复

行政机关根据人民法院的协助执行通知书实施的行为，是行政机关必须履行的法定协助义务，不属于人民法院行政诉讼受案范围。但如果当事人认为行政机关在协助执行时扩大了范围或违法采取措施造成其损害，提起行政诉讼的，人民法院应当受理。

◇ **教育部门出具介绍信行为是否可诉的答复**

教育行政主管部门出具介绍信的行为对行政相对人的权利义务产生实际影响的，属于可诉的具体行政行为。

◇ **社会保险基金纠纷的答复**

根据现行的有关法律法规规定，社会保险基金经办机构是法律法规授权的组织，依法收支、管理和运营社会保险基金，并负有使社会保险基金保值增值的责任。社会保险基金经办机构与用人单位因拖欠社会保险费而发生的纠纷，属于行政争议。用人单位认为社会保险基金经办机构在收支、管理和运营社会保险基金中的具体行政行为侵犯其合法权益，可依法申请行政复议或者提起行政诉讼；既不履行义务又不依法申请复议或者起诉的，社会保险基金经办机构可以依法通知银行扣缴或者申请人民法院强制执行。

◇ **少年收容教养的答复**

公安机关对公民作出的"少年收容教养"决定是具体行政行为，属于《中华人民共和国行政诉讼法》第十一条规定的受案范围，若当事人对公安机关作出的"少年收容教养"决定不服向人民法院起诉的，人民法院应当受理。

◇ **适龄儿童入学争议的答复**

根据《教育法》第四十二条第（四）项和《未成年人保护法》第四十六条的规定，当事人不服教育行政部门对适龄儿童入学争议作出的行政处理决定，属于行政诉讼法第十一条第二款规定的受案范围，人民法院应当受理。

◇ **关于计生部门强制措施的批复**

根据《中华人民共和国行政诉讼法》第十一条第一款第（二）项的规定，当事人对计划生育管理部门采取的扣押财物、限制人身自由等强制措施不服依法提起行政诉讼的，人民法院应予受理。

◆ **要点精解**

在受案范围方面我国行政诉讼法设定了三个组成部分：(1)第2条对受案范围的总体划定；(2)第12条对受案范围的正面列举；(3)第13条对不可诉行为的排除。

1. 关于受案范围，应注意：

(1)新增对行政机关确认自然资源的所有权或者使用权的决定不服的属于行政诉讼受案范围。"确认"既包括发放证书的行为，也包括对权益发生争议后，行政机关所作的裁决。相关法条可参见《行政复议法》第30条。

(2)新增对征收、征用决定及补偿决定不服的属于行政诉讼受案范围。

(3)将"认为行政机关侵犯法律规定的经营自主权的"修改为"认为行政机关侵犯其经营自主权或者农村土地承包经营权、农村土地经营权的"。

(4)新增认为行政机关滥用行政权力排除或者限制竞争的属于行政诉讼受案范围。

(5)将"认为行政机关违法要求履行义务的"修改为"认为行政机关违法集资、摊派费用或者违法要求履行其他义务的"。

(6)将"认为行政机关没有依法发给抚恤金的"修改为"认为行政机关没有依法支付抚恤金、最低生活保障待遇或者社会保险待遇的"。

(7)对以刑事侦查措施为名，实则为违法采取行政强制措施的行为，应列入行政诉讼的受案范围，如相对人起诉，人民法院应予受理。

2. 对上述有关受案范围的司法解释，应注意理解。

◆ **司考真题**

◇ 2013年卷2第83题（多选）

当事人对下列哪些事项既可以申请行政复议也可以提起行政诉讼？

A. 行政机关对民事纠纷的调解
B. 出入境边防检查机关对外国人采取的遣送出境措施
C. 是否征收反倾销税的决定
D. 税务机关作出的处罚决定

答案:CD

★**第十三条 【受案范围排除】**人民法院不受理公民、法人或者其他组织对下列事项提起的诉讼:

(一)国防、外交等国家行为;

(二)行政法规、规章或者行政机关制定、发布的具有普遍约束力的决定、命令;

(三)行政机关对行政机关工作人员的奖惩、任免等决定;

(四)法律规定由行政机关最终裁决的行政行为。

◆**相关法条**

◇2000年行诉解释

第一条第二款 公民、法人或者其他组织对下列行为不服提起诉讼的,不属于人民法院行政诉讼的受案范围:

(一)行政诉讼法第十二条规定的行为;

(二)公安、国家安全等机关依照刑事诉讼法的明确授权实施的行为;

(三)调解行为以及法律规定的仲裁行为;

(四)不具有强制力的行政指导行为;

(五)驳回当事人对行政行为提起申诉的重复处理行为;

(六)对公民、法人或者其他组织权利义务不产生实际影响的行为。

第二条 行政诉讼法第十二条第(一)项规定的国家行为,是指国务院、中央军事委员会、国防部、外交部等根据宪法和法律的授权,以国家的名义实施的有关国防和外交事务的行为,以及经宪法和法律授权的国家机关宣布紧急状态、实施戒严和总动员等行为。

第三条 行政诉讼法第十二条第(二)项规定的"具有普遍约束力的决定、命令",是指行政机关针对不特定对象发布的能反复适用的行政规范性文件。

第四条 行政诉讼法第十二条第(三)项规定的"对行政机关工作人员的奖惩、任免决定",是指行政机关作出的涉及该行政机关公务员权利义务的决定。

第五条 行政诉讼法第十二条第(四)项规定的"法律规定由行政机关最终裁决的具体行政行为"中的"法律",是指全国人民代表大会及其常务委员会制定、通过的规范性文件。

◇孙德金案的答复

经研究,原则同意你院审判委员会的意见,即:本案监察机关作出的开除处分行为,不属于人民法院行政诉讼受案范围。

◆**要点精解**

1.综合本条及2000年《行诉解释》第1条第2款的规定,不属于行政诉讼受案范围的事项共有9种,即:

(1)国防、外交等国家行为。国家行为的构成是:①行为主体为国务院、中央军委、国防部、外交部等;②以国家而不是具体机关的名义实施;③行为内容包括国防行为、外交行为、宣布紧急状态、实施戒严和总动员等。

(2)行政法规、规章或者行政机关制定、发布的具有普遍约束力的决定、命令。不能对上述法规、规章和规范性文件提起行政诉讼,但《行政诉讼法》修改后,法院可以对规范性文件进行附带性审查。即新增第53条规定:"公民、法人或者其他组织认为行政行为所依据的国务院部门和地方人民政府及其部门制定的规范性文件不合法,在对行政行为提起诉讼时,可以一并请求对该规范性文件进行审查……"

(3)行政机关对行政机关工作人员的奖惩、任免等决定。

(4)法律规定由行政机关最终裁决的行政行为。

(5)公安、国家安全等机关依照刑事诉讼法的明确授权实施的行为。

(6)调解行为以及法律规定的仲裁行为。

(7)不具有强制力的行政指导行为。

(8)驳回当事人对行政行为提起申诉的重复处理行为。

(9)对公民、法人或者其他组织权利义务不产生实际影响的行为。

2. 2000年《行诉解释》第3条确立了抽象行政行为判断的两个标准,即应当同时满足以下两个标准:第一,针对的是不特定对象;第二,能反复适用。由此可反过来推知具体行政行为的判断也应当有两个标准:第一,针对的是特定对象;第二,不能反复适用。

◆ **司考真题**

◇2008年卷2第44题(单选)

下列哪一选项不属于行政诉讼的受案范围?

A.因某企业排污影响李某的鱼塘,李某要求某环保局履行监督职责,遭拒绝后向法院起诉

B.某市政府发出通知,要求非本地生产乳制品须经本市技术监督部门检验合格方可在本地销售,违者予以处罚。某外地乳制品企业对通知提起诉讼

C.刘某与某公司签订房屋预售合同,某区房管局对此进行预售预购登记。后刘某了解到某公司向其销售的房系超出规划面积和预售面积房屋,遂以某区房管局违法办理登记为由提起诉讼

D.《公司登记管理条例》规定,设立公司应当先向工商登记管理机关申请名称预先核准。张某对名称预先核准决定不服提起诉讼

答案:B

第三章 管 辖

第十四条 【基层法院的管辖】基层人民法院管辖第一审行政案件。

★**第十五条 【中级法院的管辖】**中级人民法院管辖下列第一审行政案件:

(一)对国务院部门或者县级以上地方人民政府所作的行政行为提起诉讼的案件;

(二)海关处理的案件;

(三)本辖区内重大、复杂的案件;

(四)其他法律规定由中级人民法院管辖的案件。

◆ **相关法条**

◇2000年行诉解释

第六条 各级人民法院行政审判庭审理行政案件和审查行政机关申请执行其具体行政行为的案件。

专门人民法院、人民法庭不审理行政案件,也不审查和执行行政机关申请执行其具体行政行为的案件。

第八条 有下列情形之一的,属于行政诉讼法第十四条第(三)项规定的"本辖区内重大、复杂的案件":

(一)被告为县级以上人民政府,且基层人民法院不适宜审理的案件;

(二)社会影响重大的共同诉讼、集团诉讼案件;

(三)重大涉外或者涉及香港特别行政区、澳门特别行政区、台湾地区的案件;

(四)其他重大、复杂案件。

◇行政赔偿规定

第九条 单独提起的行政赔偿诉讼案件由被告住所地的基层人民法院管辖。

中级人民法院管辖下列第一审行政赔偿案件:

(1)被告为海关、专利管理机关的;

(2)被告为国务院各部门或者省、自治区、直辖市人民政府的;

(3)本辖区内其他重大影响和复杂的行政赔偿案件。

高级人民法院管辖本辖区内有重大影响和复杂的第一审行政赔偿案件。

最高人民法院管辖全国范围内有重大影响和复杂的第一审行政赔偿案件。

◇国际贸易案规定

第五条 第一审国际贸易行政案件由具有管辖权的中级以上人民法院管辖。

◇国有资产行政案件管辖

当事人因国有资产产权界定行为提起行政诉讼的,应当根据不同情况确定管辖法院。产权界定行为直接针对不动产作出的,由不动产所在地人民法院管辖。产权界定行为针对包含

不动产在内的整体产权作出的,由最初作出权界定的行政机关所在地人民法院管辖;经过复议的案件,复议机关改变原产权界定行为的,也可以由复议机关所在地人民法院管辖。

◇关于对与证券交易所监管职能相关的诉讼案件管辖与受理问题的规定

一、根据《中华人民共和国民事诉讼法》第三十七条和《中华人民共和国行政诉讼法》第二十二条的有关规定,指定上海证券交易所和深圳证券交易所所在地的中级人民法院分别管辖以上海证券交易所和深圳证券交易所为被告或第三人的与证券交易所监管职能相关的第一审民事和行政案件。

◇海事行政案件管辖问题的通知

一、行政案件、行政赔偿案件和审查行政机关申请执行其具体行政行为的案件仍由各级人民法院行政审判庭审理。海事等专门人民法院不审理行政案件、行政赔偿案件,亦不审查和执行行政机关申请执行其具体行政行为的案件。

二、本通知下发之前,海事法院已经受理的海事行政案件、行政赔偿案件,继续由海事法院审理;海事法院已作出的生效行政判决或者行政裁定的法律效力不受影响。

◆要点精解

根据我国《宪法》和《人民法院组织法》的规定,我国人民法院的设置分为四级,即基层人民法院、中级人民法院、高级人民法院和最高人民法院。在级别管辖中,中级人民法院的管辖具有特殊性,必须重点掌握。

1. 中级人民法院管辖以下第一审行政诉讼案件:

(1)对国务院部门或者县级以上地方人民政府所作的行政行为提起诉讼的案件。本条将"省、自治区、直辖市人民政府"修改为"县级以上地方人民政府",吸收了行政诉讼法司法解释的规定。

(2)将"确认发明专利权的案件、海关处理的案件"修改为"海关处理的案件";

(3)本辖区内重大、复杂的案件:①被告为县级以上人民政府,且基层人民法院不适宜审理的案件;②社会影响重大的共同诉讼、集团诉讼案件;③重大涉外或者涉及香港特别行政区、澳门特别行政区、台湾地区的案件;④其他重大、复杂案件。

(4)新增"其他法律规定由中级人民法院管辖的案件"。

2. 注意2000年《行诉解释》第8条对本条第(三)项进行了具体解释,本条第(一)项的案件必须同时满足两个条件:

(1)被告为县级以上人民政府,这里的关键在于"县级";

(2)基层人民法院不适宜审理。

3. 涉外的案件通常可以由中级人民法院管辖,但是在行政诉讼中,由中级人民法院管辖的涉外案件必须为"重大"案件。

第十六条 【高级法院的管辖】高级人民法院管辖本辖区内重大、复杂的第一审行政案件。

◆相关法条

◇反倾销案规定

第五条 第一审反倾销行政案件由下列人民法院管辖:

(一)被告所在地高级人民法院指定的中级人民法院;

(二)被告所在地高级人民法院。

◇反补贴案规定

第五条 第一审反补贴行政案件由下列人民法院管辖:

(一)被告所在地高级人民法院指定的中级人民法院;

(二)被告所在地高级人民法院。

第十七条 【最高法院的管辖】最高人民法院管辖全国范围内重大、复杂的第一审行政案件。

★**第十八条** 【一般地域管辖】行政案件由最初作出行政行为的行政机关所在地人民法院管辖。经复议的案件,也可以由复议机关所在地人民法院管辖。

经最高人民法院批准,高级人民法院可以根据审判工作的实际情况,确定若干人民法院跨行政区域管辖行政案件。

◆**相关法条**
◇行政赔偿规定

第七条 公民、法人或者其他组织在提起行政诉讼的同时一并提出行政赔偿请求的,人民法院依照行政诉讼法第十七条、第十八条、第二十条的规定管辖。

◆**要点精解**

一般地域管辖是相对于特殊地域管辖而言的,是指按照最初作出行政行为的行政机关所在地为标准来确定行政案件的管辖法院,也即"原告就被告原则"。其中需注意以下问题:

1. 行政机关所在地是指行政机关的整个或主要机构所在地的区域。

2. 未经复议程序直接起诉,由被告住所在地法院管辖。

3. 原《行政诉讼法》规定,"经复议的案件,复议机关改变原具体行政行为的,也可以由复议机关所在地人民法院管辖"。对复议案件的结果进行了区分,以决定管辖法院。而本条修改为"经复议的案件,也可以由复议机关所在地人民法院管辖"。不再区分复议决定是维持还是改变,只要经复议,即可由复议机关所在地人民法院管辖。

4. 本条新增了法院跨区域管辖案件的原则规定。"经最高人民法院批准,高级人民法院可以根据审判工作的实际情况,确定若干人民法院跨行政区域管辖行政案件。"

在学习时应特别注意级别管辖和地域管辖二者适用规则不同,不应混淆。同时注意紧紧抓住被诉行为,诉的是何种行为,只能根据该种行为确定相应的管辖法院。

◆**司考真题**
◇2009年卷2第46题(单选)

李某从田某处购得一辆轿车,但未办理过户手续。在一次查验过程中,某市公安局认定该车系走私车,予以没收。李某不服,向省公安厅申请复议,后者维持了没收决定。李某提起行政诉讼。下列哪一选项是正确的?

A. 省公安厅为本案的被告
B. 田某不能成为本案的第三人
C. 市公安局所在地的法院对本案有管辖权
D. 省公安厅所在地的法院对本案有管辖权

答案:CD

注:本题为单选题,原答案为C。《行政诉讼法》修改后,经复议的案件,复议机关即省公安厅所在地法院也有管辖权。同时,应注意如果A表述为市公安局和省公安厅为共同被告,也应当选。原法条规定对于复议维持的案件,被告为原行政机关;修改后对于复议维持的案件,原行政机关和复议机关为共同被告。

★**第十九条** 【特殊地域管辖】对限制人身自由的行政强制措施不服提起的诉讼,由被告所在地或者原告所在地人民法院管辖。

◆**相关法条**
◇2000年行诉解释

第九条 行政诉讼法第十八条规定的"原告所在地",包括原告的户籍所在地、经常居住地和被限制人身自由地。

行政机关基于同一事实既对人身又对财产实施行政处罚或者采取行政强制措施的,被限制人身自由的公民、被扣押或者没收财产的公民、法人或者其他组织对上述行为均不服,既可以向被告所在地人民法院提起诉讼,也可以向原告所在地人民法院提起诉讼,受诉人民法院可一并管辖。

◇行政赔偿规定

第十一条 公民对限制人身自由的行政强制措施不服,或者对行政机关基于同一事实对同一当事人作出限制人身自由和对财产采取强制措施的具体行政行为不服,在提起行政诉讼的同时一并提出行政赔偿请求的,由受理该行政案件的人民法院管辖;单独提起行政赔偿诉讼的,由被告住所地或原告住所地或不动产所在地的人民法院管辖。

第二十六条 当事人先后被采取限制人身自由的行政强制措施和刑事拘留等强制措施,因强制措施被确认为违法而请求赔偿的,人民法院按其行为性质分别适用行政赔偿程序和刑事赔偿程序立案受理。

◆要点精解

此类特殊地域管辖是共同管辖的一种,此知识点需要结合2000年《行诉解释》第9条的扩张解释进行理解。

1. 特别注意2000年《行诉解释》第9条第1款对"原告所在地"的扩张解释。原告所在地具体包括原告的户籍所在地、经常居住地和被限制人身自由地。这三项内容常出现在司法考试试题中。

2. 2000年《行诉解释》第9条第2款的扩张解释,类似于民事诉讼法的牵连管辖。

★第二十条 【不动产的特殊地域管辖】因不动产提起的行政诉讼,由不动产所在地人民法院管辖。

◆相关法条

◇行政赔偿规定

第八条 赔偿请求人提起行政赔偿诉讼的请求涉及不动产的,由不动产所在地的人民法院管辖。

◆要点精解

本条是关于专属管辖的规定,此问题三大诉讼法比较一致,因不动产提起的诉讼,由不动产所在地人民法院管辖。

★第二十一条 【选择管辖】两个以上人民法院都有管辖权的案件,原告可以选择其中一个人民法院提起诉讼。原告向两个以上有管辖权的人民法院提起诉讼的,由最先立案的人民法院管辖。

◆相关法条

◇刑事诉讼法

第二十五条 几个同级人民法院都有权管辖的案件,由最初受理的人民法院审判。在必要的时候,可以移送主要犯罪地的人民法院审判。

◇民事诉讼法

第三十五条 两个以上人民法院都有管辖权的诉讼,原告可以向其中一个人民法院起诉;原告向两个以上有管辖权的人民法院起诉的,由最先立案的人民法院管辖。

◆要点精解

共同管辖和选择管辖是就两个以上法院都有管辖权的冲突分别从管辖权和当事人两个不同的角度作出的规定,共同管辖是选择管辖的前提和基础,选择管辖是共同管辖的必要补充和具体落实。

两个以上人民法院都有管辖权的冲突解决办法,三大诉讼法的规定不尽相同。民事诉讼法上由最先立案的人民法院管辖,刑事诉讼法上由"最先受理"的人民法院管辖。行政诉讼法原规定由"最先收到起诉状"的人民法院管辖,修改为由"最先立案"的人民法院管辖,与民事诉讼法的规定相一致。

当事人提出管辖异议,应当在接到人民法院应诉通知之日起10日内以书面形式提出。

第二十二条 【移送管辖】人民法院发现受理的案件不属于本院管辖的,应当移送有管辖权的人民法院,受移送的人民法院应当受理。受移送的人民法院认为受移送的案件按照规定不属于本院管辖的,应当报请上级人民法院指定管辖,不得再自行移送。

◆相关法条

◇行政赔偿规定

第十二条 人民法院发现受理的案件不属于自己管辖,应当移送有管辖权的人民法院;受移送的人民法院不得再行移送。

◆要点精解

本条进行了修改。注意移送管辖是无管辖权的人民法院受理了不属于其管辖的案件的情况下所采取的一种补救措施,实质是案件的移送,而不是管辖权的转移。移送管辖必须具备以下三个条件:第一,移送的案件必须是已经受理的案件;第二,移送的法院对案件没有管辖权;第三,受移送的人民法院必须有管辖权。

★**第二十三条** 【指定管辖】有管辖权的人民法院由于特殊原因不能行使管辖权的,由上级人民法院指定管辖。

人民法院对管辖权发生争议,由争议双方协商解决。协商不成的,报它们的共同上级人民法院指定管辖。

◆**相关法条**

◇**2000年行诉解释**

第十条 当事人提出管辖异议,应当在接到人民法院应诉通知之日起10日内以书面形式提出。

对当事人提出的管辖异议,人民法院应进行审查。异议成立的,裁定将案件移送有管辖权的人民法院;异议不成立的,裁定驳回。

◇**行政赔偿规定**

第十三条 人民法院对管辖权发生争议的,由争议双方协商解决,协商不成的,报请他们的共同上级人民法院指定管辖。如双方为跨省、自治区、直辖市的人民法院,高级人民法院协商不成的,由最高人民法院及时指定管辖。

依前款规定报请上级人民法院指定管辖时,应当逐级进行。

◆**要点精解**

指定管辖基于两种情况产生:一是由于发生了特殊原因,有管辖权的人民法院不能行使管辖权;二是管辖权发生争议,争议的双方法院又协商不成。

根据2000年《行诉解释》的精神,有下列情形之一的,有管辖权的人民法院应报请上一级人民法院指定管辖:(1)原告是受诉人民法院的工作人员、受诉人民法院所在地的党政主要负责人或者是受诉人民法院主要领导人或者行政审判人员的近亲属;(2)受诉人民法院参与了被诉行政行为,当事人申请回避,申请回避理由成立的;(3)因其他特殊原因应当报请指定管辖的。

★**第二十四条** 【管辖权的转移】上级人民法院有权审理下级人民法院管辖的第一审行政案件。

下级人民法院对其管辖的第一审行政案件,认为需要由上级人民法院审理或者指定管辖的,可以报请上级人民法院决定。

◆**要点精解**

本条进行了修改。管辖权的转移可以分为以下两种情况:(1)上级人民法院有权审理下级人民法院管辖的第一审行政案件;(2)下级人民法院对其管辖的第一审行政案件,认为需要由上级人民法院审理或者指定管辖的,可以报请上级人民法院决定。删去了原法条规定的上级人民法院"可以把自己管辖的第一审行政案件移交下级人民法院审判"。

以上第22—24条规定的移送管辖、指定管辖、管辖权转移与《民事诉讼法》较为类似。

第四章 诉讼参加人

★**第二十五条** 【原告】行政行为的相对人以及其他与行政行为有利害关系的公民、法人或者其他组织,有权提起诉讼。

有权提起诉讼的公民死亡,其近亲属可以提起诉讼。

有权提起诉讼的法人或者其他组织终止,承受其权利的法人或者其他组织可以提起诉讼。

◆**相关法条**

◇**2000年行诉解释**

第十一条 行政诉讼法第二十四条规定的"近亲属",包括配偶、父母、子女、兄弟姐妹、祖父母、外祖父母、孙子女、外孙子女和其他具有扶养、赡养关系的亲属。

公民因被限制人身自由而不能提起诉讼的,其近亲属可以依其口头或者书面委托以该公民的名义提起诉讼。

第十二条　与具体行政行为有法律上利害关系的公民、法人或者其他组织对该行为不服的，可以依法提起行政诉讼。

第十三条　有下列情形之一的，公民、法人或者其他组织可以依法提起行政诉讼：

（一）被诉的具体行政行为涉及其相邻权或者公平竞争权的；

（二）与被诉的行政复议决定有法律上利害关系或者在复议程序中被追加为第三人的；

（三）要求主管行政机关依法追究加害人法律责任的；

（四）与撤销或者变更具体行政行为有法律上利害关系的。

第十四条　合伙企业向人民法院提起诉讼的，应当以核准登记的字号为原告，由执行合伙企业事务务的合伙人作诉讼代表人；其他合伙组织提起诉讼的，合伙人为共同原告。

不具备法人资格的其他组织向人民法院提起诉讼的，由该组织的主要负责人作诉讼代表人；没有主要负责人的，可以由推选的负责人作诉讼代表人。

同案原告为5人以上，应当推选1至5名诉讼代表人参加诉讼；在指定期限内未选定的，人民法院可以依职权指定。

第十五条　联营企业、中外合资或者合作企业的联营、合资、合作各方，认为联营、合资、合作企业权益或者自己一方合法权益受具体行政行为侵害的，均可以自己的名义提起诉讼。

第十六条　农村土地承包人等土地使用权人对行政机关处分其使用的农村集体所有土地的行为不服，可以自己的名义提起诉讼。

第十七条　非国有企业被行政机关注销、撤销、合并、强令兼并、出售、分立或者改变企业隶属关系的，该企业或者其法定代表人可以提起诉讼。

第十八条　股份制企业的股东大会、股东代表大会、董事会等认为行政机关作出的具体行政行为侵犯企业经营自主权的，可以企业名义提起诉讼。

◇行政赔偿规定

第十四条　与行政赔偿案件处理结果有法律上的利害关系的其他公民、法人或者其他组织有权作为第三人参加行政赔偿诉讼。

第十五条　受害的公民死亡，其继承人和其他有抚养关系的亲属以及死者生前抚养的无劳动能力的人有权提起行政赔偿诉讼。

第十六条　企业法人或者其他组织被行政机关撤销、变更、兼并、注销，认为经营自主权受到侵害，依法提起行政赔偿诉讼，原企业法人或其他组织，或者对其享有权利的法人或其他组织均具有原告资格。

第二十五条　受害的公民死亡，其继承人和有抚养关系的人提起行政赔偿诉讼，应当提供该公民死亡的证明及赔偿请求人与死亡公民之间的关系证明。

◇内蒙古案答复

依据《中华人民共和国行政诉讼法》第二条，公司登记中的利害关系人认为登记管理机关的登记行为侵犯其合法权益，或者对登记行为不服请求变更、撤销，登记管理机关不予变更或撤销，向人民法院提起行政诉讼的，具备原告资格。

◆要点精解

本条规定的是行政诉讼原告资格问题，具有行政诉讼的原告资格的法定条件有三：(1)原告必须是公民、法人和其他组织，即原告被定位于行政相对人及利害关系人；(2)原告必须是认为行政行为侵犯其合法权益的行政相对人及利害关系人；(3)原告必须是向人民法院提起行政诉讼的行政相对人及利害关系人。由上可知，被诉行政行为针对的对象有权提起诉讼，其他利害关系人也有权提起诉讼，包括相邻权人、公平竞争权人、受害人等。

行政诉讼原告资格在以下情况时可能发生转移：(1)有权提起诉讼的公民死亡，其近亲属可以提起诉讼。(2)有权提起诉讼的法人或其他组织终止，承受其权利的法人或者其他组织也可以提起诉讼。

《行政赔偿规定》对原告资格也采取了扩张解释,原告资格在实现上出现不能或有困难时可以发生转移。

1. 受害的公民死亡,下列人员均可以提起诉讼:(1)继承人;(2)其他有扶养关系的亲属;(3)死者生前扶养的无劳动能力的人。

2. 企业或者其他组织被撤销、变更、兼并、注销的,具有原告资格的包括:(1)原企业法人或其他组织;(2)对其享有权利的法人或其他组织。

行政诉讼中的"近亲属",包括有扶养、赡养关系的亲属。注意2000年《行诉解释》第14、15条和第18条,在不同性质的主体中,原告资格的归属是不同的。

◆司考真题

◇2009年卷2第47题(单选)

某市工商局发现,某中外合资游戏软件开发公司生产的一种软件带有暴力和色情内容,决定没收该软件,并对该公司处以三万元罚款。中方投资者接受处罚,但外方投资者认为处罚决定既损害了公司的利益也侵害了自己的权益,向法院提起行政诉讼。下列哪一选项是正确的?

A. 外方投资者只能以合资公司的名义起诉

B. 外方投资者可以自己的名义起诉

C. 法院受理外方投资者起诉后,应追加未起诉的中方投资者为共同原告

D. 外方投资者只能以保护自己的权益为由提起诉讼

答案:B

◇2013年卷2第82题(多选)

一公司为股份制企业,认为行政机关作出的决定侵犯企业经营自主权,下列哪些主体有权以该公司的名义提起行政诉讼?

A. 股东

B. 股东大会

C. 股东代表大会

D. 董事会

答案:BCD

★**第二十六条 【被告】**公民、法人或者其他组织直接向人民法院提起诉讼的,作出行政行为的行政机关是被告。

经复议的案件,复议机关决定维持原行政行为的,作出原行政行为的行政机关和复议机关是共同被告;复议机关改变原行政行为的,复议机关是被告。

复议机关在法定期限内未作出复议决定,公民、法人或者其他组织起诉原行政行为的,作出原行政行为的行政机关是被告;起诉复议机关不作为的,复议机关是被告。

两个以上行政机关作出同一行政行为的,共同作出行政行为的行政机关是共同被告。

行政机关委托的组织所作的行政行为,委托的行政机关是被告。

行政机关被撤销或者职权变更,继续行使其职权的行政机关是被告。

◆相关法条

◇2015年行诉解释

第六条 行政诉讼法第二十六条第二款规定的"复议机关决定维持原行政行为",包括复议机关驳回复议申请或者复议请求的情形,但以复议申请不符合受理条件为由驳回的除外。

行政诉讼法第二十六条第二款规定的"复议机关改变原行政行为",是指复议机关改变原行政行为的处理结果。

第七条 复议机关决定维持原行政行为的,作出原行政行为的行政机关和复议机关是共同被告。原告只起诉作出原行政行为的行政机关或者复议机关的,人民法院应当告知原告追加被告。原告不同意追加的,人民法院应当将另一机关列为共同被告。

第八条 作出原行政行为的行政机关和复议机关为共同被告的,以作出原行政行为的行政机关确定案件的级别管辖。

第九条 复议机关决定维持原行政行为的,人民法院应当在审查原行政行为合法性的

同时,一并审查复议程序的合法性。
作出原行政行为的行政机关和复议机关对原行政行为合法性共同承担举证责任,可以由其中一个机关实施举证行为。复议机关对复议程序的合法性承担举证责任。

第十条 人民法院对原行政行为作出判决的同时,应当对复议决定一并作出相应判决。

人民法院判决撤销原行政行为和复议决定的,可以判决作出原行政行为的行政机关重新作出行政行为。

人民法院判决作出原行政行为的行政机关履行法定职责或者给付义务的,应当同时判决撤销复议决定。

原行政行为合法、复议决定违反法定程序的,应当判决确认复议决定违法,同时判决驳回原告针对原行政行为的诉讼请求。

原行政行为被撤销、确认违法或者无效,给原告造成损失的,应当由作出原行政行为的行政机关承担赔偿责任;因复议程序违法给原告造成损失的,由复议机关承担赔偿责任。

◇2000年行诉解释
第十九条 当事人不服经上级行政机关批准的具体行政行为,向人民法院提起诉讼的,应当以对外发生法律效力的文书上署名的机关为被告。

第二十条 行政机关组建并赋予行政管理职能但不具有独立承担法律责任能力的机构,以自己的名义作出具体行政行为,当事人不服提起诉讼的,应当以组建该机构的行政机关为被告。

行政机关的内设机构或者派出机构在没有法律、法规或者规章授权的情况下,以自己的名义作出具体行政行为,当事人不服提起诉讼的,应当以该行政机关为被告。

法律、法规或者规章授权行使行政职权的行政机关内设机构、派出机构或者其他组织,超出法定授权范围实施行为,当事人不服提起诉讼的,应当以实施该行为的机构或者组织为被告。

第二十一条 行政机关在没有法律、法规或者规章规定的情况下,授权其内设机构、派出机构或者其他组织行使行政职权的,应当视为委托。当事人不服提起诉讼的,应当以该行政机关为被告。

第二十二条 复议机关在法定期间内不作复议决定,当事人对原具体行政行为不服提起诉讼的,应当以作出原具体行政行为的行政机关为被告;当事人对复议机关不作为不服提起诉讼的,应当以复议机关为被告。

第二十三条 原告所诉的被告不适格,人民法院应当告知原告变更被告;原告不同意变更的,裁定驳回起诉。

应当追加被告而原告不同意追加的,人民法院应当通知其以第三人的身份参加诉讼。

◇行政赔偿规定
第十七条 两个以上行政机关共同侵权,赔偿请求人对其中一个或者数个侵权机关提起行政赔偿诉讼,若诉讼请求系可分之诉,被诉的一个或者数个侵权机关为被告;若诉讼请求系不可分之诉,由人民法院依法追加其他侵权机关为共同被告。

第十八条 复议机关的复议决定加重损害的,赔偿请求人只对作出原决定的行政机关提起行政赔偿诉讼,作出原决定的行政机关为被告;赔偿请求人只对复议机关提起行政赔偿诉讼的,复议机关为被告。

第十九条 行政机关依据行政诉讼法第六十六条的规定申请人民法院强制执行具体行政行为,由于据以强制执行的根据错误而发生行政赔偿诉讼的,申请强制执行的行政机关为被告。

◇人行分支机构是否具有主体资格复函
根据《中华人民共和国中国人民银行法》等法律法规规章和《中华人民共和国行政诉讼法》及司法解释的有关规定,当事人对人民银行分支机构依法律授权作出的金融监管的具体行政行为不服提起行政诉讼的,应当以人民银行分支机构为被告。

◆ **要点精解**

本条规定的是行政诉讼被告资格的确定。确认被告的基本原则是:"谁行为,谁被告"。

主要有以下情形:

1. 原告直接向人民法院起诉的,作出被诉行政行为的行政机关是被告。此处的直接起诉是指公民、法人或其他组织对行政机关作出的行政行为未申请复议而依法直接向人民法院提起行政诉讼的情形。

2. 经复议的案件,复议机关决定维持原行政行为的,作出原行政行为的行政机关和复议机关是共同被告;复议机关改变原行政行为的,复议机关是被告。此条内容进行了修改,原法条规定,复议机关决定维持原行政行为的,作出原行政行为的行政机关是被告,现修改为作出原行政行为的行政机关和复议机关为共同被告。

改变原行政行为,包括以下三种情况:

(1)复议机关改变原行政行为所认定的事实;

(2)复议机关改变原行政行为所适用的法律、法规或者规章;

(3)复议决定改变原行政行为的处理结果,即撤销、部分撤销或者变更原行政行为。

3. 法律、法规授权的组织作出行政行为,作出被诉行政行为的组织是被告。如《中华人民共和国铁路法》规定,国家铁路运输企业有权依法行使法律、法规授权的行政职能,因此在行政诉讼中,其得以具备行政诉讼被告的资格。

4. 由行政机关委托的组织所作出的行政行为,委托的行政机关是被告。如公安机关委托乡人民政府作出的治安行政处罚,被处罚人不服提起行政诉讼的,被告是公安机关,而不是乡人民政府。

5. 行政机关被撤销后,如没有继续行使其职权的机关,由作出撤销决定的行政机关为被告。撤销的具体情形有:

(1)撤销后的职权转移,即将行政机关的职权转移给其他行政机关;

(2)行政职权合并,即该行政机关并入其他原有的行政机关或是与其他行政机关合并后成立一个新的机关;

(3)行政职权分立,即该机关由一个主体分立成几个主体。

无论哪种情形,都以继续行使其职权的机关为被告。

6. 注意复议机关不作为行为产生的第二个后果:若相对人仅对复议机关不作为不服而提起诉讼时,应以复议机关为被告。

7. 对2000年《行诉解释》第19条的理解要注意两个关键性词汇:"上级批准"和"署名"。

8. 注意《行政赔偿规定》第19条:强制执行的人民法院不是被告,申请强制执行的行政机关才是被告。

9. 人民银行的分支机构可以成为被告。

◆ **司考真题**

◇2013年卷2第100题(不定选)

村民甲、乙因自留地使用权发生争议,乡政府作出处理决定,认定使用权归属甲。乙不服向县政府申请复议,县政府以甲乙二人争议属于农村土地承包经营纠纷,乡政府无权作出处理决定为由,撤销乡政府的决定。甲不服向法院起诉。下列说法正确的是:

A. 县政府撤销乡政府决定的同时应当确定系争土地权属

B. 甲的代理人的授权委托书应当载明委托事项和具体权限

C. 本案被告为县政府

D. 乙与乡政府为本案的第三人

答案:BC

第二十七条 【共同诉讼】当事人一方或者双方为二人以上,因同一行政行为发生的行政案件,或者因同类行政行为发生的行政案件,人民法院认为可以合并审理并经当事人同意的,为共同诉讼。

第二十八条 【共同诉讼的诉讼代表人】当事人一方人数众多的共同诉讼,可以由当事人推选代表人进行诉讼。代表人的诉讼行为对其所代表的当事人发生效力,但代表人变更、放弃诉讼请求或者承认对方当事人的诉讼请求,应当经被代表的当事人同意。

◆要点精解

本条为新增条款。注意:第一,此处的"当事人"在行政诉讼中主要指原告一方;第二,共同诉讼的诉讼代表人必须为共同诉讼的当事人;第三,代表人的诉讼行为仅包括提供证据、法庭辩论等行为,对于代表人变更、放弃诉讼请求或者承认对方当事人的诉讼请求等涉及当事人实体权利的行为,必须经被代表的当事人同意。

★**第二十九条** 【第三人】公民、法人或者其他组织同被诉行政行为有利害关系但没有提起诉讼,或者同案件处理结果有利害关系的,可以作为第三人申请参加诉讼,或者由人民法院通知参加诉讼。

人民法院判决第三人承担义务或者减损第三人权益的,第三人有权依法提起上诉。

◆相关法条

◇2000年行诉解释

第二十四条 行政机关的同一具体行政行为涉及两个以上利害关系人,其中一部分利害关系人对具体行政行为不服提起诉讼,人民法院应当通知没有起诉的其他利害关系人作为第三人参加诉讼。

第三人有权提出与本案有关的诉讼主张,对人民法院一审判决不服,有权提起上诉。

◆要点精解

本条进行了修改。

1. 根据本条规定,行政诉讼中的第三人有以下几个特征:(1)行政诉讼中的第三人一般是原、被告之外的利害关系人。(2)行政诉讼中的第三人是同被诉的行政行为有利害关系的人。(3)行政诉讼中的第三人参加诉讼,一般是在诉讼开始后和审结前。

2. 行政诉讼第三人参加诉讼的方式有两种:(1)主动申请参加诉讼;(2)由人民法院依职权通知其参加诉讼。

3. 行政诉讼第三人相对于民事诉讼第三人来说有其特殊性,在行政诉讼中,有的第三人资格与原告资格相同,地位可以互换;有的第三人与被告地位相似,如应追加被告而原告不同意的,人民法院应通知其以第三人的身份参加诉讼。

4. 行政诉讼第三人有两种类别:(1)原告所起诉的被告不适格,人民法院应当告知原告变更被告,原告不同意变更的,裁定驳回起诉。应当追加被告而原告不同意追加的,人民法院应当通知其以第三人的身份参加诉讼。(2)行政机关的同一行政行为涉及两个以上利害关系人,其中一部分利害关系人对行政行为不服提起诉讼,人民法院应当通知没有起诉的其他利害关系人作为第三人参加诉讼。在实践中,第二种类别的行政诉讼第三人大致有以下几种情况:行政处罚案件中的受害人或被处罚人;行政机关与非行政机关共同署名作出处理决定中的非行政机关;确权案件中主张权利的人;共同利害关系人。

5. 在行政诉讼中,人民法院判决第三人承担义务或者减损第三人权益的,第三人有权依法提起上诉。

第三十条 【法定代理】没有诉讼行为能力的公民,由其法定代理人代为诉讼。法定代理人互相推诿代理责任的,由人民法院指定其中一人代为诉讼。

第三十一条 【委托代理】当事人、法定代理人,可以委托一至二人作为诉讼代理人。

下列人员可以被委托为诉讼代理人:

(一)律师、基层法律服务工作者;

(二)当事人的近亲属或者工作人员;

(三)当事人所在社区、单位以及有关社会团体推荐的公民。

◆相关法条

◇2000年行诉解释

第二十五条 当事人委托诉讼代理人,应当向人民法院提交由委托人签名或者盖章的授权委托书。委托书应当载明委托事项和具体权限。公民在特殊情况下无法书面委托的,也可以口头委托。口头委托的,人民法院应当核实并记录在卷;被诉机关或者其他有义务协助的机关拒绝人民法院向被限制人身自由的公民核实的,视为委托成立。当事人解除或者变更委托的,应当书面报告人民法院,由人民法院通知其他当事人。

★**第三十二条** 【律师、当事人和其他诉讼代理人的权利义务】代理诉讼的律师,有权按照规定查阅、复制本案有关材料,有权向有关组织和公民调查,收集与本案有关的证据。对涉及国家秘密、商业秘密和个人隐私的材料,应当依照法律规定保密。

当事人和其他诉讼代理人有权按照规定查阅、复制本案庭审材料,但涉及国家秘密、商业秘密和个人隐私的内容除外。

第五章 证 据

第三十三条 【证据的种类】证据包括:
(一)书证;
(二)物证;
(三)视听资料;
(四)电子数据;
(五)证人证言;
(六)当事人的陈述;
(七)鉴定意见;
(八)勘验笔录、现场笔录。

以上证据经法庭审查属实,才能作为认定案件事实的根据。

◆**相关法条**
◇2000年行诉解释

第三十条 下列证据不能作为认定被诉具体行政行为合法的根据:
(一)被告及其诉讼代理人在作出具体行政行为后自行收集的证据;
(二)被告严重违反法定程序收集的其他证据。

第三十一条 未经法庭质证的证据不能作为人民法院裁判的根据。

复议机关在复议过程中收集和补充的证据,不能作为人民法院维持原具体行政行为的根据。

被告在二审过程中向法庭提交在一审过程中没有提交的证据,不能作为二审法院撤销或者变更一审裁判的根据。

◇行诉证据规定

第十条 根据行政诉讼法第三十一条第一款第(一)项的规定,当事人向人民法院提供书证的,应当符合下列要求:
(一)提供书证的原件,原本、正本和副本均属于书证的原件。提供原件确有困难的,可以提供与原件核对无误的复印件、照片、节录本;
(二)提供由有关部门保管的书证原件的复制件、影印件或者抄录件的,应当注明出处,经该部门核对无异后加盖其印章;
(三)提供报表、图纸、会计账册、专业技术资料、科技文献等书证的,应当附有说明材料;
(四)被告提供的被诉具体行政行为所依据的询问、陈述、谈话类笔录,应当有行政执法人员、被询问人、陈述人、谈话人签名或者盖章。

法律、法规、司法解释和规章对书证的制作形式另有规定的,从其规定。

第十一条 根据行政诉讼法第三十一条第一款第(二)项的规定,当事人向人民法院提供物证的,应当符合下列要求:
(一)提供原物。提供原物确有困难的,可以提供与原物核对无误的复制件或者证明该物证的照片、录像等其他证据;
(二)原物为数量较多的种类物的,提供其中的一部分。

第十二条 根据行政诉讼法第三十一条第一款第(三)项的规定,当事人向人民法院提供计算机数据或者录音、录像等视听资料的,应当符合下列要求:
(一)提供有关资料的原始载体。提供原始载体确有困难的,可以提供复制件;

（二）注明制作方法、制作时间、制作人和证明对象等；

（三）声音资料应当附有该声音内容的文字记录。

第十三条　根据行政诉讼法第三十一条第一款第（四）项的规定，当事人向人民法院提供证人证言的，应当符合下列要求：

（一）写明证人的姓名、年龄、性别、职业、住址等基本情况；

（二）有证人的签名，不能签名的，应当以盖章等方式证明；

（三）注明出具日期；

（四）附有居民身份证复印件等证明证人身份的文件。

第十四条　根据行政诉讼法第三十一条第一款第（六）项的规定，被告向人民法院提供的在行政程序中采用的鉴定结论，应当载明委托人和委托鉴定的事项、向鉴定部门提交的相关材料、鉴定的依据和使用的科学技术手段、鉴定部门和鉴定人鉴定资格的说明，并应有鉴定人的签名和鉴定部门的盖章。通过分析获得的鉴定结论，应当说明分析过程。

第十五条　根据行政诉讼法第三十一条第一款第（七）项的规定，被告向人民法院提供的现场笔录，应当载明时间、地点和事件等内容，并由执法人员和当事人签名。当事人拒绝签名或者不能签名的，应当注明原因。有其他人在现场的，可由其他人签名。法律、法规和规章对现场笔录的制作形式另有规定的，从其规定。

第十六条　当事人向人民法院提供的在中华人民共和国领域外形成的证据，应当说明来源，经所在国公证机关证明，并经中华人民共和国驻该国使领馆认证，或者履行中华人民共和国与证据所在国订立的有关条约中规定的证明手续。

当事人提供的在中华人民共和国香港特别行政区、澳门特别行政区和台湾地区内形成的证据，应当具有按照有关规定办理的证明手续。

第十七条　当事人向人民法院提供外文书证或者外国语视听资料的，应当附有由具有翻译资质的机构翻译的或者其他翻译准确的中文译本，由翻译机构盖章或者翻译人员签名。

第十八条　证据涉及国家秘密、商业秘密或者个人隐私的，提供人应当作出明确标注，并向法庭说明，法庭予以审查确认。

第十九条　当事人应当对其提交的证据材料分类编号，对证据材料的来源、证明对象和内容作简要说明，签名或者盖章，注明提交日期。

第二十条　人民法院收到当事人提交的证据材料，应当出具收据，注明证据的名称、份数、页数、件数、种类等以及收到的时间，由经办人员签名或者盖章。

第二十一条　对于案情比较复杂或者证据数量较多的案件，人民法院可以组织当事人在开庭前向对方出示或者交换证据，并将交换证据的情况记录在卷。

第三十三条　人民法院可以依当事人申请或者依职权勘验现场。

勘验现场时，勘验人必须出示人民法院的证件，并邀请当地基层组织或者当事人所在单位派人参加。当事人或其成年亲属应当到场，拒不到场的，不影响勘验的进行，但应当在勘验笔录中说明情况。

第三十四条　审判人员应当制作勘验笔录，记载勘验的时间、地点、勘验人、在场人、勘验的经过和结果，由勘验人、当事人、在场人签名。

勘验现场时绘制的现场图，应当注明绘制的时间、方位、绘制人姓名和身份等内容。

当事人对勘验结论有异议的，可以在举证期限内申请重新勘验，是否准许由人民法院决定。

第三十五条　证据应当在法庭上出示，并经庭审质证。未经庭审质证的证据，不能作为定案的依据。

当事人在庭前证据交换过程中没有争议并记录在卷的证据，经审判人员在庭审中说明后，可以作为认定案件事实的依据。

第三十六条　经合法传唤，因被告无正当理由拒不到庭而需要依法缺席判决的，被告提供的证据不能作为定案的依据，但当事人在庭前交换证据中没有争议的证据除外。

第三十七条　涉及国家秘密、商业秘密和个人隐私或者法律规定的其他应当保密的证据，不得在开庭时公开质证。

第三十八条　当事人申请人民法院调取的证据，由申请调取证据的当事人在庭审中出示，并由当事人质证。

人民法院依职权调取的证据，由法庭出示，并可就调取该证据的情况进行说明，听取当事人意见。

第三十九条　当事人应当围绕证据的关联性、合法性和真实性，针对证据有无证明效力以及证明效力大小，进行质证。

经法庭准许，当事人及其代理人可以就证据问题相互发问，也可以向证人、鉴定人或者勘验人发问。

当事人及其代理人相互发问，或者向证人、鉴定人、勘验人发问时，发问的内容应当与案件事实有关联，不得采用引诱、威胁、侮辱等语言或者方式。

第四十条　对书证、物证和视听资料进行质证时，当事人应当出示证据的原件或者原物。但有下列情况之一的除外：

（一）出示原件或者原物确有困难并经法庭准许可以出示复制件或者复制品的；

（二）原件或者原物已不存在，可以出示证明复制件、复制品与原件、原物一致的其他证据。

视听资料应当当庭播放或者显示，并由当事人进行质证。

第四十一条　凡是知道案件事实的人，都有出庭作证的义务。有下列情形之一的，经人民法院准许，当事人可以提交书面证言：

（一）当事人在行政程序或者庭前证据交换中对证人证言无异议的；

（二）证人因年迈体弱或者行动不便无法出庭的；

（三）证人因路途遥远、交通不便无法出庭的；

（四）证人因自然灾害等不可抗力或者其他意外事件无法出庭的；

（五）证人因其他特殊原因确实无法出庭的。

第四十二条　不能正确表达意志的人不能作证。

根据当事人申请，人民法院可以就证人能否正确表达意志进行审查或者交由有关部门鉴定。必要时，人民法院也可以依职权交由有关部门鉴定。

第四十三条　当事人申请证人出庭作证的，应当在举证期限届满前提出，并经人民法院许可。人民法院准许证人出庭作证的，应当在开庭审理前通知证人出庭作证。

当事人在庭审过程中要求证人出庭作证的，法庭可以根据审理案件的具体情况，决定是否准许以及是否延期审理。

第四十四条　有下列情形之一，原告或者第三人可以要求相关行政执法人员作为证人出庭作证：

（一）对现场笔录的合法性或者真实性有异议的；

（二）对扣押财产的品种或者数量有异议的；

（三）对检验的物品取样或者保管有异议的；

（四）对行政执法人员的身份的合法性有异议的；

（五）需要出庭作证的其他情形。

第四十五条　证人出庭作证时，应当出示证明其身份的证件。法庭应当告知其诚实作证的法律义务和作伪证的法律责任。

出庭作证的证人不得旁听案件的审理。法庭询问证人时，其他证人不得在场，但组织证人对质的除外。

第四十六条　证人应当陈述其亲历的具体事实。证人根据其经历所作的判断、推测或者评论,不能作为定案的依据。

第四十七条　当事人要求鉴定人出庭接受询问的,鉴定人应当出庭。鉴定人因正当事由不能出庭的,经法庭准许,可以不出庭,由当事人对其书面鉴定结论进行质证。

鉴定人不能出庭的正当事由,参照本规定第四十一条的规定。

对于出庭接受询问的鉴定人,法庭应当核实其身份、与当事人及案件的关系,并告知鉴定人如实说明鉴定情况的法律义务和故意作虚假说明的法律责任。

第四十八条　对被诉具体行政行为涉及的专门性问题,当事人可以向法庭申请由专业人员出庭进行说明,法庭也可以通知专业人员出庭说明。必要时,法庭可以组织专业人员进行对质。

当事人对出庭的专业人员是否具备相应专业知识、学历、资历等专业资格等有异议的,可以进行询问。由法庭决定其是否可以作为专业人员出庭。

专业人员可以对鉴定人进行询问。

第四十九条　法庭在质证过程中,对与案件没有关联的证据材料,应予排除并说明理由。

法庭在质证过程中,准许当事人补充证据的,对补充的证据仍应进行质证。

法庭对经过庭审质证的证据,除确有必要外,一般不再进行质证。

第五十条　在第二审程序中,对当事人依法提供的新的证据,法庭应当进行质证;当事人对第一审认定的证据仍有争议的,法庭也应当进行质证。

第五十一条　按照审判监督程序审理的案件,对当事人依法提供的新的证据,法庭应当进行质证;因原判决、裁定认定事实的证据不足而提起再审所涉及的主要证据,法庭也应当进行质证。

第五十二条　本规定第五十条和第五十一条中的"新的证据"是指以下证据:

(一)在一审程序中应当准予延期提供而未获准许的证据;

(二)当事人在一审程序中依法申请调取而未获准许或者未取得,人民法院在第二审程序中调取的证据;

(三)原告或者第三人提供的在举证期限届满后发现的证据。

第五十三条　人民法院裁判行政案件,应当以证据证明的案件事实为依据。

第五十四条　法庭应当对经过庭审质证的证据和无需质证的证据进行逐一审查和对全部证据综合审查,遵循法官职业道德,运用逻辑推理和生活经验,进行全面、客观和公正的分析判断,确定证据材料与案件事实之间的证明关系,排除不具有关联性的证据材料,准确认定案件事实。

第五十五条　法庭应当根据案件的具体情况,从以下方面审查证据的合法性:

(一)证据是否符合法定形式;

(二)证据的取得是否符合法律、法规、司法解释和规章的要求;

(三)是否有影响证据效力的其他违法情形。

第五十六条　法庭应当根据案件的具体情况,从以下方面审查证据的真实性:

(一)证据形成的原因;

(二)发现证据时的客观环境;

(三)证据是否为原件、原物,复制件、复制品与原件、原物是否相符;

(四)提供证据的人或者证人与当事人是否具有利害关系;

(五)影响证据真实性的其他因素。

第五十七条　下列证据材料不能作为定案依据:

(一)严重违反法定程序收集的证据材料;

(二)以偷拍、偷录、窃听等手段获取侵害他人合法权益的证据材料;

(三)以利诱、欺诈、胁迫、暴力等不正当手段获取的证据材料;

(四)当事人无正当事由超出举证期限提供的证据材料;

（五）在中华人民共和国领域以外或者在中华人民共和国香港特别行政区、澳门特别行政区和台湾地区形成的未办理法定证明手续的证据材料；

（六）当事人无正当理由拒不提供原件、原物，又无其他证据印证，且对方当事人不予认可的证据的复制件或者复制品；

（七）被当事人或者他人进行技术处理而无法辨明真伪的证据材料；

（八）不能正确表达意志的证人提供的证言；

（九）不具备合法性和真实性的其他证据材料。

第五十八条　以违反法律禁止性规定或者侵犯他人合法权益的方法取得的证据，不能作为认定案件事实的依据。

第五十九条　被告在行政程序中依照法定程序要求原告提供证据，原告依法应当提供而拒不提供，在诉讼程序中提供的证据，人民法院一般不予采纳。

第六十条　下列证据不能作为认定被诉具体行政行为合法的依据：

（一）被告及其诉讼代理人在作出具体行政行为后或者在诉讼程序中自行收集的证据；

（二）被告在行政程序中非法剥夺公民、法人或者其他组织依法享有的陈述、申辩或者听证权利所采用的证据；

（三）原告或者第三人在诉讼程序中提供的、被告在行政程序中未作为具体行政行为依据的证据。

第六十一条　复议机关在复议程序中收集和补充的证据，或者作出原具体行政行为的行政机关在复议程序中未向复议机关提交的证据，不能作为人民法院认定原具体行政行为合法的依据。

第六十二条　对被告在行政程序中采纳的鉴定结论，原告或者第三人提出证据证明有下列情形之一的，人民法院不予采纳：

（一）鉴定人不具备鉴定资格；

（二）鉴定程序严重违法；

（三）鉴定结论错误、不明确或者内容不完整。

第六十三条　证明同一事实的数个证据，其证明效力一般可以按照下列情形分别认定：

（一）国家机关以及其他职能部门依职权制作的公文文书优于其他书证；

（二）鉴定结论、现场笔录、勘验笔录、档案材料以及经过公证或者登记的书证优于其他书证、视听资料和证人证言；

（三）原件、原物优于复制件、复制品；

（四）法定鉴定部门的鉴定结论优于其他鉴定部门的鉴定结论；

（五）法庭主持勘验所制作的勘验笔录优于其他部门主持勘验所制作的勘验笔录；

（六）原始证据优于传来证据；

（七）其他证人证言优于与当事人有亲属关系或者其他密切关系的证人提供的对该当事人有利的证言；

（八）出庭作证的证人证言优于未出庭作证的证人证言；

（九）数个种类不同、内容一致的证据优于一个孤立的证据。

第六十四条　以有形载体固定或者显示的电子数据交换、电子邮件以及其他数据资料，其制作情况和真实性经对方当事人确认，或者以公证等其他有效方式予以证明的，与原件具有同等的证明效力。

第六十五条　在庭审中一方当事人或者其代理人在代理权限范围内对另一方当事人陈述的案件事实明确表示认可的，人民法院可以对该事实予以认定。但有相反证据足以推翻的除外。

第六十六条　在行政赔偿诉讼中，人民法院主持调解时当事人为达成调解协议而对案件事实的认可，不得在其后的诉讼中作为对其不利的证据。

第六十七条　在不受外力影响的情况下，一方当事人提供的证据，对方当事人明确表示认可的，可以认定该证据的证明效力；对方当事人予以否认，但不能提供充分的证据进行反驳的,可以综合全案情况审查认定该证据的证明效力。

第六十八条 下列事实法庭可以直接认定:

(一)众所周知的事实;

(二)自然规律及定理;

(三)按照法律规定推定的事实;

(四)已经依法证明的事实;

(五)根据日常生活经验法则推定的事实。

前款(一)、(三)、(四)、(五)项,当事人有相反证据足以推翻的除外。

第六十九条 原告确有证据证明被告持有的证据对原告有利,被告无正当事由拒不提供的,可以推定原告的主张成立。

第七十条 生效的人民法院裁判文书或者仲裁机构裁决文书确认的事实,可以作为定案依据。但是如果发现裁判文书或者裁决文书认定的事实有重大问题的,应当中止诉讼,通过法定程序予以纠正后恢复诉讼。

第七十一条 下列证据不能单独作为定案依据:

(一)未成年人所作的与其年龄和智力状况不相适应的证言;

(二)与一方当事人有亲属关系或者其他密切关系的证人所作的对该当事人有利的证言,或者与一方当事人有不利关系的证人所作的对该当事人不利的证言;

(三)应当出庭作证而无正当理由不出庭作证的证人证言;

(四)难以识别是否经过修改的视听资料;

(五)无法与原件、原物核对的复制件或者复制品;

(六)经一方当事人或者他人改动,对方当事人不予认可的证据材料;

(七)其他不能单独作为定案依据的证据材料。

第七十二条 庭审中经过质证的证据,能够当庭认定的,应当当庭认定;不能当庭认定的,应当在合议庭合议时认定。

人民法院应当在裁判文书中阐明证据是否采纳的理由。

第七十三条 法庭发现当庭认定的证据有误,可以按照下列方式纠正:

(一)庭审结束前发现错误的,应当重新进行认定;

(二)庭审结束后宣判前发现错误的,在裁判文书中予以更正并说明理由,也可以再次开庭予以认定;

(三)有新的证据材料可能推翻已认定的证据的,应当再次开庭予以认定。

第七十四条 证人、鉴定人及其近亲属的人身和财产安全受法律保护。

人民法院应当对证人、鉴定人的住址和联系方式予以保密。

第七十五条 证人、鉴定人因出庭作证或者接受询问而支出的合理费用,由提供证人、鉴定人的一方当事人先行支付,由败诉一方当事人承担。

◆要点精解

行政诉讼证据可以依据不同的分类标准划分为不同的种类。

本条规定了行政诉讼中的8种法定证据,而《行政证据规定》详细规定了这几种法定证据的提供要求、对质辨认规则、核实规则和审核认定规则,该问题是司法考试中的重点、难点,应当认真掌握。

新增"电子数据"这一证据种类。

★**第三十四条 【举证责任】**被告对作出的行政行为负有举证责任,应当提供作出该行政行为的证据和所依据的规范性文件。

被告不提供或者无正当理由逾期提供证据,视为没有相应证据。但是,被诉行政行为涉及第三人合法权益,第三人提供证据的除外。

◆相关法条

◇2000年行诉解释

第二十六条 在行政诉讼中,被告对其作出的具体行政行为承担举证责任。

被告应当在收到起诉状副本之日起10日内提交答辩状,并提供作出具体行政行为时的证据、依据；被告不提供或者无正当理由逾期提供的，应当认定该具体行政行为没有证据、依据。

第二十七条　原告对下列事项承担举证责任：

（一）证明起诉符合法定条件，但被告认为原告起诉超过起诉期限的除外；

（二）在起诉被告不作为的案件中，证明其提出申请的事实；

（三）在一并提起的行政赔偿诉讼中，证明因受被诉行为侵害而造成损失的事实；

（四）其他应当由原告承担举证责任的事项。

◇行诉证据规定

第一条　根据行政诉讼法第三十二条和第四十三条的规定，被告对作出的具体行政行为负有举证责任，应当在收到起诉状副本之日起十日内，提供据以作出被诉具体行政行为的全部证据和所依据的规范性文件。被告不提供或者无正当理由逾期提供证据的，视为被诉具体行政行为没有相应的证据。

被告因不可抗力或者客观上不能控制的其他正当事由，不能在前款规定的期限内提供证据的，应当在收到起诉状副本之日起十日内向人民法院提出延期提供证据的书面申请。人民法院准许延期提供的，被告应当在正当事由消除后十日内提供证据。逾期提供的，视为被诉具体行政行为没有相应的证据。

◇行政赔偿规定

第三十二条　原告在行政赔偿诉讼中对自己的主张承担举证责任。被告有权提供不予赔偿或者减少赔偿数额方面的证据。

◇反倾销案规定

第七条　被告对其作出的被诉反倾销行政行为负举证责任，应当提供作出反倾销行政行为的证据和所依据的规范性文件。

人民法院依据被告的案卷记录审查被诉反倾销行政行为的合法性。被告在作出被诉反倾销行政行为时没有记入案卷的事实材料，不能作为认定该行为合法的根据。

第八条　原告对其主张的事实有责任提供证据。经人民法院依照法定程序审查，原告提供的证据具有关联性、合法性和真实性的，可以作为定案的根据。

被告在反倾销行政调查程序中依照法定程序要求原告提供证据，原告无正当理由拒不提供、不如实提供或者以其他方式严重妨碍调查，而在诉讼程序中提供的证据，人民法院不予采纳。

第九条　在反倾销行政调查程序中，利害关系人无正当理由拒不提供证据、不如实提供证据或者以其他方式严重妨碍调查的，国务院主管部门根据能够获得的证据得出的事实结论，可以认定为证据充分。

◇反补贴案规定

第七条　被告对其作出的被诉反补贴行政行为负举证责任，应当提供作出反补贴行政行为的证据和所依据的规范性文件。

人民法院依据被告的案卷记录审查被诉反补贴行政行为的合法性。被告在作出被诉反补贴行政行为时没有记入案卷的事实材料，不能作为认定该行为合法的根据。

第八条　原告对其主张的事实有责任提供证据。经人民法院依照法定程序审查，原告提供的证据具有关联性、合法性和真实性的，可以作为定案的根据。

被告在反补贴行政调查程序中依照法定程序要求原告提供证据，原告无正当理由拒不提供、不如实提供或者以其他方式严重妨碍调查，而在诉讼程序中提供的证据，人民法院不予采纳。

第九条　在反补贴行政调查程序中，利害关系人无正当理由拒不提供证据、不如实提供证据或者以其他方式严重妨碍调查的，国务院主管部门根据能够获得的证据得出的事实结论，可以认定为证据充分。

◆要点精解

综合上述司法解释以及其他相关规定，可以将行政诉讼中的举证责任规则归纳为"主要由被告承担举证责任"。行政诉讼确定被告对被诉的行政行为负举证责任,是行政诉讼举证责任的原则和特色,在行政诉讼中具有特殊意义。

行政诉讼在举证责任范围上具有以下特点:

1.在行政诉讼中,被告举证责任的范围包括作出行政行为的证据和所依据的规范性文件,即举证范围不限于事实根据,而且还包括行政主体作出行政行为的法律及行政规范依据。

2.被告对被诉的行政行为负有举证责任,并不意味着在行政诉讼中被告对一切事实都负有举证责任,而只是在确定行政行为的合法性时,必须由被告承担举证责任。

3.原告对其所主张的被诉行政行为违法不负担举证责任,但这并不意味着原告不负任何举证责任。

原告的举证责任具体表现在:

(1)公民、法人或者其他组织向人民法院起诉时,应当提供其符合起诉条件的相应的证据材料,证明起诉符合法定条件,但被告认为原告起诉超过起诉期限的除外。被告认为原告起诉超过法定期限,由被告承担举证责任。

(2)在起诉被告不作为的案件中,证明其提出申请的事实。

(3)原告在一并提起的行政赔偿诉讼中,证明因受被诉行政行为侵害而造成损失的事实;在行政赔偿诉讼中,原告应当对被诉行为造成损害的事实提供证据。

4.被告举证应注意以下问题:

被告对作出的行政行为负有举证责任,《行诉证据规定》规定应当在收到起诉状副本之日起10日内,提交据以作出被诉具体行政行为的全部证据和所依据的规范性文件。而新法第67条规定,被告提供应当在收到起诉状副本之日起15日内提交,变更了举证期限。被告不提供或者无正当理由逾期提供的,视为没有相应证据。注意,此处的"据以作出被诉具体行政行为的全部证据和所依据的规范性文件",必须是作出行政行为时已经收集的并作为行政行为依据的证据。因此:

(1)在行政程序中,被告可以收集而没有收集的证据,在行政程序终结后,不能作为行政行为合法的依据。

①被告在作出行政行为之后,诉讼过程开始之前,向原告或证人自行收集证据,不能视为合法证据。

②在诉讼过程中,被告及其诉讼代理人不得自行向原告、第三人和证人收集证据。

③复议机关在复议程序中收集和补充的证据,不能作为人民法院认定原行政行为合法的依据。

(2)在行政程序中已经收集,但没有作为行政行为依据的证据,也不能作为行政行为合法的依据。

①原告或者第三人在诉讼程序中提供的、被告在行政程序中未作为行政行为依据的证据,不能作为认定被诉行政行为合法的依据。

②作出原行政行为的行政机关在复议程序中未向复议机关提交的证据,不能作为人民法院认定原行政行为合法的依据。

(3)注意对"被告"的限制同样适用于"被告的诉讼代理人",而条文中的"证人"包括原告方的证人和被告方的证人。

5.原告的举证时限问题应注意以下几个方面:

(1)一般情况下,原告或者第三人应当在开庭审理前或者人民法院指定的交换证据之日提供证据。

(2)因正当事由申请延期提供证据的,经人民法院准许,可以在法庭调查中提供。

(3)"原告或者第三人在第一审程序中无正当事由未提供而在第二审程序中提供的证据,人民法院不予接纳。"这意味着,原告或者第三人的举证期限也是在一审程序中。二审程序中提出的证据没有证明效力,不能作为定案的根据,但是,如果原告或者第三人在二审程序中提供的证据是在举证期限届满后发现的,也能在二审程序中进行质证,从而可以作为定案根据。

(4)原告逾期提供证据的,视为放弃举证权利。

◆司考真题

◇2009年卷2第87题(多选)

许某与汤某系夫妻,婚后许某精神失常。二人提出离婚,某县民政局准予离婚。许某之兄认为许某为无民事行为能力人,县民政局准予离婚行为违法,遂提起行政诉讼。县民政局向法院提交了县医院对许某作出的间歇性精神病的鉴定结论。许某之兄申请法院重新进行鉴定。下列哪些选项是正确的?

A.原告需对县民政局准予离婚行为违法承担举证责任

B.鉴定结论应有鉴定人的签名和鉴定部门的盖章

C.当事人申请法院重新鉴定可以口头提出

D.当事人申请法院重新鉴定应当在举证期限内提出

答案:BD

★**第三十五条** 【被告取证限制】在诉讼过程中,被告及其诉讼代理人不得自行向原告、第三人和证人收集证据。

◆相关法条

◇行政复议法

第二十四条 在行政复议过程中,被申请人不得自行向申请人和其他有关组织或者个人收集证据。

◇行诉证据规定

第三条 根据行政诉讼法第三十三条的规定,在诉讼过程中,被告及其诉讼代理人不得自行向原告和证人收集证据。

第三十六条 【被告延期提供和补充证据】被告在作出行政行为时已经收集了证据,但因不可抗力等正当事由不能提供的,经人民法院准许,可以延期提供。

原告或者第三人提出了其在行政处理程序中没有提出的理由或者证据的,经人民法院准许,被告可以补充证据。

第三十七条 【原告可以提供证据】原告可以提供证明行政行为违法的证据。原告提供的证据不成立的,不免除被告的举证责任。

第三十八条 【原告的举证责任】在起诉被告不履行法定职责的案件中,原告应当提供其向被告提出申请的证据。但有下列情形之一的除外:

(一)被告应当依职权主动履行法定职责的;

(二)原告因正当理由不能提供证据的。

在行政赔偿、补偿的案件中,原告应当对行政行为造成的损害提供证据。因被告的原因导致原告无法举证的,由被告承担举证责任。

第三十九条 【法院要求提供或补充证据】人民法院有权要求当事人提供或者补充证据。

第四十条 【法院调取证据】人民法院有权向有关行政机关以及其他组织、公民调取证据。但是,不得为证明行政行为的合法性调取被告作出行政行为时未收集的证据。

第四十一条 【申请法院调取证据】与本案有关的下列证据,原告或者第三人不能自行收集的,可以申请人民法院调取:

(一)由国家机关保存而须由人民法院调取的证据;

(二)涉及国家秘密、商业秘密和个人隐私的证据;

(三)确因客观原因不能自行收集的其他证据。

◆相关法条

◇2000年行诉解释

第二十八条 有下列情形之一的,被告经人民法院准许可以补充相关的证据:

(一)被告在作出具体行政行为时已经收集证据,但因不可抗力等正当事由不能提供的;

（二）原告或者第三人在诉讼过程中，提出了其在被告实施行政行为过程中没有提出的反驳理由或者证据的。

第二十九条　有下列情形之一的，人民法院有权调取证据：

（一）原告或者第三人及其诉讼代理人提供了证据线索，但无法自行收集而申请人民法院调取的；

（二）当事人应当提供而无法提供原件或者原物的。

◇行诉证据规定

第九条　根据行政诉讼法第三十四条第一款的规定，人民法院有权要求当事人提供或者补充证据。

对当事人无争议，但涉及国家利益、公共利益或者他人合法权益的事实，人民法院可以责令当事人提供或者补充有关证据。

第二十二条　根据行政诉讼法第三十四条第二款的规定，有下列情形之一的，人民法院有权向有关行政机关以及其他组织、公民调取证据：

（一）涉及国家利益、公共利益或者他人合法权益的事实认定的；

（二）涉及依职权追加当事人、中止诉讼、终结诉讼、回避等程序性事项的。

第二十三条　原告或者第三人不能自行收集，但能够提供确切线索的，可以申请人民法院调取下列证据材料：

（一）由国家有关部门保存而须由人民法院调取的证据材料；

（二）涉及国家秘密、商业秘密、个人隐私的证据材料；

（三）确因客观原因不能自行收集的其他证据材料。

人民法院不得为证明被诉具体行政行为的合法性，调取被告在作出具体行政行为时未收集的证据。

第二十四条　当事人申请人民法院调取证据的，应当在举证期限内提交调取证据申请书。

调取证据申请书应当写明下列内容：

（一）证据持有人的姓名或者名称、住址等基本情况；

（二）拟调取证据的内容；

（三）申请调取证据的原因及其要证明的案件事实。

第二十五条　人民法院对当事人调取证据的申请，经审查符合调取证据条件的，应当及时决定调取；不符合调取证据条件的，应当向当事人或者其诉讼代理人送达通知书，说明不准许调取的理由。当事人及其诉讼代理人可以在收到通知书之日起三日内向受理申请的人民法院书面申请复议一次。

人民法院应当在收到复议申请之日起五日内作出答复。人民法院根据当事人申请，经调取未能取得相应证据的，应当告知申请人并说明原因。

第二十六条　人民法院需要调取的证据在异地的，可以书面委托证据所在地人民法院调取。受托人民法院应当在收到委托书后，按照委托要求及时完成调取证据工作，送交委托人民法院。受托人民法院不能完成委托内容的，应当告知委托的人民法院并说明原因。

◆要点精解

人民法院调取证据分为依职权和依申请两大类。

1. 依职权调取证据的情形，具体内容参见《行诉证据规定》第22条。

2. 依申请调取证据。只有原告和第三人才可申请人民法院调取证据。原告或者第三人申请人民法院调取证据必须满足以下条件：

（1）原告或者第三人不能自行收集；

（2）由国家有关部门保存而须由人民法院调取的证据材料；

（3）涉及国家秘密、商业秘密、个人隐私的证据材料；

（4）确因客观原因不能自行收集的其他证据材料；

（5）当事人申请人民法院调取证据的，应

当在举证期限内提交调取证据申请书。

注意人民法院不得为证明被诉行政行为的合法性,调取被告在作出行政行为时未收集的证据。

第四十二条 【对证据的保全】在证据可能灭失或者以后难以取得的情况下,诉讼参加人可以向人民法院申请保全证据,人民法院也可以主动采取保全措施。

◆相关法条

◇行诉证据规定

第二十七条 当事人根据行政诉讼法第三十六条的规定向人民法院申请保全证据的,应当在举证期限届满前以书面形式提出,并说明证据的名称和地点、保全的内容和范围、申请保全的理由等事项。

当事人申请保全证据的,人民法院可以要求其提供相应的担保。

法律、司法解释规定诉前保全证据的,依照其规定办理。

第二十八条 人民法院依照行政诉讼法第三十六条规定保全证据的,可以根据具体情况,采取查封、扣押、拍照、录音、录像、复制、鉴定、勘验、制作询问笔录等保全措施。

人民法院保全证据时,可以要求当事人或者其诉讼代理人到场。

第四十三条 【证据的适用】证据应当在法庭上出示,并由当事人互相质证。对涉及国家秘密、商业秘密和个人隐私的证据,不得在公开庭时出示。

人民法院应当按照法定程序,全面、客观地审查核实证据。对未采纳的证据应当在裁判文书中说明理由。

以非法手段取得的证据,不得作为认定案件事实的根据。

◆相关法条

◇行诉证据规定

第三十五条 证据应当在法庭上出示,并经庭审质证。未经庭审质证的证据,不能作为定案的依据。

当事人在庭前证据交换过程中没有争议并记录在卷的证据,经审判人员在庭审中说明后,可以作为认定案件事实的依据。

第三十六条 经合法传唤,因被告无正当理由拒不到庭而需要依法缺席判决的,被告提供的证据不能作为定案的依据,但当事人在庭前交换证据中没有争议的证据除外。

第三十七条 涉及国家秘密、商业秘密和个人隐私或者法律规定的其他应当保密的证据,不得在开庭时公开质证。

第三十八条 当事人申请人民法院调取的证据,由申请调取证据的当事人在庭审中出示,并由当事人质证。

人民法院依职权调取的证据,由法庭出示,并可就调取该证据的情况进行说明,听取当事人意见。

第五十四条 法庭应当对经过庭审质证的证据和无需质证的证据进行逐一审查和对全部证据综合审查,遵循法官职业道德,运用逻辑推理和生活经验,进行全面、客观和公正地分析判断,确定证据材料与案件事实之间的证明关系,排除不具有关联性的证据材料,准确认定案件事实。

第五十五条 法庭应当根据案件的具体情况,从以下方面审查证据的合法性:

(一)证据是否符合法定形式;

(二)证据的取得是否符合法律、法规、司法解释和规章的要求;

(三)是否有影响证据效力的其他违法情形。

第五十七条 下列证据材料不能作为定案依据:

(一)严重违反法定程序收集的证据材料;

(二)以偷拍、偷录、窃听等手段获取侵害他人合法权益的证据材料;

(三)以利诱、欺诈、胁迫、暴力等不正当手段获取的证据材料;

(四)当事人无正当事由超出举证期限提供的证据材料;

（五）在中华人民共和国领域以外或者在中华人民共和国香港特别行政区、澳门特别行政区和台湾地区形成的未办理法定证明手续的证据材料；

（六）当事人无正当理由拒不提供原件、原物，又无其他证据印证，且对方当事人不予认可的证据的复制件或者复制品；

（七）被当事人或者他人进行技术处理而无法辨明真伪的证据材料；

（八）不能正确表达意志的证人提供的证言；

（九）不具备合法性和真实性的其他证据材料。

第五十八条 以违反法律禁止性规定或者侵犯他人合法权益的方法取得的证据，不能作为认定案件事实的依据。

第六章 起诉和受理

第四十四条 【行政复议与诉讼】对属于人民法院受案范围的行政案件，公民、法人或者其他组织可以先向行政机关申请复议，对复议决定不服，再向人民法院提起诉讼；也可以直接向人民法院提起诉讼。

法律、法规规定应当先向行政机关申请复议，对复议决定不服再向人民法院提起诉讼的，依照法律、法规的规定。

◆ **相关法条**

◇2000年行诉解释

第三十三条 法律、法规规定应当先申请复议，公民、法人或者其他组织未申请复议直接提起诉讼的，人民法院不予受理。

复议机关不受理复议申请或者在法定期限内不作出复议决定，公民、法人或者其他组织不服，依法向人民法院提起诉讼的，人民法院应当依法受理。

第三十四条 法律、法规未规定行政复议为提起行政诉讼必经程序，公民、法人或者其他组织既提起诉讼又申请行政复议的，由先受理的机关管辖；同时受理的，由公民、法人或者其他组织选择。公民、法人或者其他组织已申请行政复议，在法定复议期间内又向人民法院提起诉讼的，人民法院不予受理。

第三十五条 法律、法规未规定行政复议为提起行政诉讼必经程序，公民、法人或者其他组织向复议机关申请行政复议后，又经复议机关同意撤回复议申请，在法定起诉期限内对原具体行政行为提起诉讼的，人民法院应当依法受理。

◇行政复议法

第十四条 对国务院部门或者省、自治区、直辖市人民政府的具体行政行为不服的，向作出该具体行政行为的国务院部门或者省、自治区、直辖市人民政府申请行政复议。对行政复议决定不服的，可以向人民法院提起行政诉讼；也可以向国务院申请裁决，国务院依照本法的规定作出最终裁决。

第三十条 公民、法人或者其他组织认为行政机关的具体行政行为侵犯其已经依法取得的土地、矿藏、水流、森林、山岭、草原、荒地、滩涂、海域等自然资源的所有权或者使用权的，应当先申请行政复议；对行政复议决定不服的，可以依法向人民法院提起行政诉讼。

根据国务院或者省、自治区、直辖市人民政府对行政区划的勘定、调整或者征收土地的决定，省、自治区、直辖市人民政府确认土地、矿藏、水流、森林、山岭、草原、荒地、滩涂、海域等自然资源的所有权或者使用权的行政复议决定为最终裁决。

◇行政复议法第30条第1款的批复

根据《行政复议法》第三十条第一款的规定，公民、法人或者其他组织认为行政机关确认土地、矿藏、水流、森林、山岭、草原、荒地、滩涂、海域等自然资源的所有权或者使用权的具体行政行为，侵犯其已经依法取得的自然资源所有权或者使用权的，经行政复议后，才可以向人民法院提起行政诉讼，但法律另有规定的除外；对涉及自然资源所有权或者使用权的行政处罚、行政强制措施等其他具体行政行为提起行政诉讼的,不适用《行政复议法》第三十条第一款的规定。

◇治安管理处罚法

第一百零二条　被处罚人对治安管理处罚决定不服的,可以依法申请行政复议或者提起行政诉讼。

◇集会游行示威法

第三十一条　当事人对公安机关依照本法第二十八条第二款或者第三十条的规定给予的拘留处罚决定不服的,可以自接到处罚决定通知之日起五日内,向上一级公安机关提出申诉,上一级公安机关应当自接到申诉之日起五日内作出裁决;对上一级公安机关裁决不服的,可以自接到裁决通知之日起五日内,向人民法院提起诉讼。

◇国际贸易案规定

第三条　自然人、法人或者其他组织认为中华人民共和国具有国家行政职权的机关和组织及其工作人员(以下统称行政机关)有关国际贸易的具体行政行为侵犯其合法权益的,可以依照行政诉讼法以及其他有关法律、法规的规定,向人民法院提起行政诉讼。

◆要点精解

同作为救济途径,行政复议与行政诉讼之间在程序上互相衔接。

1. 对于二者在程序上的衔接主要有以下方式:

(1)选择型。即由公民、法人或者其他组织在行政复议与行政诉讼之间自由选择,在选择行政复议后如对复议决定不服仍可以提起行政诉讼。我国绝大多数法律、法规,包括列入司法考试范围的法律、法规大多是这样规定的。这种模式坚持了司法最终裁决原则。

(2)选择兼终局型。公民、法人或者其他组织对行政行为不服,有权在行政复议和行政诉讼之间作出选择,但与第(1)种情况不同,此种选择属排他性选择,一旦当事人选择了行政复议,行政复议决定即为发生法律效力的终局决定,当事人将因选择复议而丧失了提起行政诉讼的权利。

(3)复议前置型。即行政复议是行政诉讼的必经程序,又称复议先行。公民、法人或者其他组织不服行政机关的行政行为,必须先向行政机关申请复议,如不服行政复议,再行起诉,未经复议不得起诉。如《集会游行示威法》第31条、《行政复议法》第30条第1款的规定即是如此。该模式坚持了司法最终裁决原则,但须注意的是,复议前置必须由法律、法规作出决定。

(4)复议终局型。即以行政复议决定为终局决定,公民、法人或者其他组织只能申请复议,不能提起行政诉讼,且行政复议决定产生最终的法律效力。如《行政复议法》第30条第2款的规定即是如此。

2. 当事人不能同时使用行政复议与行政诉讼这两种救济途径。如果当事人既提起诉讼又申请行政复议,应由先受理的机关管辖;同时受理的,由当事人选择。当事人已经申请行政复议,在法定复议期间内又向人民法院提起诉讼的,人民法院不予受理。但是,当事人向复议机关申请行政复议后,又经复议机关同意撤回复议申请,在法定起诉期限内对原行政行为提起诉讼的,人民法院应当依法受理。

3. 对于《行政复议法》第30条,请注意:

(1)因行政行为侵犯自然资源所有权、使用权的行政争议,适用行政复议前置原则(第1款)。需要注意的是:该行政行为仅指确权行为(即确认自然资源所有权或使用权的行政行为),如果是其他行为(如涉及自然资源所有权或者使用权的行政处罚、行政强制措施等其他行政行为),则不适用该款规定,即不适用复议前置原则,当事人可以直接向法院提起行政诉讼。

(2)省级政府对自然资源的所有权、使用权作出的确权复议决定为最终裁决,不适用诉讼,即这里采行政复议终局原则(第2款)。

4. 在司法考试中,此问题的命题方式往往是:举一案例,要求判断当事人可以采取的救济途径,实质上是考查行政诉讼与行政复议在程序上的衔接。

第四十五条　【经行政复议的起诉期限】公民、法人或者其他组织不服复议决定的,可以在收到复议决定书之日起十五日内向人民法院提起诉讼。复议机关逾期不作决定的,申请人可以在复议期满之日起十五日内向人民法院提起诉讼。法律另有规定的除外。

★第四十六条　【直接起诉的期限】公民、法人或者其他组织直接向人民法院提起诉讼的,应当自知道或者应当知道作出行政行为之日起六个月内提出。法律另有规定的除外。

因不动产提起诉讼的案件自行政行为作出之日起超过二十年,其他案件自行政行为作出之日起超过五年提起诉讼的,人民法院不予受理。

第四十七条　【行政机关不作为的起诉期限】公民、法人或者其他组织申请行政机关履行保护其人身权、财产权等合法权益的法定职责,行政机关在接到申请之日起两个月内不履行的,公民、法人或者其他组织可以向人民法院提起诉讼。法律、法规对行政机关履行职责的期限另有规定的,从其规定。

公民、法人或者其他组织在紧急情况下请求行政机关履行保护其人身权、财产权等合法权益的法定职责,行政机关不履行的,提起诉讼不受前款规定期限的限制。

◆ 相关法条
◇2015年行诉解释
第四条　公民、法人或者其他组织依照行政诉讼法第四十七条第一款的规定,对行政机关不履行法定职责提起诉讼的,应当在行政机关履行法定职责期限届满之日起六个月内提出。

◇2000年行诉解释
第三十九条　公民、法人或者其他组织申请行政机关履行法定职责,行政机关在接到申请之日起60日内不履行的,公民、法人或者其他组织向人民法院提起诉讼,人民法院应依

法受理。法律、法规、规章和其他规范性文件对行政机关履行职责的期限另有规定的,从其规定。

公民、法人或者其他组织在紧急情况下请求行政机关履行保护其人身权、财产权的法定职责,行政机关不履行的,起诉期间不受前款规定的限制。

第四十一条　行政机关作出具体行政行为时,未告知公民、法人或者其他组织诉权或者起诉期限的,起诉期限从公民、法人或者其他组织知道或者应当知道诉权或者起诉期限之日起计算,但从知道或者应当知道具体行政行为内容之日起最长不得超过2年。

复议决定未告知公民、法人或者其他组织诉权或者法定起诉期限的,适用前款规定。

第四十二条　公民、法人或者其他组织不知道行政机关作出的具体行政行为内容的,其起诉期限从知道或者应当知道该具体行政行为内容之日起计算。对涉及不动产的具体行政行为从作出之日起超过20年、其他具体行政行为从作出之日起超过5年提起诉讼的,人民法院不予受理。

◇2000年行诉解释第41条第1款的答复
一、根据《最高人民法院关于贯彻执行〈中华人民共和国行政诉讼法〉若干问题的意见(试行)》(简称《贯彻意见》)第三十五条的规定,公民、法人或者其他组织的起诉期限,在《若干解释》实施之日即2000年3月10日之前已经届满,其起诉期限届满之后提起行政诉讼的,人民法院不予受理。

二、根据《贯彻意见》第三十五条的规定,公民、法人或者其他组织的起诉期限,在《若干解释》实施之日即2000年3月10日之前尚未届满,其起诉期限适用《若干解释》第四十一条的规定。

◇行政赔偿规定
第二十二条　赔偿请求人单独提起行政赔偿诉讼,可以在向赔偿义务机关递交赔偿申请后的两个月届满之日起三个月内提出。

第二十三条　公民、法人或者其他组织在

提起行政诉讼的同时一并提出行政赔偿请求的,其起诉期限按照行政诉讼起诉期限的规定执行。

行政案件的原告可以在提起行政诉讼后至人民法院一审庭审结束前,提出行政赔偿请求。

第二十四条　赔偿义务机关作出赔偿决定时,未告知赔偿请求人的诉权或者起诉期限,致使赔偿请求人逾期向人民法院起诉的,其起诉期限从赔偿请求人实际知道诉权或者起诉期限时计算,但逾期的期间自赔偿请求人收到赔偿决定之日起不得超过一年。

◆要点精解

对于行政诉讼的起诉期限应重点掌握适用特殊起诉期限的以下三类情形:

(1)行政机关不履行职责的;

(2)行政机关未告知诉权或起诉期限的;

(3)相对人不知道行政行为内容的。

同时注意法律、法规、规章及其他规范性文件对行政机关履行职责的期限另有规定的,从其规定。

"公民、法人或者其他组织直接向人民法院提起诉讼的,应当自知道或者应当知道作出行政行为之日起六个月内提出。"期限由原来的3个月修改为6个月,保护了当事人的诉权。

★第四十八条　【诉讼期间的扣除与延长】公民、法人或者其他组织因不可抗力或者其他不属于其自身的原因耽误起诉期限的,被耽误的时间不计算在起诉期限内。

公民、法人或者其他组织因前款规定以外的其他特殊情况耽误起诉期限的,在障碍消除后十日内,可以申请延长期限,是否准许由人民法院决定。

◆相关法条

◇2000年行诉解释

第四十三条　由于不属于起诉人自身的原因超过起诉期限的,被耽误的时间不计算在起诉期限内。因人身自由受到限制而不能提起诉讼的,被限制人身自由的时间不计算在起诉期间内。

★第四十九条　【起诉条件】提起诉讼应当符合下列条件:

(一)原告是符合本法第二十五条规定的公民、法人或者其他组织;

(二)有明确的被告;

(三)有具体的诉讼请求和事实根据;

(四)属于人民法院受案范围和受诉人民法院管辖。

◆相关法条

◇2015年行诉解释

第二条　行政诉讼法第四十九条第三项规定的"有具体的诉讼请求"是指:

(一)请求判决撤销或者变更行政行为;

(二)请求判决行政机关履行法定职责或者给付义务;

(三)请求判决确认行政行为违法;

(四)请求判决确认行政行为无效;

(五)请求判决行政机关予以赔偿或者补偿;

(六)请求解决行政协议争议;

(七)请求一并审查规章以下规范性文件;

(八)请求一并解决相关民事争议;

(九)其他诉讼请求。

当事人未能正确表达诉讼请求的,人民法院应当予以释明。

◇行政赔偿规定

第二十一条　赔偿请求人单独提起行政赔偿诉讼,应当符合下列条件:

(1)原告具有请求资格;

(2)有明确的被告;

(3)有具体的赔偿请求和受损害的事实根据;

(4)加害行为为具体行政行为的,该行为已被确认为违法;

(5)赔偿义务机关已先行处理或超过法定期限不予处理;

(6)属于人民法院行政赔偿诉讼的受案范围和受诉人民法院管辖;

(7) 符合法律规定的起诉期限。

◇反倾销案规定

第二条　与反倾销行政行为具有法律上利害关系的个人或者组织为利害关系人，可以依照行政诉讼法及其他有关法律、行政法规的规定，向人民法院提起行政诉讼。

前款所称利害关系人，是指向国务院主管部门提出反倾销调查书面申请的申请人，有关出口经营者和进口经营者及其他具有法律上利害关系的自然人、法人或者其他组织。

第三条　反倾销行政案件的被告，应当是作出相应被诉反倾销行政行为的国务院主管部门。

第四条　与被诉反倾销行政行为具有法律上利害关系的其他国务院主管部门，可以作为第三人参加诉讼。

◇反补贴案规定

第二条　与反补贴行政行为具有法律上利害关系的个人或者组织为利害关系人，可以依照行政诉讼法及其他有关法律、行政法规的规定，向人民法院提起行政诉讼。

前款所称利害关系人，是指向国务院主管机关提出反补贴调查书面申请的申请人，有关出口经营者和进口经营者及其他具有法律上利害关系的自然人、法人或者其他组织。

第三条　反补贴行政案件的被告，应当是作出相应被诉反补贴行政行为的国务院主管部门。

第四条　与被诉反补贴行政行为具有法律上利害关系的其他国务院主管部门，可以作为第三人参加诉讼。

第五十条　【起诉方式】起诉应当向人民法院递交起诉状，并按照被告人数提出副本。

书写起诉状确有困难的，可以口头起诉，由人民法院记入笔录，出具注明日期的书面凭证，并告知对方当事人。

第五十一条　【登记立案】人民法院在接到起诉状时对符合本法规定的起诉条件的，应当登记立案。

对当场不能判定是否符合本法规定的起诉条件的，应当接收起诉状，出具注明收到日期的书面凭证，并在七日内决定是否立案。不符合起诉条件的，作出不予立案的裁定。裁定书应当载明不予立案的理由。原告对裁定不服的，可以提起上诉。

起诉状内容欠缺或者有其他错误的，应当给予指导和释明，并一次性告知当事人需要补正的内容。不得未经指导和释明即以起诉不符合条件为由不接收起诉状。

对于不接收起诉状、接收起诉状后不出具书面凭证，以及不一次性告知当事人需要补正的起诉状内容的，当事人可以向上级人民法院投诉，上级人民法院应当责令改正，并对直接负责的主管人员和其他直接责任人员依法给予处分。

★**第五十二条　【法院不立案的救济】**人民法院既不立案，又不作出不予立案裁定的，当事人可以向上一级人民法院起诉。上一级人民法院认为符合起诉条件的，应当立案、审理，也可以指定其他下级人民法院立案、审理。

◆相关法条

◇2015年行诉解释

第一条　人民法院对符合起诉条件的案件应当立案，依法保障当事人行使诉讼权利。

对当事人依法提起的诉讼，人民法院应当根据行政诉讼法第五十一条的规定，一律接收起诉状。能够判断符合起诉条件的，应当当场登记立案；当场不能判断是否符合起诉条件的，应当在接收起诉状后七日内决定是否立案；七日内仍不能作出判断的，应当先予立案。

起诉内容或者材料欠缺的，人民法院应当一次性全面告知当事人需要补正的内容、补充的材料及期限。在指定期限内补正并符合起诉条件的，应当登记立案。当事人拒绝补正或者经补正仍不符合起诉条件的，裁定不予立案，并载明不予立案的理由。

当事人对不予立案裁定不服的，可以提起上诉。

第三条　有下列情形之一，已经立案的，应当裁定驳回起诉：

（一）不符合行政诉讼法第四十九条规定的；

（二）超过法定起诉期限且无正当理由的；

（三）错列被告且拒绝变更的；

（四）未按照法律规定由法定代理人、指定代理人、代表人为诉讼行为的；

（五）未按照法律、法规规定先向行政机关申请复议的；

（六）重复起诉的；

（七）撤回起诉后无正当理由再行起诉的；

（八）行政行为对其合法权益明显不产生实际影响的；

（九）诉讼标的已为生效裁判所羁束的；

（十）不符合其他法定起诉条件的。

人民法院经过阅卷、调查和询问当事人，认为不需要开庭审理的，可以迳行裁定驳回起诉。

◇2000 年行诉解释

第三十二条　人民法院应当组成合议庭对原告的起诉进行审查。符合起诉条件的，应当在 7 日内立案；不符合起诉条件的，应当在 7 日内裁定不予受理。

7 日内不能决定是否受理的，应当先予受理；受理后经审查不符合起诉条件的，裁定驳回起诉。

受诉人民法院在 7 日内既不立案，又不作出裁定的，起诉人可以向上一级人民法院申诉或者起诉。上一级人民法院认为符合受理条件的，应予受理；受理后可以移交或者指定下级人民法院审理，也可以自行审理。

前三款规定的期限，从受诉人民法院收到起诉状之日起计算；因起诉状内容欠缺而责令原告补正的，从人民法院收到补正材料之日起计算。

第三十三条　法律、法规规定应当先申请复议，公民、法人或者其他组织未申请复议直接提起诉讼的，人民法院不予受理。

复议机关不受理复议申请或者在法定期限内不作出复议决定，公民、法人或者其他组织不服，依法向人民法院提起诉讼的，人民法院应当依法受理。

第三十四条　法律、法规未规定行政复议为提起行政诉讼必经程序，公民、法人或者其他组织既提起诉讼又申请行政复议的，由先受理的机关管辖；同时受理的，由公民、法人或者其他组织选择。公民、法人或者其他组织已经申请行政复议，在法定复议期间内又向人民法院提起诉讼的，人民法院不予受理。

第三十五条　法律、法规未规定行政复议为提起行政诉讼必经程序，公民、法人或者其他组织向复议机关申请行政复议后，又经复议机关同意撤回复议申请，在法定起诉期限内对原具体行政行为提起诉讼的，人民法院应当依法受理。

第三十六条　人民法院裁定准许原告撤诉后，原告以同一事实和理由重新起诉的，人民法院不予受理。

准予撤诉的裁定确有错误，原告申请再审的，人民法院应当通过审判监督程序撤销原准予撤诉的裁定，重新对案件进行审理。

第三十七条　原告或者上诉人未按规定的期限预交案件受理费，又不提出缓交、减交、免交申请，或者提出申请未获批准的，按自动撤诉处理。在按撤诉处理后，原告或者上诉人在法定期限内再次起诉或者上诉，并依法解决诉讼费预交问题的，人民法院应予受理。

第三十八条　人民法院判决撤销行政机关的具体行政行为后，公民、法人或者其他组织对行政机关重新作出的具体行政行为不服向人民法院起诉的，人民法院应当依法受理。

第四十四条　有下列情形之一的，应当裁定不予受理；已经受理的，裁定驳回起诉：

（一）请求事项不属于行政审判权限范围的；

（二）起诉人无原告诉讼主体资格的；

（三）起诉人错列被告且拒绝变更的；

（四）法律规定必须由法定或者指定代理人、代表人为诉讼行为，未由法定或者指定代理人、代表人为诉讼行为的；

（五）由诉讼代理人代为起诉，其代理不符合法定要求的；

（六）起诉超过法定期限且无正当理由的；

（七）法律、法规规定行政复议为提起诉讼必经程序而未申请复议的；

（八）起诉人重复起诉的；

（九）已撤回起诉，无正当理由再行起诉的；

（十）诉讼标的为生效判决的效力所羁束的；

（十一）起诉不具备其他法定要件的。

前款所列情形可以补正或者更正的，人民法院应当指定期间责令补正或者更正；在指定期间已经补正或者更正的，应当依法受理。

◇2000年行诉解释第44条第1款第10项的答复

行政诉讼的标的为人民法院生效判决书、裁定书和调解书所羁束的，人民法院应当依法裁定不予受理；已经受理的，应当依法裁定驳回起诉。

◇行政赔偿规定

第二条　赔偿请求人对行政机关确认具体行政行为违法但又决定不予赔偿，或者对确定的赔偿数额有异议提起行政赔偿诉讼的，人民法院应予受理。

第三条　赔偿请求人认为行政机关及其工作人员实施了国家赔偿法第三条第（三）、（四）、（五）项和第四条第（四）项规定的非具体行政行为的行为侵犯其人身权、财产权并造成损失，赔偿义务机关拒不确认致害行为违法，赔偿请求人可直接向人民法院提起行政赔偿诉讼。

第四条　公民、法人或者其他组织在提起行政诉讼的同时一并提出行政赔偿请求的，人民法院应一并受理。

赔偿请求人单独提起行政赔偿诉讼，须以赔偿义务机关先行处理为前提。赔偿请求人对赔偿义务机关确定的赔偿数额有异议或者赔偿义务机关逾期不予赔偿，赔偿请求人有权向人民法院提起行政赔偿诉讼。

第五条　法律规定由行政机关最终裁决的具体行政行为，被作出最终裁决的行政机关确认违法，赔偿请求人以赔偿义务机关应当赔偿而不予赔偿或逾期不予赔偿或者对赔偿数额有异议提起行政赔偿诉讼的，人民法院应依法受理。

第六条　公民、法人或者其他组织以国防、外交等国家行为或者行政机关制定发布行政法规、规章或者具有普遍约束力的决定、命令侵犯其合法权益造成损害为由，向人民法院提起行政赔偿诉讼的，人民法院不予受理。

第二十条　人民法院审理行政赔偿案件，需要变更被告而原告不同意变更的，裁定驳回起诉。

第二十六条　当事人先后被采取限制人身自由的行政强制措施和刑事拘留等强制措施，因强制措施被确认为违法而请求赔偿的，人民法院按其行为性质分别适用行政赔偿程序和刑事赔偿程序立案受理。

第二十七条　人民法院接到原告单独提起的行政赔偿起诉状，应当进行审查，并在七日内立案或者作出不予受理的裁定。

人民法院接到行政赔偿起诉状后，在七日内不能确定可否受理的，应当先予受理。审理中发现不符合受理条件的，裁定驳回起诉。

当事人对不予受理或者驳回起诉的裁定不服的，可以在裁定书送达之日起十日内向上一级人民法院提起上诉。

◇反倾销案规定

第一条　人民法院依法受理对下列反倾销行政行为提起的行政诉讼：

（一）有关倾销及倾销幅度、损害及损害程度的终裁决定；

（二）有关是否征收反倾销税的决定以及追溯征收、退税、对新出口经营者征税的决定；

（三）有关保留、修改或者取消反倾销税以及价格承诺的复审决定；

（四）依照法律、行政法规规定可以起诉的

其他反倾销行政行为。

◇反补贴案规定

第一条 人民法院依法受理对下列反补贴行政行为提起的行政诉讼：

（一）有关补贴及补贴金额、损害及损害程度的终裁决定；

（二）有关是否征收反补贴税以及追溯征收的决定；

（三）有关保留、修改或者取消反补贴税以及承诺的复审决定；

（四）依照法律、行政法规规定可以起诉的其他反补贴行政行为。

◆要点精解

1. 人民法院对原告的起诉进行审查，这是行政诉讼中十分重要的一项工作，并非每一个起诉法院都予以受理。法院的审查主要从以下几个方面进行：

（1）相应案件是否属于法院行政诉讼的受案范围和受诉法院管辖；

（2）是否遵循了法律关于行政复议与行政诉讼关系的规定；

（3）是否符合法律对起诉期限的规定；

（4）是否重复诉讼。

行政诉讼的起诉必须符合上述法定条件，才具备了由法院立案受理的基础。

2. 人民法院接到起诉状后，应根据当事人起诉的不同情况，分别作出以下处理：

（1）人民法院在接到起诉状时能够判断符合起诉条件的，应当场登记立案。

（2）对当场不能判定是否符合行政诉讼法规定的起诉条件的，应当接收起诉状，出具注明收到日期的书面凭证，并在 7 日内决定是否立案；7 日内仍不能作出判断的，应当先予立案。

（3）起诉状内容欠缺或者有其他错误的，应当给予指导和释明，并一次性告知当事人需要补正的内容、补充的材料及期限。在期限内补正并符合起诉条件的，应当登记立案。当事人拒绝补正或者经补正仍不符合起诉条件的，裁定不予立案，并说明不予立案的理由。

（4）当事人对不予立案裁定不服的，可以提起上诉。

第五十三条 【规范性文件的附带审查】公民、法人或者其他组织认为行政行为所依据的国务院部门和地方人民政府及其部门制定的规范性文件不合法，在对行政行为提起诉讼时，可以一并请求对该规范性文件进行审查。

前款规定的规范性文件不含规章。

◆相关法条

2015 年行诉解释

第二十条 公民、法人或者其他组织请求人民法院一并审查行政诉讼法第五十三条规定的规范性文件，应当在第一审开庭审理前提出；有正当理由的，也可以在法庭调查中提出。

第二十一条 规范性文件不合法的，人民法院不作为认定行政行为合法的依据，并在裁判理由中予以阐明。作出生效裁判的人民法院应当向规范性文件的制定机关提出处理建议，并可以抄送制定机关的同级人民政府或者上一级行政机关。

◇行政复议法

第七条第一款 公民、法人或者其他组织认为行政机关的具体行政行为所依据的下列规定不合法，在对具体行政行为申请行政复议时，可以一并向行政复议机关提出对该规定的审查申请：

（一）国务院部门的规定；

（二）县级以上地方各级人民政府及其工作部门的规定；

（三）乡、镇人民政府的规定。

◆要点精解

1. 本条为新增法条。可以提起附带审查的对象，包括规章以下的规范性文件，不包括行政法规和规章。

2. 提起附带性审查的方式，必须对行政行为提起诉讼时一并提起，不能单独对规范性文件提出审查请求。

第七章 审理和判决

第一节 一般规定

第五十四条 【公开审判及例外】人民法院公开审理行政案件，但涉及国家秘密、个人隐私和法律另有规定的除外。

涉及商业秘密的案件，当事人申请不公开审理的，可以不公开审理。

★**第五十五条** 【回避】当事人认为审判人员与本案有利害关系或者有其他关系可能影响公正审判，有权申请审判人员回避。

审判人员认为自己与本案有利害关系或者有其他关系，应当申请回避。

前两款规定，适用于书记员、翻译人员、鉴定人、勘验人。

院长担任审判长时的回避，由审判委员会决定；审判人员的回避，由院长决定；其他人员的回避，由审判长决定。当事人对决定不服的，可以申请复议一次。

◆**相关法条**

◇2000年行诉解释

第四十七条 当事人申请回避，应当说明理由，在案件开始审理时提出；回避事由在案件开始审理后知道的，应当在法庭辩论终结前提出。

被申请回避的人员，在人民法院作出是否回避的决定前，应当暂停参与本案的工作，但案件需要采取紧急措施的除外。

对当事人提出的回避申请，人民法院应当在3日内以口头或者书面形式作出决定。

申请人对驳回回避申请决定不服的，可以向作出决定的人民法院申请复议一次。复议期间，被申请回避的人员不停止参与本案的工作。对申请人的复议申请，人民法院应当在3日内作出复议决定，并通知复议申请人。

◆**要点精解**

1.回避申请一般情况下应当在案件开始审理时提出，如果是审理后才知道回避事由的，应当在法庭辩论终结前提出。

2.当事人对决定不服的，可以申请复议一次。

3.注意本条第4款回避决定权的规定，该规定和刑事诉讼法的相关规定略有不同，在刑事诉讼法中，审判长没有回避决定权。

4.申请回避中，人民法院作出回避决定前，该人员应暂停参与本案工作，除非案件需要采取紧急措施；而复议期间，该人员不停止参与本案工作。

★**第五十六条** 【停止执行】诉讼期间，不停止行政行为的执行。但有下列情形之一的，裁定停止执行：

（一）被告认为需要停止执行的；

（二）原告或者利害关系人申请停止执行，人民法院认为该行政行为的执行会造成难以弥补的损失，并且停止执行不损害国家利益、社会公共利益的；

（三）人民法院认为该行政行为的执行会给国家利益、社会公共利益造成重大损害的；

（四）法律、法规规定停止执行的。

当事人对停止执行或者不停止执行的裁定不服的，可以申请复议一次。

◆**相关法条**

◇行政处罚法

第四十五条 当事人对行政处罚决定不服申请行政复议或者提起行政诉讼的，行政处罚不停止执行，法律另有规定的除外。

◇行政复议法

第二十一条 行政复议期间具体行政行为不停止执行；但是，有下列情形之一的，可以停止执行：

（一）被申请人认为需要停止执行的；

（二）行政复议机关认为需要停止执行的；

（三）申请人申请停止执行，行政复议机关认为其要求合理，决定停止执行的；

（四）法律规定停止执行的。

◆**要点精解**

1.原则上，在诉讼中不停止行政行为的执

行,这是为了保证行政机关的行政效率。

2. 重点识记停止行政行为执行的前三种情形,应注意其中第二种情形应同时具备三个条件:(1)原告或利害关系人申请;(2)法院认为执行会造成不可弥补的损失;(3)不损害国家利益和社会公益。

3. 本条第(四)项是"法律、法规"规定停止执行的,其他规范性文件不能规定停止执行。

4.《行政复议法》第21条规定了在行政复议阶段哪些情况下应当停止行政行为的执行,注意和本条比较,二者不要混淆。

第五十七条 【先予执行】人民法院对起诉行政机关没有依法支付抚恤金、最低生活保障金和工伤、医疗社会保险金的案件,权利义务关系明确、不先予执行将严重影响原告生活的,可以根据原告的申请,裁定先予执行。

当事人对先予执行裁定不服的,可以申请复议一次。复议期间不停止裁定的执行。

◆相关法条
◇2000年行诉解释

第四十八条 人民法院对于因一方当事人的行为或者其他原因,可能使具体行政行为或者人民法院生效裁判不能或者难以执行的案件,可以根据对方当事人的申请作出财产保全的裁定;当事人没有提出申请的,人民法院在必要时也可以依法采取财产保全措施。

人民法院审理起诉行政机关没有依法发给抚恤金、社会保险金、最低生活保障费等案件,可以根据原告的申请,依法书面裁定先予执行。

当事人对财产保全或者先予执行的裁定不服的,可以申请复议。复议期间不停止裁定的执行。

★第五十八条 【视为撤诉和缺席判决】经人民法院传票传唤,原告无正当理由拒不到庭,或者未经法庭许可中途退庭的,可以按照撤诉处理;被告无正当理由拒不到庭,或者未经法庭许可中途退庭的,可以缺席判决。

◆相关法条
◇2000年行诉解释

第三十六条 人民法院裁定准许原告撤诉后,原告以同一事实和理由重新起诉的,人民法院不予受理。

准予撤诉的裁定确有错误,原告申请再审的,人民法院应当通过审判监督程序撤销原准予撤诉的裁定,重新对案件进行审理。

第三十七条 原告或者上诉人未按规定的期限预交案件受理费,又不提出缓交、减交、免交申请,或者提出申请未获批准的,按自动撤诉处理。在按撤诉处理后,原告或者上诉人在法定期限内再次起诉或者上诉,并依法解决诉讼费预交问题的,人民法院应予受理。

第四十九条 原告或者上诉人经合法传唤,无正当理由拒不到庭或者未经法庭许可中途退庭的,可以按撤诉处理。

原告或者上诉人申请撤诉,人民法院裁定不予准许的,原告或者上诉人经合法传唤无正当理由拒不到庭,或者未经法庭许可而中途退庭的,人民法院可以缺席判决。

第三人经合法传唤无正当理由拒不到庭,或者未经法庭许可中途退庭的,不影响案件的审理。

第五十条 被告在一审期间改变被诉具体行政行为的,应当书面告知人民法院。

原告或者第三人对改变后的行为不服提起诉讼的,人民法院应当就改变后的具体行政行为进行审理。

被告改变原具体行政行为,原告不撤诉,人民法院经审查认为原具体行政行为违法的,应当作出确认其违法的判决;认为原具体行政行为合法的,应当判决驳回原告的诉讼请求。

原告起诉被告不作为,在诉讼中被告作出具体行政行为,原告不撤诉的,参照上述规定处理。

◇法定代表人更换后撤诉的答复

在企业法定代表人被行政机关变更或撤换的情况下,原企业法定代表人有权提起行政诉讼。新的法定代表人提出撤诉申请,缺乏法律依据。

◆ 要点精解

1. 撤诉有两个条件：(1)原告明确表示撤诉或由于其消极的诉讼不作为推定其撤诉；(2)法院的审查同意。

2. 撤诉分为三类：

(1)原告申请撤诉。这种撤诉的条件是：①原告申请；②申请在一审裁判宣告之前提出；③申请应为原告的真实意思表示；④申请得到法院的准许。

(2)被告改变自己的行政行为并且得到原告同意，原告同意撤诉，这种撤诉亦应经人民法院准许。

(3)按撤诉处理。注意本条视为"可以按照撤诉处理"，不是必然引起诉讼终结，撤诉是否成立还需要法院根据情况作出裁定。

3. 经法院准许撤诉的，原告以同一事实和理由再行起诉，人民法院不予受理，要重新对案件进行审理，需经审判监督程序撤销原裁定。这一点与民事诉讼法是不同的，注意比较。

4. 注意2000年《行诉解释》第50条第3款之规定，被告改变原行政行为而原告不撤诉的，人民法院应就原行政行为的合法与否作出判决，而不是对被告改变后的行政行为进行裁判。

第五十九条 【妨害诉讼强制措施】诉讼参与人或者其他人有下列行为之一的，人民法院可以根据情节轻重，予以训诫、责令具结悔过或者处一万元以下的罚款、十五日以下的拘留；构成犯罪的，依法追究刑事责任：

(一)有义务协助调查、执行的人，对人民法院的协助调查决定、协助执行通知书，无故推拖、拒绝或者妨碍调查、执行的；

(二)伪造、隐藏、毁灭证据或者提供虚假证明材料，妨碍人民法院审理案件的；

(三)指使、贿买、胁迫他人作伪证或者威胁、阻止证人作证的；

(四)隐藏、转移、变卖、毁损已被查封、扣押、冻结的财产的；

(五)以欺骗、胁迫等非法手段使原告撤诉的；

(六)以暴力、威胁或者其他方法阻碍人民法院工作人员执行职务，或者以哄闹、冲击法庭等方法扰乱人民法院工作秩序的；

(七)对人民法院审判人员或者其他工作人员、诉讼参与人、协助调查和执行的人员恐吓、侮辱、诽谤、诬陷、殴打、围攻或者打击报复的。

人民法院对有前款规定的行为之一的单位，可以对其主要负责人或者直接责任人员依照前款规定予以罚款、拘留；构成犯罪的，依法追究刑事责任。

罚款、拘留须经人民法院院长批准。当事人不服的，可以向上一级人民法院申请复议一次。复议期间不停止执行。

◆ 相关法条

◇行诉证据规定

第七十六条　证人、鉴定人作伪证的，依照行政诉讼法第四十九条第一款第(二)项的规定追究其法律责任。

第七十七条　诉讼参与人或者其他人有对审判人员或者证人、鉴定人、勘验人及其近亲属实施威胁、侮辱、殴打、骚扰或者打击报复等妨碍行政诉讼行为的，依照行政诉讼法第四十九条第一款第(三)项、第(五)项或者第(六)项的规定追究其法律责任。

第七十八条　对应当协助调取证据的单位和个人，无正当理由拒不履行协助义务的，依照行政诉讼法第四十九条第一款第(五)项的规定追究其法律责任。

★**第六十条**　【调解】人民法院审理行政案件，不适用调解。但是，行政赔偿、补偿以及行政机关行使法律、法规规定的自由裁量权的案件可以调解。

调解应当遵循自愿、合法原则，不得损害国家利益、社会公共利益和他人合法权益。

◆ 相关法条

◇2000年行诉解释

第五十条　被告在一审期间改变被诉具

体行政行为的，应当书面告知人民法院。

原告或者第三人对改变后的行为不服提起诉讼的，人民法院应当就改变后的具体行政行为进行审理。

、被告改变原具体行政行为，原告不撤诉，人民法院经审查认为原具体行政行为违法的，应当作出确认其违法的判决；认为原具体行政行为合法的，应当判决驳回原告的诉讼请求。

原告起诉被告不作为，在诉讼中被告作出具体行政行为，原告不撤诉的，参照上述规定处理。

◇行政赔偿规定

第三十条 人民法院审理行政赔偿案件在坚持合法、自愿的前提下，可以就赔偿范围、赔偿方式和赔偿数额进行调解。调解成立的，应当制作行政赔偿调解书。

◆要点精解

1. 原法规定："人民法院审理行政案件，不适用调解。"修改增加了调解的原则，即调解应当遵循自愿、合法原则，不得损害国家利益、社会公共利益和他人合法权益。

2. 三种行政案件可以适用调解：
(1) 行政赔偿案件；
(2) 行政补偿案件；
(3) 行政机关行使法律、法规规定的自由裁量权的案件。

第六十一条 【与民事争议交叉】在涉及行政许可、登记、征收、征用和行政机关对民事争议所作的裁决的行政诉讼中，当事人申请一并解决相关民事争议的，人民法院可以一并审理。

在行政诉讼中，人民法院认为行政案件的审理以民事诉讼的裁判为依据的，可以裁定中止行政诉讼。

◆相关法条

◇2015年行诉解释

第十七条 公民、法人或者其他组织请求一并审理行政诉讼法第六十一条规定的相关民事争议，应当在第一审开庭审理前提出；有正当理由的，也可以在法庭调查中提出。

有下列情形之一的，人民法院应当作出不予准许一并审理民事争议的决定，并告知当事人可以依法通过其他渠道主张权利：

（一）法律规定应当由行政机关先行处理的；

（二）违反民事诉讼法专属管辖规定或者协议管辖约定的；

（三）已经申请仲裁或者提起民事诉讼的；

（四）其他不宜一并审理的民事争议。

对不予准许的决定可以申请复议一次。

第十八条 人民法院在行政诉讼中一并审理相关民事争议的，民事争议应当单独立案，由同一审判组织审理。

审理行政机关对民事争议所作裁决的案件，一并审理民事争议的，不另行立案。

第十九条 人民法院一并审理相关民事争议，适用民事法律规范的相关规定，法律另有规定的除外。

当事人在调解中对民事权益的处分，不能作为审查被诉行政行为合法性的根据。

行政争议和民事争议应当分别裁判。当事人仅对行政裁判或者民事裁判提出上诉的，未上诉的裁判在上诉期满后即发生法律效力。第一审人民法院应当将全部案卷一并移送第二审人民法院，由行政审判庭审理。第二审人民法院发现未上诉的生效裁判确有错误的，应当按照审判监督程序再审。

★**第六十二条** 【申请撤诉】人民法院对行政案件宣告判决或者裁定前，原告申请撤诉的，或者被告改变其所作的行政行为，原告同意并申请撤诉的，是否准许，由人民法院裁定。

◆相关法条

◇2000年行诉解释

第六十三条 裁定适用于下列范围：

（一）不予受理；

（二）驳回起诉；

（三）管辖异议；

（四）终结诉讼；

（五）中止诉讼；
（六）移送或者指定管辖；
（七）诉讼期间停止具体行政行为的执行或者驳回停止执行的申请；
（八）财产保全；
（九）先予执行；
（十）准许或者不准许撤诉；
（十一）补正裁判文书中的笔误；
（十二）中止或者终结执行；
（十三）提审、指令再审或者发回重审；
（十四）准许或者不准许执行行政机关的具体行政行为；
（十五）其他需要裁定的事项。

对第（一）、（二）、（三）项裁定，当事人可以上诉。

◇行政赔偿规定

第三十一条 被告在一审判决前同原告达成赔偿协议，原告申请撤诉的，人民法院应当依法予以审查并裁定是否准许。

◆司考真题

◇2009年卷2第99题（不定选）

下列情况属于或可以视为行政诉讼中被告改变被诉具体行政行为的是：

A. 被诉公安局把拘留三日的处罚决定改为罚款500元
B. 被诉土地局更正被诉处罚决定中不影响决定性质和内容的文字错误
C. 被诉工商局未在法定期限答复原告的请求，在二审期间作出书面答复
D. 县政府针对甲乙两村土地使用权争议作出的处理决定被诉后，甲乙两村达成和解，县政府书面予以认可

答案：ACD

★第六十三条 【审案依据】人民法院审理行政案件，以法律和行政法规、地方性法规为依据。地方性法规适用于本行政区域内发生的行政案件。

人民法院审理民族自治地方的行政案件，并以该民族自治地方的自治条例和单行条例为依据。

人民法院审理行政案件，参照规章。

◆相关法条

◇2000年行诉解释

第六十二条 人民法院审理行政案件，适用最高人民法院司法解释的，应当在裁判文书中援引。

人民法院审理行政案件，可以在裁判文书中引用合法有效的规章及其他规范性文件。

◇国际贸易案规定

第七条 根据行政诉讼法第五十二条第一款及立法法第六十三条第一款和第二款规定，人民法院审理国际贸易行政案件，应当依据中华人民共和国法律、行政法规以及地方立法机关在法定立法权限范围内制定的有关或者影响国际贸易的地方性法规。地方性法规适用于本行政区域内发生的国际贸易行政案件。

第八条 根据行政诉讼法第五十三条第一款及立法法第七十一条、第七十二条和第七十三条规定，人民法院审理国际贸易行政案件，参照国务院部门根据法律和国务院的行政法规、决定、命令，在本部门权限范围内制定的有关或者影响国际贸易的部门规章，以及省、自治区、直辖市和省、自治区的人民政府所在地的市、经济特区所在地的市、国务院批准的较大的市的人民政府根据法律、行政法规和地方性法规制定的有关或者影响国际贸易的地方政府规章。

第九条 人民法院审理国际贸易行政案件所适用的法律、行政法规的具体条文存在两种以上的合理解释，其中有一种解释与中华人民共和国缔结或者参加的国际条约的有关规定相一致的，应当选择与国际条约的有关规定相一致的解释，但中华人民共和国声明保留的条款除外。

◇反倾销案规定

第十一条 人民法院审理反倾销行政案件，可以参照有关涉外民事诉讼程序的规定。

◇反补贴案规定

第十一条 人民法院审理反补贴行政案件,可以参照有关涉外民事诉讼程序的规定。

◆要点精解

作为行政案件依据的法律、法规包括:宪法、法律、行政法规、地方性法规、自治条例和单行条例。此外人民法院审理行政案件可"参照"部门规章和地方政府规章,可"援引"适用最高人民法院司法解释,可"引用"合法有效的规章及其他规范性文件。

注意:法律适用必须遵行效力层级规则,下阶位的规范性文件不能同上阶位的规范性文件相抵触,同一层级的规范性文件之间不一致的应按《立法法》的规定处理。

★**第六十四条** 【规范性文件的审查与处理】人民法院在审理行政案件中,经审查认为本法第五十三条规定的规范性文件不合法的,不作为认定行政行为合法的依据,并向制定机关提出处理建议。

★**第六十五条** 【文书公开】人民法院应当公开发生法律效力的判决书、裁定书,供公众查阅,但涉及国家秘密、商业秘密和个人隐私的内容除外。

★**第六十六条** 【有关人员的处理】人民法院在审理行政案件中,认为行政机关的主管人员、直接责任人员违法违纪的,应当将有关材料移送监察机关、该行政机关或者其上一级行政机关;认为有犯罪行为的,应当将有关材料移送公安、检察机关。

人民法院对被告经传票传唤无正当理由拒不到庭,或者未经法庭许可中途退庭的,可以将被告拒不到庭或者中途退庭的情况予以公告,并可以向监察机关或者被告的上一级行政机关提出依法给予其主要负责人或者直接责任人员处分的司法建议。

◆相关法条

◇2000年行诉解释

第六十一条 被告对平等主体之间民事争议所作的裁决违法,民事争议当事人要求人民法院一并解决相关民事争议的,人民法院可以一并审理。

第二节 第一审普通程序

★**第六十七条** 【审判准备】人民法院应当在立案之日起五日内,将起诉状副本发送被告。被告应当在收到起诉状副本之日起十五日内向人民法院提交作出行政行为的证据和所依据的规范性文件,并提出答辩状。人民法院应当在收到答辩状之日起五日内,将答辩状副本发送原告。

被告不提出答辩状的,不影响人民法院审理。

◆相关法条

◇2000年行诉解释

第四十五条 起诉状副本送达被告后,原告提出新的诉讼请求的,人民法院不予准许,但有正当理由的除外。

◇行政赔偿规定

第二十九条 人民法院审理行政赔偿案件,就当事人之间的行政赔偿争议进行审理与裁判。

第三十条 人民法院审理行政赔偿案件在坚持合法、自愿的前提下,可以就赔偿范围、赔偿方式和赔偿数额进行调解。调解成立的,应当制作行政赔偿调解书。

第三十一条 被告在一审判决前同原告达成赔偿协议,原告申请撤诉的,人民法院应当依法予以审查并裁定是否准许。

第三十二条 原告在行政赔偿诉讼中对自己的主张承担举证责任。被告有权提供不予赔偿或者减少赔偿数额方面的证据。

第三十三条 被告的具体行政行为违法但尚未对原告合法权益造成损害的,或者原告的请求没有事实根据或法律根据的,人民法院应当判决驳回原告的赔偿请求。

第三十四条 人民法院对赔偿请求人未经确认程序而直接提起行政赔偿诉讼的案件,

在判决时应当对赔偿义务机关致害行为是否违法予以确认。

第三十五条 人民法院对单独提起行政赔偿案件作出判决的法律文书的名称为行政赔偿判决书、行政赔偿裁定书或者行政赔偿调解书。

第三十六条 发生法律效力的行政赔偿判决、裁定或调解协议，当事人必须履行。一方拒绝履行的，对方当事人可以向第一审人民法院申请执行。

申请执行的期限，申请人是公民的为一年，申请人是法人或者其他组织的为六个月。

第三十七条 单独受理的第一审行政赔偿案件的审理期限为三个月，第二审为两个月；一并受理行政赔偿请求案件的审理期限与该行政案件的审理期限相同。如因特殊情况不能按期结案，需要延长审限的，应按照行政诉讼法的有关规定报请批准。

第三十八条 人民法院审理行政赔偿案件，除依照国家赔偿法行政赔偿程序的规定外，对本规定没有规定的，在不与国家赔偿法相抵触的情况下，可以适用行政诉讼的有关规定。

第三十九条 赔偿请求人要求人民法院确认致害行为违法涉及的鉴定、勘验、审计等费用，由申请人预付，最后由败诉方承担。

第六十八条 【审判组织】人民法院审理行政案件，由审判员组成合议庭，或者由审判员、陪审员组成合议庭。合议庭的成员，应当是三人以上的单数。

★**第六十九条** 【判决驳回原告诉讼请求】行政行为证据确凿，适用法律、法规正确，符合法定程序的，或者原告申请被告履行法定职责或者给付义务理由不成立的，人民法院判决驳回原告的诉讼请求。

◆相关法条
◇2000年行诉解释

第五十条 被告在一审期间改变被诉具体行政行为的，应当书面告知人民法院。

原告或者第三人对改变后的行为不服提起诉讼的，人民法院应当就改变后的具体行政为进行审理。

被告改变原具体行政行为，原告不撤诉，人民法院经审查认为原具体行政行为违法的，应当作出确认其违法的判决；认为原具体行政行为合法的，应当判决驳回原告的诉讼请求。

原告诉被告不作为，在诉讼中被告作出具体行政行为，原告不撤诉的，参照上述规定处理。

第五十六条 有下列情形之一的，人民法院应当判决驳回原告的诉讼请求：

（一）起诉被告不作为理由不能成立的；

（二）被诉具体行政行为合法但存在合理性问题的；

（三）被诉具体行政行为合法，但因法律、政策变化需要变更或者废止的；

（四）其他应当判决驳回诉讼请求的情形。

◇行政赔偿规定

第三十三条 被告的具体行政行为违法但尚未对原告合法权益造成损害的，或者原告的请求没有事实根据或法律根据的，人民法院应当判决驳回原告的赔偿请求。

◆要点精解

注意：修改中取消了维持判决。原法规定，"具体行政行为证据确凿，适用法律、法规正确，符合法定程序的，判决维持"。新法用"判决驳回原告的诉讼请求"涵盖了这种情况。

★**第七十条** 【判决撤销】行政行为有下列情形之一的，人民法院判决撤销或者部分撤销，并可以判决被告重新作出行政行为：

（一）主要证据不足的；

（二）适用法律、法规错误的；

（三）违反法定程序的；

（四）超越职权的；

（五）滥用职权的；

（六）明显不当的。

◆相关法条
◇2000年行诉解释

第五十三条 复议决定维持原具体行政

行为的,人民法院判决撤销原具体行政行为,复议决定自然无效。

复议决定改变原具体行政行为错误,人民法院判决撤销复议决定时,应当责令复议机关重新作出复议决定。

第六十条　人民法院判决被告重新作出具体行政行为,如不及时重新作出具体行政行为,将会给国家利益、公共利益或者当事人利益造成损失的,可以限定重新作出具体行政行为的期限。

人民法院判决被告履行法定职责,应当指定履行的期限,因情况特殊难于确定期限的除外。

◇反倾销案规定

第十条　人民法院审理反倾销行政案件,根据不同情况,分别作出以下判决:

（一）被诉反倾销行政行为证据确凿,适用法律、行政法规正确,符合法定程序的,判决维持;

（二）被诉反倾销行政行为有下列情形之一的,判决撤销或者部分撤销,并可以判决被告重新作出反倾销行政行为:

1. 主要证据不足的;
2. 适用法律、行政法规错误的;
3. 违反法定程序的;
4. 超越职权的;
5. 滥用职权的。

（三）依照法律或者司法解释规定作出的其他判决。

◇反补贴案规定

第十条　人民法院审理反补贴行政案件,根据不同情况,分别作出以下判决:

（一）被诉反补贴行政行为证据确凿,适用法律、行政法规正确,符合法定程序的,判决维持;

（二）被诉反补贴行政行为有下列情形之一的,判决撤销或者部分撤销,并可以判决被告重新作出反补贴行政行为:

1. 主要证据不足的;
2. 适用法律、行政法规错误的;
3. 违反法定程序的;
4. 超越职权的;
5. 滥用职权的。

（三）依照法律或者司法解释规定作出的其他判决。

★**第七十一条　【被告重作行政行为的限制】**人民法院判决被告重新作出行政行为的,被告不得以同一的事实和理由作出与原行政行为基本相同的行政行为。

◆相关法条

◇2000年行诉解释

第五十四条　人民法院判决被告重新作出具体行政行为,被告重新作出的具体行政行为与原具体行政行为的结果相同,但主要事实或者主要理由有改变的,不属于行政诉讼法第五十五条规定的情形。

人民法院以违反法定程序为由,判决撤销被诉具体行政行为的,行政机关重新作出具体行政行为不受行政诉讼法第五十五条规定的限制。

行政机关以同一事实和理由重新作出与原具体行政行为基本相同的具体行政行为,人民法院应当根据行政诉讼法第五十四条第（二）项、第五十五条的规定判决撤销或者部分撤销,并根据行政诉讼法第六十五条第三款的规定处理。

◆要点精解

1. 不能以同一事实和理由作出与原行政行为相同的行为,但是并不禁止被告以同一事实和理由作出与原行政行为不同的行为或者以不同的事实、理由作出与原行政行为基本相同或相同的行为。

2. 如果因为违反法定程序而被撤销,行政机关可以同一事实和理由作出与原行政行为相同的行为,不受本条的限制。

第七十二条　【判决限期履行】人民法院经过审理,查明被告不履行法定职责的,判决被告在一定期限内履行。

◆相关法条
◇2015 年行诉解释
第二十二条 原告请求被告履行法定职责的理由成立,被告违法拒绝履行或者无正当理由逾期不予答复的,人民法院可以根据行政诉讼法第七十二条的规定,判决被告在一定期限内依法履行原告请求的法定职责;尚需被告调查或者裁量的,应当判决被告针对原告的请求重新作出处理。

第七十三条 【给付判决】人民法院经过审理,查明被告依法负有给付义务的,判决被告履行给付义务。

◆相关法条
◇2015 年行诉解释
第二十三条 原告申请被告依法履行支付抚恤金、最低生活保障待遇或者社会保险待遇等给付义务的理由成立,被告依法负有给付义务而拒绝或者拖延履行义务且无正当理由的,人民法院可以根据行政诉讼法第七十三条的规定,判决被告在一定期限内履行相应的给付义务。

第七十四条 【判决确认违法】行政行为有下列情形之一的,人民法院判决确认违法,但不撤销行政行为:
(一)行政行为依法应当撤销,但撤销会给国家利益、社会公共利益造成重大损害的;
(二)行政行为程序轻微违法,但对原告权利不产生实际影响的。
行政行为有下列情形之一,不需要撤销或者判决履行的,人民法院判决确认违法:
(一)行政行为违法,但不具有可撤销内容的;
(二)被告改变原违法行政行为,原告仍要求确认原行政行为违法的;
(三)被告不履行或者拖延履行法定职责,判决履行没有意义的。

第七十五条 【判决确认无效】行政行为有实施主体不具有行政主体资格或者没有依据等重大且明显违法情形,原告申请确认行政行为无效的,人民法院判决确认无效。

◆相关法条
◇2000 年行诉解释
第五十七条 人民法院认为被诉具体行政行为合法,但不适宜判决维持或者驳回诉讼请求的,可以作出确认其合法或者有效的判决。
有下列情形之一的,人民法院应当作出确认被诉具体行政行为违法或者无效的判决:
(一)被告不履行法定职责,但判决责令其履行法定职责已无实际意义的;
(二)被诉具体行政行为违法,但不具有可撤销内容的;
(三)被诉具体行政行为依法不成立或者无效的。

第七十六条 【补救措施与赔偿责任】人民法院判决确认违法或者无效的,可以同时判决责令被告采取补救措施;给原告造成损失的,依法判决被告承担赔偿责任。

◆相关法条
◇2000 年行诉解释
第五十八条 被诉具体行政行为违法,但撤销该具体行政行为将会给国家利益或者公共利益造成重大损失的,人民法院应当作出确认被诉具体行政行为违法的判决,并责令被诉行政机关采取相应的补救措施;造成损害的,依法判决承担赔偿责任。
第五十九条 根据行政诉讼法第五十四条第(二)项规定判决撤销违法的被诉具体行政行为,将会给国家利益、公共利益或者他人合法权益造成损失的,人民法院在判决撤销的同时,可以分别采取以下方式处理:
(一)判决被告重新作出具体行政行为;
(二)责令被诉行政机关采取相应的补救措施;
(三)向被告和有关机关提出司法建议;
(四)发现违法犯罪行为的,建议有权机关依法处理。

★**第七十七条 【变更判决】**行政处罚明显不当,或者其他行政行为涉及对款额的确定、认定确有错误的,人民法院可以判决变更。

人民法院判决变更,不得加重原告的义务或者减损原告的权益。但利害关系人同为原告,且诉讼请求相反的除外。

◆相关法条

◇2000年行诉解释

第五十五条 人民法院审理行政案件不得加重对原告的处罚,但利害关系人同为原告的除外。

人民法院审理行政案件不得对行政机关未予处罚的人直接给予行政处罚。

第七十八条 【协议履行及补偿判决】被告不依法履行、未按照约定履行或者违法变更、解除本法第十二条第一款第十一项规定的协议的,人民法院判决被告承担继续履行、采取补救措施或者赔偿损失等责任。

被告变更、解除本法第十二条第一款第十一项规定的协议合法,但未依法给予补偿的,人民法院判决给予补偿。

第七十九条 【一并裁判】复议机关与作出原行政行为的行政机关为共同被告的案件,人民法院应当对复议决定和原行政行为一并作出裁判。

◆相关法条

◇2000年行诉解释

第四十六条 有下列情形之一的,人民法院可以决定合并审理:

(一)两个以上行政机关分别依据不同的法律、法规对同一事实作出具体行政行为,公民、法人或者其他组织不服向同一人民法院起诉的;

(二)行政机关就同一事实对若干公民、法人或者其他组织分别作出具体行政行为,公民、法人或者其他组织不服分别向同一人民法院起诉的;

(三)在诉讼过程中,被告对原告作出新的具体行政行为,原告不服向同一人民法院起诉的;

(四)人民法院认为可以合并审理的其他情形。

第五十一条 在诉讼过程中,有下列情形之一的,中止诉讼:

(一)原告死亡,须等待其近亲属表明是否参加诉讼的;

(二)原告丧失诉讼行为能力,尚未确定法定代理人的;

(三)作为一方当事人的行政机关、法人或者其他组织终止,尚未确定权利义务承受人的;

(四)一方当事人因不可抗力的事由不能参加诉讼的;

(五)案件涉及法律适用问题,需要送请有权机关作出解释或者确认的;

(六)案件的审判须以相关民事、刑事或者其他行政案件的审理结果为依据,而相关案件尚未审结的;

(七)其他应当中止诉讼的情形。

中止诉讼的原因消除后,恢复诉讼。

第五十二条 在诉讼过程中,有下列情形之一的,终结诉讼:

(一)原告死亡,没有近亲属或者近亲属放弃诉讼权利的;

(二)作为原告的法人或者其他组织终止后,其权利义务的承受人放弃诉讼权利的。

因本解释第五十一条第一款第(一)、(二)、(三)项原因中止诉讼满90日仍无人继续诉讼的,裁定终结诉讼,但有特殊情况的除外。

第六十一条 被告对平等主体之间民事争议所作的裁决违法,民事争议当事人要求人民法院一并解决相关民事争议的,人民法院可以一并审理。

◇行政赔偿规定

第三十四条 人民法院对赔偿请求人未经确认程序而直接提起行政赔偿诉讼的案件,在判决时应当对赔偿义务机关致害行为是否违法予以确认。

第三十五条 人民法院对单独提起行政赔偿案件作出判决的法律文书的名称为行政赔偿判决书、行政赔偿裁定书或者行政赔偿调解书。

◆要点精解

1. 判决类型：

根据判决与被诉行为的关系划分，行政诉讼法中的判决主要有以下六类：

(1)驳回原告诉讼请求。适用情形主要是：①行政行为证据确凿，适用法律、法规正确，符合法定程序；②原告申请被告履行法定职责理由不成立；③原告申请被告履行给付义务理由不成立。

(2)撤销判决。撤销判决可认定被诉行政行为部分或者全部违法，从而部分或全部撤销被诉行政行为，并可以责令被告重新作出行政行为。适用情形主要是：①主要证据不足；②适用法律、法规错误；③违反法定程序；④超越职权；⑤滥用职权；⑥明显不当。其中"明显不当"是修改新增的情况。同时，人民法院判决被告重新作出行政行为的，被告不得以同一的事实和理由作出与原行政行为基本相同的行政行为。

(3)履行判决。人民法院经过审理，查明被告不履行法定职责的，判决被告在一定期限内履行。适用情形主要是：①认为符合法定条件申请行政机关颁发许可证和执照，行政机关拒绝颁发或不予答复的；②申请行政机关履行保护人身权、财产权的法定职责，行政机关拒绝履行或不予答复的；③认为行政机关没有依法发放抚恤金的。

(4)变更判决。适用情形主要是：①行政处罚明显不当；②其他行政行为涉及对款额的确定、认定确有错误。而且，人民法院判决变更，不得加重原告的义务或者减损原告的权益。但利害关系人同为原告，且诉讼请求相反的除外。

(5)确认判决。确认违法的适用情形主要是：①行政行为依法应当撤销，但撤销会给国家利益、社会公共利益造成重大损害；②行政行为程序轻微违法，但对原告权利不产生实际影响的；③行政行为违法，但不具有可撤销内容的；④被告改变原违法行政行为，原告仍要求确认行政行为违法的；⑤被告不履行或者拖延履行法定职责，判决履行没有意义的。确认无效的适用情形主要是：行政行为有实施主体不具有行政主体资格或者没有依据等重大且明显违法情形。人民法院判决确认违法或者无效的，可以同时判决责令被告采取补救措施；给原告造成损失的，依法判决被告承担赔偿责任。

(6)给付判决。此为修改新增的内容。适用情形主要是：被告依法负有给付义务的，判决被告履行给付义务。

2. 适用撤销判决并责令被告重新作出行政行为的，应注意被告不得以同一事实、理由作出与原行政行为基本相同的行政行为，但以下情形例外：

(1)人民法院以违反法定程序为由而适用撤销判决的。

(2)被告重新作出的行政行为与原行政行为结果相同，但主要事实或主要理由有改变的。

3. 适用履行判决，应注意人民法院判决被告履行法定职责，应当指定履行的期限，因情况特殊难以确定期限的除外。

4. 行政判决不得对行政机关未予处罚的人直接给予行政处罚；也不得加重对原告的处罚，除非利害关系人同为原告，且诉讼请求相反。

第八十条【公开宣判】人民法院对公开审理和不公开审理的案件，一律公开宣告判决。

当庭宣判的，应当在十日内发送判决书；定期宣判的，宣判后立即发给判决书。

宣告判决时，必须告知当事人上诉权利、上诉期限和上诉的人民法院。

★**第八十一条**【第一审审限】人民法院应当在立案之日起六个月内作出第一审判决。有特殊情况需要延长的，由高级人民法院批准，高级人民法院审理第一审案件需要延长的，由最高人民法院批准。

◆相关法条

◇2000年行诉解释

第六十四条 行政诉讼法第五十七条、第六十条规定的审限,是指从立案之日起至裁判宣告之日止的期间。鉴定、处理管辖争议或者异议以及中止诉讼的时间不计算在内。

第八十二条 基层人民法院申请延长审理期限,应当直接报请高级人民法院批准,同时报中级人民法院备案。

第三节 简易程序

★**第八十二条** 【简易程序的适用范围】人民法院审理下列第一审行政案件,认为事实清楚、权利义务关系明确、争议不大的,可以适用简易程序:

(一)被诉行政行为是依法当场作出的;

(二)案件涉及款额二千元以下的;

(三)属于政府信息公开案件的。

除前款规定以外的第一审行政案件,当事人各方同意适用简易程序的,可以适用简易程序。

发回重审、按照审判监督程序再审的案件不适用简易程序。

◆相关法条

◇行政处罚法

第三十三条 违法事实确凿并有法定依据,对公民处以五十元以下、对法人或者其他组织处以一千元以下罚款或者警告的行政处罚的,可以当场作出行政处罚决定。当事人应当依照本法第四十六条、第四十七条、第四十八条的规定履行行政处罚决定。

◇治安管理处罚法

第一百条 违反治安管理行为事实清楚,证据确凿,处警告或者二百元以下罚款的,可以当场作出治安管理处罚决定。

◇行政许可法

第三十四条 行政机关应对申请人提交的申请材料进行审查。

申请人提交的申请材料齐全、符合法定形式,行政机关能够当场作出决定的,应当当场作出书面的行政许可决定。

根据法定条件和程序,需要对申请材料的实质内容进行核实的,行政机关应当指派两名以上工作人员进行核查。

◆要点精解

1. 适用简易程序的三个要件:①事实清楚;②权利义务关系明确;③争议不大的。

2. 适用简易程序的三种案件:①被诉行政行为是依法当场作出的;②案件涉及款额2000元以下的;③属于政府信息公开案件的。除此之外,当事人各方同意适用简易程序的第一审行政案件,也可以适用简易程序。

3. 不能适用简易程序的三种案件:①上诉案件;②发回重审案件;③按照审判监督程序再审的案件。

第八十三条 【简易程序的审判组织形式与审限】适用简易程序审理的行政案件,由审判员一人独任审理,并应当在立案之日起四十五日内审结。

第八十四条 【程序的转换】人民法院在审理过程中,发现案件不宜适用简易程序的,裁定转为普通程序。

第四节 第二审程序

★**第八十五条** 【上诉】当事人不服人民法院第一审判决的,有权在判决书送达之日起十五日内向上一级人民法院提起上诉。当事人不服人民法院第一审裁定的,有权在裁定书送达之日起十日内向上一级人民法院提起上诉。逾期不提起上诉的,人民法院的第一审判决或者裁定发生法律效力。

◆相关法条

◇2000年行诉解释

第六十五条 第一审人民法院作出判决和裁定后,当事人均提起上诉的,上诉各方均为上诉人。

诉讼当事人中的一部分人提出上诉,没有

提出上诉的对方当事人为被上诉人,其他当事人依原审诉讼地位列明。

第六十六条 当事人提出上诉,应当按照其他当事人或者诉讼代表人的人数提出上诉状副本。

原审人民法院收到上诉状,应当在5日内将上诉状副本送达其他当事人,对方当事人应当在收到上诉状副本之日起10日内提出答辩状。

原审人民法院应当在收到答辩状之日起5日内将副本送达当事人。

原审人民法院收到上诉状、答辩状,应当在5日内连同全部案卷和证据,报送第二审人民法院。已经预收诉讼费用的,一并报送。

★**第八十六条** 【审理方式】人民法院对上诉案件,应当组成合议庭,开庭审理。经过阅卷、调查和询问当事人,对没有提出新的事实、证据或者理由,合议庭认为不需要开庭审理的,也可以不开庭审理。

◆**相关法条**
◇2000年行诉解释

第六十七条 第二审人民法院审理上诉案件,应当对原审人民法院的裁判和被诉具体行政行为是否合法进行全面审查。

当事人对原审人民法院认定的事实有争议的,或者第二审人民法院认为原审人民法院认定事实不清楚的,第二审人民法院应当开庭审理。

第八十七条 【全面审查】人民法院审理上诉案件,应当对原审人民法院的判决、裁定和被诉行政行为进行全面审查。

★**第八十八条** 【二审期限】人民法院审理上诉案件,应当在收到上诉状之日起三个月内作出终审判决。有特殊情况需要延长的,由高级人民法院批准,高级人民法院审理上诉案件需要延长的,由最高人民法院批准。

◆**相关法条**
◇2000年行诉解释

第六十三条 裁定适用于下列范围:
(一)不予受理;
(二)驳回起诉;
(三)管辖异议;
(四)终结诉讼;
(五)中止诉讼;
(六)移送或者指定管辖;
(七)诉讼期间停止具体行政行为的执行或者驳回停止执行的申请;
(八)财产保全;
(九)先予执行;
(十)准许或者不准许撤诉;
(十一)补正裁判文书中的笔误;
(十二)中止或者终结执行;
(十三)提审、指令再审或者发回重审;
(十四)准许或者不准许执行行政机关的具体行政行为;
(十五)其他需要裁定的事项。

对第(一)、(二)、(三)项裁定,当事人可以上诉。

第六十四条 行政诉讼法第五十七条、第六十条规定的审限,是指从立案之日起至裁判宣告之日止的期间。鉴定、处理管辖争议或者异议以及中止诉讼的时间不计算在内。

第六十五条 第一审人民法院作出判决和裁定后,当事人均提起上诉的,上诉各方均为上诉人。

诉讼当事人中的一部分人提出上诉,没有提出上诉的对方当事人为被上诉人,其他当事人依原审诉讼地位列明。

第六十七条 第二审人民法院审理上诉案件,应当对原审人民法院的裁判和被诉具体行政行为是否合法进行全面审查。

当事人对原审人民法院认定的事实有争议的,或者第二审人民法院认为原审人民法院认定事实不清楚的,第二审人民法院应当开庭审理。

第八十二条 基层人民法院申请延长审理期限,应当直接报请高级人民法院批准,同时报中级人民法院备案。

◆**要点精解**
1.不予受理、驳回起诉和管辖异议三类裁

定,当事人可以上诉,此规定与民事诉讼法相同。

2. 上诉案件,二审法院进行全面审查,这一点三大诉讼法一致。

3. 一审法院作出裁判后,当事人均提出上诉的,上诉各方均为上诉人。

4. 基层人民法院申请延长审理期限,应当直接报请高级人民法院批准,而不是报中级人民法院批准。

5. 将对判决不服提起上诉的期限由两个月修改为3个月。

★**第八十九条** 【上诉案件的裁判】人民法院审理上诉案件,按照下列情形,分别处理:

(一)原判决、裁定认定事实清楚,适用法律、法规正确的,判决或者裁定驳回上诉,维持原判决、裁定;

(二)原判决、裁定认定事实错误或者适用法律、法规错误的,依法改判、撤销或者变更;

(三)原判决认定基本事实不清、证据不足的,发回原审人民法院重审,或者查清事实后改判;

(四)原判决遗漏当事人或者违法缺席判决等严重违反法定程序的,裁定撤销原判决,发回原审人民法院重审。

原审人民法院对发回重审的案件作出判决后,当事人提起上诉的,第二审人民法院不得再次发回重审。

人民法院审理上诉案件,需要改变原审判决的,应当同时对被诉行政行为作出判决。

◆**相关法条**
◇**2000年行诉解释**

第六十八条 第二审人民法院经审理认为原审人民法院不予受理或者驳回起诉的裁定确有错误,且起诉符合法定条件的,应当裁定撤销原人民法院的裁定,指令原人民法院依法立案受理或者继续审理。

第六十九条 第二审人民法院裁定发回原审人民法院重新审理的行政案件,原审人民法院应当另行组成合议庭进行审理。

第七十条 第二审人民法院审理上诉案件,需要改变原审判决的,应当同时对被诉具体行政行为作出判决。

第七十一条 原审判决遗漏了必须参加诉讼的当事人或者诉讼请求的,第二审人民法院应当裁定撤销原审判决,发回重审。

原审判决遗漏行政赔偿请求,第二审人民法院经审查认为依法不应当予以赔偿的,应当判决驳回行政赔偿请求。

原审判决遗漏行政赔偿请求,第二审人民法院经审理认为依法应当予以赔偿的,在确认被诉具体行政行为违法的同时,可以就行政赔偿问题进行调解;调解不成的,应当就行政赔偿部分发回重审。

当事人在第二审期间提出行政赔偿请求的,第二审人民法院可以进行调解;调解不成的,应当告知当事人另行起诉。

◆**要点精解**

行政诉讼二审判决分为以下三种类型,应分别掌握各自的适用情形。

1. 维持原判。适用情形:原判决认定事实清楚,适用法律、法规正确。

2. 依法改判。适用情形:①原判决、裁定认定事实错误;②适用法律、法规错误;③原判决认定基本事实不清、证据不足。

3. 发回重审。适用情形:①原判决认定基本事实不清、证据不足;②原判决遗漏当事人的;③原判决违法缺席判决的;④原判决有其他严重违反法定程序的。

第五节 审判监督程序

第九十条 【当事人的申诉权】当事人对已经发生法律效力的判决、裁定,认为确有错误的,可以向上一级人民法院申请再审,但判决、裁定不停止执行。

◆**相关法条**
◇**2015年行诉解释**

第二十四条 当事人向上一级人民法院申请再审,应当在判决、裁定或者调解书发生

法律效力后六个月内提出。有下列情形之一的,自知道或者应当知道之日起六个月内提出:

(一)有新的证据,足以推翻原判决、裁定的;

(二)原判决、裁定认定事实的主要证据是伪造的;

(三)据以作出原判决、裁定的法律文书被撤销或者变更的;

(四)审判人员审理该案件时有贪污受贿、徇私舞弊、枉法裁判行为的。

◇2000年行诉解释

第七十四条 人民法院接到当事人的再审申请后,经审查,符合再审条件的,应当立案并及时通知各方当事人;不符合再审条件的,予以驳回。

第九十一条 【申请再审事由】当事人的申请符合下列情形之一的,人民法院应当再审:

(一)不予立案或者驳回起诉确有错误的;

(二)有新的证据,足以推翻原判决、裁定的;

(三)原判决、裁定认定事实的主要证据不足、未经质证或者系伪造的;

(四)原判决、裁定适用法律、法规确有错误的;

(五)违反法律规定的诉讼程序,可能影响公正审判的;

(六)原判决、裁定遗漏诉讼请求的;

(七)据以作出原判决、裁定的法律文书被撤销或者变更的;

(八)审判人员在审理该案件时有贪污受贿、徇私舞弊、枉法裁判行为的。

◆相关法条

◇2015年行诉解释

第二十五条 有下列情形之一的,当事人可以向人民检察院申请抗诉或者检察建议:

(一)人民法院驳回再审申请的;

(二)人民法院逾期未对再审申请作出裁

定的;

(三)再审判决、裁定有明显错误的。

人民法院基于抗诉或者检察建议作出再审判决、裁定后,当事人申请再审的,人民法院不予立案。

第九十二条 【法院依职权再审】各级人民法院院长对本院已经发生法律效力的判决、裁定,发现有本法第九十一条规定情形之一,或者发现调解违反自愿原则或者调解书内容违法,认为需要再审的,应当提交审判委员会讨论决定。

最高人民法院对地方各级人民法院已经发生法律效力的判决、裁定,上级人民法院对下级人民法院已经发生法律效力的判决、裁定,发现有本法第九十一条规定情形之一,或者发现调解违反自愿原则或者调解书内容违法的,有权提审或者指令下级人民法院再审。

◆相关法条

◇2000年行诉解释

第七十二条 有下列情形之一的,属于行政诉讼法第六十三条规定的"违反法律、法规规定":

(一)原判决、裁定认定的事实主要证据不足;

(二)原判决、裁定适用法律、法规确有错误;

(三)违反法定程序,可能影响案件正确裁判;

(四)其他违反法律、法规的情形。

第九十三条 【检察院监督】最高人民检察院对各级人民法院已经发生法律效力的判决、裁定,上级人民检察院对下级人民法院已经发生法律效力的判决、裁定,发现有本法第九十一条规定情形之一,或者发现调解书损害国家利益、社会公共利益的,应当提出抗诉。

地方各级人民检察院对同级人民法院已经发生法律效力的判决、裁定,发现有本法第九十一条规定情形之一,或者发现调解书损害国家利益、社会公共利益的,可以向同级人民法院提出检察建议,并报上级人民检察院备案;也可以提请上级人民检察院向同级人民法院提出抗诉。

各级人民检察院对审判监督程序以外的其他审判程序中审判人员的违法行为,有权向同级人民法院提出检察建议。

◆**相关法条**
◇**2000 年行诉解释**

第七十五条 对人民检察院按照审判监督程序提出抗诉的案件,人民法院应当再审。

人民法院开庭审理抗诉案件时,应当通知人民检察院派员出庭。

第七十六条 人民法院按照审判监督程序再审的案件,发生法律效力的判决、裁定是由第一审人民法院作出的,按照第一审程序审理,所作的判决、裁定,当事人可以上诉;发生法律效力的判决、裁定是由第二审人民法院作出的,按照第二审程序审理,所作的判决、裁定是发生法律效力的判决、裁定;上级人民法院按照审判监督程序提审的,按照第二审程序审理,所作的判决、裁定是发生法律效力的判决、裁定。

人民法院审理再审案件,应当另行组成合议庭。

第七十七条 按照审判监督程序决定再审的案件,应当裁定中止原判决的执行;裁定由院长署名,加盖人民法院印章。

上级人民法院决定提审或者指令下级人民法院再审的,应当作出裁定,裁定应当写明中止原判决的执行;情况紧急的,可以将中止执行的裁定口头通知负责执行的人民法院或者作出生效判决、裁定的人民法院,但应当在口头通知后 10 日内发出裁定书。

第七十八条 人民法院审理再审案件,认为原生效判决、裁定确有错误,在撤销原生效判决或者裁定的同时,可以对生效判决、裁定的内容作出相应裁定,也可以裁定撤销生效判决或者裁定,发回作出生效判决、裁定的人民法院重新审判。

第七十九条 人民法院审理二审案件和再审案件,对原审法院受理、不予受理或者驳回起诉错误的,应当分别情况作如下处理:

(一)第一审人民法院作出实体判决后,第二审人民法院认为不应当受理的,在撤销第一审人民法院判决的同时,可以发回重审,也可以径行驳回起诉;

(二)第二审人民法院维持第一审人民法院不予受理裁定错误的,再审法院应当撤销第一审、第二审人民法院裁定,指令第一审人民法院受理;

(三)第二审人民法院维持第一审人民法院驳回起诉裁定错误的,再审法院应当撤销第一审、第二审人民法院裁定,指令第一审人民法院审理。

第八十条 人民法院审理再审案件,发现生效裁判有下列情形之一的,应当裁定发回作出生效判决、裁定的人民法院重新审理:

(一)审理本案的审判人员、书记员应当回避而未回避的;

(二)依法应当开庭审理而未经开庭即作出判决的;

(三)未经合法传唤当事人而缺席判决的;

(四)遗漏必须参加诉讼的当事人的;

(五)对与本案有关的诉讼请求未予裁判的;

(六)其他违反法定程序可能影响案件正确裁判的。

第八十一条 再审案件按照第一审程序审理的,适用行政诉讼法第五十七条规定的审理期限。

再审案件按照第二审程序审理的,适用行政诉讼法第六十条规定的审理期限。

第八章 执 行

第九十四条 【生效判决、裁定的执行】当事人必须履行人民法院发生法律效力的判决、裁定、调解书。

第九十五条 【强制执行】公民、法人或者其他组织拒绝履行判决、裁定、调解书的,行政机关或者第三人可以向第一审人民法院申请强制执行,或者由行政机关依法强制执行。

第九十六条 【执行措施】行政机关拒绝履行判决、裁定、调解书的,第一审人民法院可以采取下列措施:

(一)对应当归还的罚款或者应当给付的款额,通知银行从该行政机关的账户内划拨;

(二)在规定期限内不履行的,从期满之日起,对该行政机关负责人按日处五十元至一百元的罚款;

(三)将行政机关拒绝履行的情况予以公告;

(四)向监察机关或者该行政机关的上一级行政机关提出司法建议。接受司法建议的机关,根据有关规定进行处理,并将处理情况告知人民法院。

(五)拒不履行判决、裁定、调解书,社会影响恶劣的,可以对该行政机关直接负责的主管人员和其他直接责任人员予以拘留;情节严重,构成犯罪的,依法追究刑事责任。

◆相关法条
◇2000年行诉解释

第八十三条 对发生法律效力的行政判决书、行政裁定书、行政赔偿判决书和行政赔偿调解书,负有义务的一方当事人拒绝履行的,对方当事人可以依法申请人民法院强制执行。

第八十四条 申请人是公民的,申请执行生效的行政判决书、行政裁定书、行政赔偿判决书和行政赔偿调解书的期限为1年,申请人是行政机关、法人或者其他组织的为180日。

申请执行的期限从法律文书规定的履行期间最后一日起计算;法律文书中没有规定履行期限的,从该法律文书送达当事人之日起计算。

逾期申请的,除有正当理由外,人民法院不予受理。

第八十五条 发生法律效力的行政判决书、行政裁定书、行政赔偿判决书和行政赔偿调解书,由第一审人民法院执行。

第一审人民法院认为情况特殊需要由第二审人民法院执行的,可以报请第二审人民法院执行;第二审人民法院可以决定由其执行,也可以决定由第一审人民法院执行。

第九十六条 行政机关拒绝履行人民法院生效判决、裁定的,人民法院可以依照行政诉讼法第六十五条第三款的规定处理,并可以参照民事诉讼法第一百零二条的有关规定,对主要负责人或者直接责任人员予以罚款处罚。

★第九十七条 【行政机关申请强制执行】公民、法人或者其他组织对行政行为在法定期限内不提起诉讼又不履行的,行政机关可以申请人民法院强制执行,或者依法强制执行。

◆相关法条
◇2000年行诉解释

第八十六条 行政机关根据行政诉讼法第六十六条的规定申请执行其具体行政行为,应当具备以下条件:

(一)具体行政行为依法可以由人民法院执行;

(二)具体行政行为已经生效并具有可执行内容;

(三)申请人是作出该具体行政行为的行政机关或者法律、法规、规章授权的组织;

(四)被申请人是该具体行政行为所确定的义务人;

(五)被申请人在具体行政行为确定的期限内或者行政机关另行指定的期限内未履行义务;

(六)申请人在法定期限内提出申请;

(七)被申请执行的行政案件属于受理申请执行的人民法院管辖。

人民法院对符合条件的申请,应当立案受理,并通知申请人;对不符合条件的申请,应当裁定不予受理。

第八十七条 法律、法规没有赋予行政机

关强制执行权,行政机关申请人民法院强制执行的,人民法院应当依法受理。

法律、法规规定既可以由行政机关依法强制执行,也可以申请人民法院强制执行,行政机关申请人民法院强制执行的,人民法院可以依法受理。

第八十九条 行政机关申请人民法院强制执行其具体行政行为,由申请人所在地的基层人民法院受理;执行对象为不动产的,由不动产所在地的基层人民法院受理。

基层人民法院认为执行确有困难的,可以报请上级人民法院执行;上级人民法院可以决定由其执行,也可以决定由下级人民法院执行。

第九十条 行政机关根据法律的授权对平等主体之间民事争议作出裁决后,当事人在法定期限内不起诉又不履行,作出裁决的行政机关在申请执行的期限内未申请人民法院强制执行的,生效具体行政行为确定的权利人或者其继承人、权利承受人在90日内可以申请人民法院强制执行。

享有权利的公民、法人或者其他组织申请人民法院强制执行具体行政行为,参照行政机关申请人民法院强制执行具体行政行为的规定。

第九十一条 行政机关申请人民法院强制执行其具体行政行为,应当提交申请执行书、据以执行的行政法律文书、证明该具体行政行为合法的材料和被执行人财产状况以及其他必须提交的材料。

享有权利的公民、法人或者其他组织申请人民法院强制执行的,人民法院应当向作出裁决的行政机关调取有关材料。

第九十二条 行政机关或者具体行政行为确定的权利人申请人民法院强制执行前,有充分理由认为被执行人可能逃避执行的,可以申请人民法院采取财产保全措施。后者申请强制执行的,应当提供相应的财产担保。

第九十三条 人民法院受理行政机关申请执行其具体行政行为的案件后,应当在30日内由行政审判庭组成合议庭对具体行政行为的合法性进行审查,并就是否准予强制执行作出裁定;需要采取强制执行措施的,由本院负责强制执行非诉行政行为的机构执行。

第九十四条 在诉讼过程中,被告或者具体行政行为确定的权利人申请人民法院强制执行被诉具体行政行为,人民法院不予执行,但不及时执行可能给国家利益、公共利益或者他人合法权益造成不可弥补的损失的,人民法院可以先予执行。后者申请强制执行的,应当提供相应的财产担保。

第九十五条 被申请执行的具体行政行为有下列情形之一的,人民法院应当裁定不准予执行:

(一)明显缺乏事实根据的;

(二)明显缺乏法律依据的;

(三)其他明显违法并损害被执行人合法权益的。

◇**2000年行诉解释第92条的答复**

申请人在具体行政行为对外发生法律效力后至申请执行的期限内,依据《最高人民法院关于执行〈中华人民共和国行政诉讼法〉若干问题的解释》第九十二条的规定,可以向人民法院申请采取财产保全措施。

◇**行政强制法**

第五十三条 当事人在法定期限内不申请行政复议或者提起行政诉讼,又不履行行政决定的,没有行政强制执行权的行政机关可以自期限届满之日起三个月内,依照本章规定申请人民法院强制执行。

◇**劳动监察指令书申请强制执行**

劳动行政部门作出责令用人单位支付劳动者工资报酬、经济补偿和赔偿金的劳动监察指令书,不属于可申请人民法院强制执行的具体行政行为,人民法院对此类案件不予受理。劳动行政部门作出责令用人单位支付劳动者工资报酬、经济补偿和赔偿金的行政处理决定书,当事人既不履行又不申请复议或者起诉的,劳动行政部门可以依法申请人民法院强制执行。

第九章 涉外行政诉讼

第九十八条 【涉外行政诉讼法律适用原则】外国人、无国籍人、外国组织在中华人民共和国进行行政诉讼,适用本法。法律另有规定的除外。

◆相关法条

◇涉外行政案件审理期限的复函

一、《行政诉讼法》中有关案件审理期限的规定,并无一般行政案件与涉外(含涉港澳台,下同)行政案件的区分,涉外行政案件的审限应当适用该法有关案件审理期限的规定。

第九十九条 【同等、对等原则】外国人、无国籍人、外国组织在中华人民共和国进行行政诉讼,同中华人民共和国公民、组织有同等的诉讼权利和义务。

外国法院对中华人民共和国公民、组织的行政诉讼权利加以限制的,人民法院对该国公民、组织的行政诉讼权利,实行对等原则。

◆相关法条

◇国际贸易案规定

第十条 外国人、无国籍人、外国组织在中华人民共和国进行国际贸易行政诉讼,同中华人民共和国公民、组织有同等的诉讼权利和义务,但有行政诉讼法第七十一条第二款规定的情形的,适用对等原则。

第十一条 涉及香港特别行政区、澳门特别行政区和台湾地区当事人的国际贸易行政案件,参照本规定处理。

第一百条 【涉外代理】外国人、无国籍人、外国组织在中华人民共和国进行行政诉讼,委托律师代理诉讼的,应当委托中华人民共和国律师机构的律师。

第十章 附 则

第一百零一条 【适用民诉法的规定】人民法院审理行政案件,关于期间、送达、财产保全、开庭审理、调解、中止诉讼、终结诉讼、简易程序、执行等,以及人民检察院对行政案件受理、审理、裁判、执行的监督,本法没有规定的,适用《中华人民共和国民事诉讼法》的相关规定。

★**第一百零二条** 【诉讼费用】人民法院审理行政案件,应当收取诉讼费用。诉讼费用由败诉方承担,双方都有责任的由双方分担。收取诉讼费用的具体办法另行规定。

◆相关法条

◇行政赔偿规定

第三十九条 赔偿请求人要求人民法院确认致害行为违法涉及的鉴定、勘验、审计等费用,由申请人预付,最后由败诉方承担。

◆要点精解

行政诉讼中诉讼费用的负担原则是败诉方承担。

第一百零三条 【生效日期】本法自 1990 年 10 月 1 日起施行。

◆相关法条

◇行诉证据规定

第八十条 本规定自 2002 年 10 月 1 日起施行。2002 年 10 月 1 日尚未审结的一审、二审和再审行政案件不适用本规定。

本规定施行前已经审结的行政案件,当事人以违反本规定为由申请再审的,人民法院不予支持。

本规定施行后按照审判监督程序决定再审的行政案件,适用本规定。

◇国际贸易案规定

第四条 当事人的行为发生在新法生效之前,行政机关在新法生效之后对该行为作出行政处理决定的,当事人可以依照新法的规定提起行政诉讼。

第十二条 本规定自 2002 年 10 月 1 日起施行。

◆要点精解

2014 年 11 月 1 日第十二届全国人民代表

大会常务委员会第十一次会议通过《关于修改〈中华人民共和国行政诉讼法〉的决定》,规定"本决定自2015年5月1日起施行"。据此,经修改的法条,生效日期为2015年5月1日。

二、与行政诉讼法有关的司法解释

(一)一般性解释

最高人民法院关于执行《中华人民共和国行政诉讼法》若干问题的解释

1. 1999年11月24日最高人民法院审判委员会第1088次会议通过
2. 2000年3月8日法释〔2000〕8号公布
3. 自2000年3月10日起施行

为正确理解和适用《中华人民共和国行政诉讼法》(以下简称行政诉讼法),现结合行政审判工作实际,对执行行政诉讼法的若干问题作出如下解释:

一、受案范围

第一条 公民、法人或者其他组织对具有国家行政职权的机关和组织及其工作人员的行政行为不服,依法提起诉讼的,属于人民法院行政诉讼的受案范围。

公民、法人或者其他组织对下列行为不服提起诉讼的,不属于人民法院行政诉讼的受案范围:

(一)行政诉讼法第十二条规定的行为;

(二)公安、国家安全等机关依照刑事诉讼法的明确授权实施的行为;

(三)调解行为以及法律规定的仲裁行为;

(四)不具有强制力的行政指导行为;

(五)驳回当事人对行政行为提起申诉的重复处理行为;

(六)对公民、法人或者其他组织权利义务不产生实际影响的行为。

第二条 行政诉讼法第十二条第(一)项规定的国家行为,是指国务院、中央军事委员会、国防部、外交部等根据宪法和法律的授权,以国家的名义实施的有关国防和外交事务的行为,以及经宪法和法律授权的国家机关宣布紧急状态、实施戒严和总动员等行为。

第三条 行政诉讼法第十二条第(二)项规定的"具有普遍约束力的决定、命令",是指行政机关针对不特定对象发布的能反复适用的行政规范性文件。

第四条 行政诉讼法第十二条第(三)项规定的"对行政机关工作人员的奖惩、任免等决定",是指行政机关作出的涉及该行政机关公务员权利义务的决定。

第五条 行政诉讼法第十二条第(四)项规定的"法律规定由行政机关最终裁决的具体行政行为"中的"法律",是指全国人民代表大会及其常务委员会制定、通过的规范性文件。

二、管 辖

第六条 各级人民法院行政审判庭审理

行政案件和审查行政机关申请执行其具体行政行为的案件。

专门人民法院、人民法庭不审理行政案件,也不审查和执行行政机关申请执行其具体行政行为的案件。

第七条 复议决定有下列情形之一的,属于行政诉讼法规定的"改变原具体行政行为":

(一)改变原具体行政行为所认定的主要事实和证据的;

(二)改变原具体行政行为所适用的规范依据且对定性产生影响的;

(三)撤销、部分撤销或者变更原具体行政行为处理结果的。

第八条 有下列情形之一的,属于行政诉讼法第十四条第(三)项规定的"本辖区内重大、复杂的案件":

(一)被告为县级以上人民政府,且基层人民法院不适宜审理的案件;

(二)社会影响重大的共同诉讼、集团诉讼案件;

(三)重大涉外或者涉及香港特别行政区、澳门特别行政区、台湾地区的案件;

(四)其他重大、复杂案件。

第九条 行政诉讼法第十八条规定的"原告所在地",包括原告的户籍所在地、经常居住地和被限制人身自由地。

行政机关基于同一事实既对人身又对财产实施行政处罚或者采取行政强制措施的,被限制人身自由的公民、被扣押或者没收财产的公民、法人或者其他组织对上述行为均不服的,既可以向被告所在地人民法院提起诉讼,也可以向原告所在地人民法院提起诉讼,受诉人民法院可一并管辖。

第十条 当事人提出管辖异议,应当在接到人民法院应诉通知之日起10日内以书面形式提出。

对当事人提出的管辖异议,人民法院应当进行审查。异议成立的,裁定将案件移送有管辖权的人民法院;异议不成立的,裁定驳回。

三、诉讼参加人

第十一条 行政诉讼法第二十四条规定的"近亲属",包括配偶、父母、子女、兄弟姐妹、祖父母、外祖父母、孙子女、外孙子女和其他具有扶养、赡养关系的亲属。

公民因被限制人身自由而不能提起诉讼的,其近亲属可以依其口头或者书面委托以该公民的名义提起诉讼。

第十二条 与具体行政行为有法律上利害关系的公民、法人或者其他组织对该行为不服的,可以依法提起行政诉讼。

第十三条 有下列情形之一的,公民、法人或者其他组织可以依法提起行政诉讼:

(一)被诉的具体行政行为涉及其相邻权或者公平竞争权的;

(二)与被诉的行政复议决定有法律上利害关系或者在复议程序中被追加为第三人的;

(三)要求主管行政机关依法追究加害人法律责任的;

(四)与撤销或者变更具体行政行为有法律上利害关系的。

第十四条 合伙企业向人民法院提起诉讼的,应当以核准登记的字号为原告,由执行合伙企业事务d的合伙人作诉讼代表人;其他合伙组织提起诉讼的,合伙人为共同原告。

不具备法人资格的其他组织向人民法院提起诉讼的,由该组织的主要负责人作诉讼代表人;没有主要负责人的,可以由推选的负责人作诉讼代表人。

同案原告为5人以上,应当推选1至5名诉讼代表人参加诉讼;在指定期限内未选定的,人民法院可以依职权指定。

第十五条 联营企业、中外合资或者合作企业的联营、合资、合作各方,认为联营、合资、合作企业权益或者自己一方合法权益受具体行政行为侵害的,均可以自己的名义提起诉讼。

第十六条 农村土地承包人等土地使用权人对行政机关处分其使用的农村集体所有土地的行为不服,可以自己的名义提起诉讼。

第十七条 非国有企业被行政机关注销、撤销、合并、强令兼并、出售、分立或者改变企业隶属关系的,该企业或者其法定代表人可以提起诉讼。

第十八条 股份制企业的股东大会、股东代表大会、董事会等认为行政机关作出的具体行政行为侵犯企业经营自主权的,可以企业名义提起诉讼。

第十九条 当事人不服经上级行政机关批准的具体行政行为,向人民法院提起诉讼的,应当以对外发生法律效力的文书上署名的机关为被告。

第二十条 行政机关组建并赋予行政管理职能但不具有独立承担法律责任能力的机构,以自己的名义作出具体行政行为,当事人不服提起诉讼的,应当以组建该机构的行政机关为被告。

行政机关的内设机构或者派出机构在没有法律、法规或者规章授权的情况下,以自己的名义作出具体行政行为,当事人不服提起诉讼的,应当以该行政机关为被告。

法律、法规或者规章授权行使行政职权的行政机关内设机构、派出机构或者其他组织,超出法定授权范围实施行政行为,当事人不服提起诉讼的,应当以实施该行为的机构或者组织为被告。

第二十一条 行政机关在没有法律、法规或者规章规定的情况下,授权其内设机构、派出机构或者其他组织行使行政职权的,应当视为委托。当事人不服提起诉讼的,应当以该行政机关为被告。

第二十二条 复议机关在法定期间内不作复议决定,当事人对原具体行政行为不服提起诉讼的,应当以作出原具体行政行为的行政机关为被告;当事人对复议机关不作为不服提起诉讼的,应当以复议机关为被告。

第二十三条 原告所起诉的被告不适格,人民法院应当告知原告变更被告;原告不同意变更的,裁定驳回起诉。

应当追加被告而原告不同意追加的,人民法院应当通知其以第三人的身份参加诉讼。

第二十四条 行政机关的同一具体行政行为涉及两个以上利害关系人,其中一部分利害关系人对具体行政行为不服提起诉讼,人民法院应当通知没有起诉的其他利害关系人作为第三人参加诉讼。

第三人有权提出与本案有关的诉讼主张,对人民法院的一审判决不服,有权提起上诉。

第二十五条 当事人委托诉讼代理人,应当向人民法院提交由委托人签名或者盖章的授权委托书。委托书应当载明委托事项和具体权限。公民在特殊情况下无法书面委托的,也可口头委托。口头委托的,人民法院应当核实并记录在卷;被诉机关或者其他有义务协助的机关拒绝人民法院向被限制人身自由的公民核实的,视为委托成立。当事人解除或者变更委托的,应当书面报告人民法院,由人民法院通知其他当事人。

四、证　据

第二十六条 在行政诉讼中,被告对其作出的具体行政行为承担举证责任。

被告应当在收到起诉状副本之日起10日内提交答辩状,并提供作出具体行政行为时的证据、依据;被告不提供或者无正当理由逾期提供的,应当认定该具体行政行为没有证据、依据。

第二十七条 原告对下列事项承担举证责任:

（一）证明起诉符合法定条件，但被告认为原告起诉超过起诉期限的除外；

（二）在起诉被告不作为的案件中，证明其提出申请的事实；

（三）在一并提起的行政赔偿诉讼中，证明因受被诉行为侵害而造成损失的事实；

（四）其他应当由原告承担举证责任的事项。

第二十八条 有下列情形之一的，被告经人民法院准许可以补充相关的证据：

（一）被告在作出具体行政行为时已经收集证据，但因不可抗力等正当事由不能提供的；

（二）原告或者第三人在诉讼过程中，提出了其在被告实施行政行为过程中没有提出的反驳理由或者证据的。

第二十九条 有下列情形之一的，人民法院有权调取证据：

（一）原告或者第三人及其诉讼代理人提供了证据线索，但无法自行收集而申请人民法院调取的；

（二）当事人应当提供而无法提供原件或者原物的。

第三十条 下列证据不能作为认定被诉具体行政行为合法的根据：

（一）被告及其诉讼代理人在作出具体行政行为后自行收集的证据；

（二）被告严重违反法定程序收集的其他证据。

第三十一条 未经法庭质证的证据不能作为人民法院裁判的根据。

复议机关在复议过程中收集和补充的证据，不能作为人民法院维持原具体行政行为的根据。

被告在二审过程中向法庭提交在一审过程中没有提交的证据，不能作为二审法院撤销或者变更一审裁判的根据。

五、起诉与受理

第三十二条 人民法院应当组成合议庭对原告的起诉进行审查。符合起诉条件的，应当在7日内立案；不符合起诉条件的，应当在7日内裁定不予受理。

7日内不能决定是否受理的，应当先予受理；受理后经审查不符合起诉条件的，裁定驳回起诉。

受诉人民法院在7日内既不立案，又不作出裁定的，起诉人可以向上一级人民法院申诉或者起诉。上一级人民法院认为符合受理条件的，应予受理；受理后可以移交或者指定下级人民法院审理，也可以自行审理。

前三款规定的期限，从受诉人民法院收到起诉状之日起计算；因起诉状内容欠缺而责令原告补正的，从人民法院收到补正材料之日起计算。

第三十三条 法律、法规规定应当先申请复议，公民、法人或者其他组织未申请复议直接提起诉讼的，人民法院不予受理。

复议机关不受理复议申请或者在法定期限内不作出复议决定，公民、法人或者其他组织不服，依法向人民法院提起诉讼的，人民法院应当依法受理。

第三十四条 法律、法规未规定行政复议为提起行政诉讼必经程序，公民、法人或者其他组织既提起诉讼又申请行政复议的，由先受理的机关管辖；同时受理的，由公民、法人或者其他组织选择。公民、法人或者其他组织已经申请行政复议，在法定复议期间内又向人民法院提起诉讼的，人民法院不予受理。

第三十五条 法律、法规未规定行政复议为提起行政诉讼必经程序，公民、法人或者其他组织向复议机关申请行政复议后，又经复议机关同意撤回复议申请，在法定起诉期限内对原具体行政行为提起诉讼的，人民法院应当依法受理。

第三十六条 人民法院裁定准许原告撤诉后，原告以同一事实和理由重新起诉的，人民法院不予受理。

准予撤诉的裁定确有错误，原告申请再审的，人民法院应当通过审判监督程序撤销原准予撤诉的裁定，重新对案件进行审理。

第三十七条 原告或者上诉人未按规定的期限预交案件受理费，又不提出缓交、减交、免交申请，或者提出申请未获批准的，按自动撤诉处理。在按撤诉处理后，原告或者上诉人在法定期限内再次起诉或者上诉，并依法解决诉讼费预交问题的，人民法院应予受理。

第三十八条 人民法院判决撤销行政机关的具体行政行为后，公民、法人或者其他组织对行政机关重新作出的具体行政行为不服向人民法院起诉的，人民法院应当依法受理。

第三十九条 公民、法人或者其他组织申请行政机关履行法定职责，行政机关在接到申请之日起60日内不履行的，公民、法人或者其他组织向人民法院提起诉讼，人民法院应当依法受理。法律、法规、规章和其他规范性文件对行政机关履行职责的期限另有规定的，从其规定。

公民、法人或者其他组织在紧急情况下请求行政机关履行保护其人身权、财产权的法定职责，行政机关不履行的，起诉期间不受前款规定的限制。

第四十条 行政机关作出具体行政行为时，没有制作或者没有送达法律文书，公民、法人或者其他组织不服向人民法院起诉的，只要能证明具体行政行为存在，人民法院应当依法受理。

第四十一条 行政机关作出具体行政行为时，未告知公民、法人或者其他组织诉权或者起诉期限的，起诉期限从公民、法人或者其他组织知道或者应当知道诉权或者起诉期限之日起计算，但从知道或者应当知道具体行政行为内容之日起最长不得超过2年。

复议决定未告知公民、法人或者其他组织诉权或者法定起诉期限的，适用前款规定。

第四十二条 公民、法人或者其他组织不知道行政机关作出的具体行政行为内容的，其起诉期限从知道或者应当知道该具体行政行为内容之日起计算。对涉及不动产的具体行政行为从作出之日起超过20年、其他具体行政行为从作出之日起超过5年提起诉讼的，人民法院不予受理。

第四十三条 由于不属于起诉人自身的原因超过起诉期限的，被耽误的时间不计算在起诉期间内。因人身自由受到限制而不能提起诉讼的，被限制人身自由的时间不计算在起诉期间内。

六、审理与判决

第四十四条 有下列情形之一的，应当裁定不予受理；已经受理的，裁定驳回起诉：

（一）请求事项不属于行政审判权限范围的；

（二）起诉人无原告诉讼主体资格的；

（三）起诉人错列被告且拒绝变更的；

（四）法律规定必须由法定或者指定代理人、代表人为诉讼行为，未由法定或者指定代理人、代表人为诉讼行为的；

（五）由诉讼代理人代为起诉，其代理不符合法定要求的；

（六）起诉超过法定期限且无正当理由的；

（七）法律、法规规定行政复议为提起诉讼必经程序而未申请复议的；

（八）起诉人重复起诉的；

（九）已撤回起诉，无正当理由再行起诉的；

（十）诉讼标的为生效判决的效力所羁束的；

（十一）起诉不具备其他法定要件的。

前款所列情形可以补正或者更正的，人民法院应当指定期间责令补正或者更正；在指定期间已经补正或者更正的,应当依法受理。

第四十五条 起诉状副本送达被告后,原告提出新的诉讼请求的,人民法院不予准许,但有正当理由的除外。

第四十六条 有下列情形之一的,人民法院可以决定合并审理:

(一)两个以上行政机关分别依据不同的法律、法规对同一事实作出具体行政行为,公民、法人或者其他组织不服向同一人民法院起诉的;

(二)行政机关就同一事实对若干公民、法人或者其他组织分别作出具体行政行为,公民、法人或者其他组织不服分别向同一人民法院起诉的;

(三)在诉讼过程中,被告对原告作出新的具体行政行为,原告不服向同一人民法院起诉的;

(四)人民法院认为可以合并审理的其他情形。

第四十七条 当事人申请回避,应当说明理由,在案件开始审理时提出;回避事由在案件开始审理后知道的,应当在法庭辩论终结前提出。

被申请回避的人员,在人民法院作出是否回避的决定前,应当暂停参与本案的工作,但案件需要采取紧急措施的除外。

对当事人提出的回避申请,人民法院应当在3日内以口头或者书面形式作出决定。

申请人对驳回回避申请决定不服的,可以向作出决定的人民法院申请复议一次。复议期间,被申请回避的人员不停止参与本案的工作。对申请人的复议申请,人民法院应当在3日内作出复议决定,并通知复议申请人。

第四十八条 人民法院对于因一方当事人的行为或者其他原因,可能使具体行政行为或者人民法院生效裁判不能或者难以执行的案件,可以根据对方当事人的申请作出财产保全的裁定;当事人没有提出申请的,人民法院

在必要时也可以依法采取财产保全措施。

人民法院审理起诉行政机关没有依法发给抚恤金、社会保险金、最低生活保障费等案件,可以根据原告的申请,依法书面裁定先予执行。

当事人对财产保全或者先予执行的裁定不服的,可以申请复议。复议期间不停止裁定的执行。

◆司考真题
◇2010年卷2第47题(单选)
陈某申请领取最低生活保障费,遭民政局拒绝。陈某诉至法院,要求判令民政局履行法定职责,同时申请法院先予执行。对此,下列哪一说法是正确的?

A.陈某提出先予执行申请时,应提供相应担保

B.陈某的先予执行申请,不属于《行政诉讼法》规定的先予执行范围

C.如法院作出先予执行裁定,民政局不服可以申请复议

D.如法院作出先予执行裁定,情况特殊的,可以采用口头方式

答案:C

第四十九条 原告或者上诉人经合法传唤,无正当理由拒不到庭或者未经法庭许可中途退庭的,可以按撤诉处理。

原告或者上诉人申请撤诉,人民法院裁定不予准许的,原告或者上诉人经合法传唤无正当理由拒不到庭,或者未经法庭许可而中途退庭的,人民法院可以缺席判决。

第三人经合法传唤无正当理由拒不到庭,或者未经法庭许可中途退庭的,不影响案件的审理。

第五十条 被告在一审期间改变被诉具体行政行为的,应当书面告知人民法院。

原告或者第三人对改变后的行为不服提起诉讼的,人民法院应当就改变后的具体行政行为进行审理。

被告改变原具体行政行为,原告不撤诉,

人民法院经审查认为原具体行政行为违法的,应当作出确认其违法的判决;认为原具体行政行为合法的,应当判决驳回原告的诉讼请求。

原告起诉被告不作为,在诉讼中被告作出具体行政行为,原告不撤诉的,参照上述规定处理。

第五十一条 在诉讼过程中,有下列情形之一的,中止诉讼:

(一)原告死亡,须等待其近亲属表明是否参加诉讼的;

(二)原告丧失诉讼行为能力,尚未确定法定代理人的;

(三)作为一方当事人的行政机关、法人或者其他组织终止,尚未确定权利义务承受人的;

(四)一方当事人因不可抗力的事由不能参加诉讼的;

(五)案件涉及法律适用问题,需要送请有权机关作出解释或者确认的;

(六)案件的审判须以相关民事、刑事或者其他行政案件的审理结果为依据,而相关案件尚未审结的;

(七)其他应当中止诉讼的情形。

中止诉讼的原因消除后,恢复诉讼。

第五十二条 在诉讼过程中,有下列情形之一的,终结诉讼:

(一)原告死亡,没有近亲属或者近亲属放弃诉讼权利的;

(二)作为原告的法人或者其他组织终止后,其权利义务的承受人放弃诉讼权利的。

因本解释第五十一条第一款第(一)、(二)、(三)项原因中止诉讼满90日仍无人继续诉讼的,裁定终结诉讼,但有特殊情况的除外。

第五十三条 复议决定维持原具体行政行为的,人民法院判决撤销原具体行政行为,复议决定自然无效。

复议决定改变原具体行政行为错误,人民法院判决撤销复议决定时,应当责令复议机关重新作出复议决定。

第五十四条 人民法院判决被告重新作出具体行政行为,被告重新作出的具体行政行为与原具体行政行为的结果相同,但主要事实或者主要理由有改变的,不属于行政诉讼法第五十五条规定的情形。

人民法院以违反法定程序为由,判决撤销被诉具体行政行为的,行政机关重新作出具体行政行为不受行政诉讼法第五十五条规定的限制。

行政机关以同一事实和理由重新作出与原具体行政行为基本相同的具体行政行为,人民法院应当根据行政诉讼法第五十四条第(二)项、第五十五条的规定判决撤销或者部分撤销,并根据行政诉讼法第六十五条第三款的规定处理。

第五十五条 人民法院审理行政案件不得加重对原告的处罚,但利害关系人同为原告的除外。

人民法院审理行政案件不得对行政机关未予处罚的人直接给予行政处罚。

第五十六条 有下列情形之一的,人民法院应当判决驳回原告的诉讼请求:

(一)起诉被告不作为理由不能成立的;

(二)被诉具体行政行为合法但存在合理性问题的;

(三)被诉具体行政行为合法,但因法律、政策变化需要变更或者废止的;

(四)其他应当判决驳回诉讼请求的情形。

第五十七条 人民法院认为被诉具体行政行为合法,但不适宜判决维持或者驳回诉讼请求的,可以作出确认其合法或者有效的判决。

有下列情形之一的,人民法院应当作出确认被诉具体行政行为违法或者无效的判决:

(一)被告不履行法定职责,但判决责令其履行法定职责已无实际意义的;

(二)被诉具体行政行为违法,但不具有可撤销内容的;

(三)被诉具体行政行为依法不成立或者无效的。

第五十八条 被诉具体行政行为违法,但撤销该具体行政行为将会给国家利益或者公共利益造成重大损失的,人民法院应当作出确认被诉具体行政行为违法的判决,并责令被诉行政机关采取相应的补救措施;造成损害的,依法判决承担赔偿责任。

第五十九条 根据行政诉讼法第五十四条第(二)项规定判决撤销违法的被诉具体行政行为,将会给国家利益、公共利益或者他人合法权益造成损失的,人民法院在判决撤销的同时,可以分别采取以下方式处理:

(一)判决被告重新作出具体行政行为;

(二)责令被诉行政机关采取相应的补救措施;

(三)向被告和有关机关提出司法建议;

(四)发现违法犯罪行为的,建议有权机关依法处理。

第六十条 人民法院判决被告重新作出具体行政行为,如不及时重新作出具体行政行为,将会给国家利益、公共利益或者当事人利益造成损失的,可以限定重新作出具体行政行为的期限。

人民法院判决被告履行法定职责,应当指定履行的期限,因情况特殊难于确定期限的除外。

第六十一条 被告对平等主体之间民事争议所作的裁决违法,民事争议当事人要求人民法院一并解决相关民事争议的,人民法院可以一并审理。

第六十二条 人民法院审理行政案件,适用最高人民法院司法解释的,应当在裁判文书中援引。

人民法院审理行政案件,可以在裁判文书中引用合法有效的规章及其他规范性文件。

第六十三条 裁定适用于下列范围:

(一)不予受理;

(二)驳回起诉;

(三)管辖异议;

(四)终结诉讼;

(五)中止诉讼;

(六)移送或者指定管辖;

(七)诉讼期间停止具体行政行为的执行或者驳回停止执行的申请;

(八)财产保全;

(九)先予执行;

(十)准许或者不准许撤诉;

(十一)补正裁判文书中的笔误;

(十二)中止或者终结执行;

(十三)提审、指令再审或者发回重审;

(十四)准许或者不准许执行行政机关的具体行政行为;

(十五)其他需要裁定的事项。

对第(一)、(二)、(三)项裁定,当事人可以上诉。

第六十四条 行政诉讼法第五十七条、第六十条规定的审限,是指从立案之日起至裁判宣告之日止的期间。鉴定、处理管辖争议或者异议以及中止诉讼的时间不计算在内。

第六十五条 第一审人民法院作出判决和裁定后,当事人均提起上诉的,上诉各方均为上诉人。

诉讼当事人中的一部分人提出上诉,没有提出上诉的对方当事人为被上诉人,其他当事人依原审诉讼地位列明。

第六十六条 当事人提出上诉,应当按照其他当事人或者诉讼代表人的人数提出上诉状副本。

原审人民法院收到上诉状,应当在5日内将上诉状副本送达其他当事人,对方当事人应当在收到上诉状副本之日起10日内提出答辩状。

原审人民法院应当在收到答辩状之日起5日内将副本送达当事人。

原审人民法院收到上诉状、答辩状,应当在5日内连同全部案卷和证据,报送第二审人民法院。已经预收诉讼费用的,一并报送。

第六十七条 第二审人民法院审理上诉案件,应当对原审人民法院的裁判和被诉具体行政行为是否合法进行全面审查。

当事人对原审人民法院认定的事实有争议的,或者第二审人民法院认为原审人民法院认定事实不清楚的,第二审人民法院应当开庭审理。

第六十八条 第二审人民法院经审理认为原审人民法院不予受理或者驳回起诉的裁定确有错误,且起诉符合法定条件的,应当裁定撤销原审人民法院的裁定,指令原审人民法院依法立案受理或者继续审理。

第六十九条 第二审人民法院裁定发回原审人民法院重新审理的行政案件,原审人民法院应当另行组成合议庭进行审理。

第七十条 第二审人民法院审理上诉案件,需要改变原审判决的,应当同时对被诉具体行政行为作出判决。

第七十一条 原审判决遗漏了必须参加诉讼的当事人或者诉讼请求的,第二审人民法院应当裁定撤销原审判决,发回重审。

原审判决遗漏行政赔偿请求,第二审人民法院经审查认为依法不应当予以赔偿的,应当判决驳回行政赔偿请求。

原审判决遗漏行政赔偿请求,第二审人民法院经审查认为依法应当予以赔偿的,在确认被诉具体行政行为违法的同时,可以就行政赔偿问题进行调解;调解不成的,应当就行政赔偿部分发回重审。

当事人在第二审期间提出行政赔偿请求的,第二审人民法院可以进行调解;调解不成的,应当告知当事人另行起诉。

◆ **司考真题**

◇ 2011 年卷 2 第 50 题(单选)

县环保局以一企业逾期未完成限期治理任务为由,决定对其加收超标准排污费并处以罚款 1 万元。该企业认为决定违法诉至法院,提出赔偿请求。一审法院经审理维持县环保局的决定。该企业提出上诉。下列哪一说法是正确的?

A. 加收超标准排污费和罚款均为行政处罚

B. 一审法院开庭审理时,如该企业未经法庭许可中途退庭,法院应予训诫

C. 二审法院认为需要改变一审判决的,应同时对县环保局的决定作出判决

D. 一审法院如遗漏了该企业的赔偿请求,二审法院应裁定撤销一审判决,发回重审

答案:C

第七十二条 有下列情形之一的,属于行政诉讼法第六十三条规定的"违反法律、法规规定":

(一)原判决、裁定认定的事实主要证据不足;

(二)原判决、裁定适用法律、法规确有错误;

(三)违反法定程序,可能影响案件正确裁判;

(四)其他违反法律、法规的情形。

第七十三条 当事人申请再审,应当在判决、裁定发生法律效力后 2 年内提出。

当事人对已经发生法律效力的行政赔偿调解书,提出证据证明调解违反自愿原则或者调解协议的内容违反法律规定的,可以在 2 年内申请再审。

第七十四条 人民法院接到当事人的再审申请后,经审查,符合再审条件的,应当立案并及时通知各方当事人;不符合再审条件的,予以驳回。

第七十五条 对人民检察院按照审判监督程序提出抗诉的案件,人民法院应当再审。

人民法院开庭审理抗诉案件时,应当通知人民检察院派员出庭。

第七十六条 人民法院按照审判监督程序再审的案件,发生法律效力的判决、裁定是

由第一审人民法院作出的,按照第一审程序审理,所作的判决、裁定,当事人可以上诉;发生法律效力的判决、裁定是由第二审人民法院作出的,按照第二审程序审理,所作的判决、裁定是发生法律效力的判决、裁定;上级人民法院按照审判监督程序提审的,按照第二审程序审理,所作的判决、裁定是发生法律效力的判决、裁定。

人民法院审理再审案件,应当另行组成合议庭。

第七十七条 按照审判监督程序决定再审的案件,应当裁定中止原判决的执行;裁定由院长署名,加盖人民法院印章。

上级人民法院决定提审或者指令下级人民法院再审的,应当作出裁定,裁定应当写明中止原判决的执行;情况紧急的,可以将中止执行的裁定口头通知负责执行的人民法院或者作出生效判决、裁定的人民法院,但应当在口头通知后10日内发出裁定书。

第七十八条 人民法院审理再审案件,认为原生效判决、裁定确有错误,在撤销原生效判决或者裁定的同时,可以对生效判决、裁定的内容作出相应裁判,也可以裁定撤销生效判决或者裁定,发回作出生效判决、裁定的人民法院重新审判。

第七十九条 人民法院审理二审案件和再审案件,对原审法院受理、不予受理或者驳回起诉错误的,应当分别情况作如下处理:

(一)第一审人民法院作出实体判决后,第二审人民法院认为不应当受理的,在撤销第一审人民法院判决的同时,可以发回重审,也可以迳行驳回起诉;

(二)第二审人民法院维持第一审人民法院不予受理裁定错误的,再审法院应当撤销第一审、第二审人民法院裁定,指令第一审人民法院受理;

(三)第二审人民法院维持第一审人民法院驳回起诉裁定错误的,再审法院应当撤销第一审、第二审人民法院裁定,指令第一审人民法院审理。

第八十条 人民法院审理再审案件,发现生效裁判有下列情形之一的,应当裁定发回作出生效判决、裁定的人民法院重新审理:

(一)审理本案的审判人员、书记员应当回避而未回避的;

(二)依法应当开庭审理而未经开庭即作出判决的;

(三)未经合法传唤当事人而缺席判决的;

(四)遗漏必须参加诉讼的当事人的;

(五)对与本案有关的诉讼请求未予裁判的;

(六)其他违反法定程序可能影响案件正确裁判的。

第八十一条 再审案件按照第一审程序审理的,适用行政诉讼法第五十七条规定的审理期限。

再审案件按照第二审程序审理的,适用行政诉讼法第六十条规定的审理期限。

第八十二条 基层人民法院申请延长审理期限,应当直接报请高级人民法院批准,同时报中级人民法院备案。

七、执　　行

第八十三条 对发生法律效力的行政判决书、行政裁定书、行政赔偿判决书和行政赔偿调解书,负有义务的一方当事人拒绝履行的,对方当事人可以依法申请人民法院强制执行。

第八十四条 申请人是公民的,申请执行生效的行政判决书、行政裁定书、行政赔偿判决书和行政赔偿调解书的期限为1年,申请人是行政机关、法人或者其他组织的为180日。

申请执行的期限从法律文书规定的履行期间最后一日起计算;法律文书中没有规定履行期限的,从该法律文书送达当事人之日起计算。

逾期申请的,除有正当理由外,人民法院不予受理。

第八十五条 发生法律效力的行政判决书、行政裁定书、行政赔偿判决书和行政赔偿调解书,由第一审人民法院执行。

第一审人民法院认为情况特殊需要由第二审人民法院执行的,可以报请第二审人民法院执行;第二审人民法院可以决定由其执行,也可以决定由第一审人民法院执行。

第八十六条 行政机关根据行政诉讼法第六十六条的规定申请执行其具体行政行为,应当具备以下条件:

(一)具体行政行为依法可以由人民法院执行;

(二)具体行政行为已经生效并具有可执行内容;

(三)申请人是作出该具体行政行为的行政机关或者法律、法规、规章授权的组织;

(四)被申请人是该具体行政行为所确定的义务人;

(五)被申请人在具体行政行为确定的期限内或者行政机关另行指定的期限内未履行义务;

(六)申请人在法定期限内提出申请;

(七)被申请执行的行政案件属于受理申请执行的人民法院管辖。

人民法院对符合条件的申请,应当立案受理,并通知申请人;对不符合条件的申请,应当裁定不予受理。

第八十七条 法律、法规没有赋予行政机关强制执行权,行政机关申请人民法院强制执行的,人民法院应当依法受理。

法律、法规规定既可以由行政机关依法强制执行,也可以申请人民法院强制执行,行政机关申请人民法院强制执行的,人民法院可以依法受理。

第八十八条 行政机关申请人民法院强制执行其具体行政行为,应当自被执行人的法定起诉期限届满之日起180日内提出。逾期申请的,除有正当理由外,人民法院不予受理。

第八十九条 行政机关申请人民法院强制执行其具体行政行为,由申请人所在地的基层人民法院受理;执行对象为不动产的,由不动产所在地的基层人民法院受理。

基层人民法院认为执行确有困难的,可以报请上级人民法院执行;上级人民法院可以决定由其执行,也可以决定由下级人民法院执行。

第九十条 行政机关根据法律的授权对平等主体之间民事争议作出裁决后,当事人在法定期限内不起诉又不履行,作出裁决的行政机关在申请执行的期限内未申请人民法院强制执行的,生效具体行政行为确定的权利人或者其继承人、权利承受人在90日内可以申请人民法院强制执行。

享有权利的公民、法人或者其他组织申请人民法院强制执行具体行政行为,参照行政机关申请人民法院强制执行具体行政行为的规定。

第九十一条 行政机关申请人民法院强制执行其具体行政行为,应当提交申请执行书、据以执行的行政法律文书、证明该具体行政行为合法的材料和被执行人财产状况以及其他必须提交的材料。

享有权利的公民、法人或者其他组织申请人民法院强制执行的,人民法院应当向作出裁决的行政机关调取有关材料。

第九十二条 行政机关或者具体行政行为确定的权利人申请人民法院强制执行前,有充分理由认为被执行人可能逃避执行的,可以申请人民法院采取财产保全措施。后者申请强制执行的,应当提供相应的财产担保。

第九十三条 人民法院受理行政机关申请执行其具体行政行为的案件后,应当在30日内由行政审判庭组成合议庭对具体行政行为的合法性进行审查,并就是否准予强制执行作出裁定;需要采取强制执行措施的,由本院负责强制执行非诉行政行为的机构执行。

第九十四条 在诉讼过程中，被告或者具体行政行为确定的权利人申请人民法院强制执行被诉具体行政行为，人民法院不予执行，但不及时执行可能给国家利益、公共利益或者他人合法权益造成不可弥补的损失的，人民法院可以先予执行。后者申请强制执行的，应当提供相应的财产担保。

第九十五条 被申请执行的具体行政行为有下列情形之一的，人民法院应当裁定不准予执行：

（一）明显缺乏事实根据的；

（二）明显缺乏法律依据的；

（三）其他明显违法并损害被执行人合法权益的。

第九十六条 行政机关拒绝履行人民法院生效判决、裁定的，人民法院可以依照行政诉讼法第六十五条第三款的规定处理，并可以参照民事诉讼法第一百零二条的有关规定，对主要负责人或者直接责任人员予以罚款处罚。

八、其　他

第九十七条 人民法院审理行政案件，除依照行政诉讼法和本解释外，可以参照民事诉讼的有关规定。

第九十八条 本解释自发布之日起施行，最高人民法院《关于贯彻执行〈中华人民共和国行政诉讼法〉若干问题的意见（试行）》同时废止；最高人民法院以前所作的司法解释以及与有关机关联合发布的规范性文件，凡与本解释不一致的，按本解释执行。

最高人民法院关于适用《中华人民共和国行政诉讼法》若干问题的解释

1. 2015年4月20日最高人民法院审判委员会第1648次会议通过
2. 2015年4月22日法释〔2015〕9号公布
3. 自2015年5月1日起施行

为正确适用第十二届全国人民代表大会常务委员会第十一次会议决定修改的《中华人民共和国行政诉讼法》，结合人民法院行政审判工作实际，现就有关条款的适用问题解释如下：

第一条 人民法院对符合起诉条件的案件应当立案，依法保障当事人行使诉讼权利。

对当事人依法提起的诉讼，人民法院应当根据行政诉讼法第五十一条的规定，一律接收起诉状。能够判断符合起诉条件的，应当当场登记立案；当场不能判断是否符合起诉条件的，应当在接收起诉状后七日内决定是否立案；七日内仍不能作出判断的，应当先予立案。

起诉状内容或者材料欠缺的，人民法院应当一次性全面告知当事人需要补正的内容、补充的材料及期限。在指定期限内补正并符合起诉条件的，应当登记立案。当事人拒绝补正或者经补正仍不符合起诉条件的，裁定不予立案，并载明不予立案的理由。

当事人对不予立案裁定不服的，可以提起上诉。

第二条 行政诉讼法第四十九条第三项规定的"有具体的诉讼请求"是指：
（一）请求判决撤销或者变更行政行为；
（二）请求判决行政机关履行法定职责或者给付义务；
（三）请求判决确认行政行为违法；
（四）请求判决确认行政行为无效；
（五）请求判决行政机关予以赔偿或者补偿；
（六）请求解决行政协议争议；
（七）请求一并审查规章以下规范性文件；
（八）请求一并解决相关民事争议；
（九）其他诉讼请求。
当事人未能正确表达诉讼请求的，人民法院应当予以释明。

第三条 有下列情形之一，已经立案的，应当裁定驳回起诉：
（一）不符合行政诉讼法第四十九条规定的；
（二）超过法定起诉期限且无正当理由的；
（三）错列被告且拒绝变更的；
（四）未按照法律规定由法定代理人、指定代理人、代表人为诉讼行为的；
（五）未按照法律、法规规定先向行政机关申请复议的；
（六）重复起诉的；
（七）撤回起诉后无正当理由再行起诉的；
（八）行政行为对其合法权益明显不产生实际影响的；
（九）诉讼标的已为生效裁判所羁束的；
（十）不符合其他法定起诉条件的。
人民法院经过阅卷、调查和询问当事人，认为不需要开庭审理的，可以径行裁定驳回起诉。

第四条 公民、法人或者其他组织依照行政诉讼法第四十七条第一款的规定，对行政机关不履行法定职责提起诉讼的，应当在行政机关履行法定职责期限届满之日起六个月内提出。

第五条 行政诉讼法第三条第三款规定的"行政机关负责人"，包括行政机关的正职和副职负责人。行政机关负责人出庭应诉的，可以另行委托一至二名诉讼代理人。

第六条 行政诉讼法第二十六条第二款规定的"复议机关决定维持原行政行为"，包括复议机关驳回复议申请或者复议请求的情形，但以复议申请不符合受理条件为由驳回的除外。
行政诉讼法第二十六条第二款规定的"复议机关改变原行政行为"，是指复议机关改变原行政行为的处理结果。

第七条 复议机关决定维持原行政行为的，作出原行政行为的行政机关和复议机关是共同被告。原告只起诉作出原行政行为的行政机关或者复议机关的，人民法院应当告知原告追加被告。原告不同意追加的，人民法院应当将另一机关列为共同被告。

第八条 作出原行政行为的行政机关和复议机关为共同被告的，以作出原行政行为的行政机关确定案件的级别管辖。

第九条 复议机关决定维持原行政行为的，人民法院应当在审查原行政行为合法性的同时，一并审查复议程序的合法性。
作出原行政行为的行政机关和复议机关对原行政行为合法性共同承担举证责任，可以由其中一个机关实施举证行为。复议机关对复议程序的合法性承担举证责任。

第十条 人民法院对原行政行为作出判决的同时，应当对复议决定一并作出相应判决。
人民法院判决撤销原行政行为和复议决定的，可以判决作出原行政行为的行政机关重新作出行政行为。
人民法院判决作出原行政行为的行政机关履行法定职责或者给付义务的，应当同时判决撤销复议决定。

原行政行为合法、复议决定违反法定程序的,应当判决确认复议决定违法,同时判决驳回原告针对原行政行为的诉讼请求。

原行政行为被撤销、确认违法或者无效,给原告造成损失的,应当由作出原行政行为的行政机关承担赔偿责任;因复议程序违法给原告造成损失的,由复议机关承担赔偿责任。

第十一条 行政机关为实现公共利益或者行政管理目标,在法定职责范围内,与公民、法人或者其他组织协商订立的具有行政法上权利义务内容的协议,属于行政诉讼法第十二条第一款第十一项规定的行政协议。

公民、法人或者其他组织就下列行政协议提起行政诉讼的,人民法院应当依法受理:

(一)政府特许经营协议;
(二)土地、房屋等征收征用补偿协议;
(三)其他行政协议。

第十二条 公民、法人或者其他组织对行政机关不依法履行、未按照约定履行协议提起诉讼的,参照民事法律规范关于诉讼时效的规定;对行政机关单方变更、解除协议等行为提起诉讼的,适用行政诉讼法及其司法解释关于起诉期限的规定。

第十三条 对行政协议提起诉讼的案件,适用行政诉讼法及其司法解释的规定确定管辖法院。

第十四条 人民法院审查行政机关是否依法履行、按照约定履行协议或者单方变更、解除协议是否合法,在适用行政法律规范的同时,可以适用不违反行政法和行政诉讼法强制性规定的民事法律规范。

第十五条 原告主张被告不依法履行、未按照约定履行协议或者单方变更、解除协议违法,理由成立的,人民法院可以根据原告的诉讼请求判决确认协议有效、判决被告继续履行协议,并明确继续履行的具体内容;被告无法继续履行或者继续履行已无实际意义的,判决被告采取相应的补救措施;给原告造成损失的,判决被告予以赔偿。

原告请求解除协议或者确认协议无效,理由成立的,判决解除协议或者确认协议无效,并根据合同法等相关法律规定作出处理。

被告因公共利益需要或者其他法定理由单方变更、解除协议,给原告造成损失的,判决被告予以补偿。

第十六条 对行政机关不依法履行、未按照约定履行协议提起诉讼的,诉讼费用准用民事案件交纳标准;对行政机关单方变更、解除协议等行为提起诉讼的,诉讼费用适用行政案件交纳标准。

第十七条 公民、法人或者其他组织请求一并审理行政诉讼法第六十一条规定的相关民事争议,应当在第一审开庭审理前提出;有正当理由的,也可以在法庭调查中提出。

有下列情形之一的,人民法院应当作出不予准许一并审理民事争议的决定,并告知当事人可以依法通过其他渠道主张权利:

(一)法律规定应当由行政机关先行处理的;
(二)违反民事诉讼法专属管辖规定或者协议管辖约定的;
(三)已经申请仲裁或者提起民事诉讼的;
(四)其他不宜一并审理的民事争议。

对不予准许的决定可以申请复议一次。

第十八条 人民法院在行政诉讼中一并审理相关民事争议的,民事争议应当单独立案,由同一审判组织审理。

审理行政机关对民事争议所作裁决的案件,一并审理民事争议的,不另行立案。

第十九条 人民法院一并审理相关民事争议,适用民事法律规范的相关规定,法律另有规定的除外。

当事人在调解中对民事权益的处分,不能作为审查被诉行政行为合法性的根据。

行政争议和民事争议应当分别裁判。当事人仅对行政裁判或者民事裁判提出上诉的，未上诉的裁判在上诉期满后即发生法律效力。第一审人民法院应当将全部案卷一并移送第二审人民法院，由行政审判庭审理。第二审人民法院发现未上诉的生效裁判确有错误的，应当按照审判监督程序再审。

第二十条 公民、法人或者其他组织请求人民法院一并审查行政诉讼法第五十三条规定的规范性文件，应当在第一审开庭审理前提出；有正当理由的，也可以在法庭调查中提出。

第二十一条 规范性文件不合法的，人民法院不作为认定行政行为合法的依据，并在裁判理由中予以阐明。作出生效裁判的人民法院应当向规范性文件的制定机关提出处理建议，并可以抄送制定机关的同级人民政府或者上一级行政机关。

第二十二条 原告请求被告履行法定职责的理由成立，被告违法拒绝履行或者无正当理由逾期不予答复的，人民法院可以根据行政诉讼法第七十二条的规定，判决被告在一定期限内依法履行原告请求的法定职责；尚需被告调查或者裁量的，应当判决被告针对原告的请求重新作出处理。

第二十三条 原告申请被告依法履行支付抚恤金、最低生活保障待遇或者社会保险待遇等给付义务的理由成立，被告依法负有给付义务而拒绝或者拖延履行义务且无正当理由的，人民法院可以根据行政诉讼法第七十三条的规定，判决被告在一定期限内履行相应的给付义务。

第二十四条 当事人向上一级人民法院申请再审，应当在判决、裁定或者调解书发生法律效力后六个月内提出。有下列情形之一的，自知道或者应当知道之日起六个月内提出：

（一）有新的证据，足以推翻原判决、裁定的；

（二）原判决、裁定认定事实的主要证据是伪造的；

（三）据以作出原判决、裁定的法律文书被撤销或者变更的；

（四）审判人员审理该案件时有贪污受贿、徇私舞弊、枉法裁判行为的。

第二十五条 有下列情形之一的，当事人可以向人民检察院申请抗诉或者检察建议：

（一）人民法院驳回再审申请的；

（二）人民法院逾期未对再审申请作出裁定的；

（三）再审判决、裁定有明显错误的。

人民法院基于抗诉或者检察建议作出再审判决、裁定后，当事人申请再审的，人民法院不予立案。

第二十六条 2015年5月1日前起诉期限尚未届满的，适用修改后的行政诉讼法关于起诉期限的规定。

2015年5月1日前尚未审结案件的审理期限，适用修改前的行政诉讼法关于审理期限的规定。依照修改前的行政诉讼法已经完成的程序事项，仍然有效。

对2015年5月1日前发生法律效力的判决、裁定或者行政赔偿调解书不服申请再审，或者人民法院依照审判监督程序再审的，程序性规定适用修改后的行政诉讼法的规定。

第二十七条 最高人民法院以前发布的司法解释与本解释不一致的，以本解释为准。

（二）受案范围

最高人民法院关于行政机关根据法院的协助执行通知书实施的行政行为是否属于人民法院行政诉讼受案范围的批复

1. 2004年7月6日最高人民法院审判委员会第1318次会议通过
2. 2004年7月13日法释〔2004〕6号公布
3. 自2004年7月20日起施行

山东省高级人民法院：

你院"关于行政机关根据法院的协助执行通知书实施的行政行为是否属于人民法院行政诉讼受案范围的请示"收悉。经研究，批复如下：

行政机关根据人民法院的协助执行通知书实施的行为，是行政机关必须履行的法定协助义务，不属于人民法院行政诉讼受案范围。但如果当事人认为行政机关在协助执行时扩大了范围或违法采取措施造成其损害，提起行政诉讼的，人民法院应当受理。

此复

最高人民法院关于教育行政主管部门出具介绍信的行为是否属于可诉具体行政行为请示的答复

1. 2003年11月26日最高人民法院〔2003〕行他字第17号公布
2. 自2003年11月26日起施行

辽宁省高级人民法院：

你院《关于大连市教育局出具介绍信的行为是否为具体行政行为的疑请报告》收悉。经研究，答复如下：

教育行政主管部门出具介绍信的行为对行政相对人的权利义务产生实际影响的，属于可诉的具体行政行为。

最高人民法院对孙德金诉海南省监察厅行政赔偿一案应否驳回上诉的请示的答复

1. 2000年11月1日行他〔2000〕3号公布
2. 自2000年11月1日起施行

海南省高级人民法院：

你院〔1999〕琼行终字第12号《关于孙德金诉海南省监察厅行政赔偿一案应否驳回上诉的请示报告》收悉。

经研究，原则同意你院审判委员会的意见，即：本案监察机关作出的开除处分行为，不属于人民法院行政诉讼受案范围。

最高人民法院行政庭关于对行政机关作出的改变原具体行政行为的行政行为，当事人不服能否提起行政诉讼的电话答复

1. 2000年11月15日〔2000〕行他字第15号公布
2. 自2000年11月15日起施行

甘肃省高级人民法院：

你院〔2000〕甘行终字第10号"关于周俊不服庆阳地区工商行政管理处理决定一案的请示报告"收悉。经研究，答复如下：依据《行政诉讼法》的有关规定，对行政机关作出的改变原具体行政行为的行政行为，当事人不服可以提起行政诉讼。

此复

最高人民法院行政审判庭关于拖欠社会保险基金纠纷是否由法院主管的答复

1998年3月25日公布施行

吉林省高级人民法院：

你院《关于拖欠社会保险基金纠纷是否由法院主管问题的请示》收悉。经研究，现答复如下：

根据现行的有关法律法规规定，社会保险基金经办机构是法律法规授权的组织，依法收

支、管理和运营社会保险基金,并负有使社会保险基金保值增值的责任。社会保险基金经办机构与用人单位因拖欠社会保险费而发生的纠纷,属于行政争议。用人单位认为社会保险基金经办机构在收支、管理和运营社会保险基金中的具体行政行为侵犯其合法权益,可依法申请行政复议或者提起行政诉讼;既不履行义务又不依法申请复议或者起诉的,社会保险基金经办机构可以依法通知银行扣缴或者申请人民法院强制执行。

最高人民法院关于"少年收容教养"是否属于行政诉讼受案范围的答复

1. 1998年8月15日〔1998〕行他字第3号公布
2. 自1998年8月15日起施行

湖南省高级人民法院:

你院〔1997〕湘行请字第4号请示收悉。经研究,答复如下:

公安机关对公民作出的"少年收容教养"决定是具体行政行为,属于《中华人民共和国行政诉讼法》第十一条规定的受案范围,若当事人对公安机关作出的"少年收容教养"决定不服向人民法院起诉的,人民法院应当受理。

此复

最高人民法院关于当事人不服教育行政部门对适龄儿童入学争议作出的处理决定可否提起行政诉讼的答复

1. 1998年8月11日〔1998〕法行字第7号公布
2. 自1998年8月11日起施行

山东省高级人民法院:

你院《关于学校不接受适龄儿童入学是否可提起行政诉讼的请示》收悉。经研究认为:根据《教育法》第四十二条第(四)项和《未成年人保护法》第四十六条的规定,当事人不服教育行政部门对适龄儿童入学争议作出的行政处理决定,属于行政诉讼法第十一条第二款规定的受案范围,人民法院应当受理。

最高人民法院关于不服计划生育管理部门采取的扣押财物、限制人身自由等强制措施而提起的诉讼人民法院应否受理问题的批复

1. 1997年4月4日法复〔1997〕3号公布
2. 自1997年4月4日起施行

福建省高级人民法院：

你院（1996）闽行他字第3号请示收悉。经研究，答复如下：

根据《中华人民共和国行政诉讼法》第十一条第一款第（二）项的规定，当事人对计划生育管理部门采取的扣押财物、限制人身自由等强制措施不服依法提起行政诉讼的，人民法院应予受理。

此复。

（三）管　辖

最高人民法院关于行政案件管辖若干问题的规定

1. 2007年12月17日最高人民法院审判委员会第1441次会议通过
2. 2008年1月14日法释〔2008〕1号公布
3. 自2008年2月1日起施行

为保证人民法院依法公正审理行政案件，切实保护公民、法人和其他组织的合法权益，维护和监督行政机关依法行使职权，根据《中华人民共和国行政诉讼法》制定本规定。

第一条　有下列情形之一的，属于行政诉讼法第十四条第（三）项规定的应当由中级人民法院管辖的第一审行政案件：

（一）被告为县级以上人民政府的案件，但以县级人民政府名义办理不动产物权登记的案件可以除外；

（二）社会影响重大的共同诉讼、集团诉讼案件；

（三）重大涉外或者涉及香港特别行政区、澳门特别行政区、台湾地区的案件；

（四）其他重大、复杂的案件。

第二条　当事人以案件重大复杂为由或者认为有管辖权的基层人民法院不宜行使管辖权，直接向中级人民法院起诉，中级人民法院应当根据不同情况在7日内分别作出以下处理：

（一）指定本辖区其他基层人民法院管辖；
（二）决定自己审理；
（三）书面告知当事人向有管辖权的基层人民法院起诉。

第三条 当事人向有管辖权的基层人民法院起诉，受诉人民法院在7日内未立案也未作出裁定，当事人向中级人民法院起诉，中级人民法院应当根据不同情况在7日内分别作出以下处理：
（一）要求有管辖权的基层人民法院依法处理；
（二）指定本辖区其他基层人民法院管辖；
（三）决定自己审理。

第四条 基层人民法院对其管辖的第一审行政案件，认为需要由中级人民法院审理或者指定管辖的，可以报请中级人民法院决定。中级人民法院应当根据不同情况在7日内分别作出以下处理：
（一）决定自己审理；
（二）指定本辖区其他基层人民法院管辖；
（三）决定由报请的人民法院审理。

第五条 中级人民法院对基层人民法院管辖的第一审行政案件，根据案件情况，可以决定自己审理，也可以指定本辖区其他基层人民法院管辖。

第六条 指定管辖裁定应当分别送达被指定管辖的人民法院及案件当事人。本规定第四条的指定管辖裁定还应当送达报请的人民法院。

第七条 对指定管辖裁定有异议的，不适用管辖异议的规定。

第八条 执行本规定的审理期限，提级管辖从决定之日起计算；指定管辖或者决定由报请的人民法院审理的，从收到指定管辖裁定或者决定之日起计算。

第九条 中级人民法院和高级人民法院管辖的第一审行政案件需要由上一级人民法院审理或者指定管辖的，参照本规定。

第十条 本规定施行前已经立案的不适用本规定。本院以前所作的司法解释及规范性文件，凡与本规定不一致的，按本规定执行。

最高人民法院办公厅关于海事行政案件管辖问题的通知

1. 2003年8月11日法办〔2003〕253号公布
2. 自2003年8月11日起施行

各省、自治区、直辖市高级人民法院，新疆维吾尔自治区高级人民法院生产建设兵团分院：

为规范海事行政案件的管辖问题，根据我院审判委员会第1282次会议决定，特通知如下：

一、行政案件、行政赔偿案件和审查行政机关申请执行其具体行政行为的案件仍由各级人民法院行政审判庭审理。海事等专门人民法院不审理行政案件、行政赔偿案件，亦不审查和执行行政机关申请执行其具体行政行为的案件。

二、本通知下发之前，海事法院已经受理的海事行政案件、行政赔偿案件，继续由海事法院审理；海事法院已作出的生效行政判决或者行政裁定的法律效力不受影响。

最高人民法院关于海关行政
处罚案件诉讼管辖问题的解释

1. 2002 年 1 月 28 日最高人民法院审判委员会第 1209 次会议通过
2. 2002 年 1 月 30 日法释〔2002〕4 号公布
3. 自 2002 年 2 月 7 日起施行

为规范海事法院的受理案件范围,根据《中华人民共和国行政诉讼法》的有关规定,现就海关行政处罚案件的诉讼管辖问题解释如下:

相对人不服海关作出的行政处罚决定提起诉讼的案件,由有管辖权的地方人民法院依照《中华人民共和国行政诉讼法》的有关规定审理。相对人向海事法院提起诉讼的,海事法院不予受理。

最高人民法院关于国有资产
产权管理行政案件管辖问题的解释

1. 2001 年 1 月 10 日最高人民法院审判委员会第 1156 次会议通过
2. 2001 年 2 月 16 日法释〔2001〕6 号公布
3. 自 2001 年 2 月 21 日起施行

为了正确适用《中华人民共和国行政诉讼法》第十七条、第十九条的规定,现对国有资产产权管理行政案件的管辖问题作出如下解释:

当事人因国有资产产权界定行为提起行政诉讼的,应当根据不同情况确定管辖法院。产权界定行为直接针对不动产作出的,由不动产所在地人民法院管辖。产权界定行为针对包含不动产在内的整体产权作出的,由最初作出产权界定的行政机关所在地人民法院管辖;经过复议的案件,复议机关改变原产权界定行为的,也可以由复议机关所在地人民法院管辖。

(四)诉讼参加人

最高人民法院办公厅关于中国人民银行分支机构是否具有行政诉讼主体资格问题的复函

1. 2002年5月31日法办〔2002〕119号公布
2. 自2002年5月31日起施行

中国人民银行办公厅：

你厅银办函〔2002〕236号函收悉。经研究认为，根据《中华人民共和国中国人民银行法》等法律法规规章和《中华人民共和国行政诉讼法》及司法解释的有关规定，当事人对人民银行分支机构依法律授权作出的金融监管的具体行政行为不服提起行政诉讼的，应当以人民银行分支机构为被告。

最高人民法院对内蒙古高院《关于内蒙古康辉国际旅行社有限责任公司诉呼和浩特市工商行政管理局履行法定职责一案的请示报告》的答复

1. 1999年11月24日〔1999〕行他字第13号公布
2. 自1999年11月24日起施行

内蒙古自治区高级人民法院：

你院〔1999〕内法行请字第1号《关于内蒙古康辉国际旅行社有限责任公司诉呼和浩特市工商行政管理局履行法定职责一案的请示报告》收悉。经研究，答复如下：

依据《中华人民共和国行政诉讼法》第二条，公司登记中的利害关系人认为登记管理机关的登记行为侵犯其合法权益，或者对登记行为不服请求变更、撤销，登记管理机关不予变更或撤销，向人民法院提起行政诉讼的，具备原告资格。

(五)证 据

最高人民法院关于
行政诉讼证据若干问题的规定

1. 2002 年 6 月 4 日最高人民法院审判委员会第 1224 次会议通过
2. 2002 年 7 月 24 日法释〔2002〕21 号公布
3. 自 2002 年 10 月 1 日起施行

为准确认定案件事实,公正、及时地审理行政案件,根据《中华人民共和国行政诉讼法》(以下简称行政诉讼法)等有关法律规定,结合行政审判实际,制定本规定。

一、举证责任分配和举证期限

第一条 根据行政诉讼法第三十二条和第四十三条的规定,被告对作出的具体行政行为负有举证责任,应当在收到起诉状副本之日起十日内,提供据以作出被诉具体行政行为的全部证据和所依据的规范性文件。被告不提供或者无正当理由逾期提供证据的,视为被诉具体行政行为没有相应的证据。

被告因不可抗力或者客观上不能控制的其他正当事由,不能在前款规定的期限内提供证据的,应当在收到起诉状副本之日起十日内向人民法院提出延期提供证据的书面申请。人民法院准许延期提供的,被告应当在正当事由消除后十日内提供证据。逾期提供的,视为被诉具体行政行为没有相应的证据。

第二条 原告或者第三人提出其在行政程序中没有提出的反驳理由或者证据的,经人民法院准许,被告可以在第一审程序中补充相应的证据。

第三条 根据行政诉讼法第三十三条的规定,在诉讼过程中,被告及其诉讼代理人不得自行向原告和证人收集证据。

第四条 公民、法人或者其他组织向人民法院起诉时,应当提供其符合起诉条件的相应的证据材料。

在起诉被告不作为的案件中,原告应当提供其在行政程序中曾经提出申请的证据材料。但有下列情形的除外:

(一)被告应当依职权主动履行法定职责的;

(二)原告因被告受理申请的登记制度不完备等正当事由不能提供相关证据材料并能够作出合理说明的。

被告认为原告起诉超过法定期限的,由被告承担举证责任。

第五条 在行政赔偿诉讼中,原告应当对被诉具体行政行为造成损害的事实提供证据。

第六条 原告可以提供证明被诉具体行政行为违法的证据。原告提供的证据不成立的,不免除被告对被诉具体行政行为合法性的举证责任。

第七条 原告或者第三人应当在开庭审理前或者人民法院指定的交换证据之日提供证据。因正当事由申请延期提供证据的,经人民法院准许,可以在法庭调查中提供。逾期提供证据的,视为放弃举证权利。

原告或者第三人在第一审程序中无正当事由未提供而在第二审程序中提供的证据,人民法院不予接纳。

第八条 人民法院向当事人送达受理案件通知书或者应诉通知书时,应当告知其举证范围、举证期限和逾期提供证据的法律后果,并告知因正当事由不能按期提供证据时应当提出延期提供证据的申请。

第九条 根据行政诉讼法第三十四条第一款的规定,人民法院有权要求当事人提供或者补充证据。

对当事人无争议,但涉及国家利益、公共利益或者他人合法权益的事实,人民法院可以责令当事人提供或者补充有关证据。

二、提供证据的要求

第十条 根据行政诉讼法第三十一条第一款第(一)项的规定,当事人向人民法院提供书证的,应当符合下列要求:

(一)提供书证的原件,原本、正本和副本均属于书证的原件。提供原件确有困难的,可以提供与原件核对无误的复印件、照片、节录本;

(二)提供由有关部门保管的书证原件的复制件、影印件或者抄录件的,应当注明出处,经该部门核对无异后加盖其印章;

(三)提供报表、图纸、会计账册、专业技术资料、科技文献等书证的,应当附有说明材料;

(四)被告提供的被诉具体行政行为所依据的询问、陈述、谈话类笔录,应当有行政执法人员、被询问人、陈述人、谈话人签名或者盖章。

法律、法规、司法解释和规章对书证的制作形式另有规定的,从其规定。

第十一条 根据行政诉讼法第三十一条第一款第(二)项的规定,当事人向人民法院提供物证的,应当符合下列要求:

(一)提供原物。提供原物确有困难的,可以提供与原物核对无误的复制件或者证明该物证的照片、录像等其他证据;

(二)原物为数量较多的种类物的,提供其中的一部分。

第十二条 根据行政诉讼法第三十一条第一款第(三)项的规定,当事人向人民法院提供计算机数据或者录音、录像等视听资料的,应当符合下列要求:

(一)提供有关资料的原始载体。提供原始载体确有困难的,可以提供复制件;

(二)注明制作方法、制作时间、制作人和证明对象等;

(三)声音资料应当附有该声音内容的文字记录。

第十三条 根据行政诉讼法第三十一条第一款第(四)项的规定,当事人向人民法院提供证人证言的,应当符合下列要求:

(一)写明证人的姓名、年龄、性别、职业、住址等基本情况;

(二)有证人的签名,不能签名的,应当以盖章等方式证明;

(三)注明出具日期;

(四)附有居民身份证复印件等证明证人身份的文件。

第十四条 根据行政诉讼法第三十一条第一款第(六)项的规定,被告向人民法院提供的在行政程序中采用的鉴定结论,应当载明委托人和委托鉴定的事项、向鉴定部门提交的相关材料、鉴定的依据和使用的科学技术手段、鉴定部门和鉴定人鉴定资格的说明,并应有鉴定人的签名和鉴定部门的盖章。通过分析获得的鉴定结论,应当说明分析过程。

第十五条 根据行政诉讼法第三十一条第一款第(七)项的规定,被告向人民法院提供的现场笔录,应当载明时间、地点和事件等内容,并由执法人员和当事人签名。当事人拒绝签名或者不能签名的,应当注明原因。有其他人在现场的,可由其他人签名。

法律、法规和规章对现场笔录的制作形式另有规定的,从其规定。

第十六条 当事人向人民法院提供的在中华人民共和国领域外形成的证据,应当说明来源,经所在国公证机关证明,并经中华人民共和国驻该国使领馆认证,或者履行中华人民共和国与证据所在国订立的有关条约中规定的证明手续。

当事人提供的在中华人民共和国香港特别行政区、澳门特别行政区和台湾地区内形成的证据,应当具有按照有关规定办理的证明手续。

第十七条 当事人向人民法院提供外文书证或者外国语视听资料的,应当附有由具有翻译资质的机构翻译的或者其他翻译准确的中文译本,由翻译机构盖章或者翻译人员签名。

第十八条 证据涉及国家秘密、商业秘密或者个人隐私的,提供人应当作出明确标注,并向法庭说明,法庭予以审查确认。

第十九条 当事人应当对其提交的证据材料分类编号,对证据材料的来源、证明对象和内容作简要说明,签名或者盖章,注明提交日期。

第二十条 人民法院收到当事人提交的证据材料,应当出具收据,注明证据的名称、份数、页数、件数、种类等以及收到的时间,由经办人员签名或者盖章。

第二十一条 对于案情比较复杂或者证据数量较多的案件,人民法院可以组织当事人在开庭前向对方出示或者交换证据,并将交换证据的情况记录在卷。

三、调取和保全证据

第二十二条 根据行政诉讼法第三十四条第二款的规定,有下列情形之一的,人民法院有权向有关行政机关以及其他组织、公民调取证据:

(一)涉及国家利益、公共利益或者他人合法权益的事实认定的;

(二)涉及依职权追加当事人、中止诉讼、终结诉讼、回避等程序性事项的。

第二十三条 原告或者第三人不能自行收集,但能够提供确切线索的,可以申请人民法院调取下列证据材料:

(一)由国家有关部门保存而须由人民法院调取的证据材料;

(二)涉及国家秘密、商业秘密、个人隐私的证据材料;

(三)确因客观原因不能自行收集的其他证据材料。

人民法院不得为证明被诉具体行政行为的合法性,调取被告在作出具体行政行为时未收集的证据。

第二十四条 当事人申请人民法院调取证据的,应当在举证期限内提交调取证据申请书。

调取证据申请书应当写明下列内容:

(一)证据持有人的姓名或者名称、住址等基本情况;

(二)拟调取证据的内容;

(三)申请调取证据的原因及其要证明的案件事实。

第二十五条 人民法院对当事人调取证据的申请,经审查符合调取证据条件的,应当及时决定调取;不符合调取证据条件的,应当向当事人或者其诉讼代理人送达通知书,说明不准许调取的理由。当事人及其诉讼代理人可以在收到通知书之日起三日内向受理申请的人民法院书面申请复议一次。人民法院应当在收到复议申请之日起五日内作出答复。

人民法院根据当事人申请,经调取未能取得相应证据的,应当告知申请人并说明原因。

第二十六条 人民法院需要调取的证据在异地的,可以书面委托证据所在地人民法院调取。受托人民法院应当在收到委托书后,按照委托要求及时完成调取证据工作,送交委托人民法院。受托人民法院不能完成委托内容的,应当告知委托的人民法院并说明原因。

第二十七条 当事人根据行政诉讼法第三十六条的规定向人民法院申请保全证据的,应当在举证期限届满前以书面形式提出,并说明证据的名称和地点、保全的内容和范围、申请保全的理由等事项。

当事人申请保全证据的,人民法院可以要求其提供相应的担保。

法律、司法解释规定诉前保全证据的,依照其规定办理。

第二十八条 人民法院依照行政诉讼法第三十六条规定保全证据的,可以根据具体情况,采取查封、扣押、拍照、录音、录像、复制、鉴定、勘验、制作询问笔录等保全措施。

人民法院保全证据时,可以要求当事人或者其诉讼代理人到场。

第二十九条 原告或者第三人有证据或者有正当理由表明被告据以认定案件事实的鉴定结论可能有错误,在举证期限内书面申请重新鉴定的,人民法院应予准许。

第三十条 当事人对人民法院委托的鉴定部门作出的鉴定结论有异议申请重新鉴定,提出证据证明存在下列情形之一的,人民法院应予准许:

(一)鉴定部门或者鉴定人不具有相应的鉴定资格的;

(二)鉴定程序严重违法的;

(三)鉴定结论明显依据不足的;

(四)经过质证不能作为证据使用的其他情形。

对有缺陷的鉴定结论,可以通过补充鉴定、重新质证或者补充质证等方式解决。

第三十一条 对需要鉴定的事项负有举证责任的当事人,在举证期限内无正当理由不提出鉴定申请、不预交鉴定费用或者拒不提供相关材料,致使对案件争议的事实无法通过鉴定结论予以认定的,应当对该事实承担举证不能的法律后果。

第三十二条 人民法院对委托或者指定的鉴定部门出具的鉴定书,应当审查是否具有下列内容:

(一)鉴定的内容;

(二)鉴定时提交的相关材料;

(三)鉴定的依据和使用的科学技术手段;

(四)鉴定的过程;

(五)明确的鉴定结论;

(六)鉴定部门和鉴定人鉴定资格的说明;

(七)鉴定人及鉴定部门签名盖章。

前款内容欠缺或者鉴定结论不明确的,人民法院可以要求鉴定部门予以说明、补充鉴定或者重新鉴定。

第三十三条 人民法院可以依当事人申请或者依职权勘验现场。

勘验现场时,勘验人必须出示人民法院的证件,并邀请当地基层组织或者当事人所在单位派人参加。当事人或其成年亲属应当到场,拒不到场的,不影响勘验的进行,但应当在勘验笔录中说明情况。

第三十四条 审判人员应当制作勘验笔录,记载勘验的时间、地点、勘验人、在场人、勘验的经过和结果,由勘验人、当事人、在场人签名。

勘验现场时绘制的现场图,应当注明绘制的时间、方位、绘制人姓名和身份等内容。

当事人对勘验结论有异议的,可以在举证期限内申请重新勘验,是否准许由人民法院决定。

四、证据的对质辨认和核实

第三十五条 证据应当在法庭上出示,并经庭审质证。未经庭审质证的证据,不能作为定案的依据。

当事人在庭前证据交换过程中没有争议并记录在卷的证据,经审判人员在庭审中说明后,可以作为认定案件事实的依据。

第三十六条 经合法传唤,因被告无正当理由拒不到庭而需要依法缺席判决的,被告提供的证据不能作为定案的依据,但当事人在庭前交换证据中没有争议的证据除外。

第三十七条 涉及国家秘密、商业秘密和个人隐私或者法律规定的其他应当保密的证据,不得在开庭时公开质证。

第三十八条 当事人申请人民法院调取的证据,由申请调取证据的当事人在庭审中出示,并由当事人质证。

人民法院依职权调取的证据,由法庭出示,并可就调取该证据的情况进行说明,听取当事人意见。

第三十九条 当事人应当围绕证据的关联性、合法性和真实性,针对证据有无证明效力以及证明效力大小,进行质证。

经法庭准许,当事人及其代理人可以就证据问题相互发问,也可以向证人、鉴定人或者勘验人发问。

当事人及其代理人相互发问,或者向证人、鉴定人、勘验人发问时,发问的内容应当与案件事实有关联,不得采用引诱、威胁、侮辱等语言或者方式。

第四十条 对书证、物证和视听资料进行质证时,当事人应当出示证据的原件或者原物。但有下列情况之一的除外:

(一)出示原件或者原物确有困难并经法庭准许可以出示复制件或者复制品;

(二)原件或者原物已不存在,可以出示证明复制件、复制品与原件、原物一致的其他证据。

视听资料应当当庭播放或者显示,并由当事人进行质证。

第四十一条 凡是知道案件事实的人,都有出庭作证的义务。有下列情形之一的,经人民法院准许,当事人可以提交书面证言:

(一)当事人在行政程序或者庭前证据交换中对证人证言无异议的;

(二)证人因年迈体弱或者行动不便无法出庭的;

(三)证人因路途遥远、交通不便无法出庭的;

(四)证人因自然灾害等不可抗力或者其他意外事件无法出庭的;

(五)证人因其他特殊原因确实无法出庭的。

第四十二条 不能正确表达意志的人不能作证。

根据当事人申请,人民法院可以就证人能否正确表达意志进行审查或者交由有关部门鉴定。必要时,人民法院也可以依职权交由有关部门鉴定。

第四十三条 当事人申请证人出庭作证的,应当在举证期限届满前提出,并经人民法院许可。人民法院准许证人出庭作证的,应当在开庭审理前通知证人出庭作证。

当事人在庭审过程中要求证人出庭作证的,法庭可以根据审理案件的具体情况,决定是否准许以及是否延期审理。

第四十四条 有下列情形之一,原告或者第三人可以要求相关行政执法人员作为证人出庭作证:

(一)对现场笔录的合法性或者真实性有异议的;

(二)对扣押财产的品种或者数量有异议的;

(三)对检验的物品取样或者保管有异议的;

(四)对行政执法人员的身份的合法性有异议的;

(五)需要出庭作证的其他情形。

第四十五条 证人出庭作证时,应当出示证明其身份的证件。法庭应当告知其诚实作证的法律义务和作伪证的法律责任。

出庭作证的证人不得旁听案件的审理。

法庭询问证人时,其他证人不得在场,但组织证人对质的除外。

第四十六条 证人应当陈述其亲历的具体事实。证人根据其经历所作的判断、推测或者评论,不能作为定案的依据。

第四十七条 当事人要求鉴定人出庭接受询问的,鉴定人应当出庭。鉴定人因正当事由不能出庭的,经法庭准许,可以不出庭,由当事人对其书面鉴定结论进行质证。

鉴定人不能出庭的正当事由,参照本规定第四十一条的规定。

对于出庭接受询问的鉴定人,法庭应当核实其身份、与当事人及案件的关系,并告知鉴定人如实说明鉴定情况的法律义务和故意作虚假说明的法律责任。

第四十八条 对被诉具体行政行为涉及的专门性问题,当事人可以向法庭申请由专业人员出庭进行说明,法庭也可以通知专业人员出庭说明。必要时,法庭可以组织专业人员进行对质。

当事人对出庭的专业人员是否具备相应专业知识、学历、资历等专业资格等有异议的,可以进行询问。由法庭决定其是否可以作为专业人员出庭。

专业人员可以对鉴定人进行询问。

第四十九条 法庭在质证过程中,对与案件没有关联的证据材料,应予排除并说明理由。

法庭在质证过程中,准许当事人补充证据的,对补充的证据仍应进行质证。

法庭对经过庭审质证的证据,除确有必要外,一般不再进行质证。

第五十条 在第二审程序中,对当事人依法提供的新的证据,法庭应当进行质证;当事人对第一审认定的证据仍有争议的,法庭也应当进行质证。

第五十一条 按照审判监督程序审理的案件,对当事人依法提供的新的证据,法庭应当进行质证;因原判决、裁定认定事实的证据不足而提起再审所涉及的主要证据,法庭也应当进行质证。

第五十二条 本规定第五十条和第五十一条中的"新的证据"是指以下证据:

(一)在一审程序中应当准予延期提供而未获准许的证据;

(二)当事人在一审程序中依法申请调取而未获准许或者未取得,人民法院在第二审程序中调取的证据;

(三)原告或者第三人提供的在举证期限届满后发现的证据。

五、证据的审核认定

第五十三条 人民法院裁判行政案件,应当以证据证明的案件事实为依据。

第五十四条 法庭应当对经过庭审质证的证据和无需质证的证据进行逐一审查和对全部证据综合审查,遵循法官职业道德,运用逻辑推理和生活经验,进行全面、客观和公正地分析判断,确定证据材料与案件事实之间的证明关系,排除不具有关联性的证据材料,准确认定案件事实。

第五十五条 法庭应当根据案件的具体情况,从以下方面审查证据的合法性:

(一)证据是否符合法定形式;

(二)证据的取得是否符合法律、法规、司法解释和规章的要求;

(三)是否有影响证据效力的其他违法情形。

◆ 司考真题
◇2010年卷2第49题(单选)
关于在行政诉讼中法庭对证据的审查,下列哪一说法是正确的?

A. 从证据形成的原因方面审查证据的合法性

B. 从证人与当事人是否具有利害关系方面审查证据的关联性

C.从发现证据时的客观环境审查证据的真实性

D.从复制件与原件是否相符审查证据的合法性

答案:C

第五十六条 法庭应当根据案件的具体情况,从以下方面审查证据的真实性:

(一)证据形成的原因;

(二)发现证据时的客观环境;

(三)证据是否为原件、原物,复制件、复制品与原件、原物是否相符;

(四)提供证据的人或者证人与当事人是否具有利害关系;

(五)影响证据真实性的其他因素。

第五十七条 下列证据材料不能作为定案依据:

(一)严重违反法定程序收集的证据材料;

(二)以偷拍、偷录、窃听等手段获取侵害他人合法权益的证据材料;

(三)以利诱、欺诈、胁迫、暴力等不正当手段获取的证据材料;

(四)当事人无正当事由超出举证期限提供的证据材料;

(五)在中华人民共和国领域以外或者在中华人民共和国香港特别行政区、澳门特别行政区和台湾地区形成的未办理法定证明手续的证据材料;

(六)当事人无正当理由拒不提供原件、原物,又无其他证据印证,且对方当事人不予认可的证据的复制件或者复制品;

(七)被当事人或者他人进行技术处理而无法辨明真伪的证据材料;

(八)不能正确表达意志的证人提供的证言;

(九)不具备合法性和真实性的其他证据材料。

第五十八条 以违反法律禁止性规定或者侵犯他人合法权益的方法取得的证据,不能作为认定案件事实的依据。

第五十九条 被告在行政程序中依照法定程序要求原告提供证据,原告依法应当提供而拒不提供,在诉讼程序中提供的证据,人民法院一般不予采纳。

第六十条 下列证据不能作为认定被诉具体行政行为合法的依据:

(一)被告及其诉讼代理人在作出具体行政行为后或者在诉讼程序中自行收集的证据;

(二)被告在行政程序中非法剥夺公民、法人或者其他组织依法享有的陈述、申辩或者听证权利所采用的证据;

(三)原告或者第三人在诉讼程序中提供的、被告在行政程序中未作为具体行政行为依据的证据。

第六十一条 复议机关在复议程序中收集和补充的证据,或者作出原具体行政行为的行政机关在复议程序中未向复议机关提交的证据,不能作为人民法院认定原具体行政行为合法的依据。

第六十二条 对被告在行政程序中采纳的鉴定结论,原告或者第三人提出证据证明有下列情形之一的,人民法院不予采纳:

(一)鉴定人不具备鉴定资格;

(二)鉴定程序严重违法;

(三)鉴定结论错误、不明确或者内容不完整。

第六十三条 证明同一事实的数个证据,其证明效力一般可以按照下列情形分别认定:

(一)国家机关以及其他职能部门依职权制作的公文文书优于其他书证;

(二)鉴定结论、现场笔录、勘验笔录、档案材料以及经过公证或者登记的书证优于其他书证、视听资料和证人证言;

(三)原件、原物优于复制件、复制品;

(四)法定鉴定部门的鉴定结论优于其他鉴定部门的鉴定结论;

(五)法庭主持勘验所制作的勘验笔录优于其他部门主持勘验所制作的勘验笔录;

(六)原始证据优于传来证据;

(七)其他证人证言优于与当事人有亲属关系或者其他密切关系的证人提供的对该当事人有利的证言;

(八)出庭作证的证人证言优于未出庭作证的证人证言;

(九)数个种类不同、内容一致的证据优于一个孤立的证据。

第六十四条 以有形载体固定或者显示的电子数据交换、电子邮件以及其他数据资料,其制作情况和真实性经对方当事人确认,或者以公证等其他有效方式予以证明的,与原件具有同等的证明效力。

第六十五条 在庭审中一方当事人或者其代理人在代理权限范围内对另一方当事人陈述的案件事实明确表示认可的,人民法院可以对该事实予以认定。但有相反证据足以推翻的除外。

第六十六条 在行政赔偿诉讼中,人民法院主持调解时当事人为达成调解协议而对案件事实的认可,不得在其后的诉讼中作为对其不利的证据。

第六十七条 在不受外力影响的情况下,一方当事人提供的证据,对方当事人明确表示认可的,可以认定该证据的证明效力;对方当事人予以否认,但不能提供充分的证据进行反驳的,可以综合全案情况审查认定该证据的证明效力。

第六十八条 下列事实法庭可以直接认定:

(一)众所周知的事实;

(二)自然规律及定理;

(三)按照法律规定推定的事实;

(四)已经依法证明的事实;

(五)根据日常生活经验法则推定的事实。

前款(一)、(三)、(四)、(五)项,当事人有相反证据足以推翻的除外。

第六十九条 原告确有证据证明被告持有的证据对原告有利,被告无正当理由拒不提供的,可以推定原告的主张成立。

第七十条 生效的人民法院裁判文书或者仲裁机构裁决文书确认的事实,可以作为定案依据。但是如果发现裁判文书或者裁决文书认定的事实有重大问题的,应当中止诉讼,通过法定程序予以纠正后恢复诉讼。

第七十一条 下列证据不能单独作为定案依据:

(一)未成年人所作的与其年龄和智力状况不相适应的证言;

(二)与一方当事人有亲属关系或者其他密切关系的证人所作的对该当事人有利的证言,或者与一方当事人有不利关系的证人所作的对该当事人不利的证言;

(三)应当出庭作证而无正当理由不出庭作证的证人证言;

(四)难以识别是否经过修改的视听资料;

(五)无法与原件、原物核对的复制件或者复制品;

(六)经一方当事人或者他人改动,对方当事人不予认可的证据材料;

(七)其他不能单独作为定案依据的证据材料。

第七十二条 庭审中经过质证的证据,能够当庭认定的,应当当庭认定;不能当庭认定的,应当在合议庭合议时认定。

人民法院应当在裁判文书中阐明证据是否采纳的理由。

第七十三条 法庭发现当庭认定的证据有误,可以按照下列方式纠正:

(一)庭审结束前发现错误的,应当重新进行认定;

(二)庭审结束后宣判前发现错误的,在裁判文书中予以更正并说明理由,也可以再次开庭予以认定;

(三)有新的证据材料可能推翻已认定的证据的,应当再次开庭予以认定。

六、附 则

第七十四条 证人、鉴定人及其近亲属的人身和财产安全受法律保护。

人民法院应当对证人、鉴定人的住址和联系方式予以保密。

第七十五条 证人、鉴定人因出庭作证或者接受询问而支出的合理费用,由提供证人、鉴定人的一方当事人先行支付,由败诉一方当事人承担。

第七十六条 证人、鉴定人作伪证的,依照行政诉讼法第四十九条第一款第(二)项的规定追究其法律责任。

第七十七条 诉讼参与人或者其他人有对审判人员或者证人、鉴定人、勘验人及其近亲属实施威胁、侮辱、殴打、骚扰或者打击报复等妨碍行政诉讼行为的,依照行政诉讼法第四十九条第一款第(三)项、第(五)项或者第(六)项的规定追究其法律责任。

第七十八条 对应当协助调取证据的单位和个人,无正当理由拒不履行协助义务的,依照行政诉讼法第四十九条第一款第(五)项的规定追究其法律责任。

第七十九条 本院以前有关行政诉讼的司法解释与本规定不一致的,以本规定为准。

第八十条 本规定自2002年10月1日起施行。2002年10月1日尚未审结的一审、二审和再审行政案件不适用本规定。

本规定施行前已经审结的行政案件,当事人以违反本规定为由申请再审的,人民法院不予支持。

本规定施行后按照审判监督程序决定再审的行政案件,适用本规定。

(六)起诉和受理

最高人民法院对如何理解《最高人民法院关于执行〈中华人民共和国行政诉讼法〉若干问题的解释》第四十一条第一款规定的请示的答复

1. 2000年4月19日法行〔2000〕7号公布
2. 自2000年4月19日起施行

江苏省高级人民法院:

你院关于《最高人民法院关于执行〈中华人民共和国行政诉讼法〉若干问题的解释》(简称《若干解释》)第四十一条第一款理解和溯及力问题的请示报告收悉。经研究,答复如下:

一、根据《最高人民法院关于贯彻执行〈中华人民共和国行政诉讼法〉若干问题的意见(试行)》(简称《贯彻意见》)第三十五条的规定,公民、法人或者其他组织的起诉期限,在《若干解释》实施之日即2000年3月10日之前已经届满,其在起诉期限届满之后提起行政诉讼的,人民法院不予受理。

二、根据《贯彻意见》第三十五条的规定,公民、法人或者其他组织的起诉期限,在《若干解释》实施之日即2000年3月10日之前尚未届满的,其起诉期限适用《若干解释》第四十一条的规定。

最高人民法院关于开展行政诉讼简易程序试点工作的通知

1. 2010年11月17日法〔2010〕446号公布
2. 自2010年11月17日起施行

各省、自治区、直辖市高级人民法院,新疆维吾尔自治区高级人民法院生产建设兵团分院:

为保障和方便当事人依法行使诉讼权利,减轻当事人诉讼负担,保证人民法院公正、及时审理行政案件,经中央批准,现就在部分基层人民法院开展行政诉讼简易程序试点工作的有关问题通知如下:

一、下列第一审行政案件中,基本事实清楚、法律关系简单、权利义务明确的,可以适用简易程序审理:

(一)涉及财产金额较小,或者属于行政机关当场作出决定的行政征收、行政处罚、行政给付、行政许可、行政强制等案件;

(二)行政不作为案件;

(三)当事人各方自愿选择适用简易程序,经人民法院审查同意的案件。

发回重审、按照审判监督程序再审的案件不适用简易程序。

二、适用简易程序审理的案件,被告应当在收到起诉状副本或者口头起诉笔录副本之日起10日内提交答辩状,并提供作出行政行为时的证据、依据。被告在期限届满前提交上述材料的,人民法院可以提前安排开庭日期。

三、适用简易程序审理的案件,经当事人同意,人民法院可以实行独任审理。

四、人民法院可以采取电话、传真、电子邮件、委托他人转达等简便方式传唤当事人。经人民法院合法传唤,原告无正当理由拒不到庭的,视为撤诉;被告无正当理由拒不到庭的,可以缺席审判。

前述传唤方式,没有证据证明或者未经当事人确认已经收到传唤内容的,不得按撤诉处理或者缺席审判。

五、适用简易程序审理的案件,一般应当一次开庭并当庭宣判。法庭调查和辩论可以围绕主要争议问题进行,庭审环节可以适当简化或者合并。

六、适用简易程序审理的行政案件,应当在立案之日起45日内结案。

七、当事人就适用简易程序提出异议且理由成立的,或者人民法院认为不宜继续适用简易程序的,应当转入普通程序审理。

八、最高人民法院确定的行政审判联系点法院(不包括中级人民法院)可以开展行政诉讼简易程序试点。

各高级人民法院可以选择法治环境较好、行政审判力量较强和行政案件数量较多的基层人民法院开展行政诉讼简易程序试点,并报最高人民法院备案。

最高人民法院关于
行政诉讼撤诉若干问题的规定

1. 2007年12月17日最高人民法院审判委员会第1441次会议通过
2. 2008年1月14日法释〔2008〕2号公布
3. 自2008年2月1日起施行

为妥善化解行政争议,依法审查行政诉讼中行政机关改变被诉具体行政行为及当事人申请撤诉的行为,根据《中华人民共和国行政诉讼法》制定本规定。

第一条 人民法院经审查认为被诉具体行政行为违法或者不当,可以在宣告判决或者裁定前,建议被告改变其所作的具体行政行为。

第二条 被告改变被诉具体行政行为,原告申请撤诉,符合下列条件的,人民法院应当裁定准许:
(一)申请撤诉是当事人真实意思表示;
(二)被告改变被诉具体行政行为,不违反法律、法规的禁止性规定,不超越或者放弃职权,不损害公共利益和他人合法权益;
(三)被告已经改变或者决定改变被诉具体行政行为,并书面告知人民法院;
(四)第三人无异议。

第三条 有下列情形之一的,属于行政诉讼法第五十一条规定的"被告改变其所作的具体行政行为":
(一)改变被诉具体行政行为所认定的主要事实和证据;
(二)改变被诉具体行政行为所适用的规范依据且对定性产生影响;
(三)撤销、部分撤销或者变更被诉具体行政行为处理结果。

第四条 有下列情形之一的,可以视为"被告改变其所作的具体行政行为":
(一)根据原告的请求依法履行法定职责;
(二)采取相应的补救、补偿等措施;
(三)在行政裁决案件中,书面认可原告与第三人达成的和解。

第五条 被告改变被诉具体行政行为,原告申请撤诉,有履行内容且履行完毕的,人民法院可以裁定准许撤诉;不能即时或者一次性履行的,人民法院可以裁定准许撤诉,也可以裁定中止审理。

第六条 准许撤诉裁定可以载明被告改变被诉具体行政行为的主要内容及履行情况,并可以根据案件具体情况,在裁定理由中明确被诉具体行政行为全部或者部分不再执行。

第七条 申请撤诉不符合法定条件,或者被告改变被诉具体行政行为后当事人不撤诉的,人民法院应当及时作出裁判。

第八条 第二审或者再审期间行政机关改变被诉具体行政行为,当事人申请撤回上诉或者再审申请的,参照本规定。
准许撤回上诉或者再审申请的裁定可以载明行政机关改变被诉具体行政行为的主要内容及履行情况,并可以根据案件具体情况,在裁定理由中明确被诉具体行政行为或者原裁判全部或者部分不再执行。

第九条 本院以前所作的司法解释及规范性文件,凡与本规定不一致的,按本规定执行。

(七) 审理和判决

最高人民法院关于审理
行政许可案件若干问题的规定

1. 2009 年 11 月 9 日最高人民法院审判委员会第 1476 次会议通过
2. 2009 年 12 月 14 日法释〔2009〕20 号公布
3. 自 2010 年 1 月 4 日起施行

为规范行政许可案件的审理，根据《中华人民共和国行政许可法》（以下简称行政许可法）、《中华人民共和国行政诉讼法》及其他有关法律规定，结合行政审判实际，对有关问题作如下规定：

第一条 公民、法人或者其他组织认为行政机关作出的行政许可决定以及相应的不作为，或者行政机关就行政许可的变更、延续、撤回、注销、撤销等事项作出的有关具体行政行为及其相应的不作为侵犯其合法权益，提起行政诉讼的，人民法院应当依法受理。

第二条 公民、法人或者其他组织认为行政机关未公开行政许可决定或者未提供行政许可监督检查记录侵犯其合法权益，提起行政诉讼的，人民法院应当依法受理。

第三条 公民、法人或者其他组织仅就行政许可过程中的告知补正申请材料、听证等通知行为提起行政诉讼的，人民法院不予受理，但导致许可程序对上述主体事实上终止的除外。

第四条 当事人不服行政许可决定提起诉讼的，以作出行政许可决定的机关为被告；行政许可依法须经上级行政机关批准，当事人对批准或者不批准行为不服一并提起诉讼的，以上级行政机关为共同被告；行政许可依法须经下级行政机关或者管理公共事务的组织初步审查并上报，当事人对不予初步审查或者不予上报不服提起诉讼的，以下级行政机关或者管理公共事务的组织为被告。

第五条 行政机关依据行政许可法第二十六条第二款规定统一办理行政许可的，当事人对行政许可行为不服提起诉讼，以对当事人作出具有实质影响的不利行为的机关为被告。

第六条 行政机关受理行政许可申请后，在法定期限内不予答复，公民、法人或者其他组织向人民法院起诉的，人民法院应当依法受理。

前款"法定期限"自行政许可申请受理之日起计算；以数据电文方式受理的，自数据电文进入行政机关指定的特定系统之日起计算；数据电文需要确认收讫的，自申请人收到行政机关的收讫确认之日起计算。

第七条 作为被诉行政许可行为基础的其他行政决定或者文书存在以下情形之一的，人民法院不予认可：

（一）明显缺乏事实根据；
（二）明显缺乏法律依据；

(三)超越职权;

(四)其他重大明显违法情形。

第八条 被告不提供或者无正当理由逾期提供证据的,与被诉行政许可行为有利害关系的第三人可以向人民法院提供;第三人对无法提供的证据,可以申请人民法院调取;人民法院在当事人无争议,但涉及国家利益、公共利益或者他人合法权益的情况下,也可以依职权调取证据。

第三人提供或者人民法院调取的证据能够证明行政许可行为合法的,人民法院应当判决驳回原告的诉讼请求。

第九条 人民法院审理行政许可案件,应当以申请人提出行政许可申请后实施的新的法律规范为依据;行政机关在旧的法律规范实施期间,无正当理由拖延审查行政许可申请至新的法律规范实施,适用新的法律规范不利于申请人的,以旧的法律规范为依据。

第十条 被诉准予行政许可决定违反当时的法律规范但符合新的法律规范的,判决确认该决定违法;准予行政许可决定不损害公共利益和利害关系人合法权益的,判决驳回原告的诉讼请求。

第十一条 人民法院审理不予行政许可决定案件,认为原告请求准予许可的理由成立,且被告没有裁量余地的,可以在判决理由写明,并判决撤销不予许可决定,责令被告重新作出决定。

第十二条 被告无正当理由拒绝原告查阅行政许可决定及有关档案材料或者监督检查记录的,人民法院可以判决被告在法定或者合理期限内准予原告查阅。

第十三条 被告在实施行政许可过程中,与他人恶意串通共同违法侵犯原告合法权益的,应当承担连带赔偿责任;被告与他人违法侵犯原告合法权益的,应当根据其违法行为在损害发生过程和结果中所起作用等因素,确定被告的行政赔偿责任;被告已经依照法定程序履行审慎合理的审查职责,因他人行为导致行政许可决定违法的,不承担赔偿责任。

在行政许可案件中,当事人请求一并解决有关民事赔偿问题的,人民法院可以合并审理。

第十四条 行政机关依据行政许可法第八条第二款规定变更或者撤回已经生效的行政许可,公民、法人或者其他组织仅主张行政补偿的,应当先向行政机关提出申请;行政机关在法定期限或者合理期限内不予答复或者对行政机关作出的补偿决定不服的,可以依法提起行政诉讼。

第十五条 法律、法规、规章或者规范性文件对变更或者撤回行政许可的补偿标准未作规定的,一般在实际损失范围内确定补偿数额;行政许可属于行政许可法第十二条第(二)项规定情形的,一般按照实际投入的损失确定补偿数额。

第十六条 行政许可补偿案件的调解,参照最高人民法院《关于审理行政赔偿案件若干问题的规定》的有关规定办理。

第十七条 最高人民法院以前所作的司法解释凡与本规定不一致的,按本规定执行。

关于审理行政案件适用法律规范问题的座谈会纪要

1. 2004年5月18日法〔2004〕96号公布
2. 自2004年5月18日起施行

行政审判涉及的法律规范层级和门类较多,立法法施行以后有关法律适用规则亦发生了很大变化,在法律适用中经常遇到如何识别法律依据、解决法律规范冲突等各种疑难问题。这些问题能否妥当地加以解决,直接影响行政审判的公正和效率。而且,随着我国法治水平的提高和适应加入世贸组织的需要,行政审判在解决法律规范冲突、维护法制统一中的作用越来越突出。为准确适用法律规范,确保行政案件的公正审理,维护国家法制的统一和尊严,促进依法行政,最高人民法院行政审判庭曾就审理行政案件适用法律规范的突出问题进行专题调研,并征求有关部门意见。2003年10月,最高人民法院在上海召开全国法院行政审判工作座谈会期间,就审理行政案件适用法律规范问题进行了专题座谈。与会人员在总结审判经验的基础上,根据立法法、行政诉讼法及其他有关法律规定,对一些带有普遍性的问题形成了共识。现将有关内容纪要如下:

一、关于行政案件的审判依据

根据行政诉讼法和立法法有关规定,人民法院审理行政案件,依据法律、行政法规、地方性法规、自治条例和单行条例,参照规章。在参照规章时,应当对规章的规定是否合法有效进行判断,对于合法有效的规章应当适用。根据立法法、行政法规制定程序条例和规章制定程序条例关于法律、行政法规和规章的解释的规定,全国人大常委会的法律解释,国务院或者国务院授权的部门公布的行政法规解释,人民法院作为审理行政案件的法律依据;规章制定机关作出的与规章具有同等效力的规章解释,人民法院审理行政案件时参照适用。

考虑建国后我国立法程序的沿革情况,现行有效的行政法规有以下三种类型:一是国务院制定并公布的行政法规;二是立法法施行以前,按照当时有效的行政法规制定程序,经国务院批准、由国务院部门公布的行政法规。但在立法法施行以后,经国务院批准、由国务院部门公布的规范性文件,不再属于行政法规;三是在清理行政法规时由国务院确认的其他行政法规。

行政审判实践中,经常涉及有关部门为指导法律执行或者实施行政措施而作出的具体应用解释和制定的其他规范性文件,主要是:国务院部门以及省、市、自治区和较大的市的人民政府或其主管部门对于具体应用法律、法规或规章作出的解释;县级以上人民政府及其主管部门制定发布的具有普遍约束力的决定、命令或其他规范性文件。行政机关往往将这些具体应用解释和其他规范性文件作为具体行政行为的直接依据。这些具体应用解释和规范性文件不是正式的法律渊源,对人民法院不具有法律规范意义上的约束力。但是,人民法院经审查认为被诉具体行政行为依据的具体应用解释和其他规范性文件合法、有效并合理、适当的,在认定被诉具体行政行为合法性时应承认其效力;人民法院可以在裁判理由中对具体应用解释和其他规范性文件是否合法、有效、合理或适当进行评述。

二、关于法律规范冲突的适用规则

调整同一对象的两个或者两个以上的法律规范因规定不同的法律后果而产生冲突

的,一般情况下应当按照立法法规定的上位法优于下位法、后法优于前法以及特别法优于一般法等法律适用规则,判断和选择所应适用的法律规范。冲突规范所涉及的事项比较重大、有关机关对是否存在冲突有不同意见、应当优先适用的法律规范的合法有效性尚有疑问或者按照法律适用规则不能确定如何适用时,依据立法法规定的程序逐级送请有权机关裁决。

(一)下位法不符合上位法的判断和适用

下位法的规定不符合上位法的,人民法院原则上应当适用上位法。当前许多具体行政行为是依据下位法作出的,并未援引和适用上位法。在这种情况下,为维护法制统一,人民法院审查具体行政行为的合法性时,应当对下位法是否符合上位法一并进行判断。经判断下位法与上位法相抵触的,应当依据上位法认定被诉具体行政行为的合法性。从审判实践看,下位法不符合上位法的常见情形有:下位法缩小上位法规定的权利主体范围,或者违反上位法立法目的扩大上位法规定的权利主体范围;下位法限制或者剥夺上位法规定的权利,或者违反上位法立法目的扩大上位法规定的权利范围;下位法扩大行政主体或其职权范围;下位法延长上位法规定的履行法定职责期限;下位法以参照、准用等方式扩大或者限缩上位法规定的义务或者义务主体的范围、性质或者条件;下位法增设或者限缩违反上位法规定的适用条件;下位法扩大或者限缩上位法规定的给予行政处罚的行为、种类和幅度的范围;下位法改变上位法已规定的违法行为的性质;下位法超出上位法规定的强制措施的适用范围、种类和方式,以及增设或者限缩其适用条件;法规、规章或者其他规范文件设定不符合行政许可法规定的行政许可,或者增设违反上位法的行政许可条件;其他相抵触的情形。

法律、行政法规或者地方性法规修改后,其实施性规定未被明文废止的,人民法院在适用时应当区分下列情形:实施性规定与修改后的法律、行政法规或者地方性法规相抵触的,不予适用;因法律、行政法规或者地方性法规的修改,相应的实施性规定丧失依据而不能单独施行的,不予适用;实施性规定与修改后的法律、行政法规或者地方性法规不相抵触的,可以适用。

(二)特别规定与一般规定的适用关系

同一法律、行政法规、地方性法规、自治条例和单行条例、规章内的不同条文对相同事项有一般规定和特别规定的,优先适用特别规定。

法律之间、行政法规之间或者地方性法规之间对同一事项的新的一般规定与旧的特别规定不一致的,人民法院原则上应按下列情形适用:新的一般规定允许旧的特别规定继续适用的,适用旧的特别规定;新的一般规定废止旧的特别规定的,适用新的一般规定。不能确定新的一般规定是否允许旧的规定继续适用的,人民法院应当中止行政案件的审理,属于法律的,逐级上报最高人民法院送请全国人民代表大会常务委员会裁决;属于行政法规的,逐级上报最高人民法院送请国务院裁决;属于地方性法规的,由高级人民法院送请制定机关裁决。

(三)地方性法规与部门规章冲突的选择适用

地方性法规与部门规章之间对同一事项的规定不一致的,人民法院一般可以按照下列情形适用:(1)法律或者行政法规授权部门规章作出实施性规定的,其规定优先适用;(2)尚未制定法律、行政法规的,部门规章对于国务院决定、命令授权的事项,或者对于中央宏观调控的事项、需要全国统一的市场活动规则及对外贸易和外商投资等需要全国统一规定的事项作出的规定,应当优先适用;(3)地方性法规根据法律或者行政法规的授权,根据本行政区域的实际情况作出的具体规定,应当优先适用;(4)地方性法规对属于地方性事务的事项作出的规定,应当优先适用;(5)尚未制定法律、行政法规的,地方性法规根据本行政区域的具体情况,对需要全国统一规定以外的事项作出的规定,应当优先适用;(6)能够直接适用的其他情形。不能确定如何适用的,应当中止行政案件的审理,逐级上报最高人民法院按照立法法第八十六条第一款第(二)项的规定送请有权机关处理。

(四)规章冲突的选择适用

部门规章与地方政府规章之间对相同事项的规定不一致的,人民法院一般可以按照下列情形适用:(1)法律或者行政法规授权部门规章作出实施性规定的,其规定优先适用;(2)尚未制定法律、行政法规的,部门规章对于国务院决定、命令授权的事项,或者对属于中央宏观调控的事项、需要全国统一的市场活动规则及对外贸易和外商投资等事项作出的规定,应当优先适用;(3)地方政府规章根据法律或者行政法规的授权,根据本行政区域的实际情况作出的具体规定,应当优先适用;(4)地方政府规章对属于本行政区域的具体行政管理事项作出的规定,应当优先适用;(5)能够直接适用的其他情形。不能确定如何适用的,应当中止行政案件的审理,逐级上报最高人民法院送请国务院裁决。

国务院部门之间制定的规章对同一事项的规定不一致的,人民法院一般可以按照下列情形选择适用:(1)适用与上位法不相抵触的部门规章规定;(2)与上位法均不抵触的,优先适用根据专属职权制定的规章规定;(3)两个以上的国务院部门就涉及其职权范围的事项联合制定的规章规定,优先于其中一个部门单独作出的规定;(4)能够选择适用的其他情形。不能确定如何适用的,应当中止行政案件的审理,逐级上报最高人民法院送请国务院裁决。

国务院部门或者省、市、自治区人民政府制定的其他规范性文件对相同事项的规定不一致的,参照上列精神处理。

三、关于新旧法律规范的适用规则

根据行政审判中的普遍认识和做法,行政相对人的行为发生在新法施行以前,具体行政行为作出在新法施行以后,人民法院审查具体行政行为的合法性时,实体问题适用旧法规定,程序问题适用新法规定,但下列情形除外:(一)法律、法规或规章另有规定的;(二)适用新法对保护行政相对人的合法权益更为有利的;(三)按照具体行政行为的性质应当适用新法的实体规定的。

四、关于法律规范具体应用解释问题

在裁判案件中解释法律规范,是人民法院适用法律的重要组成部分。人民法院对于所适用的法律规范,一般按照其通常语义进行解释;有专业上的特殊涵义的,该涵义优先;语义不清楚或者有歧义的,可以根据上下文和立法宗旨、目的和原则等确定其涵义。

法律规范在列举其适用的典型事项后,又以"等"、"其他"等词语进行表述的,属于不完全列举的例示性规定。以"等"、"其他"等概括性用语表示的事项,均为明文列举的事项以外的事项,且其所概括的情形应为与列举事项类似的事项。

人民法院在解释和适用法律时,应当妥善处理法律效果与社会效果的关系,既要严格适用法律规定和维护法律规定的严肃性,确保法律适用的确定性、统一性和连续性,又要注意与时俱进,注意办案的社会效果,避免刻板僵化地理解和适用法律条文,在法律适用中维护国家利益和社会公共利益。

最高人民法院关于对人民法院审理产品质量监督行政案件如何适用法律问题的答复

1. 2001 年 2 月 18 日〔1999〕行他字第 15 号公布
2. 自 2001 年 2 月 18 日起施行

河南省高级人民法院：

你院关于审理产品质量监督行政案件中如何适用法律问题的请示收悉，经研究答复如下：

人民法院在审理涉及产品质量监督行政案件时，应当适用具体行政行为作出时已经施行的《中华人民共和国产品质量法》的有关规定。

最高人民法院对如何理解《最高人民法院关于执行〈中华人民共和国行政诉讼法〉若干问题的解释》第四十四条第一款第(十)项规定的请示的答复

1. 2000 年 6 月 5 日法行〔2000〕13 号公布
2. 自 2000 年 6 月 5 日起施行

湖北省高级人民法院：

你院鄂高法〔2000〕93 号《关于如何理解最高人民法院〈若干解释〉第四十四条第一款第(十)项规定的请示》收悉。经研究，答复如下：

行政诉讼的标的为人民法院生效判决书、裁定书和调解书所羁束的，人民法院应当依法裁定不予受理；已经受理的，应当依法裁定驳回起诉。

最高人民法院行政审判庭对《关于审理公证行政案件中适用法规问题的请示》的答复

1. 1999 年 8 月 16 日法行〔1999〕4 号公布
2. 自 1999 年 8 月 16 日起施行

上海市高级人民法院：

你院《关于审理公证行政案件中适用法规问题的请示》收悉，经征求国务院法制办公室的意见，答复如下：

《中华人民共和国公证暂行条例》是行政法规,《上海市公证条例》是地方性法规。两者规定不一致时,人民法院应当选择适用前者。另外,有关财产转移的公证事务由主要财产所在地的公证处管辖,有利于保证公证结论的客观性和公正性,也符合解决财产纠纷的管辖原则。

最高人民法院关于对人民法院审理公路交通行政案件如何适用法律问题的答复

1. 2001年2月1日〔1999〕行他字第29号公布
2. 自2001年2月1日起施行

广西壮族自治区高级人民法院:

你院〔1999〕桂行请字第60号《关于张仕红不服隆林县交通局暂扣车辆一案适用法律问题的请示》收悉。经研究,答复如下:

人民法院审理公路交通行政案件涉及地方性法规对交通部门暂扣运输车辆的规定与《中华人民共和国公路法》有关规定不一致的,应当适用《中华人民共和国公路法》的有关规定。

最高人民法院行政审判庭关于对在案件审理期间法定代表人被更换,新的法定代表人提出撤诉申请,法院是否准予撤诉问题的电话答复

1. 1998年10月28日〔1998〕法行字第14号发布
2. 自1998年10月28日起施行

山西省高级人民法院:

你院〔1998〕晋法行字第5号《在案件审理期间法定代表人被更换新的法定代表人代表原企业提出撤诉申请法院是否准予撤诉的请示报告》收悉。经研究答复如下:

原则同意你院意见,即:在企业法定代表人被行政机关变更或撤换的情况下,原企业法定代表人有权提起行政诉讼。新的法定代表人提出撤诉申请,缺乏法律依据。

（八）执　行

最高人民法院对如何执行《关于执行〈中华人民共和国行政诉讼法〉若干问题的解释》第九十二条的请示的答复

1. 2000年12月14日法行〔2000〕21号发布
2. 自2000年12月14日起施行

上海市高级人民法院：

你院沪高法〔2000〕330号关于如何执行最高人民法院《关于执行〈中华人民共和国行政诉讼法〉若干问题的解释》第九十二条的请示收悉。经研究，答复如下：

申请人在具体行政行为对外发生法律效力后至申请执行的期限内，依据《最高人民法院关于执行〈中华人民共和国行政诉讼法〉若干问题的解释》第九十二条的规定，可以向人民法院申请采取财产保全措施。

最高人民法院关于劳动行政部门作出责令用人单位支付劳动者工资报酬、经济补偿和赔偿金的劳动监察指令书是否属于可申请法院强制执行的具体行政行为的答复

1. 1998年5月17日〔1998〕法行字第1号发布
2. 自1998年5月17日起施行

广东省高级人民法院：

你院《关于如何处理〈劳动监察指令书〉问题的请示》收悉。经研究，原则同意你院意见，即：劳动行政部门作出责令用人单位支付劳动者工资报酬、经济补偿和赔偿金的劳动监察指令书，不属于可申请人民法院强制执行的具体行政行为，人民法院对此类案件不予受理。劳动行政部门作出责令用人单位支付劳动者工资报酬、经济补偿和赔偿金的行政处理决定书，当事人既不履行又不申请复议或者起诉的，劳动行政部门可以依法申请人民法院强制执行。

(九)涉外行政诉讼

最高人民法院关于对涉外行政案件的审理期限应当如何掌握的复函

1. 2002年11月20日〔2002〕行立他字第2号发布
2. 自2002年11月20日起施行

广东省高级人民法院：

你院粤高法〔2002〕63号有关涉外涉港澳台行政案件审理期限的请示收悉。经研究，答复如下：

一、《行政诉讼法》中有关案件审理期限的规定，并无一般行政案件与涉外（含涉港澳台，下同）行政案件的区分，涉外行政案件的审限应当适用该法有关案件审理期限的规定。

二、我国加入世界贸易组织议定书中的有关规定，要求我国对与WTO规则有关的具体行政行为迅速进行司法审查。如对涉外行政案件审限不加以限制，不符合上述规定的要求。

三、我国司法审查制度应当遵循世界贸易组织规则有关国民待遇的基本原则，如对涉外行政案件没有审限要求，不符合国民待遇的基本原则。

四、在审判实践中，涉外行政案件的诉讼程序比一般案件的诉讼程序需要更多的时间，但这涉及排除不计入审限事项的时间，与涉外行政案件执行有关审限的规定并不冲突。

综上，同意你院请示中的第二种意见，即涉外行政案件的审理期限，应当适用《行政诉讼法》及我院《关于严格执行案件审理期限制度的若干规定》中有关行政案件审理期限的相关规定。

(十)其 他

最高人民法院关于适用《行政复议法》第三十条第一款有关问题的批复

1. 2003年1月9日最高人民法院审判委员会第1263次会议通过
2. 2003年2月25日法释〔2003〕5号公布
3. 自2003年2月28日起施行

山西省高级人民法院：

你院《关于适用〈行政复议法〉第三十条第一款有关问题的请示》收悉。经研究，答复如下：

根据《行政复议法》第三十条第一款的规定，公民、法人或者其他组织认为行政机关确认土地、矿藏、水流、森林、山岭、草原、荒地、滩涂、海域等自然资源的所有权或者使用权的具体行政行为，侵犯其已经依法取得的自然资源所有权或者使用权的，经行政复议后，才可以向人民法院提起行政诉讼，但法律另有规定的除外；对涉及自然资源所有权或者使用权的行政处罚、行政强制措施等其他具体行政行为提起行政诉讼的，不适用《行政复议法》第三十条第一款的规定。

此复。

最高人民法院关于审理国际贸易行政案件若干问题的规定

1. 2002年8月27日最高人民法院审判委员会第1239次会议通过
2. 2002年8月27日法释〔2002〕27号公布
3. 自2002年10月1日起施行

为依法公正及时地审理国际贸易行政案件，根据《中华人民共和国行政诉讼法》（以下简称行政诉讼法）、《中华人民共和国立法法》（以下简称立法法）以及其他有关法律的规定，制定本规定。

第一条 下列案件属于本规定所称国际贸易行政案件：

（一）有关国际货物贸易的行政案件；

（二）有关国际服务贸易的行政案件；

（三）与国际贸易有关的知识产权行政案件；

（四）其他国际贸易行政案件。

第二条 人民法院行政审判庭依法审理国际贸易行政案件。

第三条 自然人、法人或者其他组织认为中华人民共和国具有国家行政职权的机关和组织及其工作人员（以下统称行政机关）有关国际贸易的具体行政行为侵犯其合法权益的，可以依照行政诉讼法以及其他有关法律、法规的规定，向人民法院提起行政诉讼。

第四条 当事人的行为发生在新法生效之前，行政机关在新法生效之后对该行为作出行政处理决定的，当事人可以依照新法的规定提起行政诉讼。

第五条 第一审国际贸易行政案件由具有管辖权的中级以上人民法院管辖。

第六条 人民法院审理国际贸易行政案件，应当依照行政诉讼法，并根据案件具体情况，从以下方面对被诉具体行政行为进行合法性审查：

（一）主要证据是否确实、充分；

（二）适用法律、法规是否正确；

（三）是否违反法定程序；

（四）是否超越职权；

（五）是否滥用职权；

（六）行政处罚是否显失公正；

（七）是否不履行或者拖延履行法定职责。

第七条 根据行政诉讼法第五十二条第一款及立法法第六十三条第一款和第二款规定，人民法院审理国际贸易行政案件，应当依据中华人民共和国法律、行政法规以及地方立法机关在法定立法权限范围内制定的有关或者影响国际贸易的地方性法规。地方性法规适用于本行政区域内发生的国际贸易行政案件。

第八条 根据行政诉讼法第五十三条第

一款及立法法第七十一条、第七十二条和第七十三条规定,人民法院审理国际贸易行政案件,参照国务院部门根据法律和国务院的行政法规、决定、命令,在本部门权限范围内制定的有关或者影响国际贸易的部门规章,以及省、自治区、直辖市和省、自治区的人民政府所在地的市、经济特区所在地的市、国务院批准的较大的市的人民政府根据法律、行政法规和地方性法规制定的有关或者影响国际贸易的地方政府规章。

第九条 人民法院审理国际贸易行政案件所适用的法律、行政法规的具体条文存在两种以上的合理解释,其中有一种解释与中华人民共和国缔结或者参加的国际条约的有关规定相一致的,应当选择与国际条约的有关规定相一致的解释,但中华人民共和国声明保留的条款除外。

第十条 外国人、无国籍人、外国组织在中华人民共和国进行国际贸易行政诉讼,同中华人民共和国公民、组织有同等的诉讼权利和义务,但有行政诉讼法第七十一条第二款规定的情形的,适用对等原则。

第十一条 涉及香港特别行政区、澳门特别行政区和台湾地区当事人的国际贸易行政案件,参照本规定处理。

第十二条 本规定自2002年10月1日起施行。

最高人民法院关于审理反倾销行政案件应用法律若干问题的规定

1. 2002年9月11日最高人民法院审判委员会第1242次会议通过
2. 2002年11月21日法释〔2002〕35号公布
3. 自2003年1月1日起施行

为依法公正地审理反倾销行政案件,根据《中华人民共和国行政诉讼法》及其他有关法律的规定,制定本规定。

第一条 人民法院依法受理对下列反倾销行政行为提起的行政诉讼:
(一)有关倾销及倾销幅度、损害及损害程度的终裁决定;
(二)有关是否征收反倾销税的决定以及追溯征收、退税、对新出口经营者征税的决定;
(三)有关保留、修改或者取消反倾销税以及价格承诺的复审决定;
(四)依照法律、行政法规规定可以起诉的其他反倾销行政行为。

第二条 与反倾销行政行为具有法律上利害关系的个人或者组织为利害关系人,可以依照行政诉讼法及其他有关法律、行政法规的规定,向人民法院提起行政诉讼。

前款所称利害关系人,是指向国务院主管部门提出反倾销调查书面申请的申请人,有关出口经营者和进口经营者及其他具有法律上利害关系的自然人、法人或者其他组织。

第三条 反倾销行政案件的被告,应当是作出相应被诉反倾销行政行为的国务院主管部门。

第四条 与被诉反倾销行政行为具有法律上利害关系的其他国务院主管部门,可以作为第三人参加诉讼。

第五条 第一审反倾销行政案件由下列

人民法院管辖：

（一）被告所在地高级人民法院指定的中级人民法院；

（二）被告所在地高级人民法院。

第六条 人民法院依照行政诉讼法及其他有关反倾销的法律、行政法规，参照国务院部门规章，对被诉反倾销行政行为的事实问题和法律问题，进行合法性审查。

第七条 被告对其作出的被诉反倾销行政行为负举证责任，应当提供作出反倾销行政行为的证据和所依据的规范性文件。

人民法院依据被告的案卷记录审查被诉反倾销行政行为的合法性。被告在作出被诉反倾销行政行为时没有记入案卷的事实材料，不能作为认定该行为合法的根据。

第八条 原告对其主张的事实有责任提供证据。经人民法院依照法定程序审查，原告提供的证据具有关联性、合法性和真实性的，可以作为定案的根据。

被告在反倾销行政调查程序中依照法定程序要求原告提供证据，原告无正当理由拒不提供、不如实提供或者以其他方式严重妨碍调查，而在诉讼程序中提供的证据，人民法院不予采纳。

第九条 在反倾销行政调查程序中，利害关系人无正当理由拒不提供证据、不如实提供证据或者以其他方式严重妨碍调查的，国务院主管部门根据能够获得的证据得出的事实结论，可以认定为证据充分。

第十条 人民法院审理反倾销行政案件，根据不同情况，分别作出以下判决：

（一）被诉反倾销行政行为证据确凿，适用法律、行政法规正确，符合法定程序的，判决维持；

（二）被诉反倾销行政行为有下列情形之一的，判决撤销或者部分撤销，并可以判决被告重新作出反倾销行政行为：

1. 主要证据不足的；
2. 适用法律、行政法规错误的；
3. 违反法定程序的；
4. 超越职权的；
5. 滥用职权的。

（三）依照法律或者司法解释规定作出的其他判决。

第十一条 人民法院审理反倾销行政案件，可以参照有关涉外民事诉讼程序的规定。

第十二条 本规定自2003年1月1日起实施。

最高人民法院关于审理反补贴行政案件应用法律若干问题的规定

1. 2002年9月11日最高人民法院审判委员会第1242次会议通过
2. 2002年11月21日法释〔2002〕36号公布
3. 自2003年1月1日起施行

为依法公正地审理反补贴行政案件，根据《中华人民共和国行政诉讼法》及其他有关法律的规定，制定本规定。

第一条 人民法院依法受理对下列反补贴行政行为提起的行政诉讼：

（一）有关补贴及补贴金额、损害及损害程度的终裁决定；

（二）有关是否征收反补贴税以及追溯征

收的决定；

（三）有关保留、修改或者取消反补贴税以及承诺的复审决定；

（四）依照法律、行政法规规定可以起诉的其他反补贴行政行为。

第二条 与反补贴行政行为具有法律上利害关系的个人或者组织为利害关系人，可以依照行政诉讼法及其他有关法律、行政法规的规定，向人民法院提起行政诉讼。

前款所称利害关系人，是指向国务院主管机关提出反补贴调查书面申请的申请人，有关出口经营者和进口经营者及其他具有法律上利害关系的自然人、法人或者其他组织。

第三条 反补贴行政案件的被告，应当是作出相应被诉反补贴行政行为的国务院主管部门。

第四条 与被诉反补贴行政行为具有法律上利害关系的其他国务院主管部门，可以作为第三人参加诉讼。

第五条 第一审反补贴行政案件由下列人民法院管辖：

（一）被告所在地高级人民法院指定的中级人民法院；

（二）被告所在地高级人民法院。

第六条 人民法院依照行政诉讼法及其他有关反补贴的法律、行政法规，参照国务院部门规章，对被诉反补贴行政行为的事实问题和法律问题，进行合法性审查。

第七条 被告对其作出的被诉反补贴行政行为负举证责任，应当提供作出反补贴行政行为的证据和所依据的规范性文件。

人民法院依据被告的案卷记录审查被诉反补贴行政行为的合法性。被告在作出被诉反补贴行政行为时没有记入案卷的事实材料，不能作为认定该行为合法的根据。

第八条 原告对其主张的事实有责任提供证据。经人民法院依照法定程序审查，原告提供的证据具有关联性、合法性和真实性的，可以作为定案的根据。

被告在反补贴行政调查程序中依照法定程序要求原告提供证据，原告无正当理由拒不提供、不如实提供或者以其他方式严重妨碍调查，而在诉讼程序中提供的证据，人民法院不予采纳。

第九条 在反补贴行政调查程序中，利害关系人无正当理由拒不提供证据、不如实提供证据或者以其他方式严重妨碍调查的，国务院主管部门根据能够获得的证据得出的事实结论，可以认定为证据充分。

第十条 人民法院审理反补贴行政案件，根据不同情况，分别作出以下判决：

（一）被诉反补贴行政行为证据确凿，适用法律、行政法规正确，符合法定程序的，判决维持；

（二）被诉反补贴行政行为有下列情形之一的，判决撤销或者部分撤销，并可以判决被告重新作出反补贴行政行为：

1. 主要证据不足的；
2. 适用法律、行政法规错误的；
3. 违反法定程序的；
4. 超越职权的；
5. 滥用职权的。

（三）依照法律或者司法解释规定作出的其他判决。

第十一条 人民法院审理反补贴行政案件，可以参照有关涉外民事诉讼程序的规定。

第十二条 本规定自2003年1月1日起实施。

第四部分　国家赔偿法

一、国家赔偿法

中华人民共和国国家赔偿法

1. 1994 年 5 月 12 日第八届全国人民代表大会常务委员会第七次会议通过
2. 2010 年 4 月 29 日第十一届全国人民代表大会常务委员会第十四次会议第一次修正
3. 2012 年 10 月 26 日第十一届全国人民代表大会常务委员会第二十九次会议第二次修正
4. 修正后自 2013 年 1 月 1 日起施行

导　读

国家赔偿法学是一门新兴的法学学科，实践性很强，是我国法学体系的重要组成部分。

国家赔偿法所涉及的司法解释颇多，因此造成了一定的学习难度。在学习国家赔偿法时，应注意国家赔偿范围、国家赔偿机关、国家赔偿程序、国家赔偿方式和计算标准等内容，而大量司法解释的出现，令以上问题在准确掌握上存在困难。2010 年 4 月 29 日，全国人大常委会作出对国家赔偿法修改的决定，使得司法解释许多条文都得作出修改。但在明确废止旧司法解释之前，只要与新国家赔偿法不冲突的司法解释应当继续有效。

学习国家赔偿法时，首先，可采用个性与共性相结合的方法。国家赔偿法所确立的是国家侵权损害赔偿责任，是一种特殊的侵权行为，表现为侵权主体是特定的，并且与职务密切相关。在研究国家侵权行为时，离不开对比一般的民事侵权行为，国家侵权行为与一般的民事侵权行为相比是个性，一般的民事侵权行为是共性。个性离不开共性，共性存在于个性之中。在研究国家赔偿法时，应运用一般法的原理研究国家赔偿法的特殊问题。其次，应注意实体法与程序法相结合。国家赔偿法是一部既有实体又有程序的综合法。实体部分规定，公民、法人和其他组织的哪些权利可以得到赔偿，程序部分所规定的是权利的具体实现步骤。因此，在进行研究的时候，也必须将二者结合起来。再次，应密切关注关于国家赔偿的相关司法解释。在注意以上几个方面后，还应反复研究相关教材和课件中提供的案例，以及自己接触的有关实例，把所学理论运用到实际中去，在运用的过程中理解、消化，发现并解决问题。

目　录

第一章　总　则
第二章　行政赔偿
　第一节　赔偿范围
　第二节　赔偿请求人和赔偿义务机关
　第三节　赔偿程序
第三章　刑事赔偿
　第一节　赔偿范围

第二节　赔偿请求人和赔偿义务机关
第三节　赔偿程序
第四章　赔偿方式和计算标准
第五章　其他规定
第六章　附　则

第一章　总　则

第一条　【立法目的】为保障公民、法人和其他组织享有依法取得国家赔偿的权利，促进国家机关依法行使职权，根据宪法，制定本法。

★第二条　【国家赔偿】国家机关和国家机关工作人员行使职权，有本法规定的侵犯公民、法人和其他组织合法权益的情形，造成损害的，受害人有依照本法取得国家赔偿的权利。

本法规定的赔偿义务机关，应当依照本法及时履行赔偿义务。

◆相关法条
◇民法通则
第一百二十一条　国家机关或者国家机关工作人员在执行职务中，侵犯公民、法人的合法权益造成损害的，应当承担民事责任。

◆要点精解
获得国家赔偿应具备以下要件：(1)侵权行为主体。实施侵权行为的是国家机关或国家机关工作人员。(2)行使职权的行为。即致害行为必须是国家机关或工作人员行使职权的行为。(3)符合法定的情形。即致害行为符合本法规定的侵权情形。(4)损害事实。即给受害人造成了现实的、确定的、特定的、异常的、非法的、可估量的损害。(5)因果关系。即侵权行为与损害事实之间存在因果关系，其中侵权行为是原因，损害事实是结果。

本条最大的修改即取消"违法"二字，即取消了国家赔偿的违法规则原则。

第二章　行政赔偿

第一节　赔偿范围

★第三条　【人身侵权的行政赔偿范围】行政机关及其工作人员在行使行政职权时有下列侵犯人身权情形之一的，受害人有取得赔偿的权利：

（一）违法拘留或者违法采取限制公民人身自由的行政强制措施的；

（二）非法拘禁或者以其他方法非法剥夺公民人身自由的；

（三）以殴打、虐待等行为或者唆使、放纵他人以殴打、虐待等行为造成公民身体伤害或者死亡的；

（四）违法使用武器、警械造成公民身体伤害或者死亡的；

（五）造成公民身体伤害或者死亡的其他违法行为。

◆相关法条
◇行政赔偿批复
由于公安机关不履行法定行政职责，致使公民、法人和其他组织的合法权益遭受损害的，应当承担行政赔偿责任。在确定赔偿的数额时，应当考虑该不履行法定职责的行为在损害发生过程和结果中所起的作用等因素。

◇赔偿诉讼程序批复
一、行政机关工作人员在执行职务中致人伤、亡已构成犯罪，受害人或其亲属提起刑事附带民事赔偿诉讼的，人民法院对民事赔偿诉讼请求不予受理。但应当告知其可以依据《中华人民共和国国家赔偿法》的有关规定向人民法院提起行政赔偿诉讼。

二、本批复公布以前发生的此类案件，人民法院已作刑事附带民事赔偿处理，受害人或其亲属再提起行政赔偿诉讼的，人民法院不予受理。

◆要点精解
1.行政赔偿范围的含义，在学术界有不同

的理解。第一种观点认为,行政赔偿的范围是指国家对行政行为造成的损害承担赔偿责任的领域。第二种观点认为,行政赔偿范围包括两方面的内容:(1)国家对行政活动中哪些损害相对人的行为承担赔偿责任;(2)国家赔偿行政相对人因违法行为而受到的损害。

2. 公民人身权的内容极为广泛,通常分为人格权和身份权。人格权又可分为人身自由权、生命权、健康权、姓名权、名誉权、荣誉权等,身份权也可细分为配偶权、亲权和亲属权等。在这些权利中,侵犯公民人身自由权、生命权和健康权的,国家予以赔偿。

3. 侵犯生命健康权的行为。包括:(1)殴打行为。(2)虐待行为。2010年《国家赔偿法》将"殴打等暴力行为"的表述取消,原因在于实践中行政机关工作人员的许多造成公民身体伤害或死亡的违法行为并不是以作为的形式作出的,并不必然表现为暴力。(3)唆使他人的行为。(4)放纵他人的行为。2010年修订的《国家赔偿法》首次针对行政不作为的国家赔偿作出了明确规定。

第四条 【财产侵权的行政赔偿范围】行政机关及其工作人员在行使行政职权时有下列侵犯财产权情形之一的,受害人有取得赔偿的权利:

(一)违法实施罚款、吊销许可证和执照、责令停产停业、没收财物等行政处罚的;

(二)违法对财产采取查封、扣押、冻结等行政强制措施的;

(三)违法征收、征用财产的;

(四)造成财产损害的其他违法行为。

◆ 相关法条

◇ 行政赔偿规定

第一条 《中华人民共和国国家赔偿法》第三条、第四条规定的其他违法行为,包括具体行政行为和与行政机关及其工作人员行使职权有关的,给公民、法人或其他组织造成损害的,违反行政职责的行为。

◆ 要点精解

修订后的《国家赔偿法》承认国家赔偿法归责原则多元化,由单一的"违法归责原则"变为"混合归责原则"。修改后的《国家赔偿法》确立了以违法归责原则为主(《国家赔偿法》第3、4、17、38条),兼采结果归责原则(适用于无罪的人被超期拘留、逮捕、判刑,以及无罪的人被处以罚金、没收财产的,如检察机关按照法定程序批捕了符合逮捕条件的犯罪嫌疑人,后因其他原因如鉴定结论发生变化、新司法解释的变动等导致无罪判决的结果,逮捕行为虽不违法,但国家要承担赔偿责任的)与过错归责原则(对于一些无法用违法原则进行衡量而行为人存在故意或过失的行政侵权行为,应该用过错原则进行归责,如国家机关及其公务人员不及时履行其法定职责,造成损害的)的多元归责体系。这是《国家赔偿法》修改后的最大变化,这意味着即使国家机关和国家机关工作人员行使职权没有违法,但有过错或从结果上已经侵犯了公民、法人或其他组织的合法权益的,国家仍需要承担赔偿责任,这将使得行政事实行为和刑事司法行为造成的损害更容易获得赔偿。

★第五条 【行政侵权的免责情形】属于下列情形之一的,国家不承担赔偿责任:

(一)行政机关工作人员与行使职权无关的个人行为;

(二)因公民、法人和其他组织自己的行为致使损害发生的;

(三)法律规定的其他情形。

◆ 相关法条

◇ 行政赔偿规定

第六条 公民、法人或者其他组织以国防、外交等国家行为或者行政机关制定发布行政法规、规章或者具有普遍约束力的决定、命令侵犯其合法权益造成损害为由,向人民法院提起行政赔偿诉讼的,人民法院不予受理。

◆ 要点精解

本法第3—5条规定了我国行政赔偿的范

围,这部分是重点,现将其归纳如下:

1. 对侵犯人身权的行政赔偿

《国家赔偿法》规定的人身权范围比较狭窄,限于生命健康权、人身自由权。

(1)侵犯人身自由权的行为:①违法拘留或违法采取限制公民人身自由的行政强制措施;②非法拘禁或者以其他方法非法剥夺公民人身自由的。

(2)侵犯生命健康权的行为:①以殴打、虐待等行为或者唆使、放纵他人以殴打、虐待等行为造成公民身体伤害或者死亡。②违法使用武器、警械。武器、警械是指枪支、警棍、警绳、手铐等。③造成公民身体伤害的其他违法行为。

2. 对侵犯财产权的损害赔偿

财产权是以财产为客体的权利。财产权范围很广,包括公民、法人或者其他组织的物权、债权、知识产权等。

(1)侵犯财产权的行政处罚。包括:罚款、没收、吊销许可证和执照、责令停产停业以及侵犯财产权的其他行政处罚。

(2)侵犯财产权的行政强制措施。主要是查封、扣押、冻结、保全、拍卖。

(3)违法征收财物、摊派费用。

(4)造成财产损害的其他违法行为。

3. 国家不承担行政赔偿责任的情形

(1)行政机关工作人员与行使职权无关的个人行为。

(2)因公民、法人和其他组织自己的行为致使损害发生。

(3)法律规定的其他情形:①不可抗力,指不能预见、不能避免并不能克服的客观情况。②第三人过错。因第三人过错致使损害发生的,法律上的侵权行为的主体是第三人。③从其他途径可获得补偿的。

第二节 赔偿请求人和赔偿义务机关

★**第六条** 【**行政赔偿请求人**】受害的公民、法人和其他组织有权要求赔偿。

受害的公民死亡,其继承人和其他有扶养关系的亲属有权要求赔偿。

受害的法人或者其他组织终止的,其权利承受人有权要求赔偿。

◆ **相关法条**

◇ **行政赔偿规定**

第十四条 与行政赔偿案件处理结果有法律上的利害关系的其他公民、法人或者其他组织有权作为第三人参加行政赔偿诉讼。

第十五条 受害的公民死亡,其继承人和其他有抚养关系的亲属以及死者生前抚养的无劳动能力的人有权提起行政赔偿诉讼。

第十六条 企业法人或者其他组织被行政机关撤销、变更、兼并、注销,认为经营自主权受到侵害,依法提起行政赔偿诉讼,原企业法人或其他组织,或者对其享有权利的法人或其他组织均具有原告资格。

◆ **要点精解**

1. 行政赔偿请求人资格的构成

(1)行政赔偿请求人是受害的公民、法人和其他组织。

(2)行政赔偿请求人必须是自己的合法权益受到侵害并有实际损害的人。这里包括四层含义:①请求人受到侵害的权益是合法权益,合法权益是指法定权利;②请求人必须是自己的合法权益受到侵害的人;③请求人受到的侵害已经发生;④这里的实际损害是相对人认为的实际损害。

(3)行政赔偿请求人必须是其所受损害与行政违法行为有相当因果关系的人。这里的相当因果关系只要求受害人指出损害系行政机关及其工作人员的行政侵权行为所引起即可。至于是否真正存在因果关系,有待行政赔偿义务机关或人民法院的确认。

2. 我国行政赔偿请求人包括公民、法人或者其他组织

通常情况下,受侵害的公民、法人或者其他组织享有请求人主体资格。但在特殊情况下其主体资格会发生转移,具体为:

(1)受害的公民死亡,其继承人、其他有扶

养关系的亲属、死者生前抚养的无劳动能力的人有权要求赔偿（行政复议和行政诉讼转移到近亲属）。

（2）受害的法人或者其他组织终止，其权利承受人有权要求赔偿。2010年修正的《国家赔偿法》将"承受其权利的法人或者其他组织"修改为"权利承受人"是基于后者的范围要广于前者。

★**第七条**【行政赔偿义务机关】行政机关及其工作人员行使行政职权侵犯公民、法人和其他组织的合法权益造成损害的，该行政机关为赔偿义务机关。

两个以上行政机关共同行使行政职权时侵犯公民、法人和其他组织的合法权益造成损害的，共同行使行政职权的行政机关为共同赔偿义务机关。

法律、法规授权的组织在行使授予的行政权力时侵犯公民、法人和其他组织的合法权益造成损害的，被授权的组织为赔偿义务机关。

受行政机关委托的组织或者个人在行使受委托的行政权力时侵犯公民、法人和其他组织的合法权益造成损害的，委托的行政机关为赔偿义务机关。

赔偿义务机关被撤销的，继续行使其职权的行政机关为赔偿义务机关；没有继续行使其职权的行政机关的，撤销该赔偿义务机关的行政机关为赔偿义务机关。

◆**相关法条**
◇行政赔偿规定

第十七条　两个以上行政机关共同侵权，赔偿请求人对其中一个或者数个侵权机关提起行政赔偿诉讼，若诉讼请求系可分之诉，被诉的一个或者数个侵权机关为被告；若诉讼请求系不可分之诉，由人民法院依法追加其他侵权机关为共同被告。

第十九条　行政机关依据行政诉讼法第六十六条的规定申请人民法院强制执行具体行政行为，由于据以强制执行的根据错误而发生行政赔偿诉讼的，申请强制执行的行政机关为被告。

◆**要点精解**
1. 相关概念比较

（1）行政赔偿义务机关不同于行政赔偿责任主体，后者是国家赔偿责任的最终承担者。（2）行政赔偿义务机关也不同于行政侵权行为人，行政赔偿义务机关专指接受行政赔偿请求，履行行政赔偿义务的国家机关。行政侵权行为人则指执行职务造成他人损害的具体机关和公务员。（3）行政赔偿义务机关在我国与行政赔偿诉讼被告完全重合，两者为行政赔偿程序中前后不同阶段的称谓。

2. 行政赔偿义务机关具有以下权利义务：（1）受理行政赔偿请求，对赔偿请求作出处理。（2）参加因赔偿问题引起的行政复议和行政诉讼。（3）履行相应行政复议决定或法院判决。（4）行使追偿权。

在设定行政赔偿义务机关上遵循职权主义原则、行政主体原则和便民原则。

★**第八条**【经过复议的赔偿义务机关】经复议机关复议的，最初造成侵权行为的行政机关为赔偿义务机关，但复议机关的复议决定加重损害的，复议机关对加重的部分履行赔偿义务。

◆**相关法条**
◇行政赔偿规定

第十八条　复议机关的复议决定加重损害的，赔偿请求人只对作出原决定的行政机关提起行政赔偿诉讼，作出原决定的行政机关为被告；赔偿请求人只对复议机关提起行政赔偿诉讼的，复议机关为被告。

◆**要点精解**

我国的行政赔偿义务机关包括行政机关和法律、法规授权的组织两类。

1. 行政机关

行政机关作为行政赔偿义务机关具体分为五种情况：

（1）单个行政机关及其工作人员行使职权

侵犯公民合法权益的,该行政机关为赔偿义务机关。

(2)两个以上行政机关共同行使职权致害时,共同行使职权的行政机关为共同赔偿义务机关。共同赔偿义务机关之间负连带责任,受害人可以向其中的任何一个赔偿义务机关要求赔偿。该赔偿义务机关应当先予赔偿,然后要求其他行政机关负担部分赔偿费用。如果引起行政赔偿诉讼,共同赔偿义务机关为共同被告。共同赔偿义务机关各自按其在侵权损害中所起的作用承担责任。

(3)行政机关委托的组织或者个人造成损害时,委托的行政机关为赔偿义务机关。在赔偿损失后,赔偿义务机关有权责令有故意或者重大过失的受委托组织或个人承担部分或者全部赔偿费用。

(4)赔偿义务机关被撤销时,继续行使其职权的行政机关为赔偿义务机关。没有继续行使其职权的行政机关,撤销该赔偿义务机关的行政机关为赔偿义务机关。

(5)经行政复议的赔偿义务机关,最初造成侵权行为的行政机关为赔偿义务机关。但复议机关的复议决定加重损害的,复议机关对加重的部分履行赔偿义务,即复议机关与原侵权机关不是共同赔偿义务机关,不负连带赔偿责任,各自对自己侵权造成的损害承担责任。

2. 法律、法规授权的组织

法律、法规授权的组织在行使被授予的行政职权时侵害公民、法人和其他组织的合法权益造成损害的,被授权的组织为赔偿义务机关。

3. 几类特殊情况

(1)派出机关和派出机构。派出机关是一级政府设立的派出组织,包括行政公署、区公所和街道办事处。派出机构是政府职能部门设置的派出组织,如公安派出所、工商所等。派出机关可确认其为赔偿义务机关,派出机构则由其所属行政机关作为赔偿义务机关。

(2)内部机构和临时机构。行政机关内部机构和临时机构致害时能否作为行政赔偿的义务机关,《国家赔偿法》没有明文规定。但内部机构和临时机构一般缺乏独立财政,且行政机关对其负有监督职责,因此应由内部机构和临时机构所属行政机关作为赔偿义务机关。

(3)批准机关。在对外发生效力的文书上签名的机关为赔偿义务机关。

第三节 赔偿程序

★第九条 【请求行政赔偿的途径】赔偿义务机关有本法第三条、第四条规定情形之一的,应当给予赔偿。

赔偿请求人要求赔偿,应当先向赔偿义务机关提出,也可以在申请行政复议或者提起行政诉讼时一并提出。

◆相关法条
◇行政赔偿规定

第二十八条 当事人在提起行政诉讼的同时一并提出行政赔偿请求,或者因具体行政行为和与行使行政职权有关的其他行为侵权造成损害一并提出行政赔偿请求的,人民法院应当分别立案,根据具体情况可以合并审理,也可以单独审理。

◆要点精解

1994年《国家赔偿法》规定,赔偿请求人要求国家赔偿,应当先向赔偿义务机关提出,由赔偿义务机关进行确认。2010年《国家赔偿法》的修改,取消了赔偿义务机关的确认程序。主要是考虑:(1)确认程序与赔偿决定程序分设不合理,确认前置造成司法资源的浪费。(2)在实践中,确认程序导致赔偿不畅,成为提起赔偿的障碍。因此,与确认程序有关的司法解释及其他规定均因与该条相抵触而无效。

第十条 【共同赔偿中的先予赔偿】赔偿请求人可以向共同赔偿义务机关中的任何一个赔偿义务机关要求赔偿,该赔偿义务机关应当先予赔偿。

第十一条 【数项赔偿的同时提出】赔偿

请求人根据受到的不同损害,可以同时提出数项赔偿要求。

第十二条 【求偿申请书】要求赔偿应当递交申请书,申请书应当载明下列事项:

(一)受害人的姓名、性别、年龄、工作单位和住所,法人或者其他组织的名称、住所和法定代表人或者主要负责人的姓名、职务;

(二)具体的要求、事实根据和理由;

(三)申请的年、月、日。

赔偿请求人书写申请书确有困难的,可以委托他人代书;也可以口头申请,由赔偿义务机关记入笔录。

赔偿请求人不是受害人本人的,应当说明与受害人的关系,并提供相应证明。

赔偿请求人当面递交申请书的,赔偿义务机关应当当场出具加盖本行政机关专用印章并注明收讫日期的书面凭证。申请材料不齐全的,赔偿义务机关应当当场或者在五日内一次性告知赔偿请求人需要补正的全部内容。

★**第十三条 【赔偿决定】**赔偿义务机关应当自收到申请之日起两个月内,作出是否赔偿的决定。赔偿义务机关作出赔偿决定,应当充分听取赔偿请求人的意见,并可以与赔偿请求人就赔偿方式、赔偿项目和赔偿数额依照本法第四章的规定进行协商。

赔偿义务机关决定赔偿的,应当制作赔偿决定书,并自作出决定之日起十日内送达赔偿请求人。

赔偿义务机关决定不予赔偿的,应当自作出决定之日起十日内书面通知赔偿请求人,并说明不予赔偿的理由。

◆**要点精解**

2010年修改后的《国家赔偿法》新增了关于与赔偿请求人进行协商的程序。实践中的行政赔偿纠纷通过和解方式解决的情形大量存在,因此,修改后的《国家赔偿法》增加了协商程序,行政赔偿义务机关应当充分听取赔偿请求人的意见,并可以在法律规定的范围内与赔偿申请人就赔偿方式、赔偿目的和数额进行协

商,但协商的结果仍应以赔偿决定的方式作出。

★**第十四条 【对赔偿请求人的诉讼救济】**赔偿义务机关在规定期限内未作出是否赔偿的决定,赔偿请求人可以自期限届满之日起三个月内,向人民法院提起诉讼。

赔偿请求人对赔偿的方式、项目、数额有异议的,或者赔偿义务机关作出不予赔偿决定的,赔偿请求人可以自赔偿义务机关作出赔偿或者不予赔偿决定之日起三个月内,向人民法院提起诉讼。

◆**相关法条**

◇行政赔偿规定

第二条 赔偿请求人对行政机关确认具体行政行为违法但又决定不予赔偿,或者对确定的赔偿数额有异议提起行政赔偿诉讼的,人民法院应予受理。

第三条 赔偿请求人认为行政机关及其工作人员实施了国家赔偿法第三条第(三)、(四)、(五)项和第四条第(四)项规定的非具体行政行为的行为侵犯其人身权、财产权并造成损失,赔偿义务机关拒不确认致害行为违法,赔偿请求人可直接向人民法院提起行政赔偿诉讼。

第四条 公民、法人或者其他组织在提起行政诉讼的同时一并提出行政赔偿请求的,人民法院应一并受理。

赔偿请求人单独提起行政赔偿诉讼,须以赔偿义务机关先行处理为前提。赔偿请求人对赔偿义务机关确定的赔偿数额有异议或者赔偿义务机关逾期不予赔偿,赔偿请求人有权向人民法院提起行政赔偿诉讼。

第五条 法律规定由行政机关最终裁决的具体行政行为,被作出最终裁决的行政机关确认违法,赔偿请求人以赔偿义务机关应当赔偿而不予赔偿或逾期不予赔偿或者对赔偿数额有异议提起行政赔偿诉讼,人民法院应依法受理。

◆**要点精解**

一般情况下,行政赔偿程序可分为以下两种情形:

1. 单独提出赔偿请求及先行程序

根据《国家赔偿法》的规定,受害人单独提出赔偿请求的,应当首先向赔偿义务机关提出。在赔偿义务机关不予赔偿或赔偿请求人对赔偿数额有异议时,赔偿请求人才可以依法向行政复议机关申请行政复议或直接向法院提起诉讼。

先行程序要求赔偿请求人在单独提出行政赔偿请求时必须首先向赔偿义务机关提出。这通常适用于:争议双方对侵权行为的违法性没有争议但对赔偿问题达不成协议;侵权行为已被确认为违法或已被撤销、变更或者被法院判决确认违法而撤销;该行为为终局裁决;该行为属事实行为等情形。

2. 一并(附带)提出赔偿请求

一并提出赔偿请求是指赔偿请求人在申请行政复议或提起行政诉讼时一并提出赔偿请求。具体又分为在行政复议程序中一并提出赔偿请求和提出行政赔偿诉讼程序。

(1)申请人在申请行政复议时一并提出行政赔偿请求的,行政复议机关对符合国家赔偿法的有关规定应当给予赔偿的,在决定撤销、变更具体行政行为或者确认具体行政行为违法时,应当同时决定对申请人依法给予赔偿。

申请人在申请行政复议时没有提出行政赔偿请求的,行政复议机关在依法决定撤销或者变更罚款、撤销违法集资、没收财物、征收财物、摊派费用以及对财产的查封、扣押、冻结等具体行政行为时,应当同时责令被申请人返还财产,解除对财产的查封、扣押、冻结措施,或者赔偿相应的价款。

(2)行政赔偿诉讼程序是指人民法院受理行政赔偿请求的程序,是一种特殊的行政诉讼。受害人可以在提起行政诉讼时一并提出赔偿要求即提起行政赔偿诉讼,也可以在行政复议机关作出决定或者赔偿义务机关作出决定之后,向法院提起行政赔偿诉讼。

◆ 司考真题

◇2009年卷2第48题(单选)

某区公安分局以蔡某殴打孙某为由对蔡某拘留十日并处罚款500元。蔡某向法院起诉,要求撤销处罚决定和赔偿损失。一审法院经审理认定处罚决定违法。下列哪一选项是正确的?

A. 蔡某所在地的法院对本案无管辖权

B. 一审法院应判决撤销拘留决定,返还罚款500元、按照国家上年度职工日平均工资赔偿拘留十日的损失和一定的精神抚慰金

C. 如一审法院的判决遗漏了蔡某的赔偿请求,二审法院应当裁定撤销一审判决,发回重审

D. 如蔡某在二审期间提出赔偿请求,二审法院可以进行调解,调解不成,应告知蔡某另行起诉

答案:D

★ 第十五条 【行政赔偿诉讼的举证责任】人民法院审理行政赔偿案件,赔偿请求人和赔偿义务机关对自己提出的主张,应当提供证据。

赔偿义务机关采取行政拘留或者限制人身自由的强制措施期间,被限制人身自由的人死亡或者丧失行为能力的,赔偿义务机关的行为与被限制人身自由的人的死亡或者丧失行为能力是否存在因果关系,赔偿义务机关应当提供证据。

◆ 要点精解

行政赔偿诉讼举证责任的规定,是2010年修改的《国家赔偿法》新增的内容。行政赔偿举证责任分为两种:(1)一般原则,即与民事赔偿举证责任的原则相同,实行"谁主张,谁举证"的原则,赔偿请求人和赔偿义务机关对自己提出的主张,应当提供证据。(2)特殊原则,即举证责任倒置。赔偿义务机关采取行政拘留或者限制人身自由的强制措施期间,被限制人身自由的人死亡或者丧失行为能力的,赔偿义务机关的行为与被限制人身自由的人的死亡或丧失行为能力是否存在因果关系,赔偿义

◆ 司考真题

◇2013年卷2第84题(多选)

某区规划局以一公司未经批准擅自搭建地面工棚为由,限期自行拆除。该公司逾期未拆除。根据规划局的请求,区政府组织人员将违法建筑拆除,并将拆下的钢板作为建筑垃圾运走。如该公司申请国家赔偿,下列哪些说法是正确的?

A. 可以向区规划局提出赔偿请求

B. 区政府为赔偿义务机关

C. 申请国家赔偿之前应先申请确认运走钢板的行为违法

D. 应当对自己的主张提供证据

答案:BD

第十六条 【行政追偿与责任】赔偿义务机关赔偿损失后,应当责令有故意或者重大过失的工作人员或者受委托的组织或者个人承担部分或者全部赔偿费用。

对有故意或者重大过失的责任人员,有关机关应当依法给予处分;构成犯罪的,应当依法追究刑事责任。

◆ 相关法条

◇国家赔偿法

第三十一条 赔偿义务机关赔偿损失后,应当向有下列情形之一的工作人员追偿部分或者全部赔偿费用:

(一)有本法第十七条第四项、第五项规定情形的;

(二)在处理案件中有贪污受贿,徇私舞弊,枉法裁判行为的。

对有前款规定情形的责任人员,有关机关应当依法给予处分;构成犯罪的,应当依法追究刑事责任。

◆ 要点精解

本法第16、31条分别规定了行政赔偿和刑事赔偿中,国家机关承担了赔偿义务后进行的行政、司法追偿。

1. 行政追偿条件

国家行政机关行使追偿权,应具备两个条件:

(1)赔偿义务机关已经向赔偿请求人支付了赔偿金。

(2)行政机关工作人员或者受行政机关委托的组织或个人违法行使职权造成了受害人合法权益的损失,且在主观上有故意或重大过失。

2. 追偿的范围和标准

(1)追偿的范围以赔偿义务机关支付的损害赔偿金额(包括赔偿金及恢复原状、返还财产所需费用)为限。

(2)如果赔偿义务机关因自己的过错而支付了过多的赔偿金时,超额部分无权追偿。

(3)追偿数额的大小,要与过错程度相适应,同时考虑被追偿者的薪金收入。

(4)追偿数额的确定通常应与被追偿者进行一定的协商,协商不成的,行政机关有权作出处理决定。

3. 行政追偿人与被追偿人

行政追偿人是赔偿义务机关,被追偿人是造成受害人合法权益受到侵权损害的行政机关工作人员或受委托的组织和个人。

第三章 刑事赔偿

第一节 赔偿范围

第十七条 【人身侵权的刑事赔偿范围】行使侦查、检察、审判职权的机关以及看守所、监狱管理机关及其工作人员在行使职权时有下列侵犯人身权情形之一的,受害人有取得赔偿的权利:

(一)违反刑事诉讼法的规定对公民采取拘留措施的,或者依照刑事诉讼法规定的条件和程序对公民采取拘留措施,但是拘留时间超过刑事诉讼法规定的时限,其后决定撤销案件、不起诉或者判决宣告无罪终止追究刑事责任的;

(二)对公民采取逮捕措施后,决定撤销案

件、不起诉或者判决宣告无罪终止追究刑事责任的;

（三）依照审判监督程序再审改判无罪，原判刑罚已经执行的;

（四）刑讯逼供或者以殴打、虐待等行为或者唆使、放纵他人以殴打、虐待等行为造成公民身体伤害或者死亡的;

（五）违法使用武器、警械造成公民身体伤害或者死亡的。

◆相关法条
◇司法赔偿解释

第五条 人民法院及其工作人员在民事、行政诉讼或者执行过程中，以殴打或者唆使他人以殴打等暴力行为，或者违法使用武器、警械，造成公民身体伤害、死亡的，应当比照国家赔偿法第十五条第（四）项、第（五）项规定予以赔偿。

◆司考真题
◇2010年卷2第50题（单选）

2009年2月10日，王某因涉嫌诈骗被县公安局刑事拘留，2月24日，县检察院批准逮捕王某。4月10日，县法院以诈骗罪判处王某三年有期徒刑，缓期二年执行。5月10日，县公安局根据县法院变更强制措施的决定，对王某采取保候审措施。王某上诉，6月1日，市中级法院维持原判。王某申诉，12月10日，市中级法院再审认定王某行为不构成诈骗，撤销原判。对此，下列哪一说法是正确的?

A.因王某被判无罪，国家应当对王某从2009年2月10日至12月10日期间的损失承担赔偿责任

B.因王某被判处有期徒刑缓期执行，国家不承担赔偿责任

C.因王某被判无罪，国家应当对王某从2009年6月1日至12月10日期间的损失承担赔偿责任

D.因王某被判无罪，国家应当对王某从2009年2月10日至5月10日期间的损失承担赔偿责任

答案:D

◇2009年卷2第89题（多选）

2006年12月5日，王某因涉嫌盗窃被某县公安局刑事拘留，同月11日被县检察院批准逮捕。2008年3月4日王某被一审法院判处有期徒刑二年，王某不服提出上诉。2008年6月5日，二审法院维持原判，判决交付执行。2009年3月2日，法院经再审以王某犯罪时不满16周岁为由撤销生效判决，改判其无罪并当庭释放。王某申请国家赔偿，下列哪些选项是错误的?

A.国家应当对王某从2008年6月5日到2009年3月2日被羁押的损失承担赔偿责任

B.国家应当对王某从2006年12月11日到2008年3月4日被羁押的损失承担赔偿责任

C.国家应当对王某从2006年12月5日到2008年3月4日被羁押的损失承担赔偿责任

D.国家应当对王某从2008年3月4日到2009年3月2日被羁押的损失承担赔偿责任

答案:BCD

第十八条 【财产侵权的刑事赔偿范围】行使侦查、检察、审判职权的机关以及看守所、监狱管理机关及其工作人员在行使职权时有下列侵犯财产权情形之一的，受害人有取得赔偿的权利:

（一）违法对财产采取查封、扣押、冻结、追缴等措施的;

（二）依照审判监督程序再审改判无罪，原判罚金、没收财产已经执行的。

★第十九条 【刑事赔偿免责情形】属于下列情形之一的，国家不承担赔偿责任:

（一）因公民自己故意作虚伪供述，或者伪造其他有罪证据被羁押或者被判处刑罚的;

（二）依照刑法第十七条、第十八条规定不负刑事责任的人被羁押的;

（三）依照刑事诉讼法第十五条、第一百七十三条第二款、第二百七十三条第二款、第二百七十九条规定不追究刑事责任的人被羁

押的；

（四）行使侦查、检察、审判职权的机关以及看守所、监狱管理机关的工作人员与行使职权无关的个人行为；

（五）因公民自伤、自残等故意行为致使损害发生的；

（六）法律规定的其他情形。

◆**相关法条**

◇**刑法**

第十七条　已满十六周岁的人犯罪，应当负刑事责任。

已满十四周岁不满十六周岁的人，犯故意杀人、故意伤害致人重伤或者死亡、强奸、抢劫、贩卖毒品、放火、爆炸、投毒罪的，应当负刑事责任。

已满十四周岁不满十八周岁的人犯罪，应当从轻或者减轻处罚。

因不满十六周岁不予刑事处罚的，责令他的家长或者监护人加以管教；在必要的时候，也可以由政府收容教养。

已满七十五周岁的人故意犯罪的，可以从轻或者减轻处罚；过失犯罪的，应当从轻或者减轻处罚。

第十八条　精神病人在不能辨认或者不能控制自己行为的时候造成危害结果，经法定程序鉴定确认的，不负刑事责任，但是应当责令他的家属或者监护人严加看管和医疗；在必要的时候，由政府强制医疗。

间歇性的精神病人在精神正常的时候犯罪，应当负刑事责任。

尚未完全丧失辨认或者控制自己行为能力的精神病人犯罪的，应当负刑事责任，但是可以从轻或者减轻处罚。

醉酒的人犯罪，应当负刑事责任。

◇**刑事诉讼法**

第十五条　有下列情形之一的，不追究刑事责任，已经追究的，应当撤销案件，或者不起诉，或者终止审理，或者宣告无罪：

（一）情节显著轻微、危害不大，不认为是犯罪的；

（二）犯罪已过追诉时效期限的；

（三）经特赦令免除刑罚的；

（四）依照刑法告诉才处理的犯罪，没有告诉或者撤回告诉的；

（五）犯罪嫌疑人、被告人死亡的；

（六）其他法律规定免予追究刑事责任的。

第一百七十三条　犯罪嫌疑人没有犯罪事实，或者有本法第十五条规定的情形之一的，人民检察院应当作出不起诉决定。

对于犯罪情节轻微，依照刑法规定不需要判处刑罚或者免除刑罚的，人民检察院可以作出不起诉决定。

人民检察院决定不起诉的案件，应当同时对侦查中查封、扣押、冻结的财物解除查封、扣押、冻结。对被不起诉人需要给予行政处罚、行政处分或者需要没收其违法所得的，人民检察院应当提出检察意见，移送有关主管机关处理。有关主管机关应当将处理结果及时通知人民检察院。

◇**国赔解释**

一、根据《中华人民共和国国家赔偿法》（以下简称赔偿法）第十七条第（二）项、第（三）项的规定，依照刑法第十四条、第十五条规定不负刑事责任的人和依照刑事诉讼法第十五条规定不追究刑事责任的人被羁押，国家不承担赔偿责任。但是对起诉后经人民法院判处拘役、有期徒刑、无期徒刑和死刑并已执行的上列人员，有权依法取得赔偿。判决确定前被羁押的日期依法不予赔偿。

◇**司法赔偿解释**

第七条　根据国家赔偿法第十七条、第三十一条的规定，具有下列情形之一的，国家不承担赔偿责任：

（一）因申请人申请保全有错误造成损害的；

（二）因申请人提供的执行标的物有错误造成损害的；

（三）人民法院工作人员与行使职权无关的个人行为；

（四）属于民事诉讼法第二百一十四条（现行法233条）规定情形的；

（五）被保全人、被执行人，或者人民法院依法指定的保管人员违法动用、隐匿、毁损、转移、变卖人民法院已经保全的财产的；

（六）因不可抗力造成损害后果的；

（七）依法不应由国家承担赔偿责任的其他情形。

◆要点精解

应着重掌握的是在司法赔偿中国家不承担赔偿责任的情形，结合司法解释归纳梳理如下：

1. 因公民故意作虚伪供述或者伪造其他有罪证据被羁押或者被判处刑罚的，但应注意，因司法机关工作人员的威胁、利诱迫使公民实施这种行为的，应予以赔偿。

2. 法律规定不负刑事责任的人（判决前）被羁押的，但应注意，判决后的羁押，应予以赔偿。

3. 法律规定不追究刑事责任的人（判决前）被羁押的，但应注意，判决后的羁押，应予以赔偿。

4. 司法机关工作人员实施的与行使职权无关的个人行为。

5. 因公民自伤、自残等故意行为致使损害发生的。但应注意，自伤、自残是因为司法机关工作人员的刑讯逼供或殴打、威胁、折磨致使公民难以忍受而导致的，应予以赔偿。

6. 法律规定国家不承担赔偿责任的其他情形，包括不可抗力、正当防卫、紧急避险、第三人的过错等。

第二节　赔偿请求人和赔偿义务机关

第二十条　【刑事赔偿请求人】赔偿请求人的确定依照本法第六条的规定。

★第二十一条　【刑事赔偿义务机关】行使侦查、检察、审判职权的机关以及看守所、监狱管理机关及其工作人员在行使职权时侵犯公民、法人和其他组织的合法权益造成损害的，该机关为赔偿义务机关。

对公民采取拘留措施，依照本法的规定应当给予国家赔偿的，作出拘留决定的机关为赔偿义务机关。

对公民采取逮捕措施后决定撤销案件、不起诉或者判决宣告无罪的，作出逮捕决定的机关为赔偿义务机关。

再审改判无罪的，作出原生效判决的人民法院为赔偿义务机关。二审改判无罪，以及二审发回重审后作无罪处理的，作出一审有罪判决的人民法院为赔偿义务机关。

◆相关法条

◇国赔解释

五、根据赔偿法第十九条第四款"再审改判无罪的，作出原生效判决的人民法院为赔偿义务机关"的规定，原一审人民法院作出判决后，被告人没有上诉，人民检察院没有抗诉，判决发生法律效力的，原一审人民法院为赔偿义务机关；被告人上诉或者人民检察院抗诉，原二审人民法院维持一审判决或者对一审人民法院判决予以改判的，原二审人民法院为赔偿义务机关。

◇陶玉艳案的批复

盖州市人民检察院虽然对陶玉艳提起公诉，但未采取逮捕措施，亦未对其人身自由进行限制，根据国家赔偿法第十五条第一项、第二项，第十九条第二、三款之规定，盖州市人民检察院不应承担赔偿责任。本案应由盖州市公安局就错误拘留承担赔偿责任。

第三节　赔偿程序

第二十二条　【赔偿请求的提出及赔偿义务机关的先行处理】赔偿义务机关有本法第十七条、第十八条规定情形之一的，应当给予赔偿。

赔偿请求人要求赔偿，应当先向赔偿义务机关提出。

赔偿请求人提出赔偿请求，适用本法第十一条、第十二条的规定。

第二十三条 【刑事赔偿决定的作出】赔偿义务机关应当自收到申请之日起两个月内,作出是否赔偿的决定。赔偿义务机关作出赔偿决定,应当充分听取赔偿请求人的意见,并可以与赔偿请求人就赔偿方式、赔偿项目和赔偿数额依照本法第四章的规定进行协商。

赔偿义务机关决定赔偿的,应当制作赔偿决定书,并自作出决定之日起十日内送达赔偿请求人。

赔偿义务机关决定不予赔偿的,应当自作出决定之日起十日内书面通知赔偿请求人,并说明不予赔偿的理由。

◆司考真题

◇2013年卷2第99题(不定选)

甲市某县公安局以李某涉嫌盗窃罪为由将其刑事拘留,经县检察院批准逮捕,县法院判处李某有期徒刑6年,李某上诉,甲市中级法院改判无罪。李某被释放后申请国家赔偿,赔偿义务机关拒绝赔偿,李某向甲市中级法院赔偿委员会申请作出赔偿决定。下列选项正确的是:

A. 赔偿义务机关拒绝赔偿的,应书面通知李某并说明不予赔偿的理由

B. 李某向甲市中级法院赔偿委员会申请作出赔偿决定前,应当先向甲市检察院申请复议

C. 对李某申请赔偿案件,甲市中级法院赔偿委员会可指定一名审判员审理和作出决定

D. 如甲市中级法院赔偿委员会作出决定,赔偿义务机关认为确有错误的,可以向该省高级法院赔偿委员会提出申诉

答案:AD

第二十四条 【刑事赔偿的复议救济】赔偿义务机关在规定期限内未作出是否赔偿的决定,赔偿请求人可以自期限届满之日起三十日内向赔偿义务机关的上一级机关申请复议。

赔偿请求人对赔偿的方式、项目、数额有异议的,或者赔偿义务机关作出不予赔偿决定的,可以自赔偿义务机关作出赔偿决定或者不予赔偿决定之日起三十日内,向赔偿义务机关的上一级机关申请复议。

赔偿义务机关是人民法院的,赔偿请求人可以依照本条规定向其上一级人民法院赔偿委员会申请作出赔偿决定。

◆司考真题

◇2013年卷2第100题(不定选)

某县公安局以沈某涉嫌销售伪劣商品罪为由将其刑事拘留,并经县检察院批准逮捕。后检察院决定不起诉。沈某申请国家赔偿,赔偿义务机关拒绝。下列说法正确的是:

A. 县公安局为赔偿义务机关

B. 赔偿义务机关拒绝赔偿,应当书面通知沈某

C. 国家应当给予沈某赔偿

D. 对拒绝赔偿,沈某可以向县检察院的上一级检察院申请复议

答案:BCD

第二十五条 【复议决定的作出及对赔偿复议决定的救济】复议机关应当自收到申请之日起两个月内作出决定。

赔偿请求人不服复议决定的,可以在收到复议决定之日起三十日内向复议机关所在地的同级人民法院赔偿委员会申请作出赔偿决定;复议机关逾期不作决定的,赔偿请求人可以自期限届满之日起三十日内向复议机关所在地的同级人民法院赔偿委员会申请作出赔偿决定。

★**第二十六条 【举证责任】**人民法院赔偿委员会处理赔偿请求,赔偿请求人和赔偿义务机关对自己提出的主张,应当提供证据。

被羁押人在羁押期间死亡或者丧失行为能力的,赔偿义务机关的行为与被羁押人的死亡或者丧失行为能力是否存在因果关系,赔偿义务机关应当提供证据。

★**第二十七条 【赔偿委员会的审查方式】**人民法院赔偿委员会处理赔偿请求,采取书面审查的办法。必要时,可以向有关单位和人员

调查情况、收集证据。赔偿请求人与赔偿义务机关对损害事实及因果关系有争议的,赔偿委员会可以听取赔偿请求人和赔偿义务机关的陈述和申辩,并可以进行质证。

◆要点精解

2010年《国家赔偿法》取消了确认程序,不少案件都要对是否符合应予赔偿的情形予以认定。因此,《国家赔偿法》增加了赔偿委员会审理案件的审查方式规定:

(1)原则上采取书面审查方式。这是因为,刑事诉讼程序以及非刑事的司法程序中,各级机关均遵循案卷主义,只能根据案卷所载的证据定案,案卷外的证据不能作为定案证据。

(2)必要时可调查情况、收集证据。

(3)对争议的损害事实及因果关系听取陈述和申辩。

(4)质证。赔偿请求人和赔偿义务机关对损害事实和因果关系有争议时,赔偿委员会除了可以听取陈述和申辩外,还可以组织双方进行质证。

第二十八条 【赔偿委员会的审理期限】人民法院赔偿委员会应当自收到赔偿申请之日起三个月内作出决定;属于疑难、复杂、重大案件的,经本院院长批准,可以延长三个月。

★**第二十九条** 【赔偿委员会的组成及其决定】中级以上的人民法院设立赔偿委员会,由人民法院三名以上审判员组成,组成人员的人数应当为单数。

赔偿委员会作赔偿决定,实行少数服从多数的原则。

赔偿委员会作出的赔偿决定,是发生法律效力的决定,必须执行。

◆相关法条

◇司法赔偿解释

第十四条 人民法院赔偿委员会在审理侦查、检察、监狱管理机关及其工作人员违法行使职权侵犯公民财产权造成损害的赔偿案件时,可参照本解释的有关规定办理。

◆要点精解

1.司法赔偿与行政赔偿同属于国家赔偿的组成部分,在许多方面存在一致性,如赔偿的损害范围、赔偿的计算标准、赔偿的主体都为国家等。但两者仍存在许多区别:

(1)两者的侵权行为主体不同。前者体现为行使司法职能的国家公安机关、国家安全机关以及军队的保卫部门、国家检察机关、国家审判机关、监狱管理机关以及在上述机关工作的人员;后者体现为国家行政机关及法律、法规授权的组织及其工作人员,受委托的组织及其工作人员。

(2)两者发生的基础不同。前者是由刑事诉讼中违法司法行为造成的;后者发生在行政管理活动中。

(3)两者的归责原则不同。行政赔偿采取违法归责原则;司法赔偿则在适用违法归责原则的同时,兼采结果责任原则。

(4)两者的追偿条件不同。

(5)两者的程序不同。

2.以上法条主要规定了司法赔偿程序,结合相关司法解释,将司法赔偿程序的规定归纳梳理如下:

(1)司法赔偿确认程序。司法赔偿请求人提起赔偿请求,应当以具有法定的损害事实,即司法机关依法确认发生了错拘、错捕、错判以及其他违法行使职权的损害事实为前提条件。

(2)司法赔偿处理程序。赔偿请求人要求赔偿,应当先向赔偿义务机关提出,由赔偿义务机关予以先行处理,不服赔偿义务机关的裁决或者赔偿义务机关逾期不赔偿的,才能申请复议。请求期限为两年,从损害行为违法性确认之日起计算。赔偿义务机关应当在收到申请书两个月内作出处理决定。

(3)司法赔偿复议程序。司法赔偿复议程序仅适用于公安机关、国家安全机关、检察机关和监狱管理机关等作为赔偿义务机关的情况。法院为赔偿义务机关的,在经过先行处理程序之后,受害人应当直接向上一级法院的赔偿委员会申请,由赔偿委员会作出决定。

赔偿义务机关作出有关的书面决定并送达赔偿请求人,赔偿请求人不服的应自收到书面决定之日起30日内提起复议;赔偿义务机关对赔偿请求不予赔偿的,或者拒绝履行自己作出的赔偿决定的,赔偿请求人可以自两个月期限届满之日起30日内申请复议,两个月的期限自赔偿义务机关收到申请书之日起算。

复议机关应当自收到申请之日起两个月内,根据不同的情况作出维持、撤销或者变更决定。复议机关如果在两个月内不作出决定,请求人可以申请复议机关所在地的同级法院赔偿委员会作出赔偿决定;如果对复议机关作出的决定不服,可以在收到复议决定书之日起30日内向复议机关所在地的同级法院赔偿委员会申请作出赔偿决定。

(4)司法赔偿决定程序。中级以上法院设立赔偿委员会,负责处理有关司法赔偿案件。赔偿委员会审理案件,一般实行书面审理,不公开进行。赔偿委员会可以作出维持、撤销、变更、赔偿或不予赔偿的决定。赔偿案件应当在3个月内作出是否赔偿的决定。因案件情况复杂,3个月内不能作出决定的,经本院院长批准,可以延长1个月,延长1个月后仍不能作出决定,需要再延长审理期限的,应当报请上级法院批准,再延长的时间最多不得超过3个月。

◆司考真题
◇2014年卷2第50题(单选)
甲市乙县法院强制执行生效民事判决时执行了案外人李某的财产且无法执行回转。李某向乙县法院申请国家赔偿,遭到拒绝后申请甲市中级法院赔偿委员会作出赔偿决定。赔偿委员会适用质证程序审理。下列哪一说法是正确的?

A.乙县法院申请不公开质证,赔偿委员会应当予以准许

B.李某对乙县法院主张的不利于自己的事实,既未表示承认也未否认的,即视为对该项事实的承认

C.赔偿委员会根据李某的申请调取的证据,作为李某提供的证据进行质证

D.赔偿委员会应当对质证活动进行全程同步录音录像

答案:C

第三十条 【对赔偿委员会决定的救济】赔偿请求人或者赔偿义务机关对赔偿委员会作出的决定,认为确有错误的,可以向上一级人民法院赔偿委员会提出申诉。

赔偿委员会作出的赔偿决定生效后,如发现赔偿决定违反本法规定的,经本院院长决定或者上级人民法院指令,赔偿委员会应当在两个月内重新审查并依法作出决定,上一级人民法院赔偿委员会也可以直接审查并作出决定。

最高人民检察院对各级人民法院赔偿委员会作出的决定,上级人民检察院对下级人民法院赔偿委员会作出的决定,发现违反本法规定的,应当向同级人民法院赔偿委员会提出意见,同级人民法院赔偿委员会应当在两个月内重新审查并依法作出决定。

第三十一条 【刑事赔偿的追偿与处罚】赔偿义务机关赔偿损失后,应当向有下列情形之一的工作人员追偿部分或者全部赔偿费用:

(一)有本法第十七条第四项、第五项规定情形的;

(二)在处理案件中有贪污受贿,徇私舞弊,枉法裁判行为的。

对有前款规定情形的责任人员,有关机关应当依法给予处分;构成犯罪的,应当依法追究刑事责任。

第四章 赔偿方式和计算标准

第三十二条 【赔偿方式】国家赔偿以支付赔偿金为主要方式。

能够返还财产或者恢复原状的,予以返还财产或者恢复原状。

◆相关法条
◇司法赔偿解释

第十一条 民事、行政诉讼中司法赔偿的赔偿方式主要为支付赔偿金。包括：支付侵犯人身自由权、生命健康权的赔偿金；财产损坏的，赔偿修复所需费用；财产灭失的，按侵权行为发生时当地市场价格予以赔偿；财产已拍卖的，给付拍卖所得的价款；财产已变卖的，按合法评估机构的估价赔偿；造成其他损害的，赔偿直接损失。

能够返还财产或者恢复原状的，予以返还财产或者恢复原状。包括：解除查封、扣押、冻结；返还财产、恢复原状；退还罚款、罚没财物。

第三十三条 【侵犯人身自由权的赔偿标准】 侵犯公民人身自由的，每日赔偿金按照国家上年度职工日平均工资计算。

◆相关法条
◇司法赔偿解释

第十三条第一款 违法采取司法拘留措施的，按国家赔偿法第二十六条（现行法第33条）规定予以赔偿。

◆司考真题
◇2009年卷2第49题（单选）

2001年5月李某被某县公安局刑事拘留，后某县检察院以证据不足退回该局补充侦查，2002年11月李某被取保候审。2004年，县公安局撤销案件。次年3月，李某提出国家赔偿申请。县公安局于2005年12月作出给予李某赔偿的决定书。李某以赔偿数额过低为由，于2006年先后向市公安局和市法院赔偿委员会提出复议和申请，二者均作出维持决定。对李某被限制人身自由的赔偿金，应按照下列哪个年度的国家职工日平均工资计算？

A. 2002年度　　B. 2003年度
C. 2004年度　　D. 2005年度

答案：C

★**第三十四条 【侵犯生命健康权的赔偿标准】** 侵犯公民生命健康权的，赔偿金按照下列规定计算：

（一）造成身体伤害的，应当支付医疗费、护理费，以及赔偿因误工减少的收入。减少的收入每日的赔偿金按照国家上年度职工日平均工资计算，最高额为国家上年度职工年平均工资的五倍；

（二）造成部分或者全部丧失劳动能力的，应当支付医疗费、护理费、残疾生活辅助具费、康复费等因残疾而增加的必要支出和继续治疗所必需的费用，以及残疾赔偿金。残疾赔偿金根据丧失劳动能力的程度，按照国家规定的伤残等级确定，最高不超过国家上年度职工年平均工资的二十倍。造成全部丧失劳动能力的，对其扶养的无劳动能力的人，还应当支付生活费；

（三）造成死亡的，应当支付死亡赔偿金、丧葬费，总额为国家上年度职工年平均工资的二十倍。对死者生前扶养的无劳动能力的人，还应当支付生活费。

前款第二项、第三项规定的生活费的发放标准，参照当地最低生活保障标准执行。被扶养的人是未成年人的，生活费给付到十八周岁止；其他无劳动能力的人，生活费给付至死亡时止。

◆相关法条
◇民法通则

第一百一十九条 侵害公民身体造成伤害的，应当赔偿医疗费、因误工减少的收入、残废者生活补助费等费用；造成死亡的，并应支付丧葬费、死者生前扶养的人必要的生活费等费用。

◇民通意见

第一百四十三条 受害人的误工日期，应当按其实际损害程度、恢复状况并参照治疗医院出具的证明或者法医鉴定等认定。赔偿费用的标准，可以按照受害人的工资标准或者实际收入的数额计算。

受害人是承包经营户或者个体工商户的，其误工费的计算标准，可以参照受害人一定期限内的平均收入酌定。如果受害人承包经营的种植、养殖业季节性很强，不及时经营会造成更大损失的，除受害人应当采取措施防止损失扩大外，还可以裁定侵害人采取措施防止扩大损失。

第一百四十四条 医药治疗费的赔偿，一般应以所在地治疗医院的诊断证明和医药费、住院费的单据为凭。应经医务部门批准而未获批准擅自另找医院治疗的费用，一般不予赔偿；擅自购买与损害无关的药品或者治疗其他疾病的，其费用则不予赔偿。

第一百四十五条 经医院批准专事护理的人，其误工补助费可以按收入的实际损失计算。已得奖金一般可以计算在应赔偿的数额内。本人没有工资收入的，其补偿标准应以当地的一般临时工的工资标准为限。

第一百四十六条 侵害他人身体致使其丧失全部或者部分劳动能力的，赔偿的生活补助费一般应补足到不低于当地居民基本生活费的标准。

第一百四十七条 侵害他人身体致人死亡或者丧失劳动能力的，依靠受害人实际扶养而又没有其他生活来源的人要求侵害人支付必要生活费的，应当予以支持，其数额根据实际情况确定。

◇产品质量法

第四十四条 因产品存在缺陷造成受害人人身伤害的，侵害人应当赔偿医疗费、治疗期间的护理费、因误工减少的收入等费用；造成残疾的，还应当支付残疾者生活自助具费、生活补助费、残疾赔偿金以及由其扶养的人所必需的生活费等费用；造成受害人死亡的，并应当支付丧葬费、死亡赔偿金以及由死者生前扶养的人所必需的生活费等费用。

因产品存在缺陷造成受害人财产损失的，侵害人应当恢复原状或者折价赔偿。受害人因此遭受其他重大损失的，侵害人应当赔偿损失。

◇消费者权益保护法

第四十九条 经营者提供商品或者服务，造成消费者或者其他受害人人身伤害的，应当赔偿医疗费、护理费、交通费等为治疗和康复支出的合理费用，以及因误工减少的收入。造成残疾的，还应当赔偿残疾生活辅助具费和残疾赔偿金。造成死亡的，还应当赔偿丧葬费和死亡赔偿金。

◆要点精解

应详细掌握本条所列三种情形下各自的具体赔偿的内容。

★第三十五条 【精神损害的赔偿标准】有本法第三条或者第十七条规定情形之一，致人精神损害的，应当在侵权行为影响的范围内，为受害人消除影响，恢复名誉，赔礼道歉；造成严重后果的，应当支付相应的精神损害抚慰金。

◆相关法条
◇司法赔偿解释

第十三条第二款 造成受害人名誉权、荣誉权损害的，按照国家赔偿法第三十条（现行法第35条）规定，在侵权行为影响的范围内为受害人消除影响、恢复名誉、赔礼道歉。

◆要点精解

1. 针对国家机关及其工作人员实施以下五种行为，并造成受害人名誉权、荣誉权损害的，适用消除影响、恢复名誉、赔礼道歉，造成严重后果的还应支付精神损害抚慰金：

（1）行政行为，违法拘留或者违法采取限制公民人身自由的行政强制措施的；

（2）行政行为，非法拘禁或者以其他方法非法剥夺公民人身自由的；

（3）司法行为，对没有犯罪事实或者没有事实证明有犯罪重大嫌疑的人错误拘留的；

（4）司法行为，对没有犯罪事实的人错误逮捕的；

（5）司法行为，依照审判监督程序再审改判无罪，原判刑罚已经执行的。

2. 精神损害抚慰金。2010年《国家赔偿法》的修改明确了精神损害抚慰金的规定，这对于公民权利的保障必将起到重大作用。精神损害抚慰金的数额应当考虑以下几个因素：(1)侵权机关及其工作人员的过错程度；(2)侵害的手段、场合、行为方式等具体情节；(3)受害人精神损害的后果；(4)侵权机关事后采取弥补措施的有效程度。

3.将护理费、康复费等支出计入国家赔偿金。

第三十六条　【侵犯财产权的赔偿标准】 侵犯公民、法人和其他组织的财产权造成损害的，按照下列规定处理：

（一）处罚款、罚金、追缴、没收财产或者违法征收、征用财产的，返还财产；

（二）查封、扣押、冻结财产的，解除对财产的查封、扣押、冻结，造成财产损坏或者灭失的，依照本条第三项、第四项的规定赔偿；

（三）应当返还的财产损坏的，能够恢复原状的恢复原状，不能恢复原状的，按照损害程度给付相应的赔偿金；

（四）应当返还的财产灭失的，给付相应的赔偿金；

（五）财产已经拍卖或者变卖的，给付拍卖或者变卖所得的价款；变卖的价款明显低于财产价值的，应当支付相应的赔偿金；

（六）吊销许可证和执照、责令停产停业的，赔偿停产停业期间必要的经常性费用开支；

（七）返还执行的罚款或者罚金、追缴或者没收的金钱，解除冻结的存款或者汇款的，应当支付银行同期存款利息；

（八）对财产权造成其他损害的，按照直接损失给予赔偿。

◆相关法条

◇司法赔偿解释

第六条　人民法院及其工作人员在民事、行政诉讼或者执行过程中，具有本解释第二条至第五条规定情形，造成损害的，应当承担直接损失的赔偿责任。

因多种原因造成的损害，只赔偿因违法侵权行为所造成的直接损失。

第十二条　国家赔偿法第二十八条(现行法第36条)第(七)项规定的直接损失包括下列情形：

（一）保全、执行过程中造成财物灭失、毁损、霉变、腐烂等损坏的；

（二）违法使用保全、执行的财物造成损坏的；

（三）保全的财产系国家批准的金融机构贷款的，当事人应支付的该贷款借贷状态下的贷款利息。执行上述款项的，贷款本金及当事人应支付的该贷款借贷状态下的贷款利息；

（四）保全、执行造成停产停业的，停产停业期间的职工工资、税金、水电费等必要的经常性费用；

（五）法律规定的其他直接损失。

◆要点精解

1.注意本条第(六)项，赔偿的是停产停业期间必要的"经常性费用开支"，而不包括"营业额"或者是"利润"。

2.第(八)项赔偿范围只限于"直接损失"，不包括"间接损失"。

◆司考真题

◇2013年卷2第49题(单选)

某法院以杜某逾期未履行偿债判决为由，先将其房屋查封，后裁定将房屋过户以抵债。杜某认为强制执行超过申请数额而申请国家赔偿，要求赔偿房屋过户损失30万元，查封造成屋内财产毁损和丢失5000元，误工损失2000元，以及精神损失费1万元。下列哪一事项属于国家赔偿范围？

A.2000元

B.5000元

C.1万元

D.30万元

答案：B

◇2011年卷2第83题(多选)

2006年9月7日，县法院以销售伪劣产品罪判处杨某有期徒刑8年,并处罚金45万元,没收其推土机一台。杨某不服上诉,12月6日,市中级法院维持原判交付执行。杨某仍不服,向省高级法院提出申诉。2010年9月9日,省高级法院宣告杨某无罪释放。2011年4月,杨某申请国家赔偿。关于本案的赔偿范围和标准,下列哪些说法是正确的?

A. 对杨某被羁押,每日赔偿金按国家上年度职工日平均工资计算
B. 返还45万元罚金并支付银行同期存款利息
C. 如被没收推土机已被拍卖的,应给付拍卖所得的价款及相应的赔偿金
D. 本案不存在支付精神损害抚慰金的问题

答案:AB

◇2008年卷2第99题(不定选)

张某租用农贸市场一门面从事经营。因赵某提出该门面属于他而引起争议,工商局扣缴张某的营业执照,致使张某停业2个月之久。张某在工商局返还营业执照后,提出赔偿请求。下列属于国家赔偿范围的是:

A. 门面租赁费
B. 食品过期不能出售造成的损失
C. 张某无法经营的经济损失
D. 停业期间张某依法缴纳的税费

答案:AD

第三十七条 【国家赔偿费用来源及支付程序】 赔偿费用列入各级财政预算。

赔偿请求人凭生效的判决书、复议决定书、赔偿决定书或者调解书,向赔偿义务机关申请支付赔偿金。

赔偿义务机关应当自收到支付赔偿金申请之日起七日内,依照预算管理权限向有关财政部门提出支付申请。财政部门应当自收到支付申请之日起十五日内支付赔偿金。

赔偿费用预算与支付管理的具体办法由国务院规定。

◆ **要点精解**

2010年《国家赔偿法》修改之前,国家赔偿费用的支付是由赔偿义务机关先行垫付,然后再向同级财政部门申请核拨。这一规定在实践中暴露出极为严重的问题:(1)赔偿义务机关垫付后往往得不到财政部门核拨的经费,最终由赔偿义务机关自己承担,且部门预算并无国家赔偿费用的科目。(2)赔偿义务机关不愿暴露自己的短处,且国家赔偿往往牵涉对责任人的处理,因此,赔偿义务机关总是抵制国家赔偿。2010年修改后的《国家赔偿法》规定,赔偿义务机关在收到支付赔偿金申请后,不是先行垫付,而是在7日内直接依照预算管理权限向有关财政部门提出支付申请,克服拨付经费不一致导致的拒赔、缓赔现象,期限上的限定使得赔付效率得到了保障。

第五章 其他规定

★**第三十八条 【非刑事诉讼的司法赔偿】** 人民法院在民事诉讼、行政诉讼过程中,违法采取对妨害诉讼的强制措施、保全措施或者对判决、裁定及其他生效法律文书执行错误,造成损害的,赔偿请求人要求赔偿的程序,适用本法刑事赔偿程序的规定。

◆ **相关法条**

◇国赔解释

二、依照赔偿法第三十一条(现行法第38条)的规定,人民法院在民事诉讼、行政诉讼过程中,违法采取对妨害诉讼的强制措施、保全措施或者对判决、裁定及其他生效法律文书执行错误,造成损害,具有以下情形之一的,适用刑事赔偿程序予以赔偿:

(一)错误实施司法拘留、罚款的;
(二)实施赔偿法第十五条第(四)项、第(五)项规定行为的;
(三)实施赔偿法第十六条第(一)项规定行为的;

人民法院审理的民事、经济、行政案件发生错判并已执行,依法应当执行回转的,或者当事人申请财产保全、先予执行,申请有错误造成财产损失依法应由申请人赔偿的,国家不承担赔偿责任。

◇司法赔偿解释

第一条 根据国家赔偿法第三十一条(现行法第38条)的规定,人民法院在民事、行政诉讼过程中,违法采取对妨害诉讼的强制措施、保全措施或者对判决、裁定及其他生效法律文书执行错误,侵犯公民、法人和其他组织合法权益造成损害的,依法应由国家承担赔偿责任。

第二条 违法采取对妨害诉讼的强制措施,是指下列行为:

(一)对没有实施妨害诉讼行为的人或者没有证据证明实施妨害诉讼的人采取司法拘留、罚款措施的;

(二)超过法律规定期限实施司法拘留的;

(三)对同一妨害诉讼行为重复采取罚款、司法拘留措施的;

(四)超过法律规定金额实施罚款的;

(五)违反法律规定的其他情形。

第三条 违法采取保全措施,是指人民法院依职权采取的下列行为:

(一)依法不应当采取保全措施而采取保全措施或者依法不应当解除保全措施而解除保全措施的;

(二)保全案外人财产的,但案外人对案件当事人负有到期债务的情形除外;

(三)明显超过申请人申请保全数额或者保全范围的;

(四)对查封、扣押的财物不履行监管职责,严重不负责任,造成毁损、灭失的,但依法交由有关单位、个人负责保管的情形除外;

(五)变卖财产未由合法评估机构估价,或者应当拍卖而未依法拍卖,强行将财物变卖给他人的;

(六)违反法律规定的其他情形。

第四条 对判决、裁定及其他生效法律文书执行错误,是指对已经发生法律效力的判决、裁定、民事制裁决定、调解、支付令、仲裁裁决,具有强制执行效力的公证债权文书以及行政处罚、处理决定等执行错误。包括下列行为:

(一)执行尚未发生法律效力的判决、裁定、民事制裁决定等法律文书的;

(二)违反法律规定先予执行的;

(三)违法执行案外人财产且无法执行回转的;

(四)明显超过申请数额、范围执行且无法执行回转的;

(五)执行过程中,对查封、扣押的财产不履行监管职责,严重不负责任,造成财物毁损、灭失的;

(六)执行过程中,变卖财物未由合法评估机构估价,或者应当拍卖而未依法拍卖,强行将财物变卖给他人的;

(七)违反法律规定的其他情形。

第八条 申请民事、行政诉讼中司法赔偿的,违法行使职权的行为应当先经依法确认。

申请确认的,应当先向侵权的人民法院提出。

人民法院应自受理确认申请之日起两个月内依照相应程序作出裁决或相关的决定。

申请人对确认裁定或者决定不服或者侵权的人民法院逾期不予确认的,申请人可以向其上一级人民法院申诉。

第九条 未经依法确认直接向人民法院赔偿委员会申请作出赔偿决定的,人民法院赔偿委员会不予受理。

第十条 经依法确认有本解释第二条至第五条规定情形之一的,赔偿请求人可依法向侵权的人民法院提出赔偿申请,人民法院应当受理。人民法院逾期不作决定的,赔偿请求人可以向其上一级人民法院赔偿委员会申请作出赔偿决定。

◆要点精解

1. 本条以及相关法条规定的是民事、行政司法赔偿范围：

（1）违法采取排除妨害诉讼强制措施的。排除妨害诉讼的强制措施特指司法拘留和司法罚款，不包括其他强制措施。

（2）违法采取保全措施的。保全措施分为证据保全措施和财产保全措施。违法性主要表现在：①采取保全措施不符合法定的条件和范围；②采取保全措施的程序违法。

（3）错误执行判决、裁定和其他生效法律文书的。错误执行是指执行措施违法，侵犯了公民、法人或其他组织的人身权和财产权，而不是判决、裁定和其他生效法律文书本身错误。

（4）法院工作人员的暴力行为。①法院工作人员以殴打等暴力行为或者唆使他人以殴打等暴力行为造成公民身体伤害或死亡的。②法院工作人员违法使用武器、警械造成公民身体伤害或者死亡的。

2. 不予赔偿的情形：

（1）民事、行政案件发生错判并已执行，依法应执行回转的；

（2）当事人申请财产保全、先予执行错误的。

★**第三十九条** 【求偿时效】赔偿请求人请求国家赔偿的时效为两年，自其知道或者应当知道国家机关及其工作人员行使职权时的行为侵犯其人身权、财产权之日起计算，但被羁押等限制人身自由期间不计算在内。在申请行政复议或者提起行政诉讼时一并提出赔偿请求的，适用行政复议法、行政诉讼法有关时效的规定。

赔偿请求人在赔偿请求时效的最后六个月内，因不可抗力或者其他障碍不能行使请求权的，时效中止。从中止时效的原因消除之日起，赔偿请求时效期间继续计算。

◆要点精解

国家赔偿时效期间的起算点是自国家机关及其工作人员的行为被依法确认违法之日起计算，而不是该行为行使之日起计算。

第四十条 【涉外赔偿的特别规定】外国人、外国企业和组织在中华人民共和国领域内要求中华人民共和国国家赔偿的，适用本法。

外国人、外国企业和组织的所属国对中华人民共和国公民、法人和其他组织要求该国国家赔偿的权利不予保护或者限制的，中华人民共和国与该外国人、外国企业和组织的所属国实行对等原则。

第六章 附 则

第四十一条 【赔偿费用及税收的豁免】赔偿请求人要求国家赔偿的，赔偿义务机关、复议机关和人民法院不得向赔偿请求人收取任何费用。

对赔偿请求人取得的赔偿金不予征税。

◆相关法条
◇行政复议法

第三十九条 行政复议机关受理行政复议申请，不得向申请人收取任何费用。行政复议活动所需经费，应当列入本机关的行政经费，由本级财政予以保障。

◆要点精解

国家赔偿程序不向请求人收费，同样，行政复议也不收取费用，可以对比记忆。

第四十二条 【生效日期】本法自1995年1月1日起施行。

二、国家赔偿费用管理条例

国家赔偿费用管理条例

1. 2010年12月29日国务院第138次常务会议通过
2. 2011年1月17日中华人民共和国国务院令第589号公布
3. 自2011年1月17日起施行

第一条 为了加强国家赔偿费用管理，保障公民、法人和其他组织享有依法取得国家赔偿的权利，促进国家机关依法行使职权，根据《中华人民共和国国家赔偿法》(以下简称国家赔偿法)，制定本条例。

第二条 本条例所称国家赔偿费用，是指依照国家赔偿法的规定，应当向赔偿请求人赔偿的费用。

第三条 国家赔偿费用由各级人民政府按照财政管理体制分级负担。

各级人民政府应当根据实际情况，安排一定数额的国家赔偿费用，列入本级年度财政预算。当年需要支付的国家赔偿费用超过本级年度财政预算安排的，应当按照规定及时安排资金。

第四条 国家赔偿费用由各级人民政府财政部门统一管理。

国家赔偿费用的管理应当依法接受监督。

第五条 赔偿请求人申请支付国家赔偿费用的，应当向赔偿义务机关提出书面申请，并提交与申请有关的生效判决书、复议决定书、赔偿决定书或者调解书以及赔偿请求人的身份证明。

赔偿请求人书写申请书确有困难的，可以委托他人代书；也可以口头申请，由赔偿义务机关如实记录，交赔偿请求人核对或者向赔偿请求人宣读，并由赔偿请求人签字确认。

第六条 申请材料真实、有效、完整的，赔偿义务机关收到申请材料即为受理。赔偿义务机关受理申请的，应当书面通知赔偿请求人。

申请材料不完整的，赔偿义务机关应当当场或者在3个工作日内一次告知赔偿请求人需要补正的全部材料。赔偿请求人按照赔偿义务机关的要求提交补正材料的，赔偿义务机关收到补正材料即为受理。未告知需要补正材料的，赔偿义务机关收到申请材料即为受理。

申请材料虚假、无效，赔偿义务机关决定不予受理的，应当书面通知赔偿请求人并说明理由。

第七条 赔偿请求人对赔偿义务机关不予受理决定有异议的，可以自收到书面通知之日起10日内向赔偿义务机关的上一级机关申请复核。上一级机关应当自收到复核申请之日起5个工作日内依法作出决定。

上一级机关认为不予受理决定错误的，应当自作出复核决定之日起3个工作日内通知赔偿义务机关受理，并告知赔偿请求人。赔偿义务机关应当在收到通知后立即受理。

上一级机关维持不予受理决定的，应当自作出复核决定之日起3个工作日内书面通知赔偿请求人并说明理由。

第八条 赔偿义务机关应当自受理赔偿请求人支付申请之日起7日内,依照预算管理权限向有关财政部门提出书面支付申请,并提交下列材料:

(一)赔偿请求人请求支付国家赔偿费用的申请;

(二)生效的判决书、复议决定书、赔偿决定书或者调解书;

(三)赔偿请求人的身份证明。

第九条 财政部门收到赔偿义务机关申请材料后,应当根据下列情况分别作出处理:

(一)申请的国家赔偿费用依照预算管理权限不属于本财政部门支付的,应当在3个工作日内退回申请材料并书面通知赔偿义务机关向有管理权限的财政部门申请;

(二)申请材料符合要求的,收到申请即为受理,并书面通知赔偿义务机关;

(三)申请材料不符合要求的,应当在3个工作日内一次告知赔偿义务机关需要补正的全部材料。赔偿义务机关应当在5个工作日内按照要求提交全部补正材料,财政部门收到补正材料即为受理。

第十条 财政部门应当自受理申请之日起15日内,按照预算和财政国库管理的有关规定支付国家赔偿费用。

财政部门发现赔偿项目、计算标准违反国家赔偿法规定的,应当提交作出赔偿决定的机关或者其上级机关依法处理、追究有关人员的责任。

第十一条 财政部门自支付国家赔偿费用之日起3个工作日内告知赔偿义务机关、赔偿请求人。

第十二条 赔偿义务机关应当依照国家赔偿法第十六条、第三十一条的规定,责令有关工作人员、受委托的组织或者个人承担或者向有关工作人员追偿部分或者全部国家赔偿费用。

赔偿义务机关依照前款规定作出决定后,应当书面通知有关财政部门。

有关工作人员、受委托的组织或者个人应当依照财政收入收缴的规定上缴应当承担或者被追偿的国家赔偿费用。

第十三条 赔偿义务机关、财政部门及其工作人员有下列行为之一,根据《财政违法行为处罚处分条例》的规定处理、处分;构成犯罪的,依法追究刑事责任:

(一)以虚报、冒领等手段骗取国家赔偿费用的;

(二)违反国家赔偿法规定的范围和计算标准实施国家赔偿造成财政资金损失的;

(三)不依法支付国家赔偿费用的;

(四)截留、滞留、挪用、侵占国家赔偿费用的;

(五)未依照规定责令有关工作人员、受委托的组织或者个人承担国家赔偿费用或者向有关工作人员追偿国家赔偿费用的;

(六)未依照规定将应当承担或者被追偿的国家赔偿费用及时上缴财政的。

第十四条 本条例自公布之日起施行。1995年1月25日国务院发布的《国家赔偿费用管理办法》同时废止。

三、与国家赔偿法有关的司法解释

(一) 一般性解释

最高人民法院关于人民法院赔偿委员会适用质证程序审理国家赔偿案件的规定

1. 2013年12月16日最高人民法院审判委员会第1600次会议通过
2. 2013年12月19日法释〔2013〕27号公布
3. 自2014年3月1日起施行

为规范人民法院赔偿委员会(以下简称赔偿委员会)适用质证程序审理国家赔偿案件,根据《中华人民共和国国家赔偿法》等有关法律规定,结合国家赔偿工作实际,制定本规定。

第一条 赔偿委员会根据国家赔偿法第二十七条的规定,听取赔偿请求人、赔偿义务机关的陈述和申辩,进行质证的,适用本规定。

第二条 有下列情形之一,经书面审理不能解决的,赔偿委员会可以组织赔偿请求人和赔偿义务机关进行质证:

(一) 对侵权事实、损害后果及因果关系有争议的;

(二) 对是否属于国家赔偿法第十九条规定的国家不承担赔偿责任的情形有争议的;

(三) 对赔偿方式、赔偿项目或者赔偿数额有争议的;

(四) 赔偿委员会认为应当质证的其他情形。

第三条 除涉及国家秘密、个人隐私或者法律另有规定的以外,质证应当公开进行。

赔偿请求人或者赔偿义务机关申请不公开质证,对方同意的,赔偿委员会可以不公开质证。

第四条 赔偿请求人和赔偿义务机关在质证活动中的法律地位平等,有权委托代理人,提出回避申请,提供证据,申请查阅、复制本案质证材料,进行陈述、质询、申辩,并应当依法行使质证权利,遵守质证秩序。

第五条 赔偿请求人、赔偿义务机关对其主张的有利于自己的事实负举证责任,但法律、司法解释另有规定的除外。

没有证据或者证据不足以证明其事实主张的,由负有举证责任的一方承担不利后果。

第六条 下列事实需要证明的,由赔偿义务机关负举证责任:

(一) 赔偿义务机关行为的合法性;

(二) 赔偿义务机关无过错;

(三) 因赔偿义务机关过错致使赔偿请求人不能证明的待证事实;

(四) 赔偿义务机关行为与被羁押人在羁押期间死亡或者丧失行为能力不存在因果关系。

第七条 下列情形,由赔偿义务机关负举证责任:

(一)属于法定免责情形；
(二)赔偿请求超过法定时效；
(三)具有其他抗辩事由。

第八条 赔偿委员会认为必要时，可以通知复议机关参加质证，由复议机关对其作出复议决定的事实和法律依据进行说明。

第九条 赔偿请求人可以在举证期限内申请赔偿委员会调取下列证据：
(一)由国家有关部门保存，赔偿请求人及其委托代理人无权查阅调取的证据；
(二)涉及国家秘密、商业秘密、个人隐私的证据；
(三)赔偿请求人及其委托代理人因客观原因不能自行收集的其他证据。

赔偿请求人申请赔偿委员会调取证据，应当提供具体线索。

第十条 赔偿委员会有权要求赔偿请求人、赔偿义务机关提供或者补充证据。

涉及国家利益、社会公共利益或者他人合法权益的事实，或者涉及依职权追加质证参加人、中止审理、终结审理、回避等程序性事项的，赔偿委员会可以向有关单位和人员调查情况、收集证据。

第十一条 赔偿请求人、赔偿义务机关应当在收到受理案件通知书之日起十日内提供证据。赔偿请求人、赔偿义务机关确因客观事由不能在该期限内提供证据的，赔偿委员会可以根据其申请适当延长举证期限。

赔偿请求人、赔偿义务机关无正当理由逾期提供证据的，应当承担相应的不利后果。

第十二条 对于证据较多或者疑难复杂的案件，赔偿委员会可以组织赔偿请求人、赔偿义务机关在质证前交换证据，明确争议焦点，并将交换证据的情况记录在卷。

赔偿请求人、赔偿义务机关在证据交换过程中没有争议并记录在卷的证据，经审判员在质证中说明后，可以作为认定案件事实的依据。

第十三条 赔偿委员会应当指定审判员组织质证，并在质证三日前通知赔偿请求人、赔偿义务机关和其他质证参与人。必要时，赔偿委员会可以通知赔偿义务机关实施原职权行为的工作人员或者其他利害关系人到场接受询问。

赔偿委员会决定公开质证的，应当在质证三日前公告案由，赔偿请求人和赔偿义务机关的名称，以及质证的时间、地点。

第十四条 适用质证程序审理国家赔偿案件，未经质证的证据不得作为认定案件事实的依据，但法律、司法解释另有规定的除外。

第十五条 赔偿请求人、赔偿义务机关应围绕证据的关联性、真实性、合法性，针对证据有无证明力以及证明力大小，进行质证。

第十六条 质证开始前，由书记员查明质证参与人是否到场，宣布质证纪律。

质证开始时，由主持质证的审判员核对赔偿请求人、赔偿义务机关，宣布案由，宣布审判员、书记员名单，向赔偿请求人、赔偿义务机关告知质证权利义务以及询问是否申请回避。

第十七条 质证一般按照下列顺序进行：
(一)赔偿请求人、赔偿义务机关分别陈述，复议机关进行说明；
(二)审判员归纳争议焦点；
(三)赔偿请求人、赔偿义务机关分别出示证据，发表意见；
(四)询问参加质证的证人、鉴定人、勘验人；
(五)赔偿请求人、赔偿义务机关就争议的事项进行质询和辩论；
(六)审判员宣布赔偿请求人、赔偿义务机关认识一致的事实和证据；
(七)赔偿请求人、赔偿义务机关最后陈述意见。

第十八条 赔偿委员会根据赔偿请求人

申请调取的证据,作为赔偿请求人提供的证据进行质证。

赔偿委员会依照职权调取的证据应当在质证时出示,并就调取该证据的情况予以说明,听取赔偿请求人、赔偿义务机关的意见。

第十九条 赔偿请求人或者赔偿义务机关对对方主张的不利于自己的事实,在质证中明确表示承认的,对方无需举证;既未表示承认也未否认,经审判员询问并释明法律后果后,其仍不作明确表示的,视为对该项事实的承认。

赔偿请求人、赔偿义务机关委托代理人参加质证的,代理人在代理权限范围内的承认视为被代理人的承认,但参加质证的赔偿请求人、赔偿义务机关当场明确表示反对的除外;代理人超出代理权限范围的承认,参加质证的赔偿请求人、赔偿义务机关当场不作否认表示的,视为被代理人的承认。

上述承认违反法律禁止性规定,或者损害国家利益、社会公共利益、他人合法权益的,不发生自认的效力。

第二十条 下列事实无需举证证明:

(一)自然规律以及定理、定律;

(二)众所周知的事实;

(三)根据法律规定推定的事实;

(四)已经依法证明的事实;

(五)根据日常生活经验法则推定的事实。

前款(二)、(三)、(四)、(五)项,赔偿请求人、赔偿义务机关有相反证据否定其真实性的除外。

第二十一条 有证据证明赔偿义务机关持有证据无正当理由拒不提供的,赔偿委员会可以就待证事实作出有利于赔偿请求人的推定。

第二十二条 赔偿委员会应当依据法律规定,遵照法定程序,全面客观地审核证据,运用逻辑推理和日常生活经验,对证据的证明力进行独立、综合的审查判断。

第二十三条 书记员应当将质证的全部活动记入笔录。质证笔录由赔偿请求人、赔偿义务机关和其他质证参与人核对无误或者补正后签名或者盖章。拒绝签名或者盖章的,应当记明情况附卷,由审判员和书记员签名。

具备条件的,赔偿委员会可以对质证活动进行全程同步录音录像。

第二十四条 赔偿请求人、赔偿义务机关经通知无正当理由拒不参加质证或者未经许可中途退出质证的,视为放弃质证,赔偿委员会可以综合全案情况和对方意见认定案件事实。

第二十五条 有下列情形之一的,可以延期质证:

(一)赔偿请求人、赔偿义务机关因不可抗拒的事由不能参加质证的;

(二)赔偿请求人、赔偿义务机关临时提出回避申请,是否回避的决定不能在短时间内作出的;

(三)需要通知新的证人到场,调取新的证据,重新鉴定、勘验,或者补充调查的;

(四)其他应当延期的情形。

第二十六条 本规定自 2014 年 3 月 1 日起施行。

本规定施行前本院发布的司法解释与本规定不一致的,以本规定为准。

最高人民法院关于人民法院执行《中华人民共和国国家赔偿法》几个问题的解释

1. 1996年5月6日法发〔1996〕15号发布
2. 自1996年5月6日起施行

一、根据《中华人民共和国国家赔偿法》（以下简称赔偿法）第十七条第（二）项、第（三）项的规定，依照刑法第十四条、第十五条规定不负刑事责任的人和依照刑事诉讼法第十五条规定不追究刑事责任的人被羁押，国家不承担赔偿责任。但是对起诉后经人民法院判处拘役、有期徒刑、无期徒刑和死刑并已执行的上列人员，有权依法取得赔偿。判决确定前被羁押的日期依法不予赔偿。

二、依照赔偿法第三十一条的规定，人民法院在民事诉讼、行政诉讼过程中，违法采取对妨害诉讼的强制措施、保全措施或者对判决、裁定及其他生效法律文书执行错误，造成损害，具有以下情形之一的，适用刑事赔偿程序予以赔偿：

（一）错误实施司法拘留、罚款的；

（二）实施赔偿法第十五条第（四）项、第（五）项规定行为的；

（三）实施赔偿法第十六条第（一）项规定行为的。

人民法院审理的民事、经济、行政案件发生错判并已执行，依法应当执行回转的，或者当事人申请财产保全、先予执行，申请有错误造成财产损失依法应由申请人赔偿的，国家不承担赔偿责任。

三、公民、法人和其他组织申请人民法院依照赔偿法规定予以赔偿的案件，应当经过依法确认。未经依法确认的，赔偿请求人应当要求有关人民法院予以确认。被要求的人民法院由有关审判庭负责办理依法确认事宜，并应以人民法院的名义答复赔偿请求人。被要求的人民法院不予确认的，赔偿请求人有权申诉。

四、根据赔偿法第二十六条、第二十七条的规定，人民法院判处管制、有期徒刑缓刑、剥夺政治权利等刑罚的人被依法改判无罪的，国家不承担赔偿责任，但是，赔偿请求人在判决生效前被羁押的，依法有权取得赔偿。

五、根据赔偿法第十九条第四款"再审改判无罪的，作出原生效判决的人民法院为赔偿义务机关"的规定，原一审人民法院作出判决后，被告人没有上诉，人民检察院没有抗诉，判决发生法律效力的，原一审人民法院为赔偿义务机关；被告人上诉或者人民检察院抗诉，原二审人民法院维持一审判决或者对一审人民法院判决予以改判的，原二审人民法院为赔偿义务机关。

六、赔偿法第二十六条关于"侵犯公民人身自由的，每日的赔偿金按照国家上年度职工日平均工资计算"中规定的上年度，应为赔偿义务机关、复议机关或者人民法院赔偿委员会作出赔偿决定时的上年度；复议机关或者人民法院赔偿委员会决定维持原赔偿决定的，按作出原赔偿决定时的上年度执行。

国家上年度职工日平均工资数额，应当以职工年平均工资除以全年法定工作日数的方法计算。年平均工资以国家统计局公布的数字为准。

最高人民法院行政审判庭关于赔偿金有关问题的答复

1. 1998年3月18日〔1997〕行他字第31号发布
2. 自1998年3月18日起施行

云南省高级人民法院:

你院关于郭运森诉官渡分局"行政侵权赔偿"上诉一案有关问题的请示收悉。经研究答复如下:原则同意你院请示中的第一种意见:即《国家赔偿法》第二十七条(一)项所规定的因误工减少的收入的赔偿金应按"国家上年度职工日平均工资×实际误工工日"的公式计算,所乘之积超过国家上年度职工年平均工资的5倍的,亦只能按国家上年度职工年平均工资的5倍计算。

最高人民法院关于适用《中华人民共和国国家赔偿法》若干问题的解释(一)

1. 2011年2月14日最高人民法院审判委员会第1511次会议通过
2. 2011年2月28日法释〔2011〕4号公布
3. 自2011年3月18日起施行

为正确适用2010年4月29日第十一届全国人民代表大会常务委员会第十四次会议修正的《中华人民共和国国家赔偿法》,对人民法院处理国家赔偿案件中适用国家赔偿法的有关问题解释如下:

第一条 国家机关及其工作人员行使职权侵犯公民、法人和其他组织合法权益的行为发生在2010年12月1日以后,或者发生在2010年12月1日以前、持续至2010年12月1日以后的,适用修正的国家赔偿法。

第二条 国家机关及其工作人员行使职权侵犯公民、法人和其他组织合法权益的行为发生在2010年12月1日以前的,适用修正前的国家赔偿法,但有下列情形之一的,适用修正的国家赔偿法:

(一)2010年12月1日以前已经受理赔偿请求人的赔偿请求但尚未作出生效赔偿决定的;

(二)赔偿请求人在2010年12月1日以后提出赔偿请求的。

第三条 人民法院对2010年12月1日以前已经受理但尚未审结的国家赔偿确认案件,应当继续审理。

第四条 公民、法人和其他组织对行使侦查、检察、审判职权的机关以及看守所、监狱管理机关在2010年12月1日以前作出并已发生法律效力的不予确认职务行为违法的法律文书不服,未依据修正前的国家赔偿法规定提出申诉并经有权机关作出侵权确认结论,直接向人民法院赔偿委员会申请赔偿的,不予受理。

第五条 公民、法人和其他组织对在2010年12月1日以前发生法律效力的赔偿决定不服提出申诉的,人民法院审查处理时适用修正前的国家赔偿法;但是仅就修正的国家赔偿法增加的赔偿项目及标准提出申诉的,人民法院不予受理。

第六条 人民法院审查发现2010年12月1日以前发生法律效力的确认裁定、赔偿决定确有错误应当重新审查处理的,适用修正前的国家赔偿法。

第七条 赔偿请求人认为行使侦查、检察、审判职权的机关以及看守所、监狱管理机关及其工作人员在行使职权时有修正的国家赔偿法第十七条第(一)、(二)、(三)项、第十八条规定情形的,应当在刑事诉讼程序终结后提出赔偿请求,但下列情形除外:

(一)赔偿请求人有证据证明其与尚未终结的刑事案件无关的;

(二)刑事案件被害人依据刑事诉讼法第一百九十八条的规定,以财产未返还或者认为返还的财产受到损害而要求赔偿的。

第八条 赔偿请求人认为人民法院有修正的国家赔偿法第三十八条规定情形的,应当在民事、行政诉讼程序或者执行程序终结后提出赔偿请求,但人民法院已依法撤销对妨害诉讼采取的强制措施的情形除外。

第九条 赔偿请求人或者赔偿义务机关认为人民法院赔偿委员会作出的赔偿决定存在错误,依法向上一级人民法院赔偿委员会提出申诉的,不停止赔偿决定的执行;但人民法院赔偿委员会依据修正的国家赔偿法第三十条的规定决定重新审查的,可以决定中止原赔偿决定的执行。

第十条 人民检察院依据修正的国家赔偿法第三十条第三款的规定,对人民法院赔偿委员会在2010年12月1日以后作出的赔偿决定提出意见的,同级人民法院赔偿委员会应当决定重新审查,并可以决定中止原赔偿决定的执行。

第十一条 本解释自公布之日起施行。

最高人民法院关于人民法院赔偿委员会审理国家赔偿案件程序的规定

1. 2011年2月28日最高人民法院审判委员会第1513次会议通过
2. 2011年3月17日法释〔2011〕6号公布
3. 自2011年3月22日起施行

根据2010年4月29日修正的《中华人民共和国国家赔偿法》(以下简称国家赔偿法),结合国家赔偿工作实际,对人民法院赔偿委员会(以下简称赔偿委员会)审理国家赔偿案件的程序作如下规定:

第一条 赔偿请求人向赔偿委员会申请作出赔偿决定,应当递交赔偿申请书一式四份。赔偿请求人书写申请书确有困难的,可以口头申请。口头提出申请的,人民法院应当填写《申请赔偿登记表》,由赔偿请求人签名或者盖章。

◆司考真题

◇2011年卷2第45题(单选)

李某被县公安局以涉嫌盗窃为由刑事拘

留,后被释放。李某向县公安局申请国家赔偿,遭到拒绝,经复议后,向市中级法院赔偿委员会申请作出赔偿决定。下列哪一说法是正确的?

A.李某应向赔偿委员会递交赔偿申请书一式4份

B.县公安局可以委托律师作为代理人

C.县公安局应对李某的损失与刑事拘留行为之间是否存在因果关系提供证据

D.李某不服中级法院赔偿委员会作出的赔偿决定的,可以向上一级法院赔偿委员会申请复议一次

答案:A

第二条 赔偿请求人向赔偿委员会申请作出赔偿决定,应当提供以下法律文书和证明材料:

(一)赔偿义务机关作出的决定书;

(二)复议机关作出的复议决定书,但赔偿义务机关是人民法院的除外;

(三)赔偿义务机关或者复议机关逾期未作出决定的,应当提供赔偿义务机关对赔偿申请的收讫凭证等相关证明材料;

(四)行使侦查、检察、审判职权的机关在赔偿申请所涉案件的刑事诉讼程序、民事诉讼程序、行政诉讼程序、执行程序中作出的法律文书;

(五)赔偿义务机关职权行为侵犯赔偿请求人合法权益造成损害的证明材料;

(六)证明赔偿申请符合申请条件的其他材料。

第三条 赔偿委员会收到赔偿申请,经审查认为符合申请条件的,应当在七日内立案,并通知赔偿请求人、赔偿义务机关和复议机关;认为不符合申请条件的,应当在七日内决定不予受理;立案后发现不符合申请条件的,决定驳回申请。

前款规定的期限,自赔偿委员会收到赔偿申请之日起计算。申请材料不齐全的,赔偿委员会应当在五日内一次性告知赔偿请求人需要补正的全部内容,收到赔偿申请的时间应当自赔偿委员会收到补正材料之日起计算。

第四条 赔偿委员会应当在立案之日起五日内将赔偿申请书副本或者《申请赔偿登记表》副本送达赔偿义务机关和复议机关。

第五条 赔偿请求人可以委托一至二人作为代理人。律师、提出申请的公民的近亲属、有关的社会团体或者所在单位推荐的人、经赔偿委员会许可的其他公民,都可以被委托为代理人。

赔偿义务机关、复议机关可以委托本机关工作人员一至二人作为代理人。

第六条 赔偿请求人、赔偿义务机关、复议机关委托他人代理,应当向赔偿委员会提交由委托人签名或者盖章的授权委托书。

授权委托书应当载明委托事项和权限。代理人代为承认、放弃、变更赔偿请求,应当有委托人的特别授权。

第七条 赔偿委员会审理赔偿案件,应当指定一名审判员负责具体承办。

负责具体承办赔偿案件的审判员应当查清事实并写出审理报告,提请赔偿委员会讨论决定。

赔偿委员会作赔偿决定,必须有三名以上审判员参加,按照少数服从多数的原则作出决定。

第八条 审判人员有下列情形之一的,应当回避,赔偿请求人和赔偿义务机关有权以书面或者口头方式申请其回避:

(一)是本案赔偿请求人的近亲属;

(二)是本案代理人的近亲属;

(三)与本案有利害关系;

(四)与本案有其他关系,可能影响对案件公正审理的。

前款规定,适用于书记员、翻译人员、鉴定人、勘验人。

第九条 赔偿委员会审理赔偿案件,可以组织赔偿义务机关与赔偿请求人就赔偿方式、

赔偿项目和赔偿数额依照国家赔偿法第四章的规定进行协商。

第十条 组织协商应当遵循自愿和合法的原则。赔偿请求人、赔偿义务机关一方或者双方不愿协商，或者协商不成的，赔偿委员会应当及时作出决定。

第十一条 赔偿请求人和赔偿义务机关经协商达成协议的，赔偿委员会审查确认后应当制作国家赔偿决定书。

第十二条 赔偿请求人、赔偿义务机关对自己提出的主张或者反驳对方主张所依据的事实有责任提供证据加以证明。有国家赔偿法第二十六条第二款规定情形的，应当由赔偿义务机关提供证据。

没有证据或者证据不足以证明其事实主张的，由负有举证责任的一方承担不利后果。

第十三条 赔偿义务机关对其职权行为的合法性负有举证责任。

赔偿请求人可以提供证明职权行为违法的证据，但不因此免除赔偿义务机关对其职权行为合法性的举证责任。

第十四条 有下列情形之一的，赔偿委员会可以组织赔偿请求人和赔偿义务机关进行质证：

（一）对侵权事实、损害后果及因果关系争议较大的；

（二）对是否属于国家赔偿法第十九条规定的国家不承担赔偿责任的情形争议较大的；

（三）对赔偿方式、赔偿项目或者赔偿数额争议较大的；

（四）赔偿委员会认为应当质证的其他情形。

第十五条 赔偿委员会认为重大、疑难的案件，应报请院长提交审判委员会讨论决定。审判委员会的决定，赔偿委员会应当执行。

第十六条 赔偿委员会作出决定前，赔偿请求人撤回赔偿申请的，赔偿委员会应当依法审查并作出是否准许的决定。

第十七条 有下列情形之一的，赔偿委员会应当决定中止审理：

（一）赔偿请求人死亡，需要等待其继承人和其他有扶养关系的亲属表明是否参加赔偿案件处理的；

（二）赔偿请求人丧失行为能力，尚未确定法定代理人的；

（三）作为赔偿请求人的法人或者其他组织终止，尚未确定权利义务承受人的；

（四）赔偿请求人因不可抗拒的事由，在法定审限内不能参加赔偿案件处理的；

（五）宣告无罪的案件，人民法院决定再审或者人民检察院按照审判监督程序提出抗诉的；

（六）应当中止审理的其他情形。

中止审理的原因消除后，赔偿委员会应当及时恢复审理，并通知赔偿请求人、赔偿义务机关和复议机关。

第十八条 有下列情形之一的，赔偿委员会应当决定终结审理：

（一）赔偿请求人死亡，没有继承人和其他有扶养关系的亲属或者赔偿请求人的继承人和其他有扶养关系的亲属放弃要求赔偿权利的；

（二）作为赔偿请求人的法人或者其他组织终止后，其权利义务承受人放弃要求赔偿权利的；

（三）赔偿请求人据以申请赔偿的撤销案件决定、不起诉决定或者无罪判决被撤销的；

（四）应当终结审理的其他情形。

第十九条 赔偿委员会审理赔偿案件应当按照下列情形，分别作出决定：

（一）赔偿义务机关的决定或者复议机关的复议决定认定事实清楚，适用法律正确的，依法予以维持；

（二）赔偿义务机关的决定、复议机关的复议决定认定事实清楚，但适用法律错误的，依法重新决定；

（三）赔偿义务机关的决定、复议机关的复议决定认定事实不清、证据不足的，查清事实后依法重新决定；

（四）赔偿义务机关、复议机关逾期未作决定的，查清事实后依法作出决定。

第二十条 赔偿委员会审理赔偿案件作出决定，应当制作国家赔偿决定书，加盖人民法院印章。

第二十一条 国家赔偿决定书应当载明以下事项：

（一）赔偿请求人的基本情况，赔偿义务机关、复议机关的名称及其法定代表人；

（二）赔偿请求人申请事项及理由，赔偿义务机关的决定、复议机关的复议决定情况；

（三）赔偿委员会认定的事实及依据；

（四）决定的理由及法律依据；

（五）决定内容。

第二十二条 赔偿委员会作出的决定应当分别送达赔偿请求人、赔偿义务机关和复议机关。

第二十三条 人民法院办理本院为赔偿义务机关的国家赔偿案件参照本规定。

第二十四条 自本规定公布之日起，《人民法院赔偿委员会审理赔偿案件程序的暂行规定》即行废止；本规定施行前本院发布的司法解释与本规定不一致的，以本规定为准。

最高人民法院关于国家赔偿案件立案工作的规定

1. 2011年12月26日最高人民法院审判委员会第1537次会议通过
2. 2012年1月13日法释〔2012〕1号公布
3. 自2012年2月15日起施行

为保障公民、法人和其他组织依法行使请求国家赔偿的权利，保证人民法院及时、准确审查受理国家赔偿案件，根据《中华人民共和国国家赔偿法》及有关法律规定，现就人民法院国家赔偿案件立案工作规定如下：

第一条 本规定所称国家赔偿案件，是指国家赔偿法第十七条、第十八条、第二十一条、第三十八条规定的下列案件：

（一）违反刑事诉讼法的规定对公民采取拘留措施的，或者依照刑事诉讼法规定的条件和程序对公民采取拘留措施，但是拘留时间超过刑事诉讼法规定的时限，其后决定撤销案件、不起诉或者判决宣告无罪终止追究刑事责任的；

（二）对公民采取逮捕措施后，决定撤销案件、不起诉或者判决宣告无罪终止追究刑事责任的；

（三）二审改判无罪，以及二审发回重审后作无罪处理的；

（四）依照审判监督程序再审改判无罪，原判刑罚已经执行的；

（五）刑讯逼供或者以殴打、虐待等行为或者唆使、放纵他人以殴打、虐待等行为造成公民身体伤害或者死亡的；

（六）违法使用武器、警械造成公民身体伤害或者死亡的；

（七）在刑事诉讼过程中违法对财产采取查封、扣押、冻结、追缴等措施的；

（八）依照审判监督程序再审改判无罪，原判罚金、没收财产已经执行的；

（九）在民事诉讼、行政诉讼过程中，违法

采取对妨害诉讼的强制措施、保全措施或者对判决、裁定及其他生效法律文书执行错误,造成损害的。

第二条 赔偿请求人向作为赔偿义务机关的人民法院提出赔偿申请,或者依照国家赔偿法第二十四条、第二十五条的规定向人民法院赔偿委员会提出赔偿申请,收到申请的人民法院根据本规定予以审查立案。

第三条 赔偿请求人当面递交赔偿申请的,收到申请的人民法院应当依照国家赔偿法第十二条的规定,当场出具加盖本院专用印章并注明收讫日期的书面凭证。

赔偿请求人以邮寄等形式提出赔偿申请的,收到申请的人民法院应当及时登记审查。

申请材料不齐全的,收到申请的人民法院应当在五日内一次性告知赔偿请求人需要补正的全部内容。收到申请的时间自人民法院收到补正材料之日起计算。

第四条 赔偿请求人向作为赔偿义务机关的人民法院提出赔偿申请,收到申请的人民法院经审查认为其申请符合下列条件的,应予立案:

(一)赔偿请求人具备法律规定的主体资格;

(二)本院是赔偿义务机关;

(三)有具体的申请事项和理由;

(四)属于本规定第一条规定的情形。

第五条 赔偿请求人对作为赔偿义务机关的人民法院作出的是否赔偿的决定不服,依照国家赔偿法第二十四条的规定向其上一级人民法院赔偿委员会提出赔偿申请,收到申请的人民法院经审查认为其申请符合下列条件的,应予立案:

(一)有赔偿义务机关作出的是否赔偿的决定书;

(二)符合法律规定的请求期间,因不可抗力或者其他障碍未能在法定期间行使请求权的情形除外。

第六条 作为赔偿义务机关的人民法院逾期未作出是否赔偿的决定,赔偿请求人依照国家赔偿法第二十四条的规定向其上一级人民法院赔偿委员会提出赔偿申请,收到申请的人民法院经审查认为其申请符合下列条件的,应予立案:

(一)赔偿请求人具备法律规定的主体资格;

(二)被申请的赔偿义务机关是法律规定的赔偿义务机关;

(三)有具体的申请事项和理由;

(四)属于本规定第一条规定的情形;

(五)有赔偿义务机关已经收到赔偿申请的收讫凭证或者相应证据;

(六)符合法律规定的请求期间,因不可抗力或者其他障碍未能在法定期间行使请求权的情形除外。

第七条 赔偿请求人对行使侦查、检察职权的机关以及看守所、监狱管理机关作出的决定不服,经向其上一级机关申请复议,对复议机关的复议决定仍不服,依照国家赔偿法第二十五条的规定向复议机关所在地的同级人民法院赔偿委员会提出赔偿申请,收到申请的人民法院经审查认为其申请符合下列条件的,应予立案:

(一)有复议机关的复议决定书;

(二)符合法律规定的请求期间,因不可抗力或者其他障碍未能在法定期间行使请求权的情形除外。

第八条 复议机关逾期未作出复议决定,赔偿请求人依照国家赔偿法第二十五条的规定向复议机关所在地的同级人民法院赔偿委员会提出赔偿申请,收到申请的人民法院经审查认为其申请符合下列条件的,应予立案:

(一)赔偿请求人具备法律规定的主体资格;

(二)被申请的赔偿义务机关、复议机关是法律规定的赔偿义务机关、复议机关;

(三)有具体的申请事项和理由;

（四）属于本规定第一条规定的情形；

（五）有赔偿义务机关、复议机关已经收到赔偿申请的收讫凭证或者相应证据；

（六）符合法律规定的请求期间，因不可抗力或者其他障碍未能在法定期间行使请求权的情形除外。

第九条 人民法院应当在收到申请之日起七日内决定是否立案。

决定立案的，人民法院应当在立案之日起五日内向赔偿请求人送达受理案件通知书。属于人民法院赔偿委员会审理的国家赔偿案件，还应当同时向赔偿义务机关、复议机关送达受理案件通知书、国家赔偿申请书或者《申请赔偿登记表》副本。

经审查不符合立案条件的，人民法院应当在七日内作出不予受理决定，并应当在作出决定之日起十日内送达赔偿请求人。

第十条 赔偿请求人对复议机关或者作为赔偿义务机关的人民法院作出的决定不予受理的文书不服，依照国家赔偿法第二十四条、第二十五条的规定向人民法院赔偿委员会提出赔偿申请，收到申请的人民法院可以依照本规定第六条、第八条予以审查立案。

经审查认为原不予受理错误的，人民法院赔偿委员会可以直接审查并作出决定，必要时也可以交由复议机关或者作为赔偿义务机关的人民法院作出决定。

第十一条 自本规定施行之日起，《最高人民法院关于刑事赔偿和非刑事司法赔偿案件立案工作的暂行规定（试行）》即行废止；本规定施行前本院发布的司法解释与本规定不一致的，以本规定为准。

最高人民法院关于国家赔偿案件案由的规定

1. 2011年12月26日最高人民法院审判委员会第1537次会议通过
2. 2012年1月13日法〔2012〕32号公布
3. 自2012年2月15日起施行

为正确适用法律，根据《中华人民共和国国家赔偿法》，结合国家赔偿工作实际，对国家赔偿案件案由规定如下：

一、违法刑事拘留赔偿（国家赔偿法第十七条第（一）项）。违反刑事诉讼法的规定对公民采取拘留措施的，或者依照刑事诉讼法规定的条件和程序对公民采取拘留措施，但是拘留时间超过刑事诉讼法规定的时限，其后决定撤销案件、不起诉或者判决宣告无罪终止追究刑事责任的赔偿案件。

二、无罪逮捕赔偿（国家赔偿法第十七条第（二）项）。对公民采取逮捕措施后，决定撤销案件、不起诉或者一审判决宣告无罪终止追究刑事责任的赔偿案件。

三、二审无罪赔偿（国家赔偿法第二十一条第四款）。二审改判无罪的赔偿案件。

四、重审无罪赔偿（国家赔偿法第二十一条第四款）。二审发回重审后作无罪处理的赔偿案件。

五、再审无罪赔偿（国家赔偿法第十七条第（三）项）。依照审判监督程序再审改判无罪，原判刑罚已经执行的赔偿案件。

六、刑讯逼供致伤、致死赔偿（国家赔偿法第十七条第（四）项）。刑讯逼供造成公民身体伤害或者死亡的赔偿案件。

七、殴打、虐待致伤、致死赔偿（国家赔偿

法第十七条第(四)项)。以殴打、虐待等行为或者唆使、放纵他人以殴打、虐待等行为造成公民身体伤害或者死亡的赔偿案件。

八、违法使用武器、警械致伤、致死赔偿(国家赔偿法第十七条第(五)项)。违法使用武器、警械造成公民身体伤害或者死亡的赔偿案件。

九、刑事违法查封、扣押、冻结、追缴赔偿(国家赔偿法第十八条第(一)项)。在刑事诉讼过程中,违法对财产采取查封、扣押、冻结、追缴等措施的赔偿案件。

十、错判罚金、没收财产赔偿(国家赔偿法第十八条第(二)项)。依照审判监督程序再审改判无罪,原判罚金、没收财产已经执行的赔偿案件。

十一、违法司法罚款赔偿(国家赔偿法第三十八条)。人民法院在民事诉讼、行政诉讼过程中,违法司法罚款造成损害的赔偿案件。

十二、违法司法拘留赔偿(国家赔偿法第三十八条)。人民法院在民事诉讼、行政诉讼过程中,违法司法拘留造成损害的赔偿案件。

十三、违法保全赔偿(国家赔偿法第三十八条)。人民法院在民事诉讼、行政诉讼过程中,违法采取保全措施造成损害的赔偿案件。

十四、错误执行赔偿(国家赔偿法第三十八条)。人民法院在民事诉讼、行政诉讼过程中,对判决、裁定及其他生效法律文书执行错误造成损害的赔偿案件。

最高人民法院关于国家赔偿案件立案、案由有关问题的通知

1. 2012年1月13日法〔2012〕33号公布
2. 自2012年1月13日起施行

各省、自治区、直辖市高级人民法院,解放军军事法院,新疆维吾尔自治区高级人民法院生产建设兵团分院:

《最高人民法院关于国家赔偿案件立案工作的规定》(以下简称《立案规定》)、《最高人民法院关于国家赔偿案件案由的规定》(以下简称《案由规定》)已于2011年12月26日由最高人民法院审判委员会第1537次会议讨论通过,自2012年2月15日起施行,《最高人民法院关于刑事赔偿和非刑事司法赔偿案件立案工作的暂行规定(试行)》、《最高人民法院关于刑事赔偿和非刑事司法赔偿案件案由的暂行规定(试行)》同时废止。为正确适用《立案规定》和《案由规定》,切实保障公民、法人和其他组织依法行使请求国家赔偿的权利,把好案件受理关,现就有关问题通知如下:

一、关于国家赔偿案件的立案审查

赔偿请求人向作为赔偿义务机关的人民法院提出赔偿申请,或者依照国家赔偿法第二十四条、第二十五条的规定向人民法院赔偿委员会提出赔偿申请的,由收到申请的人民法院立案部门负责立案审查。与国家赔偿相关的涉法信访接待工作,由人民法院立案信访部门负责。

二、关于立案审查工作的有关事宜

赔偿请求人向作为赔偿义务机关的人民法院提出赔偿申请的,收到申请的人民法院立案部门应当根据《立案规定》第四条的规定予以审查。经审查符合立案条件的,立案部门应当编立案号,在立案之日起五日内向赔偿请求人送达受理案件通知书,并在调齐赔偿申请所涉案件的相关卷宗材料后,一并移送该院理赔机构办理。调取卷宗材料的时间应从作出赔

偿决定的期限内予以扣除。

赔偿请求人依照国家赔偿法第二十四条、第二十五条的规定向人民法院赔偿委员会提出赔偿申请的,收到申请的人民法院立案部门根据《立案规定》第五条至第八条的规定予以审查。经审查符合立案条件的,立案部门应当编立案号,在立案之日起五日内向赔偿请求人、赔偿义务机关、复议机关送达受理案件通知书,并向赔偿义务机关、复议机关送达国家赔偿申请书或者《申请赔偿登记表》副本。赔偿义务机关为下一级人民法院的,立案部门还应当向下一级人民法院调齐赔偿申请所涉案件的相关卷宗材料后,一并移送该院赔偿委员会审理。调取卷宗材料的时间应从作出赔偿决定的期限内予以扣除。

对前述两类案件经审查不符合立案条件的,由收到申请的人民法院立案部门在七日内作出不予受理决定,加盖人民法院院印,并在作出决定之日起十日内送达赔偿请求人。

三、关于国家赔偿案件案由的适用

对于赔偿请求人提出的赔偿申请属于《立案规定》第一条规定情形的,应当根据《案由规定》确定案由。在适用《案由规定》第六项至第十项时,一般应根据赔偿申请的具体情况择一确定案由,如赔偿申请涉及违法使用警械造成公民死亡的,案由为违法使用警械致死赔偿,如赔偿申请涉及虐待造成公民身体伤害的,案由为虐待致伤赔偿。

赔偿请求人提出的赔偿申请涉及同一赔偿义务机关的两个以上司法行为,且对应同一权利,应当一并审理的,可以确定并列案由。如赔偿申请既涉及刑事违法查封,又涉及刑事违法追缴的,案由为刑事违法查封、追缴赔偿;如赔偿申请既涉及违法保全,又涉及错误执行的,案由为违法保全、错误执行赔偿。

《立案规定》和《案由规定》适用过程中有何新情况和新问题,应当及时报告最高人民法院。

(二)行政赔偿

最高人民法院关于审理行政赔偿案件若干问题的规定

1. 1997年4月29日法发〔1997〕10号公布
2. 自1997年4月29日起施行

为正确审理行政赔偿案件,根据《中华人民共和国国家赔偿法》和《中华人民共和国行政诉讼法》的规定,对审理行政赔偿案件的若干问题作以下规定:

一、受案范围

第一条 《中华人民共和国国家赔偿法》第三条、第四条规定的其他违法行为,包括具体行政行为和与行政机关及其工作人员行使职权有关的,给公民、法人或者其他组织造成损害的,违反行政职责的行为。

第二条 赔偿请求人对行政机关确认具体行政行为违法但又决定不予赔偿,或者对确定的赔偿数额有异议提起行政赔偿诉讼的,人民法院应予受理。

第三条 赔偿请求人认为行政机关及其工作人员实施了国家赔偿法第三条第(三)、

(四)、(五)项和第四条第(四)项规定的非具体行政行为的行为侵犯其人身权、财产权并造成损失,赔偿义务机关拒不确认致害行为违法,赔偿请求人可直接向人民法院提起行政赔偿诉讼。

第四条 公民、法人或者其他组织在提起行政诉讼的同时一并提出行政赔偿请求的,人民法院应一并受理。

赔偿请求人单独提起行政赔偿诉讼,须以赔偿义务机关先行处理为前提。赔偿请求人对赔偿义务机关确定的赔偿数额有异议或者赔偿义务机关逾期不予赔偿,赔偿请求人有权向人民法院提起行政赔偿诉讼。

第五条 法律规定由行政机关最终裁决的具体行政行为,被作出最终裁决的行政机关确认违法,赔偿请求人以赔偿义务机关应当赔偿而不予赔偿或逾期不予赔偿或者对赔偿数额有异议提起行政赔偿诉讼,人民法院应依法受理。

第六条 公民、法人或者其他组织以国防、外交等国家行为或者行政机关制定发布行政法规、规章或者具有普遍约束力的决定、命令侵犯其合法权益造成损害为由,向人民法院提起行政赔偿诉讼的,人民法院不予受理。

二、管 辖

第七条 公民、法人或者其他组织在提起行政诉讼的同时一并提出行政赔偿请求的,人民法院依照行政诉讼法第十七条、第十八条、第二十条的规定管辖。

第八条 赔偿请求人提起行政赔偿诉讼的请求涉及不动产的,由不动产所在地的人民法院管辖。

第九条 单独提起的行政赔偿诉讼案件由被告住所地的基层人民法院管辖。

中级人民法院管辖下列第一审行政赔偿案件:

(1)被告为海关、专利管理机关的;

(2)被告为国务院各部门或者省、自治区、直辖市人民政府的;

(3)本辖区内其他重大影响和复杂的行政赔偿案件。

高级人民法院管辖本辖区内有重大影响和复杂的第一审行政赔偿案件。

最高人民法院管辖全国范围内有重大影响和复杂的第一审行政赔偿案件。

第十条 赔偿请求人因同一事实对两个以上行政机关提起行政赔偿诉讼的,可以向其中任何一个行政机关住所地的人民法院提起。赔偿请求人向两个以上有管辖权的人民法院提起行政赔偿诉讼的,由最先收到起诉状的人民法院管辖。

第十一条 公民对限制人身自由的行政强制措施不服,或者对行政赔偿机关基于同一事实对同一当事人作出限制人身自由和对财产采取强制措施的具体行政行为不服,在提起行政诉讼的同时一并提出行政赔偿请求的,由受理该行政案件的人民法院管辖;单独提起行政赔偿诉讼的,由被告住所地或原告住所地或不动产所在地的人民法院管辖。

第十二条 人民法院发现受理的案件不属于自己管辖,应当移送有管辖权的人民法院;受移送的人民法院不得再行移送。

第十三条 人民法院对管辖权发生争议的,由争议双方协商解决,协商不成的,报请他们的共同上级人民法院指定管辖。如双方为跨省、自治区、直辖市的人民法院,高级人民法院协商不成的,由最高人民法院及时指定管辖。

依前款规定报请上级人民法院指定管辖时,应当逐级进行。

三、诉讼当事人

第十四条 与行政赔偿案件处理结果有法律上的利害关系的其他公民、法人或者其组织有权作为第三人参加行政赔偿诉讼。

第十五条 受害的公民死亡,其继承人和其他有抚养关系的亲属以及死者生前抚养的无劳动能力的人有权提起行政赔偿诉讼。

第十六条 企业法人或者其他组织被行政机关撤销、变更、兼并、注销,认为经营自主权受到侵害,依法提起行政赔偿诉讼,原企业法人或其他组织,或者对其享有权利的法人或其他组织均具有原告资格。

第十七条 两个以上行政机关共同侵权,赔偿请求人对其中一个或者数个侵权机关提起行政赔偿诉讼,若诉讼请求系可分之诉,被诉的一个或者数个侵权机关为被告;若诉讼请求系不可分之诉,由人民法院依法追加其他侵权机关为共同被告。

第十八条 复议机关的复议决定加重损害,赔偿请求人只对作出原决定的行政机关提起行政赔偿诉讼,作出原决定的行政机关为被告;赔偿请求人只对复议机关提起行政赔偿诉讼的,复议机关为被告。

第十九条 行政机关依据行政诉讼法第六十六条的规定申请人民法院强制执行具体行政行为,由于据以强制执行的根据错误而发生行政赔偿诉讼的,申请强制执行的行政机关为被告。

第二十条 人民法院审理行政赔偿案件,需要变更被告而原告不同意变更的,裁定驳回起诉。

四、起诉与受理

第二十一条 赔偿请求人单独提起行政赔偿诉讼,应当符合下列条件:
(1)原告具有请求资格;
(2)有明确的被告;
(3)有具体的赔偿请求和受损害的事实根据;
(4)加害行为为具体行政行为的,该行为已被确认为违法;
(5)赔偿义务机关已先行处理或超过法定期限不予处理;
(6)属于人民法院行政赔偿诉讼的受案范围和受诉人民法院管辖;
(7)符合法律规定的起诉期限。

第二十二条 赔偿请求人单独提起行政赔偿诉讼,可以在向赔偿义务机关递交赔偿申请后的两个月届满之日起三个月内提出。

第二十三条 公民、法人或者其他组织在提起行政诉讼的同时一并提出行政赔偿请求的,其起诉期限按照行政诉讼起诉期限的规定执行。

行政案件的原告可以在提起行政诉讼后至人民法院一审庭审结束前,提出行政赔偿请求。

第二十四条 赔偿义务机关作出赔偿决定时,未告知赔偿请求人的诉权或者起诉期限,致使赔偿请求人逾期向人民法院起诉的,其起诉期限从赔偿请求人实际知道诉权或者起诉期限时计算,但逾期的期间自赔偿请求人收到赔偿决定之日起不得超过一年。

第二十五条 受害的公民死亡,其继承人和有抚养关系的人提起行政赔偿诉讼,应当提供该公民死亡的证明及赔偿请求人与死亡公民之间的关系证明。

第二十六条 当事人先后被采取限制人身自由的行政强制措施和刑事拘留等强制措施,因强制措施被确认为违法而请求赔偿的,人民法院按其行为性质分别适用行政赔偿程序和刑事赔偿程序立案受理。

第二十七条 人民法院接到原告单独提起的行政赔偿起诉状,应当进行审查,并在七日内立案或者作出不予受理的裁定。

人民法院接到行政赔偿起诉状后,在七日内不能确定可否受理的,应当先予受理。审理中发现不符合受理条件的,裁定驳回起诉。

当事人对不予受理或者驳回起诉的裁定

不服的,可以在裁定书送达之日起十日内向上一级人民法院提起上诉。

五、审理和判决

第二十八条 当事人在提起行政诉讼的同时一并提出行政赔偿请求,或者因具体行政行为和与行使行政职权有关的其他行为侵权造成损害一并提出行政赔偿请求的,人民法院应当分别立案,根据具体情况可以合并审理,也可以单独审理。

第二十九条 人民法院审理行政赔偿案件,就当事人之间的行政赔偿争议进行审理与裁判。

第三十条 人民法院审理行政赔偿案件在坚持合法、自愿的前提下,可以就赔偿范围、赔偿方式和赔偿数额进行调解。调解成立的,应当制作行政赔偿调解书。

第三十一条 被告在一审判决前同原告达成赔偿协议,原告申请撤诉的,人民法院应当依法予以审查并裁定是否准许。

第三十二条 原告在行政赔偿诉讼中对自己的主张承担举证责任。被告有权提供不予赔偿或者减少赔偿数额方面的证据。

第三十三条 被告的具体行政行为违法但尚未对原告合法权益造成损害的,或者原告的请求没有事实根据或法律根据的,人民法院应当判决驳回原告的赔偿请求。

第三十四条 人民法院对赔偿请求人未经确认程序而直接提起行政赔偿诉讼的案件,在判决时应当对赔偿义务机关致害行为是否违法予以确认。

第三十五条 人民法院对单独提起行政赔偿案件作出判决的法律文书的名称为行政赔偿判决书、行政赔偿裁定书或者行政赔偿调解书。

六、执行与期间

第三十六条 发生法律效力的行政赔偿判决、裁定或调解协议,当事人必须履行。一方拒绝履行的,对方当事人可以向第一审人民法院申请执行。

申请执行的期限,申请人是公民的为一年,申请人是法人或者其他组织的为六个月。

第三十七条 单独受理的第一审行政赔偿案件的审理期限为三个月,第二审为两个月;一并受理行政赔偿请求案件的审理期限与该行政案件的审理期限相同。如因特殊情况不能按期结案,需要延长审限的,应按照行政诉讼法的有关规定报请批准。

七、其 他

第三十八条 人民法院审理行政赔偿案件,除依照国家赔偿法行政赔偿程序的规定外,对本规定没有规定的,在不与国家赔偿法相抵触的情况下,可以适用行政诉讼的有关规定。

第三十九条 赔偿请求人要求人民法院确认致害行为违法涉及的鉴定、勘验、审计等费用,由申请人预付,最后由败诉方承担。

第四十条 最高人民法院以前所作的有关司法解释与本规定不一致的,按本规定执行。

最高人民法院关于
公安机关不履行法定行政职责是否
承担行政赔偿责任问题的批复

1. 2001年6月26日最高人民法院审判委员会第1182次会议通过
2. 2001年7月17日法释〔2001〕23号公布
3. 自2001年7月22日起施行

四川省高级人民法院：

你院川高法〔2000〕198号《关于公安机关不履行法定职责是否承担行政赔偿责任的问题的请示》收悉。经研究，答复如下：

由于公安机关不履行法定行政职责，致使公民、法人和其他组织的合法权益遭受损害的，应当承担行政赔偿责任。在确定赔偿的数额时，应当考虑该不履行法定职责的行为在损害发生过程和结果中所起的作用等因素。

此复

最高人民法院关于
行政机关工作人员执行职务致人伤亡
构成犯罪的赔偿诉讼程序问题的批复

1. 2002年8月5日最高人民法院审判委员会第1236次会议通过
2. 2002年8月23日法释〔2002〕28号公布
3. 自2002年8月30日起施行

山东省高级人民法院：

你院鲁高法函〔1998〕132号《关于对行政机关工作人员执行职务时致人伤、亡，法院以刑事附带民事判决赔偿损失后，受害人或其亲属能否再提起行政赔偿诉讼的请示》收悉。经研究，答复如下：

一、行政机关工作人员在执行职务中致人伤、亡已构成犯罪，受害人或其亲属提起刑事附带民事赔偿诉讼的，人民法院对民事赔偿诉讼请求不予受理。但应当告知其可以依据《中华人民共和国国家赔偿法》的有关规定向人民法院提起行政赔偿诉讼。

二、本批复公布以前发生的此类案件，人民法院已作刑事附带民事赔偿处理，受害人或其亲属再提起行政赔偿诉讼的，人民法院不予受理。

此复。

(三)刑事赔偿

最高人民法院关于民事、行政诉讼中司法赔偿若干问题的解释

1. 2000年9月14日最高人民法院审判委员会第1130次会议通过
2. 2000年9月16日法释〔2000〕27号公布
3. 自2000年9月21日起施行

根据《中华人民共和国国家赔偿法》(以下简称国家赔偿法)以及有关法律规定,现就审理民事、行政诉讼中司法赔偿案件具体适用法律的若干问题解释如下：

第一条 根据国家赔偿法第三十一条的规定,人民法院在民事、行政诉讼过程中,违法采取对妨害诉讼的强制措施、保全措施或者对判决、裁定及其他生效法律文书执行错误,侵犯公民、法人和其他组织合法权益造成损害的,依法应由国家承担赔偿责任。

第二条 违法采取对妨害诉讼的强制措施,是指下列行为：

(一)对没有实施妨害诉讼行为的人或者没有证据证明实施妨害诉讼的人采取司法拘留、罚款措施的；

(二)超过法律规定期限实施司法拘留的；

(三)对同一妨害诉讼行为重复采取罚款、司法拘留措施的；

(四)超过法律规定金额实施罚款的；

(五)违反法律规定的其他情形。

第三条 违法采取保全措施,是指人民法院依职权采取的下列行为：

(一)依法不应当采取保全措施而采取保全措施或者依法不应当解除保全措施而解除保全措施的；

(二)保全案外人财产的,但案外人对案件当事人负有到期债务的情形除外；

(三)明显超过申请人申请保全数额或者保全范围的；

(四)对查封、扣押的财物不履行监管职责,严重不负责任,造成毁损、灭失的,但依法交由有关单位、个人负责保管的情形除外；

(五)变卖财产未由合法评估机构估价,或者应当拍卖而未依法拍卖,强行将财物变卖给他人的；

(六)违反法律规定的其他情形。

第四条 对判决、裁定及其他生效法律文书执行错误,是指对已经发生法律效力的判决、裁定、民事制裁决定、调解、支付令、仲裁裁决、具有强制执行效力的公证债权文书以及行政处罚、处理决定等执行错误。包括下列行为：

(一)执行尚未发生法律效力的判决、裁定、民事制裁决定等法律文书的；

(二)违反法律规定先予执行的；

(三)违法执行案外人财产且无法执行回转的；

(四)明显超过申请数额、范围执行且无法执行回转的；

(五)执行过程中,对查封、扣押的财产不履行监管职责,严重不负责任,造成财物毁损、灭失的；

(六)执行过程中,变卖财物未由合法评估

机构估价,或者应当拍卖而未依法拍卖,强行将财物变卖给他人的;

(七)违反法律规定的其他情形。

第五条 人民法院及其工作人员在民事、行政诉讼或者执行过程中,以殴打或者唆使他人以殴打等暴力行为,或者违法使用武器、警械,造成公民身体伤害、死亡的,应当比照国家赔偿法第十五条第(四)项、第(五)项规定予以赔偿。

第六条 人民法院及其工作人员在民事、行政诉讼或者执行过程中,具有本解释第二条至第五条规定情形,造成损害的,应当承担直接损失的赔偿责任。

因多种原因造成的损失,只赔偿因违法侵权行为所造成的直接损失。

第七条 根据国家赔偿法第十七条、第三十一条的规定,具有下列情形之一的,国家不承担赔偿责任:

(一)因申请人申请保全有错误造成损害的;

(二)因申请人提供的执行标的物有错误造成损害的;

(三)人民法院工作人员与行使职权无关的个人行为;

(四)属于民事诉讼法第二百一十条规定情形的;

(五)被保全人、被执行人,或者人民法院依法指定的保管人员违法动用、隐匿、毁损、转移、变卖人民法院已经保全的财产的;

(六)因不可抗力造成损害后果的;

(七)依法不应由国家承担赔偿责任的其他情形。

第八条 申请民事、行政诉讼中司法赔偿的,违法行使职权的行为应当先经依法确认。

申请确认的,应当先向侵权的人民法院提出。

人民法院应自受理确认申请之日起两个月内依照相应程序作出裁决或相关的决定。

申请人对确认裁定或者决定不服或者侵权的人民法院逾期不予确认的,申请人可以向其上一级人民法院申诉。

第九条 未经依法确认直接向人民法院赔偿委员会申请作出赔偿决定的,人民法院赔偿委员会不予受理。

第十条 经依法确认有本解释第二条至第五条规定情形之一的,赔偿请求人可依法向侵权的人民法院提出赔偿申请,人民法院应当受理。人民法院逾期不作决定的,赔偿请求人可以向其上一级人民法院赔偿委员会申请作出赔偿决定。

第十一条 民事、行政诉讼中司法赔偿的赔偿方式主要为支付赔偿金。包括:支付侵犯人身自由权、生命健康权的赔偿金;财产损坏的,赔偿修复所需费用;财产灭失的,按侵权行为发生时当地市场价格予以赔偿;财产已拍卖的,给付拍卖所得的价款;财产已变卖的,按合法评估机构的估价赔偿;造成其他损害的,赔偿直接损失。

能够返还财产或者恢复原状的,予以返还财产或者恢复原状。包括:解除查封、扣押、冻结;返还财产、恢复原状;退还罚款、罚没财物。

第十二条 国家赔偿法第二十八条第(七)项规定的直接损失包括下列情形:

(一)保全、执行过程中造成财物灭失、毁损、霉变、腐烂等损坏的;

(二)违法使用保全、执行的财物造成损坏的;

(三)保全的财产系国家批准的金融机构贷款的,当事人应支付的该贷款借贷状态下的贷款利息。执行上述款项的,贷款本金及当事人应支付的该贷款借贷状态下的贷款利息;

(四)保全、执行造成停产停业的,停产停业期间的职工工资、税金、水电费等必要的经常性费用;

(五)法律规定的其他直接损失。

第十三条 违法采取司法拘留措施的,按国家赔偿法第二十六条规定予以赔偿。

造成受害人名誉权、荣誉权损害的,按照国家赔偿法第三十条规定,在侵权行为影响的范围内,为受害人消除影响、恢复名誉、赔礼道歉。

第十四条 人民法院赔偿委员会在审理侦查、检察、监狱管理机关及其工作人员违法行使职权侵犯公民财产权造成损害的赔偿案件时,可参照本解释的有关规定办理。

最高人民检察院关于适用修改后《中华人民共和国国家赔偿法》若干问题的意见

1. 2011 年 4 月 22 日最高人民检察院第十一届检察委员会第六十一次会议通过
2. 2011 年 4 月 25 日高检发刑申字〔2011〕3 号公布
3. 自 2011 年 4 月 25 日起施行

第十一届全国人民代表大会常务委员会第十四次会议于 2010 年 4 月 29 日通过的《关于修改〈中华人民共和国国家赔偿法〉的决定》,自 2010 年 12 月 1 日起施行。现就人民检察院处理国家赔偿案件中适用修改后国家赔偿法的若干问题提出以下意见:

一、人民检察院和人民检察院工作人员行使职权侵犯公民、法人和其他组织合法权益的行为发生在 2010 年 12 月 1 日以后的,适用修改后国家赔偿法的规定。

人民检察院和人民检察院工作人员行使职权侵犯公民、法人和其他组织合法权益的行为发生在 2010 年 12 月 1 日以前的,适用修改前国家赔偿法的规定,但在 2010 年 12 月 1 日以后提出赔偿请求的,或者在 2010 年 12 月 1 日以前提出赔偿请求但尚未作出生效赔偿决定的,适用修改后国家赔偿法的规定。

人民检察院和人民检察院工作人员行使职权侵犯公民、法人和其他组织合法权益的行为发生在 2010 年 12 月 1 日以前、持续至 2010 年 12 月 1 日以后的,适用修改后国家赔偿法的规定。

二、人民检察院在 2010 年 12 月 1 日以前受理但尚未办结的刑事赔偿确认案件,继续办理。办结后,对予以确认的,依法进入赔偿程序,适用修改后国家赔偿法的规定办理;对不服不予确认申诉的,适用修改前国家赔偿法的规定处理。

人民检察院在 2010 年 12 月 1 日以前已经作出决定并发生法律效力的刑事赔偿确认案件,赔偿请求人申诉或者原决定确有错误需要纠正的,适用修改前国家赔偿法的规定处理。

三、赔偿请求人不服人民检察院在 2010 年 12 月 1 日以前已经生效的刑事赔偿决定,向人民检察院申诉的,人民检察院适用修改前国家赔偿法的规定办理;赔偿请求人仅就修改后国家赔偿法增加的赔偿项目及标准提出申诉的,人民检察院不予受理。

四、赔偿请求人或者赔偿义务机关不服人民法院赔偿委员会在 2010 年 12 月 1 日以后作出的赔偿决定,向人民检察院申诉的,人民检察院应当依法受理,依照修改后国家赔偿法第三十条第三款的规定办理。

赔偿请求人或者赔偿义务机关不服人民法院赔偿委员会在 2010 年 12 月 1 日以前作出的赔偿决定,向人民检察院申诉的,不适用修改后国家赔偿法第三十条第三款的规定,人民检察院应当告知其依照法律规定向人民法院提出申诉。

五、人民检察院控告申诉检察部门、民事行政检察部门在2010年12月1日以后接到不服人民法院行政赔偿判决、裁定的申诉案件,以及不服人民法院赔偿委员会决定的申诉案件,应当移送本院国家赔偿工作办公室办理。

人民检察院民事行政检察部门在2010年12月1日以前已经受理、尚未办结的不服人民法院行政赔偿判决、裁定申诉案件,仍由民事行政检察部门办理。

六、本意见自公布之日起施行。

人民检察院国家赔偿工作规定

1. 2010年11月11日最高人民检察院第十一届检察委员会第四十六次会议通过
2. 2010年11月22日高检发〔2010〕29号公布
3. 自2010年12月1日起施行

目　录

第一章　总　则
第二章　立　案
第三章　审查决定
第四章　复　议
第五章　赔偿监督
第六章　执　行
第七章　其他规定
第八章　附　则

第一章　总　则

第一条　为了保障公民、法人和其他组织享有依法取得国家赔偿的权利,促进国家机关及其工作人员依法行使职权、公正执法,根据《中华人民共和国国家赔偿法》及有关法律,制定本规定。

第二条　人民检察院通过办理检察机关作为赔偿义务机关的刑事赔偿案件,并对人民法院赔偿委员会决定和行政赔偿诉讼依法履行法律监督职责,保障国家赔偿法的统一正确实施。

第三条　人民检察院国家赔偿工作办公室统一办理检察机关作为赔偿义务机关的刑事赔偿案件、对人民法院赔偿委员会决定提出重新审查意见的案件,以及对人民法院行政赔偿判决、裁定提出抗诉的案件。

人民检察院相关部门应当按照内部分工,协助国家赔偿工作办公室依法办理国家赔偿案件。

第四条　人民检察院国家赔偿工作应当坚持依法、公正、及时的原则。

第五条　上级人民检察院监督、指导下级人民检察院依法办理国家赔偿案件。上级人民检察院在办理国家赔偿案件时,对下级人民检察院作出的相关决定,有权撤销或者变更;发现下级人民检察院已办结的国家赔偿案件确有错误,有权指令下级人民检察院纠正。

赔偿请求人向上级人民检察院反映下级人民检察院在办理国家赔偿案件中存在违法行为的,上级人民检察院应当受理,并依法、及时处理。对依法应予赔偿而拒不赔偿,或者打击报复赔偿请求人的,应当依照有关规定追究相关领导和其他直接责任人员的责任。

第二章 立 案

第六条 赔偿请求人提出赔偿申请的,人民检察院应当受理,并接收下列材料:

(一)刑事赔偿申请书。刑事赔偿申请书应当载明受害人的基本情况、具体要求、事实根据和理由,申请的时间。赔偿请求人书写申请书确有困难的,可以委托他人代书;也可以口头申请。口头提出申请的,应当问明有关情况并制作笔录,由赔偿请求人签名或者盖章。

(二)赔偿请求人和代理人的身份证明材料。赔偿请求人不是受害人本人的,应当要求其说明与受害人的关系,并提供相应证明。赔偿请求人委托他人代理赔偿申请事项的,应当要求其提交授权委托书,以及代理人和被代理人身份证明原件。代理人为律师的,应当同时提供律师执业证及律师事务所介绍函。

(三)证明原案强制措施的法律文书。

(四)证明原案处理情况的法律文书。

(五)证明侵权行为造成损害及其程度的法律文书或者其他材料。

(六)赔偿请求人提供的其他相关材料。

赔偿请求人或者其代理人当面递交申请书或者其他申请材料的,人民检察院应当当场出具加盖本院专用印章并注明收讫日期的《接收赔偿申请材料清单》。申请材料不齐全的,应当当场或者在五日内一次性明确告知赔偿请求人需要补充的全部相关材料。

第七条 人民检察院收到赔偿申请后,国家赔偿工作办公室应当填写《受理赔偿申请登记表》。

第八条 同时符合下列各项条件的赔偿申请,应当立案:

(一)依照国家赔偿法第十七条第一项、第二项规定请求人身自由权赔偿的,已决定撤销案件、不起诉或者判决宣告无罪终止追究刑事责任;依照国家赔偿法第十七条第四项、第五项规定请求生命健康权赔偿的,有伤情、死亡证明;依照国家赔偿法第十八条第一项规定请求财产权赔偿的,刑事诉讼程序已经终结,但已查明该财产确与案件无关的除外;

(二)本院为赔偿义务机关;

(三)赔偿请求人具备国家赔偿法第六条规定的条件;

(四)在国家赔偿法第三十九条规定的请求赔偿时效内;

(五)请求赔偿的材料齐备。

第九条 对符合立案条件的赔偿申请,人民检察院应当立案,并在收到赔偿申请之日起五日内,将《刑事赔偿立案通知书》送达赔偿请求人。

立案应当经部门负责人批准。

第十条 对不符合立案条件的赔偿申请,应当分别下列不同情况予以处理:

(一)尚未决定撤销案件、不起诉或者判决宣告无罪终止追究刑事责任而请求人身自由权赔偿的,没有伤情、死亡证明而请求生命健康权赔偿的,刑事诉讼程序尚未终结而请求财产权赔偿的,告知赔偿请求人不符合立案条件,可在具备立案条件后再申请赔偿;

(二)不属于人民检察院赔偿的,告知赔偿请求人向负有赔偿义务的机关提出;

(三)本院不负有赔偿义务的,告知赔偿请求人向负有赔偿义务的人民检察院提出,或者移送负有赔偿义务的人民检察院,并通知赔偿请求人;

(四)赔偿请求人不具备国家赔偿法第六条规定条件的,告知赔偿请求人;

(五)对赔偿请求已过法定时效的,告知赔偿请求人已经丧失请求赔偿权。

对上列情况,均应当填写《审查刑事赔偿申请通知书》,并说明理由,在收到赔偿申请之日起五日内送达赔偿请求人。

第十一条 当事人、其他直接利害关系人或者其近亲属认为人民检察院扣押、冻结、保管、处理涉案款物侵犯自身合法权益或者有违法情形,向人民检察院投诉,并在刑事诉讼程序终结后又申请刑事赔偿的,尚未办结的投诉程序应当终止,负责办理投诉的部门应当将相关材料移交被请求赔偿的人民检察院国家赔偿工作办公室,依照刑事赔偿程序办理。

第三章 审查决定

第十二条 对已经立案的赔偿案件应当全面审查案件材料,必要时可以调取有关的案卷材料,也可以向原案件承办部门和承办人员等调查、核实有关情况,收集有关证据。原案件承办部门和承办人员应当协助、配合。

第十三条 对请求生命健康权赔偿的案件,人民检察院对是否存在违法侵权行为尚未处理认定的,国家赔偿工作办公室应当在立案后三日内将相关材料移送本院监察部门和渎职侵权检察部门,监察部门和渎职侵权检察部门应当在三十日内提出处理认定意见,移送国家赔偿工作办公室。

第十四条 审查赔偿案件,应当查明以下事项:
(一)是否存在国家赔偿法规定的损害行为和损害结果;
(二)损害是否为检察机关及其工作人员行使职权造成;
(三)侵权的起止时间和造成损害的程度;
(四)是否属于国家赔偿法第十九条规定的国家不承担赔偿责任的情形;
(五)其他需要查明的事项。

第十五条 人民检察院作出赔偿决定,应当充分听取赔偿请求人的意见,并制作笔录。

第十六条 对存在国家赔偿法规定的侵权损害事实,依法应当予以赔偿的,人民检察院可以与赔偿请求人就赔偿方式、赔偿项目和赔偿数额,依照国家赔偿法有关规定进行协商,并制作笔录。

人民检察院与赔偿请求人进行协商,应当坚持自愿、合法原则。禁止胁迫赔偿请求人放弃赔偿申请,禁止违反国家赔偿法规定进行协商。

第十七条 对审查终结的赔偿案件,应当制作赔偿案件审查终结报告,载明原案处理情况、赔偿请求人意见和协商情况,提出是否予以赔偿以及赔偿的方式、项目和数额等具体处理意见,经部门集体讨论、负责人审核后,报检察长决定。重大、复杂案件,由检察长提交检察委员会审议决定。

第十八条 审查赔偿案件,应当根据下列情形分别作出决定:
(一)请求赔偿的侵权事项事实清楚,应当予以赔偿的,依法作出赔偿的决定;
(二)请求赔偿的侵权事项事实不存在,或者不属于国家赔偿范围的,依法作出不予赔偿的决定。

第十九条 办理赔偿案件的人民检察院应当自收到赔偿申请之日起二个月内,作出是否赔偿的决定,制作《刑事赔偿决定书》,并自作出决定之日起十日内送达赔偿请求人。

人民检察院与赔偿请求人协商的,不论协商后是否达成一致意见,均应当制作《刑事赔偿决定书》。

人民检察院决定不予赔偿的,应当在《刑事赔偿决定书》中载明不予赔偿的理由。

第二十条 人民检察院送达刑事赔偿决定书,应当向赔偿请求人说明法律依据和事实证据情况,并告知赔偿请求人如对赔偿决定有异议,可以自收到决定书之日起三十日内向上一级人民检察院申请复议;如对赔偿决定没有异议,要求依照刑事赔偿决定书支付赔偿金的,应当提出支付赔偿金申请。

第四章 复 议

第二十一条 人民检察院在规定期限内未作出赔偿决定的,赔偿请求人可以自期限届满之日起三十日内向上一级人民检察院申请复议。

人民检察院作出不予赔偿决定的，或者赔偿请求人对赔偿的方式、项目、数额有异议的，赔偿请求人可以自收到人民检察院作出的赔偿或者不予赔偿决定之日起三十日内，向上一级人民检察院申请复议。

第二十二条 人民检察院收到复议申请后，应当及时进行审查，分别不同情况作出处理：

（一）对符合法定条件的复议申请，复议机关应当受理；

（二）对超过法定期间提出的，复议机关不予受理；

（三）对申请复议的材料不齐备的，告知赔偿请求人补充有关材料。

第二十三条 复议赔偿案件可以调取有关的案卷材料。对事实不清的，可以要求原承办案件的人民检察院补充调查，也可以自行调查。对损害事实及因果关系、重要证据有争议的，应当听取赔偿请求人和赔偿义务机关的意见。

第二十四条 对审查终结的复议案件，应当制作赔偿复议案件的审查终结报告，提出具体处理意见，经部门集体讨论、负责人审核，报检察长决定。重大、复杂案件，由检察长提交检察委员会审议决定。

第二十五条 复议赔偿案件，应当根据不同情形分别作出决定：

（一）原决定事实清楚，适用法律正确，赔偿方式、项目、数额适当的，予以维持；

（二）原决定认定事实或者适用法律错误的，予以纠正，赔偿方式、项目、数额不当的，予以变更；

（三）赔偿义务机关逾期未作出决定的，依法作出决定。

第二十六条 人民检察院应当自收到复议申请之日起二个月内作出复议决定。

复议决定作出后，应当制作《刑事赔偿复议决定书》，并自作出决定之日起十日内直接送达赔偿义务机关和赔偿请求人。直接送达赔偿请求人有困难的，可以委托其所在地的人民检察院代为送达。

第二十七条 人民检察院送达刑事赔偿复议决定书，应当向赔偿请求人说明法律依据和事实证据情况，并告知赔偿请求人如对赔偿复议决定有异议，可以自收到复议决定之日起三十日内向复议机关所在地的同级人民法院赔偿委员会申请作出赔偿决定；如对赔偿复议决定没有异议，要求依照复议决定书支付赔偿金的，应当提出支付赔偿金申请。

第二十八条 人民检察院复议赔偿案件，实行一次复议制。

第五章 赔偿监督

第二十九条 赔偿请求人或者赔偿义务机关不服人民法院赔偿委员会作出的刑事赔偿决定或者民事、行政诉讼赔偿决定，以及人民法院行政赔偿判决、裁定，向人民检察院申诉的，人民检察院应当受理。

第三十条 最高人民检察院发现各级人民法院赔偿委员会作出的决定，上级人民检察院发现下级人民法院赔偿委员会作出的决定，具有下列情形之一的，应当自本院受理之日起三十日内立案：

（一）有新的证据，可能足以推翻原决定的；

（二）原决定认定事实的主要证据可能不足的；

（三）原决定适用法律可能错误的；

（四）违反程序规定、可能影响案件正确处理的；

（五）有证据证明审判人员在审理该案时有贪污受贿、徇私舞弊、枉法处理行为的。

下级人民检察院发现上级或者同级人民法院赔偿委员会作出的赔偿决定具有上列情形之一的，经检察长批准或者检察委员会审议决定后,层报有监督权的上级人民检察院审查。

第三十一条 人民检察院立案后,应当在五日内将《赔偿监督立案通知书》送达赔偿请求人和赔偿义务机关。

立案应当经部门负责人批准。

人民检察院决定不立案的,应当在五日内将《赔偿监督申请审查结果通知书》送达提出申诉的赔偿请求人或者赔偿义务机关。赔偿请求人或者赔偿义务机关不服的,可以向作出决定的人民检察院或者上一级人民检察院申诉。人民检察院应当在收到申诉之日起十日内予以答复。

第三十二条 对立案审查的案件,应当全面审查申诉材料和全部案卷。

具有下列情形之一的,可以进行补充调查:

(一)赔偿请求人由于客观原因不能自行收集的主要证据,向人民法院赔偿委员会提供了证据线索,人民法院未进行调查取证的;

(二)赔偿请求人和赔偿义务机关提供的证据互相矛盾,人民法院赔偿委员会未进行调查核实的;

(三)据以认定事实的主要证据可能是虚假、伪造的;

(四)审判人员在审理该案时可能有贪污受贿、徇私舞弊、枉法处理行为的。

对前款第一至三项规定情形的调查,由本院国家赔偿工作办公室或者指令下级人民检察院国家赔偿工作办公室进行。对第四项规定情形的调查,应当根据人民检察院内部业务分工,由本院主管部门或者指令下级人民检察院主管部门进行。

第三十三条 对审查终结的赔偿监督案件,应当制作赔偿监督案件审查终结报告,载明案件来源、原案处理情况、申诉理由、审查认定的事实,提出处理意见。经部门集体讨论、负责人审核,报检察长决定。重大、复杂案件,由检察长提交检察委员会讨论决定。

第三十四条 人民检察院审查终结的赔偿监督案件,具有下列情形之一的,应当依照国家赔偿法第三十条第三款的规定,向同级人民法院赔偿委员会提出重新审查意见:

(一)有新的证据,足以推翻原决定的;

(二)原决定认定事实的主要证据不足的;

(三)原决定适用法律错误的;

(四)违反程序规定、影响案件正确处理的;

(五)作出原决定的审判人员在审理该案时有贪污受贿、徇私舞弊、枉法处理行为的。

第三十五条 人民检察院向人民法院赔偿委员会提出重新审查意见的,应当制作《重新审查意见书》,载明案件来源、基本案情以及要求重新审查的理由、法律依据。

第三十六条 《重新审查意见书》副本应当在作出决定后十日内送达赔偿请求人和赔偿义务机关。

人民检察院立案后决定不提出重新审查意见的,应当在作出决定后十日内将《赔偿监督案件审查结果通知书》送达赔偿请求人和赔偿义务机关。赔偿请求人或者赔偿义务机关不服的,可以向作出决定的人民检察院或者上一级人民检察院申诉。人民检察院应当在收到申诉之日起十日内予以答复。

第三十七条 对赔偿监督案件,人民检察院应当在立案后三个月内审查办结,并依法提出重新审查意见。属于特别重大、复杂的案件,经检察长批准,可以延长二个月。

第三十八条 人民检察院对人民法院行政赔偿判决、裁定提出抗诉,适用《人民检察院民事行政抗诉案件办案规则》等规定。

第六章 执 行

第三十九条 负有赔偿义务的人民检察院负责赔偿决定的执行。

支付赔偿金的,由国家赔偿工作办公室办

理有关事宜；返还财产或者恢复原状的，由国家赔偿工作办公室通知原案件承办部门在二十日内执行，重大、复杂的案件，经检察长批准，可以延长十日。

第四十条 赔偿请求人凭生效的《刑事赔偿决定书》、《刑事赔偿复议决定书》或者《人民法院赔偿委员会决定书》，向负有赔偿义务的人民检察院申请支付赔偿金。

支付赔偿金申请采取书面形式。赔偿请求人书写申请书确有困难的，可以委托他人代书；也可以口头申请，由负有赔偿义务的人民检察院记入笔录，并由赔偿请求人签名或者盖章。

第四十一条 负有赔偿义务的人民检察院应当自收到赔偿请求人支付赔偿金申请之日起七日内，依照预算管理权限向有关的财政部门提出支付申请。向赔偿请求人支付赔偿金，依照国务院制定的国家赔偿费用管理有关规定办理。

第四十二条 对有国家赔偿法第十七条规定的情形之一，致人精神损害的，负有赔偿义务的人民检察院应当在侵权行为影响的范围内，为受害人消除影响，恢复名誉，赔礼道歉；造成严重后果的，应当支付相应的精神损害抚慰金。

第七章 其他规定

第四十三条 人民检察院应当依照国家赔偿法的有关规定参与人民法院赔偿委员会审理工作。

第四十四条 人民检察院在办理外国公民、法人和其他组织请求中华人民共和国国家赔偿的案件时，案件办理机关应当查明赔偿请求人所属国是否对中华人民共和国公民、法人和其他组织要求该国国家赔偿的权利不予保护或者限制。

地方人民检察院需要查明涉外相关情况的，应当逐级层报，统一由最高人民检察院国际合作部门办理。

第四十五条 人民检察院在办理刑事赔偿案件时，发现检察机关原刑事案件处理决定确有错误，影响赔偿请求人依法取得赔偿的，应当由刑事申诉检察部门立案复查，提出审查处理意见，报检察长或者检察委员会决定。刑事复查案件应当在三十日内办结；办理刑事复查案件和刑事赔偿案件的合计时间不得超过法定赔偿办案期限。

人民检察院在办理本院为赔偿义务机关的案件时，改变原决定、可能导致不予赔偿的，应当报请上一级人民检察院批准。

对于犯罪嫌疑人没有违法犯罪行为的，或者犯罪事实并非犯罪嫌疑人所为的案件，人民检察院根据刑事诉讼法第一百四十二条第一款的规定作不起诉处理的，应当在刑事赔偿决定书或者复议决定书中直接说明该案不属于国家免责情形，依法作出予以赔偿的决定。

第四十六条 人民检察院在办理本院为赔偿义务机关的案件时或者作出赔偿决定以后，对于撤销案件、不起诉案件或者人民法院宣告无罪的案件，重新立案侦查、提起公诉、提出抗诉的，应当报请上一级人民检察院批准，正在办理的刑事赔偿案件应当中止办理。经人民法院终审判决有罪的，正在办理的刑事赔偿案件应当终结；已作出赔偿决定的，应当由作出赔偿决定的机关予以撤销，已支付的赔偿金应当追缴。

第四十七条 依照本规定作出的《刑事赔偿决定书》、《刑事赔偿复议决定书》、《重新审查意见书》均应当加盖人民检察院院印，并于十日内报上一级人民检察院备案。

第四十八条 人民检察院赔偿后，根据国家赔偿法第三十一条的规定，应当向有下列情形之一的检察人员追偿部分或者全部赔偿费用：

（一）刑讯逼供或者殴打、虐待等或者唆

使、放纵他人殴打、虐待等造成公民身体伤害或者死亡的；

（二）违法使用武器、警械造成公民身体伤害或者死亡的；

（三）在处理案件中有贪污受贿、徇私舞弊、枉法追诉行为的。

对有前款规定情形的责任人员，人民检察院应当依照有关规定给予处分；构成犯罪的，应当依法追究刑事责任。

第四十九条 人民检察院办理国家赔偿案件、开展赔偿监督，不得向赔偿请求人或者赔偿义务机关收取任何费用。

第八章 附 则

第五十条 本规定自2010年12月1日起施行，2000年11月6日最高人民检察院第九届检察委员会第七十三次会议通过的《人民检察院刑事赔偿工作规定》同时废止。

第五十一条 本规定由最高人民检察院负责解释。

最高人民法院赔偿委员会关于违法查封且未尽保管义务造成损害人民法院应当承担国家赔偿责任的批复

1. 2002年3月7日〔2001〕赔他字第2号公布
2. 自2002年3月7日起施行

四川省高级人民法院：

你院2001年2月5日〔2001〕川法委赔请字第01号《关于泸州汽车运输总公司、李平贵申请泸州市中级人民法院违法查封赔偿一案的请示报告》收悉。经研究，答复如下：

同意你院请示报告中的第二种意见。根据《中华人民共和国国家赔偿法》第二十八条第（五）项规定，泸州市中级人民法院违法查封且未尽妥善保管义务造成赔偿请求人的直接损失应以被查封汽车折旧后价值166 980元减去该车最终变卖价格6万元的差价计算。

此复

最高人民法院关于陶玉艳申请国家赔偿一案的批复

1. 2000年4月29日〔1999〕赔他字第43号公布
2. 自2000年4月29日起施行

辽宁省高级人民法院：

你院1999年12月15日（1999）辽法委赔疑字第2号《关于陶玉艳申请国家赔偿案件的请求报告》收悉，经研究，答复如下：

同意你院请示报告的第一种意见。盖州市人民检察院虽然对陶玉艳提起公诉，但未采取逮捕措施，亦未对其人身自由进行限制，根据国家赔偿法第十五条第一项、第二项，第十九条第二、三款之规定,盖州市人民检察院不应承担赔偿责任。本案应由盖州市公安局就错误拘留承担赔偿责任。

此复

最高人民法院关于王至诚申请国家赔偿一案的批复

1. 2000年1月10日〔1999〕赔他字第20号公布
2. 自2000年1月10日起施行

陕西省高级人民法院:

你院1999年6月10日〔1999〕陕高法委赔字第6号《关于王至诚申请赔偿案的请示报告》收悉,经研究,答复如下:

根据《中华人民共和国国家赔偿法》的规定,公民因被侦查、检察、审判机关错拘、错捕、错判而错误限制人身自由的,该公民有权申请并依照法律规定获得赔偿。国家赔偿与单位补发工资性质不同,不能相互混淆。不能基于单位已经补发工资就剥夺该公民依法获得的申请并取得国家赔偿的权利。本案王至诚于1995年1月1日以前被错误羁押的部分,根据以前的规定已经补发工资,国家不承担赔偿义务;其于1995年1月1日以后被错误羁押的部分虽也已补发了工资,但不影响其申请并依照法律规定获得国家赔偿。

此复

各种规范性文件全称与简称对照表

全　　称	简　　称	页码
中华人民共和国公务员法(2006.1.1施行)	公务员法	001
行政机关公务员处分条例(2007.6.1施行)	机关公务员处分条例	013
国务院行政机构设置和编制管理条例(1997.8.3施行)	国务院机构管理条例	020
地方各级人民政府机构设置和编制管理条例(2007.5.1施行)	地方政府机构管理条例	023
中华人民共和国行政监察法(2010.6.25修正)	行政监察法	026
中华人民共和国行政监察法实施条例(2004.10.1施行)	监察法实施条例	031
中华人民共和国立法法(2015.3.15修正)	立法法	037
行政法规制定程序条例(2002.1.1施行)	行政法规制定程序条例	059
规章制定程序条例(2002.1.1施行)	规章制定程序条例	062
中华人民共和国行政许可法(2004.7.1施行)	行政许可法	066
中华人民共和国行政处罚法(2009.8.27修正)	行政处罚法	083
中华人民共和国治安管理处罚法(2012.10.26修正)	治安管理处罚法	097
中华人民共和国海关行政处罚实施条例(2004.11.1施行)	海关行政处罚实施条例	111
中华人民共和国行政强制法(2012.1.1施行)	行政强制法	120
中华人民共和国政府采购法(2014.8.31修正)	政府采购法	138
中华人民共和国行政复议法(1999.10.1施行)	行政复议法	149
中华人民共和国行政复议法实施条例(2007.8.1施行)	行政复议法实施条例	169
中华人民共和国突发事件应对法(2007.11.1施行)	突发事件应对法	176
突发公共卫生事件应急条例(2003.5.9施行)	突发公共卫生事件应急条例	184
重大动物疫情应急条例(2005.11.18施行)	重大动物疫情应急条例	190

信访条例(2005.5.1 施行)	信访条例	195
中华人民共和国政府信息公开条例(2008.5.1 施行)	政府信息公开条例	201
最高人民法院关于审理政府信息公开行政案件若干问题的规定(2011.8.13 施行)	政府信息公开案件规定	206
中华人民共和国行政诉讼法(2014.11.1 修正)	行政诉讼法	209
最高人民法院关于执行《中华人民共和国行政诉讼法》若干问题的解释(2000.3.10 施行)	2000 年行诉解释	264
最高人民法院关于适用《中华人民共和国行政诉讼法》若干问题的解释(2015.5.1 施行)	2015 年行诉解释	275
最高人民法院关于行政机关根据法院的协助执行通知书实施的行政行为是否属于人民法院行政诉讼受案范围的批复(2004.7.20 施行)	协助法院执行行为是否属于受案范围的批复	279
最高人民法院关于教育行政主管部门出具介绍信的行为是否属于可诉具体行政行为请示的答复(2003.11.26 施行)	教育部门出具介绍信行为是否可诉的答复	279
最高人民法院对孙德金诉海南省监察厅行政赔偿一案应否驳回上诉的请示的答复(2000.11.1 施行)	孙德金案的答复	280
最高人民法院行政庭关于对行政机关作出的改变原具体行政行为的行政行为,当事人不服能否提起行政诉讼的电话答复(2000.11.15 施行)	行政机关改变行为能否起诉的答复	280
最高人民法院行政审判庭关于拖欠社会保险基金纠纷是否由法院主管的答复(1998.3.25 施行)	社会保险基金纠纷的答复	280
最高人民法院关于"少年收容教养"是否属于行政诉讼受案范围的答复(1998.8.15 施行)	少年收容教养的答复	281
最高人民法院关于当事人不服教育行政部门对适龄儿童入学争议作出的处理决定可否提起行政诉讼的答复(1998.8.11 施行)	适龄儿童入学争议的答复	281
最高人民法院关于不服计划生育管理部门采取的扣押财物、限制人身自由等强制措施而提起的诉讼人民法院应否受理问题的批复(1997.4.4 施行)	关于计生部门强制措施的批复	282
最高人民法院关于行政案件管辖若干问题的规定(2008.2.1 施行)	行政案管辖规定	282

各种规范性文件全称与简称对照表

最高人民法院办公厅关于海事行政案件管辖问题的通知(2003.8.11 施行)	海事行政案件管辖问题的通知	283
最高人民法院关于海关行政处罚案件诉讼管辖问题的解释(2002.2.7 施行)	海关行政案件管辖	284
最高人民法院关于国有资产产权管理行政案件管辖问题的解释(2001.2.21 施行)	国有资产行政案件管辖	284
最高人民法院办公厅关于中国人民银行分支机构是否具有行政诉讼主体资格问题的复函(2002.5.31 施行)	人行分支机构是否具有主体资格复函	285
最高人民法院对内蒙古高院《关于内蒙古康辉国际旅行社有限责任公司诉呼和浩特市工商行政管理局履行法定职责一案的请示报告》的答复(1999.11.24 施行)	内蒙古案答复	285
最高人民法院关于行政诉讼证据若干问题的规定(2002.10.1 施行)	行诉证据规定	286
最高人民法院对如何理解《最高人民法院关于执行〈中华人民共和国行政诉讼法〉若干问题的解释》第四十一条第一款规定的请示的答复(2000.4.19 施行)	2000 年行诉解释第 41 条第 1 款的答复	294
最高人民法院关于开展行政诉讼简易程序试点工作的通知(2010.11.17 施行)	行政诉讼简易程序通知	295
最高人民法院关于行政诉讼撤诉若干问题的规定(2008.2.1 施行)	行诉撤诉规定	296
最高人民法院关于审理行政许可案件若干问题的规定(2010.1.4 施行)	审理行政许可案规定	297
关于审理行政案件适用法律规范问题的座谈会纪要(2004.5.18 施行)	行政案件适用法律问题会议纪要	299
最高人民法院关于对人民法院审理产品质量监督行政案件如何适用法律问题的答复(2001.2.18 施行)	产品监督案件如何适用法律的答复	302
最高人民法院对如何理解《最高人民法院关于执行〈中华人民共和国行政诉讼法〉若干问题的解释》第四十四条第一款第(十)项规定的请示的答复(2000.6.5 施行)	2000 年行诉解释第 44 条第 1 款第 10 项的答复	302
最高人民法院行政审判庭对《关于审理公证行政案件中适用法规问题的请示》的答复(1999.8.16 施行)	公证案件的答复	302

最高人民法院关于对人民法院审理公路交通行政案件如何适用法律问题的答复(2001.2.1 施行)	交通案件如何适用法律的答复	303
最高人民法院行政审判庭关于对在案件审理期间法定代表人被更换,新的法定代表人提出撤诉申请,法院是否准予撤诉问题的电话答复(1998.10.28 施行)	法定代表人更换后撤诉的答复	303
最高人民法院对如何执行《关于执行〈中华人民共和国行政诉讼法〉若干问题的解释》第九十二条的请示的答复(2000.12.14 施行)	2000 年行诉解释第 92 条的答复	304
最高人民法院关于劳动行政部门作出责令用人单位支付劳动者工资报酬、经济补偿和赔偿金的劳动监察指令书是否属于可申请法院强制执行的具体行政行为的答复(1998.5.17 施行)	劳动监察指令书申请强制执行	304
最高人民法院关于对涉外行政案件的审理期限应当如何掌握的复函(2002.11.20 施行)	涉外行政案件审理期限的复函	305
最高人民法院关于适用《行政复议法》第三十条第一款有关问题的批复(2003.2.28 施行)	行政复议法第 30 条第 1 款的批复	305
最高人民法院关于审理国际贸易行政案件若干问题的规定(2002.10.1 施行)	国际贸易案规定	306
最高人民法院关于审理反倾销行政案件应用法律若干问题的规定(2003.1.1 施行)	反倾销案规定	307
最高人民法院关于审理反补贴行政案件应用法律若干问题的规定(2003.1.1 施行)	反补贴案规定	308
中华人民共和国国家赔偿法(2012.10.26 修正)	国家赔偿法	310
国家赔偿费用管理条例(2011.1.17 施行)	国家赔偿费用条例	331
最高人民法院关于人民法院赔偿委员会适用质证程序审理国家赔偿案件的规定(2014.3.1 施行)	适用质证程序审理国家赔偿案规定	333
最高人民法院关于人民法院执行《中华人民共和国国家赔偿法》几个问题的解释(1996.5.6 施行)	国赔解释	336
最高人民法院行政审判庭关于赔偿金有关问题的答复(1998.3.18 施行)	赔偿金答复	337
最高人民法院关于适用《中华人民共和国国家赔偿法》若干问题的解释(一)(2011.3.18 施行)	国赔解释(一)	337
最高人民法院关于人民法院赔偿委员会审理国家赔偿案件程序的规定(2011.3.22 施行)	审理国赔案件规定	338

最高人民法院关于国家赔偿案件立案工作的规定（2012.2.15施行）	国赔案件立案工作规定	341
最高人民法院关于国家赔偿案件案由的规定（2012.2.15施行）	国赔案件案由规定	343
最高人民法院关于国家赔偿案件立案、案由有关问题的通知（2012.1.13施行）	国赔案件立案、案由通知	344
最高人民法院关于审理行政赔偿案件若干问题的规定（1997.4.29施行）	行政赔偿规定	345
最高人民法院关于公安机关不履行法定行政职责是否承担行政赔偿责任问题的批复（2001.7.22施行）	行政赔偿批复	349
最高人民法院关于行政机关工作人员执行职务致人伤亡构成犯罪的赔偿诉讼程序问题的批复（2002.8.30施行）	赔偿诉讼程序批复	349
最高人民法院关于民事、行政诉讼中司法赔偿若干问题的解释（2000.9.21施行）	司法赔偿解释	350
最高人民检察院关于适用修改后《中华人民共和国国家赔偿法》若干问题的意见（2011.4.25施行）	国赔意见	352
人民检察院国家赔偿工作规定（2010.12.1施行）	国赔规定	353
最高人民法院赔偿委员会关于违法查封且未尽保管义务造成损害人民法院应当承担国家赔偿责任的批复（2002.3.7施行）	违法查封应当承担国赔责任的批复	359
最高人民法院关于陶玉艳申请国家赔偿一案的批复（2000.4.29施行）	陶玉艳案的批复	359
最高人民法院关于王至诚申请国家赔偿一案的批复（2000.1.10施行）	王至诚案的批复	360

法条主旨索引

A

安全事件的报告 …………………………… 181
案件的撤销 ………………………………… 029
案件的移送 ………………………………… 030

B

办理案件的期限 …………………………… 109
保密义务 …………………………………… 106
保证金没收情形 …………………………… 110
保证金退还情形 …………………………… 110
报考申请审查 ……………………………… 004
报考资格条件 ……………………………… 004
报送、报告突发事件信息 ………………… 179
备案 …………………………………… 144，056
备案和报告 ………………………………… 177
被告 ………………………………………… 222
被告取证限制 ……………………………… 234
被告延期提供和补充证据 ………………… 234
被告重作行政行为的限制 ………………… 252
被监察机关和人员的违法情形 …………… 030
被申请人不提交答复、资料和阻碍他人复议
　　申请的责任 …………………………… 167
被申请人的取证限制 ……………………… 161
被许可人的违法行为及处理 ……………… 083
被许可人辖区外违法的处理 ……………… 080
必备条款的规定 …………………………… 143
闭会期的提案 ……………………………… 041
边远地区当场收缴罚款 …………………… 094
编造传播虚假信息的责任 ………………… 184
编制限额 …………………………………… 004
编制原则与内容 …………………………… 022
变动程序 …………………………………… 022
变更 ………………………………………… 078
变更判决 …………………………………… 254
变通规定的效力 …………………………… 053
便民原则 …………………………………… 068
辩论原则 …………………………………… 212
表决通过和单独表决 ……………………… 046
表决与通过 ………………………………… 042
补救措施与赔偿责任 ……………………… 253

不称职的降职 ……………………………… 005
不得辞退的情形 …………………………… 010
不得辞职的情形 …………………………… 010
不得收费 …………………………………… 079
不得委托冻结、重复冻结 ………………… 127
不动产的特殊地域管辖 …………………… 219
不服处罚的救济措施 ……………………… 091
不履行、迟延履行复议决定的责任 ……… 168
不履行法定职责政府的责任 ……………… 183
不配合责任 ………………………………… 184
不溯及既往 ………………………………… 054
不停止执行原则 …………………………… 094
不依法监督的责任 ………………………… 082
部门预算 …………………………………… 141

C

材料的真实性和相关性 …………………… 073
财产侵权的刑事赔偿范围 ………………… 319
财产侵权的行政赔偿范围 ………………… 312
采购标准公开 ……………………………… 145
采购代理机构的违法责任 ………………… 147
采购当事人的行为禁止 …………………… 140
采购的委托 ………………………………… 140
采购方式 …………………………… 141，139
采购人概念 ………………………………… 139
采购文件的保存 …………………………… 143
采购信息的公开及例外 …………………… 139
采购应有利于社会经济发展 ……………… 139
采购暂停 …………………………………… 144
采取查封、扣押措施之后的处理 ………… 127
草案向社会公布征求意见 ………………… 045
草案与议程 ………………………………… 047
查封、扣押的场所、设施和财物的保管 … 127
查封、扣押的范围 ………………………… 126
查封、扣押期限 …………………………… 127
查封、扣押由法定机关实施 ……………… 126
查询及冻结存款的权力 …………………… 028
查询权 ……………………………………… 029
常委会审议 ………………………………… 043
常委提案 …………………………………… 043

撤回提案权	047	代履行	132
撤销奖励情形	006	代履行的实施程序、费用、实施手段	133
承担责任的情形和种类	012	贷外款采购适用协议的保留条款	148
城乡规划	178	担保人条件	110
程序的转换	256	担保人义务	110
抽样和定期监督	079	单位处罚情形	183
储备制度	179	单位应建立健全安全管理制度	178
处罚程序的规定	098	单一来源采购	141
处罚的成立条件	092	单一来源采购程序	142
处罚的管辖	088	当场处罚	090
处罚的权限	087	当场处罚程序	091
处罚的时效	089,099	当场收缴罚款的处理	095
处罚的实施	087	当场收缴罚款的缴付	109
处罚的条件	090	当场收缴罚款的收据	109
处罚的依据和原则	098	当场收缴罚款范围	094
处罚决定	092	当场作出处罚决定的情形	109
处罚决定的当场作出的要求	109	当事人陈述权、申辩权	129
处罚决定的暂缓执行	110	当事人的拒绝处罚权及检举权	096
处罚决定的作出	108	当事人的履行义务	094
处罚决定机关	108	当事人的申辩、陈述权	090
处罚决定书	108	当事人的申诉权	258
处罚决定书的内容	092	当事人地位平等原则	212
处罚决定书的宣告和交付	108	当事人概念	139
处分的解除	007	登记立案	241
处分的要求	007	地方监察机关的管辖范围	027
处分分类	006	地方立法	050
处分后果及期间	007	地方性法规对处罚种类的设定	086
处分决定的监察救济	029	地方性法规规定的事项	050
处理复核、申诉的期间	011	地方性法规和政府规章的效力	053
传唤	107	地方性法规与规章	054
辞退决定、辞退后保障	010	地方政府规章	052
辞职程序	010	地方政府信息处理	180
辞职、退休后的任职、活动禁止及违反后的处理	013	地域回避	008
从轻、减轻处罚的条件	089	第三人	225
从重处罚的情形	099	第一审审限	255
催告书、行政强制执行决定书的送达	130	电子政务	074
措施选择、参与义务	177	调查处理程序	029
错误处理的救济	013	调解	098,247
错误及时纠正	011	定期考核	004
		定期考核结果的用途	005
D		冻结程序	128
大型群众性活动违规	102	冻结决定书	128
代表团或代表提案	040	冻结期限及其延长	128
代表团审议	041	独立审判原则	211

独立行使职权原则 …………………………… 026
对不履行复议决定的处理 …………………… 166
对单位的处罚 ………………………………… 099
对典当、收购违法的处罚 …………………… 104
对动物相关违法处罚 ………………………… 106
对毒品违法的处罚 …………………………… 105
对毒品原植物违法处罚 ……………………… 105
对赌博相关的违法处罚 ……………………… 105
对多个行为的处罚 …………………………… 099
对妨害行政执法相关行为的处罚 …………… 104
对房屋出租人的违法处罚 …………………… 104
对复议不作为的处理 ………………………… 160
对共同违反,教唆、胁迫、诱骗他人违反治安管理的
  处罚 ………………………………………… 099
对监察人员的监督 …………………………… 027
对监管部门的限制 …………………………… 145
对精神病人的处罚 …………………………… 099
对拒不移交罪犯的有关人员的处理 ………… 096
对利用许可谋私利的处理 …………………… 082
对旅馆业工作人员的违法处罚 ……………… 104
对屡教不改的处罚 …………………………… 106
对盲、聋哑人的处罚 ………………………… 099
对没收的非法财物的处理 …………………… 095
对赔偿请求人的诉讼救济 …………………… 316
对赔偿委员会决定的救济 …………………… 324
对其他人员的监察 …………………………… 146
对私分罚没财物的处理 ……………………… 096
对特定行业的违法处罚 ……………………… 106
对偷越国(边)境及为其提供条件的处罚 … 104
对投诉的处理 ………………………………… 144
对外合作与交流 ……………………………… 177
对未成年人的处罚 …………………………… 099
对未依法公布采购标准和结果的处罚 ……… 146
对文物、名胜古迹相关违法处罚 …………… 104
对行为依据的处理 …………………………… 162
对淫秽物品、信息相关的违法处罚 ………… 105
对淫秽、淫乱相关活动的处罚 ……………… 105
对与死者相关的违法处罚 …………………… 105
对证据的保全 ………………………………… 236
对质疑的答复 ………………………………… 144
对自行收缴罚款的处理 ……………………… 096
对醉酒人的处罚 ……………………………… 099

E

二审期限 ……………………………………… 257

F

发挥人大在立法工作中的主导作用 ………… 047
罚缴分离 ……………………………………… 110
罚缴分离原则 ………………………………… 094
罚款的缴纳方式 ……………………………… 109
罚款收据 ……………………………………… 095
法定代理 ……………………………………… 225
法规、规章的适用原则 ……………………… 054
法律案通过前评估 …………………………… 045
法律案完善过程 ……………………………… 044
法律案终止审议 ……………………………… 046
法律草案与其他法律的衔接 ………………… 048
法律冲突的解决 ……………………………… 168
法律对处罚种类的设定 ……………………… 086
法律、法规的适用 …………………………… 078
法律、法规设立行政强制措施 ……………… 123
法律、法规适用的报请裁决 ………………… 054
法律监督原则 ………………………………… 069
法律解释权 …………………………………… 046
法律解释要求的提出 ………………………… 046
法律立法权 …………………………………… 038
法律委员会审议 ……………………………… 044
法律询问 ……………………………………… 048
法律与行政法规的效力 ……………………… 053
法律责任 ……………………………………… 146
法院不立案的救济 …………………………… 241
法院调取证据 ………………………………… 234
法院要求提供或补充证据 …………………… 234
法院依职权再审 ……………………………… 259
法制原则 ……………………………………… 038
方案内容 ………………………………… 021,022
妨害公共安全综合 ……………………… 101,102
妨害诉讼强制措施 …………………………… 247
非法财物和违法所得的处理 ………………… 098
非法经营 ……………………………………… 103
非法停靠 ……………………………………… 103
非法携带国家规定的管制器具 ……………… 101
非领导定期考核 ……………………………… 004
非刑事诉讼的司法赔偿 ……………………… 328
废标后果 ……………………………………… 142
废标情形 ……………………………………… 142
费用处理违法的责任 ………………………… 082
分别表决 ……………………………………… 046

分期缴纳罚款	095	公布与刊载	048
分组审议	044	公共场所应急预案要求	178
风险保险体系	179	公开	074
福利待遇、工时制度	009	公开审判及例外	245
复审、考察和体检	004	公开宣判	255
复议程序事项	161	公开招标的规避禁止	141
复议的受理	159	公开招标及例外情况的审批	141
复议范围	151	公示制度	073
复议机关不依法履行职责的责任	167	公务回避	009
复议机关的建议权	168	公务员	001
复议机关对规定的处理	162	公务员保障	009
复议机关及其职责	149	公务员辞退情形	010
复议决定的履行	166	公务员纪律	006
复议决定的作出	162	公务员兼职	005
复议决定的作出及对赔偿复议决定的救济	322	公务员晋升条件	005
复议期间	153	公务员权利	003
复议期限	166	公务员条件	002
复议前置的司法救济	160	公务员义务	002
复议前置情形	165	供应商的条件	140
复议申请	156	供应商的责任	147
复议申请的转送	160	供应商的资格审查	140
复议申请人	155	供应商概念	140
复议与诉讼的选择	159	共同赔偿中的先予赔偿	315
复议原则	150	共同诉讼	224

G

		共同诉讼的诉讼代表人	224
改变或者撤销之权限	055	构成犯罪案件的移送	088
改正违法行为	089	挂职锻炼	008
岗位任职要求	145	管理方法	002
高级法院的管辖	217	管辖权的转移	220
告知义务	090	管辖权的转移及管辖权争议的解决	027
各级政府的职责	177	规定的审查	152
给付判决	253	规范性文件的附带审查	244
工资的组成	009	规范性文件的审查与处理	250
工资调整	009	规章的效力	054
工资、福利、保险政策不得擅变	009	规章制定程序	053
工资制度	009	规章制定权	052
工作部门的复议机关	157	国货优先及例外	139
工作人员的违法责任	167	国家监察机关的管辖范围	027
工作原则	176	国家赔偿	311
公安机关处置措施	181	国家赔偿的义务	030
公安机关的告知义务及违反治安管理行为人的		国家赔偿费用来源及支付程序	328
陈述和申辩权	108	国务院部、委的规章对处罚的设定	086
公布	043,046,049,052,053	国务院或国务院授权部门措施	182
		国务院年度立法计划和行政法规立项	049

国务院行政机构编制的确定 …………………… 022
国务院行政机构的组成 ………………………… 020
国务院与地方行政机构的关系 ………………… 023
国务院制定罚缴分离办法 ……………………… 096
国有企事业单位、人民团体和群众团体中从事
　公务人员的调任条件 ………………………… 008

H

合法性审查 ……………………………………… 211
合法原则 ………………………………………… 121
合同的变更、中止或终止 ……………………… 144
合同的订立及通知书的效力 …………………… 143
划拨存款、汇款的程序 ………………………… 132
恢复重建 ………………………………………… 183
回避 ……………………………………… 139,245
回避的申请 ……………………………………… 009
回避规定 ………………………………………… 106
回避依据 ………………………………………… 009

J

机构提案 …………………………………… 040,043
机关负责人出庭应诉 …………………………… 211
机关内设机构厅局级正职以下空缺 …………… 005
基层法院的管辖 ………………………………… 216
及时调解 ………………………………………… 178
及时公布决定或命令 …………………………… 177
及时受理登记 …………………………………… 106
及时组织 ………………………………………… 181
即时强制 ………………………………………… 125
集中采购的限定及例外 ………………………… 140
集中采购的要求 ………………………………… 140
集中采购机构 …………………………………… 139
集中采购机构内部监管制度 …………………… 145
加处罚款、滞纳金 ……………………………… 131
加强监督 ………………………………………… 145
监测制度 ………………………………………… 180
监察措施 ………………………………………… 028
监察回避 ………………………………………… 027
监察机关的概念 ………………………………… 026
监察机关的职权划分 …………………………… 026
监察机关的职责 ………………………………… 027
监察机关领导人员的任免 ……………………… 027
监察建议的救济 ………………………………… 030
监察建议的适用情形 …………………………… 028
监察救济的方式 ………………………………… 030

监察决定的救济 ………………………………… 030
监察决定和监察的送达及执行 ………………… 029
监察决定或监察建议的情形 …………………… 028
监察决定及监察建议的效力 …………………… 028
监察人员的权利 ………………………………… 027
监察人员的条件 ………………………………… 027
监察人员的义务 ………………………………… 027
监督的合法性 …………………………………… 080
监督管理部门 …………………………………… 139
监督检查 ………………………………………… 095
监督约束、激励保障并重原则 ………………… 002
监督制度 ………………………………………… 079
检查 ……………………………………………… 145
检查笔录 ………………………………………… 107
检查程序 ………………………………………… 029
检察监督原则 …………………………………… 212
检察院监督 ……………………………………… 259
检验检测检疫 …………………………………… 078
减轻或不予处罚的情形 ………………………… 099
简易程序的审判组织形式与审限 ……………… 256
简易程序的适用范围 …………………………… 256
建立健全突发事件应急预案体系 ……………… 177
鉴定 ……………………………………………… 108
奖励程序 ………………………………………… 006
奖励分类 ………………………………………… 006
奖励情形 ………………………………………… 005
奖励权 …………………………………………… 029
奖励为原则 ……………………………………… 005
交流 ……………………………………………… 008
交流制度 ………………………………………… 007
教唆、引诱、欺骗他人吸食、注射毒品 ……… 106
教育与惩处结合原则、监督检查与制度建设
　结合原则 ……………………………………… 026
教育与强制相结合原则 ………………………… 122
接受社会和公民监督 …………………………… 110
结案期限 ………………………………………… 029
解除查封、扣押的情形 ………………………… 127
解除冻结 ………………………………………… 129
金钱给付义务的直接强制执行 ………………… 132
金融机构违法冻结、划拨的责任 ……………… 137
金融机构、行政机关、人民法院违法划拨所得
　款项的责任 …………………………………… 137
紧急情况下的立即执行 ………………………… 135
紧急状态 ………………………………………… 184

进一步审议	042
晋升程序	005
晋升领导职务的规定	005
禁限禁止	139
禁止报复陷害	030
禁止打骂、虐待或侮辱	110
禁止附条件许可	073
禁止录用人员	004
禁止违法行使职权	030
禁止泄露举报信息	030
禁止性规定	122
禁止越权设立行政强制措施	123
经费	179
经费来源	168
经费列入预算	009
经过复议的赔偿义务机关	314
经济事务许可的地方报停	072
经行政复议的起诉期限	239
精简、统一、效能原则	072
精神病人处罚的限制	089
精神损害的赔偿标准	326
警察的民事责任	111
警察的行政、刑事责任	110
竞争性谈判	141
竞争性谈判程序	142
救济措施	109
救援队伍	178
救援人员人身保险	178
举报	080
举证责任	231, 322
拒绝、阻碍执行的处罚	103
决定	053
决定程序	049
军事采购	148
军事法规、军事规章	058

K

刊载	053
刊载与文本	049, 052
考核	145
考核的分类	004
考核作假的责任	148
考试方式	004
科学原则	038

可设定行政许可事项	069
可以提前退休的条件	011
空间效力	098
控告的提出和受理	011
控告和检举	146
扣押	107
矿山、建筑施工单位等应急预案要求	178

L

滥用职权、玩忽职守的责任	148
离职手续	010
立法规划和年度立法计划	047
立法后多方评估	124
立即实施代履行	133
联合体供应商	140
联合制定	052
列入常委会议程的法律案的撤回	045
列席权	029
领导成员	013
领导成员的辞职	010
领导机关	177
律师、当事人和其他诉讼代理人的权利义务	226

M

卖淫、嫖娼	105
民主原则	038
民族问题相关	103
民族自治立法	051
名称要求	022

N

纳入学校教学内容	179
内设机构	021
内设机构设撤并的程序	022
拟录用人员名单	004

O

殴打或故意伤害他人身体	102

P

拍卖	132
派出机构和人员	027
判决驳回原告诉讼请求	251
判决撤销	251
判决确认违法	253
判决确认无效	253
判决限期履行	252

培训的登记管理	007
培训的机构及分类依据	007
培训的种类	007
培训制度	178
培养人才、鼓励研发	179
赔偿方式	324
赔偿费用及税收的豁免	330
赔偿决定	316
赔偿请求的提出及赔偿义务机关的先行处理	321
赔偿委员会的审查方式	322
赔偿委员会的审理期限	323
赔偿委员会的组成及其决定	323
赔偿责任及刑事责任	137
聘任的方式	012
聘任公务员的管理	012
聘任合同的内容、期限和工资制度	012
聘任合同订立与备案	012
聘任制的实行	011
评估和论证	020
评价程序	071

Q

期间计算和文书送达	168
期限	083
期限计算	137
期限计算的排除事项	075
其他备案机关的审查程序	058
其他单位的协助义务	028
其他行政机关设撤并的程序	021
起草程序	071
起草法律草案	047
起草与听取意见	049
起诉方式	241
起诉条件	240
强买强卖商品	103
强制拆除违法建筑物、构筑物、设施	131
强制措施种类	123
强制执行	261
强制执行的法定条件	129
强制执行的费用	135
强制执行的禁止性规定	131
强制执行决定	129
侵犯财产权的赔偿标准	327
侵犯人身、财产权利综合	102

侵犯人身自由权的赔偿标准	325
侵犯生命健康权的赔偿标准	325
请求行政赔偿的途径	315
求偿申请书	316
求偿时效	330
取证	091
全面考核	004
全面审查	257

R

人民法院及其工作人员违法执行的责任	137
人身检查的要求	107
人身侵权的刑事赔偿范围	318
人身侵权的行政赔偿范围	311
人事争议仲裁	012
任免制度	005
任用原则	002
任职回避	008
任职条件	005

S

"三公"和诚信原则	138
"三公"原则	068
三审制的例外情形	044
三四级警报应采措施	180
煽动、策划非法集会、游行、示威	104
善后工作	183
上级的监督	079
上级对下级的监督	030
上级决定或命令有误时执行责任的承担	006
上级行政机关的监督	095
上诉	256
上诉案件的裁判	258
设定许可的地方主体及其设定的限制	070
设定许可的例外	070
设定许可的原则	069
设定许可的中央主体和方式	070
设定许可权限的顺序	070
设定主体的限制	070
设立登记	079
设立行政强制应事前听证、论证	124
设置原则	020
社会动员机制	176
社会公众活动场所违规	102
涉他许可的处理	074

词条	页码	词条	页码
涉他许可的听证及费用的承担	076	事先催告	129
涉外代理	263	试用期	004
涉外赔偿的特别规定	330	视为撤诉和缺席判决	246
涉外行政诉讼法律适用原则	263	是否调查的处理	106
申请撤回	161	适当原则	121
申请撤诉	248	收费公开和费用去向	079
申请的处理	073	受案范围排除	215
申请的受理及行政机关的申请复议权	134	受托组织的条件	088
申请的提出	073	授权规则	040
申请法院调取证据	234	授权实施处罚	087
申请强制执行应提供的材料	134	授权限制	040
申请人民法院强制执行的法定条件	133	授权许可实施	072
申请上级政府支援	183	授权制定行政法规	039
申请再审事由	259	授权终止	040
申诉的事项和程序	011	授权组织实施行政强制适用本法规定	137
申诉及诉讼	153	书面审查原则及例外	161
申诉、控告的要求	011	数量受限的许可	079
审案依据	249	数项赔偿的同时提出	315
审查	049	司法解释制定原则与备案	058
审查程序	058	司法救济	151
审查程序的反馈和公开	058	私分所得款项的责任	137
审查的要求与建议	057	送达	092
审查与决定	074	送达拘留所	109
审计监督	145	诉权	210
审理方式	257	诉讼费用	263
审理制度	212	诉讼或裁决	158
审判准备	250	诉讼期间的扣除与延长	240
审判组织	251	损害责任	098
审议	047	所得款项的处理	132
审议报告	041	**T**	
生效判决、裁定的执行	260	逃避许可的责任	083
省、自治区人民政府及有权的市的规章对处罚的设定	086	特别重大事项的地方立法	051
时效、程序中止的规定	177	特定市场准入许可的义务与处理	080
实施查封、扣押应履行的程序	126	特定许可的实施	073
实施的规定	148	特区授权立法	051
实施强制措施的一般程序	125	特殊地域管辖	218
实施限制人身自由的行政强制措施的特别程序	126	特殊职位录用	004
实事求是原则与平等原则	026	特殊职务的衔级	003
使用本民族语言文字的原则	212	提案撤回	042
事后措施	182	提案及其审议和表决	051
事后总结	183	提出法律配套的文件资料	047
事前催告及执行管辖	134	听取陈述和申辩的义务	029
		听证	109

听证程序	077
听证范围及程序	092
听证事项	076
听证之后的处罚	094
停止执行	245
通过与公布	047
通信保障体系	179
同等、对等原则	263
统一的突发事件信息系统	179
统一领导政府处置措施	181
统一领导政府的权利和义务	182
偷开、无证驾驶车、船、航空器	105
投诉	144
投诉逾期未作处理的责任	148
突发事件	176
突发事件处理的主体及程序	176
突发事件发生地单位的义务	182
突发事件发生地公民的义务	182
退休后待遇	011

W

危险物质被盗、被抢或者丢失	101
危险源、危险区域	178
违法实行检查或执行措施的赔偿责任	096
违法违纪的处分	006
违法行为涉嫌犯罪的移送	126
违法许可的赔偿	082
违反禁限禁止的责任	148
违规制造、买卖、储存、运输、邮寄、携带、使用、提供、处置危险物质	101
未成年人处罚的限制	089
未履行开发利用自然、公共资源义务的处理	080
伪造、变造相关的违法处罚	103
委任制公务员的任免	005
委托代理	225
委托代理协议	140
委托实施处罚	087
委托许可实施	072
猥亵他人	102
文书公开	250

X

下级机关审查许可的期限	075
下级行政机关审查要求	074
先予执行	246

限额标准的公布	139
宪法效力	053
相对人的法律责任	085
相对人的权利	085
相对人权利	122
向代理机构质疑	144
协议履行及补偿判决	254
协助组织或运送他人偷越国(边)境	104
胁迫、诱骗或者利用他人乞讨	102
信赖保护原则	068
信息发布的要求	182
信息公开义务	029
刑罚的折抵	089
刑事赔偿的复议救济	322
刑事赔偿的追偿与处罚	324
刑事赔偿决定的作出	322
刑事赔偿免责情形	319
刑事赔偿请求人	321
刑事赔偿义务机关	321
刑事责任	184
行为和处罚	100
行政处分	023
行政法规对处罚种类的设定	086
行政法规立法权	049
行政复议与诉讼	237
行政机关不作为的起诉期限	239
行政机关的赔偿责任及对有关人员的处理	096
行政机关及其工作人员谋私利的责任	137
行政机关申请强制执行	261
行政机关违规责任	136
行政拘留时间的折抵	108
行政赔偿	164
行政赔偿请求人	313
行政赔偿诉讼的举证责任	317
行政赔偿义务机关	314
行政强制措施实施机关和人员	125
行政强制的含义	120
行政强制执行的方式	123
行政强制执行由法律设定及执行机关	124
行政侵权的免责情形	312
行政相对人的权利	068
行政许可的撤销	080
行政许可的注销	081
行政许可概念	067

行政许可转让限制	069	议事协调机构设撤并的程序	021
行政追偿与责任	318	意见与资料	045
修改和废止	048	引诱、容留、介绍他人卖淫	105
虚假申请的处理	082	隐匿、销毁、伪造和变造应当保存的采购文件的	
虚假信息禁止	182	责任	146
许可的内容	071	应当退休的条件	010
许可的效力	074	应该却未委托集中采购机构的责任	146
许可决定的期限	074,075	应急管理体制	176
许可决定的形式及要求	074	应急预案的内容	178
许可实施主体	072	应拘留但不执行的情形	099
宣传、演练	179	影响航空设施	101
选任制公务员的任免	005	影响行车安全	101
选择管辖	219	予以改变或者撤销之情形	055
询价	141	与民事争议交叉	248
询价程序	142	预警方式	180
询问	144	预警级别的调整、预警的解除	181
询问被侵害人或证人的要求	107	预警制度	180
询问笔录	107	预算管理	139
询问查证	107	原告	220
询问聋哑、不通晓当地通用语言文字人的		原告的举证责任	234
要求	107	原告可以提供证据	234
		原则	020

Y

延续	078		
验收	143	**Z**	
邀请招标	141	暂时调整或暂时停止法律部分适用	040
邀请招标的程序	141	噪声污染	104
一般地域管辖	217	责令改正、行政处分及刑事责任的情形	082
一并裁判	254	责令改正、行政处分责任的情形	082
一二级警报应采措施	180	责令改正与撤销	082
一事不再罚	089	招标的期限	141
依法调查	106	招标与拍卖	078
依法分包	144	招考公告	004
依法、公正、严格、高效	110	招投标式采购的法律适用	139
依法管理原则	002	招摇撞骗	103
依法设定和实施许可原则	068	征用	177
依法实施行政强制措施	124	证据的适用	236
依靠群众原则	026	证据的收集	091
移送管辖	219	证据的种类	226
以不正当手段取得行政许可的处理	083	政府及派出机关作为复议机关	158
议案准备	041	支持和捐赠	179
议案准备和代表列席会议	043	执法人员失职承担的责任	096
议事协调机构	021	执行措施	095,261
议事协调机构的编制	022	执行和解	131
		执行回转	130

执行结果的通报 ………………………… 029	终结执行 …………………………………… 130
执行申请的实质审查 …………………… 135	重新提案 …………………………………… 047
执行申请的书面审查 …………………… 135	重要监察决定和监察建议的上报义务 …… 029
执行停止事项 …………………………… 160	重要设备的自检与监督 …………………… 080
直接起诉的期限 ………………………… 239	主管部门 …………………………………… 002
职能部门 ………………………………… 020	主管部门人员的法律责任 ………………… 013
职能调整 ………………………………… 021	主管机关 …………………………………… 023
职位分类制度 …………………………… 003	主任科员以下职务层次录取办法 ………… 003
职位、职责和任职资格条件的确定 …… 003	专门事项配套规定 ………………………… 048
职务分类 ………………………………… 003	专委会分歧处理 …………………………… 044
职务行为保护 …………………………… 002	专委会审议 …………………………… 041、044
职务序列的设置 ………………………… 003	转任 ………………………………………… 008
职务与级别对应 ………………………… 003	追加标的及限制 …………………………… 144
指定管辖 …………………………… 088、220	资格考试的实施 …………………………… 078
制定法律事项 …………………………… 039	自救和互救 ………………………………… 182
质疑的内容、期间和形式 ……………… 144	综合管理类职务分类 ……………………… 003
治安管理负责部门 ……………………… 098	组成部门设撤并的程序 …………………… 021
治安综合治理职责 ……………………… 098	最高法院的管辖 …………………………… 217
中级法院的管辖 ………………………… 216	最终决定权 ………………………………… 030
中央机关及其直属机构公务员的录用 … 004	遵守采购方式和程序 ……………………… 145
中止执行 ………………………………… 130	